普 通 高 等 职 业 教 育 规 划 教 材
21世纪卓越汽车应用型人才培养专用教材

汽车底盘构造与检修

组　编　华汽教育
主　编　吕　坚　林　峦
副主编　夏华丹　荆旭龙　商传辉
主　审　屠卫星

同濟大學出版社
TONGJI UNIVERSITY PRESS

内容提要

本教材根据职业教育的教学特点和维修企业对人才的需求，注重理论知识与实践技能的有机结合，课程另有配套的教学视频以及实训项目作业书；并且注重吸收国外的职教理念，讲述国内典型的汽车维修方式。

本教材内容共分13章，主要包括汽车行驶的基本原理、汽车传动系统、汽车行驶系统、汽车转向系统和汽车制动系统等。除了正文外，各章节均设有学习目标、本章小结及复习思考题。

本教材可供高职高专汽车运用技术、汽车检测与维修技术、汽车技术服务与营销、汽车电子等专业的师生使用，也可以作为成人高等教育相关课程教材，还可供汽车维修人员、驾驶人员、汽车技术爱好者参考阅读。

图书在版编目（CIP）数据

汽车底盘构造与检修/吕坚，林峦主编；—上海：同济大学出版社，2010. 8(2016. 8 重印)
ISBN 978-7-5608-4395-7

Ⅰ. ①汽… Ⅱ. ①吕… ②林… Ⅲ. ①汽车—底盘—结构—高等学校：技术学校—教材 ②汽车—底盘—车辆修理—高等学校：技术学校—教材 Ⅳ. ①U472.41

中国版本图书馆CIP数据核字（2010）第147355号

普通高等职业教育规划教材
21世纪卓越汽车应用型人才培养专用教材
汽车底盘构造与检修

组编 华汽教育 主编 吕坚 林峦
副主编 夏华丹 荆旭龙 商传辉 主审 屠卫星
责任编辑 曹建 特约审读 司徒妙龄 责任校对 徐春莲 封面设计 庞波 项目执行 李小敏

出版发行 同济大学出版社
(www.tongjipress.com.cn 地址：上海市四平路 1239 号 邮编：200092 电话：021-65985622)
经 销 全国各地新华书店
印 刷 常熟市大宏印刷有限公司
开 本 889mm × 1 194mm 1/16
印 张 22
印 数 28201-29200
字 数 704 000
版 次 2010 年 8 月第 1 版 2016 年 8 月第 14 次印刷
书 号 ISBN 978-7-5608-4395-7

定 价 45.00 元

普通高等职业教育规划教材
21世纪卓越汽车应用型人才培养专用教材

专业建设指导委员会

普通高等职业教育规划教材

21世纪卓越汽车应用型人才培养专用教材

编审委员会

序

汽车产业是我国最重要的支柱产业之一，对国民经济的发展起着重要的作用。经过几代人的共同努力，20世纪90年代初我国的汽车产业进入了前所未有的全面快速发展阶段。2009年国内汽车产业实现了历史性跨越，以年产、销量均超1000余万辆而居全球之首。

我们国家虽已成为汽车大国，但还远不是汽车强国。我们还没有大型国际化汽车公司，没有世界知名的自主汽车品牌，没有完全掌握汽车工业的核心技术，对国外汽车市场的开拓尚处于起步阶段。显然，要成为汽车强国，任重而道远。

汽车产业具有人才密集、资金密集、技术密集、装备集约化和生产规模化的特点。在这些产业要素中，专业人才具有极为重要的地位。无论是在汽车的研发、制造等汽车产业链的前端，还是在汽车的销售、应用、维修乃至报废处理等汽车产业链的后端，都需要大批具备基本理论知识、掌握现代汽车核心技术、具有熟练操作技能的工程技术人员和技术工人。

就汽车后市场而言，随着我国汽车产业的加速发展、汽车技术的不断进步、汽车社会保有量的持续增加，从事汽车技术服务与营销、汽车检测与维修的从业人员已日益增多，对高质量、高技能人才的需求仍将不断扩大，各类训练有素的高技能人才的短缺是不争的事实，这已引起全国上下的广泛关注。

开展多层次、多种形式的职业教育，加强从业人员的职前和职后培训，是解决汽车专业人才紧缺的有效途径。为此，许多高等职业院校增设了汽车专业，与汽车技术普及和提高相关的各类培训机构和技能鉴定机构亦大量涌现，职业教育呈现出良好的发展势头。然而，由于传统教学体制和教学理念的局限性，高等职业院校的专业建设水准与汽车产业发展的实际需要还有很大差距；各类培训机构也同样面临提高培训质量的问题。诚如教育部“教高[2006]16号文件《关于全面提高高等职业教育教学质量的若干意见》”中所指出的，“随着我国走新型工业化道路、建设社会主义新农村和创新型国家对高技能人才要求的不断提高，高等职业教育既面临着极好的发展机遇，也面临着严峻的挑战”。显然，提高教育质量和技能培训质量是当前高等职业教育面临的最大挑战。

教材建设是高等职业院校专业建设的基石，是人才培养计划得以成功的必要条件，是提高高等职业教育质量的重要保障。为认真贯彻党的十七大会议精神和《国务院关于大力推进职业教育改革与发展的决定》，根据教育部大力推动技能型紧缺人才培养培训工程的指导思想，同济大学出版社联合上海中锐教育集团旗下的华汽教育、无锡南洋职业技术学院以及与中锐教育集团合作开办汽车相关专业的全国15所高等职业院校，在总结近几年教学经验的基础上，组织编撰了“普通高等职业教育规划教材·21世纪卓越汽车应用型人才培养专用教材”丛书。

为了做好教材的组编工作，编撰人员深入探讨了国内高等职业院校的特点和教学规律，对德国、美国、日本等发达国家的汽车职业教育进行了多次考察，同时结合中锐教育集团为汽车生产厂商开发企业内部培训课程的经验，力求在“因材施教、学以致用”上有所突破；力求在“淡化学科分类、突出综合应用”上有所突破；力求在高等职业院校教材的内容、体例、风格上有所突破。

本丛书是为培养高素质、高技能紧缺人才而编写的，为此组建了以高等院校、高等职业技术学院、汽车工程学术组织、汽车技术研究机构、汽车生产企业、汽车经销服务企业、汽车维修行业协会、汽车流通行业协会以及汽车职业技能培训机构等各方人士相结合的教材编审委员会，以保证教材质量，促进我国高等职业教育事业的发展，造福于莘莘学子。

真诚地希望本丛书的出版能对我国的职业教育和技能培训有所裨益，热切期待广大读者提出宝贵意见和建议，使教材更臻完善。

李理光

2010年7月

前　　言

“汽车底盘构造与检修”是汽车各专业必修的核心课程之一，本书根据我国发展职业教育的有关精神，以现代汽车维修企业岗位的需求和职业标准要求，为培养职业院校学生掌握专业知识和具备职业能力，达到适应从业岗位的目标，特组织具有多年教学经验的院校专业教师、汽车维修行业专家和企业技术骨干一起参与编写此书，其目的是使汽车各专业学生和汽车维修企业技术人员能全面、系统地掌握汽车底盘构造与检修的知识和技术，并且为后续课程打下基础。

本教材内容共分13章，主要包括汽车行驶的基本原理、汽车传动系统、汽车行驶系统、汽车转向系统和汽车制动系统等。除了正文外，各章节均设有学习目标、内容小结及复习思考题。学习目标分为知识目标和能力目标，其中知识目标为理论课程应掌握的内容，能力目标为实训课程应掌握的技能。正文由理论知识部分和实践技能部分组成，两部分内容相互穿插，各有侧重，其图文并茂的表现形式有利于理论知识的理解和掌握。每章节后附有内容小结，语句精炼，反映章节内容主题，帮助教师和学生掌握学习重点。复习思考题包括判断题、选择题和问答题，融入相应章节的重要知识点，学生可用于复习和巩固学习知识，教师可用来评估和检验学习效果。

在编写过程中，我们充分考虑到职业教育的教学特点和维修企业对人才的需求，注重理沦知识与实践技能的有机结合（课程另有配套的教学视频以及实训项目作业书），并且注重吸收国外的职教理念，运用国内典型的汽车维修方式，从而使本教材具有以下特色：

（1）贯彻“理论够用为度，重点培养技能”的原则，从企业对工作岗位的实际能力需求出发设计课程内容；

（2）采用大量实物照片和三维视图，有利于学习过程中概念的理解和掌握；

（3）内容选择上，注重汽车后市场职业岗位对人才的知识和能力要求，并较多地反映新知识和新技术等内容；

（4）采用以专项能力培养为单元确定知识目标和能力目标，使学习过程实现“知行合一”。

参加本书编写的有上海交通职业技术学院吕坚、中锐教育集团特聘专家林峦、武汉商业服务学院夏华丹、中锐教育集团商传辉、无锡南洋职业技术学院荆旭龙，全书由吕坚担任主编并统稿，南京交通职业技术学院屠卫星担任主审。

本书在编写过程中，广泛征求了华汽教育各相关院校和大量专业维修技术人员的意见，并且得到了华汽教育教材编写委员会委员和许多同行的大力支持，在此表示诚挚的感谢。本书参考了大量国内外技术资料、相关著作和文献资料，虽然大部分资料来源都尽可能在书后的参考文献中一一说明和致谢，但可能会有遗漏，或是资料几经引用，导致未提及相关知识的原作者，在此一并向相关资料原作者、原所有权人表示诚挚的谢意。

本书适合作为高职高专师生汽车运用技术、汽车检测与维修技术、汽车技术服务与营销、汽车电子等专业的教学用书，也可作为成人高等教育相关课程教材，还可供汽车维修人员、驾驶人员、汽车技术爱好者参考阅读。

特色教材的编写是一项探索性的工作，希望读者在积极选用和推广本书的同时，能及时提出修改意见和建议，以便再版修订时改正。

编　者

2010年7月

目 录

1 汽车底盘概述

学习目标

知识目标

（1）简单叙述汽车底盘的功用与组成；
（2）正确描述汽车行驶的基本原理。

能力目标

（1）能画出汽车底盘各个系统的示意图；
（2）能在实车上认识汽车底盘的各个总成；
（3）能说明汽车底盘各总成之间的连接关系。

汽车种类繁多、结构各异，但构造基本相同。以内燃机为动力装置的汽车为例，一般由发动机、底盘、车身和电气与电子设备组成。

1.1 汽车底盘的功用与组成

1.1.1 汽车底盘的功用

底盘是汽车构成的基础。汽车底盘接收发动机输出动力，使汽车产生运动，并能按驾驶人的意志操纵使其正确行驶。

1.1.2 汽车底盘的组成

汽车底盘由传动系统、行驶系统、转向系统和制动系统等组成，如图1–1所示。

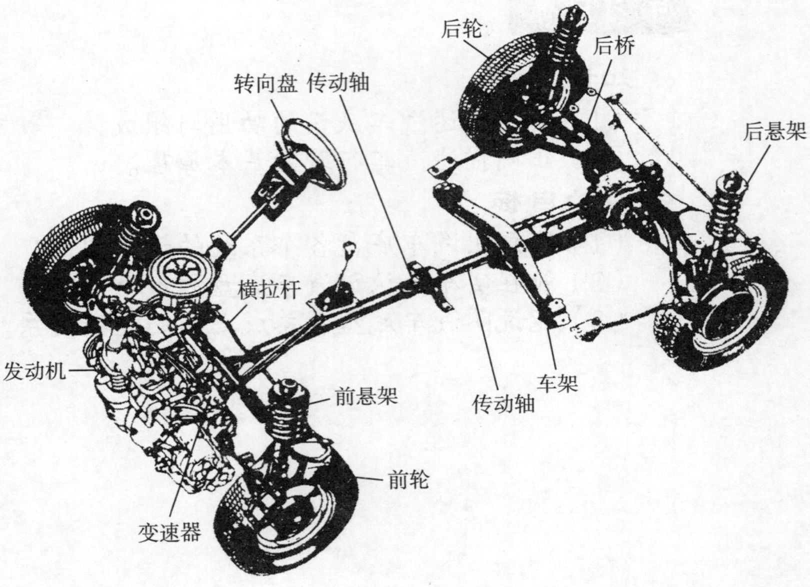

图 1–1 汽车底盘构造

1. 传动系统

传动系统的功用是将发动机产生的动力传给驱动轮。

传动系统主要由离合器、变速器、万向传动装置和驱动桥等组成。

2. 行驶系统

行驶系统的功用是将汽车各相关总成连接成一个整体，承受汽车总质量；传递并承受路面作用于车轮上的各种力和力矩，保证汽车正常行驶。

行驶系统主要由车架、车桥、悬架和车轮等组成。

3. 转向系统

转向系统的功用是控制汽车行驶方向，保证汽车按驾驶人选定的方向行驶。

转向系统主要由转向操纵机构、转向器和转向传动机构等组成。

4．制动系统

制动系统的功用是使汽车减速或停车，并保证驾驶人离开车后汽车能可靠地停驻原地。

制动系统一般设置行车制动和驻车制动两套独立的制动装置。每一套制动装置都由制动器和制动传动机构组成。

1.2 汽车行驶的基本原理

汽车若要行驶，应对其施加一个驱动力，并能克服汽车行驶时遇到的各种阻力，这就是汽车行驶的基本原理。

1.2.1 驱动力和行驶阻力

1．驱动力

汽车行驶时，发动机的转矩经传动系统施加给驱动轮，驱动轮的转矩T_t对地面产生一个圆周力F_0，其方向与汽车行驶方向相反。与此同时，路面对车轮形成一个大小相同、方向相反的反作用力F_t，其作用方向与汽车行驶方向相同，这就是推动汽车行驶的驱动力，如图1–2所示。

驱动力与发动机的转矩、传动系统的传动比和机械效率成正比，与车轮半径成反比。

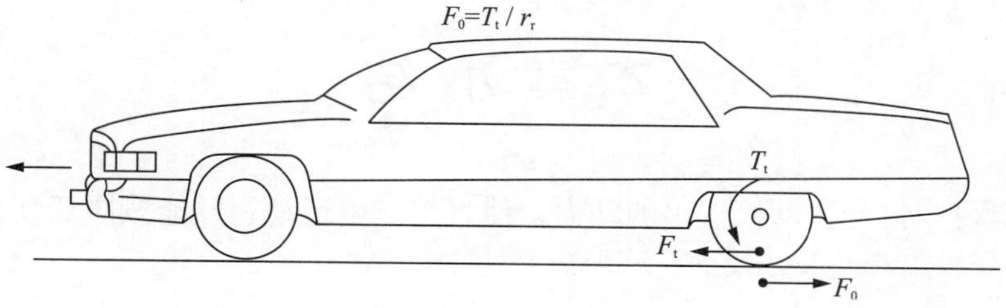

图1–2 汽车驱动力的产生

2．行驶阻力

汽车的行驶阻力主要有滚动阻力、空气阻力、上坡阻力和加速阻力。

滚动阻力主要是由于轮胎和路面的变形而产生的。汽车在松软路面上行驶时，滚动阻力主要是由路面变形而引起的；而汽车在硬路面上行驶时，滚动阻力主要由轮胎变形而引起的。

空气阻力是汽车在行驶中与空气相互作用而形成的。空气阻力主要包括汽车前面受到气流的压力与后面形成一定的真空作用而产生的压力差，以及空气与汽车表面相互摩擦而形成的摩擦力。

上坡阻力是汽车上坡时，其重力沿坡道的分力方向与汽车行驶方向相反而形成的，上坡阻力只在汽车上坡时才存在，并且在汽车下坡时转换成动能。

加速阻力就是汽车速度发生变化的过程中需要克服的惯性力。它包括汽车加速时平移质量的惯性阻力和旋转质量（主要是曲轴、飞轮、传动系统的旋转机件等）的惯性阻力。克服加速阻力所消耗的发动机动力也是一种能量储存，它是汽车滑行的主要动力源。

1.2.2 汽车行驶原理

1．汽车的驱动条件

当驱动力逐渐增大到足以克服汽车行驶时遇到的各种阻力之和时，汽车便可起步。汽车起步后，其行驶状态取决于驱动力和各种阻力之和的关系。

当驱动力大于各种阻力之和时，汽车将加速行驶；当驱动力等于各种阻力之和时，汽车等速行驶；当驱动力小于各种阻力之和时，汽车将减速行驶。此时若要维持原车速行驶，驾驶人需要加大发动机负荷或将变速器挂入挡位以增加驱动力。

2. 汽车的驱动与附着条件

汽车驱动力的最大值除了受发动机最大转矩和传动系统的影响外，还受驱动轮与接触面的附着作用的限制。

在汽车技术中，把轮胎与路面之间的相互摩擦以及轮胎花纹和路面凸起部分的相互作用综合在一起，称为附着作用。由附着作用所决定的阻碍车轮打滑的力的最大值称为附着力。附着力与驱动轮承受的垂直作用力以及附着系数（与轮胎类型及路面状态有关）成正比。

由此可见，汽车行驶过程中决定汽车运动状态的，除了汽车的驱动力和行驶阻力之外，还与附着力的大小有关。

当汽车在附着力较小的路面（泥泞或冰雪路面）行驶时，汽车行驶的驱动力受附着力的限制而不能克服遇到的行驶阻力，致使汽车减速以致不能前进。此时，即使加大发动机负荷或变速器换入低挡位，车轮也只能滑转而仍无法获得汽车行驶所需的驱动力。

综上所述，汽车行驶的基本原理是驱动力必须大于或等于行驶阻力，但必须小于或等于附着力。这就是汽车行驶的必要与充分条件，即驱动与附着条件。

本章小结

（1）汽车底盘可以接受发动机输出的动力，使汽车产生运动，并能按照驾驶人的意志操纵使其正确行驶。

（2）汽车底盘由传动系统、行驶系统、转向系统和制动系统等组成。

（3）汽车若要行驶，应对其施加一个驱动力，并能克服汽车行驶时遇到的各种阻力，这就是汽车行驶的基本原理。

（4）当驱动力逐渐增大到足以克服汽车行驶时遇到的各种阻力之和时，汽车便可起步。起步后，其行驶状态取决于驱动力和各种阻力之和的关系。

（5）汽车驱动力的最大值除了受发动机最大转矩和传动系统的影响外，还受驱动轮与接触面的附着作用的限制。

复习思考题

1. 判断题

（1）汽车一般由发动机、底盘、车身和电气与电子设备组成。 （ ）

（2）汽车底盘由传动系统、行驶系统和转向系统三个系统组成。 （ ）

（3）当驱动力大于各种阻力之和时，汽车将加速行驶。 （ ）

2. 选择题

（1）下列不属于汽车底盘总成的是（　）。

A．变速器　　B．车架　　C．转向盘　　D．转向灯

（2）关于汽车底盘的作用，下列描述错误的是（　）。

A．接受发动机的动力　　B．驱动汽车，使之产生运动

C．可以使汽车顺利转向　　D．产生动力

3. 问答题

（1）汽车底盘的功用及组成是哪些？

（2）汽车的行驶阻力主要有哪些？

（3）汽车的驱动与附着条件是什么？

2 传动系统概述

学习目标

知识目标

（1）叙述汽车传动系统的功用、类型与组成；
（2）正确描述汽车的驱动形式和传动系统的布置形式。

能力目标

（1）能画出汽车传动系统各个总成的动力传递示意图；
（2）能在实车上认识汽车传动系统的各个总成及其相互关系。

2.1 传动系统的功用

汽车传动系统的基本功用是将发动机发出的动力传给驱动轮，使汽车行驶。

传动系统具有变速、变矩、倒向行驶、中断动力传递、差速作用（轮间差速和轴间差速）等功能。

2.2 传动系统的类型与组成

2.2.1 传动系统的类型

（1）按能量传递方式的不同，可分为机械传动、液力传动、液压传动、电传动等类型；

（2）按传动比变化不同，可分为有级传动系统和无级传动系统；

（3）按传动比的变换方式不同，可分为强制操纵式、自动操纵式、半自动操纵式；

（4）现代汽车上普遍采用机械式和液力机械式传动系统。

2.2.2 传动系统的组成

1．机械式传动系统

发动机前置、后轮驱动的机械式传动系统（图2–1），常用于普通双轴货车上。它主要由离合器、变速器、万向节和传动轴组成的万向传动装置、主减速器、差速器、半轴等组成。发动机发出的动力依次经过各总成传给驱动轮，驱动汽车行驶。

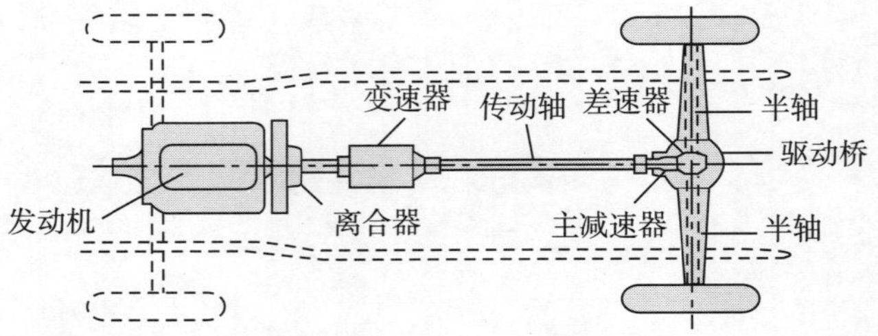

图2–1　机械传动系统的组成

机械式传动系统各总成的基本功用分别介绍如下：

（1）离合器——按照需要适时地切断或结合发动机与传动系统之间的动力传递。

（2）变速器——改变发动机输出转速的高低、转矩的大小及旋转方向，也可以切断发动机向驱动轮的动力传递。

（3）万向传动装置——将变速器输出的动力传递给主减速器，并适应二者之间距离和轴线夹角的变化。

（4）主减速器——降低转速，增大转矩，改变动力的传递方向。

（5）差速器——将主减速器传来的动力分配给左、右两半轴，并允许左、右两半轴以不同角速度旋转，以满足左、右两驱动轮在行驶过程中差速的需要。

（6）半轴——将差速器传来的动力分别传给左右驱动轮，使驱动轮获得旋转的动力。

对于四轮驱动的汽车，在变速器与万向传动装置之间还装有分动器，其功用是将发动机的动力分配给前、后驱动桥。

2．液力机械式传动系统

液力机械式传动系统是组合运用液力传动和机械传动，以液力机械变速器取代机械式传动系统中的摩擦式离合器和普通齿轮式变速器，其他组成部件及布置形式均与机械式传动系统相同。

液力机械变速器由液力传动装置和有级式机械变速器组成。

液力传动装置有液力耦合器和液力变矩器两种。其中，液力耦合器只能传递转矩，而不能改变转矩大小，可以代替离合器的部分功用；液力变矩器除了具有液力耦合器的全部功能，还能实现一定的变矩作用，即可使发动机的输出转矩增大，因此，目前应用较为广泛。但是，液力变矩器的转矩变化范围还不能满足汽车的使用要求，故一般在其后还要再串联一个有级式机械变速器。

2.3 传动系统的布置形式

传动系统的布置形式主要与发动机的布置和汽车驱动形式有关。

汽车的驱动形式通常用汽车车轮总数 × 驱动车轮总数来表示（其中车轮数按轮毂数计算）。普通汽车多装有四个车轮，其中只有两个驱动轮，其驱动形式为4×2。越野汽车的全部车轮都可作为驱动轮，其驱动形式有4×4和6×6等。

汽车的驱动形式也可以用车桥总数×驱动桥总数表示，如2×1和2×2等。

传动系统的布置，一般有如图2–2所示的几种形式。

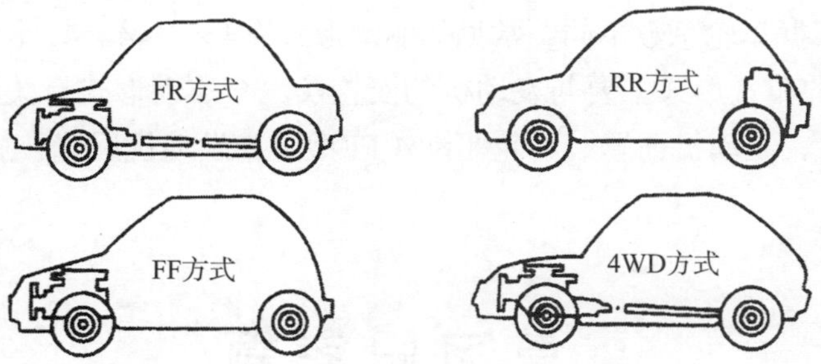

图2–2 汽车传动系统布置形式

1．发动机前置、前轮驱动（FF型）

发动机前置、前轮驱动的传动系统，它将变速器、主减速器和差速器合为一体并同发动机、离合器一起集中安装在汽车前部。发动机有纵向布置和横向布置之分。这种布置形式，除具有发动机散热条件好，操纵方便等优点外，还省去了很长的传动轴，可使传动系统结构变得紧凑，整车重心降低，汽车高速行驶稳定性好，故主要用于重心较低的乘用车上。但上坡时其前轮附着力减小，易出现打滑现象。

2．发动机前置、后轮驱动（FR型）

发动机前置、后轮驱动（FR型）是目前普通货车广泛采用的一种传动系统布置形式。它一般是将发动机、离合器和变速器连成一个整体安装在汽车前部，而主减速器、差速器和半轴则安装在汽车后部的驱动桥中，二者之间通过万向传动装置相连。这种布置形式，发动机散热条件好，发动机、离合器和变速器的操纵机构简单，且重载时驱动轮的附着力大，易获得足够的驱动力。

3．发动机后置、后轮驱动（RR型）

发动机后置、后轮驱动（RR型）的传动系统，它将发动机、离合器和变速器合为一体布置在汽车后部的驱动桥之后。这样可以大大缩短传动轴的长度，使得传动系统结构紧凑，重心有所降低，前轴不易过载，后驱动轮附着力大，并能更充分地利用车厢面积。但由于其发动机后置，其散热条件较差；发动机、离合器和变速器的远距离操纵机构较为复杂，维修调整不便。多用在大型客车上，有些乘用车也采用这种布置形式。发动机也有横向布置和纵向布置之分。

4．四轮驱动（4WD）越野汽车

为了充分利用所有车轮与地面之间的附着力，以获得尽可能大的驱动力，越野汽车必要时可采用全轮驱动。4×4越野汽车传动系统布置形式与发动机前置、后轮驱动的4×2汽车相比较，其前桥既是转向桥也是驱动桥。为了将发动机传给变速器的动力分配给前、后驱动桥，在变速器后增设了分动器，并相应地增设了从变速器通向分动器、从分动器通向前、后两驱动桥之间的万向传动装置。由于转向桥又是驱动桥，所以左、右半轴均采用两段式，并用万向节相连。

本章小结

（1）汽车传动系统的基本功用是将发动机发出的动力按照需要传给驱动轮。

（2）汽车上普遍采用机械式和液力机械式传动系统。

（3）发动机前置后轮驱动的机械式传动系统，由离合器、变速器、传动轴和万向节组成的万向传动装置，以及安装在驱动桥壳中的主减速器、差速器和半轴等组成。

（4）汽车的驱动形式通常用汽车车轮总数×驱动车轮数（车轮数系指轮毂数）来表示。普通汽车一般装有4个车轮。根据车轮总数不同，常见的驱动形式有4×2，4×4，6×6。

（5）汽车传动系的布置形式主要与发动机的安置及汽车驱动形式有关。其布置形式有发动机前置、后轮驱动（FR型），发动机前置、前轮驱动（FF型），发动机后置、后轮驱动（RR型）及越野汽车传动系等。

复习思考题

1. 判断题

（1）汽车传动系统的基本功用是将发动机发出的动力传给车轮，使汽车行驶。（ ）

（2）一般家用乘用车的传动系统为发动机前置前驱布置形式。（ ）

（3）传动系统的布置形式与发动机的布置和驱动形式无关。（ ）

2. 选择题

（1）下列不属于机械传动系统总成件的是（ ）。

A．差速器　　B．半轴　　C．液力变矩器　　D．离合器

（2）下列选项中不属于传动系统功用的是（　）。

A．变速　　B．中断动力　　C．改善汽车行驶稳定性　　D．减速增扭

3．问答题

（1）机械传动系统由哪些总成件组成？

（2）汽车常见的驱动形式有哪些？列举其代表车型。

3 离合器

学习目标

知识目标

（1）叙述离合器的功能和类型；

（2）正确描述摩擦式离合器的基本组成、构造和工作过程。

能力目标

（1）能对离合器进行拆装、维护及检修；

（2）能分析离合器常见故障的原因。

3.1 概述

离合器位于发动机和手动变速器之间，是汽车传动系统中直接与发动机相连接的总成，用来切断和实现发动机对传动系统的动力传递，如图3–1所示。

在汽车机械式传动系统中广泛采用的是摩擦式离合器。

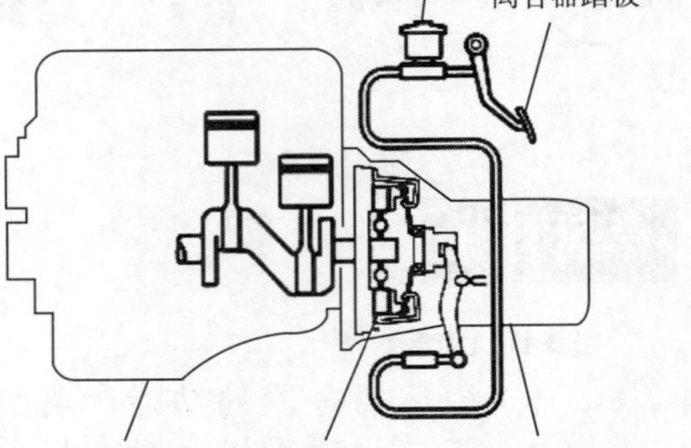

图3–1 离合器与发动机连接示意图

3.1.1 离合器的功能

1．保证汽车平稳起步

汽车起步前，发动机应在无载荷的状况下起动。若没有离合器，发动机与传动系统刚性连接，一旦变速器挂上挡，发动机由于突然增加负荷，不但会造成机件的损伤，而且不足以克服汽车突然起步产生的惯性力，使转速急剧下降而熄火。

若在起步时操纵离合器暂时将发动机和变速器分离，然后再逐渐接合，由于离合器的主动部分与从动部分之间存在着滑磨现象，可以使离合器传输的转矩逐渐增大，汽车驱动力也逐渐增大，从而让汽车平稳地起步。

2．便于汽车换挡

汽车行驶过程中，需要经常换用不同的变速器挡位，以适应不断变化的行驶条件。如果没有离合器将发动机与变速器暂时分离，那么，变速器中啮合的传动齿轮会因载荷没有卸除，其啮合齿面间的压力很大而难以分开，而另一对待啮合齿轮会因二者圆周速度不等而难以啮合。若强行进入啮合也会产生很大的齿端冲击，容易损坏机件。装设了离合器后，换挡前，先踩下离合器，暂时切断动力传递，然后进行换挡操作，以保证换挡操作过程的顺利进行，并减轻或消除换挡的冲击，使换挡柔和平顺。

3．防止传动系统过载

汽车紧急制动时，车轮突然急剧降速，而与发动机相连的传动系统由于旋转的惯性，仍保持原有的转速，这往往会在传动系统中产生很大的惯性力矩，会造成传动系统过载而使其机件损坏。由于离合器是靠摩擦力矩来传递转矩的，所以，当传动系统承受的载荷超过离合器所能传递的转矩时，离合器的主、从动部分就会自动打滑，从而起到过载保护的作用。

3.1.2 摩擦式离合器的组成和工作原理

1. 摩擦式离合器的基本组成

摩擦式离合器总成主要由主动部分、从动部分、压紧装置和操纵机构组成，如图3–2所示。

离合器的主动部分主要由飞轮、压盘和离合器盖组成，与发动机同步旋转。压盘的移动由分离杠杆操控。

从动部分主要是从动盘，常称为离合器片，连接变速器。

压紧装置是由安装在离合器盖和压盘之间、沿圆周均布的压紧弹簧等组成，其作用是将压盘和离合器片压向飞轮。

操纵机构由分离轴承和套筒、分离叉、拉杆或拉索、离合器踏板等组成，用以操控离合器的分离和接合。

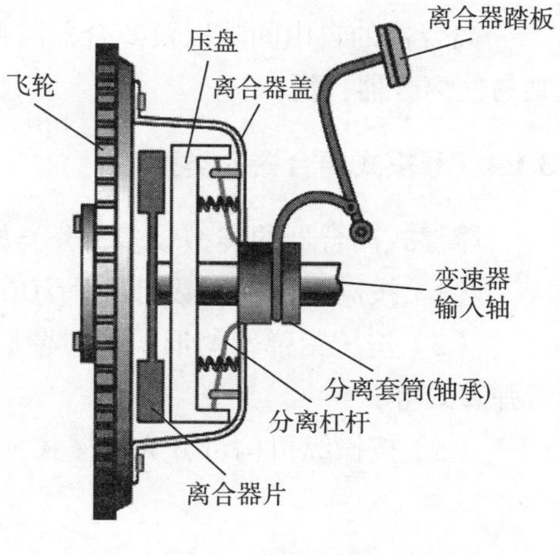

图3–2 离合器组成示意图

2. 摩擦式离合器的工作原理

（1）接合状态：离合器踏板处于最高位置，压紧装置的弹簧将压盘、飞轮及离合器片互相压紧，发动机的转矩经飞轮及压盘通过摩擦面的摩擦力矩传至离合器片，如图3–3（a）所示。

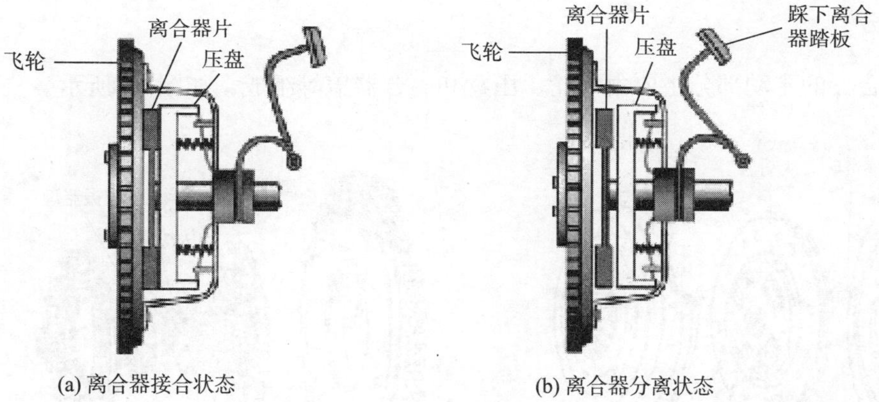

(a) 离合器接合状态　　(b) 离合器分离状态

图3–3 离合器工作原理示意图

（2）分离过程：踩下踏板，通过拉杆、分离拨叉使分离轴承前移，推动分离杠杆使压盘克服压紧弹簧的压力后移，压盘与飞轮之间产生间隙，作用在离合器片上的摩擦力矩消失，中断动力传递，如图3–3（b）所示。

（3）接合过程：缓慢地抬起离合器踏板，在压紧弹簧作用下，压盘前移使离合器片逐渐与飞轮恢复接触。随着离合器片上的压力逐渐增加，主、从动部分的转速差逐渐减小，直到转速相等滑磨现象消失，离合器完全接合。

3.1.3 离合器的自由行程和踏板自由行程

从离合器的工作原理可知，为了保证离合器在传递转矩时处于完全接合状态，不会出现打滑现象，特别是防止离合器片磨损变薄后，压板不能前移而造成离合器打滑，因此，离合器在接合状态时，在分离杠杆内端与分离轴承之间必须预留一定量的间隙，称为离合器的自由间隙。

踩下离合器踏板时，首先必须消除这一间隙，然后才能使离合器分离。为消除离合器的自由间隙所需的离合器踏板行程，称为离合器踏板自由行程。

离合器的自由间隙以及离合器踏板自由行程会随着离合器片使用磨损而逐渐变小，应及时调整否则易使离合器打滑。

3.1.4 摩擦式离合器的类型

摩擦式离合器的类型较多，分类如下：

（1）按离合器片的数目可分为单片式、双片式和多片式；

（2）按压紧弹簧的形式及布置形式可分为膜片弹簧式、周向布置螺旋弹簧式、中央弹簧式和斜置弹簧式等；

（3）按操纵机构可分为机械式（拉杆式和拉索式）、液压式、气压式和空气助力式等。

3.2 摩擦式离合器的构造

摩擦式离合器的种类虽多，但其组成和工作原理基本相同，都由主动部分、从动部分、压紧装置和操纵机构组成。

3.2.1 主动部分

摩擦式离合器的主动部分主要由飞轮、压盘和离合器盖等组成，如图3–4所示。

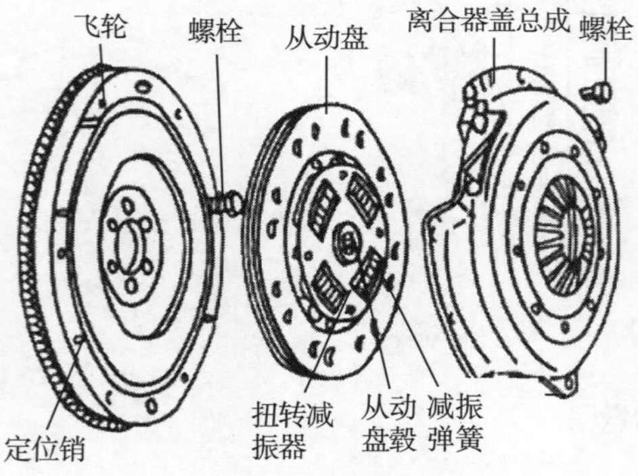

(a) 膜片弹簧式离合器

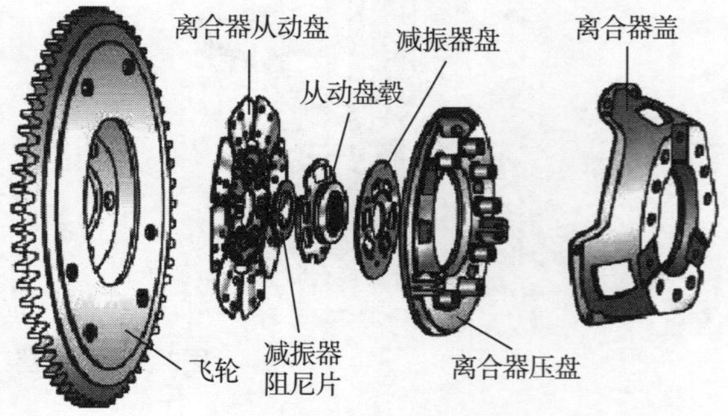

(b) 周布弹簧式离合器

图3–4 摩擦式离合器的构造

1. 飞轮

飞轮是发动机曲轴飞轮组的主要零部件，飞轮的后端面同时也是离合器的动力输入部件。

2. 离合器盖和压盘

离合器盖和压盘主要作用是连接或切断发动机动力。离合器盖通过螺栓与飞轮相连，压盘与离合器盖之间是通过周向均布的几组从动片和分离杠杆来传递转矩，压盘在弹簧力作用下，将离合器片压紧在飞轮上。

3.2.2 从动部分

从动部分主要是从动盘，常称为离合器片。

离合器片由离合器片本体、摩擦片和离合器片毂三个基本部分组成。为了避免转动方向的共振，缓和传动系统受到的冲击载荷，大多数汽车都在离合器片上装有扭转减振器，如图3-5所示。

离合器片位于飞轮和压盘之间。离合器片的前、后摩擦片接触压盘和飞轮的摩擦面以传送动力，还可以缓和离合器啮合时的冲击。

离合器片分为单片式、双片式、多片式。乘用车和轻中型货车一般采用单片式离合器片。它将从飞轮传来的动力通过摩擦传给变速器的输入轴。

图3-5 离合器片

离合器接合时，发动机转矩经飞轮和压盘传给离合器片两侧的摩擦片，带动离合器片本体与离合器片本体铆接在一起的减振器盘转动。离合器片本体和减振器盘又通过减振器弹簧把转矩传给了离合器片毂。因为有弹性环节的作用，所以传动系统受的转动冲击可以在此得到缓和。

传动系统中的扭转振动会使离合器片毂相对于离合器片本体和减振器盘来回转动，夹在它们之间的阻尼片靠摩擦消耗扭转振动的能量，将扭转振动衰减下来。离合器片上的减振弹簧，如图3-5所示。

为了使汽车能平稳起步，离合器应能柔和接合，这就需要离合器片在轴向具有一定的弹性，一般在两层结合面之间装有减振板。离合器突然结合时，冲击被此弯曲部分吸收，以缓和换挡冲击并能平稳传送动力。

另外的措施就是在离合器片本体圆周部分，沿径向和周向切槽，如图3-4所示。再将分割形成的扇形部分沿周向翘曲成波浪形，两侧的两片摩擦片分别与其对应的凸起部分相铆接，这样离合器片被压缩时，压紧力随翘曲的扇形部分被压平而逐渐增大，从而达到接合柔和的效果。

3.2.3 压紧装置

压紧装置主要是螺旋弹簧或膜片弹簧，位于离合器盖与压盘之间。其作用是以离合器盖为依托，将压盘压向飞轮，从而将离合器片压紧，传递转矩。膜片弹簧式离合器在小型和轻型汽车上应用较多。

1．膜片弹簧式离合器

膜片弹簧是广泛采用的离合器压紧元件，如图3-6所示。膜片弹簧用优质弹簧钢板制成，为碟形，其上开有若干个径向开口，形成若干个弹性杠杆。膜片弹簧中部两侧有钢丝支承圈，用铆钉将其安装在离合器盖上。在离合器盖未固定到飞轮上时，膜片弹簧处于自由状态，离合器盖与飞轮接合面之间有一定距离。用螺栓将离合器盖固定到飞轮上时，离合器盖通过后钢丝支承圈把膜片弹簧中部向前移动了一段距离。由于膜片弹簧外端位置没有变化，所以膜片弹簧被压缩变形。

膜片弹簧外缘通过离合器压盘把从动盘压紧在飞轮后端面上，这时离合器为接合状态。在离合器分离时，分离轴承前移，膜片弹簧将以前钢丝支承圈为支点，其外缘向后移动，在分离杠杆的作用下，压盘离开从动盘后移，离合器就处于分离状态。

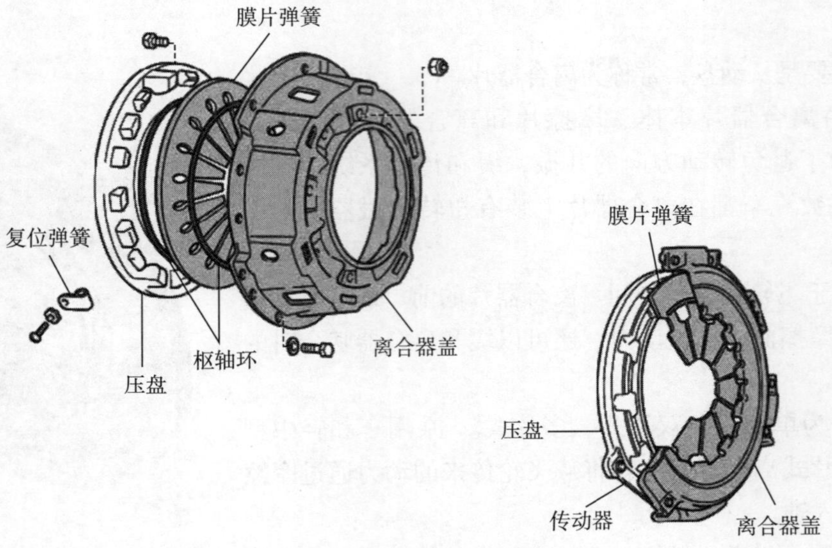

图3-6　膜片弹簧式离合器

膜片弹簧和螺旋弹簧的特性曲线，如图3-7所示。图中横轴表示弹簧压缩变形量，纵轴表示弹簧作用力；实线指示膜片弹簧的特性，虚线指示螺旋弹簧的特性。

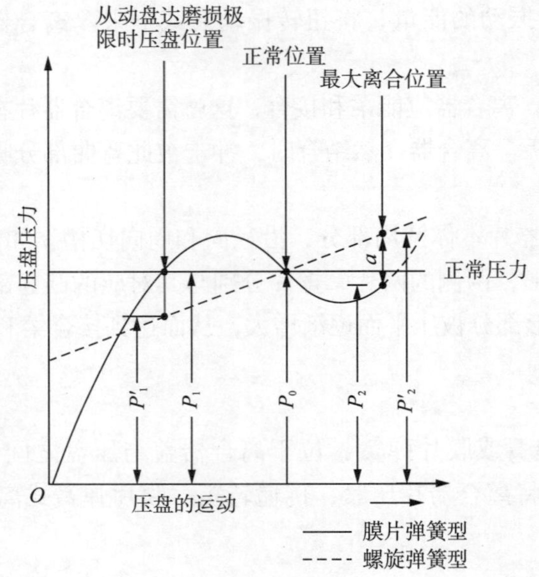

图3-7　膜片弹簧和螺旋弹簧的特性曲线图

膜片弹簧的弹性特性如下所述：

1）正常状态（离合器片未磨损时）

当两种离合器压盘的压紧力都为P_0时，完全踩下离合器踏板的力分别为P_2和P'_2。这意味着要完全踩下离合器踏板，膜片弹簧所需的力要小于螺旋弹簧，如图3-7中a所示。

2）离合器片的摩擦面磨损超过容许极限

此时，施加到螺旋弹簧式离合器压盘上的压力减小到P'_1。另一方面，施加到膜片弹簧式离合器压盘上的压力为P_1，与P_0相同。

这意味着膜片弹簧式离合器的动力传送能力直到离合器片磨损到极限时才降低。相反，施加到螺旋弹簧式离合器压板上的压力减小到P_1'。结果，传送能力降低，从而导致离合器滑转。由此说明，在离合器片磨损后膜片弹簧离合器比螺旋弹簧离合器能更可靠地传递转矩。

膜片弹簧除了有上述优点外，还有以下好处：

（1）膜片弹簧既起压紧弹簧的作用，又起分离杠杆的作用，使离合器结构得以简化，轴向尺寸缩短，重量减小；

（2）膜片弹簧与压盘在整个圆周上接触，对压盘压力分布均匀，摩擦面接触良好，磨损均匀；

（3）在高速旋转时，膜片弹簧受离心力的影响较少，压紧力降低很小。

2．单片多簧式离合器

单片多簧式离合器主要由离合器盖、压盘、若干压紧弹簧等组成，如图3-8所示。

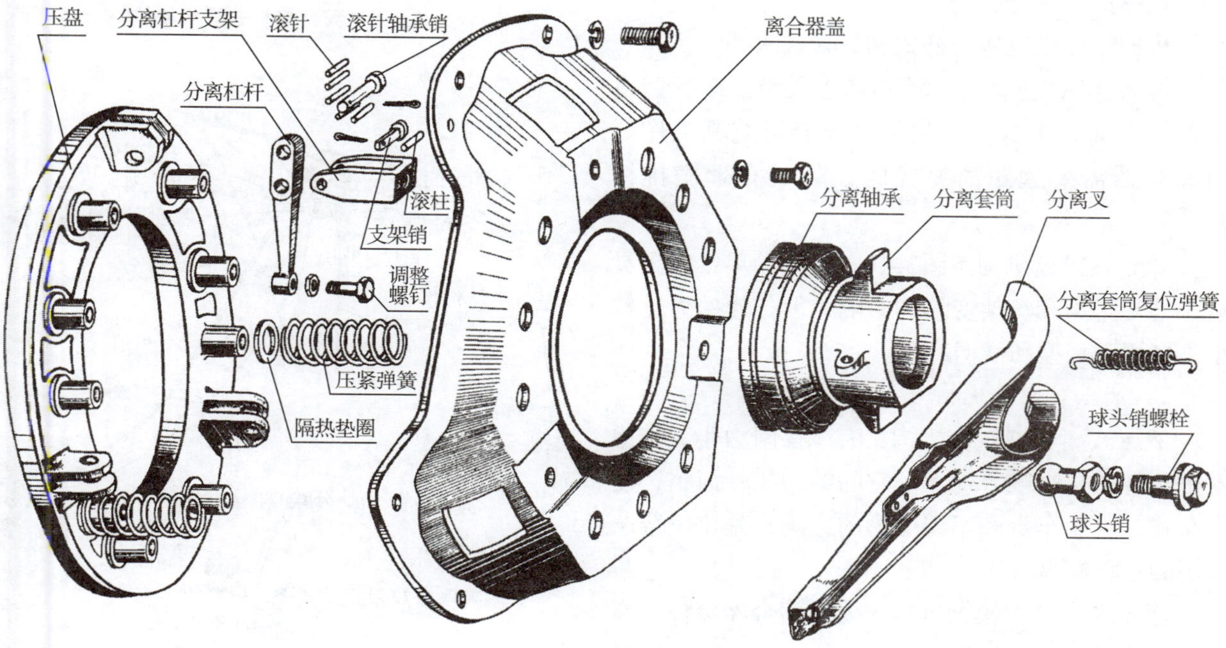

图3-8　单片多簧式离合器

离合器盖用螺钉与飞轮固定，并用定位销定位。离合器盖与压盘之间嵌有若干螺旋弹簧且沿圆周均布，使压盘压向飞轮将离合器片夹紧，使离合器处于接合状态。发动机的转矩传到离合器盖上，再传至变速器输入轴上。

分离杠杆（3个或以上）沿周向均布并沿径向安装，其中部以支承柱孔中的浮动销为支点，外端通过摆动支片抵靠在压盘的沟状凸起部。当在分离杠杆内端施加一个向前的水平推力时，分离杠杆绕支点摆动，其外端通过摆动支片推动压盘克服压紧弹簧的力而后移，从而解除对从动盘的压紧力，摩擦面摩擦作用消失，实现离合器分离。

单片多簧式离合器的每个分离杠杆的高度和内端面的平面度都需要调整，否则可能会出现分离不彻底的故障。

3.2.4　操纵机构

离合器操纵机构是驾驶人可以使离合器分离、而后又使之柔和接合的一套机构。

汽车离合器的操纵机构采用较多的是机械式和液压式。有的重型汽车上还装有气压加力装置。

机械式操纵机构由离合器踏板、拉杆（或绳索）、分离拨叉、分离轴承及套筒等组成。机械式操纵机构利用拉杆或拉线将离合器与踏板相连，其结构简单、工作可靠，操纵时有直观的感觉，目前应用最广。

液压式操纵机构主要由总泵、分泵及管路系统组成。离合器踏板力由总泵通过油压传递到分泵，操纵分离拨叉，使离合器分离。由于其操纵力小、重量轻、布置方便、接合柔和，因此在中、大型汽车上应用广泛。

1．机械式操纵机构

机械式操纵机构有杆式和绳索式两种。

杆式操纵机构装置（图3–9）关节点多，所以摩擦损失大，车身和车架的变形会影响其工作。当离合器需要远距离操控时，较难合理安排杆系。

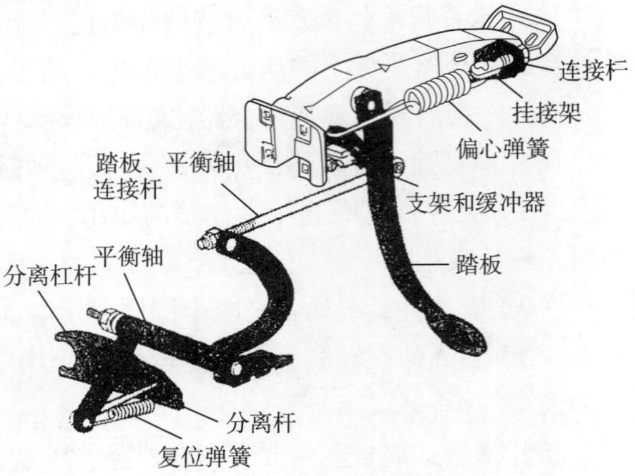

图3–9　离合器杆式操纵机构

绳索式操纵机构（图3–10）结构简单，布置灵活，不受车身和车架变形的影响，但传递的力比较小，多用于轻型和微型汽车。

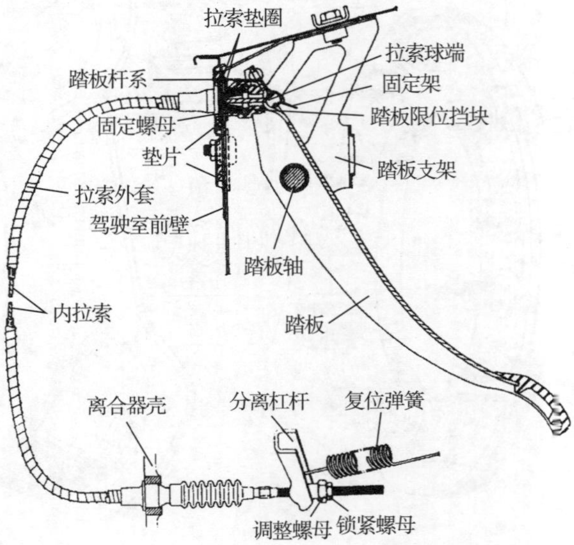

图3–10　离合器绳索式操纵机构

2．液压式操纵机构

液压式离合器操纵机构具有摩擦阻力小、传递效率高、接合平顺等优点。它的结构比较简单，便于布置，不受车身和车架变形的影响，是比较普遍采用的一种操纵形式。

液压式离合器操纵机构主要由离合器踏板、离合器总泵、分泵、管路以及分离拨叉、分离轴承及套筒等组成，如图3–11所示。

离合器总泵（主缸）和分泵（工作缸）的实物图，如图3–12所示。

离合器总泵和分泵的结构，如图3–13所示。

总泵的上部是储油罐，并通过阀门与总泵的工作缸相通，阀杆后端穿在活塞的中心孔中。后弹簧座紧靠在活塞的前端并被轴向定位，它可单向拉动阀杆，在阀杆的前端装有橡胶密封圈的阀门，后端装有锥形的复位弹簧。前弹簧座具有轴向中心孔和轴向径向的槽，复位弹簧安装在前后弹簧座之间。

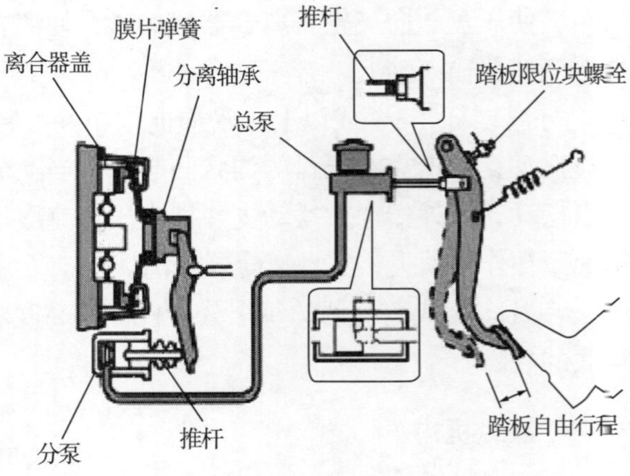

图3–11　离合器液压式操纵机构

离合器分泵内装有活塞、两皮圈、推杆和放气螺钉等。两皮圈的刃口方向相反，其作用是不同的：左侧皮圈是用来密封油液防止泄漏的；右侧皮圈是防止迅速抬起离合器踏板。放气螺钉的作用是

图3–12 离合器总泵、分泵实物图

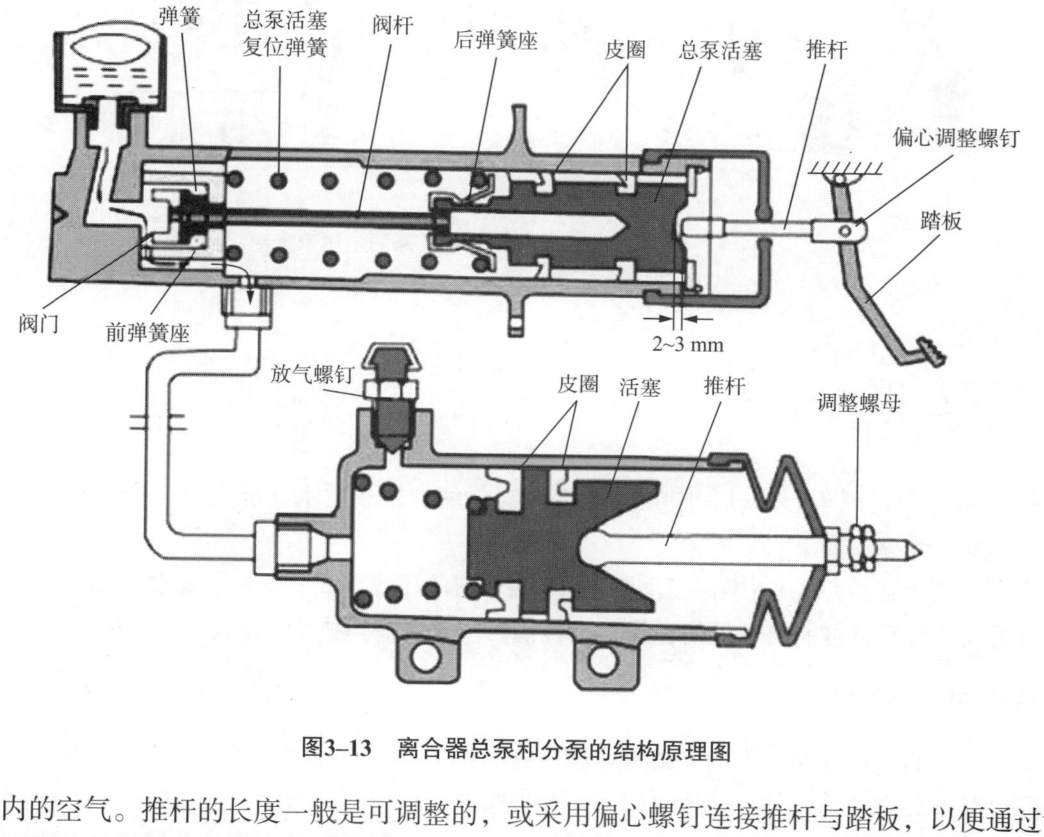

图3–13 离合器总泵和分泵的结构原理图

放净系统内的空气。推杆的长度一般是可调整的，或采用偏心螺钉连接推杆与踏板，以便通过调整使推杆与活塞保持一定的间隙，保证活塞彻底复位。

液压式离合器操纵机构的工作过程如下所述：

踩下离合器踏板时，活塞左移，在压缩复位弹簧的同时放松了阀杆，锥形复位弹簧使杆端阀门压紧在总泵的前端，密封了总泵与储油罐之间的通孔，继续踩下离合器踏板，则缸内油液就在活塞及皮圈的作用下，压力上升，并通过管路传输给分泵。分泵内压力升高，推动活塞和推杆移动，使分离叉工作。

当抬起离合器踏板时，复位弹簧的一端使总泵活塞后移，另一端使前弹簧座压在总泵缸体的前端，活塞后移到位时，通过后弹簧座拉动阀杆及杆端密封圈阀门，压缩锥形弹簧，打开储油罐与总泵通孔，并通过前弹簧座径向和轴向槽，使管路与分泵相通，整个系统无压力。

离合器分泵内的推杆带动拨叉运动，拨叉带动分离轴承运动（图3–14），离合器压盘就会将离合器片与发动机飞轮进行分离。当松开离合器踏板后，复位弹簧将拨叉拉回原位。分离轴承的作用是在分离叉（不转动）和离合器压板上的分离杠杆（转动）之间的进行力和位移的传递。

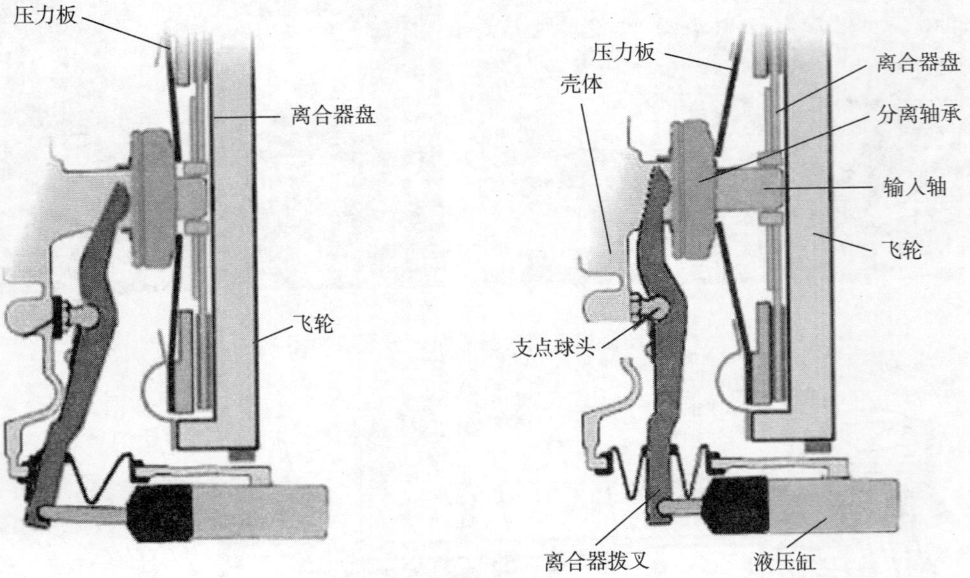

图3–14　离合器分离拨叉和分离轴承的工作示意图

3.3　离合器的检修

摩擦式离合器在汽车行驶过程中频繁地接合与分离，造成技术状况变差，产生打滑、分离不彻底、发抖和发响等故障现象。

离合器出现上述故障，说明在使用过程中，离合器的压盘、离合器片、压紧弹簧、分离机构和操纵机构等组成部分都有可能出现损伤，需要进行检修才能恢复其技术状况。

3.3.1　离合器的正确操作

汽车上的离合器在正常行车时是处在紧密接合状态的，离合器应无滑转。除汽车起步、换挡和低速制动需要踩下离合器踏板外，其他时间都不要把脚放在离合器踏板上。行车时把脚长时间放在离合器踏板上，很容易造成离合器打滑、离合器片烧蚀等现象，严重时甚至使离合器压盘、飞轮端面烧蚀拉伤，导致离合器压紧弹簧退火等故障。同时，还会导致费油，增加行车费用。

1．起步时的正确操作

起步时离合器踏板的操作要领是“一快、二慢、三联动”。即在踏板抬起开始时快抬；当离合器出现半联动时（此时发动机的声音有变化）踏板抬起的速度稍慢；由联动到完全接合的过程，将踏板慢慢抬起的同时，根据发动机阻力大小逐渐踩下加速踏板，使汽车平稳起步。

2．换挡时的正确操作

在行车中换挡时，操纵离合器踏板应迅速踩下并抬起，不要出现半联动现象，否则会加速离合器分离轴承的磨损。另外，操作时要注意与油门的配合。

3．制动时的正确操作

在汽车的行车过程中，除低速制动停车需要踩下离合器踏板外，其他情况下的制动都尽量不要踩下离合器踏板。低速行车中制动停车的操纵方法是先踩下制动踏板，然后再踩下离合器踏板，使汽车平稳地停下来。

3.3.2 离合器的检修

根据离合器的故障现象，对离合器要进行针对性的检修。离合器的检修要求在不同车型上略有差异，但主要检修项目是基本相同的。

1．离合器踏板自由行程的调整

首先测出踏板完全放松时的高度，再测出踩下踏板感到有阻力时的高度，二者之差即为自由行程。自由行程过大，离合器分离不彻底；反之，离合器打滑。每种车型的离合器踏板自由行程的参数不一定相同，但测量方法和调整方法基本相同。

下面以上海通用凯越乘用车为例加以说明：

（1）确定离合器踏板自由行程。用手轻压离合器踏板并在感到有阻力时测量踏板的位移，如图3-15所示；

（2）调整离合器踏板自由行程。松开锁止螺母并转动推杆，调整离合器踏板自由行程在6 ~ 12 mm，调整后紧固锁止螺母，如图3-16所示；

（3）测量离合器踏板工作行程。将离合器踏板踩到底。测量起止位置之间的距离，如图3-17所示；

（4）调整离合器踏板工作行程。松开锁止螺母并转动推杆，调整离合器踏板工作行程应在130 ~ 140 mm，调整后紧固锁止螺母，如图3-16所示。

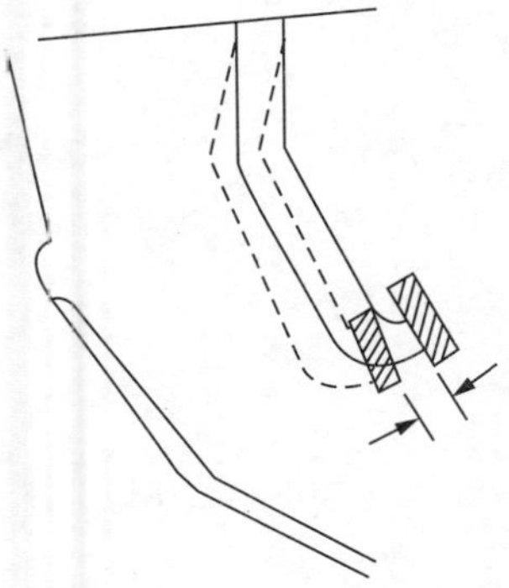

图3-15 离合器踏板自由行程

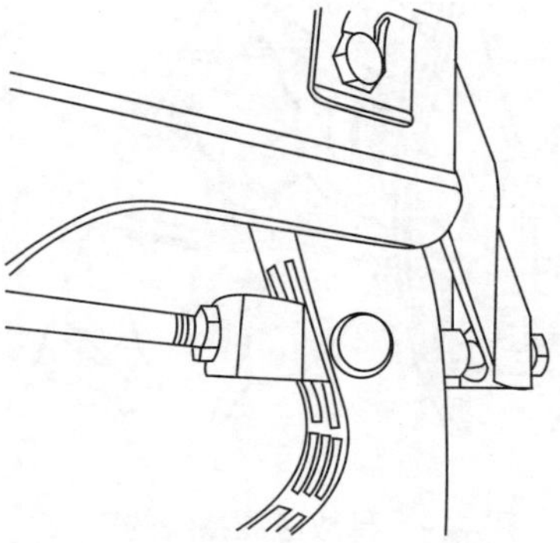

图3-16 调整离合器踏板自由行程

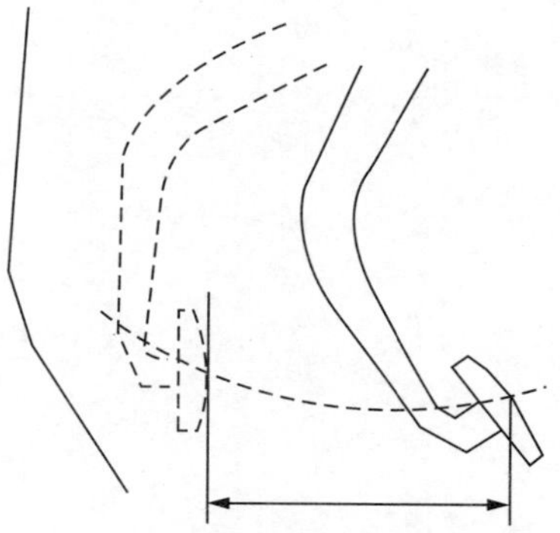

图3-17 测量离合器踏板行程

上海通用乐骋乘用车离合器的钢丝绳索式操纵机构在设计上采用无自由行程的离合器踏板。调节离合器拉线调节螺母满足以下技术参数就可以实现离合器操纵机构的正常工作（图3-18）：

（1）离合器踏板分离行程（a）：踏板行程为120 ~ 130 mm；

（2）离合器接合前离合器踏板与地板间的间隙（b）：离合器接合前踏板与地板间的间隙为50 ~ 60 mm。

起动发动机后，检查踏板与地板间的间隙是否在规定参数范围内。如果不能进行离合器调整，应检查离合器踏板是否受到干扰。如果未发现干扰或障碍物，则离合器拉线可能磨损，需要更换。

2．离合器液压式操纵机构中的空气排除

离合器液压式操纵机构和制动系统一样使用制动液作为工作介质，离合器液压式操纵机构正常工作的前提是液压系统中没有空气，因此，必须对液压系统进行排除空气作业。

对离合器液压操纵系统进行检查时，要注意查看：

（1）油液液面——如果油液液面过低，检查液压系统是否泄漏；

（2）检查总泵是否泄漏——总泵油液泄漏经常发生在离合器踏板推杆油封处，查看离合器踏板推杆伸入总泵的部位是否有漏油痕迹；

（3）分泵泄漏——查看分泵油封是否泄漏；

（4）液压管路或液压软管是否扭结或损坏。

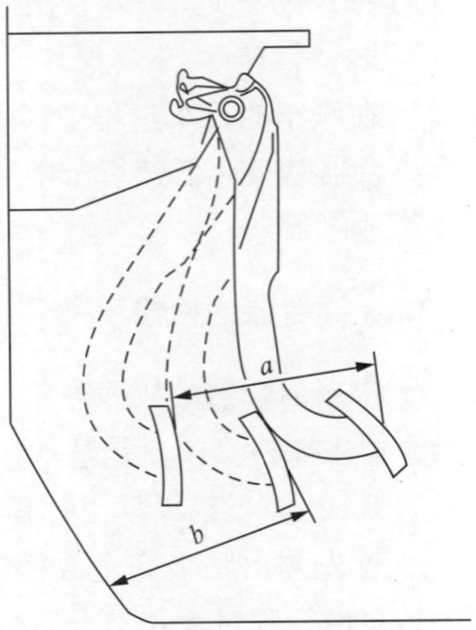

图3–18　离合器踏板行程图

释放液压系统中的空气时，如需补充工作液应注意，只能使用符合厂商规定或推荐的工作液。

在排气时，离合器/ 制动器液罐中的离合器/ 制动器的液面必须保持在MIN（最低）以上位置，不能使其液面过低而导致新的空气进入系统。泄放系统油液时，应直到油液中不出现气泡为止。

下面以上海通用凯越乘用车为例说明排气过程：

（1）将塑料软管连接至离合器分泵放气塞。将该管的另一端插入装有制动液的玻璃容器内，如图3–19所示；

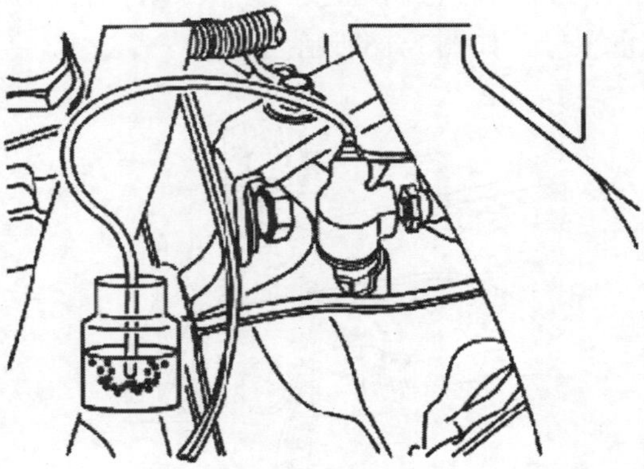
图3–19　释放液压系统的空气

（2）缓慢踏放离合器踏板数次；

（3）踩下离合器踏板并保持，松开放气螺塞，直到开始有油液流出。关闭放气螺塞；

（4）重复步骤（3），直到油液泄放中无气泡为止；

（5）将储液罐中的工作液加注至适当液位。

3．离合器分离轴承的检查

用手转动分离轴承，应灵活自如，没有噪声和阻力。分离轴承为封闭式，不能拆卸清洗或充注润滑剂，若损坏时必须更换。

4．飞轮的检查

飞轮检查项目主要有：

（1）端面跳动量是否过大，检测方法如图3-20所示；

（2）有无过热部位或热裂纹；

（3）有无磨损凹槽；

（4）飞轮齿圈是否损坏。

5．离合器片的检查

（1）离合器片轴向偏摆的检查。将离合器片放在定位轴上，用百分表检查其轴向偏摆，在距边缘2.5mm处测量，标准值为0.15mm，使用极限为0.5mm，超过极限时，可以用专用工具进行修正或更换；

（2）离合器片与变速器第一轴（输入轴）配合花键的检查。将离合器片装在变速器第一轴（输入轴）的花键轴上，检查离合器片的花键孔与变速器第一轴花键轴的配合，不得有明显的轴向摆动与圆周摆动，但在轴上能顺利移动；

（3）离合器片磨损的检查。检查离合器片的磨损（图3-21），用卡尺测量离合器片铆钉头至端面的深度，不得小于0.3 mm，否则应更换离合器片。

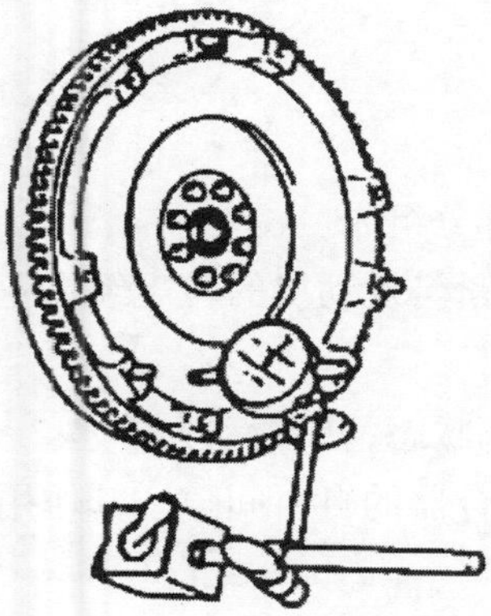

图3-20　检查飞轮

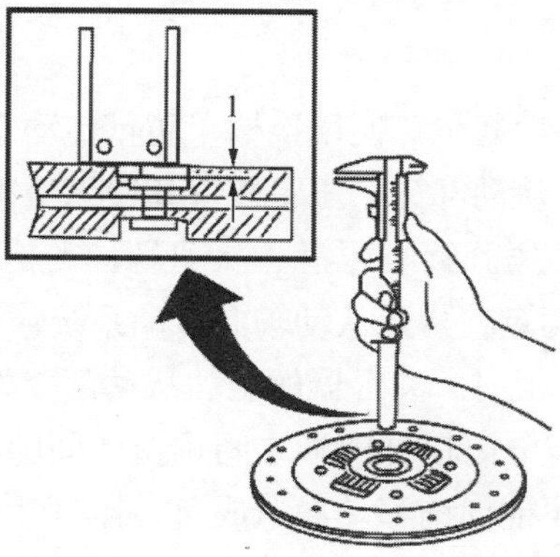

图3-21　离合器片磨损检查

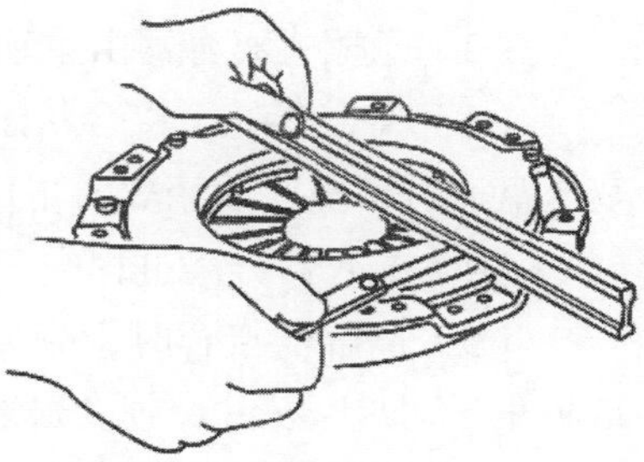

图3-22　离合器压板端面检查

6．离合器压盘的检修

（1）压盘端面跳动的检查是将压盘固定在芯轴上，用百分表检查其端面跳动，使用极限为0.2 mm。亦可用直尺和厚薄规检查，如图3-22所示。如压盘铆接点损坏或开铆，应更换压盘；

（2）膜片弹簧高度的检查。膜片弹簧高度若发生变化，表示膜片弹簧弹力不足，必须更换。可用卡尺检查膜片弹簧的高度，其与标准高度相差不应大于0.5 mm；

螺旋弹簧式离合器的检查方法相同，技术参数参阅原厂资料；

（3）膜片弹簧内端面检查。膜片弹簧内端面（分离杠杆端面）磨损的检查用卡尺检查。离合器压盘上膜片弹簧的内端与分离轴承接触磨损的痕迹，深度不得大于0.6 mm；

（4）检查膜片弹簧（或螺旋弹簧）是否损伤。检查压盘表面是否磨损或开裂，压盘表面是否有油污，必要时更换压盘。

3.3.3　离合器常见的故障现象

1．离合器打滑

（1）当汽车起步时，完全放松离合器踏板，汽车不能起步或起步困难；

（2）汽车行驶中加速时，车速不能随发动机转速的提高而增加，发动机的动力不能完全传给驱动轮，造成行驶无力；

（3）当满载上坡时，打滑较明显，严重时发出因摩擦片过热而产生的焦臭味。

2．离合器分离不彻底

（1）汽车起步时，将离合器踏板踩到底仍感到挂挡困难或虽然强行挂挡，但不抬踏板汽车就前移或造成发动机熄火；

（2）变速时挂挡困难，并伴有变速器齿轮撞击声。

3．离合器发响

在使用离合器时，发出不正常的响声，一种是在踩下离合器踏板时有响声；另一种是在放松踏板时发响。

4．离合器发抖

汽车起步时，缓慢放松离合器踏板，离合器接合不平稳而使车身明显振动，不能平稳起步。

本章小结

（1）离合器的功用是保证汽车平稳起步、便于换档、防止传动系统过载。

（2）摩擦式离合器由主动部分、从动部分、压紧装置和操纵机构四个部分组成。

（3）离合器处于接合状态时，压紧弹簧将压盘、从动盘、飞轮互相压紧。发动机的转矩经飞轮及压盘通过摩擦面的摩擦力矩传到从动盘，再经从动轴向传动系统输出。

（4）离合器分离过程中，踏下踏板时，离合器的主、从动部分处于分离状态，中断动力传递。

（5）离合器接合时，分离轴承与分离杠杆内端之间预留的间隙称为离合器的自由间隙。其作用是防止从动盘摩擦片磨损变薄后压盘不能向前移动而造成离合器打滑。

（6）摩擦式离合器类型：按从动盘数目可分为单片式、双片式和多片式；按压紧弹簧形式及布置形式可分为圆周布置螺旋弹簧式、中央弹簧式、膜片弹簧式和斜置弹簧式等。

（7）离合器操纵机构的类型有机械式（杆式和绳式）、液压式、气压式和空气助力式等。

（8）离合器主动部分由飞轮、离合器盖和压盘等组成。

（9）离合器从动盘分为不带扭转减振器和带扭转减振器两种类型。

（10）膜片弹簧离合器的优点是膜片弹簧兼起分离杠杆的作用，简化了结构，轴向尺寸缩小；压盘圆周上的压力分布均匀，接合平顺；弹簧受高速离心力影响小，压力变化小，传动可靠性高，不易打滑；操纵轻便。

（11）单片多簧式有三个以上的分离杠杆，每个分离杠杆的高度和内端面都需调整。

（12）离合器操纵机构多采用机械式和液压式。液压式离合器操纵机构由离合器踏板、离合器主缸、工作缸、分离叉、分离轴承和管路系统组成。

（13）离合器检修项目主要有：离合器踏板自由行程的调整；液压式离合器操纵系统中的空气排除；离合器分离轴承、离合器片和压板检修等。

（14）离合器常见故障有打滑、分离不彻底、发响和发抖等。

复习思考题

1. 判断题

（1）离合器主从动盘之间摩擦面积越大所传递的转矩越大。（　）

（2）汽车离合器的主动部分主要由飞轮、压盘、离合器盖、摩擦盘等组成。（　）

（3）汽车离合器的作用之一是降低转速、增大扭矩。（　）

（4）离合器踏板自由行程过大，使分离轴承压在分离杠杆上，造成离合器打滑。（　）

（5）膜片弹簧离合器的结构特点之一是用膜片弹簧取代压紧弹簧和分离杠杆。（　）

（6）离合器液压操纵系统管路中有空气，会造成离合器分离不彻底。（　）

（7）汽车离合器盖与压盘松动不会有异响发生。（　）

（8）从动盘或压盘翘曲变形，飞轮工作端面的端面圆跳动严重会造成起步发抖现象。（　）

（9）连踩踏板，如果离合器刚接合或刚分开时有响声，说明从动盘减振弹簧疲劳或折断。（　）

（10）分离杠杆内端高低不一致将导致离合器分离不彻底，并且汽车在起步时车身发生颤抖现象。（　）

2. 选择题

（1）属于离合器从动部分零件的是（　）。

A. 压板　　B. 离合器盖　　C. 扭转减振器　　D. 压紧弹簧

（2）关于离合器打滑原因的错误说法是（　）。

A. 离合器踏板没有自由行程，使分离轴承压在分离杠杆上

B. 离合器踏板自由行程过大

C. 从动盘摩擦片、压盘或飞轮工作面磨损严重，离合器盖与飞轮的连接松动

D. 从动盘摩擦片油污、烧蚀、表面硬化、铆钉外露、表面不平，使摩擦系数下降

（3）膜片弹簧离合器的膜片弹簧的作用为（　）。

A. 压紧弹簧　　B. 分离杠杆　　C. 从动盘　　D. A和B

（4）起步发抖的原因是（　）。

A. 分离轴承套筒与导管油污、尘腻严重，使分离轴承不能复位

B. 从动盘或压盘翘曲变形，飞轮工作端面的端面圆跳动严重

C. 分离轴承缺少润滑剂，造成干磨或轴承损坏

D. 新换的摩擦片太厚或从动盘正反装错

（5）当离合器处在结合状态时（　）。

A. 压盘、飞轮和从动盘之间没有压紧力

B. 离合器处于滑磨状态

C. 弹簧将压盘、飞轮及从动盘相互压紧

D. 飞轮和压盘之间互相没有接触

（6）当离合器处于完全接合时，变速器第一轴的状态是（　）。

A．不转动　　　　　　　　　　B．与发动机曲轴转速不相同
C．与发动机曲轴转速相同　　　D．转速不能确定

（7）离合器打滑原因是自由行程（　　）。

A．过大　　B．过小　　C．均不对　　D．与其无关

（8）膜片弹簧不具备以下哪个特点？（　　）

A．轴向尺寸小　　　　　　B．分离杠杆安装方便
C．高速行驶压力稳定　　　D．弹簧力分布均匀

（9）关于离合器分离不彻底的原因的错误说法是（　　）。

A．离合器踏板自由行程过大
B．分离杠杆调整不当，其内端不在同一平面内或内端高度太低
C．新换的摩擦片太厚或从动盘正反装错
D．压力弹簧疲劳或折断，膜片弹簧疲劳或开裂，使压紧力下降

3. 问答题

（1）膜片弹簧离合器与螺旋弹簧离合器相比有何优缺点？
（2）什么是离合器踏板的自由行程？为什么要自由行程？
（3）汽车传动系统中为何要安装离合器？
（4）根据下面的离合器示意图说明其工作原理。

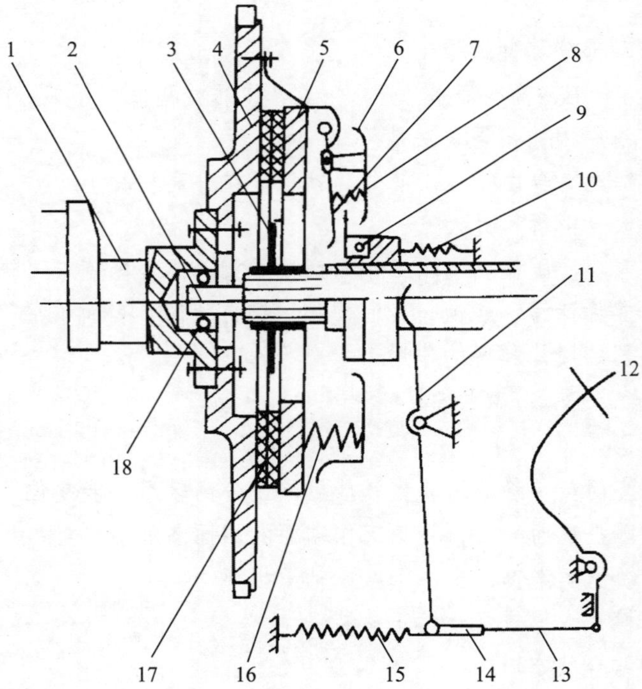

1–曲轴；2–从动轴(变速器一轴)；3–从动盘；4–飞轮；5–压盘；6–离合器盖；7–分离杠杆；8–复位弹簧；9–分离轴承和分离套筒；10–复位弹簧；11–分离叉；12–离合器踏板；13–分离拉杆；14–拉杆调节叉；15–复位弹簧；16－玉紧弹簧；17–从动盘摩擦片；18–轴承

4 手动变速器

学习目标

知识目标

（1）叙述手动变速器的功能和类型；
（2）正确描述齿轮变速器的变速传动原理；
（3）正确描述典型二、三轴变速器的基本组成和动力传递路线；
（4）简单叙述同步器的功用、类型、结构和工作原理；
（5）简单叙述变速器操纵机构的功用、类型和结构。

能力目标

（1）能对手动变速器进行拆装、维护与检修；
（2）能分析手动变速器常见故障的原因。

4.1 概述

4.1.1 变速器的功能

汽车广泛使用的活塞式内燃机，其输出转矩和转速变化范围较小，而汽车的使用条件又非常复杂，要求汽车的驱动力和行驶速度能在相当大范围内变化，为此在传动系统中设置了变速器。变速器的主要功用是：

（1）变速、变矩。根据不同的道路和交通情况，改变汽车的驱动力和汽车行驶速度（通过改变挡位来完成）；

（2）中断动力传递。在不需要传递动力但发动机仍保持运转的状态，在离合器接合的情况下，利用变速器中的空挡中断动力传递，使发动机能够起动和怠速；

（3）倒车。在发动机转向不变的前提下利用变速器，使汽车能倒向行驶。

4.1.2 变速器的分类

1．按传动比变化方式分

1）有级变速器

采用齿轮传动，具有若干个定值传动比，传动比成阶梯式变化。按采用轮系形式的不同，有轴线固定式变速器（普通齿轮变速器）和轴线旋转式变速器（行星齿轮变速器）两种。

目前，乘用车和轻、中型货车变速器的传动比通常有3～6个前进挡和一个倒挡。所谓变速器挡位是指其前进挡位数。

2）无级变速器

其传动比可以在一定范围内连续变化，常见的有电力式和液力式两种。电力式无级变速器的变速传动部件为直流串激电动机；液力式无级变速器多采用液力变矩器以及锥形轮带传动来完成。

3）综合式变速器

由液力变矩器和齿轮式有级变速器组成的液力机械式变速器，其传动比可在几个区段内无级变化，为部分无级式。这种结构既可得到较大的传动比，又可实现无级变速，目前应用较多。

2．按操纵方式不同分

1）手动变速器

由驾驶人直接操纵变速杆进行换挡。这种变速器的换挡机构简单，工作可靠，目前应用最广泛。

2）自动变速器

传动比的选择和换挡是自动进行的。它根据发动机负荷和车速的信号系统，控制换挡系统的执行元件，实现机械变速机构传动比的变换。驾驶人只需操纵加速踏板来控制车速。

3）半自动变速器

此种变速器有两种形式：一种是几个常用挡位可自动操纵，其余几个挡位由驾驶人操纵；另一种是预选式的，即驾驶人先用按钮选定挡位，在踩下离合器踏板或松开加速踏板时，接通自动控制和执行机构进行自动换挡。

4.1.3 手动变速器分类

手动变速器又称机械式变速器（简称MT，Manual Transmission）。最常见的手动变速器多为五挡位（4个前进挡、1个倒挡），也有的汽车采用六挡位变速器，并且通常带同步器，换挡方便，噪音小。

1．按齿轮传动方式分类

按齿轮传动方式分类，常见的是二轴式和三轴式变速器。

二轴式手动变速器是指变速器只有输入轴和输出轴，它在任何前进挡工作时，都只有一对齿轮副（倒挡时为两对齿轮副）工作。二轴式变速器主要应用于发动机前置、前轮驱动的乘用车，例如，一汽奥迪A6、上海桑塔纳2000、二汽神龙富康988EX、上海通用赛欧SLI.6等。

三轴式手动变速器是指除了输入轴和输出轴外，还有中间轴。三轴式变速器每个挡位都是由两对齿轮传动，因此，输入轴与输出轴的旋转方向相同（倒挡时两轴旋转方向相反）。这种变速器适应于发动机前置、后轮驱动的布置形式，在中型以上汽车和部分小型乘用车上应用，例如，解放CA1091、斯太尔91系列、北京切诺基、南京依维柯、丰田皇冠3.0等。

2．按齿轮啮合方式分类

按齿轮啮合方式不同，汽车手动变速器分为滑动选择式、结合套式和同步啮合式三种。

滑动选择式变速器采用平行的两根轴或多根轴，通过移动直齿啮合齿轮副中的一个齿轮，使之与另一个齿轮进行啮合或退出啮合，从而实现挂挡或退挡。当其中一个齿轮正在转动，那么，进入啮合相当困难，传动中冲击大、噪音大、承受能力低，因此这种类型的变速器越来越少。

结合套式变速器同样应用于平行轴式变速器，其轴上装有啮合齿轮。通过使用滑动结合套锁定空转齿轮来实现速比的改变。欲挂某一挡时，拨动结合套使之与花键毂及结合齿圈同时啮合，即挂入该挡。相对于滑动选择式变速器，其齿轮和结合套上的花键齿均有圆角，使换挡冲击减小，但在齿轮换挡时仍有齿轮碰撞。

目前，各类手动变速器几乎都是操纵方便的同步啮合式变速器，它可实现换挡轻便、平稳。本章节将对常见的同步啮合式变速器作详细的讲解。

4.1.4 手动变速器的变速传动原理

1．齿轮的变速原理

齿轮是在外圈加工出轮齿的轮子，通常用于将转动力从一根轴传到另一根轴上。一般将两个大小不同的齿轮配合使用，以改变输出速度和转矩（旋转功能），如图4–1所示。

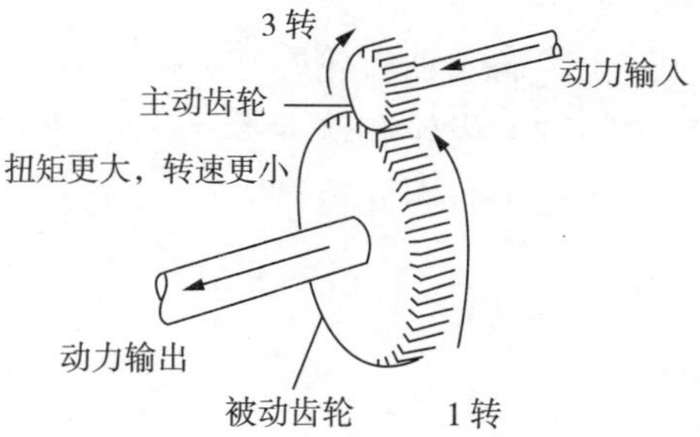

图4–1 齿轮传动原理

传动比是主动齿轮（即输入轴）转速与被动齿轮（即输出轴）转速之比，通常用被动齿轮的齿数除以主动齿轮的齿数得出。

例如，当主动齿轮齿数为12，而被动齿轮齿数为24时，传动比应为2，即主动齿轮转两圈才能使被动齿轮转一圈。这样，较大的被动齿轮的转速刚好是主动齿轮的一半，但较大的输出轴上的扭矩则是输入轴上转矩的两倍，如图4-2所示。

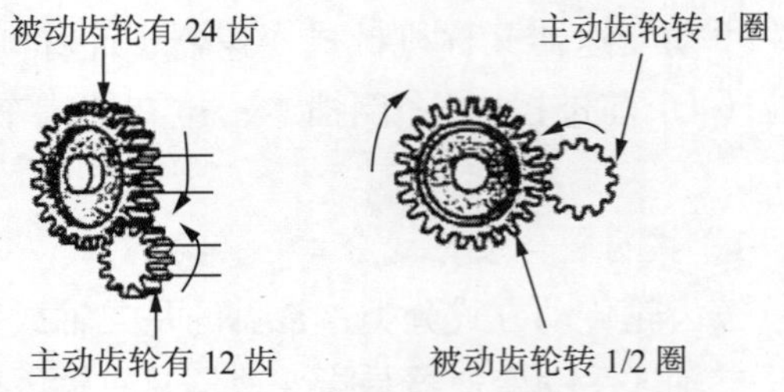

图4-2　齿轮传动比

由此可见，不同尺寸的主动齿轮与被动齿轮的结合可以构成不同的传动比。

当小齿轮（主动齿轮）带动大齿轮（被动齿轮）时，传动比大于1，则输出轴（被动齿轮）的转速下降，转矩增加，称为减速传动。

当大齿轮（主动齿轮）带动小齿轮（被动齿轮）时，传动比小于1，则输出轴（被动齿轮）的转速增加，转矩下降，称为增速传动。

当主动齿轮和被动齿轮相同时，传动比等于1，则输出轴（被动齿轮）的转速和转矩都不变，称为等速传动。

$$传动比 = \frac{主动轴转速}{被动轴转速} = \frac{被动齿轮齿数}{主动齿轮齿数}$$

2．变速器的变速传动原理

变速器（三轴式）齿轮有输入轴齿轮、中间轴齿轮、输出轴齿轮以及倒挡齿轮。其传动原理如下所述，如图4-3所示。

（1）在低速挡时（图4-3（a）），输入轴齿轮带动中间轴齿轮转动，与中间轴相连的齿轮转速都相同，中间轴上的小齿轮带动输出轴上的较大齿轮，形成减速传动。

（2）在高速挡时（图4-3（b）），输入轴齿轮仍带动中间轴齿轮转动，由于中间轴上的齿轮和输出轴上的齿轮大小一样，所以输出轴转速比低速挡时要高，形成增速传动，但转矩减小。

（3）在倒挡时（图4-3（c）），输入轴齿轮仍带动中间轴齿轮转动不变，在中间轴的齿轮和输出轴的齿轮中间增加了倒挡齿轮（惰轮），因此输出轴旋转方向不变，实现倒向行驶。

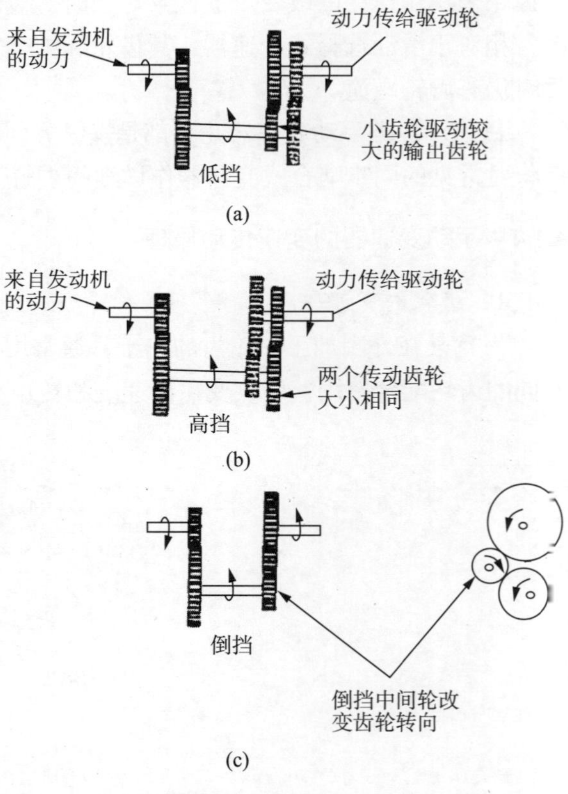

图4-3　变速器的传动原理

4.1.5　手动变速器挡位选用原理

如图4-4所示，它指示一～六挡的驱动力和车辆速度之间的关系。理想情况下，发动机传至驱动轮上的驱动力应该像图中曲线A那样连续变动。但采用手动变速器后，驱动力不连续变动，如图中的一～六挡所示。因此，当缩小图中的阴影区域保持接近于理想的曲线便能有效地传递发动机至驱动轮上的驱动力。当挡位增加时可推测接近于驱动力的理想曲线A。但变速器的设计就变得复杂或使驾驶人换挡操作复杂化。鉴于此缘故，换挡数由四～六挡构成。但目前大多数使用五挡。

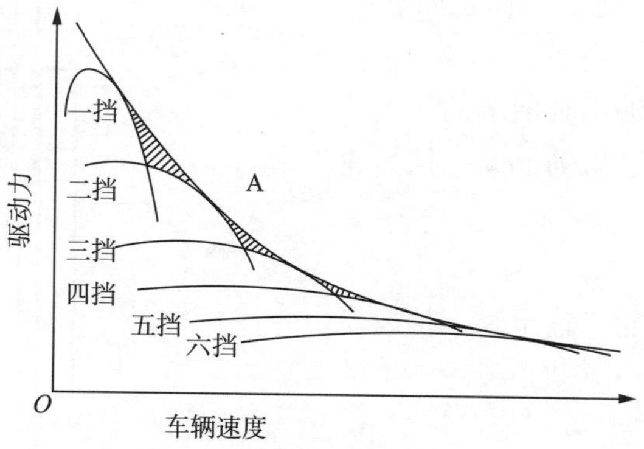

图4–4　驾驶性能曲线

1．起步

当汽车起步时，需要大量的动力，因此，要使用具有最大驱动力的一挡。

2．驱动

起步之后，要使用二挡和三挡，此时不需要太多的驱动力，主要增加车辆速度。

3．高速行驶

高速行驶时，要使用四挡、五挡和六挡以进一步增加车辆速度。采用高挡位可保持发动机适当的负荷率和经济转速，改善燃油消耗量。

4．倒车

使用倒挡时，因加装倒挡惰轮，倒挡齿轮及输出轴反转，所以车辆便能倒车。

4.2　手动变速器的变速传动机构

手动变速器由变速传动机构和变速操纵机构组成。

变速传动机构主要由一系列相互啮合的齿轮副及其支承轴以及壳体组成，其主要作用是改变发动机曲轴输出的转速、转矩和转动方向。

下面分别介绍二轴式和三轴式变速器的结构和工作原理。

4.2.1　二轴式变速器

二轴式齿轮变速器主要应用于发动机前置、前轮驱动乘用车上。这种变速器的特点是输入轴与输出轴平行，且无中间轴，各前进挡的动力分别经一对齿轮传递；取消了万向传动装置，并将主减速器、差速器与变速器三者合为一体，共同安装于变速器壳体内。整个传动系统都集中在汽车的前部，这种布置形式结构紧凑，传动效率高，有效地减少了体积和重量，便于汽车的总体布置。

二轴式齿轮变速器结构，如图4–5所示。该变速器有5个前进挡和1个倒挡。输入轴的前端为花键轴，与离合器的从动盘相连接，输出轴与主减速器的主动齿轮制成一体。输入轴和输出轴上的5个前进挡齿轮均为常啮合齿轮，并装有3个锁环式惯性同步器，5个前进挡分别通过3个同步器进行换挡，一、二挡同步器在输出轴上，三、四挡同步器以及五挡同步器都在输入轴上。

二轴式齿轮变速器动力传递过程简述如下：

1．一挡动力传递过程

换挡杆挂入一挡，位于输出轴前端的一、二挡同步器的接合套前移，与输出轴上的一挡齿轮接合，如图4–6所示。

动力传递路线：

输入轴→输入轴一挡齿轮→输出轴一挡齿轮→一、二挡同步器→输出轴→驱动小齿轮→主减速器→差速器→半轴→驱动轮。

2．二挡动力传递过程

换挡杆挂入二挡，位于输出轴前端的一、二挡同步器的接合套后移，与输出轴上的二挡齿轮接合，如图4–5所示。

动力传递路线：

输入轴→输入轴二挡齿轮→输出轴二挡齿轮→一、二挡同步器→输出轴→驱动小齿轮→主减速器→差速器→半轴→驱动轮。

3．三挡动力传递过程

换挡杆挂入三挡，位于输入轴中间的三、四挡同步器的接合套前移，与输入轴上的三挡齿轮接合，如图4–7所示。

动力传递路线：

输入轴→三、四挡同步器→输入轴三挡齿轮→输出轴三挡齿轮→输出轴→驱动小齿轮→主减速器→差速器→半轴→驱动轮。

4．四挡动力传递过程

换挡杆挂入四挡，位于输入轴中间的三、四挡同步器的接合套后移，与输入轴上的四挡齿轮接合，如图4–5所示。

动力传递路线：

输入轴→三、四挡同步器→输入轴四挡齿轮→输出轴四挡齿轮→输出轴→驱动小齿轮→主减速器→差速器→半轴→驱动轮。

5．五挡动力传递过程

换挡杆挂入五挡，位于输入轴后端的五挡同步器的接合套前移，与输入轴上的五挡齿轮接

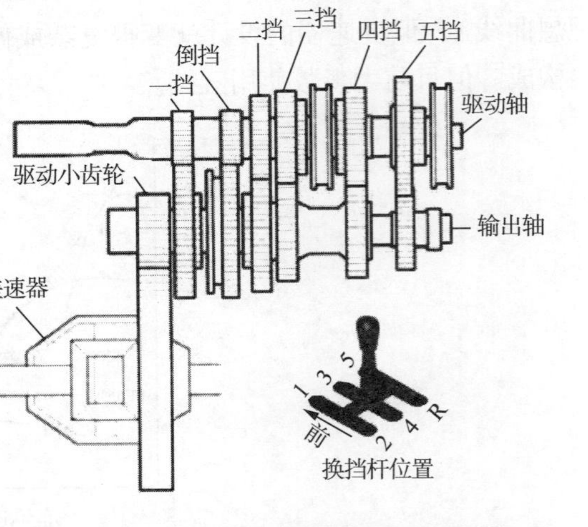

图4–5　二轴式齿轮变速器结构示意图

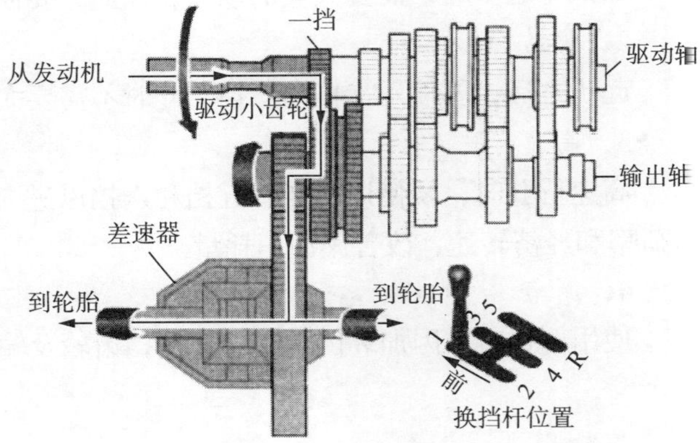

图4–6　二轴式变速器一挡动力传递路线

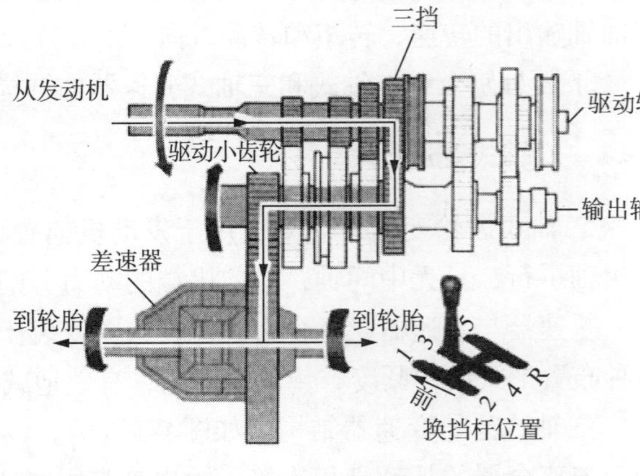

图4–7　二轴式变速器三挡动力传递路线

合，如图4-5所示。

动力传递路线：

输入轴→五挡同步器→输入轴五挡齿轮→输出轴五挡齿轮→输出轴→驱动小齿轮→主减速器→差速器→半轴→驱动轮。

6．倒挡动力传递过程

换挡杆挂入倒挡，倒挡惰轮移动，同时与输入轴倒挡齿轮和输出轴前端的一、二挡同步器啮合，如图4-8所示。

动力传递路线：

输入轴→输入轴倒挡齿轮→惰轮→一、二挡同步器→输出轴→驱动小齿轮→主减速器→差速器→半轴→驱动轮。

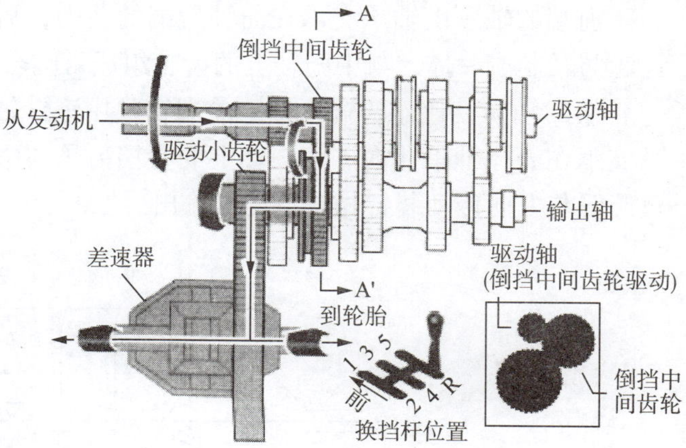

图4-8　二轴式变速器倒挡动力传递路线

4.2.2　三轴式变速器

三轴式变速器适应于发动机前置、后驱动布置型式的汽车。变速器设有第一轴、第二轴和中间轴，另外还有一根较短的倒挡轴。

东风EQ1090E型汽车是典型的三轴式五挡变速器，有5个前进挡和1个倒挡。该变速器的结构如图4-9所示，其传动过程如图4-10所示。

第一轴为变速器的输入轴。前端的花键部分安装离合器的从动盘，与发动机曲轴相连，接受动

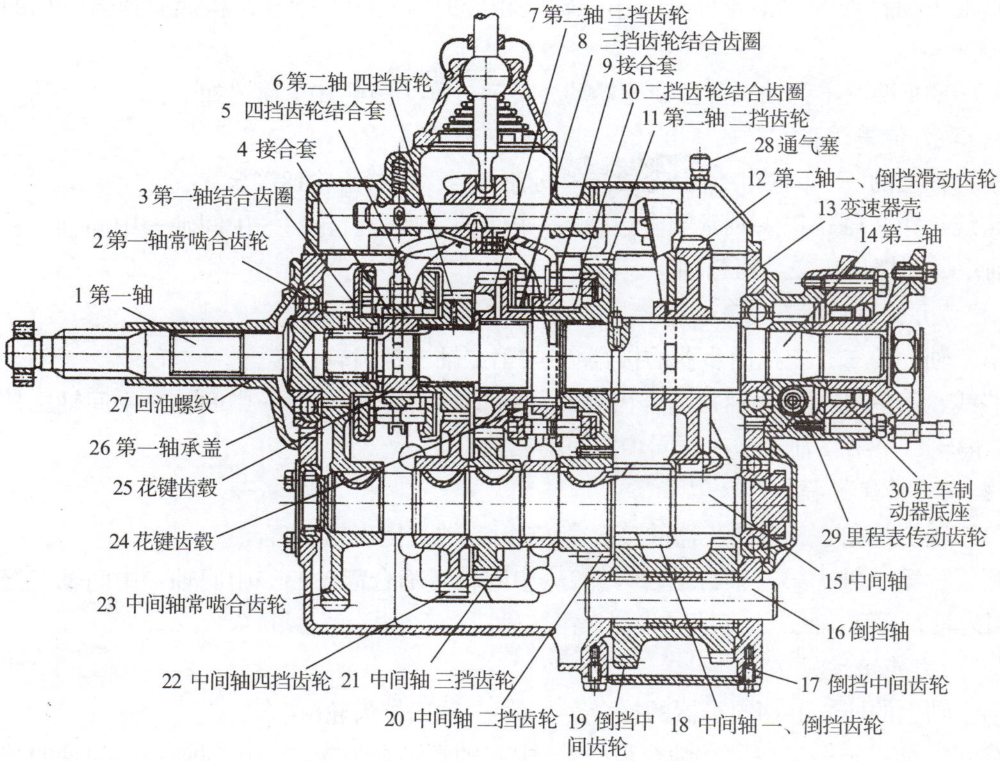

图4-9　东风EQ1090E型汽车三轴式五挡变速器

力。前端的轴颈由轴承支承在曲轴后端的孔内；后端的轴颈由轴承支承在变速器轴承孔内。后端的齿轮与轴制成一体，与中间轴上的齿轮组成常啮合齿轮副。

第二轴为变速器的输出轴。前端轴颈用滚针轴承支承在第一轴后端的轴承孔内，后端轴颈由轴承支承在壳体轴承孔内。第二轴上的各挡齿轮与中间轴相应的各挡齿轮均为常啮合齿轮副。后端通过凸缘与万向传动装置相连将动力输出。

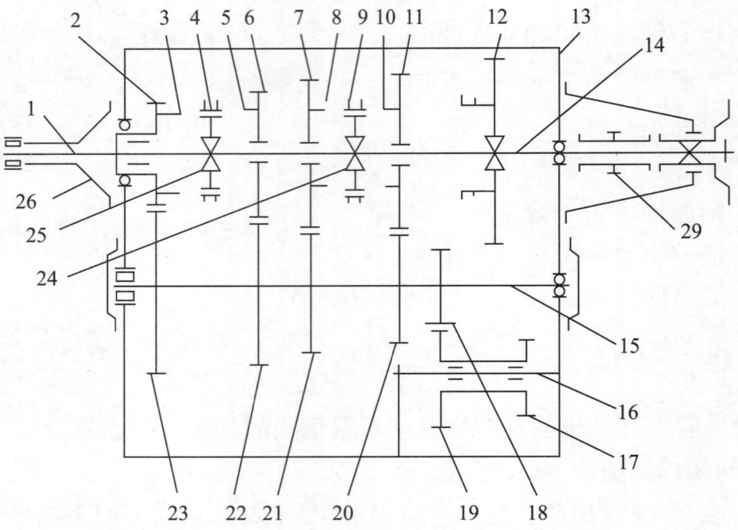

图4－10　东风EQ1090E型汽车三轴式五挡变速器结构示意图（图注同图4－9）

中间轴由轴承支承在壳体上。中间轴上齿轮都固定在中间轴上，除与输入轴齿轮啮合之外，中间轴上的其他齿轮都作为主动轮分别与第二轴上相应的齿轮相互啮合，构成变速器各挡的第二级齿轮传动。

东风EQ1090E型汽车三轴式五挡变速器动力传递过程（图4–10）简述如下：

1．一挡动力传递过程

前移第二轴上的一、倒挡滑动齿轮12与中间轴一挡、倒挡齿轮18接合。

传动路线：第一轴→第一轴常啮合齿轮2→中间轴常啮合齿轮23→中间轴→中间轴一、倒挡齿轮18→第二轴一、倒挡齿轮12→第二轴。

2．二挡动力传递过程

后移第二轴上的二、三挡同步器的接合套9与第二轴二挡齿轮11接合。

传动路线：第一轴→第一轴常啮合齿轮2→中间轴常啮合齿轮23→中间轴→中间轴二挡齿轮20→第二轴二挡齿轮11→第二轴二、三挡同步器→第二轴。

3．三挡动力传递过程

前移第二轴上的二、三挡同步器的接合套9与第二轴三挡齿轮7接合。

传动路线：第一轴→第一轴常啮合齿轮2→中间轴常啮合齿轮23→中间轴→中间轴三挡齿轮21→第二轴三挡齿轮7→第二轴二、三挡同步器→第二轴。

4．四挡动力传递过程

后移第二轴上的四、五挡同步器的接合套4与第二轴四挡齿轮6接合。

传动路线：第一轴→第一轴常啮合齿轮2→中间轴常啮合齿轮23→中间轴→中间轴四挡齿轮22→第二轴四挡齿轮6→第二轴四、五挡同步器→第二轴。

5．五挡动力传递过程

前移第二轴上的四、五挡同步器的接合套4与第一轴常啮合齿轮2接合。

动力直接由第一轴传至第二轴，传动比为1，称为直接挡，第二轴转速与第一轴相同。

6．倒挡动力传递过程

后移第二轴上的一、倒挡滑动齿轮12与倒挡中间齿轮17接合。

传动路线：第一轴→第一轴常啮合齿轮2→中间轴常啮合齿轮23→中间轴→中间轴一、倒挡齿轮18→倒挡中间齿轮19→倒挡中间齿轮17→一、倒挡滑动齿轮12→第二轴（与第一轴转向相反）。

4.2.3 同步器

手动变速器的换挡装置有直齿滑动齿轮式、接合套式和同步器式等。同步器式是在接合套式的基础上，增设了一套同步元件而构成的。

同步器可使接合套与待啮合的齿圈迅速同步，缩短换挡时间；防止待啮合的齿轮达到同步之前产生轮齿冲击。因此，现代变速器中，前进挡齿轮都匹配同步器。以常见的二轴式变速器为例，一般有2～3个同步器，一个同步器在输入轴上位于一挡齿轮和二挡齿轮之间，另一个在输出轴上位于三挡齿轮和四挡齿轮之间。如图4–11所示的变速器有五挡齿轮，在五挡同样配有同步器。为了进一步保证挂挡平顺，目前部分乘用车变速器的倒挡齿轮配备了同步器。

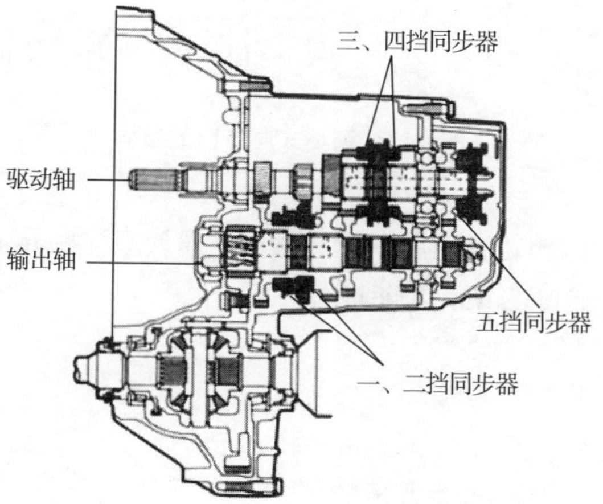

图4–11　二轴式变速器的同步器

现代汽车采用的几乎都是摩擦式惯性同步器，其常见形式有锁环式同步器和锁销式同步器。

1．锁环式同步器

1）锁环式同步器的结构

锁环式同步器主要有接合齿毂、接合套、同步环、滑块和滑块弹簧等组成，如图4–12所示。

接合齿毂通过内花键装在轴上，用卡环固定；接合齿毂的外花键与接合套啮合，接合套可轴向移动。接合齿毂两端与待啮合的变速齿轮的齿圈之间各有一个铜制的锁环（同步环）。锁环外圆上有短花键齿，与接合齿毂外花键以及接合套内花键相同，并且锁环外花键齿和齿圈在靠近接合器的一端都有倒角（锁止角），与接合套齿端倒角相同。锁环有内锥面，与齿圈的外锥面锥角相同，形成摩擦副称为摩擦件，外沿带倒角的短齿圈是锁止件；锁环内锥面制有细密的螺纹，用以及时破坏油膜，增加锥面的摩擦力矩。

在轴向位置，接合齿毂有3个凹槽，内装滑块，滑块用弹簧圈压紧在接合套内，滑块和弹簧是推

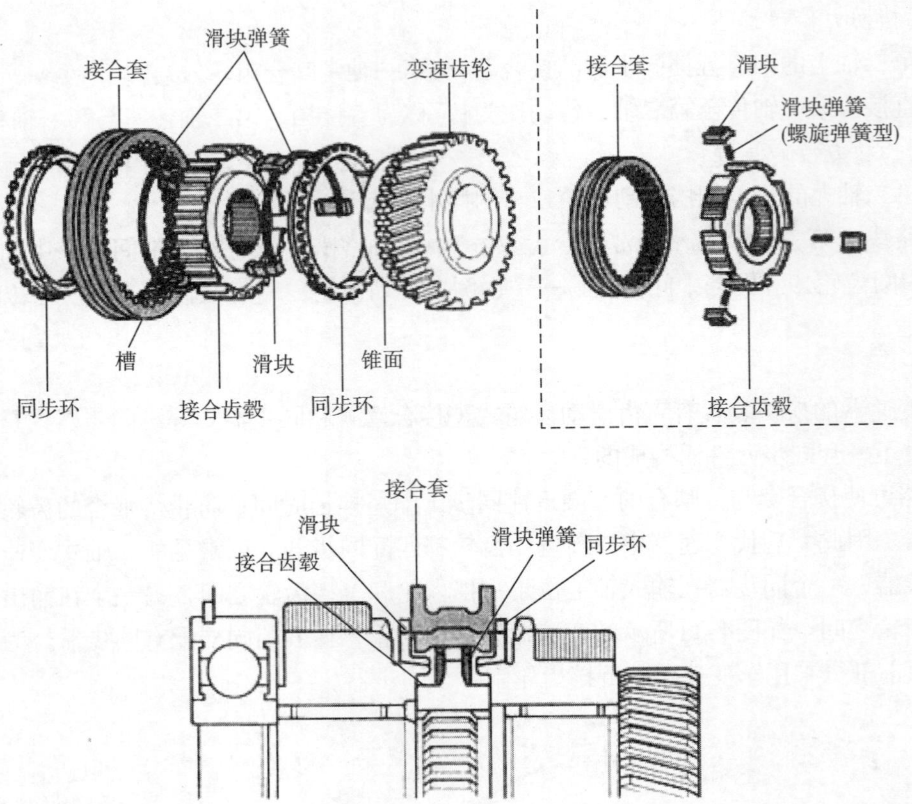

图4-12　锁环式同步器的结构

动件。由于滑块窄，接合齿毂凹槽宽，因此，锁环相对于滑块只能顺转或逆转半个齿宽，且只有当滑块位于锁环缺口的中间时，接合套与锁环才能接合。

2）锁环式同步器的工作原理

当要挂入某个挡位，由于齿圈与锁环的转速不相等，所以二者一经接触，便在锥面之间产生摩擦力矩。此时，齿圈便通过摩擦力矩的作用带动锁环相对于接合套转过一个角度，接合套的齿与锁环的齿相互错开了约半个齿宽，从而使接合套的齿端倒角与锁环齿端倒角恰好互相抵住，阻止了接合套的移动，使其不能进入啮合，如图4-13所示。

此时，若要使接合套与锁环进入啮合，则必须使锁环相对于接合套转过一个角度。由于驾驶人始终对接合套施加一个轴向推力F_1，此轴向力通过接合套作用在锁环齿端倒角面上，形成倒角斜面上的法向正压力N，N又分解为圆圈方向分力F_2，便形成一个力图拨动锁环相对于接合套后退的拨环力矩。轴向力F_1使锁环与齿圈二者的锥面产生摩擦力矩，使二者转速迅速接近。

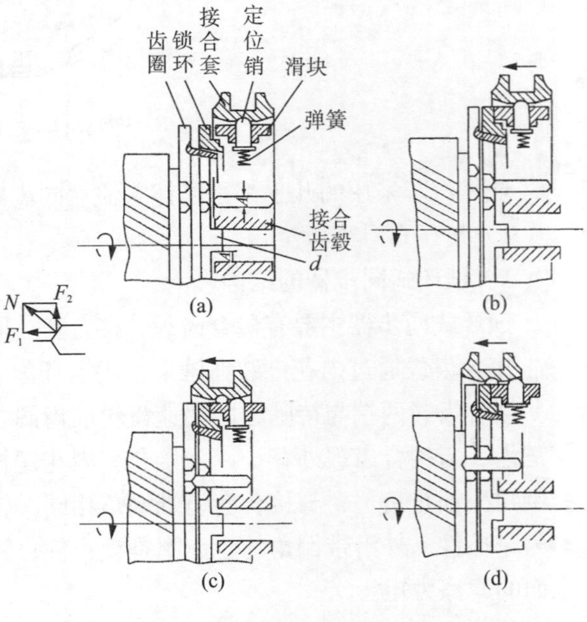

图4-13　锁环式同步器的工作原理

以上分析可知，在齿圈与锁环及接合套之间尚未达到同步之前，锁环上作用着两个方向相反的力矩：一个是齿端倒角上力图拨动锁环相对于接合套向后退转的拨环力矩，另一个是摩擦锥面上阻止锁环向后退转的惯性力矩，在转速尚未达到同步之前，两个锥面间摩擦力矩的数值与齿圈的惯性力矩相等。

如果拨环力矩大于惯性力矩，锁环即可相对于接合套向后退转一个角度，以便接合套进入啮合；如果拨环力矩小于惯性力矩锁环，则不能向后退转，而通过其齿端锁止角阻止接合套进入啮合。

不论驾驶人通过操纵机构作用在接合套上的轴向推力有多大，接合套齿端与锁环齿端总是互相抵触而不能接合，这就是锁环的锁止作用。由于锁环对接合套的锁止作用是齿圈的惯性力矩造成的，因此这种原理的同步器称为惯性式同步器。

为了增强锁环式同步器的同步啮合能力，有的汽车已采用特别适用于二挡和三挡的三锥式或双锥式同步啮合机构。

三锥式同步器将锁环分为外环、中环和内环三部分，如图4–14所示。当滑块推动外环时，外环和中环形成一个单锥，中环和内环形成一个单锥。此外，内环和齿圈也形成一个单锥部分，所以摩擦力矩是由所有三个锥形部分共同形成的。因此，其吸收转速差的能力较强，同步过程缩短。

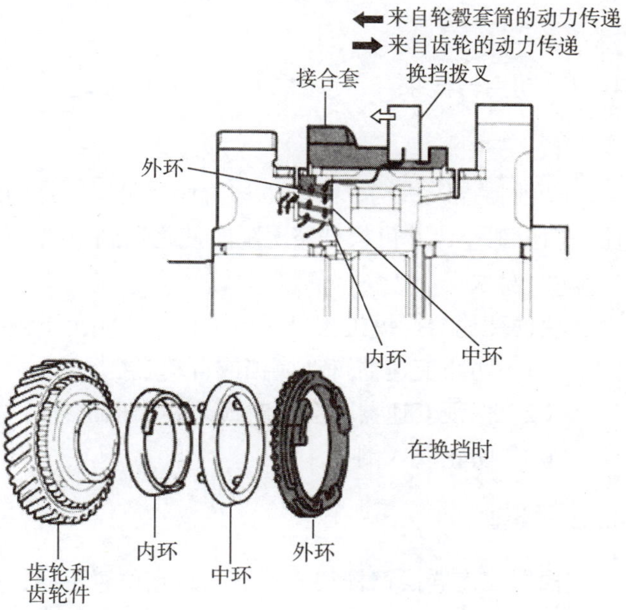

图4–14 三锥式同步器

2．锁销式同步器

锁销式惯性同步器有较大的摩擦锥面，以产生足够大的摩擦力矩，缩短同步时间。所以，目前中型及大型汽车较普遍地采用该同步器。

东风EQ1090E型汽车变速器的锁销式同步器的结构，如图4–15所示。

同步器的两个有内锥面的摩擦锥盘分别固定在带有外花键齿圈的五挡齿轮和四挡齿轮上，并随齿轮一同旋转。与之相配合的2个有外锥面的摩擦锥环，通过3个锁销和3个定位销与接合套连接。锁销的两顶端固定在摩擦锥环相应的孔中，锁销的中部切有一段环槽，环槽的两侧和接合套上相应的销孔两侧都切有相同的倒角（称为锁止角），3个锁销通过此倒角对接合套产生锁止作用。只

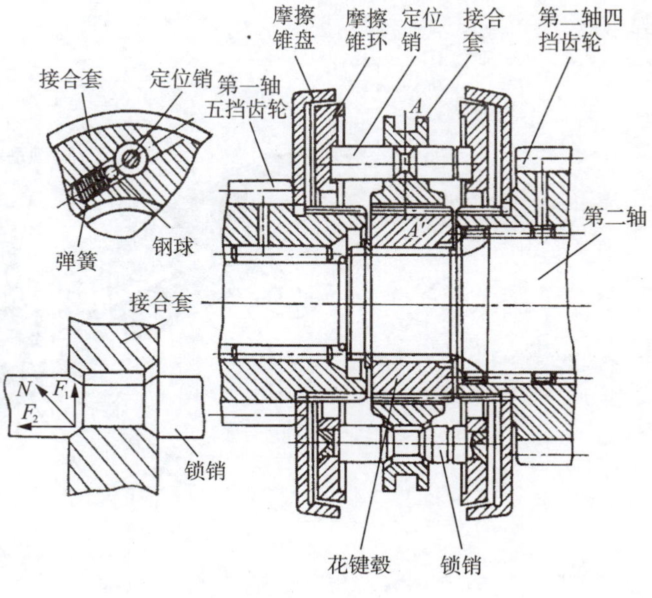

图4–15 锁销式同步器

有在锁销与接合套的销孔对中时，接合套方能沿锁销轴向滑动。在接合套上的定位销孔中部钻有斜孔，内装弹簧，定位钢球在弹簧的作用下顶向定位销中部的环槽，以保证同步器处于正确空挡位置。

4.3 手动变速器的变速操纵机构

4.3.1 功用与要求

1. 功用

变速器操纵机构，有的也称为换挡机构，是用来执行驾驶人的换挡操作，使变速器挂入所需要的任一挡位工作，并可根据路况随时使之退到空挡。

2. 要求

要使变速器操纵机构可靠地工作，应满足下列要求：

（1）防止变速器自动换挡或自动脱挡；

（2）保证变速器不会同时换入两个挡位；

（3）防止误入倒挡。

4.3.2 类型

根据变速器换挡杆与变速器的相互位置不同，可分为直接操纵式操纵机构和远距离操纵式操纵机构两种类型。

1. 直接操纵式

直接操纵式变速器的换挡杆及所有操纵装置都设置在变速器壳体上，如图4–16所示。变速器布置在驾驶人座位旁，换挡杆由驾驶室地板伸出，驾驶人可直接操纵换挡杆拨动变速器盖内的换挡操纵装置进行换挡。大多数发动机前置、后轮驱动的乘用车和长头货车采用这种操纵机构。

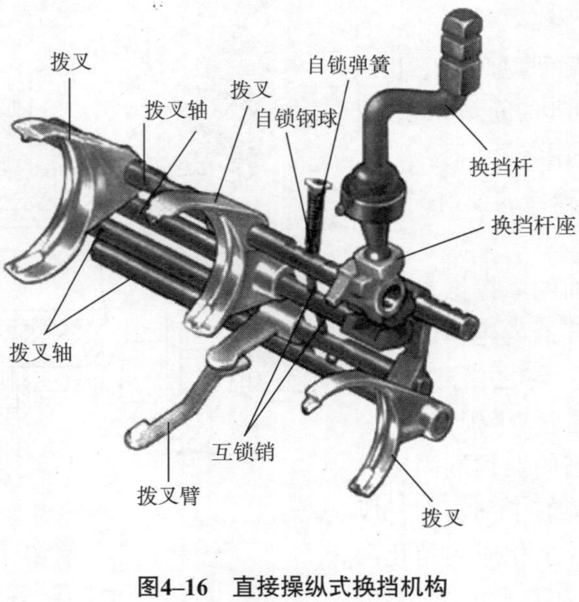

图4–16　直接操纵式换挡机构

2．远距离操纵式

在某些汽车上，由于变速器安置位置离驾驶人座位较远，换挡杆及其他操纵装置不能安装在变速器壳体上，而要加装一些辅助传动机构，构成远距离操纵的形式，也称为遥控式换挡机构或换挡操纵装置等，如图4-17所示。发动机前置、前轮驱动的乘用车和平头汽车，由于整体布置的需要，一般采用远距离操纵机构。有些车辆的变速器还将换挡杆安装在转向柱上。

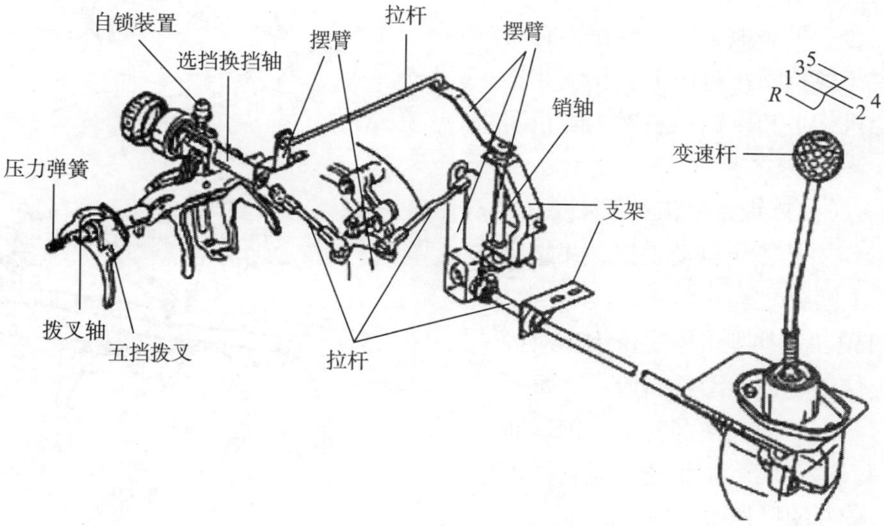

图4-17　远距离操纵式换挡机构

远距离操纵式由内、外两部分操纵机构组成。外部操纵机构由拉杆或拉线组成，它们通过控制拨叉轴的运动与变速器壳体内的操纵机构连接，从而实现选挡和换挡。

4.3.3　结构与原理

变速器操纵机构通常由换挡拨叉机构和定位锁止装置两部分组成。

1．换挡拨叉机构

换挡拨叉机构主要由拨叉轴、拨叉、选挡换挡轴等组成，如图4-18所示。

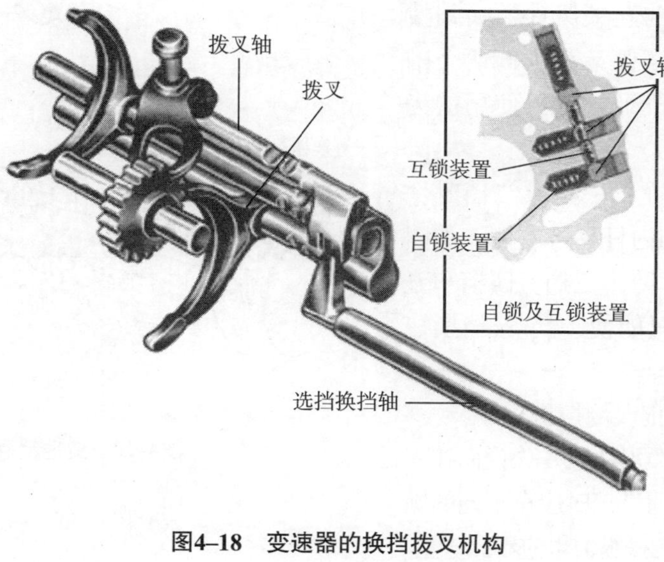

图4-18　变速器的换挡拨叉机构

变速器在外操纵机构作用下，选挡换挡轴可实现轴向移动或转动。当它转动时，可进行选挡动作。当选挡换挡轴轴向移动时，带动相应的拨叉轴及拨叉移动，实现换挡。

2．定位锁止装置

为了保证变速器能够准确无误地挂入所选定的挡位，并安全、可靠地工作，变速器必需具备：自锁装置（换挡锁止机构）、互锁装置（防止双重啮合机构）和倒挡锁装置（防止误倒挡机构）。

1）自锁装置（换挡锁止机构）

自锁装置的作用是防止自动脱挡，并能保证齿轮在全齿长上啮合。

变速器的自锁装置都是采用定位钢球对拨叉轴进行轴向定位锁止，如图4–19所示。每个换挡拨叉轴上有三个凹槽，换挡时定位钢球通过弹簧推入凹槽。这不仅可防止变速器脱挡也能给予驾驶人有较好的换挡手感。

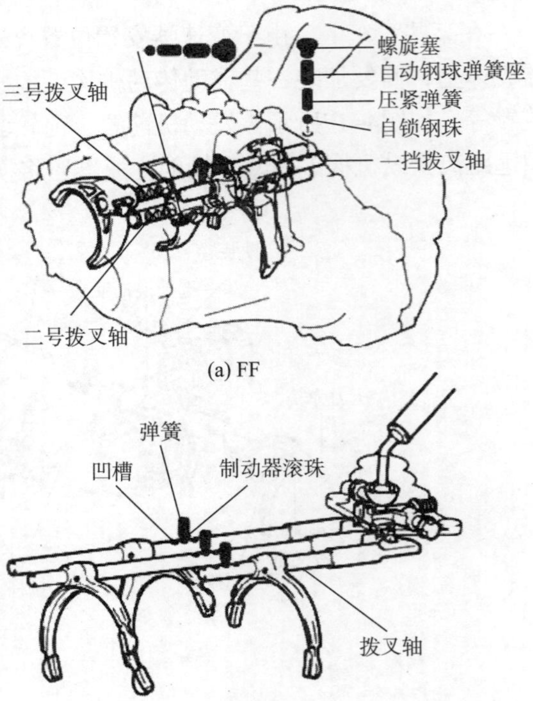

(a) FF
(b) FR

图4–19　变速器自锁装置

2）互锁装置（防止双重啮合机构）

互锁装置的作用是阻止两个拨叉轴同时移动，保证不同时挂入两个挡位。

如果两个换挡拨叉同时移动，致使两个挡位的齿轮同时进入啮合，这样输出轴不再转动，轮胎突然停止转动从而出现非常危险的状态，所以必须有效防止同时挂入两个挡位。

互锁装置一般采用锁球式或锁销式，其结构，如图4–20所示。

防止双重啮合机构的互锁原理：换挡拨叉锁片始终装入三个换挡拨叉头槽的两个槽中并且锁紧所有的换挡拨叉，有待使用的齿轮除外。

例如，当将换挡杆置于一挡或二挡时，换挡拨叉锁片和一号换挡内杆移到右侧，如图4–21所示。换挡拨叉锁片防止三挡／四挡和五挡／倒挡，换挡拨叉头只能使一挡/二挡换挡拨叉头可移动。

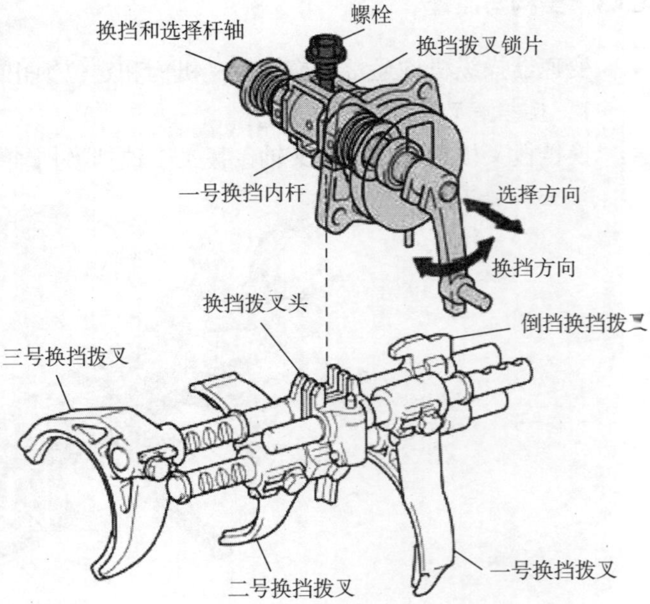

图4–20　变速器互锁装置

3）倒挡锁装置（防止误倒挡机构）

为避免汽车在前进中驾驶人动作失误而挂入倒挡，要求挂倒挡时与挂前进挡时应有不同的操纵方式或对变速杆所施加的操纵力也应不同。

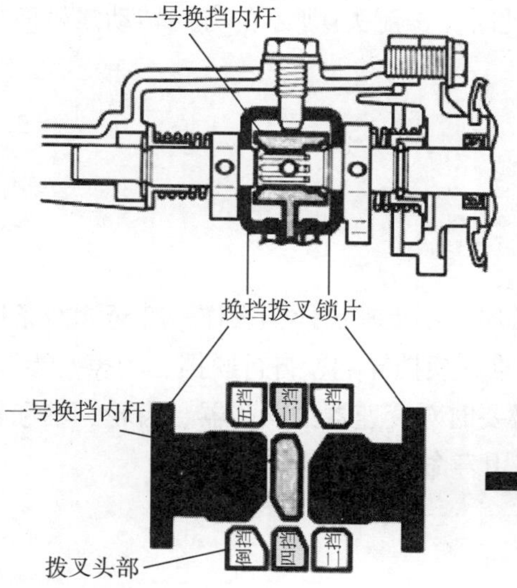

图4–21　互锁装置的工作原理图

倒挡锁装置的结构和换挡过程如下所述（图4–22）：

（1）当换挡杆移到五挡/倒挡选挡位置（五挡/倒挡之间的空挡位置）时，二号变速杆按“五挡/倒挡”方向移动，从而按箭头A所示的方向转动倒挡限制销。

（2）变速器换到五挡时，二号换挡杆按箭头B所示的方向转动而离开倒挡限制销。因此，倒挡限制销通过回动弹簧返回其原先位置。

（3）如果试图直接从五挡换到倒挡（图4–22（c）箭头C所示），二号换挡杆受到倒挡限制销阻止，从而防止变速器从五挡直接换到倒挡。

（4）在换挡杆返回到三挡/四挡之间的空挡位置，然后移到五挡／倒车选挡位置，二号换挡杆和

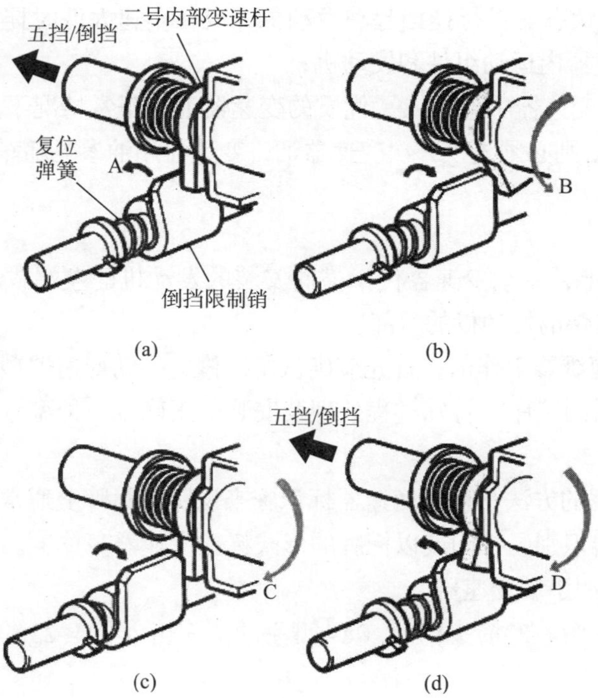

图4–22　变速器倒挡锁装置

倒挡限制销的相对位置如图4–22（d）所示。此时，按箭头D所示的方向转动二号换挡杆，即可换入倒挡，不会受到倒挡限制销的限制。

4.4 手动变速器的检修

汽车手动机械式变速器随着行驶里程的增加，不正常的换挡操作，甚至润滑条件变差，使其零部件的磨损、变形随之增加，这样会出现换挡困难、换挡异响、自行脱挡、噪声及渗漏等故障现象。

因此，必须对变速器进行正确的维护，必要时对变速器的同步器、齿轮、轴和轴承等进行检修，恢复变速器良好的技术状况，延长变速器的使用寿命。

4.4.1 手动变速器的正确使用

乘用车手动变速器通常带同步器，换挡方便，噪音小。一般行驶200 000 ~ 300 000 km后，变速器才可能发生一些故障，但如果使用、维护不当的话，则会造成早期损坏，因此，手动变速器使用、维护时应注意以下几点：

（1）换挡前应将离合器踩到底，操纵变速杆时动作要轻快、准确、柔和，不可用力过猛，也不要硬拉硬推，使齿轮发响；以免变速器操纵机构受损。行驶中，不要长时间将手放在变速杆上，否则会造成变速器换挡拔叉过早磨损；

（2）挂倒挡时要在汽车停止状态下进行，有些车还需要压缩倒挡弹簧或提起倒挡提钮；同样在倒车后，要使车辆前进，也应将车停稳；

（3）运行中换挡必须选好换挡时机，增挡前，应首先进行汽车加速（所谓“冲车”），当车速升高到一定值时，及时挂入高速挡；降挡时，当车速降到一定值时，方可挂入低速挡。在确保安全情况下，应尽量使用高速挡，以减轻机件的磨损和降低油耗，并且根据路面及交通情况及时调整车速；

（4）严禁在空挡熄火状态下强行挂挡起动发动机，或在车速太低时挂入高速挡以及车速过高时换到低速挡，以免损坏变速器内运动组件和发动机；

（5）因乘用车出厂时变速器中已加入了优质的变速器油，正常情况下无需更换变速器油，当正常行驶80 000 ~ 100 000 km后则必须更换一次变速器油，变速器用油参见随车手册。

4.4.2 变速器识别

在前轮驱动的车辆上，手动变速器位于横向安装的发动机的左端或右端；在后轮驱动的车辆上，手动变速器位于纵向安装的发动机的后部。

进行手动变速器的任何维修工作前，首先应确认所维修的手动变速器型号，这样才能获取准确无误的维修数据，并保证随后的工序、特殊过程处理及安装的正确。一种型号的变速器，也有可能供多种型号的汽车使用。

确定变速器型号最常用的方法是根据变速器标识牌来识别。标牌上通常标出变速器代码、生产日期、制造厂商信息。变速器识别码打印或以标牌的形式标在变速器壳体上。如：一汽大众迈腾2007安装的手动变速器型号：0A4型手动变速器

型号代码和制造日期（图4–23箭头1）。0A4 型手动变速箱（图4–23箭头2）

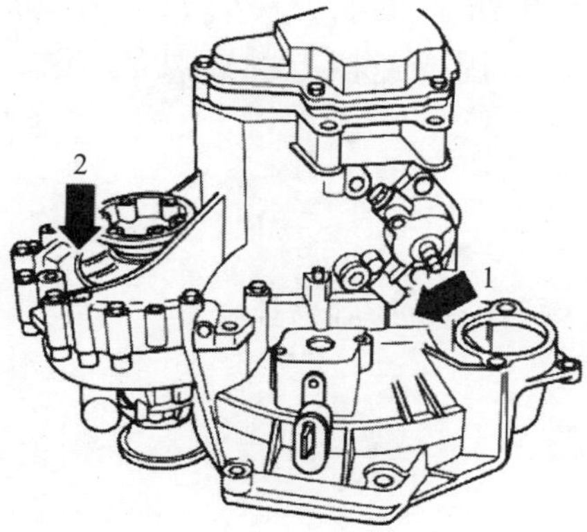

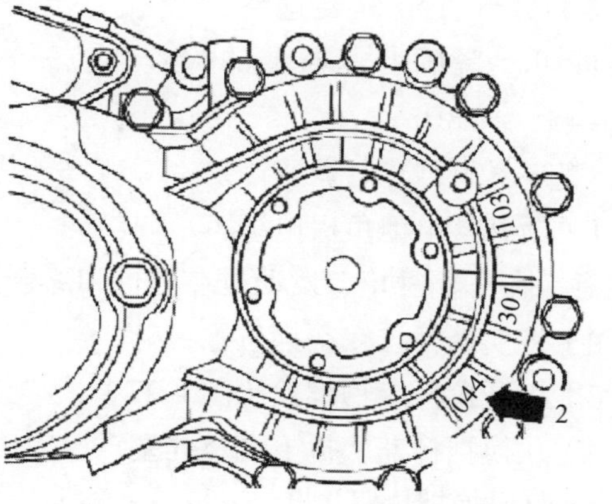

变速箱型号代码和制造日期

举例:	FNE	10	11	3
	型号代码	日	月	制造年份2003年

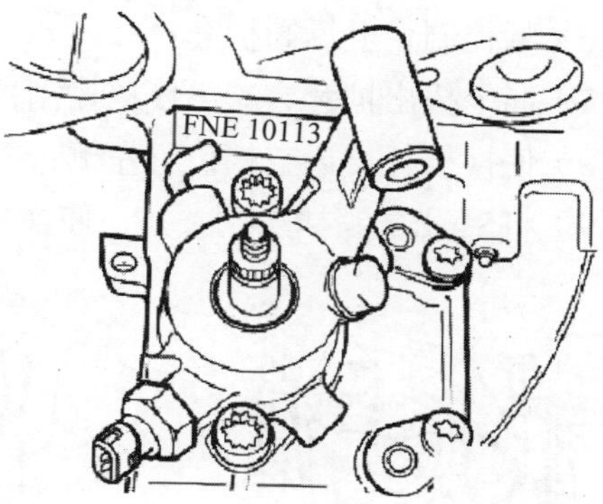

图4-23　变速器型号及标牌位置示意图

4.4.3　手动变速器的检修

变速器的维护时，首先检查变速器齿轮油液面高度和油品油质；检查齿轮箱密封情况，紧固各个螺栓，无渗漏油；检查并及时调整变速操纵机构，无松旷、无异响、无脱挡等现象。

对各种车型变速器的维护，应按原厂的要求进行。

1. 变速器润滑油液面检查（以上海通用赛欧车为例）

（1）变速器润滑油检视孔位于前左侧（图4-24）。

（2）通过换挡控制盖上的通风/加注口，可以加入变速器油（图4-25）。

（3）为了检查油液位，制作一种特别的工具（例如，可使用单股电极线折弯成探针，如图4-26所示）。

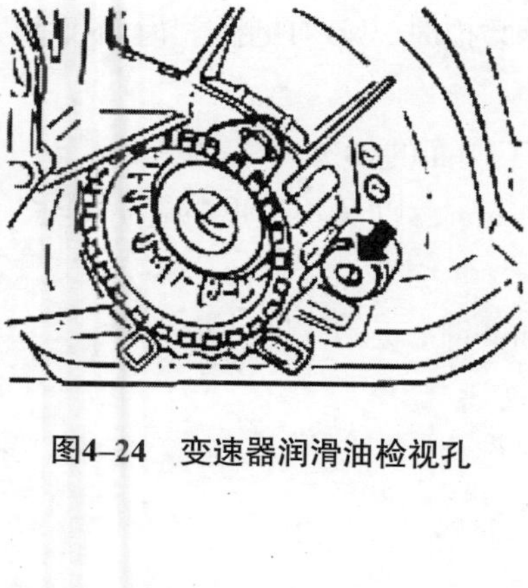

图4-24　变速器润滑油检视孔

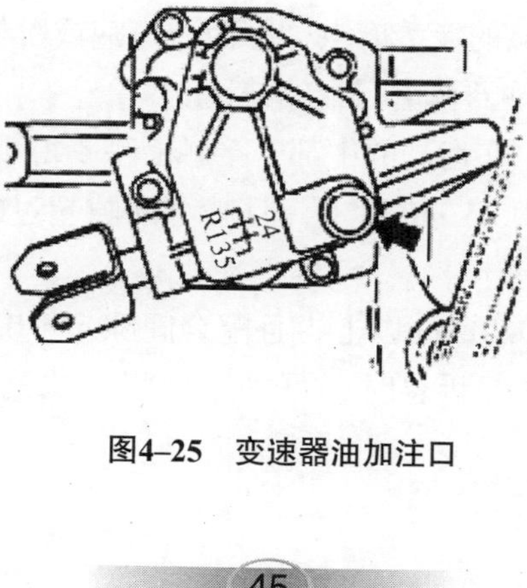

图4-25　变速器油加注口

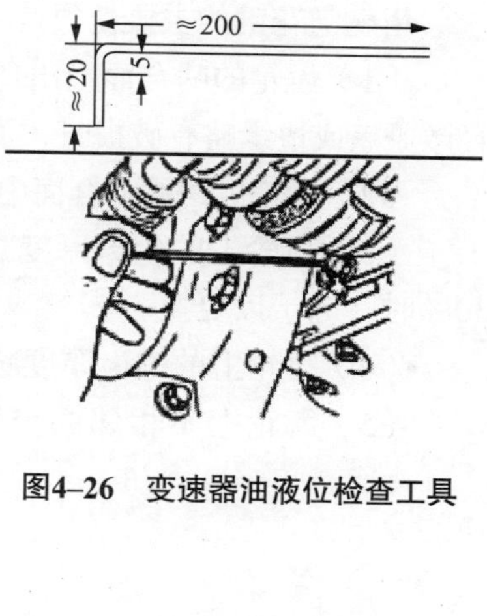

图4-26　变速器油液位检查工具

（4）最低油液位要达到检查孔（出厂时）的下缘20mm。机油加注时，只需机油从检查孔流出即可。紧固变速器上的检查油位螺栓至30 N•m。紧固变速器上的通风/加注口螺栓至4 N•m+45°~180°。

2．变速器换挡连杆调整（以上海通用凯越乘用车为例）

（1）断开蓄电池负极电缆；

注意：在车辆静止、发动机在运行和离合器已分离时，所有挡位应容易挂上。

（2）将换挡杆挂在空挡位置；

（3）松开拉杆卡箍螺栓（图4–27）；

（4）从换挡杆盖上拆下调整孔塞；

（5）转动换挡拉杆并将5 mm量销完全插入调整孔（图4–28）；

（6）从控制台上拆卸护套；

（7）向上拔出护套，露出换挡控制杆机构；

（8）使换挡杆靠近空挡位置左侧；

（9）将5 mm量销插入调整孔，使换挡杆对准换挡杆外壳（图4–29）；

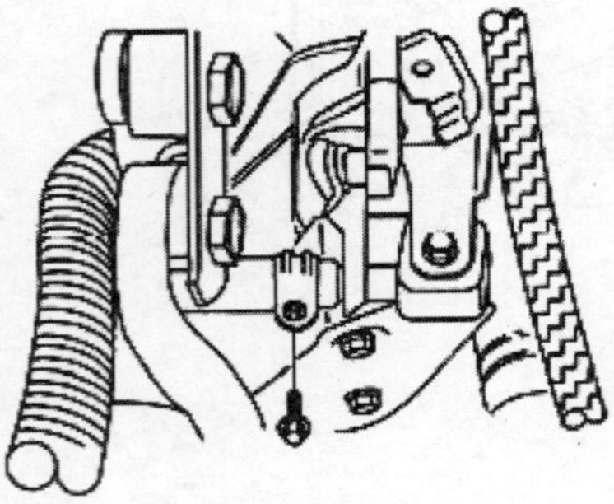

图4–27　拉杆卡箍螺栓

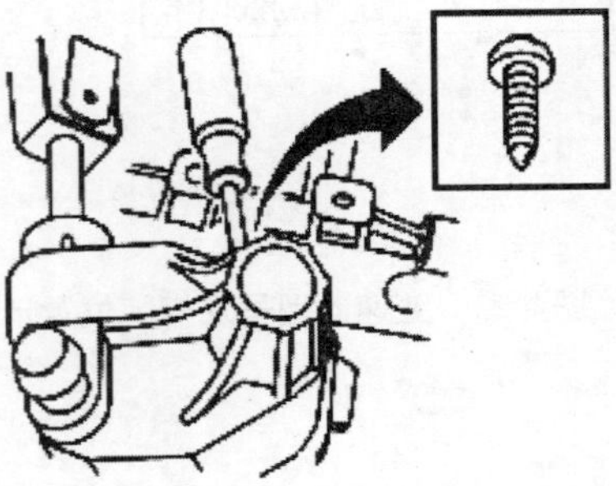

图4–28　调整孔

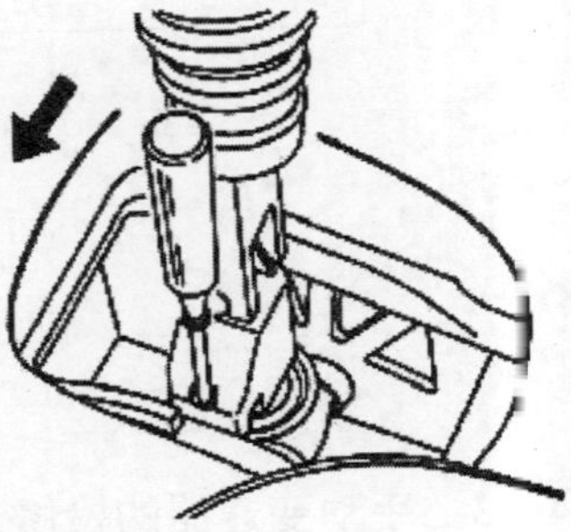

图4–29　换挡杆对准

（10）紧固拉杆卡箍螺栓，螺栓拧紧力矩为14 N•m；

（11）从调整孔上拆卸5 mm量销；

（12）安装调整孔塞；

（13）从换挡操作杆上拆卸5 mm量销；

（14）将护套安装到控制台上；

（15）连接蓄电池负极电缆。

3．齿轮与花键检查

齿轮与花键的主要耗损是啮合齿面的磨损，疲劳剥落，腐蚀斑点和轮齿破碎、断裂等。

（1）齿轮的啮合面上出现明显的疲劳麻点、麻面、斑疤或阶梯形磨损时，必须更换。齿面仅有轻微斑点或边缘略有破损时，可用油石修磨后继续使用。

（2）齿轮齿面的啮合面中线应在齿高的中部，接触面积不得小于工作面的60%。

（3）齿轮上的轮齿厚度减小0.25 mm以上，且啮合间隙超过0.50 mm，以及长度磨损超过全长30%时，应予以更换。

（4）齿轮上的键齿厚度减小0.20 mm以上，且配合间隙超过0.40 mm时，应予以更换。

（5）齿轮上不相邻的个别轮齿断裂时，可采用堆焊后修磨修复。

4．同步器检查

锁环式同步器耗损是锁环内锥面螺纹槽磨损和锁环接合齿磨损。锁环内锥面螺纹槽磨损造成摩擦力矩降低，导致换挡困难。

（1）锁环内锥面和待啮合的齿圈接合后的间隙与螺纹磨损程度有关，间隙的标准值为0.80 ~ 1.80 mm。锁环内锥面的磨损使间隙变小，当此间隙小于0.50 mm时，应更换锁环。

（2）锁环的接合齿磨损，使锁环力矩减弱或消失。当接合齿磨损时，应更换锁环。在更换新总成时，可保留原有的锥盘，但二者的端面间隙不得小于3 mm。

4.4.4 手动变速器的常见故障

手动变速器的常见故障有自动脱挡、乱挡、挂挡困难、异响发热和漏油等。

1．自动脱挡

1）故障现象

汽车在某一挡位行驶时，变速杆自动跳回空挡位置（一般在加、减速以及汽车剧烈跳动时较易发生）。

2）故障原因

（1）自锁装置的钢球或凹槽磨损严重，自锁弹簧疲劳过软或折断；

（2）挂入挡后，轮齿未达到全齿长啮合；

（3）齿轮、齿圈或齿套的轮齿，在啮合端沿齿长方向磨损成锥形；

（4）输入轴、输出轴的轴承磨损过于松旷；

（5）同步器两侧的常啮合齿轮轴向或径向间隙过大；

（6）各轴的轴向或径向间隙过大。

2．乱挡

1）故障现象

在离合器技术状况正常情况下，变速器同时挂入两个挡位，或不能挂入所需要的挡位。

2）故障原因

（1）互锁装置失效，如拨叉轴、顶销或钢球磨损过大等；

（2）变速杆下端弧形工作面磨损或拨叉轴上导块凹槽磨损过大；

（3）变速杆球头定位销磨损或脱出，或球头磨损过于松旷。

总之，乱挡的主要原因是变速操纵机构失效。

3．挂挡困难

1）故障现象

离合器技术状况良好，且变速操纵机构工作正常的情况下，变速器不能挂挡或挂挡时有撞击声。

2）故障原因

（1）同步器技术状况不良；

（2）换挡机构故障。

4．异响

1）故障现象

变速器在工作挡位或在空挡时发出不正常的声响。

2）故障原因

（1）齿轮啮合响的主要原因：新更换的齿轮副啮合不正常、齿轮磨损成阶梯状、齿轮牙齿折断、齿轮齿侧间隙过大等；

（2）轴承响的主要原因：轴承磨损松旷、轴承损坏、润滑油的油品油质不符合要求等；

（3）其他原因发响的主要原因：润滑油油量不够、油品油质不符合要求、花键与毂配合松旷、紧固螺栓松动等。

5．发热与漏油

1）故障现象

汽车行驶一段路程后，用手触摸变速器外壳有烫手感觉，即为变速器发热故障。

变速器漏油是齿轮油从轴承盖或接合部位渗漏出来。

2）故障原因

变速器发热的主要原因：轴承装配过紧、齿轮啮合间隙过小、缺少齿轮油或齿轮油选用不当等。

变速器漏油的主要原因：衬垫密封不良、油封损坏、壳体破裂、紧固螺栓松动、齿轮油过多或通气孔堵塞等。

本章小结

（1）变速器的功用是变速、变矩、中断动力传递和倒车。

（2）变速器的类型：按操纵方式不同分为手动、自动和半自动变速器三种；按传动比变化方式不同分为有级、无级和综合式变速器三种；按工作轴的数量(不包括倒挡轴)可分为三轴式变速器和二轴式变速器。

（3）齿轮变速的原理是：传动比 $i_{1,2}=n_1/n_2=Z_2/Z_1$，即输入轴转速与输出轴转速或者从动齿轮齿数与主动齿轮齿数的比值。传动比大于1，表示减速；传动比小于1，表示超速；传动比等于1，表示直接挡。

（4）多级齿轮传动的传动比 i 为：

$$i=\frac{\text{所有从动齿轮齿数的连乘积}}{\text{所有主动齿轮齿数的连乘积}}=\text{各级齿轮传动比的乘积}$$

汽车变速器某一挡位的传动比就是这一挡位各级齿轮传动比的乘积。

（5）变速器由变速传动机构和操纵机构两大部分组成。变速传动机构的作用是改变发动机曲轴输出的转速、转矩和旋转方向；操纵机构的作用是实现换挡。

（6）同步器的功用是使接合套与待啮合的齿圈迅速同步，缩短换挡时间；且防止在同步前啮合而产生接合齿的冲击。同步器按锁止装置的不同，可分为锁环式和锁销式惯性同步器。

（7）变速器操纵机构必须具备自锁装置、互锁装置和倒挡锁装置。

（8）变速器操纵机构分为直接操纵机构和远距离操纵机构。

（9）变速器检修项目主要有：润滑油液面检查、换挡连杆检查、齿轮和花键检查以及同步器检查等。

（10）手动变速器常见故障有：自动脱挡、乱挡、挂挡困难、异响、发热和漏油等。

复习思考题

1．判断题

（1）变速器的锁止结构是锁止拨叉，使拨叉不能拨动齿轮。（　　）

（2）同步器能够保证：变速器换挡时，待啮合齿轮的圆周速度迅速达到一致，以减少冲击和磨损。（　　）

（3）限制汽车变速器不发生乱挡的机构称为自锁装置。（　　）

（4）汽车变速器的一个作用是用于切断动力。（　　）

（5）变速器倒挡传动比数值设计得较大，一般与一档传动比数值相近。这主要是为了倒车时，汽车应具有足够大的驱动力。（　　）

（6）变速器在换挡时，为避免同时挂入两挡，必须装设自锁装置。（　　）

（7）变速器的挡数都是指前进挡的个数外加倒挡的个数。（　　）

（8）桑塔纳乘用车两轴式变速器三、四挡同步器装在输出轴上。（　　）

（9）桑塔纳乘用车两轴式变速器全部采用锁环式惯性同步器换挡。（　　）

（10）变速器齿轮应成对更换。（　　）

（11）汽车变速器自锁装置可防止自动脱挡和挂错挡。（　　）

2．选择题

（1）变速器自锁装置失效，将导致变速器（　　）。

A．自动跳挡　B．乱挡　C．异响　D．挂不上挡

（2）下列哪个齿轮传动比表示超速传动？（　　）

A．2.15:1　B．1:1　C．0.85:1　D．以上都不表示

（3）前进挡和倒挡有噪声，而空挡没有。故障可能是（　　）。

A．输出轴总成损坏　B．输入轴总成损坏

C．A和B　D．以上都不是

（4）变速器中某常啮合齿轮副只更换了一个齿轮，可能导致（　　）。

A．异响　B．挂不上挡　C．脱挡　D．换挡困难

（5）关于乱挡原因，下列说法错误的是（　　）。

A．互锁装置失效：如拨叉轴、互锁销或互锁钢球磨损过大

B．变速杆下端弧形工作面磨损过大或拨叉轴上拨块的凹槽磨损过大

C．变速杆球头定位销折断或球孔、球头磨损过于松旷

D．自锁装置的钢球或凹槽磨损严重，自锁弹簧疲劳过软或折断

（6）两轴式变速器的特点是输入轴与输出轴（　　）。

A．重合　B．垂直　C．平行　D．斜交

（7）搭载三轴五挡手动变速器的汽车，在倒车行驶时变速箱中的第二轴（　　）。

A．不转动　B．转动，其方向与离合器之转动方向相同

C．转动，其方向与离合器之转动方向相反　D．转动，与主轴之转动方向相同

（8）变速器中的主动轴为（　　）。

A．输入轴　　B．中间轴　　C．倒挡轴　　D．输出轴

（9）普通齿轮式变速器属于（　　）。

A．有级变速器　　B．无级变速器　　C．综合式变速器　　D．自动变速器

（10）哪种齿轮高速有噪声？（　　）

A．直齿轮　　B．斜齿轮　　C．A和B都有　　D．锥齿轮

3．问答题

（1）变速器的主要作用是什么？由哪几部分组成？

（2）简述五挡二轴式变速器的动力传递过程。

（3）变速器中同步器的作用是什么？由哪几部分组成？有哪些类型？

（4）变速器操纵机构的定位锁止装置有哪些？各有何作用？

（5）简述手动变速器常见故障的现象和原因。

5 万向传动装置

学习目标

知识目标

（1）叙述万向传动装置的功用、类型和布置形式；
（2）正确描述万向节的类型、结构和工作原理；
（3）叙述传动轴和中间支承的结构。

能力目标

（1）能对万向传动装置进行拆装、维护与检修；
（2）能分析万向传动装置常见故障的原因。

5.1 概述

5.1.1 万向传动装置的功用与组成

万向传动装置的功用是能在轴间夹角和相对位置经常发生变化的转轴之间传递动力。

万向传动装置一般由万向节和传动轴组成，对于传动距离较长的分段式传动轴，还要加装中间支承，如图5–1所示。

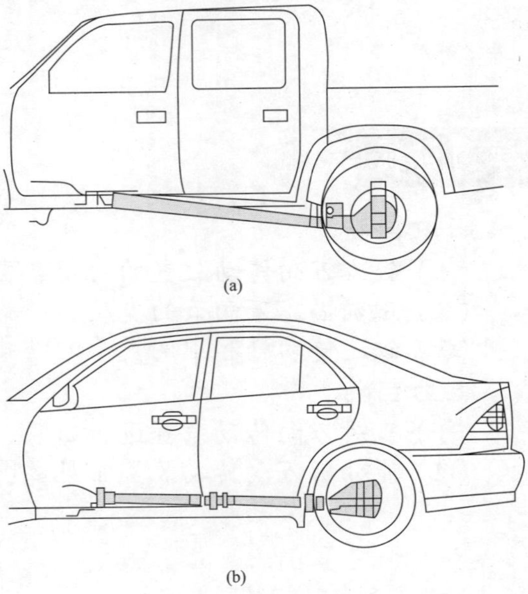

图5–1 万向传动装置示意图

5.1.2 万向传动装置的应用

汽车上广泛地采用万向传动装置传递动力，通常有如下几种不同的布置方式和位置。

1．用于变速器与驱动桥之间

在发动机前置后轮驱动的汽车上，往往将发动机、离合器、变速器连成一个装配总成固定在车架上，而驱动桥则通过弹性悬架与车架相连接。这样，变速器输出轴与主减速器的输入轴之间，不但轴线不重合，而且在汽车行驶中，由于地面不平引起弹性元件变形，使两轴的相对位置在不断变化。因此，在两轴之间为了任何情况下均能传递动力，必须采用万向传动装置。有的轴距较大的汽车，由于变速器与后桥距离较远，还将传动轴分成两段，即前传动轴和后传动轴，并设置了中间支承，如图5–2所示。

2．用于驱动桥之间或变速器与分动器之间

越野汽车在车架上装有分动器，除分动器与各驱动桥之间以及驱动桥与驱动桥之间有万向传动装置外，为了消除车架变形及安装时轴线不准的影响，在变速器与分动器之间还装有万向传动装置，如北京切诺基（图5–3）。

某些重型汽车变速器单独固定在车架上，这时，它与发动机总成之间也应有万向传动装置，如图5–4所示。

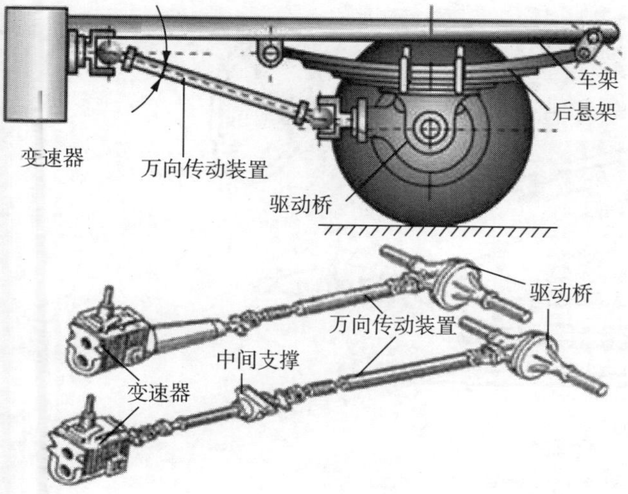

图5-2　用于变速器与驱动桥之间

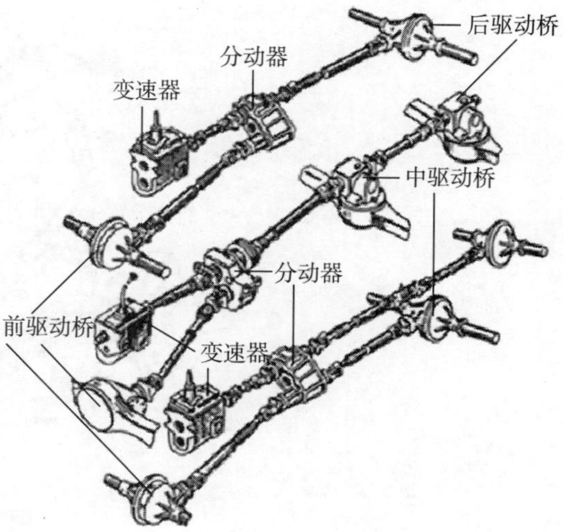

图5-3　用于变速器、分动器、驱动桥之间

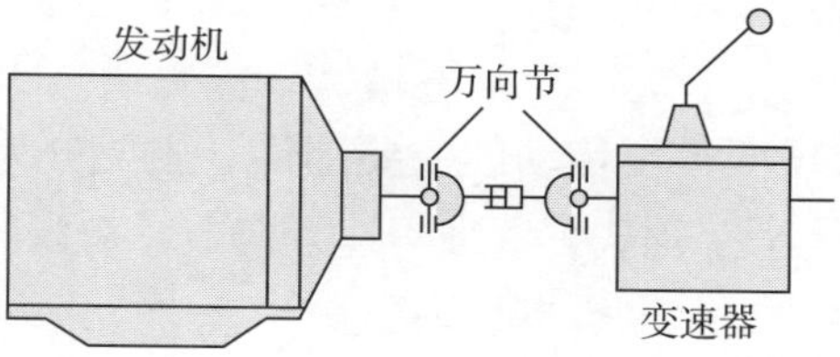

图5-4　用于变速器与发动机之间

3. 用于转向驱动桥

在转向驱动桥中，前轮在偏转的过程中均需传递动力。若采用独立式悬架，则在靠近主减速器处也需要万向节，如图5-5（a）所示；若采用非独立式悬架，只需在转向轮附近装一个万向节，如图5-5（b）所示。

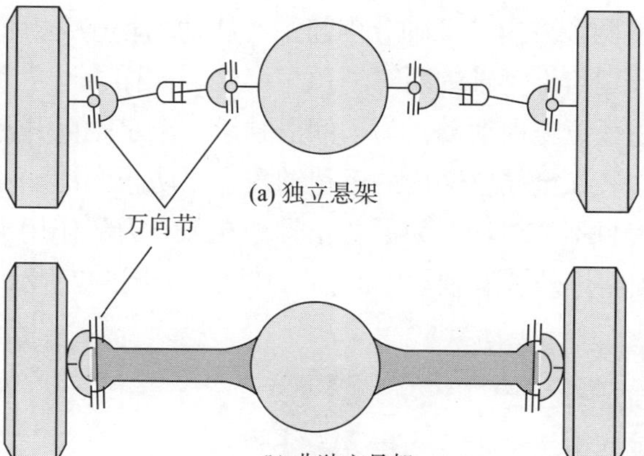

图5-5　用于转向驱动桥

4. 用于转向操纵机构

有些汽车的转向操纵机构受整体布置的限制，转向盘轴线与转向器输入轴轴线不能重合，因此，转向操纵机构中也常采用万向传动装置，如图5-6所示。

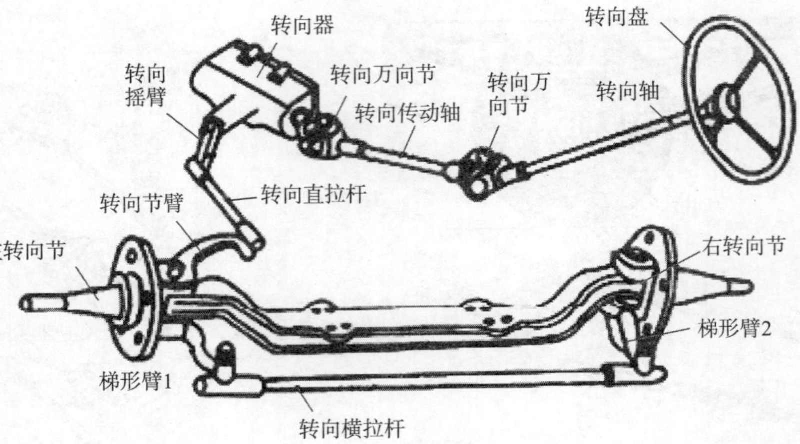

图5–6　用于转向操纵机构

5.2　万向节

万向节是万向传动装置中实现变角度传动的主要部件，主要分为刚性万向节和挠性万向节。刚性万向节又可分为不等速万向节（十字轴式）、准等速万向节（双联式、三销轴式等）和等速万向节（球笼式、球叉式等）。

5.2.1　十字轴式刚性万向节

十字轴式刚性万向节由于其结构简单和功能准确，是目前在后驱动汽车上应用最广泛的一种普通万向节，它允许相邻两轴的最大夹角为15°～20°，一般由1个十字轴、2个万向节叉和4个滚针轴承等部件组成。两个万向节叉中的一个被焊接到传动轴上，另一个万向节叉则形成一个类似接合凸缘或接合套筒的整体。

1．十字轴式刚性万向节的结构

十字轴式刚性万向节的两个万向节叉轴分别与主、从动轴相连，万向节的两对孔通过四个滚针轴承（由滚针和套筒组成）分别与十字轴的两对轴颈相铰接。这样，当主动轴转动时，从动轴既可随之转动，又可绕十字轴中心在任意方向摆动。为了润滑轴承，十字轴内开有互相贯通的润滑油道，通向轴颈。在十字轴的轴颈上套装在金属座圈内的毛毡油封，以防止润滑油流失或灰尘进入轴承。安全阀能够防止油压过高从而使密封不会损坏。为了防止轴承在离心力的作用下被甩出，轴承应进行轴向定位，卡环或锁止板用来紧固整体外圈型轴承中的轴承外圈，如图5–7所示。

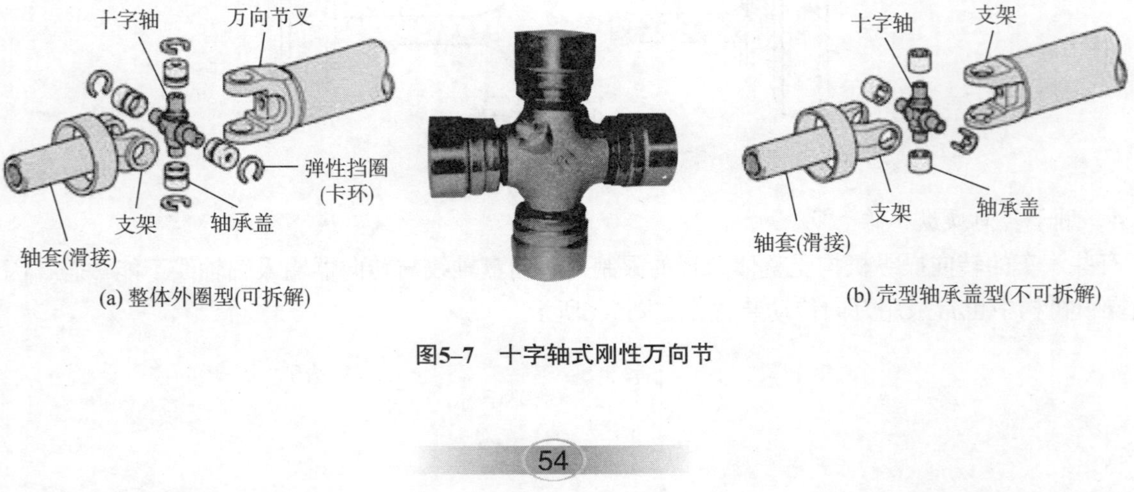

(a) 整体外圈型(可拆解)　　(b) 壳型轴承盖型(不可拆解)

图5–7　十字轴式刚性万向节

2．十字轴式刚性万向节的速度特性

十字轴式刚性万向节结构简单、传递可靠、传动效率高，但是，在输入轴和输出轴之间有夹角的情况下，使用单个万向节会出现两轴在同一圆周运动中角速度不相等，即单个万向节的不等速性。

十字轴式万向节运动情况如下所述：

当十字轴万向节的驱动轴A（变速器输入轴）转动一次，从动轴B（传动轴）也转动一次。当十字轴与驱动轴（旋转角度90°，270°）成直角时该十字轴万向节转向半径最大（r_2）；当十字轴不与驱动轴（0°，180°或360°）成直角时，它的转向半径就较小（r_1）。由于从动轴万向节叉的圆周速度随每转动90° 而变化，与驱动轴有关的角速度则产生变化。当驱动轴A和从动轴B之间的角度（α）较大时，此角速度的变化也变得较大，如图5–8所示。

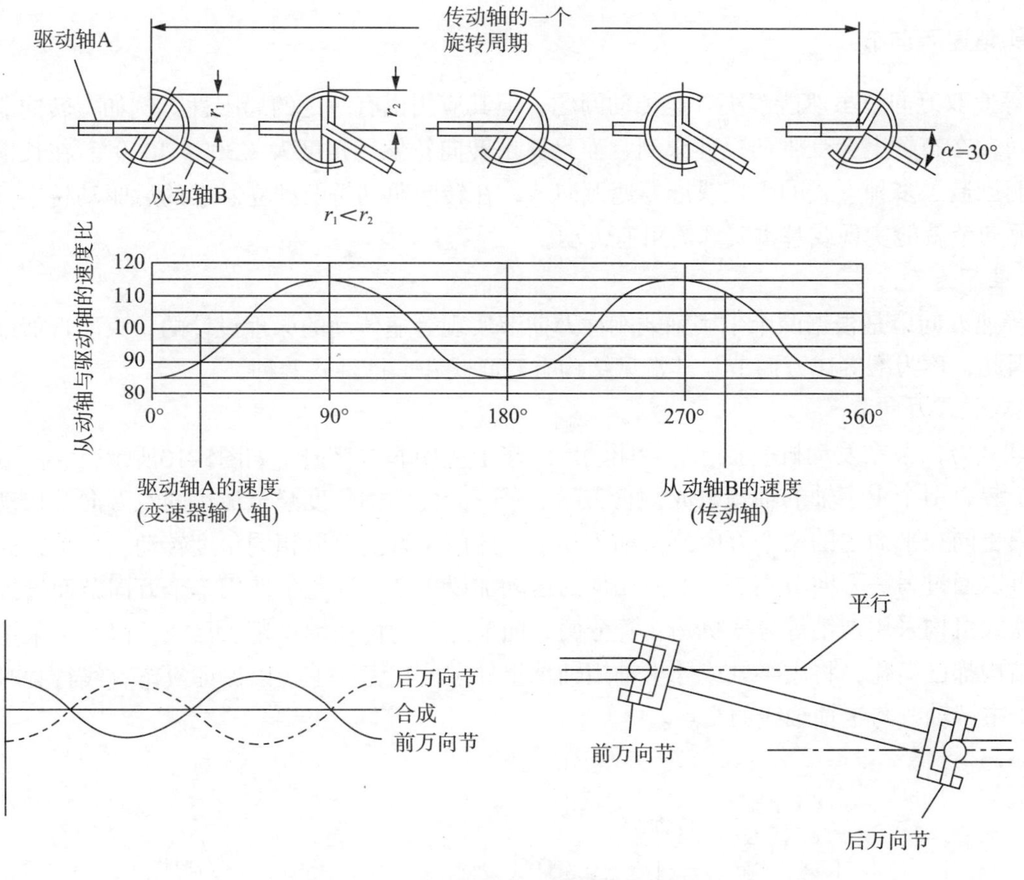

图5–8 十字轴式刚性万向节的速度特性

两轴夹角越大，不等速性越严重。这种不等速性会使从动轴及与其相连的传动部件产生严重的扭转振动，从而产生附加的交变载荷，影响部件寿命。因此，在汽车上，采用满足下列条件的双十字轴万向节来实现等速传动，如图5–9所示。

十字轴式万向节等速传动的排列安装条件：

（1）第一节万向节两轴间夹角与第二节万向节两轴间夹角相等；

（2）传动轴两端的两个万向节叉（即第一节万向节从动叉与第二节万向节主动叉）在同一平面内。

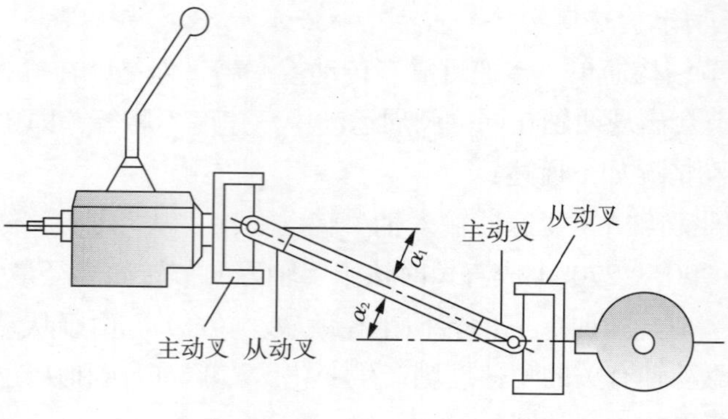

图5–9　双万向节等速传动原理

5.2.2　等角速万向节

不等速双万向节虽然能解决等速传动问题，但其应用也有一定的局限性。例如，转向驱动桥的分段半轴间，在布置上会受轴向尺寸限制，而且要求转向轮偏转角度大（30°～40°）。在长期实践过程中，人们创造了多种形式的等速或准等速万向节，在转向驱动桥及独立悬架的后驱动桥中只要用一个这样的万向节就能实现或基本实现等角速传动。

1．准等速万向节

准等速万向节是根据两个十字轴式刚性万向节实现等速传动的原理设计的，只能近似地实现等速传动，因此，称为准等速万向节。其常见结构有双联式和三销轴式两种。

1）双联式万向节

双联式万向节在发动机前置、后轮驱动的汽车上应用非常普遍。如图5–10所示，它由两个万向节叉和一个装有两个十字轴的轴颈组成，它实际上是一套传动轴长度减至最小的双万向节传动装置。双联叉相当于同一平面内的两个万向节叉和传动轴。这两个万向节以相同角度转动，一个万向节的加速和减速可以通过另一万向节相等、方向相反的运动加以抵消，避免了使用单个万向节而导致的波动。有的双联式机构采用球销等分度机构，等分两万向节之间的传动轴夹角。目前，汽车上采用的双联式万向节结构都已简化，将内半轴或外半轴用轴承组件定位在壳体上，以保证汽车直线行驶时万向节中心点位于主销轴线与半轴轴线的交点。

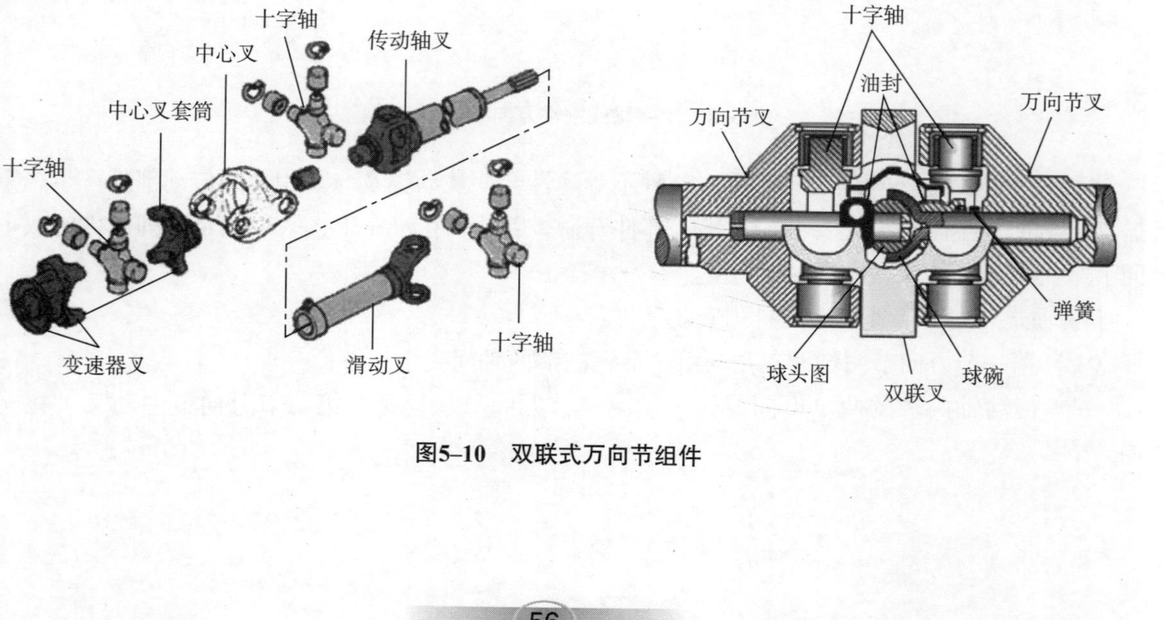

图5–10　双联式万向节组件

当外半轴（与转向轮相连）相对内半轴在一定角度范围内摆动时，双联叉也被带动相应角度，使两个十字轴中心连线与两个万向节叉轴线的夹角差值很小，内、外半轴的角速度接近相等，其差值在允许范围内，因此，双联式万向节具有准等速性。而轮胎的弹性变形又可以吸收微小的不等速，不会导致轮胎滑磨。

双联式万向节允许有较大的轴间夹角，且结构简单，制造方便，应用较多，如南京依维柯、三菱帕杰罗前传动轴、奔驰2026A、北京切诺基等车上都装备这种万向节。

2）三销轴式万向节

三销轴式万向节由双联式万向节演变而来，结构如图5-11所示。它主要由主动偏心轴叉、从动偏心轴叉和两个三销轴组成。主、从动偏心轴叉分别与转向驱动桥的内、外半轴制成一体，叉孔中心线与叉轴中心线互相垂直但不相交，两个轴叉由两个三销轴连接。三销轴的大端各有一个贯穿的轴承孔，其中心线与小端轴颈中心线重合。靠近大端两侧的两个轴颈，其中心线与小端轴颈中心线垂直并相交。装配时将三销轴小端轴颈插入另一个三销轴大端的孔中，每一个三销轴其余两轴颈分别与偏心轴叉的两孔相连。这样万向节便形成了三根轴线。传动时，转矩由主动偏心轴叉，经三条轴线传到从动偏心轴叉。为了减轻摩擦和磨损，轴颈与孔的配合面装有轴承（轴承座和衬套），并用卡环轴向定位。

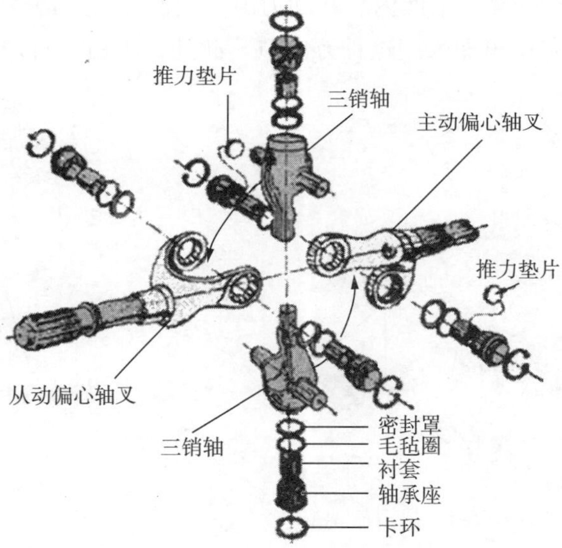

图5-11 三销轴式万向节组件

为了允许适当的轴向运动，又要避免转向时发生运动干涉，与主动偏心轴叉相连的三销轴的两个轴颈端面和轴承座之间装有推力垫片，其余各轴颈端面均不安装推力垫片，且轴颈端面与轴承座之间留有较大的间隙。

三销轴式万向节允许相邻两轴间夹角最大可达45°。因此，用于转向驱动桥，可使汽车获得较小的转弯半径，其缺点是结构尺寸大。这种万向节在现代乘用车上应用很少，国产吉普车采用这种结构。

2．等速万向节

等速万向节的基本原理是从结构上保证传力点永远位于两轴交点的平分面上，这个原理可以用一对大小相同的锥齿轮的传动来说明。如图5-12所示，两齿轮啮合点A位于夹角的平分面上，由A点到两轴的距离都等于r。在A点处两齿轮的圆周速度相等，因此，两个齿轮旋转的角速度也相等。

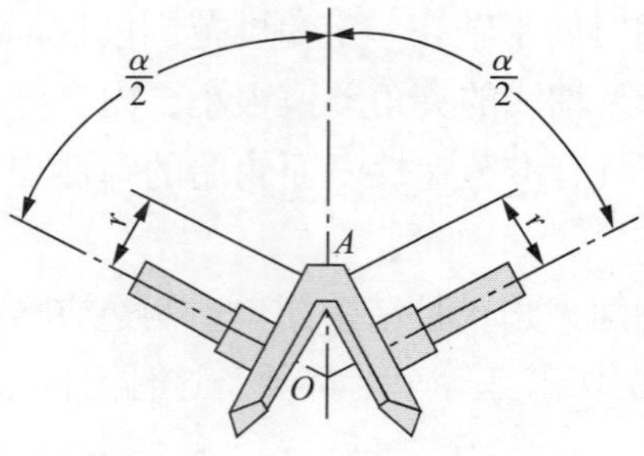

图5–12　等速万向节工作原理示意图

目前，采用较广泛的两种等速万向节—球叉式和球笼式万向节，就是根据这种原理制成的。其中，球笼式万向节应用最为普遍，比较常见的形式是三球销式（三脚架）球笼万向节。

1）球笼式等速万向节

球笼式等速万向节有两种形式，一种是固定式（或Rzeppa式），一种是三球销式。目前，乘用车上最常用的是三球销式万向节。有许多车型通常是同时装有这两种万向节。

固定式球笼万向节如图5–13所示，固定式球笼万向节主要由六个钢球、内滚道、防尘套（钟形罩）和球笼（保持架）组成。内滚道以其内花键与半轴连接，传力钢球分别位于六条由内滚道和钟形罩形成的凹槽内，由球笼保持在同一平面内。其动力由半轴输入，经钢球和钟形罩输出。国产桑塔纳2000、一汽奥迪等前轮驱动乘用车即采用这种万向节。此外，丰田、日产（Nissan）、马自达等都有部分车型应用固定式球笼万向节。

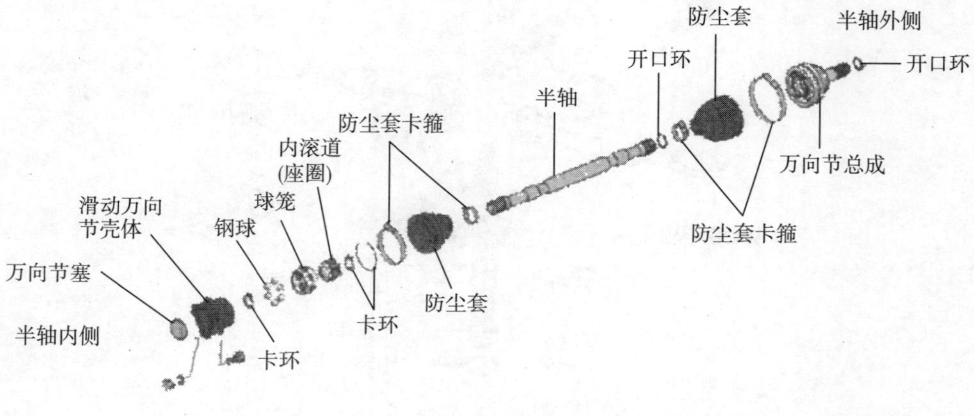

图5–13　球笼式万向节分解图

球笼式等速万向节内部结构如图5–14所示。这种万向节内环和外环滚道以相同的角度相对于轴向相互对称地倾斜，且内外滚道是圆筒形的。在动力传递过程中，内环和外环可以沿轴向相对移动。因此，采用这种万向节可以省去万向传动装置中的滑动花键。

球笼式万向节允许两轴间最大夹角在15°~21°，它能轴向滑动，寿命长，强度高，不但满足了车轮和转向性能的要求，还具有结构简单、尺寸小、重量轻等优点。在大众汽车上广泛应用的球笼式万向节是一种盘式等速万向节，图5–15为捷达车上的万向节分解图，它的结构与上述球笼式万向节很相似。

三球销式等速万向节（图5–16）为半轴上安装的三球销式等速万向节（也称三脚架式万向节），主要由三球销总成和防尘套（钟形罩）组成。三球销总成的花键孔与半轴内端花键配合，三个

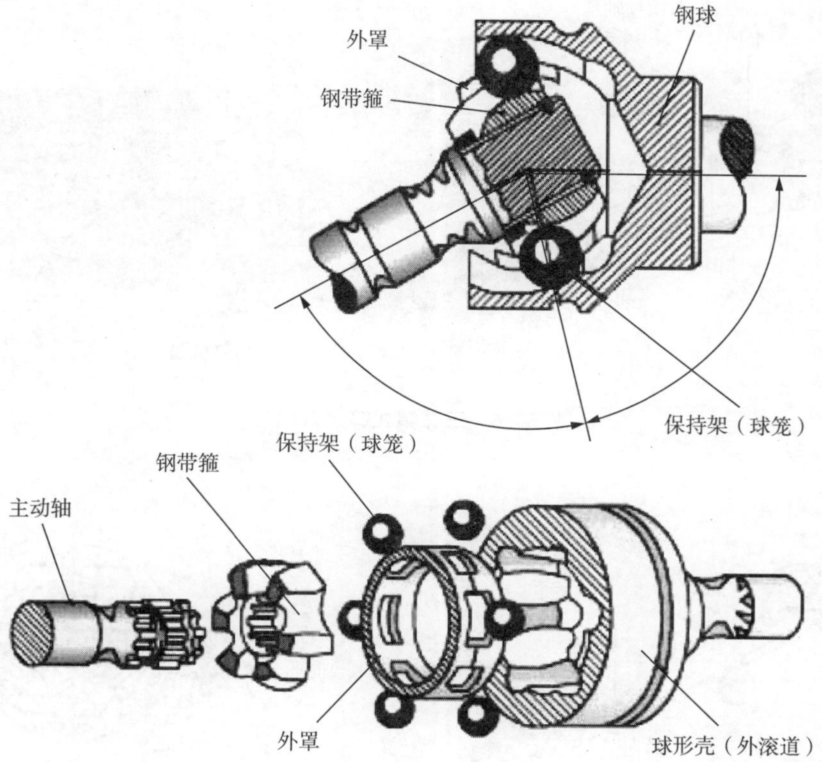

图5–14　球笼式万向节内部构造

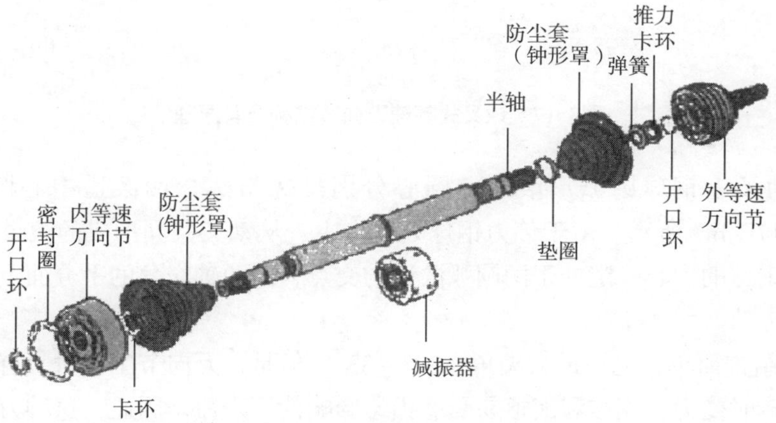

图5–15　大众盘式等速万向节分解图

球销上都装有轴承，以减小磨损。防尘套凸缘与差速器凸缘用螺栓连接，为防止润滑脂外漏，万向节由防尘套封护，并用卡箍紧固。

三球销式等速万向节结构简单、磨损小，并且可以轴向伸缩，乘用车上应用较多，如上海大众帕萨特B5。广州本田雅阁万向节，一种是固定球笼式，另一种是三球销式。

2）球叉式等速万向节

球叉式万向节结构如图5-17（a）所示，它主要由主动叉、从动叉、四个传力钢球和一个中心钢球组成。主、从动叉上各有四个弧形凹槽，两个叉对合后形成四个钢球的滚道。四个传力钢球分别放置在滚道之中。两叉中心的凹槽中放置中心钢球以定中心。

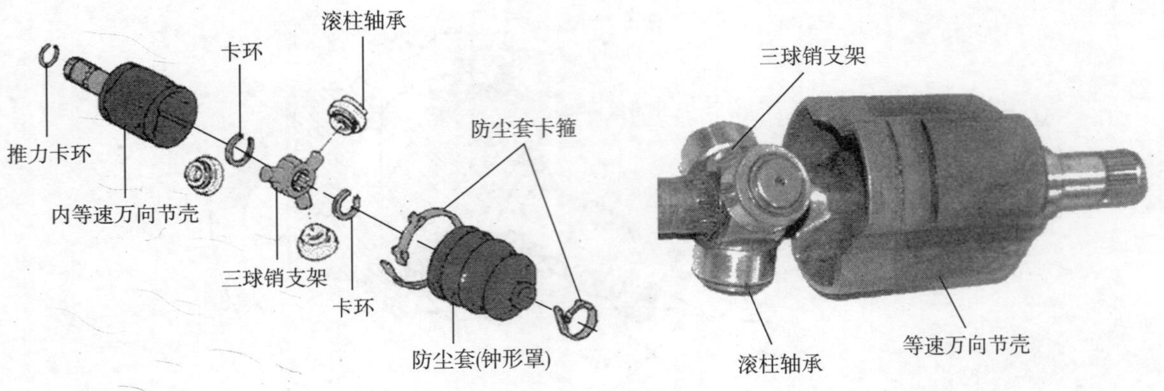

图5-16　三球销式等速万向节

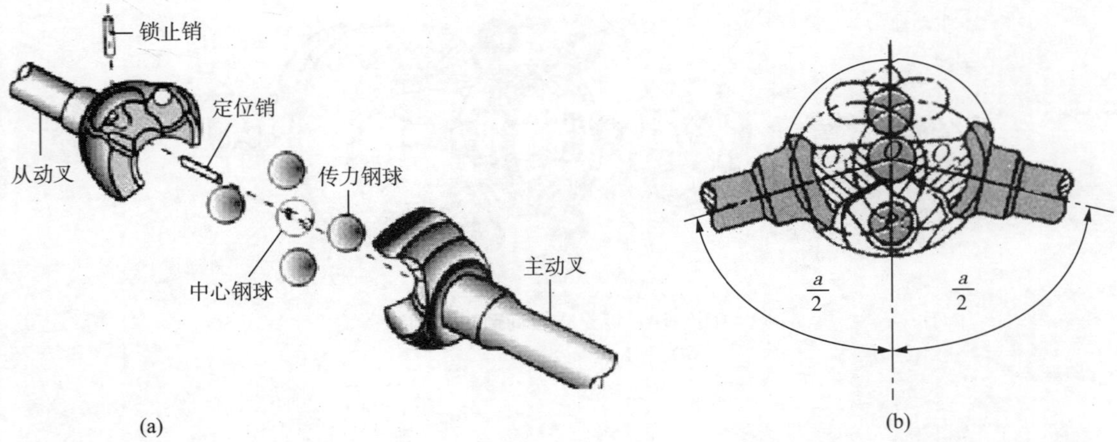

图5-17　球叉式等速万向节结构及其原理

主动叉与从动叉上钢球圆弧形滚道的圆心分别是O_1与O_2，两滚道中心圆弧半径相等，且$O_1O=O_2O$，如图5-17（b）所示。由于传力钢球处于由主、从动叉共同形成的滚道中，无论两轴间夹角如何变化，传力钢球的中心一定处于两圆弧滚道的交点，即两轴交角的平分面上，因此，球叉式万向节能够实现等速传动。

球叉式万向节结构简单，允许最大夹角在32°~33°。但是，万向节工作时只有两个钢球传力，另外两个钢球只在反转时受力，钢球和滚道易受磨损，影响使用寿命。因此，这种万向节大多用在转向驱动桥中，如跃进NJ230，解放CA30，北京BJ212等汽车采用球叉式等速万向节。

5.2.3　挠性万向节

挠性万向节的特点是其传力元件采用夹布橡胶盘、橡胶块、橡胶环等弹性元件，从而保证相交两轴间不发生机械运动干涉。由于弹性元件变形量有限，因此，挠性万向节一般用于夹角较小（在3°~5°）的两轴间以及有微量轴向位移的传动系统，如图5-18所示。例如，安装在车架上的两个部件（发动机与变速器或变速器与分动器）之间，可使装配方便，不需轴线严格对正，并能消除工作中车架变形对传动的不利影响。

挠性万向节不但结构简单，不需要润滑，而且还具有缓冲和减振的作用。这种万向节应用范围很窄，只在某些大型车上采用。在某些最新的前置发动机后轮驱动的小客车中，使用零角度的传动轴，装有挠性万向节以保证振动和噪音减小。

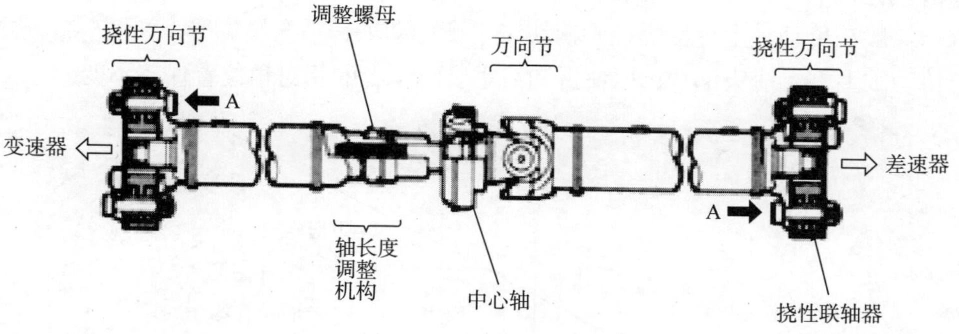

图5–18　挠性万向节

5.3　传动轴和中间支承

5.3.1　传动轴

发动机前置、后轮驱动的乘用车上，变速器输出功率通过传动轴传入主减速器及差速器，带动后驱动轮转动。

传动轴通常采用无缝钢管制造，两端焊有万向节叉，如图5–19所示。传动轴结构、套管、长度、直径及万向节类型都是不同的。四轮驱动汽车使用两根传动轴，一根驱动前轮，另一根驱动后轮。

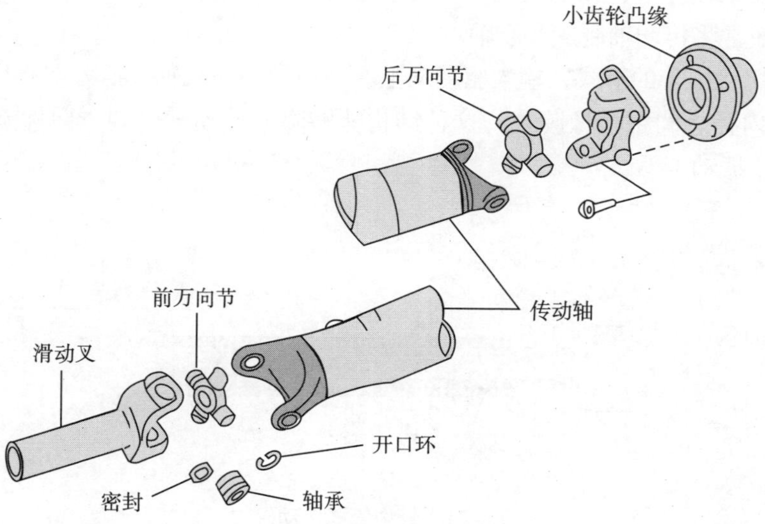

图5–19　典型传动轴总成

1．传动轴的结构

汽车行驶过程中，变速器与驱动桥的相对位置会发生变化，为了避免运动干涉，传动轴通常装有一个或多个万向节，可以改变传动轴角度，以便与后桥总成的运动保持一致。随着传动轴角度的改变，其长度也会改变，因此采用滑动叉和花键轴组成的滑套连接，以实现传动轴长度的变化。滑动叉通常与前端的万向节相配合。

传动轴在高速旋转时，由于离心力作用会产生剧烈振动，因此，传动轴与万向节装配后必须满足动平衡要求。一般在传动轴上外侧焊接平衡块来平衡传动轴，平衡块位置，如图5-20所示。平衡后，在滑动叉与传动轴上刻上箭头记号，以便拆卸后重装时二者的相对角位置保持不变。

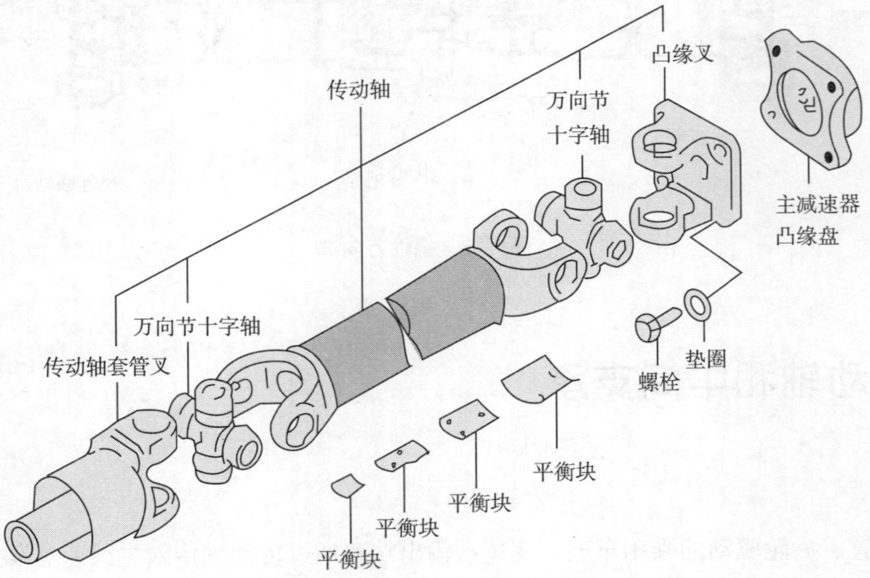

图5-20　传动轴的平衡

为了得到较高的强度和刚度，传动轴大多做成空心的，通常用厚度为1.5 ~ 3.0 mm的薄钢板卷焊而成，轴内放置厚的硬纸板衬或者在纸板衬之间放置坯块。在转向驱动桥、断开式驱动桥或微型汽车的万向传动装置中，通常将传动轴制成实心轴。

还有一种轴采用管中管的形式，输入驱动叉上有一根空心输入轴，插入空心传动轴中，如图5-21所示。它的外径与内径之间粘接橡胶块，这种结构能够降低传动轴受到方向性旋转变化时产生的噪声，也极大地减少了振动。

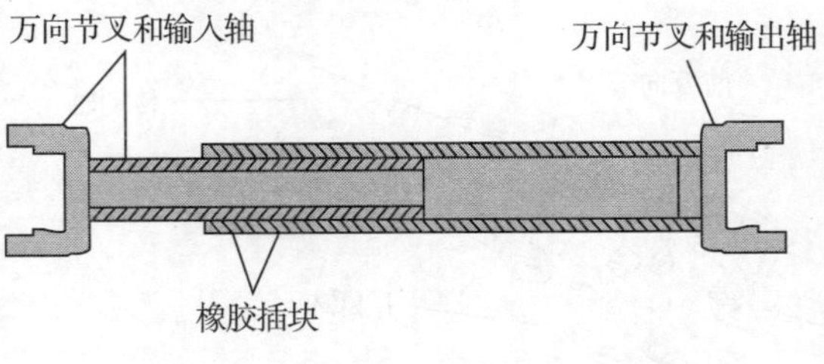

图5-21　管中管式传动轴

2．花键接合套

汽车在不同路面上行驶时，驱动桥总成会随后悬架做上下运动。由于变速器固定在车架上，不会随悬架运动而发生移动，因而变速器与后驱动桥之间的相对距离会发生变化。因此，传动轴上设置了花键接合套，如图5-22所示，以补偿后桥跳动时传动轴长度的变化。为保持传动轴的平衡，传动轴端部的花键轴与套管的内花键孔按照记号相对装合，并使传动轴两端的万向节叉在同一平面上。

传动轴的一端都采用滑套连接，可以允许轴伸长或缩短。滑动叉固定在双节轴设计的中心或传动轴的任意一端，但一般与前万向节相配。滑套连接组件结构，如图5–23所示。

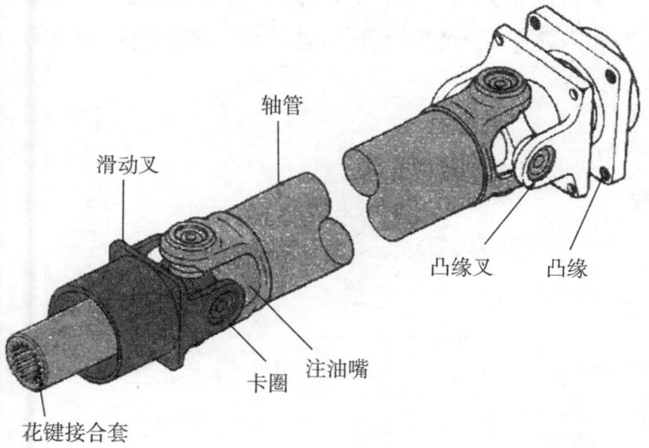

图5–22　花键接合套的位置

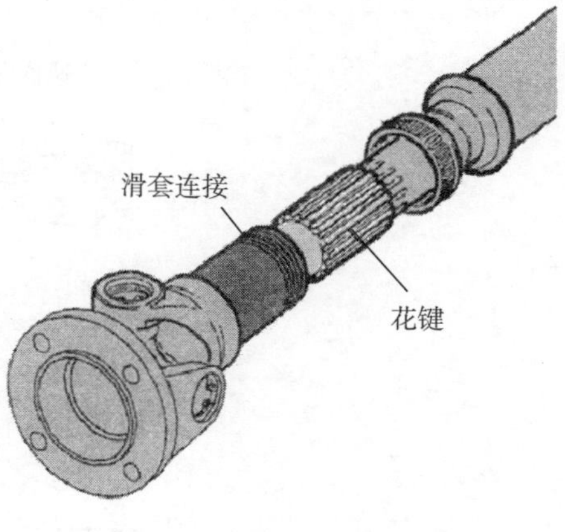

图5–23　滑套连接组件的结构

滑套连接组件包括变速器第二轴、滑套连接、滑动叉、万向节和传动轴。变速器第二轴上有外花键，与滑套连接的内花键相配合，滑套连接叉通过万向节与传动轴相连。花键啮合使两轴一起旋转，但允许轴的两端互相滑动。这种滑移运动使传动轴随驱动桥从车架进出运动。有些汽车采用插入型等速万向节代替滑套连接组件和万向节。

为减小传动轴中花键连接的轴向滑动阻力和磨损，可对花键进行磷化处理或喷涂尼龙层，有的则将滑动花键改为滚动花键。如有的汽车传动轴采用圆柱滚子式滚动花键连接，有些断开式后驱动桥中采用半轴滚动花键连接。如三菱帕杰罗、北京切诺基和皇冠3.0等都是采用滚动花键连接。采用滚动花键能减少摩擦损失，提高传动效率，但结构较复杂，成本高。

3．传动轴的类型

由于驱动桥与车架是弹性连接的，普通万向传动装置不可能在任何情况下都保证等速传动。传动轴有几种布置形式，可以保证汽车满载在水平路面行驶时，近似等速。

1）越野汽车传动轴

越野汽车传动轴的布置包括从变速器到分动器，又从分动器到各驱动桥，如图5–24所示。后桥传动轴分为中间传动轴和主传动轴，中间支承装在中驱动桥上。满载时变速器输出轴与分动器的各输出轴、中桥和后桥的输入轴、以及中间支承的轴线近似平行。每一传动轴（中间支承可认为是一个传动

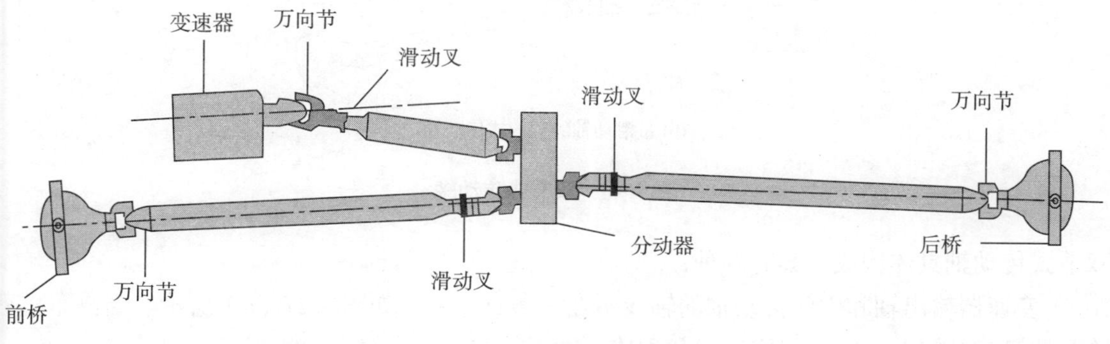

图5–24　四轮驱动车辆传动轴

轴）两端的万向节叉应装在同一平面内，满足平行排列或等腰排列（如前桥传动轴）的等速条件。

2）普通汽车传动轴

单节式传动轴如图5–25所示，普通汽车最简单的传动轴只有一节，其两端用万向节分别与变速器和驱动桥连接。装配时传动轴两端的万向节叉在同一平面内就保证满载时实现等速传动，如松花江中意等。

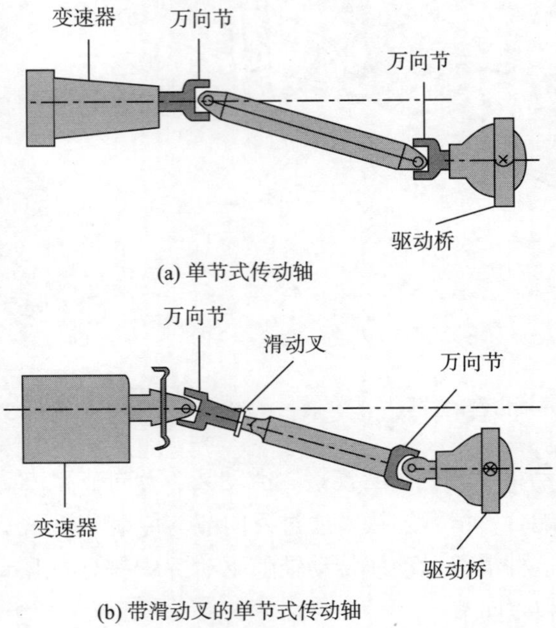

图5–25　单节式传动轴

双节式传动轴如图5–26所示，其传动轴分为两段，即中间传动轴和主传动轴，与三个万向节组成万向传动装置。如国产长城皮卡、沈阳金杯长轴距系列、南京依维柯都采用双节式传动轴。

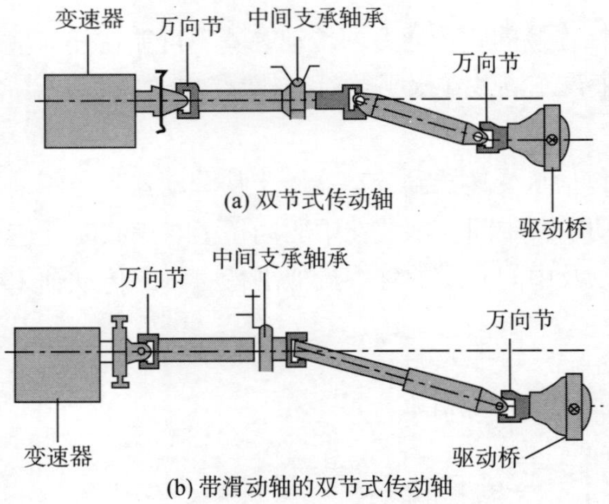

图5–26　双节式传动轴

双节式传动轴具体构成方案有两种：

（1）变速器输出轴和中间传动轴的轴线不在一条直线上，如图5–27（a）所示。当汽车重载时，由于弹性悬架变形较大，使中间传动轴和主传动轴近似在一条直线上，相当于只有一节传动轴，而中间万向节不起改变角速度的作用。此时，只要合二为一的传动轴两端的万向节处在同一平面内，即第一个万向节的从动叉与第三个万向节的主动叉在同一平面，就能满足重载时等速传动。为此规定，中间传动轴两端的万向节叉相互垂直，而主传动轴两端的万向节叉应在同一平面内。解放CA1092型汽车和东风EQ1091型汽车均属于这种布置形式。

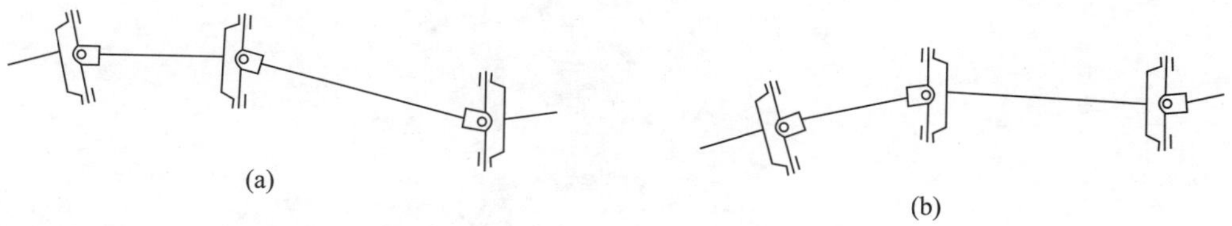

图5–27　双节式传动轴万向节装配形式

（2）中间传动轴与变速器输出轴近似在一条直线上，如图5–27（b）所示，则第一个万向节不起改变角速度的作用，此时也相当于一节传动轴。只要主传动轴满足等速传动条件即可。为此，不仅主传动轴两端的万向节叉必须在同一平面，而且中间传动轴两端的万向节也要装在同一平面内。

另外，某些超长轴距的汽车，为提高传动轴的刚度，将其分为三节。前两节为中间传动轴，分别用中间支承吊装在车架上，后一节为主传动轴。只要将每节传动轴两端的万向节叉都分别布置在同一平面内，即可保证等速传动。

5.3.2　中间支承

双节传动轴中间要加装中间支承，如图5–28所示。中间支承通常装在车架横梁上，用以补偿传动轴轴向和角度方向的安装误差，以及汽车行驶时因发动机窜动或车架变形等所引起的位移。中间支承与车架之间一般不作刚性固定，而是通过橡胶等弹性体支承在车架上。在6×6越野汽车上，分动器与后驱动桥之间的万向传动装置，有时中间支承刚性固定在驱动桥上。这时，两段传动轴均应作成两段，以滑动花键相连接，以保证两根传动轴长度尺寸变化的要求。

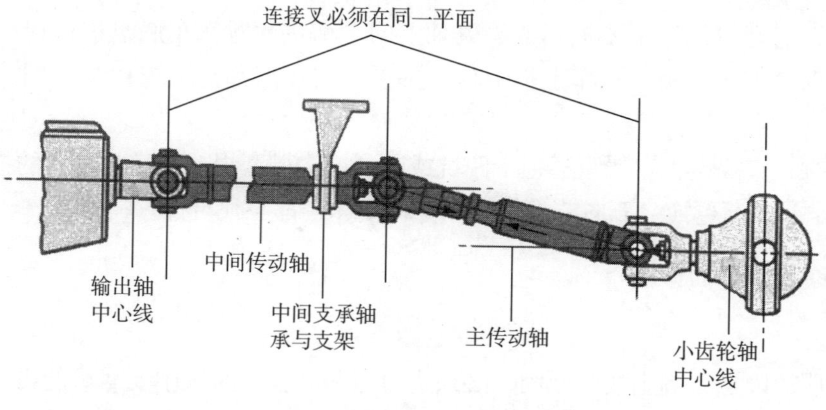

图5–28　在双节式传动轴安装的中间支承

中间支承主要由中间轴承、固定轴承的支架和弹性元件（橡胶套筒）所组成，如图5–29所示。

中间支承有多种类型，如双列圆锥滚子轴承式、摆动式、蜂窝软垫式等等。其中，蜂窝软垫式中间支承结构简单，效果良好，应用较广泛。

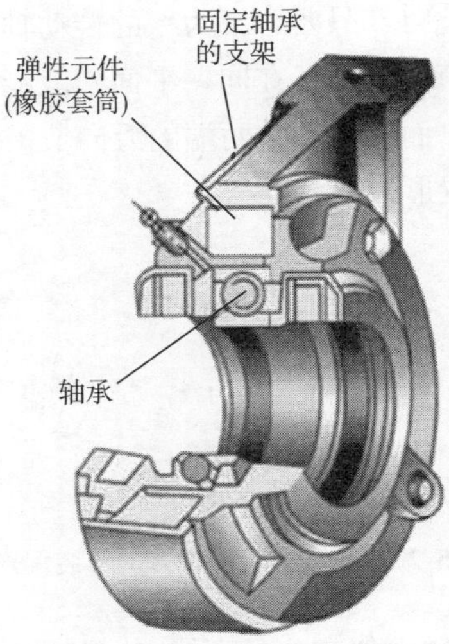

图5–29　中间支承的结构

5.4　万向传动装置的检修

如果万向节或传动轴损坏会表现出某种迹象，变速器换挡时可能会听到明显的金属撞击声。许多不正常的振动和噪声也是由于动力传动系或悬架出故障造成的。确认故障产生原因之前，应收集尽可能多的故障信息，如振动或噪声出现的时期等。由于噪声或振动故障可能起因于悬架和制动器零部件磨损或损坏，也可能是轮胎不规则磨损或不平衡，因此，应进行全面检查以确定故障源。

5.4.1　检查维护

传动轴组件几乎不需要维护，如果万向节和轴承损坏则更换传动轴总成。原厂安装的传动轴通常加以密封，不需要定期润滑，但是应注意清理轴上堆积的污物、灰尘或其他杂质等。堆积物会影响传动轴的平衡，清理时注意不要损坏或丢失轴上的平衡重。对汽车底盘进行保护性喷涂时，必须将传动轴隔离，以免破坏平衡。从车上拆下传动轴后，要用溶剂清洁连接叉，用液体密封润滑剂润滑密封内径。

检查万向节时，查找是否有严重磨损、凹坑或断裂。沟槽磨损是球道最普通的损坏方式。如果钢球磨损或转动困难，必须更换。万向节无论存在何种损坏，都必须更换。

5.4.2　万向传动装置故障的诊断

1. 道路试验

为了准确查明故障点，判定故障原因，必须进行道路试验。路试中要尽可能再现故障，注意故障出现时的车速和驾驶状态。如果万向节已经磨损，则加速或减速过程中会明显地显示出来。对汽车重复加速减速几次，注意倾听路试中出现的振动和噪声。使汽车以不同的恒速行驶也有助于确认故障。

2. 失效原因

导致万向节故障的主要原因就是缺少润滑。没有适当的润滑，万向节内的滚针轴承就会过热，从而损坏万向节。由于缺少润滑产生的早期磨损叫“干磨”，并能在轴承支座与万向节连接区域看到清晰细小的沟槽磨损。因此，当万向节支承面上出现细小的凹坑时，就表明万向节由于缺少润滑而磨损了。

此外，其他失效原因还有：①运转条件不正常；②由于拖车或挂车使万向节超载；③突然换挡；④高速前行时突然倒车，或高速倒车时突然前行；⑤载重过量，超过汽车装载高度，使万向节运转角超过设计要求等。

3．传动轴振动

如果振动随车速增加而增大，可能是传动轴表面堆积了一层底漆或涂料，或传动轴上的平衡块丢失，造成传动轴不平衡，也可能是变速器和（或）发动机支座磨损或失效、车轮轴承磨损或松动、轮胎和车轮组件不平衡。

拧紧传动轴中间支承螺栓，如果橡胶垫损坏或浸油，则进行更换。如果只有在高速时振动现象明显，则最大的可能是传动轴不平衡。如果在加速到测试速度时振动最为明显，则应检查内侧万向节是否磨损、黏着或损坏。

如果汽车在以48.3 ~ 56.31 km/h的速度低速行驶时产生振动，可能是轴和万向节的安装角度不正确。如果振动发生在80 ~ 90 km/h的速度时，应检查后轴弹簧是否磨损、松弛或存在其他可能引起后面万向节工作角度改变的故障。如果汽车超载，悬架下垂，也会改变后万向节的运转角。有时由于缺少润滑，万向节卡住，也可能造成低速振动。双联式万向节的中心双联叉发生磨损也会导致加速剧烈摆振。

4．传动轴噪声

传动轴或万向节失效引起的最明显的噪声是金属撞击声，通常出现在汽车完全停车后加速起步或运行中换挡时。这种噪声是金属之间刚性接触发出的声音，可能是由于万向节磨损或损坏，或者滑套接头与外伸壳衬套之间间隙过大，配对凸缘松动以及上、下摆臂衬套螺栓松动。

万向节磨损或损坏还会产生一种刺耳噪音，噪音频率会随车速增加而增大。这种噪音的产生原因可能是万向节润滑不良，或者U形固定螺栓太紧。

在快速检查万向节磨损时，可将万向节叉与传动轴反方向旋转，应该没有明显的运动。然后再将轴上下摇动，若有明显的运动，则万向节磨损。如果万向节轴承支座锈蚀很多，万向节将不能使轴改变角度而导致振动。确定万向节腐蚀情况时，应拔掉万向节叉，查看是否有铁锈从万向节上剥落。

在诊断故障时，要仔细检查半轴的防尘套。防尘套磨损是导致万向节失效的最常见的一个原因。如果在半轴内壁、防护层或悬挂部件上有油脂，说明防尘套可能不平。如果缺口很小，油脂比较洁净，万向节无异响，则只须更换一个新的防尘套即可；如果有大的划口，防尘套被破坏或油脂污染，那么，可能需要更换等速万向节。

5．常见故障的诊断与排除

万向传动装置常见故障的原因分析和排除方法，如表5–1所示。

表5–1　万向传动装置常见故障原因及排除方法

故障现象	原因分析	排除方法
润滑脂泄漏	等速万向节防尘套有划痕或裂缝	更换防尘套
转向时有咔哒声	外侧等速万向节损坏	更换外侧等速万向节
加速时有沉闷的金属声	内侧等速万向节损坏	更换内侧等速万向节
	变速器齿轮或轴承磨损	检查变速器
加速时有振动或抖动	等速万向节卡滞、损坏或磨损、未对准或弹簧高度问题	更换等速万向节

本章小结

（1）万向传动装置的功用是能在轴间夹角及相对位置经常发生变化的转轴之间传递动力。

（2）万向传动装置主要由万向节、传动轴和中间支承组成。

（3）万向传动装置在汽车上主要应用在变速器（或分动器）与驱动桥之间；越野汽车变速器与分动器之间；汽车转向驱动桥和断开式驱动桥的半轴以及汽车转向操纵机构中。

（5）普通万向节的不等速是指在转动一圈内的角速度不相等。

（6）为实现等角速传动，两个普通万向节的排列方式为：第一节万向节两轴间夹角与第二节万向节两轴间夹角相等；传动轴两端的两个万向节叉在同一平面内。

（7）等角速万向节型式主要有球笼式和球叉式。

（8）传动轴的类型按结构可分为实心轴和空心轴，一般采用薄钢板卷焊而成的空心轴。

（9）中间支承主要由中间轴承、固定轴承的支架和弹性元件组成，有圆锥滚子轴承式、摆动式和蜂窝软垫式等。

（10）万向传动装置的常见故障有：异响、传动轴振抖和漏油等。

复习思考题

1. 判断题

（1）汽车万向传动装置异响在汽车不同的运行状态下均可能发生。（　）

（2）万向传动装置只用于汽车的传动系统上。（　）

（3）为了防止传动轴的共振，常将传动轴分成两段。（　）

（4）在装配传动轴时，应按规定的力矩拧紧螺母。（　）

（5）汽车万向节轴承松动是万向传动装置异响的原因之一。（　）

（6）球叉式万向节是不等速万向节。（　）

（7）汽车传动系统中的万向传动装置，一般包括万向节、传动轴、中间支承等。（　）

（8）目前汽车传动系统中应用得最多的是十字轴式刚性万向节，它允许相邻两轴的最大交角为5°。（　）

（9）汽车行驶中，传动轴的长度通过花键连接可以自动变化。（　）

（10）十字轴上安全阀的作用是保护油封不致因油压过高而被破坏。（　）

2. 选择题

（1）所有普通十字轴式刚性万向节“传动不等速性”是指主动轴匀角速度旋转时，（　）。

A．从动轴的转速不相等　B．从动轴在一周中的角速度是变化的

C．从动轴的转速是相等的　D．从动轴在一周中的角速度是相等的

（2）汽车传动轴上经常会有镶装的铁片，它的作用是（　）。

A．制造工艺所需　B．配重平衡所需　C．维修焊补的痕迹　D．生产厂的标记

（3）前驱动桥的半轴上安装的是（　）。

A．普通万向节　B．十字轴万向节　C．准等速万向节　D．等速万向节

（4）关于引起传万向节松旷的原因，以下说法错误的是（　　）。

A．凸缘盘连接螺栓松动　　B．传动轴上的平衡块脱落

C．万向节主、从动部分游动角度太大　　D．万向节十字轴磨损严重

（5）球叉式万向节组成有主动叉、从动叉、定位锁止销以及（　　）。

A．2个钢球　　B．3个钢球　　C．4个钢球　　D．5个钢球

（6）为了提高传动轴的强度和刚度，传动轴一般都做成（　　）。

A．空心的　　B．实心的　　C．半空半实的　　D．无所谓

3. 问答题

（1）汽车上的万向传动装置有什么作用？用在哪些地方？

（2）万向节的主要型式有哪些？

（3）简述十字轴万向节的速度特性。

（4）双十字万向节实现等速条件应满足什么条件？

（5）简述等角速万向节的等速原理。

（6）简述万向传动装置常见故障的现象和原因。

6 驱动桥

学习目标

知识目标

（1）叙述驱动桥的功用、类型和布置形式；
（2）正确描述主减速器的结构及工作原理；
（3）正确描述差速器的结构及工作原理；
（4）叙述半轴的类型和结构。

能力目标

（1）能对驱动桥进行拆装、维护与检修；
（2）能分析驱动桥常见故障的原因。

6.1 概述

车桥是通过悬架与车架相连，两端安装车轮，其功用是传递车架（或承载式车身）与车轮之间的各方向的作用力和力矩。车桥的结构形式与悬架结构以及传动系统的布置形式有关。

按配用悬架结构不同，车桥分为整体式和断开式两种。

按车桥上车轮作用的不同，车桥分为转向桥、驱动桥、转向驱动桥和支持桥四种类型。

6.1.1 驱动桥的功用与组成

1．功用

驱动桥的功用是将万向传动装置（变速器）传来的动力经降速增扭、改变动力传递方向后，分配到左右驱动轮，并允许左右驱动轮以不同的速度转动。另外，它还承受作用于路面、车架或车身之间的各种作用力。

2．组成

驱动桥是传动系统的最后一个总成，由主减速器、差速器、半轴和桥壳组成，如图6–1、图6–2所示。

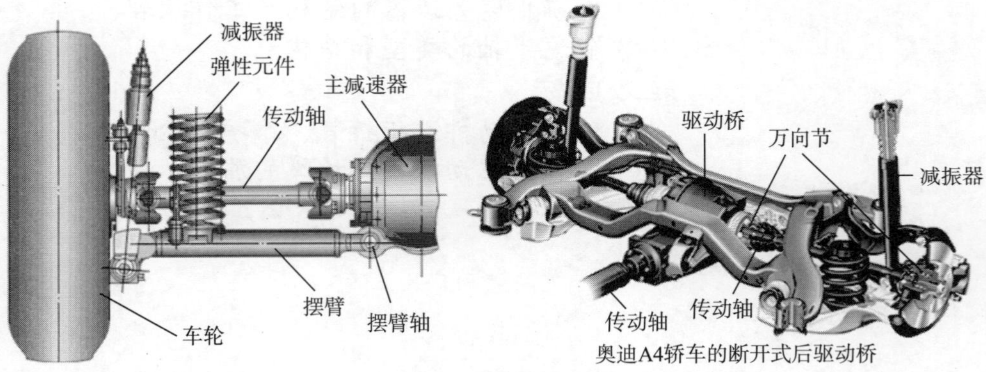

图6–1　断开式驱动桥

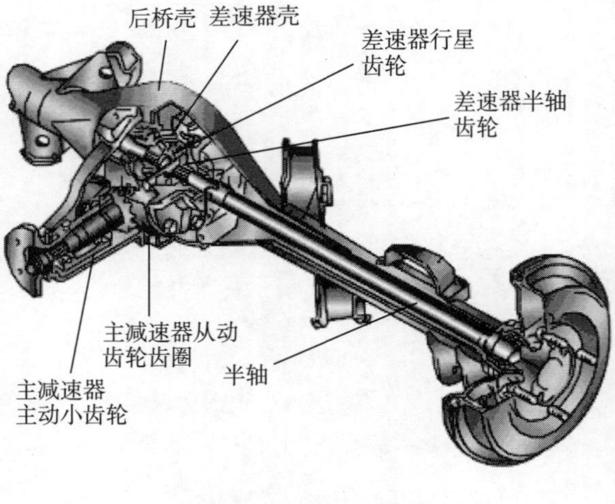

图6–2　非断开式驱动桥

3．要求

驱动桥设计应当满足如下基本要求：

（1）选择的主减速比应能保证汽车具有最佳的动力性和燃料经济性；

（2）外形尺寸要小，保证必要的离地间隙；

（3）齿轮及其他传动件工作平稳，噪声小；

（4）在各种转速和载荷下具有高传动效率；

（5）在保证足够的强度、刚度条件下，力求质量较小，尤其是非簧载质量应尽量小，以改善汽车的平顺性；

（6）与悬架导向机构运动协调，对于转向驱动桥，还应与转向机构运动相协调；

（7）结构简单，加工工艺性好，制造容易，拆装、调整方便。

6.1.2 驱动桥的形式

1．断开式驱动桥

断开式驱动桥是将主减速器和差速器安装在桥壳中，桥壳固定在车架或车身上，用万向节和传动轴驱动车轮，两车轮可彼此独立地相对于车架上下跳动，如图6–1所示。这种形式的驱动桥大大增加了离地间隙，减少了非簧载质量（配独立悬架结构），改善了汽车平顺性，也提高了抗侧滑的能力。但其制造成本高，结构复杂，通常用在乘用车或特殊车辆上。

2．非断开式驱动桥

当车轮采用非独立悬架时，驱动桥采用非断开式。其特点是半轴套管与主减速器壳刚性连成一体，整个驱动桥通过弹性悬架与车架相连，两侧车轮和半轴不能在横向平面内做相对运动，如图6–2所示。非断开式驱动桥也称整体式驱动桥。由于它相当于一刚性梁，轴的整个质量均属于非簧载质量部分。因此，汽车的行使平顺性、操纵的稳定性及通过性都不如断开式驱动桥优越。但其结构简单，制造工艺性好，可靠耐用且维修方便，因此，在载货汽车上应用十分广泛。

6.2 主减速器和差速器

6.2.1 主减速器和差速器的位置

主减速器的位置按前轮驱动（FF）还是后轮驱动（FR）而有所不同，如图6–3所示。

差速器的位置按前轮驱动（FF）还是后轮驱动（FR）而有所不同，如图6–4所示。

6.2.2 主减速器和差速器的功能

主减速器是传动系统中起降低转速、增大转矩作用的主要部件，当发动机纵置时，还具有改变转矩旋转方向的作用。将主减速器布置在发动机动力向驱动轮分流之前的位置，有利于减小其前端的传动部件（如离合器、变速器和传动轴等）所传递的转矩，从而减小这些部件的尺寸和质量。

差速器是一个差速传动机构，可以使内外侧车轮以不同转速转动，适应汽车的转向要求。保证各驱动轮在各种运动条件下的动力传递，避免轮胎与地面间打滑。当汽车转弯行驶时，外侧车轮比内侧车轮所走过的路程长；汽车在不平路面上直线行驶时，两侧车轮走过的曲线长短也不相等；即使路面非常平直，但由于轮胎制造尺寸误差，磨损程度不同，承受的载荷不同或充气压力不等，各个轮胎的滚动半径实际上不可能相等。若两侧车轮都固定在同一刚性转轴上，两轮角速度相等，则车轮必然出

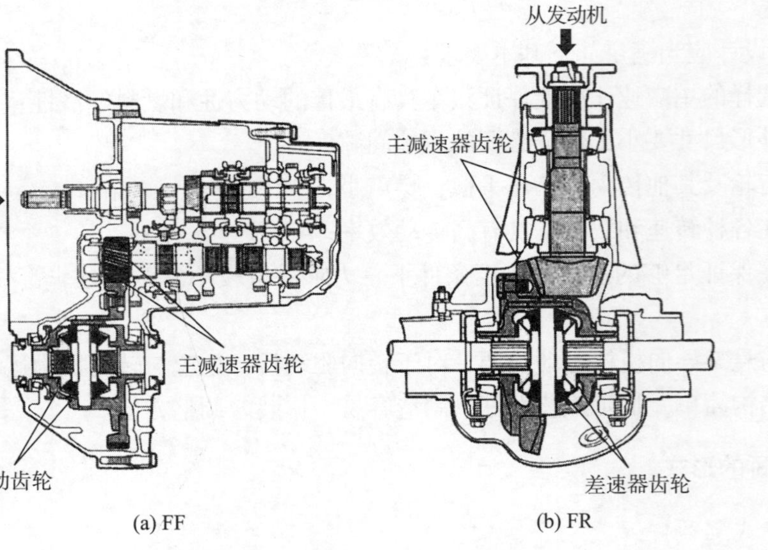

图6–3 主减速器的位置

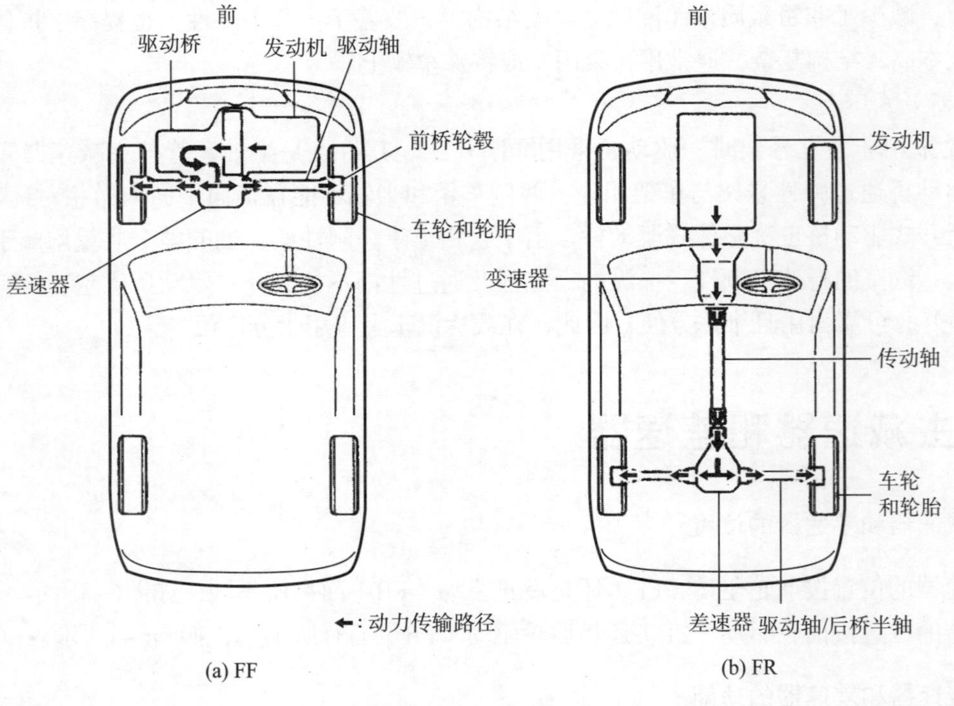

图6–4 差速器的位置

现边滚动边滑动的现象。

为保证各个车轮都可能以不同的角速度旋转，驱动桥设置了差速器装置，它由主减速器从动齿轮驱动。

6.2.3 主减速器和差速器的分类

1．主减速器的分类

按主减速器的减速形式可分为单级减速、双级减速、双速减速、单双级贯通、单双级减速配以轮边减速等。

按齿轮副的结构形式分，有圆柱齿轮式（又可分定轴轮系式和行星齿轮系）主减速器和圆锥齿轮式（又可分螺旋锥齿轮式和双曲面锥齿轮式）主减速器。

1）单级主减速器

单级主减速器可由一对圆锥齿轮、一对圆柱齿轮或由蜗轮蜗杆组成，如图6–5所示。它具有结构简单、质量小、成本低、使用简单等优点。但是其主传动比不能太大，一般传动比 $i \leqslant 7$，进一步提高传动比将增大从动齿轮直径，从而减小离地间隙。

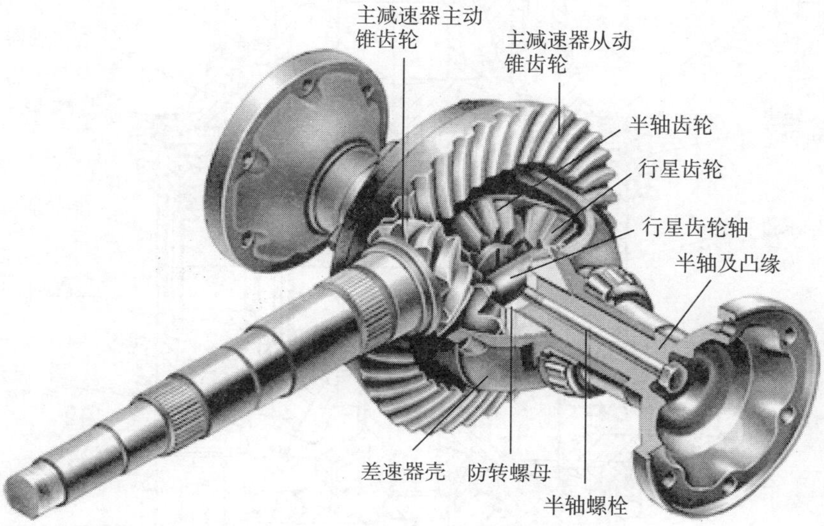

图6–5 单级主减速器

单级主减速器广泛应用于乘用车和轻、中型货车的驱动桥中。单级主减速型式又分为普通斜齿轮式或锥形齿轮式：

普通斜齿轮式主减速器应用于前驱汽车的变速器中。对于前驱汽车的变速器中的主减速器，如果发动机在机舱内横置，则主减速器为普通斜齿轮式；如果发动机在机舱内纵置，则主减速器为锥形齿轮式，如桑塔纳、帕萨特等。

其中，锥形齿轮式主减速器（图6–5）广泛的应用于后驱汽车的后轿中，变速器输出动力经过传动轴传给主动锥齿轮，经从动锥齿轮减速后传给差速器。

2）双级主减速器

双级主减速器由一对锥形齿轮副和一对圆柱斜齿轮副组成，主减速器的传动比等于两级齿轮传动比的乘积，如图6–6所示。

双级主减速器与单级相比，在保证离地间隙相同时可得到大的传动比，一般传动比 i 为7 ~ 12。但其尺寸、质量均较大，成本较高。它主要应用于中、重型货车、越野车和大客车上。

3）双速主减速器

双速主减速器内由齿轮的不同组合可获得两种传动比。它与普通变速器相配合，可得到双倍于变速器的挡位。双速主减速器的高低挡减速比是根据汽车的使用条件、发动机功率及变速器各挡速比的大小来选定的。大的主减速比用于汽车满载行驶或在困难道路上行驶，以克服较大的行驶阻力并减少变速器中间挡位的变换次数；小的主减速比则用于汽车空载、半载行驶或在良好路面上行驶，以改善

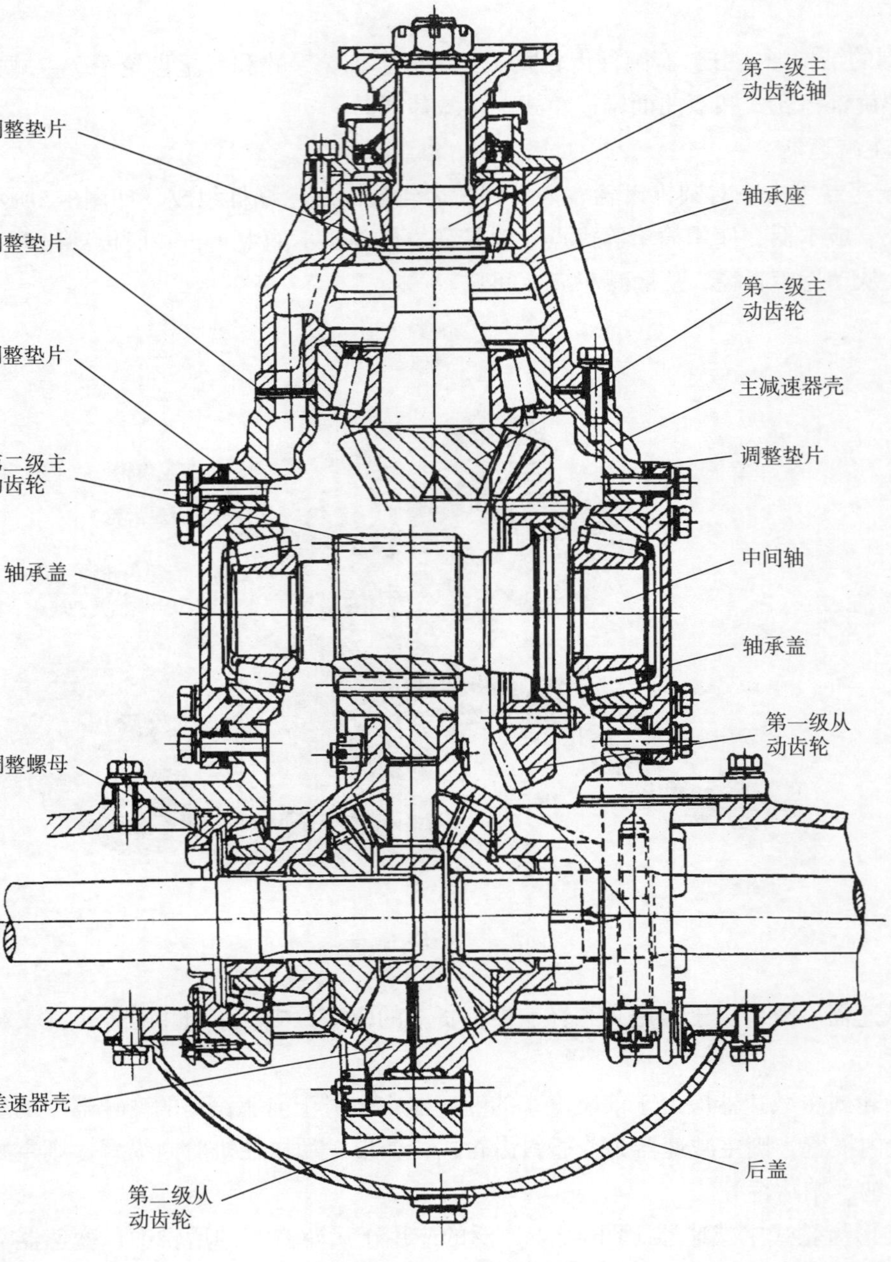

图6–6　双级主减速器

汽车的燃料经济性和提高平均车速。

双速主减速器的换挡是由远距离操纵机构实现的，一般有电磁式、气压式和电一气压综合式操纵机构。由于双速主减速器无换挡同步装置，因此，其主减速比的变换是在停车时进行的。双速主减速器主要在一些单桥驱动的重型汽车上采用。

4）贯通式主减速器

贯通式主减速器根据其减速形式可分成单级和双级两种，如图6-7所示。单级贯通式主减速器具有结构简单，体积小，质量小，并可使中、后桥的大部分零部件，尤其是使桥壳、半轴等主要零部件具有互换性等优点。它主要用于轻型多桥驱动的汽车上。

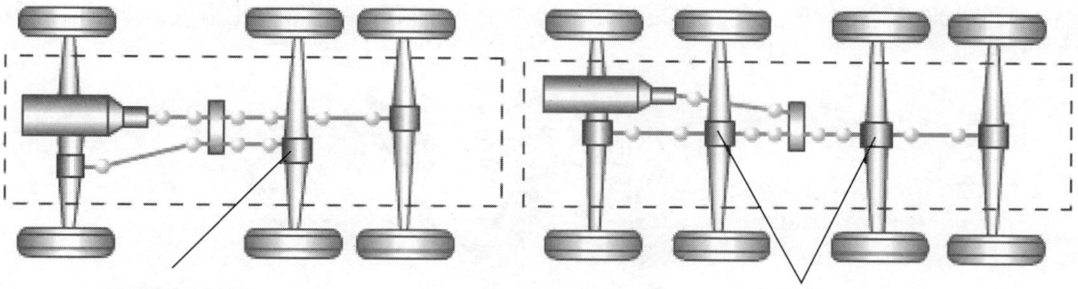

图6–7 非贯通式驱动桥与贯通式驱动桥的布置图

5）单、双级减速配轮边减速器

在设计某些重型汽车、矿山自卸车、越野车和大型公共汽车的驱动桥时，由于传动系统总传动负荷大，为了使变速器、分动器、传动轴等总成所受载荷尽量小，往往将驱动桥的速比分配得较大。当主减速比大于12时，一般的整体式双级主减速器难以达到要求，此时常采用轮边减速器。这样，不仅使驱动桥的中间尺寸减小，保证了足够的离地间隙，而且可得到较大的驱动桥总传动比。另外，半轴、差速器及主减速器从动齿轮等零件由于所受载荷大为减小，使它们的尺寸可以减小。但是由于每个驱动轮旁均设一轮边减速器，使结构复杂，成本提高，布置轮毂、轴承、车轮和制动器较困难。

2．差速器的分类

差速器按其用途可分为轮间差速器和轴间差速器。轮间差速器装在同一驱动桥两侧驱动轮之间，而轴间差速器装在多轴驱动汽车的各驱动桥之间。

无论是轮间差速器还是轴间差速器，按其工作特性都可分为普通齿轮式差速器和防滑差速器两大类。

1）齿轮式差速器

当左右驱动轮存在转速差时，差速器分配给慢转驱动轮的转矩大于快转驱动轮的转矩，从而使转矩均分。这种差速器转矩的均分特性，能满足汽车在良好路面上的正常行驶。当汽车在坏路上行驶时，严重影响通过能力。例如，当汽车的一个驱动轮陷入泥泞路面时，虽然另一驱动轮在良好路面上，汽车却往往不能前进（俗称打滑）。此时在泥泞路面上的驱动轮原地滑转，在良好路面上的车轮却静止不动。这是因为在泥泞路面上的车轮与路面之间的附着力较小，路面只能通过此轮对半轴作用较小的反作用力矩，因此，差速器分配给此轮的转矩也较小，尽管另一驱动轮与良好路面间的附着力较大，但因平均分配转矩的特点，使这驱动轮也只能分到与滑转驱动轮等量的转矩；以致驱动力不足以克服行驶阻力，汽车不能前进，而动力则消耗在滑转驱动轮上。此时加大油门不仅不能使汽车前进，反而浪费燃油，加速机件磨损，尤其使轮胎磨损加剧。其有效的解决办法是挖掉滑转驱动轮下的稀泥或在此轮下垫干土、碎石、树枝、干草等，以提高附着力。

2）防滑差速器

为提高汽车在坏路上的通过能力，某些越野汽车及高级乘用车上装置了防滑差速器。防滑差速器的特点是，当一侧驱动轮在坏路上滑转时，能使大部分甚至全部转矩传给在良好路面上的驱动轮，以充分利用这一驱动轮的附着力来产生足够的驱动力，使汽车顺利起步或继续行驶。

6.2.4 主减速器的组成与工作原理

主减速器通过主动小齿轮带动环形大齿轮，实现降低转速并向车轮提供增大的驱动转矩，采用圆锥齿轮传动还可改变转矩旋转方向。主减速器主要由主动小齿轮和环形齿轮组成，如图6–8所示。

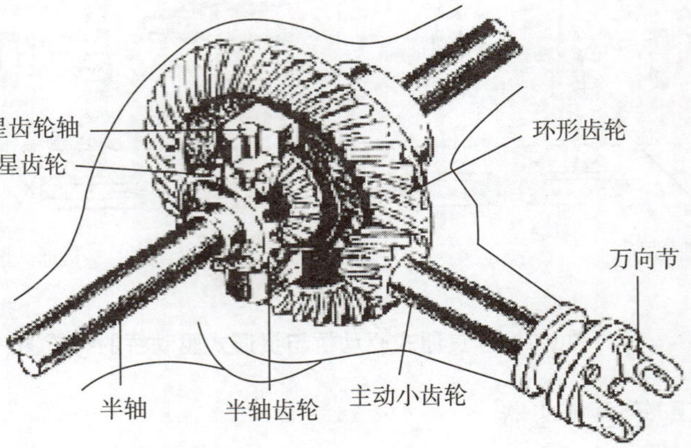

图6–8　主减速器的结构图

主减速器的传动比是指输入轴转速与输出轴转速的比值，可以用从动齿轮齿数与主动齿轮齿数的比值来表示，即环形齿轮齿数/主动小齿轮齿数。

主动小齿轮的齿数较少，而从动环形齿轮齿数较多，即小齿轮带动大齿轮，从而实现减速增扭的功能，其变速、变矩原理如下：

输出转速 = 输入转速 /齿轮速比

输出转矩 = 输入转矩 × 齿轮速比

6.2.5　差速器的组成与工作原理

1．差速器的组成

在前置横向发动机、前轮驱动的车辆上，差速器与变速器结合在一起。差速器组件安装在变速器壳内，如图6–9所示。

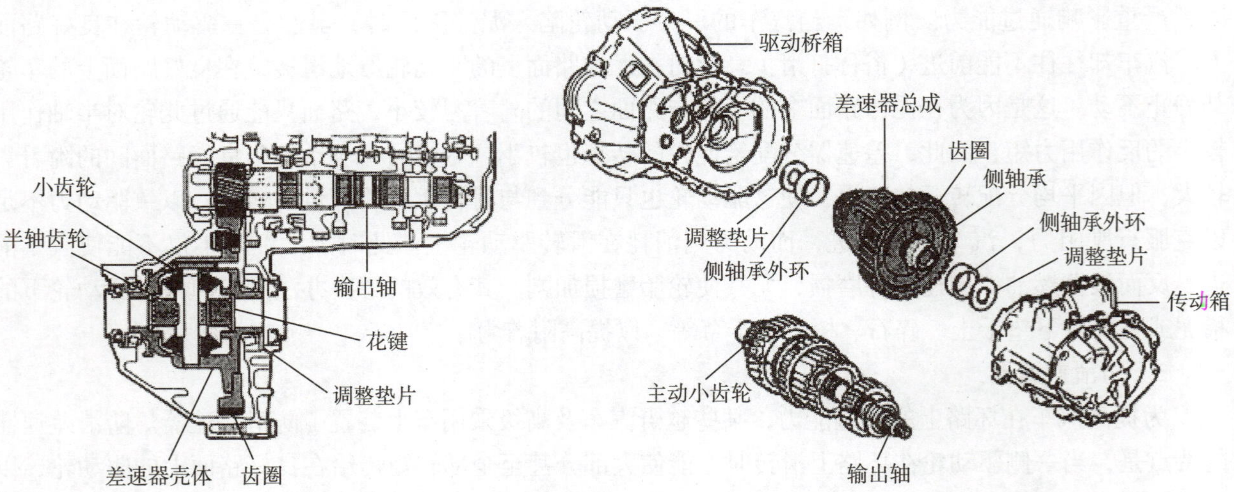

图6–9　变速器、主减速器和差速器组件图

主减速器的从动斜齿圆柱齿轮与差速器壳结合在一起，并通过两个侧向轴承安装在传动桥上，差速器采用行星锥齿轮式。

行星锥齿轮差速器由四个（或两个）行星锥齿轮、行星齿轮轴、两个半轴锥齿轮、差速器壳，以及垫片等组成，如图6–10所示。

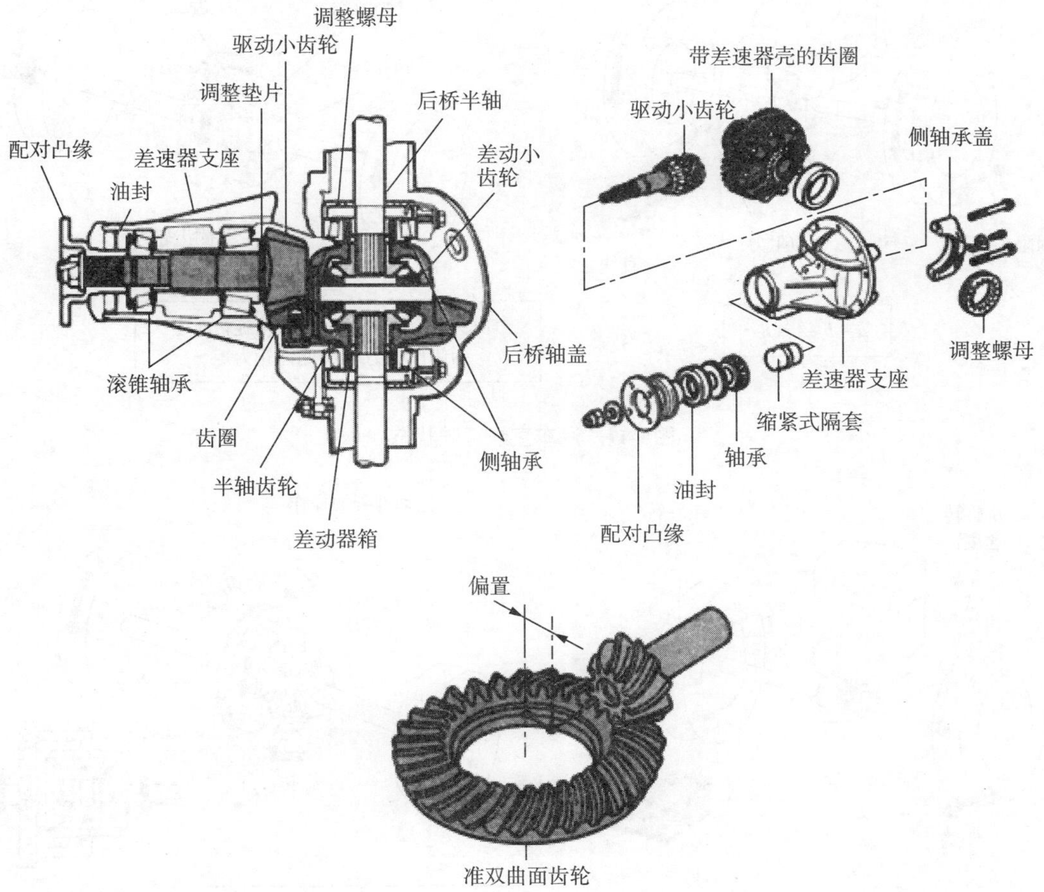

图6–10　行星锥齿轮差速器结构图

差速器壳用螺栓紧固在一起，主减速器的从动齿轮用铆钉或螺钉固定在差速器壳体上。行星齿轮轴的轴颈嵌在差速器壳相应的凹槽形成的孔内，行星齿轮分别松套在轴颈上。半轴齿轮分别与行星齿轮啮合，半轴齿轮的轴颈支承在差速器壳的座孔中，以花键孔与半轴连接。

工作时，来自主减速器从动齿轮的动力依次经过差速器壳、十字轴、行星齿轮、半轴齿轮、半轴输出给驱动轮。

2．差速器的工作原理

行星齿轮的自转：差速器工作时，行星齿轮绕行星齿轮轴的旋转称为行星齿轮的自转。

行星齿轮的公转：差速器工作时，行星齿轮绕半轴轴线的旋转称为行星齿轮的公转。

（1）汽车直线行驶时，如图6–11所示。主减速器的从动锥齿轮驱动差速器壳旋转，差速器壳驱动行星齿轮轴旋转，行星齿轮轴驱动行星齿轮公转，半轴齿轮在行星齿轮的夹持下同速同向旋转，此时，行星齿轮只有公转，没有自转，左右车轮和转速等于从动锥齿轮的转速。

（2）汽车转弯时，如图6–12所示。行星齿轮在公转的同时，产生了自转，即绕行星齿轮轴的旋转。一侧半轴齿轮转速增加，而另一侧半轴齿轮转速降低，两侧车轮以不同的转速旋转。此时，一侧车轮增加的转速等于另一侧车轮减少的转速。

（3）当将两个驱动轮支起后，车轮离地。如果转动一侧的车轮，另一侧车轮则反向同速旋转。

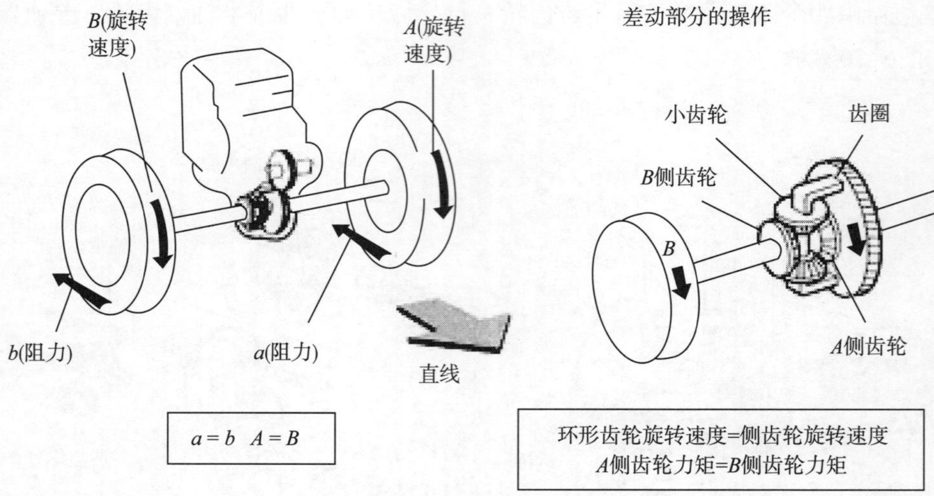

图6–11　汽车直线行驶状态

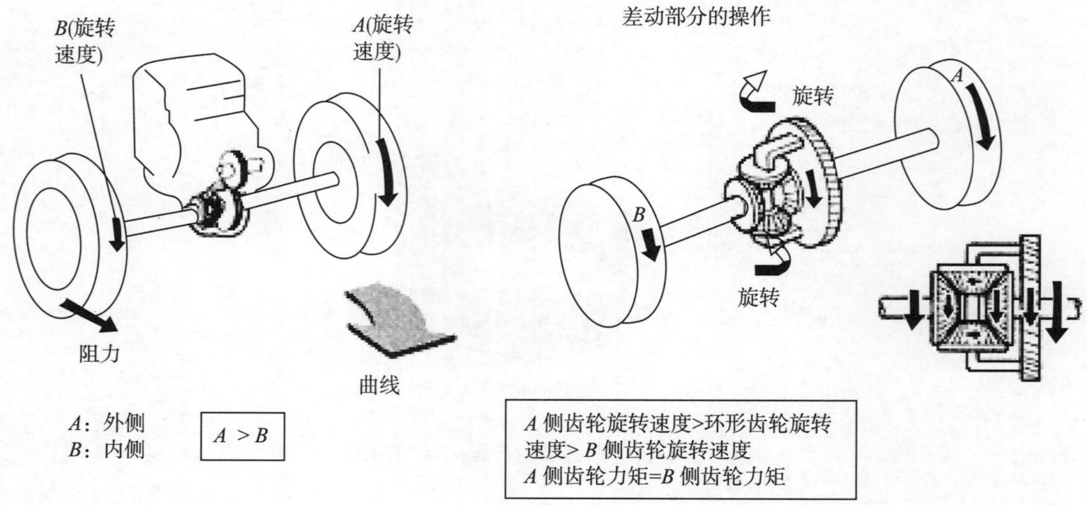

图6–12　汽车转弯行驶状态

这时，差速器的行星齿轮只有自转，没有公转，两侧半轴齿轮以相反的方向旋转，从而带动两侧车轮反方向同速旋转。

3．防滑差速器工作原理

防滑差速器是当一侧车轮开始滑转时，它能使另一侧车轮产生适当的驱动力驱动汽车行驶。

1）黏液耦合型防滑式差速器

黏液耦合器是一种液力耦合器，它通过黏液阻力将转矩传送给硅油。它用此黏液阻力防止差速器滑转，如图6–13所示。

在四轮驱动车的中央差速器中，黏液耦合器型防滑差速器作为差速器限制机构使用。

2）斜齿轮型扭矩传感防滑式差速器

该差速器防滑动主要通过行星齿轮齿尖和差速器内壁之间产生的摩擦及半轴齿轮端面和止推垫圈之间产生的摩擦，如图6–14所示。

防滑动的原理能使所产生的反作用力F_1（由行星齿轮和半轴齿轮的啮合反作用及行星齿轮本身的

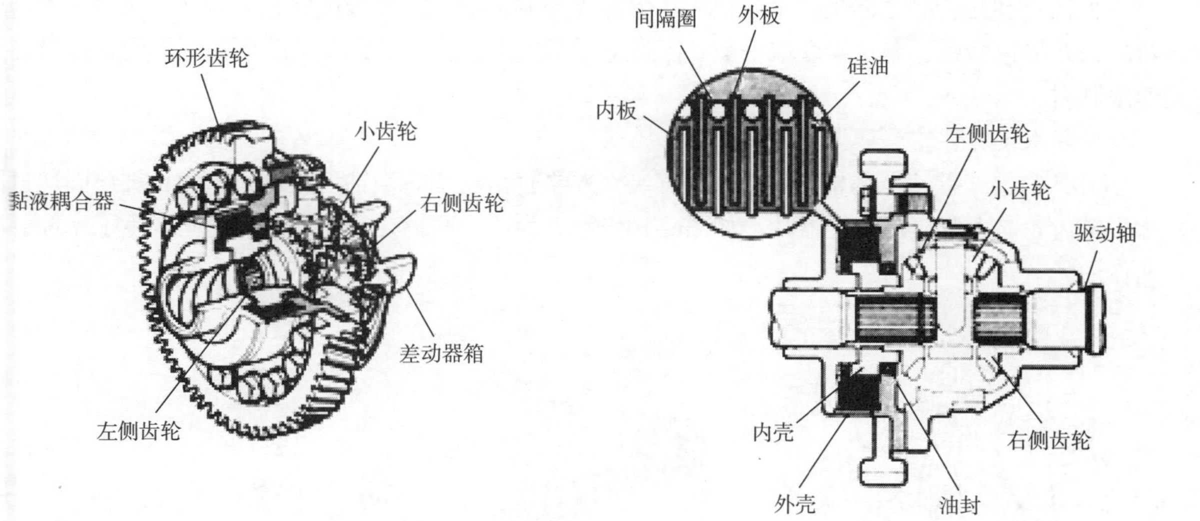

图6–13　黏液耦合型防滑式差速器

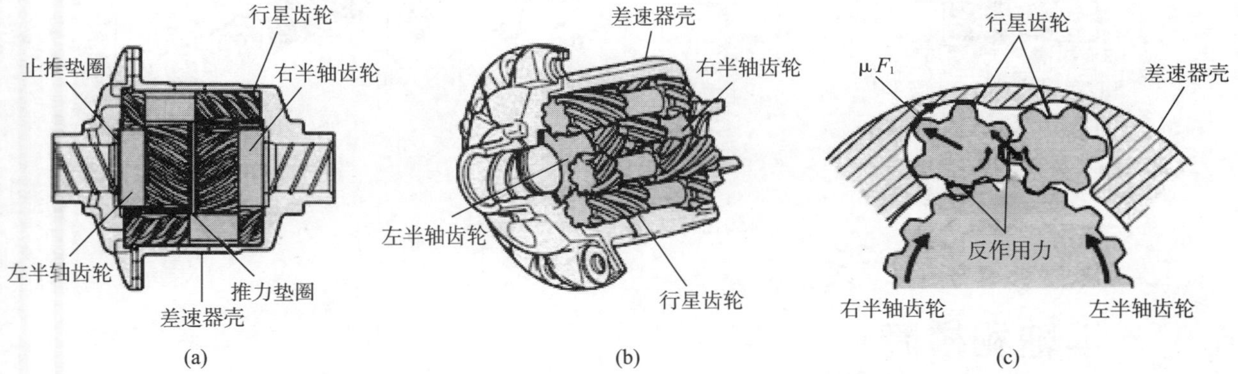

图6–14　斜齿轮型扭矩传感防滑式差速器

啮合反作用力而产生）与输入转矩成比例的，朝着差速器壳的方向推动行星齿轮。

由于反作用力F_1的推力作用，在行星齿轮的齿尖和差速器壳内壁之间产生摩擦力μF_1，该摩擦力μF_1与行星齿轮旋转方向相反，使行星齿轮转动阻力加大，从而起到防滑转作用。

3）扭矩传感型防滑式差速器

差速器限制力是通过半轴齿轮与蜗轮之间的齿根面摩擦和差速器壳、止推垫圈及半轴齿轮之间的止推摩擦而产生，如图6–15所示。

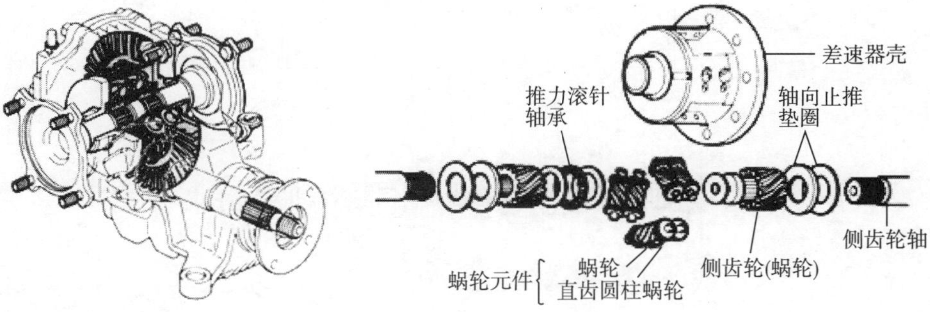

图6–15　扭矩传感型防滑式差速器

在此类型扭矩传感型防滑式差速器中，差速器限制力变化大并且按照施加的转矩快速变动。如果转弯时松开加速踏板，差速器就如一般状态那样运行。但在施加较大转矩的情况下，则要提供更多的差速限制力。

4）多片式防滑式差速器

多片式防滑式差速器的桶形压缩弹簧安装在左半轴齿轮和右半轴齿轮之间以使止推垫圈通过限位器和半轴齿轮向上紧压住离合器片，如图6-16所示。为此，摩擦片和止推垫圈之间产生了摩擦，限制差速作用。

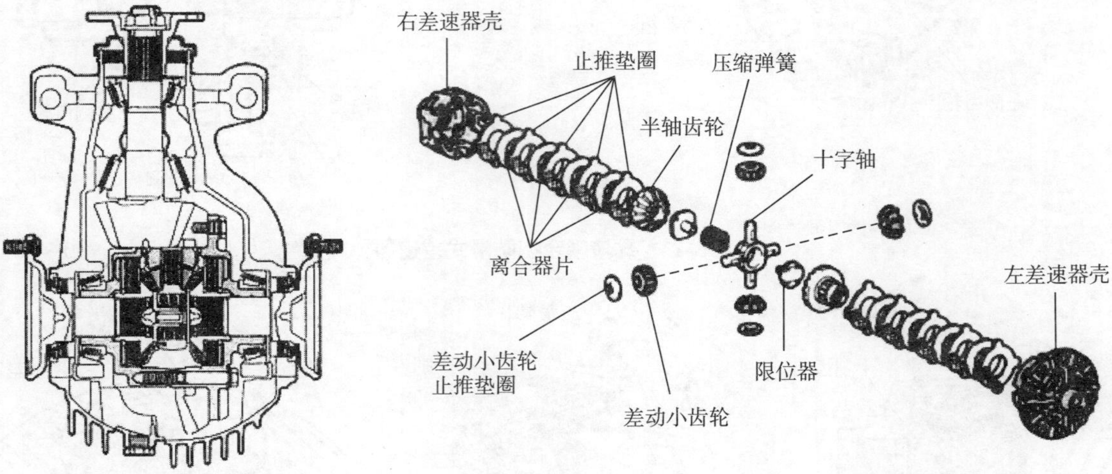

图6-16　多片式防滑式差速器

6.3　半轴和桥壳

6.3.1　半轴

1．半轴的位置和功能

半轴是差速器与驱动轮之间传递扭矩的实心轴，其内端一般通过花键与半轴齿轮连接，外端与轮毂连接，如图6-17所示。

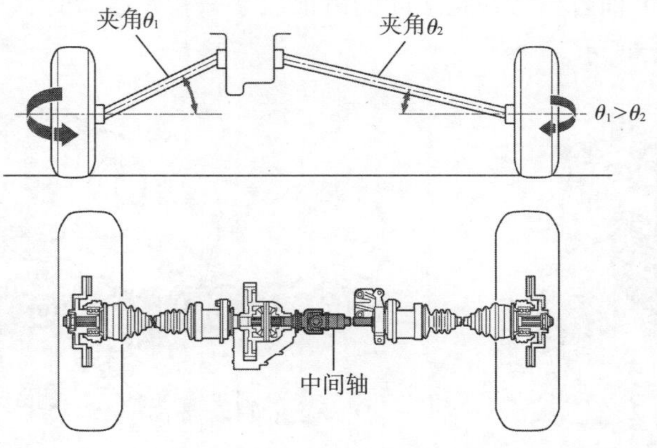

图6-17　半轴位置示意图

半轴将驱动力从差速器传送给车轮， 对独立悬挂来说，还能适应因车轮上下移动而产生的轴长度上的变化。

2．半轴的分类

现代汽车常用的半轴，根据其支承形式的不同，有全浮式和半浮式两种。

（1）全浮式半轴。全浮式半轴只传递转矩，不承受任何反力和弯矩，广泛应用于各类汽车上，一般大、中型汽车均采用全浮式结构。全浮式半轴易于拆装，只需拧下半轴凸缘上的螺栓即可抽出半轴，车轮与桥壳照样能支持汽车，从而给汽车维护带来方便。

全浮式半轴（图6–18）内端花键与半轴齿轮的键孔配合。外端有凸缘盘，通过螺栓与轮毂固定在一起，轮毂通过两锥轴承支承于桥壳上。这样路面对轮胎的各种作用力反映到车桥上的情况是：除切向反力X作为该轮的牵引力传到半轴使半轴受扭矩外，切向反力X、垂直反力Z、侧向反力Y以及由它们所产生的弯矩，都经两轴承直接传到桥壳上，由桥壳承受。可见这种支承型式的半轴除受扭矩外，两端均不承受任何弯矩，故称为全浮式。所谓“浮”是指半轴不承受弯矩载荷。

如图6–19所示为一中型货车的全浮式半轴支承外端与轮毂、桥壳的连接情况。半轴外端锻出凸缘，借螺栓与轮毂连接，轮毂通过两个相距较远的锥轴承支承在半轴套管上。半轴套管与桥壳压配成一体。

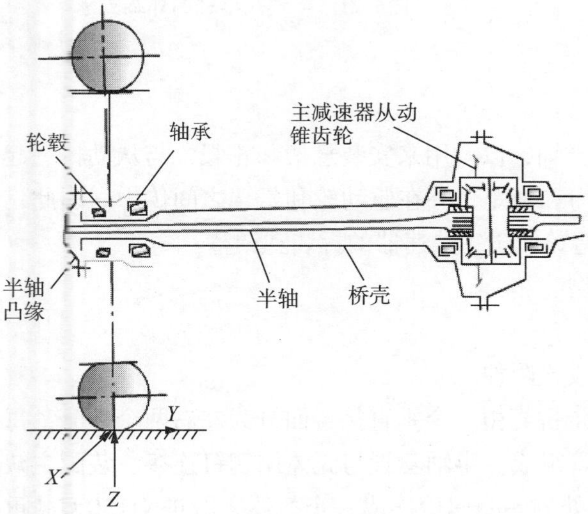

图6–18　全浮式半轴支承示意图

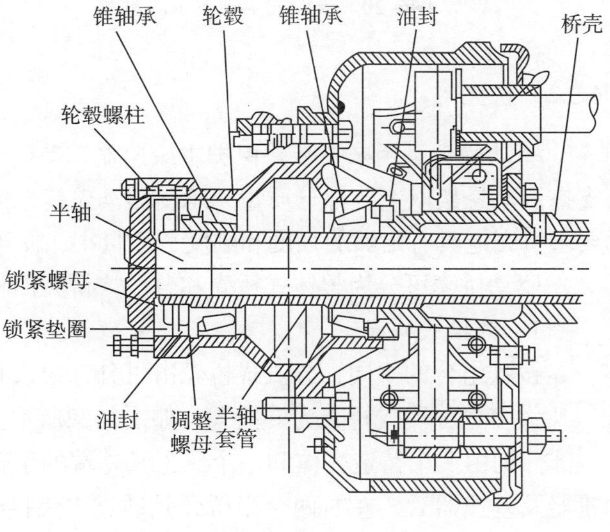

图6–19　全浮式半轴支承

（2）半浮式半轴。半浮式半轴既传递扭矩又承受全部反力和弯矩。它的支承结构简单、成本低，因而被广泛用于反力弯矩较小的各类乘用车上。但这种半轴支承拆取麻烦，且汽车行驶中若半轴折断则易造成车轮飞脱的危险。

半浮式半轴（图6–20）内端通过花键与半轴齿轮连接，不受弯矩。靠外端处与桥壳之间用一轴承支承。车轮与桥壳无直接联系而支承于半轴外端，距支承轴承有一悬臂b。可见车轮的各种反力都经过半轴传给桥壳，使半轴不仅要传递扭矩，而且外端要承受各种反力及其引起的各种弯矩，因这种半轴内端不受弯矩，外端承受全部弯矩，故称为半浮式支承。

如图6–21所示为一乘用车的半浮式半轴外端的支承结构。支承在桥壳内的轴承被用螺栓固定于桥壳凸缘上的轴承盖轴向定位，外端带凸缘盘的半轴支承在轴承上并靠圆角处的凸肩和热压配在半轴上的定位环进行轴向定位。制动鼓和轮毂分别用螺钉和螺栓安装在半轴凸缘盘上。

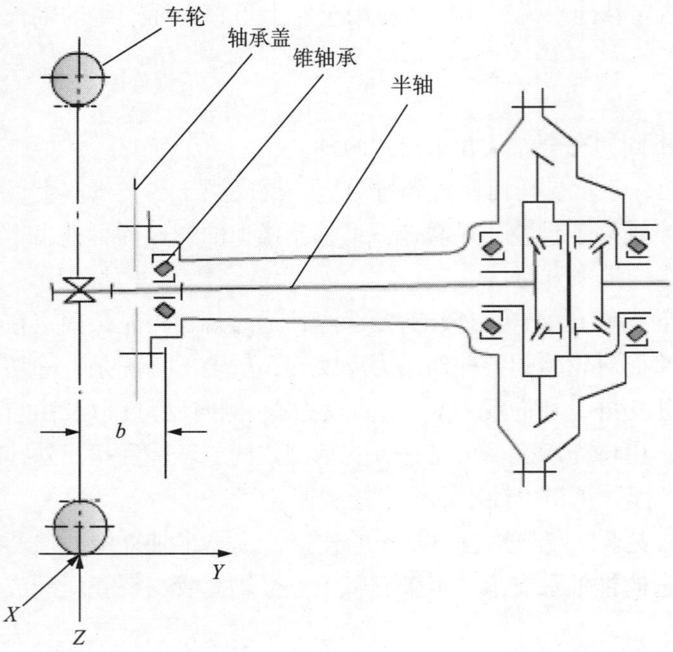

图6-20　半浮式半轴支承示意图

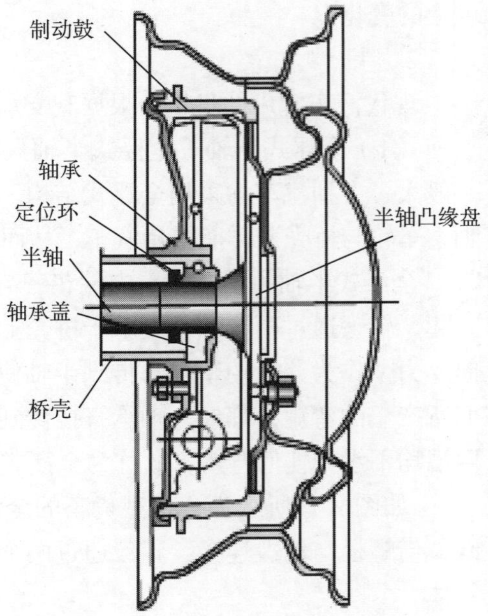

图6-21　半浮式半轴的外端支承

6.3.2　桥壳

驱动桥壳是用来安装并保护主减速器、差速器和半轴，以及用来安装悬架和轮毂，与从动桥一起支撑汽车悬架以上各部分质量，承受驱动轮传来的反力和力矩，并在驱动轮和悬架之间传力。因此，要求桥壳应具有足够的强度和刚度，质量小，便于制造，便于主减速器的拆装和调整。

驱动桥壳可分为整体式桥壳和分段式桥壳两种类型。

1．分段式桥壳

按其组合的不同，分段式桥壳由可分二段式和三段式两种。

大多数分段式桥壳为二段式，如图6-22所示。整个桥壳由一个垂直接合面分为左右两个部分，每一部分均由一个铸造壳体和一个压入其外端的半轴套管组成。半轴套管与壳体用铆钉连接。装配主减速器及差速器后，左右两个半桥壳是通过中央接合面处的一圈螺栓连成一个整体。跃进NJ130型载重汽车和北京BJ212轻型越野汽车的桥壳都属于这种结构。

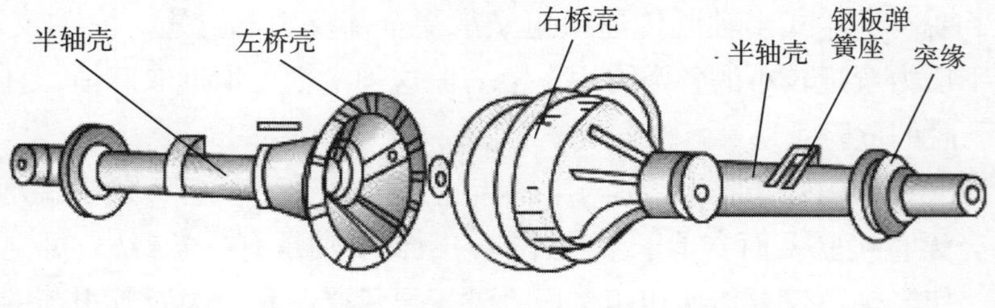

图6-22　二段式驱动桥壳

三段式桥壳，中央部分（主减速器壳）和左右两部分均为铸件，而左右两部分桥壳和半轴套管用对焊连接，两侧半轴用螺栓固定在中央壳上。

分段式桥壳的特点是宜于铸造，加工简便，但拆装、维修主减速器和差速器时十分不便，必须把整个驱动桥从车上拆下来，所以现在已经很少用。

2．整体式桥壳

现在一般多采用整体式桥壳，整体式桥壳的特点是将整个桥壳做成一个整体，如图6–23所示。此时桥壳可看成一根整体的空心梁，与分段式桥壳相比，其强度及刚度都比较大。这种结构的另一特点是桥壳和主减速器分作两部分。主减速器齿轮及差速器总成均装在与桥壳分开的独立壳体——主减速器壳体内，构成一个单独的总成——主减速器与差速器总成，调整好以后再由壳体中部前面装入桥壳内，并与桥壳用螺栓紧固在一起。

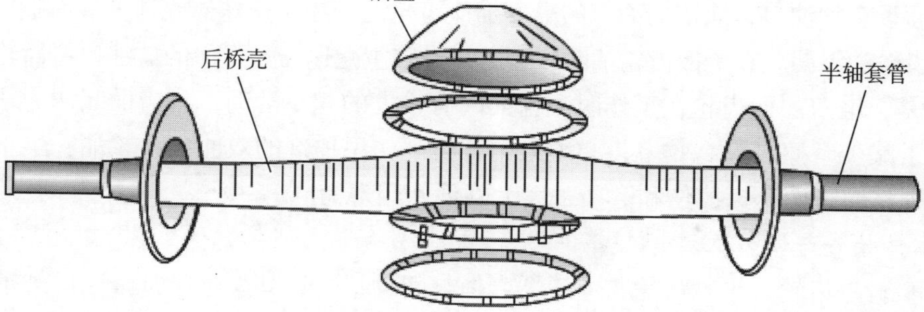

图6–23　整体式驱动桥壳

整体式桥壳对主减速器和差速器的拆装、调整、维修、保养等都十分方便，不必把整个驱动桥壳从车上拆下来。

整体式桥壳因制造方法不同又有多种形式，常见的有整体铸造、中段铸造压入钢管、钢板冲压焊接等形式。

6.4　驱动桥的检修

6.4.1　主减速器和差速器的检修

1．主减速器齿轮的支承、安装调整和润滑

为了减少主减速器内齿轮的冲击噪声，并使轮齿沿其长度方向的磨损比较均匀，需要保证主动齿轮与从动齿轮之间正确位置关系。为此，在主减速器内设有啮合调整装置，还要使这些齿轮有足够的支承刚度，以保持在传动过程中不至于发生较大变形而影响正常啮合。

在主减速器的调整作业时，必须遵循的原则是：

（1）首先调整轴承预紧力，其次调整啮合印痕，最后调整啮合间隙；

（2）主、从动锥齿轮轴承的预紧力必须按原厂规定的数值和方法进行检调，在主减速器其他调整过程中，轴承的预紧力不得改变；

（3）在保证啮合印痕合格的前提下，调整啮合间隙。啮合印痕和啮合间隙的变量都应符合技术标准，否则应成对更换齿轮副；

在安装调整中，主要应做好以下三件事：

1）圆锥滚子轴承的预紧

在消除轴承间隙后，再对轴承施加一定的轴向压紧力。压紧力过小，不能满足轴的支承刚度需要；压紧力过大，则会导至传动效率降低，并且加速轴承磨损。

2）齿面接触情况调整

先在主动锥齿轮轮齿上涂以红色颜料（红丹粉与机油的混合物），然后使主动锥齿轮往复转动，与主动锥齿轮相啮合的从动锥齿轮轮齿的两工作面上便出现红色印迹。通过调整主动锥齿轮的前后位置和从动锥齿轮的左右位置，可以调节齿面接触情况。应使从动齿轮轮齿正转和逆转工作面上的印迹均位于齿高的中间略向上，并偏向小端，占齿面宽度达60%以上。

3）主减速器齿轮和轴承的润滑

在主减速器壳内要加一定量的齿轮油。当从动锥齿轮转动时，把齿轮油甩溅到各齿轮和轴承上。在主减速器壳后面设有加油口，应按加油口的高度加注齿轮油。在主减速器壳体上装有通气塞，防止壳内气压过高而使齿轮油渗漏。在更换齿轮油时，可通过设在主减速器壳下面的放油口将齿轮油放出。

应注意的是，准双曲面齿轮在工作时，齿面间有较大的相对滑动，且齿面间压力很大，齿面油膜易被破坏。为了减少摩擦、提高效率，必须采用含防刮伤添加剂的双曲面齿轮油，绝不允许用普通齿轮油代替，否则将使齿面迅速擦伤和磨损，大大降低使用寿命。

2. 差速器的检查与调整

检查并调整行星齿轮、半轴齿轮与差速器壳体之间的垫片，其间隙应符合原厂规定。

差速器轴承预紧力就是主减速器从动锥齿轮轴承预紧力，通常需要用调整垫片或调整螺母进行预紧力调节。

下面以上海通用凯越乘用车为例，介绍差速器轴承预紧力的调整方法：

（1）松开轴承调节环固定板，如图6–24所示；

（2）调节差速器轴承预紧力，如图6–25所示。

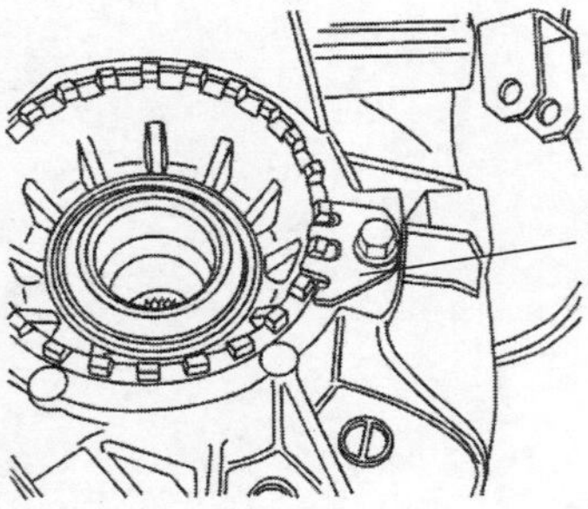

图6–24 轴承调节环固定板

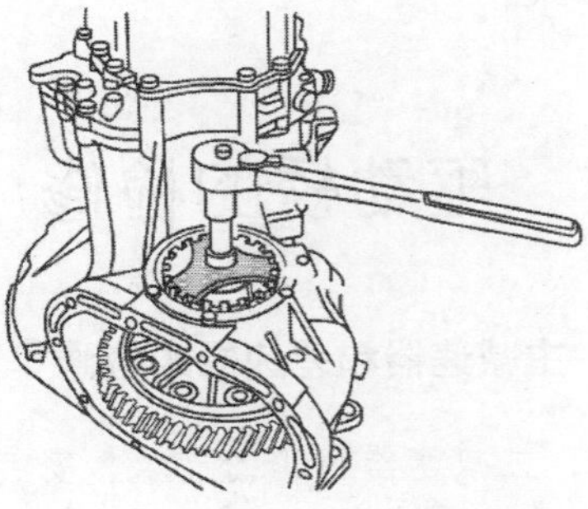

图6–25 调节差速器轴承预紧力

要求：

（1）对于新的轴承，需要使用1 N•m的扭矩转动差速器，转速为1r / s。

（2）对于已使用过的轴承，需要使用2 N•m的扭矩转动差速器，转速为1r / s。

（3）安装轴承调节环固定板螺栓并紧固。

6.4.2 半轴的检修

1. 半轴的常见故障

半轴传递着大负荷、高速的运动。汽车在公路上高速行驶时，半轴和万向节往往是以高速转动。要保证半轴的正常工作，半轴必须很直，万向节也不能有磨损。如果半轴稍有摆动，就会导致剧烈的振动和噪声等故障。

半轴的常见故障：

1）半轴噪声

半轴噪声一般是由万向节的磨损、万向节润滑脂可能已干燥、万向节滑动叉滑动接头的磨损等原因造成的。

2）半轴的振动

任何影响传动轴平衡、径向跳动（平直度）和角度的问题都会引起传动轴的振动。传动系统振动的频率一般比车轮和轮胎引起的振动频率高。半轴振动与离合器、飞轮或发动机曲轴不平衡产生的振动相似。

2．半轴的检修

半轴维修程序根据要维修的是内侧等速万向节，还是外侧等速万向节而有所差异。在有些内侧等速万向节上，万向节本身无需维护。

维修程序根据要维修的等速万向节的类型不同而有所差异。维修车辆半轴时，一定要参阅该车的维修手册，了解特定的维修程序。

6.4.3 驱动桥的常见故障

驱动桥的常见故障及其主要原因，如表6–1所示。

表6–1　驱动桥的常见故障及原因

故障分类	故障现象	可能的故障原因
异响（噪声）	转弯时有“咔哒”声	半轴外侧等速万向节磨损或损坏
	加速、减速或转弯时有金属撞击声	半轴内侧等速万向节磨损或损坏
	来自某一个车轮	1）车轮和轮胎组件损坏； 2）车轮轴承损坏、磨损
	齿轮噪声	1）齿圈和主动小齿轮间隙调整不当； 2）轮齿有损坏； 3）齿圈和主动小齿轮啮合接触部位不正确
	齿轮有“咯咯”声	1）齿轮润滑油不足或选用不当； 2）齿圈旋转时摇摆或齿圈固定螺栓松动； 3）行星齿轮或半轴齿轮轮齿磨损或损坏
	敲击声	1）齿圈和主动小齿轮间隙调整不当； 2）驱动桥半轴的轴向间隙过大； 3）差速器止推垫圈丢失
异响（噪声）	轴承的“呜呜”声	1）轴承损坏或有磨损的部件； 2）主动小齿轮的轴承损坏； 3）齿轮润滑油不足或选用不当
	轴承的“隆隆”声	1）轴承损坏或有磨损的部件； 2）差速器零部件松动

（续表）

故障分类	故障现象	可能的故障原因
破损	壳体、齿轮、轴承等	1）齿轮油不足或使用不相符的润滑油； 2）差速器侧轴承或小齿轮轴承预紧力调整不当； 3）齿圈和主动小齿轮啮合不正确； 4）半轴齿轮调整圈和行星齿轮球形垫圈磨损、以致间隙太大； 5）后桥壳变形； 6）固定齿圈的螺栓松动
振动	转弯时差速器空转引起的振动	1）差速器壳与锥齿轮之间的支承表面损坏或磨损； 2）行星齿轮和差速器壳之间的支承表面损坏或磨损； 3）行星齿轮和行星齿轮轴之间的支承面损坏
	加速或减速时产生振动	（后桥）传动轴的问题，参见前文
	匀速行驶时的振动	1）半轴径向跳动过大； 2）齿圈和主动小齿轮损坏或磨损； 3）（后桥）配对凸缘损坏

本章小结

（1）驱动桥由主减速器、差速器、半轴和桥壳组成。

（2）驱动桥的功用是将万向传动装置输入的动力经降速增矩、改变动力传递方向后，分配到左右驱动轮，使汽车行驶，并允许左右驱动轮以不同的转速旋转。

（3）驱动桥按配用悬架的结构不同，分为断开式和非断开式两种；非断开驱动桥采用非独立悬架，断开式驱动桥采用独立悬架。

（4）主减速器的功用是将输入的转矩增大、转速降低，并将动力传递的方向改变后传给差速器。

（5）主减速器有不同的结构类型：按齿轮副数目，可分为单级式主减速器和双级式主减速器；按主减速器传动速比个数，可分为单速式和双速式主减速器；按齿轮副结构形式，可分为圆柱齿轮式和圆锥齿轮式。

（6）主减速器的调整项目有：轴承预紧度的调整；齿轮啮合印痕的调整；啮合间隙的调整；并按一定顺序和要求进行。

（7）差速器的功用是将主减速器传来的动力传给左、右两半轴，并在必要时允许左、右半轴以不同转速旋转，以满足两侧驱动轮差速的需要。

（8）差速器的类型按其工作特性均可分为普通齿轮式差速器和防滑差速器。

（9）行星锥齿轮差速器由四个行星锥齿轮、十字形行星锥齿轮轴、两个半轴锥齿轮、两半差速器壳、行星锥齿轮球面垫片和半轴锥齿轮推力垫片组成。

（10）半轴的功用是将差速器传来的动力传给驱动轮。

（11）半轴的两种支承形式为：全浮式支承和半浮式支承。

（12）桥壳的功用是安装并保护主减速器、差速器和半轴。还可安装悬架或轮毂，和从动桥一起支承汽车悬架以上各部分质量，承受驱动轮传来的反力和力矩，并在驱动轮与悬架之间传力。

（13）桥壳可分为整体式桥壳和分段式桥壳两种类型。

（14）驱动桥检修项目主要有：主减速器和差速器的检查与调整、半轴的检查等。

（15）驱动桥的常见故障有：异响、振动、破损等。

复习思考题

1. 判断题

（1）驱动桥主要是由主减速器、差速器、半轴和桥壳等组成。（　）

（2）主减速器在结构上可分为单级主减速器和双级主减速器。通常单级主减速器是由一对锥齿轮组成；双级主减速器由一对直齿齿轮和一对锥齿轮组成。（　）

（3）后桥壳是用来安装的基础件，一般可以分为整体式和分段式两种。（　）

（4）差速器起作用时，半轴齿轮和行星齿轮之间没有相对运动。（　）

（5）半浮式支承的半轴易于拆装，不需拆卸车轮就可将半轴抽下。（　）

（6）前置前驱的汽车中，主减速器的类型取决于发动机布置形式。（　）

（7）主减速器的功能是升速降扭。（　）

（8）驱动桥壳是传动系统的组成部分，不是行驶系统的组成部分。（　）

（9）后桥壳必须密封，以避免漏气漏油。（　）

2. 选择题

（1）汽车转弯时，使左右两侧驱动车轮保持纯滚动是通过下列哪个装置起作用？（　）

A．变速器　B．差速器　C．离合器　D．主减速器

（2）当行驶中的汽车一侧车轮陷入泥泞中打滑时，另一侧在好路面上的车轮将（　）。

A．正常转动　B．以比原来转速大一倍的速度转动

C．停止转动　D．反向转动

（3）汽车转弯行驶时，差速器中的行星齿轮（　）。

A．只有自转，没有公转　B．只有公转，没有自转

C．既有公转，又有自转　D．停止转动

（4）汽车直线行驶时无异响，当汽车转弯时驱动桥处有异响说明（　）。

A．主、从动锥齿轮啮合不良

B．差速器行星齿轮半轴齿轮不匹配，使其啮合不良

C．制动鼓内有异物

D．齿轮油加注过多

（5）前驱动桥的半轴上均安装（　）。

A．普通万向节　B．十字轴万向节　C．准等速万向节　D．等速万向节

（6）驱动桥的功用有（　）。

A．将变速器输出的转矩依次传到驱动轮，实现减速增矩

B．将变速器输出的转矩依次传到驱动轮，实现减速减矩

C．实现差速作用，但不能改变动力传递方向

D．减振作用

（7）对汽车主减速器的调整步骤应该是（　　）。

A．先调整齿轮啮合间隙　　B．齿轮啮合间隙和轴承松紧度同时调整

C．先调整轴承松紧度　　D．根据操作者的习惯，随便先调整哪一项

（8）驱动桥按结构形式可分为（　　）。

A．四轮驱动桥　　B．非断开式和断开式驱动桥

C．综合式和单一式驱动桥　　D．断开式和综合式驱动桥

（9）差速器具有转矩平均分配的特点，因此当左轮打滑时，右轮获得的转矩（　　）。

A．大于左轮转矩　　B．小于左轮转矩　　C．等于左轮转矩　　D．等于零

（10）下列不属于差速器的是（　　）。

A．行星齿轮　　B．半轴齿轮　　C．从动圆锥齿轮　　D．行星齿轮轴

3．问答题

（1）驱动桥由哪几部分组成？它的功用是什么？

（2）简述单级主减速器的结构组成。

（3）简述差速器的速度和转矩特性。

（4）简述主减速器主、从动齿轮的检查和调整方法。

（5）常见的半轴支撑形式有哪几种？分析其受力情况。

（6）驱动桥常见故障的现象和原因有哪些？

7 车架与车桥

学习目标

知识目标

（1）叙述汽车行驶系统的功用、组成和类型；
（2）正确描述转向桥和转向驱动桥的结构原理；
（3）正确描述车轮定位的内容及功用。

能力目标

（1）能对转向桥和转向驱动桥进行拆装、维护及检修；
（2）能分析转向桥和转向驱动桥常见故障的原因。

7.1 概述

将汽车构成一个整体，通过驱动轮与路面的附着作用，使发动机经传动系统传来的转矩，形成汽车行驶驱动力的各总成和部件，都属于汽车行驶系统。汽车行驶系统除了上述主要作用，还具有传递并承受路面作用于车轮上的各种力和力矩，缓和不平路面对汽车产生的冲击，减小汽车在行驶中的振动，保证汽车平顺行驶等功用。

汽车行驶系统的结构形式因车型及行驶条件的不同而有所不同，大多数汽车采用轮式行驶系统。轮式汽车行驶系统一般由车架、车桥、车轮和悬架等部分组成，如图7-1所示。其前后车轮分别支承着前后车桥，车桥又通过弹性悬架与车架相连接。车架是整个汽车的基体，它将汽车的各相关总成连接成一个整体，构成汽车的装配基础，承受汽车总质量。

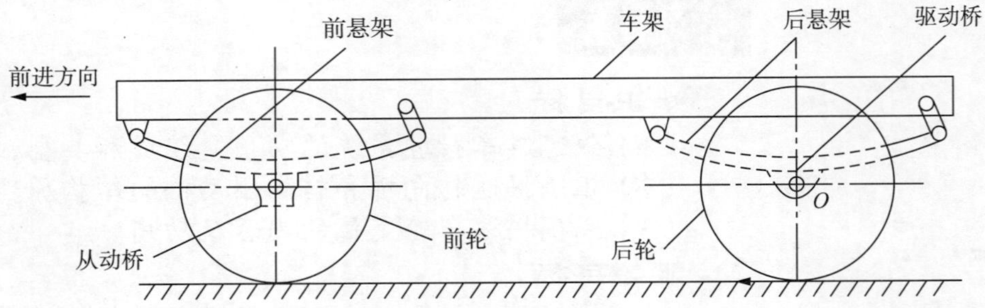

图7-1 轮式汽车行驶系统

7.2 车架

7.2.1 车架的功用与类型

汽车车架俗称“大梁”，它用以安装汽车的发动机，变速器，传动轴，前、后车桥和车身等总成和部件，使各总成保持正确的相对位置，并承受汽车内外的各种载荷。

因此，要求车架具有足够的强度和合适的刚度，要求它具有结构简单、质量小等特点，同时还应尽可能降低汽车的质心和获得较大的前轮转向角，以保证汽车行驶的稳定性和转向的灵活性。

现代乘用车为了减小质量，取消了车架，制成了能够承受各种载荷的承载式车身，即无梁式车身，以车身兼代车架。而现代商用车大多数都装有独立的车架。目前，汽车车架的结构形式有边梁式、中梁式、综合式和铰接式四种。

7.2.2 车架的结构

1．边梁式车架

边梁式车架由两根位于左、右两边的纵梁和若干根横梁组成，并通过铆接或焊接法将纵梁和横梁连接成坚固的刚性构架，如图7-2所示。纵梁用低碳合金钢板冲压而成，常见的纵梁断面多为槽形。横梁用来连接左、右两边纵梁，使之成为完整的框架构件，并保证车架的扭转刚度和承受纵向载荷，其断面多为槽形，横梁一般也是用低碳合金钢板冲压而成。

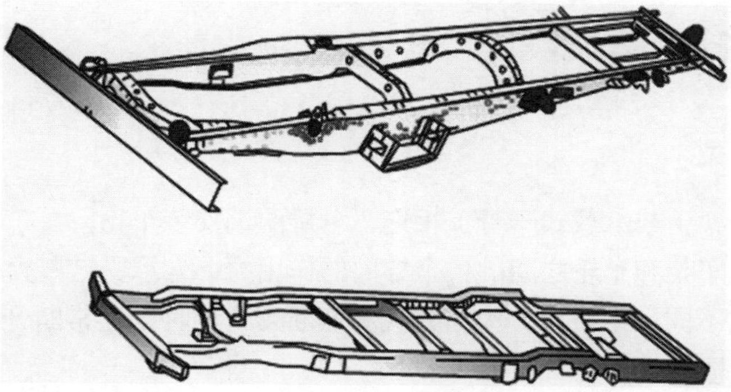

图7–2 边梁式车架

2．中梁式车架

中梁式车架又称为脊梁式车架，如图7–3所示。它主要由一根贯穿汽车纵向的中央纵梁和若干根横向托架组成，中梁的断面一般为管形。中梁式车架具有较大的强度及扭转刚度，车轮运动空间较大，适用于独立悬架和大的转向角。其整车质量小，质心较低，以提高行驶的稳定性。

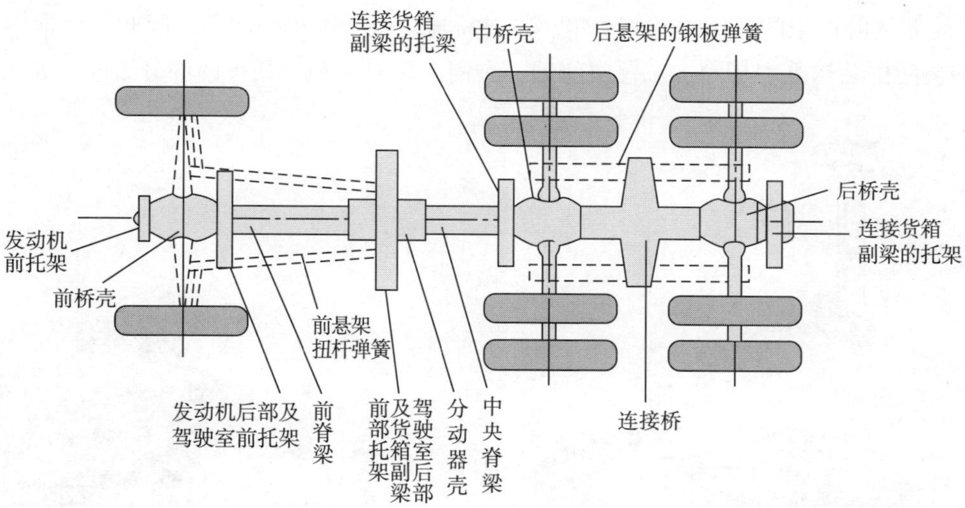

图7–3 中梁式车架

综合式车架由边梁式和中梁式车架结合而成。车架前段或后段近似边梁式，中间为中梁式结构。由两个边梁式车架用铰接机构（转盘式和球铰式）连接，称为铰接式车架，用于公共汽车。

3．承载式车身

乘用车和部分客车没有专门的车架，而是由车身兼代车架的作用，所有载荷均由车身来承受，这种车身称为承载式车身，如图7–4所示。

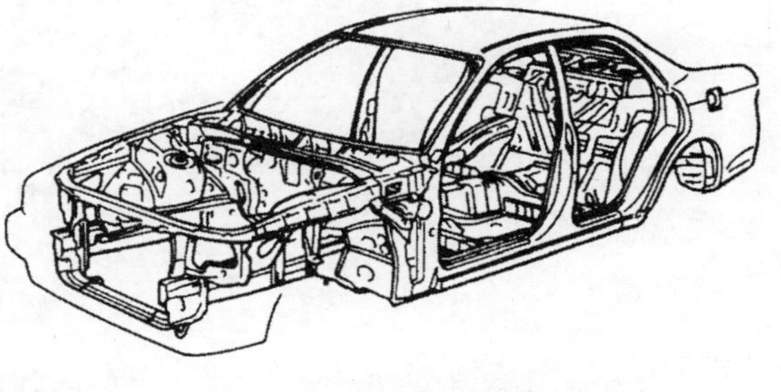

图7–4 承载式车身

7.3 车桥

7.3.1 车桥的功用与类型

车桥通过悬架与车架（或承载式车身）相连，车桥两端安装车轮。

车桥的功用是传递车架和车轮之间的各个方向的作用力，并承受这些力所形成的弯矩和扭矩。

按悬架的结构形式不同，车桥可分为断开式和非断开式两种。通常断开式车桥配用独立悬架，非断开式车桥配用非独立悬架。

按车桥上车轮的作用不同，车桥又可分为转向桥、驱动桥、转向驱动桥和支持桥四种类型。

驱动桥已在传动系统中介绍过，支持桥除不能转向外，其他功能和结构与转向桥相同，因此，本节主要叙述转向桥和转向驱动桥。

7.3.2 车桥的结构

1．转向桥

转向桥是利用转向节使车轮偏转一定的角度以实现汽车的转向，同时还承受汽车的部分载荷和汽车制动、车轮侧滑等产生的作用力及其力矩。转向桥通常位于汽车的前部，因此，也常称为前桥。

汽车的转向桥结构基本相同，主要由前轴、主销、转向节和轮毂等四部分组成，如图7–5所示。

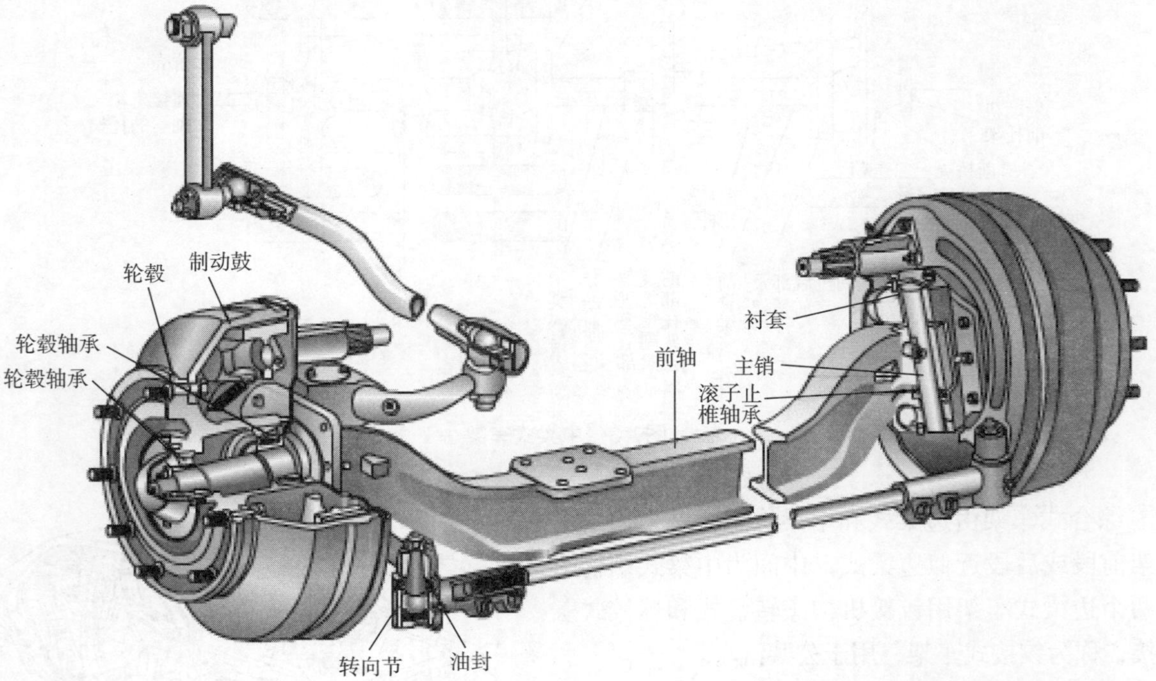

图7–5 转向桥

前轴用中碳钢铸造，断面呈工字形或圆形，以提高抗弯强度。其两端过渡到方形断面，以提高抗扭强度。中部两处用以支承钢板弹簧的底座，其上有4个安装骑马螺栓的通孔和1个位于中心的钢板弹簧定位凹坑。前轴中部向下弯曲，使发动机位置降低，以降低汽车的质心，减小传动轴与变速器输出轴之间的夹角。前轴两端各有一个拳形，主销插入孔内。主销中部切有槽，用楔形锁销将主销固定在拳部孔内，如图7–6所示。

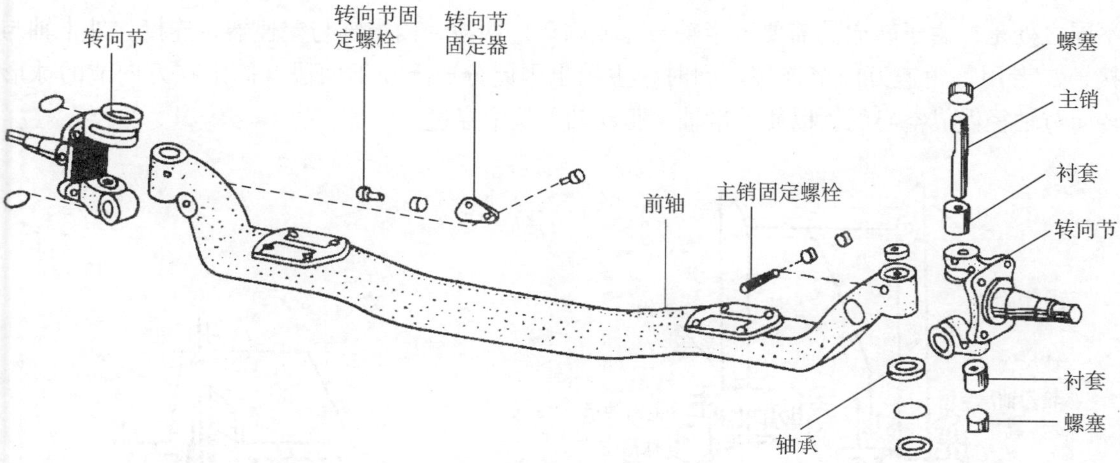

图7–6　转向桥结构图

转向节是一个叉形部件，上、下两叉制有同轴销孔，通过主销与前轴拳部相连，使前轮可以绕主销偏转一定角度而使汽车转向（图7–6）。为了减小磨损，转向节销孔内压入青铜或尼龙衬套，衬套上开有油槽，用油嘴注入润滑脂润滑。为使转向灵活轻便，在转向节下销孔与前轴拳部下端面之间装有推力轴承。上销孔与拳部上端面之间有调整垫片。通常，乘用车中不设独立的主销，而用上、下球头连接转向节，转向节中心的连线为主销的轴线，如图7–7所示。

车轮轮毂通过两个圆锥滚子轴承支承在转向节轴颈上，轴承的松紧度可用调整螺母加以调整。轮毂内侧装有油封，以防止润滑脂进入制动器内。轮毂外端装有金属罩，以防止泥水和尘土侵入，如图7–8所示。

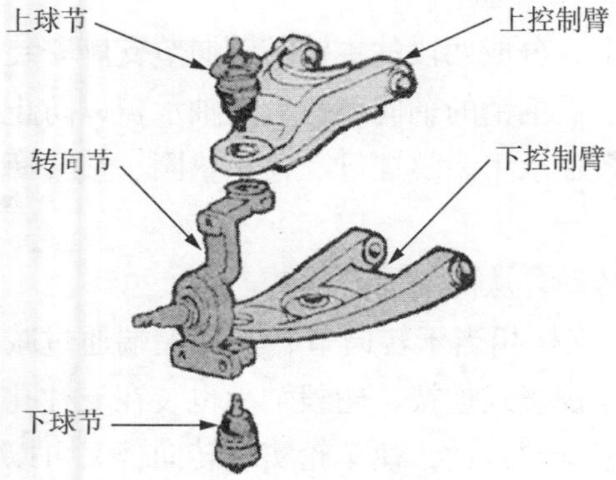

图7–7　转向节的球节安装位置

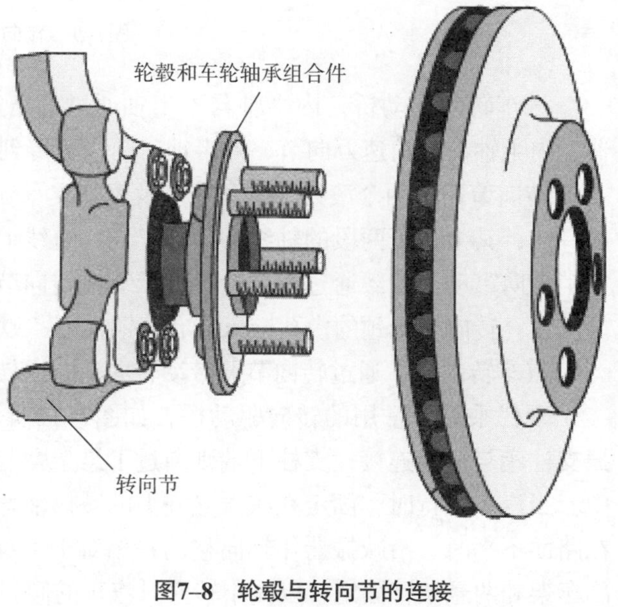

图7–8　轮毂与转向节的连接

2．转向驱动桥

能同时实现车轮转向和驱动两种功能的车桥，称为转向驱动桥，如图7–9所示。

转向驱动桥有一般驱动桥的主减速器、差速器和半轴，也有一般转向桥所有的转向节和主销等。它的不同之处是，由于转向的需要，半轴被分成内、外两段，内半轴与差速器相连接，外半轴与轮毂相连接，二者用等角速万向节连接。同时，主销也因此分成上、下两段，固定在万向节的球形支座上，转向节轴径做成空心的，以便外半轴（驱动轴）从中穿过。

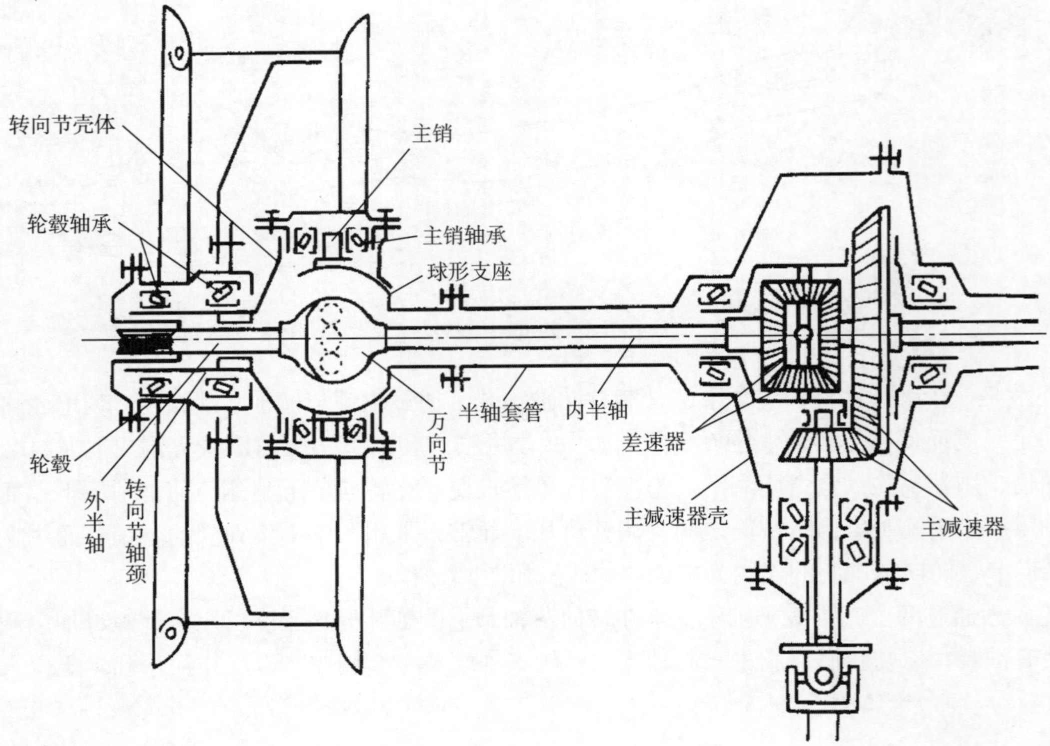

图7–9　转向驱动桥示意图

汽车转向驱动桥，内半轴与外半轴通过等角速万向节连接在一起。当前桥驱动时，转矩由差速器、内半轴、等角速万向节、外半轴、凸缘盘传到车轮轮毂上。

转向节通过两个滚针轴承和球碗及钢球支承在转向节支座上，分成两段的主销与转向节支座安装成一体，其上、下两段的轴线必须处于同一直线上。下轴承盖承受主销的轴向载荷，上轴承盖以防上主销轴向窜动。轮毂通过两个轮毂轴承装在转向节轴颈上。轮毂轴承用调整螺母、锁止垫圈、锁紧螺母固紧。转向节轴颈的内孔壁压装有青铜衬套，以支承外半轴。

汽车转向时，通过转向节臂带动转向节时，转向节绕主销转动，从而使前轮偏转。

现代乘用车常用的转向驱动桥，如图7–10所示。它以减振支柱相当于转向节，支柱上端通过减振支柱座与车身连接，支柱下端则通过下悬架臂与发动机悬架作铰接式连接，轮毂轴承也装在支柱孔中。当汽车运行时，固定在减振支柱上的减振活塞杆既可作绕车身的转动，使车轮实现转向，又可以在路面不平时，沿减振器作轴向移动并相对于车身作少量摆动。横向稳定杆采用四个橡胶支承分别与副车架和两悬架臂固定，以减小转弯时汽车的倾斜度。

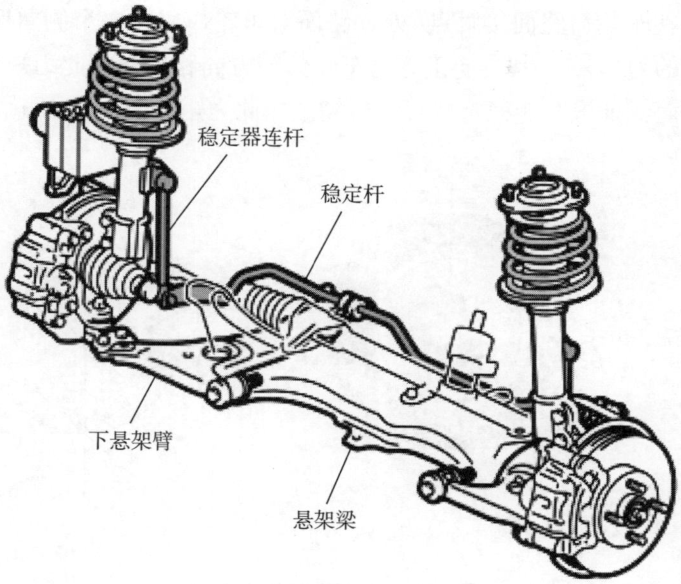

图7–10　现代乘用车转向驱动桥

7.4　车轮定位

7.4.1　车轮定位的作用

一般来说，当驾驶人感到方向转向沉重、发抖、跑偏、不正、不归位或者发现轮胎单边磨损、波状磨损、块状磨损、偏磨等不正常磨损以及驾驶时车感漂浮、颠颤、摇摆等现象出现时，就应考虑到车轮定位可能不准确。

准确的车轮定位能起到如下作用：

（1）确保车辆在水平路面上直线行驶，使转向保持在可控状态下；

（2）不仅可以延长轮胎的寿命，还能减小路面的摩擦，达到节油的效果；

（3）能使轮胎正常转动，并且保持与路面的正常接触。

7.4.2　转向轮定位

转向轮定位是指转向车轮、转向节和前轴三者与车架安装时保持一定的相对位置或要求，也称前轮定位。一般来说，前轮定位需要检查前轮的四个主要定位参数：主销后倾、主销内倾、前轮外倾和前轮前束。

1．主销后倾

1）主销后倾的定义

主销后倾，也称为主销纵倾，其主要作用是保持汽车直线行驶的稳定性，并力图使转弯后的前轮自动回正。从车辆的侧面看，转向车轮主销轴线与垂直线之间形成的角度为γ，以度为测量单位，如图7–11所示。

主销轴线与路面交点A位于车轮与路面接触点B前面。当汽车直线行驶时，若转向轮偶然受到外力作用而稍有偏转（如向右偏转，图7–11中箭头所示），将使汽车行驶方向向右偏离。这时，由于汽车本身离心力的作用，在车轮与路面接触点B处，路面对车轮作用着一个侧向反作用力Y。反力Y对车轮形成绕主销轴线作用的力矩YL，其方向正好与车轮偏转方向相反。在此力矩作用下，将使车轮回复到原来中间的位置，从而保证汽车能稳定地直线行驶，故此力矩称为回正力矩。

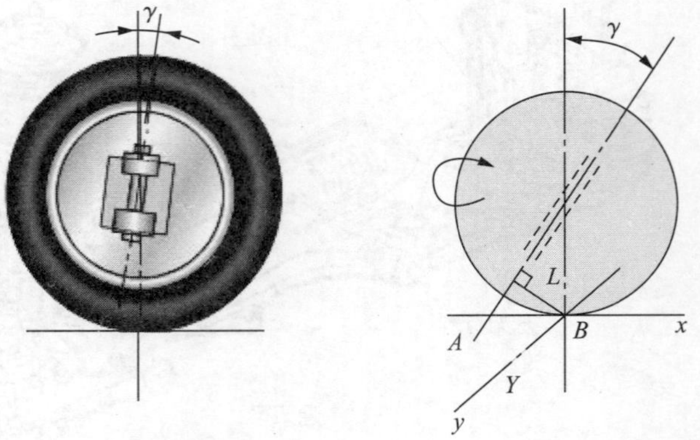

图7-11　主销后倾角示意图

回正力矩不宜过大，否则在转向时为了克服此力矩，驾驶人必需在转向盘上施加较大的力（即转向沉重）。因该力矩的大小取决于力臂L，而力臂L又取决于后倾角γ的大小，因此，为了不使转向沉重，主销后倾角不宜过大，一般不超过2°~3°。

现代汽车为了提高行驶速度，普遍采用扁平低压胎，弹性增加，轮胎变形增加，引起稳定力矩增加，所以主销后倾角可以接近于零，甚至为负值。

有三种主销后倾角：主销轴线向后方倾斜时，主销后倾角为正值；主销轴线向前方倾斜时，主销后倾角为负值；主销后轴线垂直于地面，主销后倾角为零。

主销轴线与地面的交点到轮胎地面接触区中心点的距离叫做主销后倾拖距，如图7-12所示。

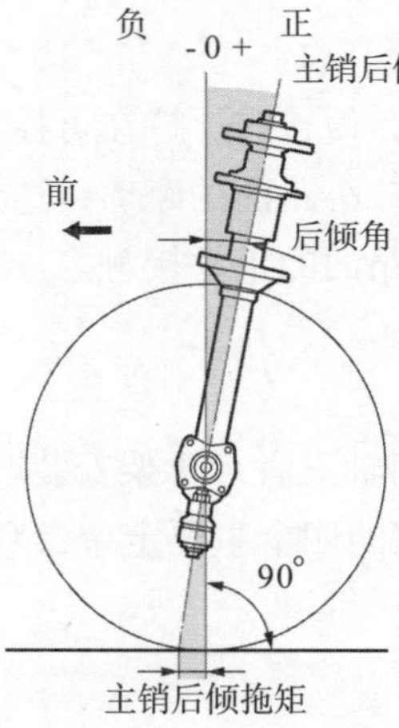

图7-12　主销后倾拖矩

主销后倾角影响直行稳定性，主销后倾拖距则影响转弯回正。如果给车轮提供过大的正主销后倾时，直线稳定性就得到提高，但是，转向会变得困难。

2）主销后倾与方向控制

主销后倾将影响行驶方向的控制。

如果左右两前轮的主销后倾角不相同，车辆就会向正值主销后倾角较小的一侧跑偏。如果两前轮的主销后倾角相等但是正值太大，转向会很重，并且在转向盘上会感受到过量的路面冲击和摆振。如果两前轮的主销后倾角相等但是负值太大，转向会很轻，但车辆可能会摆摇，并且难以控制直线行驶。一般，两侧主销后倾角相差不应该大于0.5°。

2．主销内倾

1）主销内倾的定义

主销（转向轴线）内倾是在汽车的横向平面内，其上端略向内倾斜，称为主销内倾。在汽车横向垂直平面内，主销与垂线之间的夹角β叫做主销内倾角，如图7–13所示。

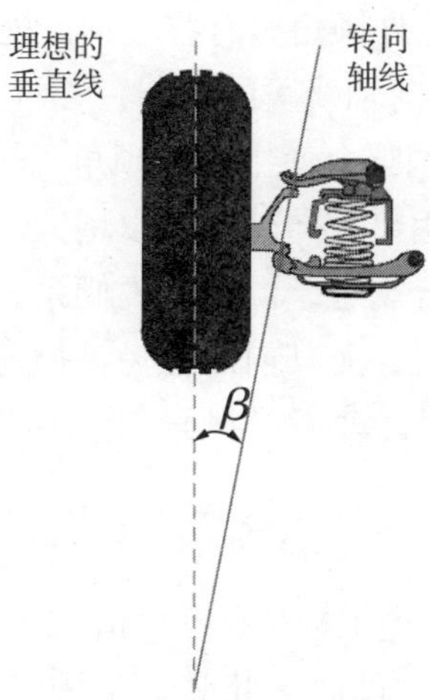

图7–13　主销内倾角示意图

主销内倾的作用是使前轮自动回正，转向轻便，并减小汽车行驶时路面通过车轮传给转向机构的冲击力。

汽车悬架类型不同，转向轴线结构有所不同。对于非独立悬架，车桥两端都装有一个转向主销。转向主销轴线就相当于其他类型悬架中的转向轴线。在独立悬架中，上球节和下球节之间的连接便构成了转向轴线。

2）主销内倾与方向控制

主销内倾有助于直线行驶和车轮在转向后的回正。

3. 车轮外倾

1）车轮外倾的定义

车轮外倾，也称为车轮侧倾。前轮旋转平面与纵向垂直平面之间的夹角α叫做车轮外倾角，如图7–14所示。

车轮外倾的作用在于提高了车轮工作的安全性和转向操纵的轻便性。如空车时车轮正好与路面垂直，则满载时车轮在载荷的作用下出现内倾，这将加速汽车轮胎的偏磨。路面对车轮的垂直反作用力沿轮毂的轴向分力将使轮毂压向轮毂外端的小轴承，加重了外轴承和轮毂紧固螺母的负荷，降低了它们的使用寿命。同时地面反力的作用线更接近于转向节轴的根部，可以减小转向力，使转向操纵轻便灵活。

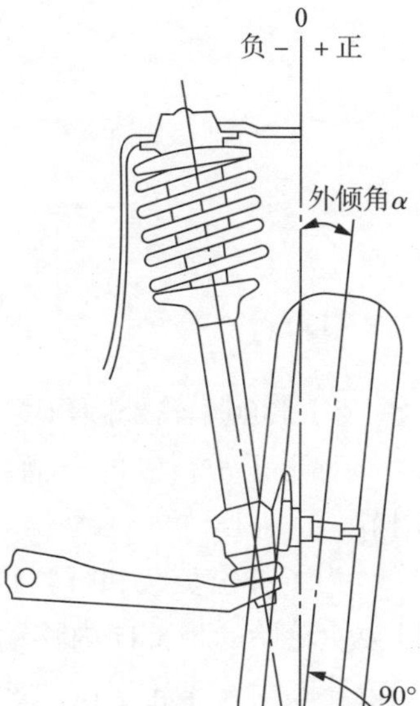

图7–14　车轮外倾角示意图

车轮的前轮外倾角是在转向节设计中确定的，外倾角α一般约为1°。

2）车轮外倾与轮胎磨损

如果车轮向外倾斜，车轮外倾角是正值，轮胎胎面的外侧边缘将会磨损更多，这也可能会引起轴承因载荷分布不均而过早损坏。早期的汽车中，车轮外倾为正，以便改善前桥的耐用性并使轮胎与路面成直角接触，以防止因道路中间比两边高而造成的轮胎不均匀磨损。

如果车轮是向内倾斜，车轮外倾角是负值，轮胎胎面的内侧边缘将会磨损更多。理想的车轮外倾角在行驶时应该是0°。0°的车轮外倾角能保证胎面与路面有最大面积的平稳接触，正确的悬架受力点可减小受道路冲击的程度，有助于直线行驶的稳定性以及保持最佳的轮胎寿命。

在现代汽车中，悬架和车桥比过去的汽车都要结实，并且路面也平坦，所以没有必要再使车轮外倾角为正。车轮定位正在趋向于零车轮外倾角（有些车辆已处于零车轮外倾）。

3）前轮外倾角对主销内倾角（转向轴线）的影响

在很多前悬架中，前轮外倾角的调整会使主销内倾角（转向轴线）发生变化。因此，在上、下球节的独立悬架系统中，如果上控制臂用垫片向外调整以增大车轮正外倾角，那么，主销内倾角也随之变化（减小）。即车轮外倾角调节符合规定，但主销内倾角就可能不符合规定，甚至某些悬架中主销内倾角和车轮外倾角的总和也发生变化，尤其前滑柱易被撞弯，滑柱上支架易发生偏移的麦弗逊式悬架更是如此。维修人员如果检查、调整了车轮外倾角却忽视了主销内倾角，往往就忽视了严重的前悬架故障。

4）车轮外倾和方向控制

车轮外倾影响行驶方向的控制。正值太大或者负值太大的车轮外倾角会造成轮胎一侧的直径比另一侧要小，这就使得轮胎的滚动像个锥筒。此时，车辆将会向车轮外倾角大的方向产生侧滑，如图7-15所示。

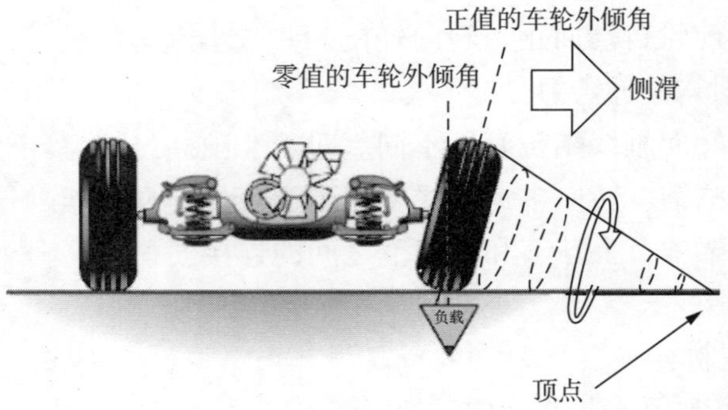

图7-15　车轮外倾角对行驶方向影响

5）影响车轮外倾角度的各种行驶状况

对于正常行驶的车辆，为了实现所希望的车轮外倾角，可以按原厂维修手册的方法和步骤进行调节。

为了补偿负载和行驶状况，需要对车轮外倾角作一些调节，通过改变车轮外倾角来补偿。添加重量会使轮胎的顶部向内移动，增加车轮外倾角的负值，如图7-16所示。为了在行驶状态下实现零值的车轮外倾角，车轮定位的参数值设计是以正常乘员重量为依据。如果车辆经常要用于载货，可以稍许增加一些正的车轮外倾角来进行补偿。

为了排除雨水，许多路面是中间高于两侧。在这种路面上直线行驶时，外侧的轮胎向正车轮外倾角倾斜，而内侧的轮胎则向更负值的车轮外倾角倾斜。车轮外倾角的这种改变会引起车辆向较低一侧的路面产生滑移，如图7–17所示。

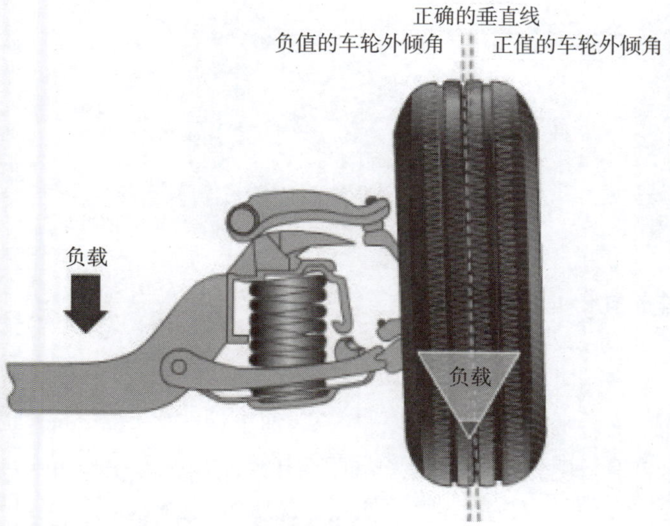

图7–16　负载对车轮外倾角的影响

图7–17　路面对车轮外倾角的影响

4．车轮前束

1）车轮前束的定义

车轮有了外倾角后，在滚动时就类似于圆锥滚动，从而导致两侧车轮向外滚开。由于转向横拉杆和车桥的约束作用，使车轮不可能向外滚开，车轮将在地面上出现边滚边向内滑移的现象，从而增加了轮胎的磨损。

为消除车轮外倾带来的不良后果，在安装车轮时使两前轮的中心平面不平行。从车辆的前方看轮胎，两车轮的前中心平面的间距A不等于后中心平面的间距B，如图7–18所示。当$A<B$时，称为车轮正前束；当$A>B$时，称为车轮负前束。车轮前束一般以毫米为单位测量。

前轮前束使车轮在滚动时方向接近正前方，从而减轻和消除了由于车轮外倾而产生的不良后果。

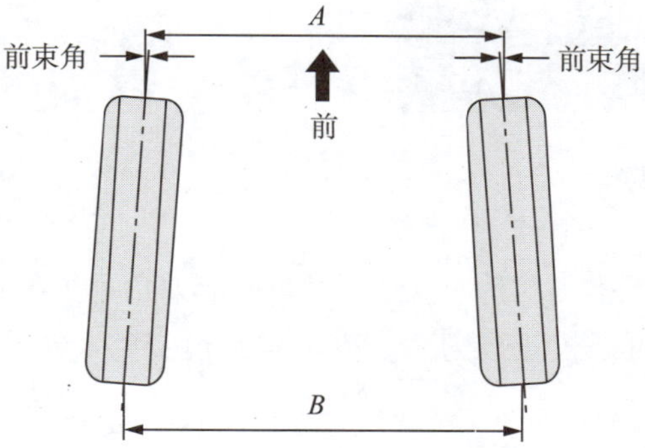

图7–18　车轮前束示意图

2）车轮前束和轮胎磨损

行驶时零值的车轮前束有助于直线行驶，并且产生最少量的轮胎磨损。过大的车轮正前束会引起轮胎的外侧周缘磨损，在胎面的内侧形成羽毛边缘的形状；过大的车轮负前束会引起轮胎的内侧周缘磨损，在胎面外侧形成羽毛边缘的形状，如图7–19所示。

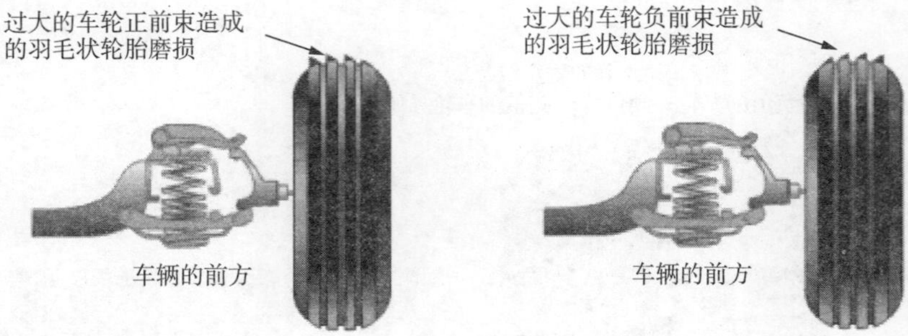

图7–19　车轮前束对轮胎磨损的影响

3）车轮前束的调整

车轮前束会影响行驶方向，可通过转向横拉杆来调整车轮前束。一般前束值为0～12 mm。也有的汽车为与前轮负外倾角相配合，其前束也取负值，即负前束（如桑塔纳乘用车前束为–3～–1 mm）。在完成主销后倾角和车轮外倾角的调整后，需要对车轮前束进行调整，如图7–20所示。

5. 推力角

1）推力角的定义

推力角是两只后轮的旋转平面与车辆纵向中心线之间的夹角，以度为测量单位，如图7–21所示。

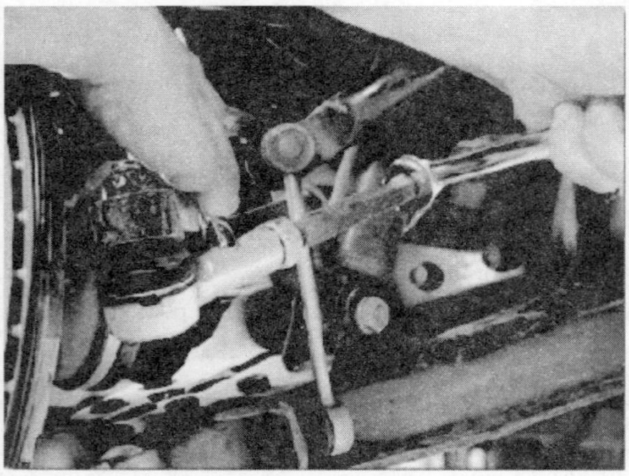

图7–20　车轮前束的调整

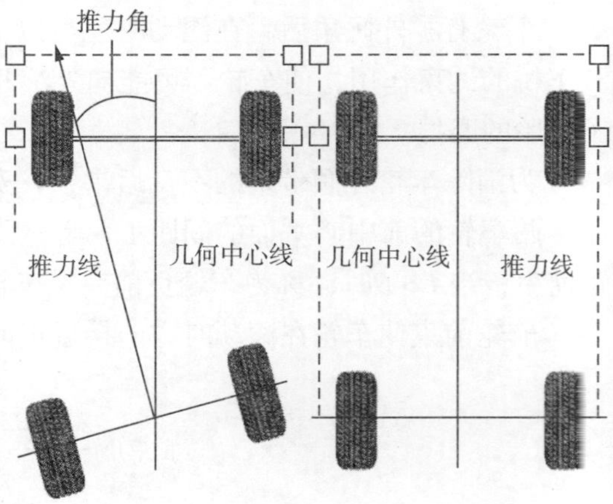

图7–21　推力角的示意图

为了保持车辆的直线行驶，推力角应该为0°。如果推力角不为0°，车辆的后部就会沿推力线的方向行驶。通过调节后轮前束可以校正推力角。推力角是设定整车定位的基础，也可用作车辆诊断的辅助手段。

2）推力角与方向控制

转向盘和前轮控制着车辆的行驶方向，但推力角则影响着车辆的行驶方向。例如，前、后轮的旋转平面与车辆中心线不平行，会导致车辆转动，驾驶人就必须向左或右转动转向盘来保持直线行驶。

7.5 车架与车桥的检修

7.5.1 车架常见损伤形式及其原因

车架常见的损伤形式有变形、裂纹、腐蚀和连接松旷等几种。

1）车架侧向弯曲（侧摆）

车架前部或后部的侧向弯曲通常是指车辆受到撞击使车架前后发生侧向变形的结果。

2）车架向下弯曲（下陷）

车架下弯曲通常发生在车架前部或后部直接受到撞击所致。

3）车架纵弯曲

车架发生纵弯曲时，发动机罩与前保险杠之间的距离小于规定值，或者后轮与后保险杠距离小于规定值，即车架的纵弯曲是由于车架正前方或正后方受到撞击引起。

4）车架菱形变形

车架菱形变形出现在车架撞击受损而不再保持相互垂直的时候。这时，车架的几何形状发生改变，可通过对角线法测量来进行分析判断。

5）车架的裂纹

车架由于受到交变载荷的影响，容易产生裂纹。此时，可采用焊修、加固等方法修复。

6）车架腐蚀

车架发生腐蚀现象，应及时进行清除并涂上涂层。

7）连接松旷

车架纵、横梁连接铆钉松动后，将影响车架的刚度和弹性。应取掉松动的铆钉，重新铆接铆钉。

7.5.2 车桥常见损伤形式及其原因

车桥支撑汽车的质量，承受路面传来的各种反力，尤其是行驶在不良路面或高速行驶时，这些力构成的冲击载荷峰值很高。特别是转向桥和转向驱动桥，零部件不但数量多而且铰接配合多，零部件的变形、磨损等都会引起汽车的操纵稳定性、制动过程中的方向稳定性以及轮胎的异常磨损。

车桥的常见损伤形式有：

（1）前轴（工字梁）主要有弯曲、扭曲、裂纹、主销孔磨损等；

（2）转向节的油封轴颈处，因其断面的急剧变化，应力集中，容易产生疲劳裂纹；

（3）检查转向节轴端螺纹与螺母的配合情况，同时应检查转向节主销与衬套的配合间隙。

7.5.3 车轮定位的调整

汽车在使用过程中，如果出现轮胎磨损不均匀，转向不稳定或者由于发生交通事故对悬架进行修理时，就必须对车轮定位进行检查和校正。

1．车轮定位调整前检测

1）试驾和目测

在做任何检测之前，先要对车辆作一次试驾。判断车辆是否存在转向盘振动、侧滑和转弯时轮胎有噪声等现象。若车辆发出不正常声响，很可能会妨碍正确的车轮定位。

除了进行试驾外，还要进行目测检查，包括轮胎气压；轮胎是否有异常的磨损；转向零部件是否有损坏；碰撞后的损伤情况，如图7-22所示。任何受损伤或已磨损的零部件必须在调节车轮定位角度之前予以更换。

2）车轮后置

当一个前轮被置于比另外一个前轮更靠后些时，就存在车轮的后置现象，如图7–23所示。

图7–22　车轮定位调整前检测

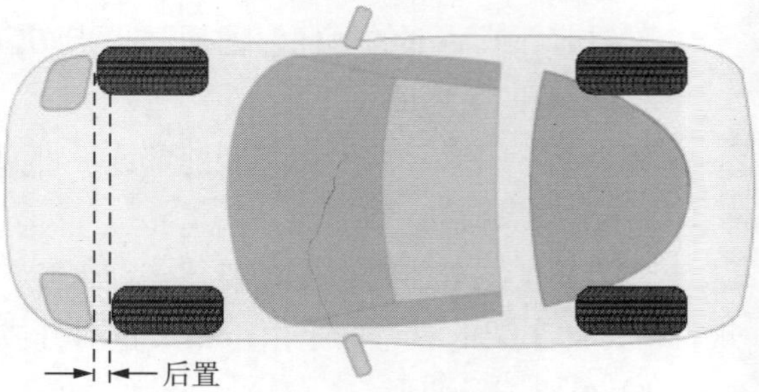

图7–23　车轮的后置现象

后置会造成转向盘的不对中。后置量超过了6 mm，就表明车架不正或者悬架有受损的零部件。车辆行驶时，车轮的后置将会导致车辆向前、后轮间距离较短的一侧侧滑。

3）行驶高度

严格地讲，行驶高度并不是一个定位参数，但它会影响其他的定位参数，特别是主销后倾角。行驶高度通常从前或后摇臂板的底部或车身轮拱的顶部测量，如图7–24所示。行驶高度应从悬架或车架上选取测量点，并且应在车辆两侧的相同部位测量。制造厂的数据只适用于出厂时使用的轮胎和车轮。

测量行驶高度的目的是找出损坏或者磨损的悬架零部件，以确保悬架能有足够的移位空间。两侧高度不相等就表明需要更换弹簧。高度太高或太低，车轮定位角度就会超过正常的规范数值，导致轮

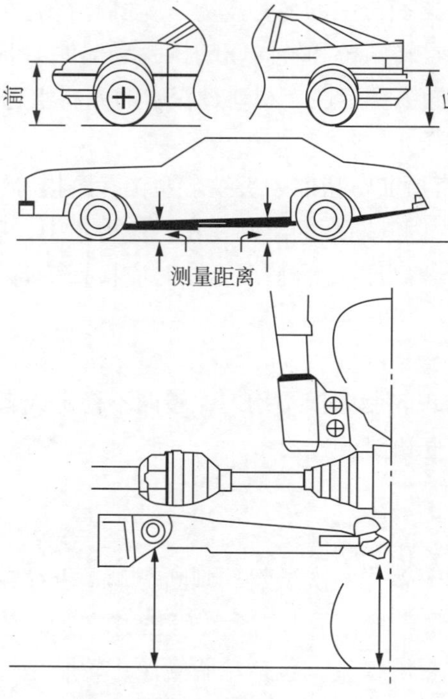

图7–24　行驶高度的检测

胎过多的磨损。在做车轮定位调整之前，应该先进行行驶乘坐高度的校核和调整。

2．车轮定位的调整

测量车轮定位参数后，将它们与该车型的标准定位参数值进行对比。如果测量值偏离标准值，则需要加以调整。如果所测参数有相应的调整机构，则应利用这些机构加以调整。如果所测参数没有调整机构（如主销内倾角），则应找出故障部件，进行修理或更换。

1）车轮前束的调整

车轮前束的调整是通过改变连接左、右轮转向节臂的转向横拉杆的长度来实现的。

（1）在横拉杆位于主销轴后面的车型中，增加横拉杆长度就是增加前束，如图7–25所示。而在横拉杆位于主销轴前面的车型中，增加横拉杆长度则是减小前束。

（2）双横拉杆车型中，前束调整时必须保持左、右两根横拉杆的长度相等，如图7–26所示。如果左、右两根横拉杆长度不同，即使车轮前束调整准确，也会使转向盘和转向轮不在直线行驶状态，而产生汽车行驶跑偏现象。

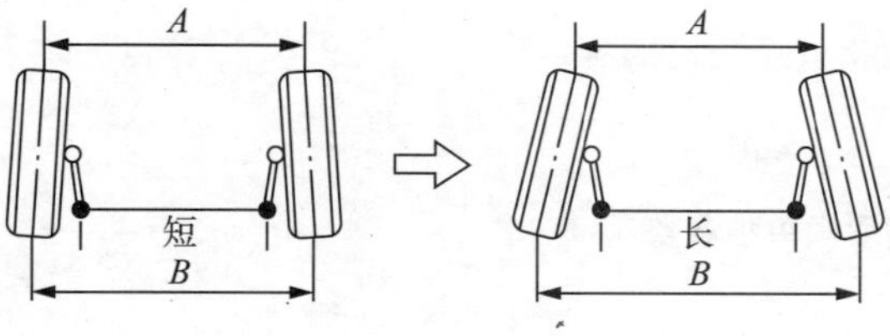

图7–25　横拉杆长度与前束调整的关系

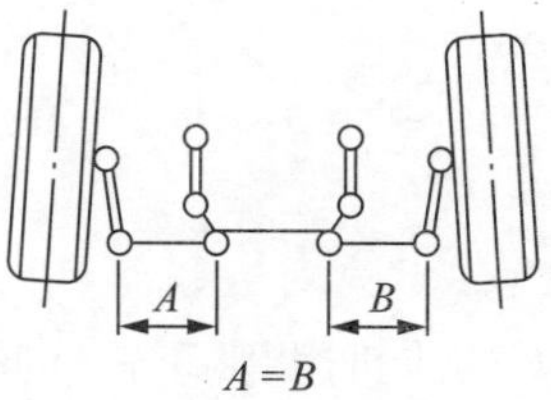

图7–26　双横拉杆车型的调整

2）车轮外倾和主销后倾的调整

车轮外倾和主销后倾的调整方法要视车型而定，根据悬架结构不同，可分开进行，也可同时进行。车轮外倾和/或主销后倾调整后，前束都会发生变化，所以车轮外倾和/或主销后倾调整后必须对前束进行检查，必要时进行调整，具体请参考维修手册。

下面简述典型的调整方法：

（1）车轮外倾单独调整

对于某些车型，转向节螺栓可以用车轮外倾调节螺栓更换。车轮外倾螺栓有一个较小的无螺纹直径供车轮外倾调整。这种类型的调整通常在麦弗逊滑柱式悬架上使用，如图7–27所示。

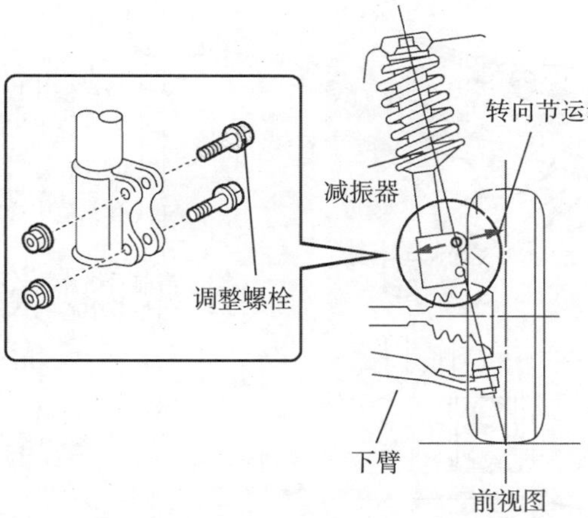

图7–27　车轮外倾单独调整

（2）主销后倾单独调整

通过用支撑杆的螺母或垫圈，改变下臂与支撑杆之间的距离“L”来调节主销后倾。这种类型的调整通常在柱式悬架上或者在双摇臂悬架上使用。支撑杆位于下臂的前面或后面，如图7–28所示。

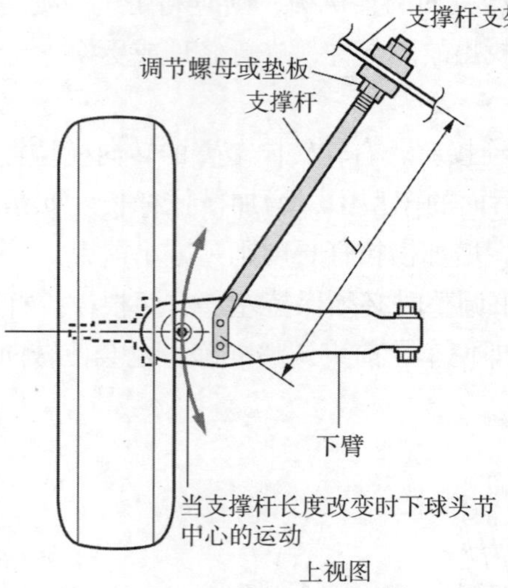

图7–28　主销后倾单独调整

（3）同时调整车轮外倾和主销后倾角

① 偏心凸轮式安装螺栓位于下臂的内侧接头上。旋转该螺栓，便可将下臂的中点向左或向右移动，使其倾斜可调节车轮外倾和主销后倾。这种调整方法通常在麦弗逊滑柱式悬架上或双横臂式悬架上使用，如图7–29（a）所示。

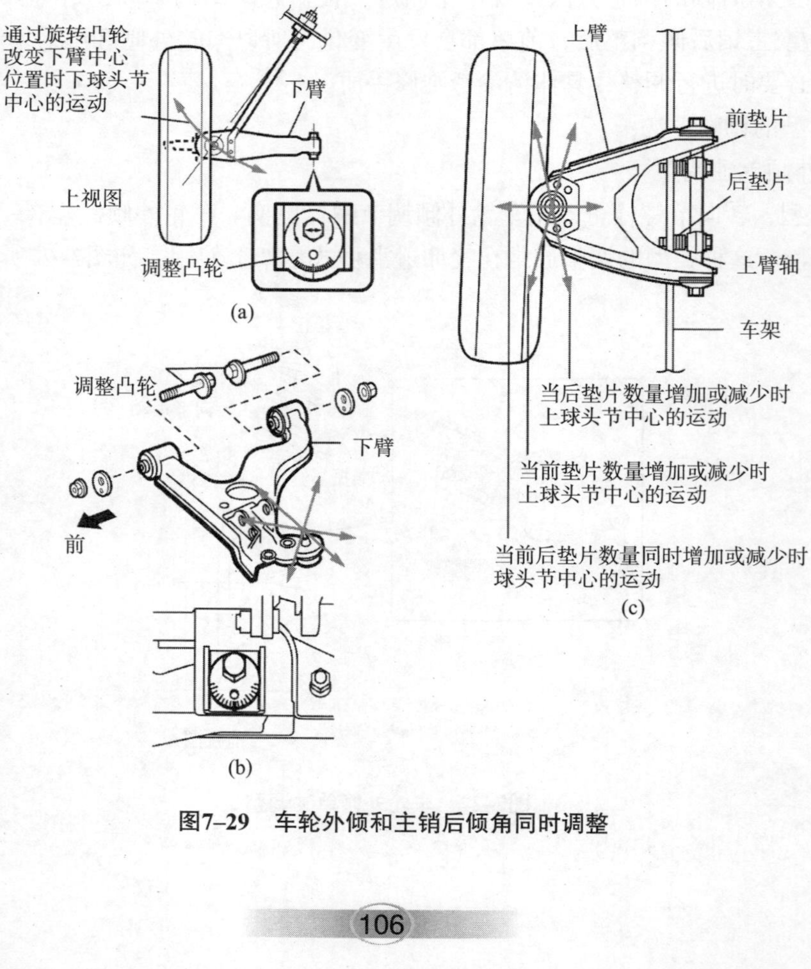

图7–29　车轮外倾和主销后倾角同时调整

② 前后下臂上的安装螺栓改变下臂安装角并且能改变下球节的位置。这种调整方法通常在双横臂式悬架上使用，如图7–29（b）所示。

③ 用增加或减少垫片数量和/或厚度来改变上臂安装角，也就是上球节位置。这种调整方法通常在双横臂式悬架上使用，如图7–29（c）所示。

3．道路试验

在转向桥、悬架和车轮定位等项目调整完毕后，为检查调整效果，要进行四轮定位仪检查或道路试验。道路试验的主要内容包括车辆向前行驶、转向、制动以及检查有无异常噪音等。

在平坦的道路上行驶时，车辆应向前直行，不要向左或向右偏行，而且不应发生过大的转向摆振或振颤。车辆转向时，转向盘应很容易地向左、右转动；放开时，应可迅速、平稳地返回中间位置。车辆在平滑的路面上制动时，转向盘不应向任何一侧偏转。

道路试验时，不应听到任何异常噪音。此外，当转向盘转至极限位置时，转向和悬架的零部件不可与底盘或车身任何部位相接触。

本章小结

（1）轮式汽车行驶系统一般由车架、车桥、车轮和悬架等组成。

（2）车架的结构形式有边梁式、中梁式、综合式、铰接式；现代乘用车多采用承载式车身。

（3）车桥可分为转向桥、驱动桥、转向驱动桥和支持桥四种类型。

（4）转向桥既能实现汽车转向，还承受汽车部分载荷以及汽车制动等产生的作用力及其力矩；主要由前轴、主销、转向节和轮毂等四部分组成。

（5）转向驱动桥是能同时实现车轮转向和驱动两种功能的车桥。既有驱动桥的主减速器、差速器和半轴，也有转向桥的转向节和主销等。

（6）车轮定位的作用是确保车辆直线行驶；延长轮胎寿命；使轮胎与路面保持正常接触。

（7）转向轮定位是指转向车轮、转向节和前轴三者与车架安装时保持一定的相对位置或要求。

（8）前轮定位主要有四个定位参数：主销后倾、主销内倾、前轮外倾和前轮前束。

（9）车架常见损伤形式有变形、裂纹、腐蚀和连接松旷等。

（10）车桥常见损伤形式有：前轴（工字梁）的弯曲、扭曲、裂纹、主销孔磨损等。

复习思考题

1．判断题

（1）整体式转向桥主要由前轴、转向节、主销等部分组成。（ ）

（2）按其断面形状，转向桥可分为工字梁式和管式两种类型。（ ）

（3）主销内倾角的车轮自动回正作用与车速密切相关。（ ）

（4）主销后倾角越大、车速越高，车轮偏转后回正的能力也越弱。（ ）

（5）前轮外倾角是使转向节轴颈的轴线与水平面成一角度。（ ）

2. 选择题

(1) 为使转向轻便灵活，在转向节下销孔与前轴拳部下端面装有（ ）。

A. 锲形销　　B. 推力轴承　　C. 轮毂轴承　　D. 主销

(2) 转向驱动桥的内外半轴之间连接的万向节是（ ）。

A. 双联式　　B. 十字轴式　　C. 等速式　　D. 三销式

(3) 主销内倾角的作用除了使转向操纵轻便外，另一作用是（ ）。

A. 车轮自动回正　　B. 减少轮胎磨损

C. 形成车轮回正的稳定力矩　　D. 提高车轮工作的安全性

(4) 前轮前束的调整可通过改变（ ）。

A. 转向轮角度　　B. 转向纵拉杆长度　　C. 转向横拉杆长度　　D. 梯形臂位置

(5) 前轮外倾角的作用除了提高前轮工作安全性外，另一作用是（ ）。

A. 转向操纵轻便性　　B. 车轮自动回正

C. 减少轮胎磨损　　D. 形成车轮回正稳定力矩

3. 问答题

(1) 汽车的车架有哪些类型？各有什么特点？

(2) 转向驱动桥有哪些结构特点？

(3) 为实现转向驱动需要哪些零部件？

(4) 什么是车轮定位？车轮定位包括哪些参数？各起什么作用？

(5) 车轮定位如何进行检查和调整？

8 车轮与轮胎

学习目标

知识目标

（1）简单叙述车轮于轮胎的功用和类型；
（2）正确描述车轮的结构和参数；
（3）正确描述轮胎的结构和参数。

能力目标

（1）能对车轮与轮胎进行拆装和维护；
（2）能分析车轮与轮胎常见故障的现象及原因。

车轮与轮胎是汽车行驶系统中的重要部件，它位于车身与路面之间，起支承汽车和装载重量；传递汽车与路面之间的各种力和力矩、缓冲车轮受路面颠簸时所引起的振动、保持汽车的行驶方向等作用，如图8-1所示。

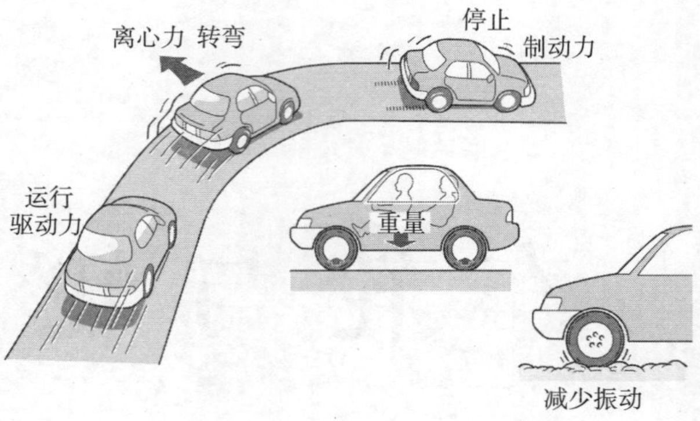

图8-1　车轮与轮胎的作用

8.1　车轮

8.1.1　车轮的功用和类型

车轮是外部装轮胎、中心装车轴并受负荷的旋转部件，其功用是把轮胎固定在车辆上，并传递和承受轮胎、车桥之间的各种力和力矩。

车轮由轮辐、轮辋和轮毂组成。按照轮辐的结构形式不同，车轮分为辐板式和辐条式两种主要形式。在辐板式车轮中，又根据所用材料的不同分为钢板型和合金型。铝合金车轮较轻，所以现在铝合金车轮使用的也较多。按制造工艺分，车轮有采用钢板冲压成形的，也有采用钢盘压铆或压焊制成，还有采用铝材通过印模压铸或者锻造而成。

8.1.2　车轮的结构

1．辐板式车轮

辐板式车轮由挡圈、轮辋、辐板和气门嘴伸出口等组成，如图8-2所示。用以连接轮辋和轮毂的

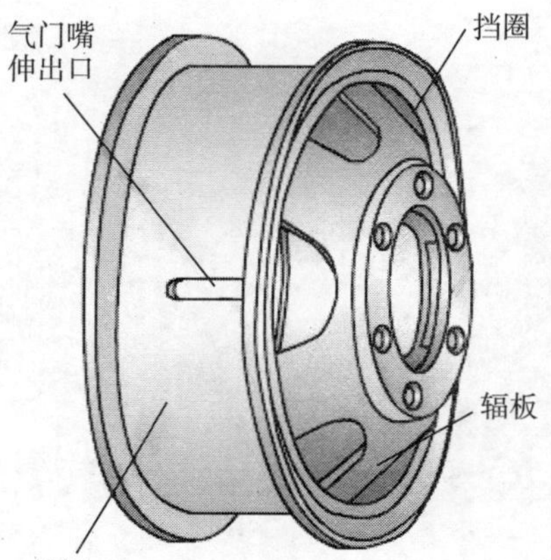

图8-2　辐板式车轮

圆盘称为辐板。辐板大多是冲压制成，也有铸造的。轮辋和辐板焊接在一起，并用螺栓将其安装在车轮轮毂或制动鼓上，组成车轮。车轮装饰罩装在辐板外面。

制造乘用车用辐板所用的板料较薄，为了提高其刚度，常冲压成一定的形状。有些乘用车为了减轻车轮的重量和有利于制动毂的散热，采用了铝合金铸造加工。为了保证高速行驶的平衡性，车轮还装有平衡块。辐板外缘还开有几个通孔，这不但能减轻重量，有利于制动鼓散热，方便于接近气门嘴，还可作为拆装车轮时的把手处。

2．辐条式车轮

这种车轮的轮辐是钢丝辐条或铸造辐条。钢丝辐条由于价格昂贵且维修和安装均不方便，所以仅用于赛车和一些高级乘用车上。现在用的较多的是铸造辐条，铸造辐条式车轮用于装载质量较大的重型汽车上。如图8–3所示，其轮辐和轮毂一般都用螺栓连接，轮辋通过螺栓和特殊形状的衬块安装在轮辐上。为了使轮辋和轮辐很好地对中，在轮辋和轮辐的安装位置都按照要求加工出配合表面。

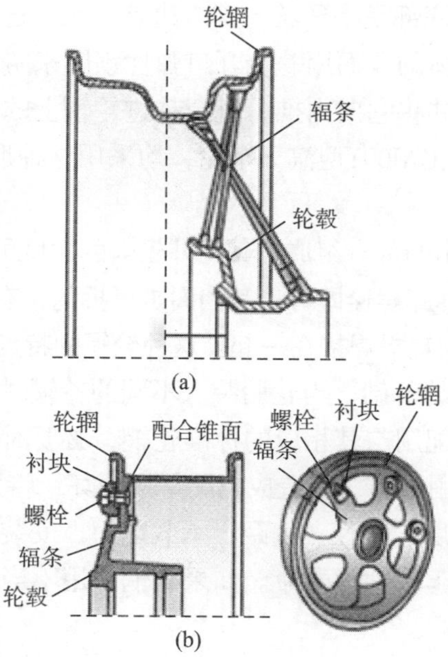

图8–3　辐条式车轮

3．轮辋

轮辋又称钢圈，是车轮上安装轮胎的部件，一般是由冲压钢板铆接或焊接在一起而制成的圆形环体。轮辋有钢质轮辋、铝合金轮辋两种，前者用于载重汽车和普通乘用车，后者一般用于中高级乘用车。

轮辋常见的类型主要有深槽轮辋、平底轮辋和对开式轮辋（图8–4），此外还可细分为半深槽轮辋、深槽宽轮辋、平底宽轮辋、全斜底轮辋等。

1）深槽轮辋

深槽轮辋（图8–4（a））是用钢板冲压成整体结构，断面的中部制成深凹槽，以便于拆装轮胎，凹槽两侧略向中间倾斜，其倾斜角一般是5°±1°。这种轮辋的特点是结构简单、刚度大、质量轻，对于小尺寸弹性较大的轮胎最适宜。但是尺寸较大又较硬的轮胎，则很难装进这样的整体轮辋内。这种轮辋适用于乘用车（如红旗）和轻型越野车（如北京BJ2020）等。

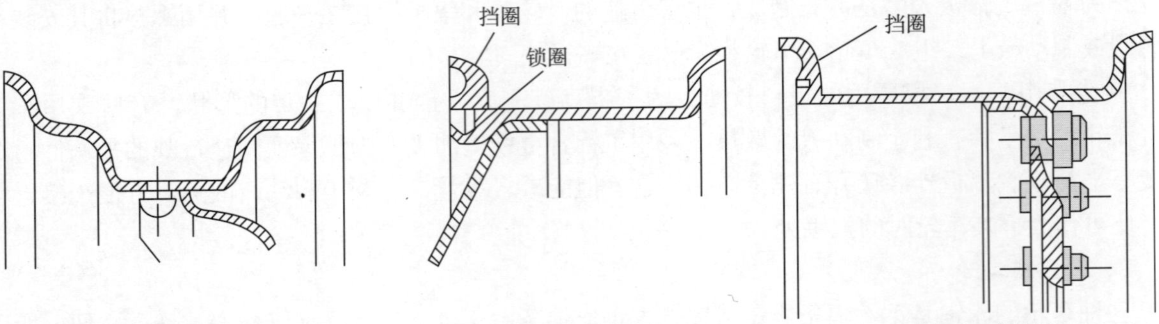

(a) 深槽轮辋　(b) 平底轮辋　(c) 对开式轮辋

图8–4　轮辋类型

2）平底轮辋

平底轮辋（图8–4（b））的底部呈平环状，其一边有凸缘，这种轮辋的结构形式很多，是我国货车常用的一种形式。其挡圈是整体的，而用一个开口弹性锁圈来防止挡圈脱出。安装轮胎时，先将轮胎套在轮辋上，而后套上挡圈，并将它向内推，直至越过轮辋上的环形槽，再将开口的弹性锁圈嵌入环形槽中。东风EQl090E型和解放CAl091型汽车车轮，均采用这种形式的轮辋。

3）对开式轮辋

对开式轮辋（图8–4（c））由两部分组成，其内外轮辋的宽度可以相等，也可以不相等，二者用螺栓连成一体。拆装轮胎时，只需拆卸螺栓即可。其挡圈是可拆的，有的无挡圈，而由与内轮辋制成一体的轮缘代替挡圈的作用，内轮辋与辐板焊接在一起。这种轮辋的特点是拆装方便，多用于越野车上。

由于轮辋是装配和固定轮胎的基础，当轮胎装入不同的轮辋时，其变形位置和大小也发生变化。因此，每一种规格的轮胎，最好配用与其相应的标准轮辋，必要时，也可配用规格与标准轮辋相近的轮辋（容许轮辋）。如果轮辋选用不当，会造成轮胎早期损坏，特别是使用在过窄的轮辋上时。

如果替换车轮与原车轮的宽度、直径、偏距、承载能力、安装轮廓不同，则会严重影响汽车的转向性能、操纵性能、轮胎寿命和车轮轴承寿命。如果轮辋使用不当，可能会造成轮胎磨损异常，汽车性能下降，甚至造成人身伤害。

近几年来，为了适应提高轮胎负荷能力的需要开始采用宽轮辋。试验表明，采用宽轮辋可以提高轮胎的使用寿命，并可以改善汽车的通过性和行驶稳定性。

目前，轮辋轮廓类型有七种：①深槽轮辋（代号DC）②深槽宽轮辋（代号WDC）③半深槽轮辋（代号SDC）④平底轮辋（代号FB)⑤平底宽轮辋（代号WFB）⑥全斜底轮辋（代号TB）⑦对开式轮辋（代号DT）。

8.1.3　车轮的结构参数

车轮的结构参数主要有车轮宽度、高度、偏置量、中心孔和法兰盘等，如图8–5所示。

1）宽度

车轮的宽度是测量轮辋两侧唇边之间的距离。

2）高度

轮辋直径（高度）是从车轮的顶部到底部胎圈座区域的距离。

3）偏置量

车轮的偏置量是从车轮的中心线到安装法兰盘之间的距离。这个距离的加宽可以安装比较宽的轮

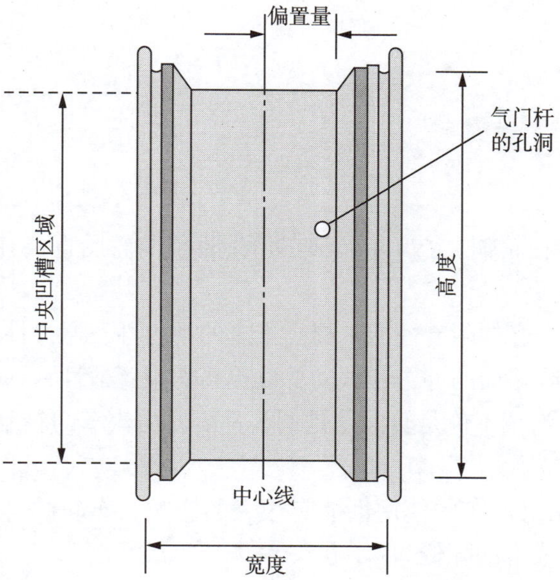

图8–5 车轮的结构参数

胎和得到比较宽的轮距。

4）中央凹槽

在车轮的中央凹槽上有一个安放气门杆的孔洞。它使得轮胎的拆卸和安装比较容易。

5）中心孔和法兰盘

车轮上有一个中心孔，直接与车辆的轮毂接触，把车轮中心定位在轮毂上。在法兰盘上沿着圆周均匀地分布着一些孔洞，如图8- 6所示。

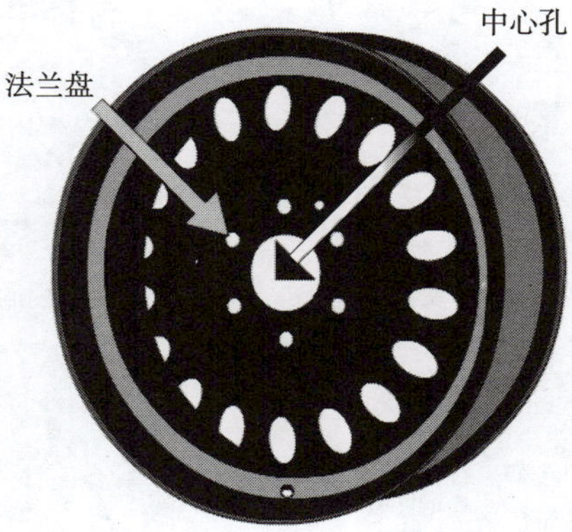

图8–6 车轮中心孔和法兰盘

后轮辋的直径可以比前轮辋的直径大2.5 ~ 5cm。在这种配置下，前、后轮胎可以有不同的宽度或者高度。当前、后轮胎有不同的宽度或者高度时，不要把轮胎从前面换位到后面。后车轮的偏置量可能要比前车轮大一些，可以得到不同的轮距和操纵性能。

如果需要更换车轮，换装新车轮的容许载荷、直径、宽度、偏距与固定形式均必须与原装车轮相同。不正确的换装车轮会影响车轮寿命、离地间隙和轮胎间隙，还可能影响速度表和里程表的标定，以及防抱死制动系统和牵引力控制的功能。

8.2 轮胎

8.2.1 轮胎的功用

轮胎由橡胶制成，安装在轮辋上。车辆行驶的舒适性能与轮胎直接有关。其主要功用有：

（1）支撑车辆重量；

（2）通过轮胎和路面良好的附着性能，提高汽车的动力性、通过性和操控性；

（3）帮助悬架系统吸收路面的冲击和振动，以提高驾乘舒适性；

（4）改变汽车方向。汽车不论是转向还是调头都需要由汽车的轮胎来完成，它根据驾驶人的意愿来改变汽车行驶的方向。

由此可见，车轮和轮胎对汽车的使用性能有很大的影响，车轮的合理使用关系到汽车的安全行驶、能源的节约和汽车运输成本的降低。

8.2.2 轮胎的类型

汽车轮胎按胎体结构不同分为充气轮胎和实心轮胎，现代汽车多采用充气轮胎。按轮胎内空气压力的大小可分为高压胎（0.5 ~ 0.7 MPa）、低压胎（0.15 ~ 0.45 MPa）和超低压胎（0.15 MPa以下），汽车上几乎全部都使用低压胎。

充气轮胎由于保持空气方法的不同，其组成结构也不同，又可分为有内胎轮胎和无内胎轮胎两种。无内胎轮胎在乘用车上广泛采用，并开始在货车上使用。

充气轮胎按胎体中帘线排列方向不同，可分为子午线轮胎和普通斜交轮胎，结构如图8- 7所示。

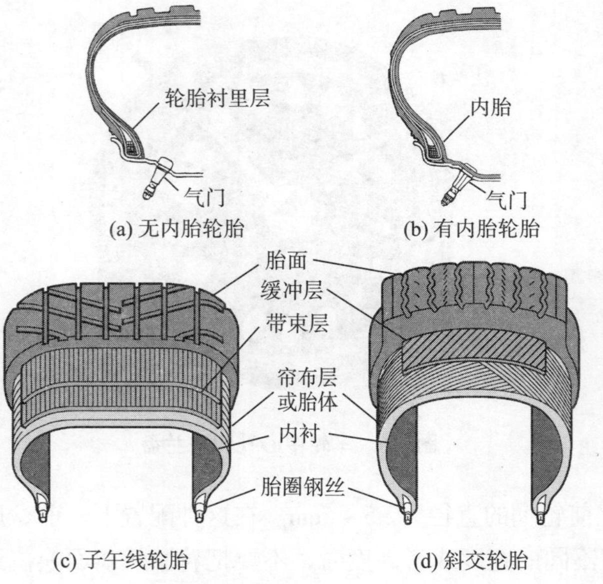

图8–7 轮胎类型

轮胎还可按应用于不同的路面来分类，由类型名称便可知轮胎的特性和功能。

1. 雪地行驶用轮胎

雪地行驶用轮胎在泥泞或覆盖有雪的路面上能保持可控性，这是因为胎面花纹中设有较多的方块，这些方块较深且间距较大。它将能有效传输驱动力的横纹胎面花纹和能减少侧滑的纵向花纹结合起来。

雪地行驶用轮胎具有以下一些特性：侧滑较少且牵引力较好，制动时有较为显著的转向稳定性；转弯和变换车道时有较好的可控性；易于离开轮辙；滚动阻力较小；振动和噪声较小。

另一方面，雪地行驶用的轮胎胎面比正常轮胎胎面刚性要小，所以在干燥路面上高速行驶时，它的稳定性较差，这在转向时表现得尤为突出。

雪地行驶用轮胎主要有防滑钉和无防滑钉两种。

1）防滑钉轮胎

雪地行驶用轮胎在覆盖有雪的路面上行驶良好而在结冰的路面上则抓地力不够。防滑钉轮胎能在此条件下提供较大的驱动稳定性，如图8-8所示。它以雪地行驶用轮胎胎面基础，兼备有咬入冰面的金属长钉，辅助传输汽车的驱动力和制动力。尽管如此，仅仅给汽车配备防滑钉轮胎还不能保证在覆盖有雪和结冰的路面上实现完全安全行驶，仍必须极为小心地驾驶汽车。必须避免在无雪和冰的路面上使用防滑钉轮胎，这不仅会加速长钉磨损，而且会损坏路面。

2）无防滑钉轮胎

无防滑钉轮胎可以使汽车在结冰路面上行驶而无须使用长钉，如图8-9所示。无防滑钉轮胎使用特殊的胎面橡胶，既具备雪地行驶用轮胎的能力，也能保持行驶的灵活性，甚至在特别低的温度下可以达到同样效果，这种轮胎可以确保在路面覆盖有冰或雪时也能与路面充分接触。此外，轮胎接触地面有许多称为“刀槽花纹”的小槽切口，使轮胎能有效挖出和抛掉冰和雪，从而获得足够的驱动力和制动力。

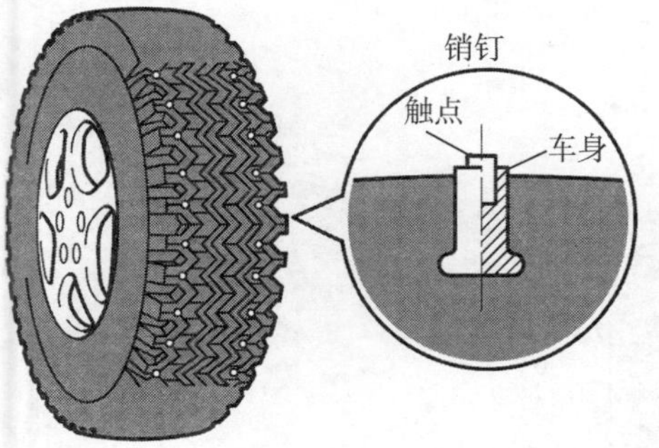

图8-8　防滑钉轮胎

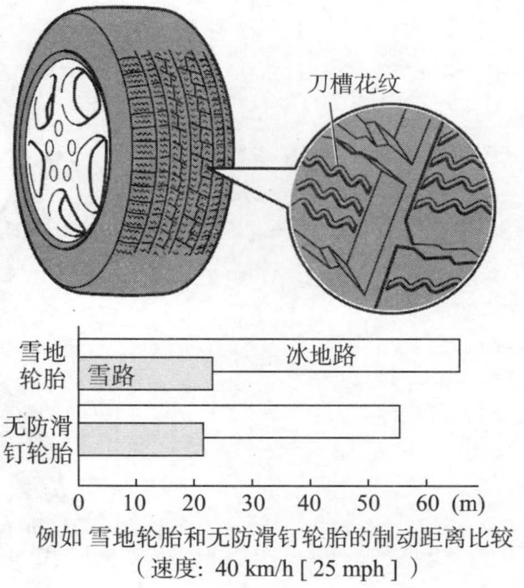

图8-9　无防滑钉轮胎

2．全天候轮胎（全季节轮胎）

全天候轮胎由普通轮胎改造而来，它能提高汽车在砂土和积雪路面上的驱动能力。它是一种能全年使用的多用途轮胎，具备了正常轮胎和雪地行驶用轮胎的两种特性。

图8-10显示出了与普通轮胎性能相关的全天候轮胎性能（图中的圆）。数值离圆圈越远，表明相应的性能越强。

全天候轮胎有钢丝带束子午线帘布层胎体和稠密刀槽花纹的块状胎面花纹，以增进牵引力和抗侧滑能力。全天候轮胎的胎面花纹槽要比雪地行驶用轮胎浅，但比普通轮胎要深。这意味着它们能深深咬入雪中，增强轮胎的路面附着力。

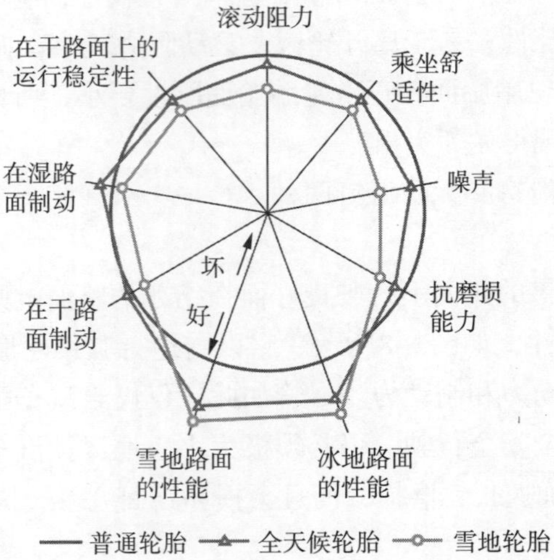

图8-10　全天候轮胎性能曲线

3．砂地用轮胎

砂地用轮胎能在软质、砂地型地面上行驶。轮胎的胎面宽且胎面花纹有浅槽，防止其穿破砂土地表层而陷入其中，如图8-11所示。

图8-11　砂地用轮胎

当在砂土地面上行驶时，要降低这些轮胎的充气压力以便使轮胎接触路面的表面积最大化。因此，这些轮胎的胎体即使在较低充气压力下也能承受大负载。

8.2.3　轮胎的结构

普通充气轮胎由外胎、内胎和垫带组成，如图8-12所示。在深槽轮辋上使用的有内胎轮胎没有垫带，无内胎的轮胎既无内胎也无垫带。

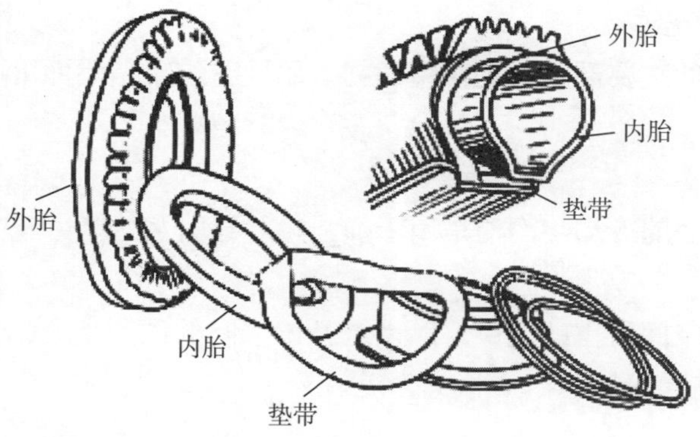

图8-12 充气轮胎的组成

1．外胎

轮胎外胎的基本组成部分有胎面、带束、胎体帘布层、内衬层和胎圈等，如图8-13所示。

1）胎面

胎面是轮胎的外表面，可分为胎冠、胎肩和胎侧等三部分。

胎冠是轮胎与路面直接接触的部分，具备极高的抗磨损性和抗撕裂性。

胎肩是较厚的胎冠和较薄的胎侧间的过渡部分，一般也有各种花纹，以提高该部分的散热性能。在车轮转向时，胎肩提供了与路面连续的接触面。

胎侧又称胎壁，它由数层橡胶构成，覆盖轮胎两侧，以保护内胎免受外部损坏。胎侧在行驶过程中不断地在载荷作用下弯曲变形。胎侧上标有厂家名称、轮胎尺寸及其他资料。

（1）胎面的形态

胎面上的形态有凹槽花纹、胎面花纹块、胎面花纹条、凹坑和沟槽等，如图8-14所示。它们提供了在干燥、潮湿、泥浆和雨雪各种路面状况下的牵引力，帮助车辆避免空转打滑和滑移。

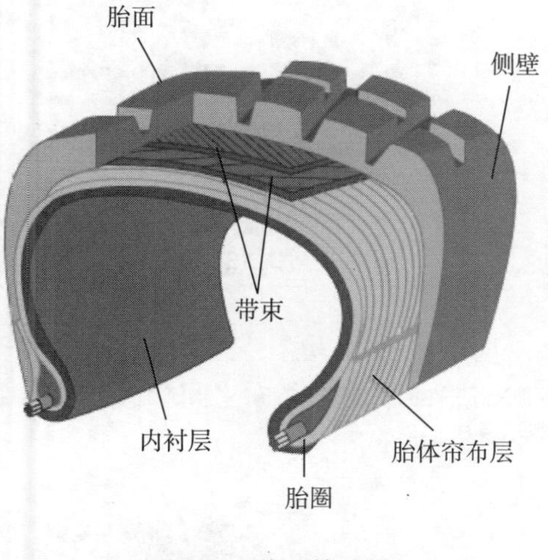

图8-13 外胎的结构

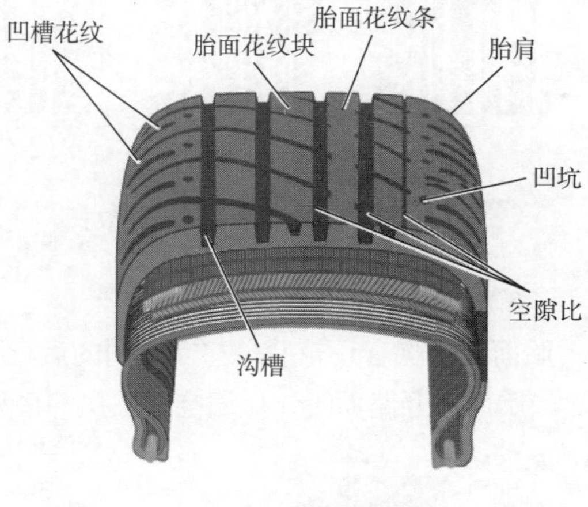

图8-14 胎面的形态

① 凹槽花纹

凹槽花纹是在胎面花纹块中的一些小的切槽。当轮胎在路面上行驶时，凹槽花纹张开后可以产生更大的接触表面。这使得胎面花纹块可以移动增加弹性和牵引力。凹槽花纹在冰面、薄雪路面和松散的灰尘路面上特别有帮助。

② 胎面花纹块和胎面花纹条

胎面花纹块构成胎面的主要部分，提供牵引力。胎面花纹条是胎面上的一条花纹块，与路面形成了一个连续的接触条带。

③ 凹坑和沟槽

凹坑的作用是改善胎面的冷却。沟槽是用于加强轮胎导引水的能力。

④ 空隙比概念

空隙比是胎面上开口空间所占的比例。胎面上开口空间的比例越大，排水能力就越强；空隙比例小，就增加了与路面的接触量。

（2）胎面的花纹

在轮胎上有各种不同纹式的胎面，包括不对称的、对称的和单方向的，如图8–15所示。

不对称的胎面纹式用于子午线轮胎，其内侧和外侧的胎面纹式是不同的，它能沿两个方向转动。对称的胎面纹式也用于子午线轮胎，整个胎面的纹式设计是一致的，它也能沿两个方向转动。单方向纹式的胎面用于子午线轮胎，具有单一的胎面纹式，只能向一个方向转动。

从花纹的形状区分，有纵向花纹、横向花纹、纵向和横向花纹、块状花纹等，如图8–16所示。

(a) 不对称的　(b) 对称的　(c) 单方向的

图8–15　胎面的花纹纹式

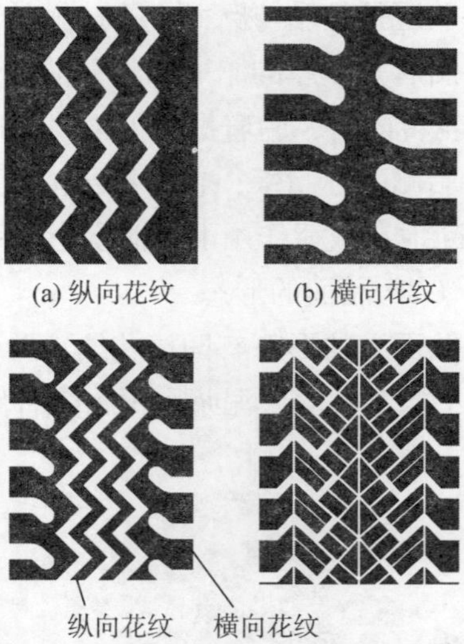

(a) 纵向花纹　(b) 横向花纹　(c) 纵向和横向花纹　(d) 块状花纹

图8–16　胎面的花纹形状

（3）胎面花纹噪音

胎面花纹噪音是轮胎最与众不同的运行噪音。与路面接触的胎面凹槽和路面之间会截留和压缩空气。当胎面离开路面时，压缩空气飞出凹槽从而产生噪音，如图8–17所示。

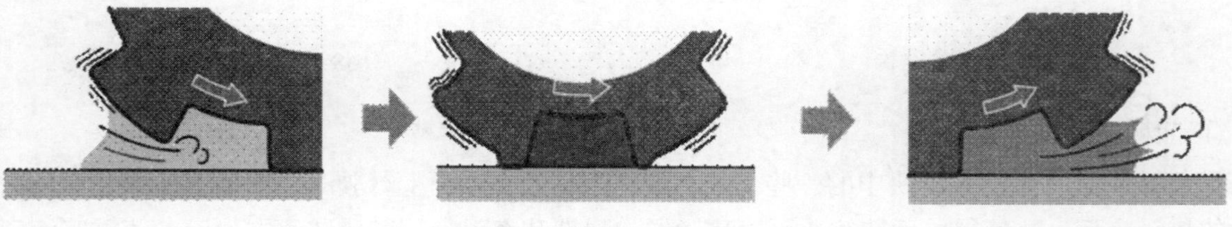

图8–17　胎面花纹噪音

如果胎面设计得更易于使空气截留在凹槽中，则花纹噪音就会增大。例如，块状或横向花纹胎面比纵向花纹胎面更可能产生噪音。噪音音高（频率）随汽车速度的增加而升高。由于花纹噪音取决于胎面花纹，可进行花纹设计，将噪音减至最小。例如，看似简单重复的横向和锯齿形花纹间隔中会对噪音有微妙的影响。

2）带束和胎体帘布层

帘布层是外胎的骨架，用以保持外胎的形状和尺寸，并使其具有足够的强度。帘布层和带束通常用橡胶复合物和多层的尼龙、聚脂、钢丝、或者其他材料制成，相邻的帘线交叉排列。胎冠区域比侧壁有更多的分层，帘布层数越多，轮胎的强度越大，但弹性下降。轮胎帘布层结构有斜交帘布层、带束斜交帘布层、子午线帘布层，如图8-18所示。

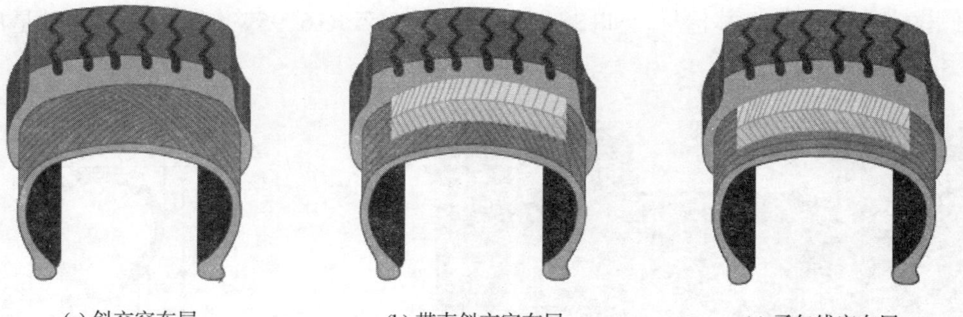

(a) 斜交帘布层　　(b) 带束斜交帘布层　　(c) 子午线帘布层

图8-18　轮胎帘布层结构类型

斜交帘布层：斜交帘布层轮胎上的纤维束互相之间成十字交叉形缠绕在胎体上。斜交帘布层结构的轮胎使用在比较老式的车辆上，如今的车辆上已经不太使用了。

带束斜交帘布层：带束斜交帘布层轮胎与斜交帘布层轮胎在结构上相同，再附加有多条沿轮胎圆周方向安置的带束。带束斜交帘布层轮胎使用在比较老式的重载货车上。

子午线帘布层：在20世纪80年代之后，开始使用子午线帘布层轮胎。它是如今车辆上最普遍使用的轮胎。子午线帘布层轮胎的纤维束是沿轮圈到轮圈的方向排列，再附加有多条沿轮胎圆周方向排列的带束，形似地球的子午线而得名。

3）内衬层

轮胎的内衬层是一层橡胶，用于防止空气的渗漏。现在大部分轮胎都采用无内胎设计，内衬层的作用与内胎相同。在如今生产的轮胎上，内衬层已占到了轮胎总重量的10%。

无内胎轮胎优点：

（1）不再出现与轮胎内胎有关的问题；

（2）轮胎被钉子或其他尖锐物体刺穿后，空气只会缓慢地漏出；

（3）可以将扎入轮胎的钉子或尖锐物体拔出而空气也不会迅速漏掉；

（4）轮胎内的空气直接与轮辋接触，散热效果更好。

无内胎轮胎缺点：

（1）胎圈处有空气压力密封层，如果此密封层损坏，空气就会漏出并且胎圈就会脱落；

（2）轮辋弯曲损坏或锈蚀后，空气就很容易漏出。由于气门嘴安装在轮辋内，因此，它有可能损坏并因此导致空气漏出。

4）胎圈

胎圈使外胎牢固地安装在轮辋上，有很大的刚度和强度，由钢丝圈、帘布层包边和胎圈包布组成。钢丝圈用于限制胎圈的膨胀，以确保对气体密封。

2．内胎

内胎是一个环形的橡胶管，上面装有气门嘴，以便充入和排出空气。为使内胎在充气状态下不产生褶皱，其尺寸应稍小于外胎的内壁尺寸。

3．垫带

垫带是个环行的橡胶带，它垫在内胎与轮辋之间，以保护内胎不被轮辋和胎圈磨伤。

8.2.4 轮胎标记

轮胎侧壁上有很多数据和信息，如图8-19所示的225/55 R16 95W，其中最主要的是尺寸数据，如图8-20所示。

图8-19 轮胎标记

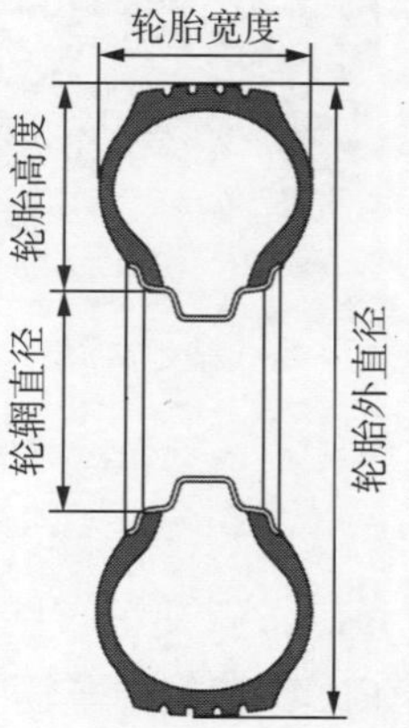

图8-20 轮胎尺寸标记

胎侧数据含义如下：

1．轮胎类型

有些进口轮胎在以上数据前还有一个表示轮胎类型的字母。P——乘用车用胎；LT——轻型货车用胎；T——临时备用胎。

2．轮胎宽度

前三位数字表示以mm计算的轮胎宽度。轮胎的整体宽度是从两个边缘处测量的。本例中，轮胎的宽度是225mm。

3．高宽比

高宽比（又称扁平比）是轮胎高度与其宽度之比的百分值。如本例中轮胎的高宽比就是55%，其宽是225 mm，据此可以计算出该轮胎的高为124 mm.

高宽比大的轮胎侧壁偏转时有很大的柔性，增加了乘坐的舒适性。高宽比小的轮胎能有较大的接触面积，增强了行驶性能和控制能力。制造厂商提供了各种尺寸的轮胎与车轮组合来达到乘坐舒适性能，或者良好的操纵性能。

4．结构

在高宽比数字后面的字母表示的是轮胎的结构。R——子午线轮胎，有时会看到ZR表示最高速度超过240 km/h；B——带束斜交帘布层轮胎；D——斜交帘布层轮胎。

5．车轮尺寸（轮辋直径）

车轮的尺寸或者轮辋的直径是从轮辋唇口测量到对边的轮辋唇口，以inch为单位。225/55 R16则表示的轮胎车轮尺寸为16inch。

6．载荷指数

轮胎标记225/55 R16　95W中的数字95是载荷指数。这个数字说明一个全充气的轮胎能够支撑的最大载荷量。也可以在轮胎侧壁的其他位置找到以磅力或公斤力为单位的最大载荷量的压印标值。

载荷指数为95的轮胎能够支撑690kg的最大载荷量，如图8-21所示。其他载荷指数对应的最大载荷量，如图8-21所示。

91= 最大载荷 615 kg
92= 最大载荷 630 kg
93= 最大载荷 650 kg
94= 最大载荷 670 kg
95= 最大载荷 690 kg
96= 最大载荷 710 kg
97= 最大载荷 730 kg
99= 最大载荷 775 kg
104= 最大载荷 900 kg
106= 最大载荷 950 kg

图8-21　载荷指数标记及其对应最大载荷量

7．速度额定值

速度等级只适用于轮胎充足气的条件下，充气未足的轮胎不能达到其速度等级额定值。速度代码是一个通常在P和Z之间的字母，速度代码限定轮胎的速度额定值。

225/55 R16　95W中的字母W是速度额定值代码，它表示了在正常状态下最大速度的标准值。W表示轮胎能够承受270km/h的最大额定速度。其他字母对应的速度额定值，如表8-1所示。

表8-1　速度标志与最高车速之间的关系

速度标志	最高车速/km/h	速度标志	车速/km/h
P	150	U	200
Q	160	H	210
R	170	V	240
S	180	W	270
T	190	Y	300
		ZR	超过240

8．其他典型的乘用车轮胎数据和标识

1）转动方向标识

高速轮胎只能向车辆前进的方向转动，必须要加以注意。轮胎胎侧上标有转动方向箭头，如图8-22所示。错误的安装将影响轮胎的性能。

图8-22　轮胎转动方向标识

2）安全轮胎

安全轮胎也称为漏气保护轮胎（RSC），可以使驾驶人在一个或多个轮胎损失气压的情况下，仍然能安全地操纵汽车。这种轮胎有较厚的帘布层侧壁，不像标准轮胎那样容易变形。这能让轮胎在气压下降或零气压时，能够以一定的速度行驶长达50km，其标识RSC如图8-23所示。

安全轮胎必须安装在带高胎缘唇口的特制车轮上，如果安装在其他类型的车轮上，如果轮胎气压偏低，安全轮胎可能无法正常工作。

3）最大胎压

轮胎的气压是以千帕（kPa）或磅力每平方英寸（psi）或千克每平方厘米（kg/cm^2）来表示。

"Max load and pressure"（最大载荷和胎压）是表示制造厂商规定该轮胎能够承受的最大载荷和最大充气压力。当对轮胎进行充气时，应该参照车辆标牌中的数据。此标牌通常在驾驶人侧的门框上、手套箱内侧或者用户手册中，如图8-24所示。

图8-23　安全轮胎RSC标识

图8-24　最大胎压标识

8.3　轮胎的磨损

轮胎磨损是轮胎在路面滑动时摩擦导致胎面和其他橡胶面的损失或损坏。它随充气压力、荷载、汽车速度、制动、路面状况、温度和其他因素而变化。轮胎的胎面提供在各种路面条件下的附着力和牵引力，帮助车辆避免空转打滑和滑移。

应该经常地检查胎面的磨损情况。可以使用安装在胎面内部的磨损指示器来进行检查。磨损指示器安装在胎面沟槽的底部，如图8-25所示。当胎面被磨损到了与指示器相同的高度时，在胎面就会出现一些窄条形的磨损指示条。当胎面被磨损到了1.6mm左右时，就应该更换轮胎了。

胎面的深度也可以用胎面深度计来测量。把胎面深度计放在胎面沟槽中，查看深度计刻度尺上的读数，如图8-25所示。

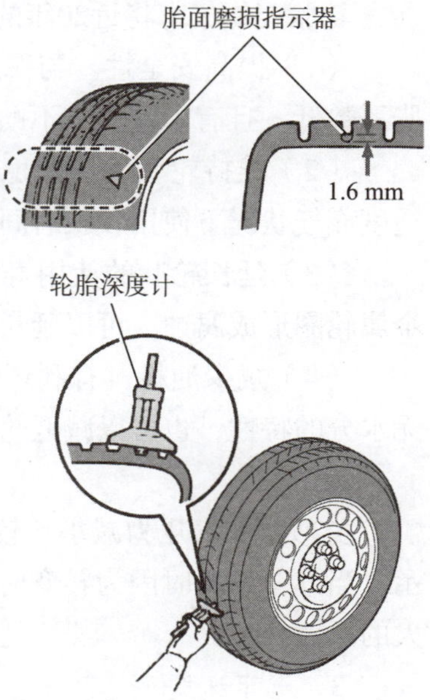

图8-25　胎面内部的磨损指示器

8.3.1　轮胎磨损的影响因素

1．轮胎充气压力

在正常的行驶状态下，合适的充气压力能优化轮胎的磨损量、乘坐的舒适性、操纵性能、百公里油耗量。

制造厂商规定的轮胎合适充气压力通常在标牌中有说明，标牌常位于驾驶人侧的门框上、手套箱内侧或后背箱盖板上，也可以在车主手册中找到。车辆外面的环境温度会影响轮胎内的空气压力。环境温度高就会增加胎内的压力；相反会减少胎内的压力。当使用冷态气压参数进行充气时，车辆应该处于静止的状态。许多车辆也给出了热态的气压参数，可以应用于车辆行驶之后以及暖胎状态。目测检查可以帮助确定轮胎的充气状态是否合适。

充气严重不足的轮胎的侧壁会出现向外的隆起，轮胎气压低时，会造成胎面外侧边缘处的磨损；增加轮胎的热量；过早的轮胎磨损；消耗更多的燃油。充气压力过高时，会使胎面不能与路面完全接触，造成胎面中间部分的磨损；降低乘坐的舒适性；引起接地点的扁平磨损；增加噪声和振动，如图8-26所示。

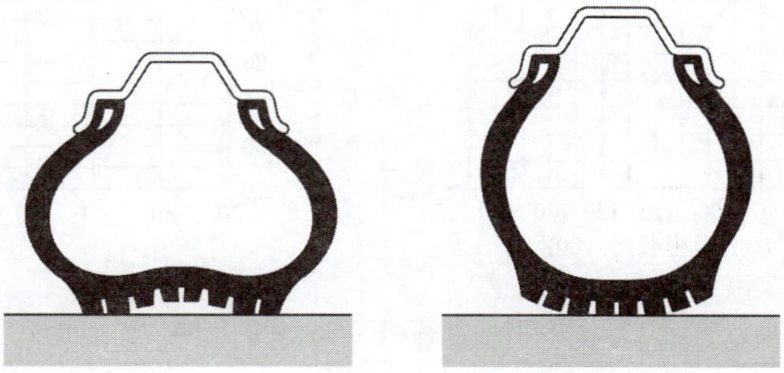

图8-26　充气压力的影响

充气压力越高意味着轮胎刚性越强。如果太强，轮胎就不能有效吸收路面振动从而导致较硬的行驶感觉。如果右边和左边轮胎的充气压力不同，轮胎滚动阻力就有差别，将导致汽车向左或向右驶偏。只凭目测很难判断一个子午线轮胎的充气状态是否合适，应使用轮胎气压计来测定子午线轮胎的充气状态。对于乘用车的平均轮胎气压是2.1～2.5 kg/cm^2，轻型货车轮胎的平均气压要高一些。测量轮胎的气压时，要确保气压计是直对着气门嘴，并适度压紧。查看读数，再与标牌上的规范数值进行比较。

轮胎充氮气有将近20年的历史，其优点如下：

（1）提高安全性。与一般的高压空气相比较，高纯度氮气因为几乎不含任何水分，故其受热膨胀系数低，且有不可燃、不助燃等特性，可以减少爆胎的机率。

（2）维持轮胎胎压的稳定。氮气渗透轮胎胎壁的速度比空气慢30%～40%，可以使轮胎保持在适度充气状况下使用较长时间。

（3）延长轮胎的使用寿命。氮气因不含氧和水，不会对轮胎内部橡胶造成氧化作用，也不会对金属轮圈形成腐蚀，可以延长轮胎的使用寿命。

（4）减少油耗，有利环保。氮气除了可以维持胎压的稳定，延缓胎压降低的速度外，其干燥且无水分的特性，也可以减低轮胎走行时温度的提高，减少滚动阻力，进而达到节省油耗的功能。

2．载荷

类似于充气压力减小，较大的载荷同样加速轮胎磨损。转弯时，轮胎也会更快磨损，如图8-27所示。当汽车重载时因为转弯时较大的离心力导致汽车产生较大的转弯力从而在轮胎和路面之间产生较大的摩擦。

3．汽车速度

转弯时的驱动力、制动力、离心力以及作用于轮胎的其他力与汽车速度的平方成比例增加。因此，提高汽车速度会大大地使这些力倍增，增加胎面和路面之间产生的摩擦，加速磨损（图8-27）。除了这些因素外，路况也对轮胎的磨损有重大的影响，轮胎在凹凸不平的路面要比平坦路面磨损得快。

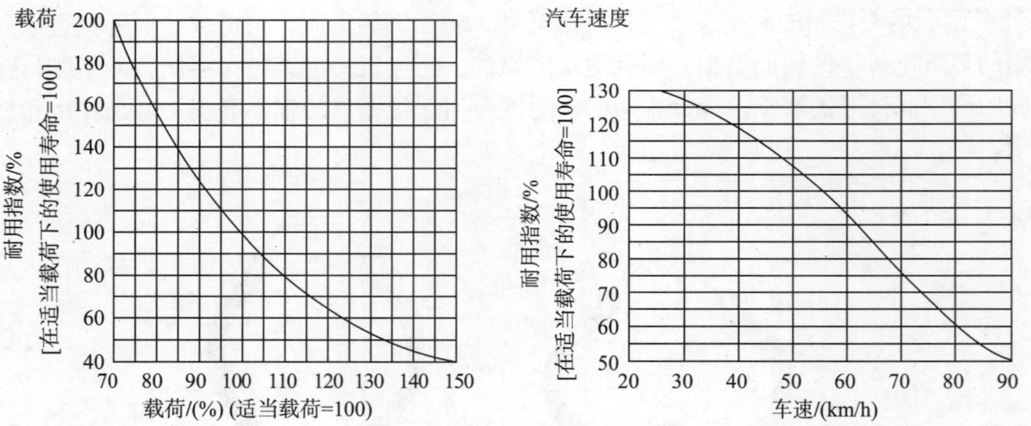

图8-27 载荷和汽车速度的影响

4．轮胎磨损和制动距离

在干爽的路面上，轮胎磨损不会显著影响制动距离。但在潮湿的路面上，制动距离明显较长。

当胎面花纹磨损到不能排掉胎面与路面之间的水时，将导致浮滑现象，制动性能变差，如图8-28所示。

如果车速太高，胎面没有足够的时间从路面上排开积水，车辆便会在积水路面上打滑。这是因为，当车速升高时，水的阻力也相应增大，迫使轮胎“浮”在水面上。这种现象称为浮滑现象或水滑现象。

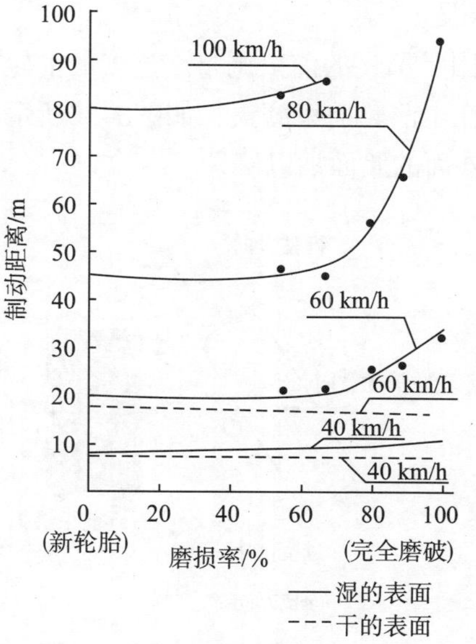

图8-28　轮胎磨损对制动距离的影响

8.3.2　轮胎磨损的形式

1．胎肩或轮胎中心的磨损

如果轮胎充气压力太低，胎肩要比轮胎中心磨损得更快。超载会产生同样的影响。如果充气压力太高，轮胎中心磨损要比胎肩更高。

2．内侧或外侧磨损

图8-29所示的磨损是由于超速转弯引起的。悬架部件的变形或间隙过大会影响前轮定位，导致轮胎异常磨损。如果轮胎面的一侧磨损比另一侧要快，主要原因多半是外倾不正确。

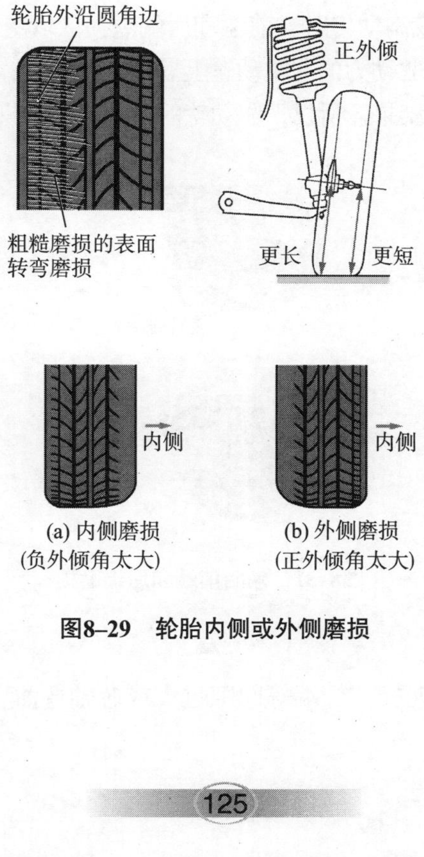

图8-29　轮胎内侧或外侧磨损

3．羽毛状磨损（前轮前束磨损）

胎面花纹薄边磨损的主要原因是不良的前束调整。过多的前轮前束迫使轮胎向外滑动并且在路面上向内摩擦胎面的接触面，从而产生前轮前束磨损，如图8-30所示。表面呈现独一无二的如羽毛的形状，可将手指横过从轮胎内面到外面的胎面加以鉴别。

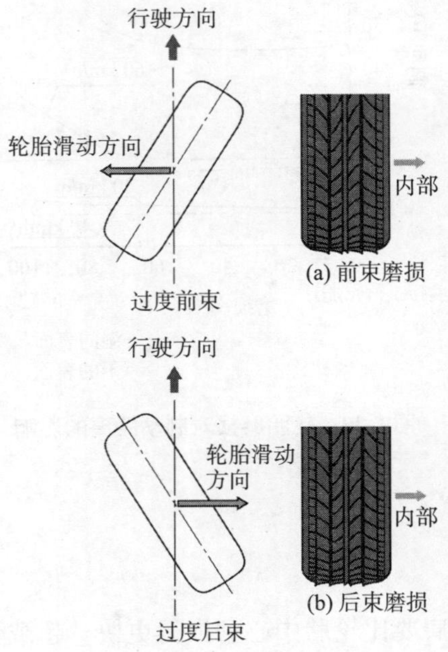

图8-30　前轮前束磨损

4．前端和后端磨损

前端和后端磨损是经常出现在横向块状胎面花纹轮胎上的斑状磨损，如图8- 31所示。附有纵向胎面花纹的轮胎磨损形成类似波状的花纹。

当轮胎转动并不承受驱动力或制动力时，前端和后端磨损区域更易于发生。因此，车轮前端和轮胎胎唇后部磨损最经常发生在不承受驱动力的非驱动轮上。在驱动轮上，驱动力导致轮胎与前端和后端的相反方向磨损。制动力也产生类似的结果。所以，驱动轮的轮胎上通常只有前端和后端稍许磨损。

图8-31　轮胎前端和后端磨损

5．斑状磨损（环状槽形磨损）

如果车轮轴承、球头节、转向横拉杆端等间隙过大或芯轴弯曲，轮胎将会在其高速运转的特有部位摇摆，施加引起滑动的强摩擦，二者均导致斑状磨损。变形或不规则磨损的制动鼓，在规则间隔时间实施刹车会导致圆周方向相对宽的面积范围内发生斑状磨损，如图8-32所示。

图8-32 轮胎的斑状磨损

突然起动、制动和转弯也可能导致斑状磨损。过度不平衡的车轮组件也会导致斑状磨损。

8.4 轮胎的维护

8.4.1 轮胎/车轮总成的换位

正常的驾驶状态下，根据行驶的里程数对各个轮胎进行换位（图8-33）就能够实现更均匀的磨损，使轮胎的寿命延长。一般按照车主手册上规定的行驶里程数间隔来进行轮胎换位，或者当目测检查出过度的或者不均匀的胎面磨损之后进行换位。通常，每行驶8 000 ~13 000 km之后进行一次轮胎换位。

对过度磨损或者不均匀磨损的轮胎进行换位，并不能消除产生这种状态的根由，只是把轮胎的不正常磨损量分散了。轮胎换位有平行换位和交叉换位两种。

1. 根据胎面不同纹式进行轮胎的换位

轮胎/车轮总成的换位是根据胎面的不同纹式来安排的。

单方向的轮胎可以前、后轮交换，但不能进行一侧对另外一侧的换位，如图8-34（b）所示。不对称的轮胎可以进行一侧到另外一侧的换位以及前到后的换位，如图8-34（a）所示。

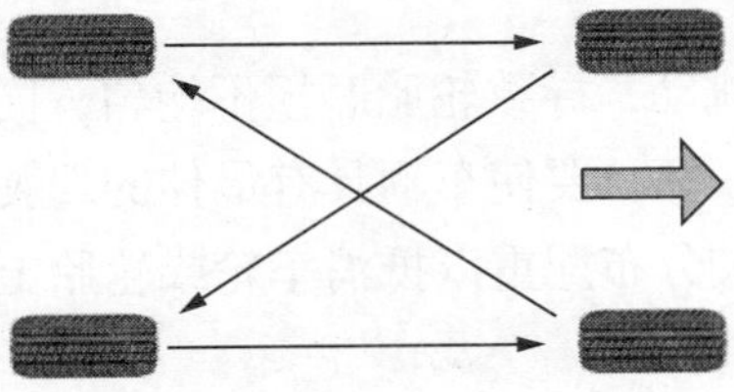

图8-33 轮胎的换位

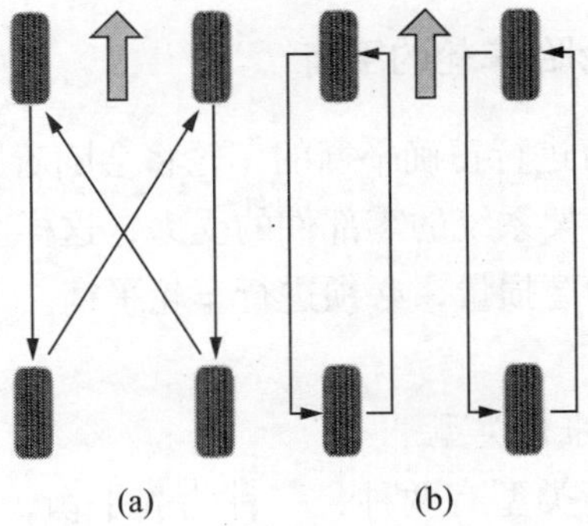

图8-34 不同纹式轮胎的换位

2．根据车轮的类型进行轮胎的换位

当前、后车轮的直径或者是偏置量不同时，不要把车轮从前换到后。单方向的轮胎只有在车轮的直径和偏置量互相匹配时，才能前、后轮换位。不能把这种类型的车轮从一侧换位到另外一侧。某些车轮设计成在制动时起冷却作用，必须只在同一侧进行换位，如图8-35所示。

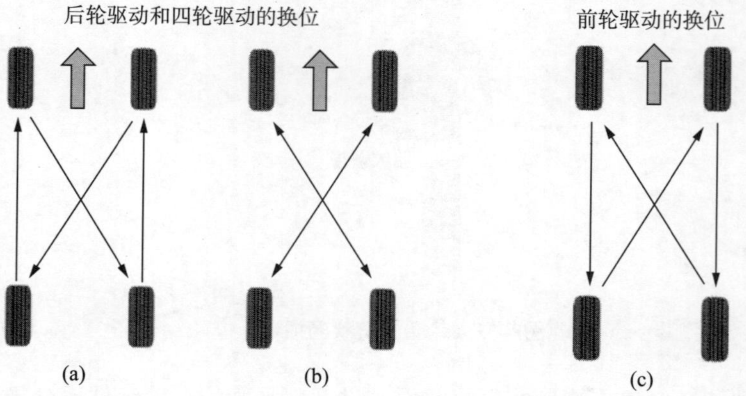

图8-35　不同车轮类型的轮胎换位

3．有全尺寸备胎时轮胎的换位

如果车辆配有全尺寸的备胎，这个备胎可以包括在换位中。按照不同驱动类型车辆的换位图式（前轮、后轮或者四轮驱动），把备胎安放在右后轮的位置处。将应该换到右后轮处的轮胎换下作备胎，如图8-36所示。

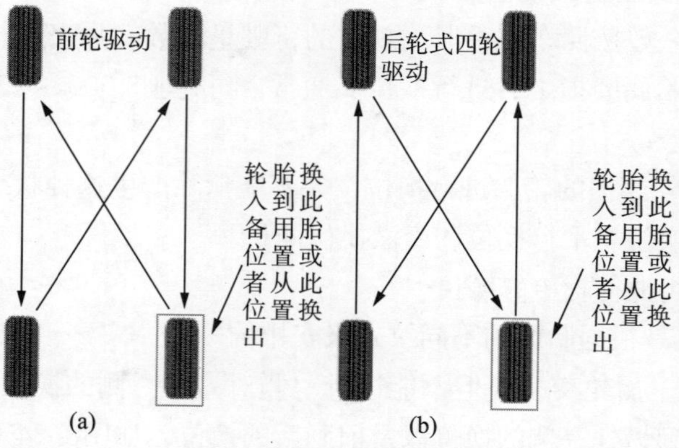

图8-36　有全尺寸备胎时轮胎的换位

8.4.2　轮胎/车轮的平衡

没有进行正确平衡的车轮将会随着路面的变化而振颤或跳动，导致轮胎磨损不均匀，同时会加大转向和悬架系统的零部件的受力，这样会导致零部件过早的损坏。要使车辆具有最佳的驾驶性能和最低的轮胎磨损量，必须进行车轮平衡。平衡车轮时，沿着轮辋分布配重以抵消车轮或轮胎上重量集中的点。

1．平衡类型

平衡类型有两种，一种为静平衡，另一种为动平衡。静不平衡的车轮，其重心与旋转中心不重合，但在同一旋转平面，在旋转时产生的离心力，会引起车轮上下跳动和前后窜动（图8-37）；动不平衡的车轮，其重心不但与旋转中心不重合，且不在同一旋转平面上。其旋转时产生的离心力，将会引起车轮的跳动和摆振，如图8-38所示。

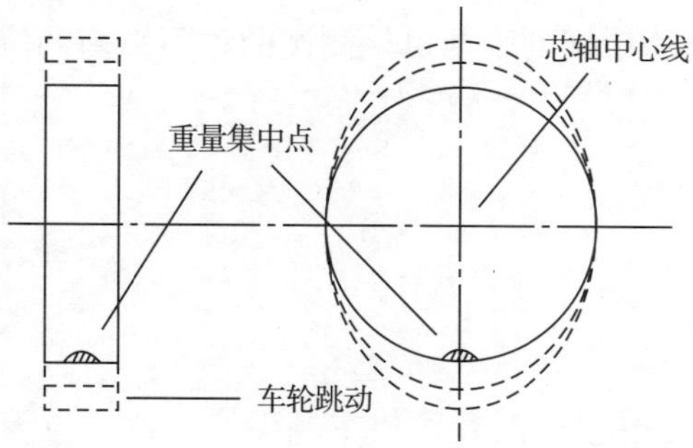

图8-37　车轮静平衡的影响

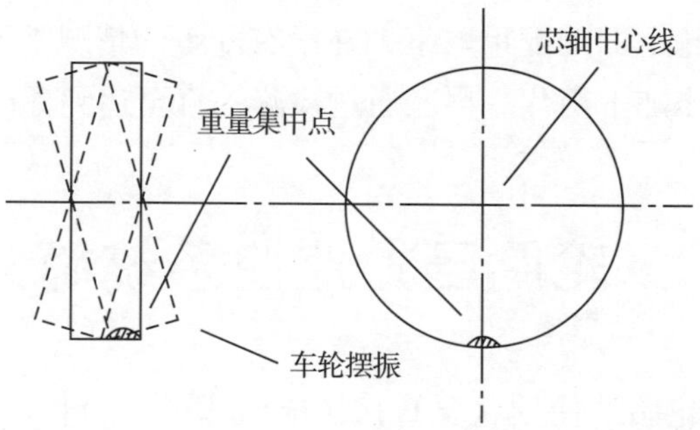

图8-38　车轮动平衡的影响

2．平衡方法

利用动平衡机的低速或高速运行，可校正静不平衡和动不平衡（依设备选项而定）。多数旋转的平衡机允许选择在两个不同的面上进行平衡，如图8-39所示。

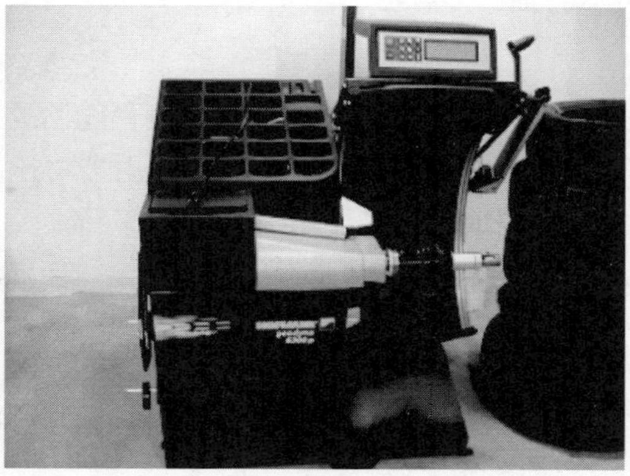

图8-39　车轮动平衡机

使用双面进行动平衡是一种最精确的平衡方法，因为它既能校正车轮跳动也能校正车轮摆振。

有几种不同类型的车轮配重，如图8-40所示。最常用的一种是铅制配重，在这种配重的顶端有一个窄的定位夹。由于定位夹的存在，配重在车轮配重锤的作用下，轻敲即可固定在车轮轮辋上，这种配重用在钢制轮辋上。另一种类型的配重外形尺寸厚一些、短一些，顶部的定位夹较宽，它也是铅制的，这种类型的配重用在铝车轮上，该配重有一层特氟隆（Teflon®）保护层，用来防止在配重和铝车轮之间出现腐蚀。现在也有采用粘接的方式固定的配重块，具体参见设备使用说明书。

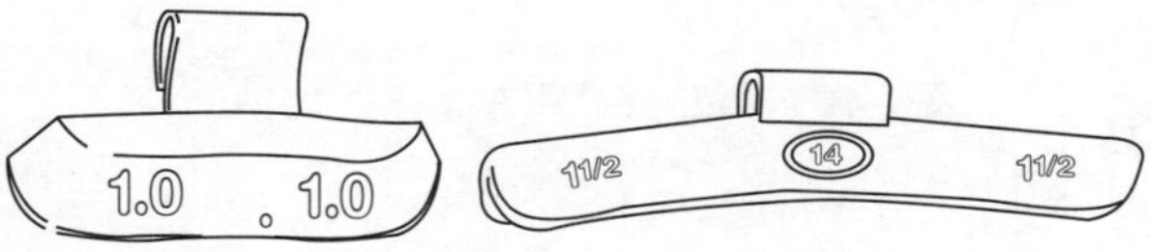

图8-40　车轮配重

3．平衡步骤

如果汽车存在振动问题，而且怀疑问题出现在一个或多个车轮上，则应对车轮和轮胎总成进行平衡检查。检查轮胎气压，除去可能卡在轮胎外胎面上的石头或其他碎屑。对车轮执行车轮平衡程序，将车轮上旧的配重取下，在没有配重的情况下开始平衡。根据动平衡机检测出的动不平衡的位置和数量，添加平衡片。再次通过检测，直至达到标准要求。

8.5 轮胎压力监控系统简介

轮胎的使用状况直接影响汽车的安全性，轻者导致爆胎，重者导致车辆失控，造成重大交通事故。因此，轮胎压力监控预警系统显得非常重要。

在汽车行驶时，轮胎压力监控系统（Tire Pressure Monitor System，简称TPMS）是对轮胎内空气压力和温度实时地进行自动监控的安全装置，当轮胎内气压过低或过高、漏气、温度过高、蓄电池电压过低、传感器有故障时，系统都会立刻发出报警，提醒驾驶人及时对轮胎进行检查和处理，以保障行车安全。保持标准的轮胎气压行驶和及时发现轮胎漏气是防爆胎的关键，汽车轮胎压力监控系统（TPMS）毫无疑问将是理想的工具。

TPMS的基本形式主要有以下两种：

1．直接式TPMS

这种系统利用安装在每一个轮胎里的压力传感器来直接测量轮胎的气压，传感器是安装在轮胎内部的轮辋上。当监测到气压低于正常的数值时，利用无线电发射器将压力信息从轮胎内部发送到射频接收器系统，仪表会显示轮胎气压数据或者直接使用报警指示灯。

汽车典型的直接式TPMS由传感器、控制单元、无线电发射器、射频接收器和锂电池等部分组成，如Audi A6乘用车轮胎压力监控系统（图8-41）。

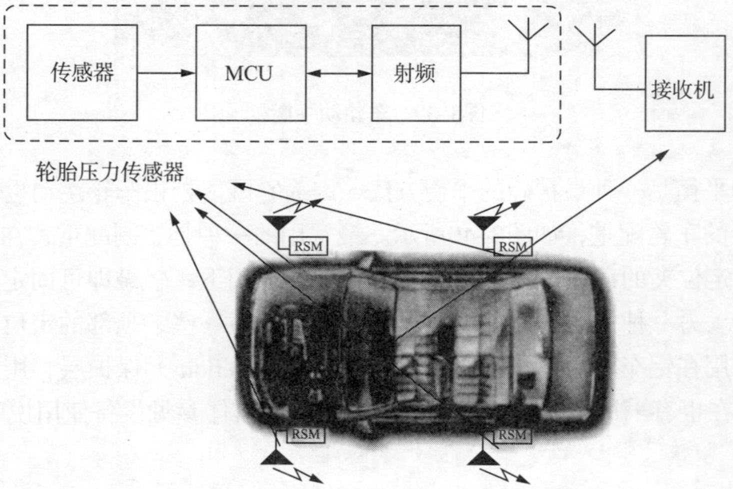

图8-41　Audi A6乘用车直接式TPMS

2．间接式TPMS

这种系统是通过汽车本身的ABS系统转速传感器来比较轮胎之间的转速差别，以达到检测胎压的目的。当轮胎压力降低时会使轮胎直径变小，在同等车速下这个轮胎会与其他正常轮胎转速不一样，这种变化即可触发系统报警。由于直接式TPMS从功能和性能上均优于间接式TPMS，因而，目前一般汽车所配置的TPMS大多采用直接式。

以上海通用君威车为例。当一个轮胎气压改变时，轮胎充气监视器TIM系统就会警告驾驶人。汽车行驶时，一旦系统检测到气压太低，且点火开关处于ON接通位置时，系统就会提醒驾驶人出现了气压太低的情况。如果某一个轮胎气压比其他三个轮胎至少高或低82kPa，则在仪表板上显示“LOW TIRE 轮胎气压太低”的信息，如果不止一个轮胎气压太低或太高或系统没有正确标定，则不会出现这一信息。为了清除这一信息，调整全部四个轮胎气压到合适的压力，并且执行系统重新设定程序。

轮胎气压监视器软件要求汽车直线行驶大约1.5 h来完成轮胎充气监视器TIM的自适应学习。为了有足够的能力检测到轮胎气压太低的情况，电子制动控制模块EBCM必须知道几种车速范围内轮胎的充气配置，车速检测范围一般为：24 ~ 64 km/h，64 ~ 113 km/h，113 ~ 145 km/h。电子制动控制模块EBCM对每一车速范围独立地学习轮胎充气配置。

本章小结

（1）车轮功用是安装轮胎，承受轮胎与车桥之间的各种作用力和力矩。

（2）车轮由轮毂、轮辋以及轮辐所组成。

（3）按轮辐的结构不同，车轮分为辐板式和辐条式两种形式。

（4）轮辋是安装轮胎的基础。按其结构不同，轮辋的常见结构形式有：深槽轮辋、平底轮辋和对开式轮辋。

（5）轮胎的作用是缓冲、减振；提高良好的附着性、牵引性、制动性和通过性；支承汽车的质量、承受路面的作用力。

（6）轮胎的类型：可分为充气轮胎和实心轮胎；充气轮胎可分为高压胎、低压胎和超低压胎；充气轮胎又可分为有内胎轮胎和无内胎轮胎；充气轮胎还可分为普通斜交轮胎(交替斜纹帘布层轮胎)和子午线轮胎。

（7）轮胎相邻层帘线交叉，且与胎面中心线呈小于90°为普通斜交轮胎；轮胎帘线与胎面中心线的夹角接近90°的轮胎称为子午线轮胎。

（8）充气轮胎的尺寸规格可用外胎直径D、轮辋直径D、断面宽B和断面高H的名义尺寸代号表示。

（9）轮胎维护操作要点：充气、轮胎换位、轮胎的拆装、检查胎面花纹深度、检查轮胎花纹的异常磨损。

（10）轮胎换位方法常用的有平行换位和交叉换位方法。

复习思考题

1. 判断题

（1）车轮可分为两种主要形式：辐板式和辐条式。 （ ）

（2）我国轮胎规格的表示方法都采用公制形式。 （ ）

（3）轮胎规格的表示方法中：“×”表示低压胎和超低压胎；“—”表示高压胎。 （ ）

（4）轮胎规格9.00—20ZG表示钢丝子午线高压轮胎。 （ ）

（5）平底轮辋常用于装载质量大的货运汽车上。 （ ）

2. 选择题

（1）上海桑塔纳乘用车采用的轮辋是（ ）。

A．平底 B．深槽 C．浅槽 D．对开式

（2）轮辋是用以安装（ ）。

A．轮辐 B．轮毂 C．轮胎 D．辐条

（3）乘用车的超低压轮胎用D×B来表示，其单位是（ ）。

A．毫米 B．厘米 C．英寸 D．英尺

（4）当胎面被磨损到了与胎面沟槽中的磨损指示器相同的高度时，胎面的高度应该是（ ）。

A．1.6 mm B．2.4 mm C．0.8 mm D．3.2 mm

（5）轮胎的侧壁上标有P245/75 R16 109S，根据这个数据信息表明轮辋的直径是（ ）。

A．109 mm B．16 inch C．75 mm D．245 mm

3. 问答题

（1）车轮的主要功用有哪些？简述其结构组成。

（2）轮胎主要由哪些部分组成？简述其结构形式的特点。

（3）简述轮胎的标记。

（4）轮胎为什么要换位？如何换位？

（5）简述轮胎磨损形式及其成因。

9 悬架系统

学习目标

知识目标

（1）叙述悬架系统的功用和组成；
（2）正确描述悬架主要机件的结构和原理；
（3）正确描述悬架类型及其特点；
（4）叙述电控悬架系统的功用和基本控制原理。

能力目标

（1）能对悬架系统主要零部件进行检修；
（2）能分析悬架系统常见故障的原因。

9.1 概述

9.1.1 悬架的功能及组成

悬架是车辆上的一个重要的系统，是车架（或承载式车身）和车桥（或车轮）之间的传力连接装置的总称，对车辆的行驶安全至关重要（图9–1）。车辆的操纵性能，如转弯、停车、方向的稳定性、轮胎与地面的控制，都取决于悬架系统是否能正常工作。

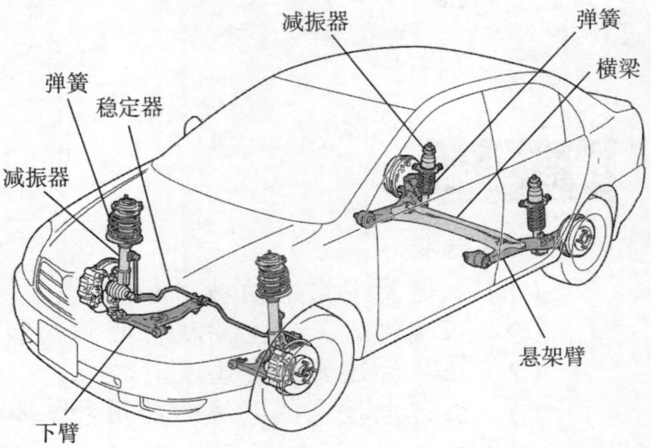

图9–1 汽车悬架系统

1. 悬架的功能

不同的悬架系统在结构上不尽相同，但是它们都具有相同的基本功能：①支承车身，并使车身和车轮之间保持适当的几何关系；②车辆行驶时，悬架与轮胎一起吸收和缓冲因路面不平所造成的各种振动、摇摆和冲击，从而保护乘客和货物的安全，并改善驾驶的稳定性；③将路面和车轮之间摩擦所产生的驱动力和制动力传递至底盘和车身。

2. 悬架的组成

现代汽车的悬架系统虽然有不同的结构形式，但一般都是由弹性元件、减振器和导向机构三部分组成，如图9–2所示。它们不但分别起着缓冲、减振和导向的作用，还共同起着传递力的作用。

1）弹性元件

弹性元件起缓冲作用。常见的弹性元件有钢板弹簧、螺旋弹簧、扭杆弹簧、空气弹簧和油气弹簧等，用来缓冲来自路面的冲击和振动。由于汽车行驶的路面不可能绝对平坦，路面作用于车轮上的垂直反力往往是冲击性的，特别是在坏路面上高速行驶时这种冲击力将非常明显。冲击力传到车身时，不但会引起汽车机件的早期损坏，同时，当传给乘员和货物时，还会使乘员感到极不舒适，或使货物受到损伤。所以为了缓和冲击，汽车上除了采用弹性的充气轮胎之外，悬架系统还装有弹性元件，使车架（或车身）和车桥（或车轮）之间形成弹性连接。

2）减振器

减振器起减振作用。由于弹性元件在受到冲击后会产生振动，而持续的振动易使乘员感到不舒适和疲劳，故悬架系统中设有减振器，用以限制弹簧的自由振荡，使振动迅速衰减，振幅迅速减小，以

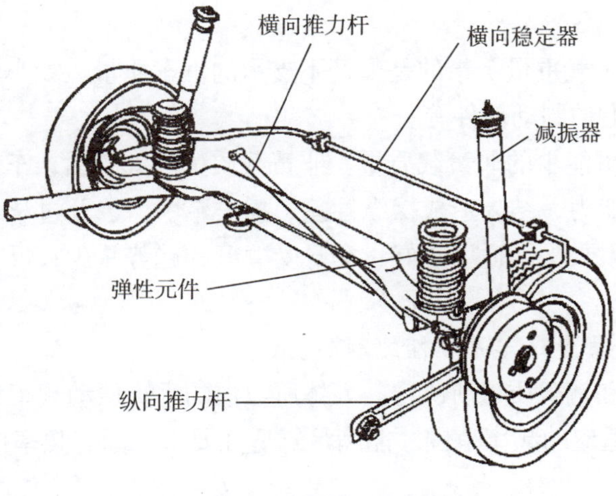

图9-2 汽车悬架系统组成示意图

提高乘坐舒适性。

3）导向机构

导向机构起导向作用，使悬架系统各部件定位。车轮相对于车架和车身跳动时，车轮（特别是转向轮）的运动轨迹应符合一定的要求，否则会影响汽车的驾驶性能（特别是操纵稳定性）。悬架系统中的导向机构不但要传递力矩，还要保证车轮按照一定轨迹相对于车架和车身跳动，所以导向机构控制车轮的横向和纵向运动，如图9-2中的横向推力杆和纵向推力杆。

在多数乘用车和客车上的悬架中系统中，为了防止车身在转向等情况下发生过大的横向倾斜，还设有横向稳定杆（也叫横向稳定器）。

悬架系统只要求具备上述各个功能，在结构上并非一定要设置这些单独的装置，例如，常见的钢板弹簧，除了作为弹性元件起缓冲作用外，当它在汽车上纵向安置，并且一端与车架做固定铰链连接时，就可担负起决定车轮运动轨迹的任务，因而就没有必要再设置其他导向机构。

9.1.2 汽车性能对悬架的要求

1．影响汽车平顺性的悬架指标——簧载质量

在研究悬架系统时，有一个重要的概念是需要了解车辆上的质量分配，即簧载质量和非簧载质量之间的比例，如图9-3所示。也有的称为簧上质量与簧下质量之间的比例。

图9-3 簧载质量和非簧载质量

由弹簧支撑的车身质量统称为簧载质量（或称簧载重量），如车身、负载或货物、燃油箱、发动

机和变速器等。

非簧载质量（或称非簧载重量）指的是弹簧不支承的汽车质量。如车轮和轮胎、车轮轴和轮毂、车桥和转向节、装在车轮上的制动部件等。

悬架系统应设计为尽可能少的非簧载质量。非簧载质量较大的话，车辆就会反制簧载质量，从而减慢了轮胎对路面的反应能力，结果造成操纵性差、损失牵引力以及过早地产生零部件损耗。一般而言，汽车的簧载质量越大，乘坐舒适度越好，车身受颠簸的趋势减少；反之，如果非簧载质量大，车身容易受颠簸。

2．汽车的固有频率是衡量汽车平顺性的重要参数

固有频率由悬架刚度和簧载质量所决定。人体所习惯的垂直振动频率为1～1.6Hz。车身振动的固有频率应接近或处于人体适应的频率范围才能满足舒适性要求。固有频率按下式计算：

$$n=\frac{1}{2\pi}\sqrt{\frac{C}{M}}=\frac{1}{2\pi}\sqrt{\frac{g}{f}}$$

式中　g——重力加速度；

f——悬架垂直变形（挠度）；

M——悬架簧载质量；

C（$=Mg/f$）——悬架刚度，指悬架产生单位垂直压缩变形所需加于悬架上的垂直载荷。

从固有频率公式可以看出，在悬架垂直载荷一定时，悬架刚度越小，固有频率就越低。

但悬架刚度越小，载荷一定时，悬架垂直变形就越大。若没有足够大的限位行程，就会使撞击限位块的概率增加。若固有频率选取过低，很可能会出现制动点头角，转弯侧滑，空载和满载车身高度变化过大。一般货车固有频率是1.5～2Hz，旅行客车为1.2～1.8Hz，高级乘用车为1～1.3Hz。另外，当悬架刚度一定时，簧载质量越大，悬架垂直变形也愈大，而固有频率越低。空车时的固有频率要比满载时的高。簧载质量变化范围大，固有频率变化范围也大。为了使空载和满载固有频率保持一定或很小的变化，需要把悬架刚度做成可变或可调的。

3．影响汽车平顺性的重要指标——阻尼比Ψ

阻尼比Ψ的表达式为

$$\Psi=\frac{k}{2\sqrt{CM}}$$

式中　k——悬架阻尼元件的阻力系数。

Ψ值取大，能使振动迅速衰减，但会把路面较大的冲击传递到车身，Ψ值取小，振动衰减慢，受冲击后振动持续时间长，使乘客感到不舒服。为充分发挥弹簧在压缩行程中的作用，常把压缩行程的阻尼比Ψ设计得比伸张小。

4．悬架的侧倾角刚度及前后匹配是影响汽车操纵稳定性的重要参数

当汽车受侧向力作用发生车身侧倾时，若侧倾角过大，乘客会感到不安全、不舒适，如侧倾角过小，车身受到横向冲击较大，乘客也会感到不适，驾驶人路感不好。所以，整车侧倾角刚度应满足：当车身受到0.4 g侧向加速度时，其侧倾角在2.5°～4°范围内，汽车不足转向特性，前悬架侧倾角刚度应大于后悬架侧倾角刚度。一般前悬架侧倾角刚度与后悬架侧倾角刚度比应在1.4～2.6范围内，如前、后悬架本身不能满足上述要求，可在前、后悬架中加装横向稳定杆，以提高汽车操纵的稳定性。

9.2 悬架系统主要零部件

前悬架对于车辆行驶的平顺性和稳定性起很大的作用。悬架系统也能对车辆的定位提供精确的调节，在很大程度上影响了车辆行驶的直线性能。

后悬架是用于保持车辆的稳定和直线行驶。它也在很大程度上影响了车辆行驶的平顺性，车辆上放有重载时能支承起车身。现在大多数正在使用的悬架系统的主要零部件，如图9–4所示。

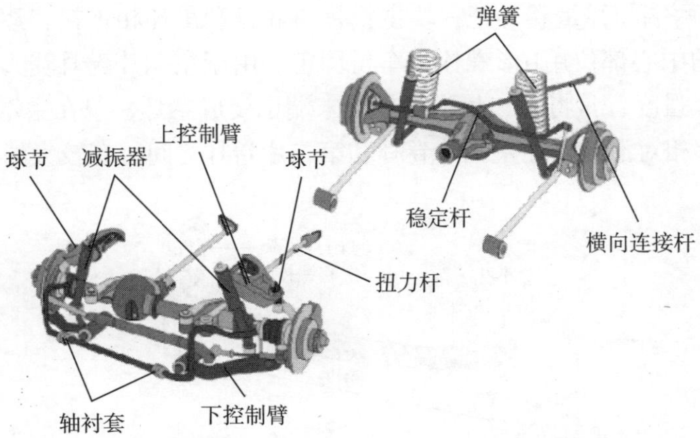

(a) 前悬架　　(b) 后悬架

图9–4　悬架系统的主要零部件

9.2.1　弹性元件（弹簧）

几乎所有的悬架系统都使用弹簧作为一个基本的部件。

1．弹性元件的功用

支承车辆的重量、保持乘坐高度、吸收冲击。

2．弹性元件的类型

车辆的设计和有效空间确定了悬架系统中弹簧的位置。

按材质不同可以将汽车使用的弹簧分为金属弹簧和非金属弹簧，如图9–5所示。

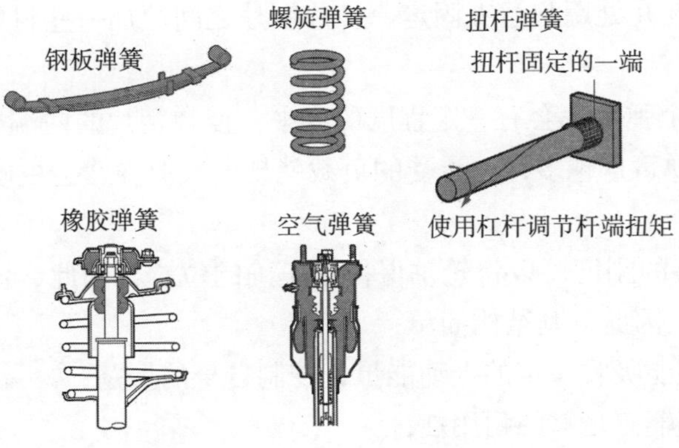

图9–5　弹性元件的类型

金属弹簧主要有钢板弹簧、螺旋弹簧、扭杆弹簧等。

非金属弹簧主要有橡胶弹簧、气体弹簧（分空气弹簧和油气弹簧）等。

其中，载货汽车广泛采用钢板弹簧；重型载荷汽车广泛采用油气弹簧；大多数乘用车则采用螺旋弹簧和扭杆弹簧。

1）钢板弹簧

钢板弹簧把车桥连接到底盘上，多用在轻型货车、运动型多功能车（SUV）、厢式客货车（VAN）和一些客车上。它们具有很好的承载能力。

钢板弹簧是由若干片长度不同、宽度相等、厚度可以相等也可以不相等的弹簧钢板叠成。

多片钢板弹簧是用多块弹簧钢片叠合在一起，形成一个弓形结构，最长的一片称为主钢片，如图9-6所示。它通常是靠两端的弹簧卷耳把一块主钢片与底盘和吊环相连接，逐个缩短的多块钢片支撑着主钢片。钢板弹簧的中心部位用U形螺栓与车桥固定。由于主钢片卷耳受力较大，是薄弱处，所以为了增加主钢片的卷耳强度，常将第二片弹簧板的末端也变成卷耳，包在主钢片卷耳的外面。为了使各个弹簧板变形时能够相对滑动，在主钢片卷耳和第二片卷耳之间留有较大的间隙。

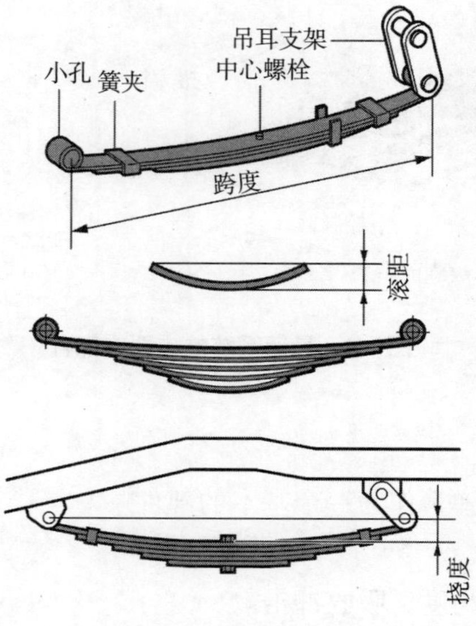

图9-6　多片钢板弹簧的结构

每个弹簧片的弯度称为滚距。因为弹簧片的弯度越大，弹簧片越短，所以每个弹簧片的弯曲形状在层叠中下面的比上面的大。这个层叠的弹簧片用中心螺栓或铆钉紧固在一起，可防止弹簧片滑动到不适合的位置。这些钢片在几处用弹簧夹固定，各片钢片之间填加一些材料（如石墨润滑脂）来减少摩擦和噪音。

中心螺栓拧紧时，各个弹簧片会有一定程度的变平，使弹簧片的两端相互压得很紧。弹簧片的总的曲率被称谓“挠度”。弹簧片越多，可承受的负载就越大，但弹簧会更硬，影响乘坐舒适性。

钢板弹簧特性：

（1）弹簧本身有足够的刚度可以将轮轴保持在正确的位置，因此，没有必要使用导向装置（横向推力杆和纵向推力杆），因此，其结构简单；

（2）弹簧片间的摩擦能吸收一定的振动能量，控制自身的振荡；

（3）对重载用途的车辆有足够的耐用性；

（4）由于弹簧片间的摩擦，吸收来自路面的微小振动比较困难，因此，钢板弹簧一般用于大型商用车辆以及载重量大和耐用性要求高的车辆。

当重量加在车辆上时，弹簧被压缩。在弹簧被压缩的行程中，通过吊环的连接使弓形钢板展平，如图9–7所示。因为钢板具有一种内在的能力去阻止被展平，由此支撑车辆的重量。

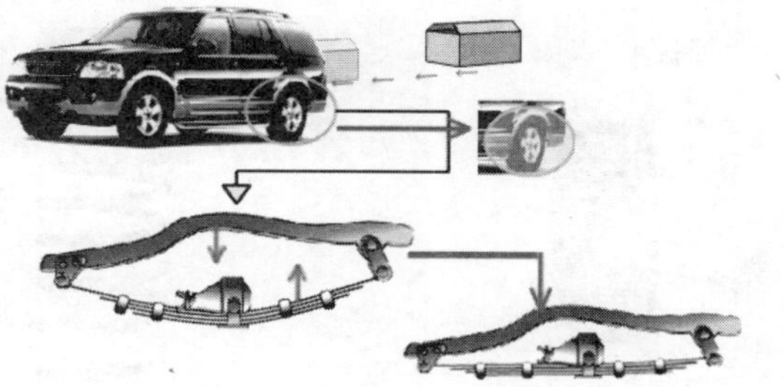

图9–7 钢板弹簧的受力状态

有些钢板弹簧提供两级阻尼，比较轻型的第一级弹簧提供舒适的乘坐感，而较硬的第二级弹簧则可增加质量携带能力，如图9–8所示。钢板弹簧是很坚固的，能够控制车身的摇摆和阻止侧向运动。

在卡车和很多承受大负载的车辆中，使用副弹簧，如图9–9所示。副弹簧安装在主弹簧上面。负载轻时，仅主弹簧起作用。但当负载超过某一极限值时，主弹簧和副弹簧均起作用。

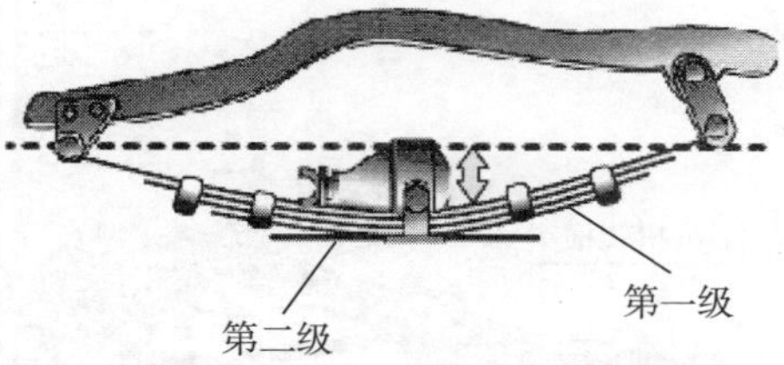

图9–8 两级阻尼的钢板弹簧

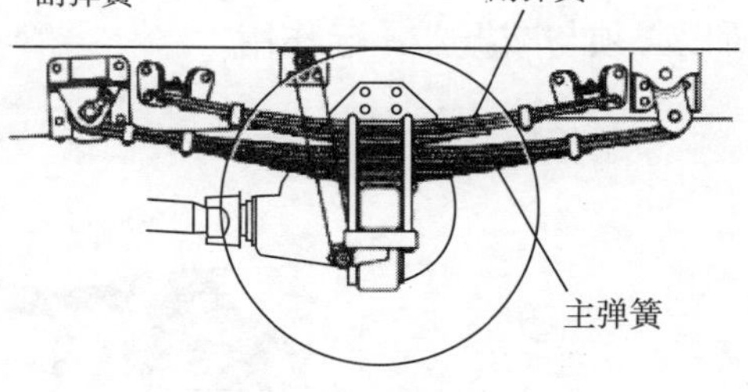

图9–9 副钢板弹簧

少片钢板弹簧由2～3片变截面的弹簧钢板构成，钢板宽度保持不变，但它的横截面尺寸沿长度方向是变化的。这种弹簧克服了多片钢板弹簧质量大、性能差的缺点。据统计，多片钢板弹簧和少片钢板弹簧寿命相等的情况下，少片钢板弹簧的质量可减轻40%～50%，因此，少片钢板弹簧对减轻汽车重量、节约能源和原料都大为有利。

2）螺旋弹簧

螺旋弹簧是前后悬架中最常用的弹簧，用特制弹簧钢杆绕成螺旋状（图9–10），当重量加在车辆上时，螺旋弹簧被压缩。由于螺旋圈有一种阻止压缩的能力，它们试图返回其未压缩状态来释放出被压缩时的能量。

螺旋弹簧一般安装在车架和控制臂（或车桥）之间，容许控制臂和车轮上下运动，如图9–10所示。螺旋弹簧有固定刚度和可变刚度两种，如图9–11所示。

螺旋弹簧的特性：

（1）单位重量能量吸收率比钢板弹簧高、质量小；

（2）不需要润滑，也不忌泥污；

（3）螺旋弹簧变形时没有钢板弹簧那样的片间摩擦，所以螺旋弹簧本身不能吸收振动能量，在悬架中必须与减振器一起使用；

（4）螺旋弹簧只能承受垂直载荷，因此，螺旋弹簧悬架系统中必须安装导向机构，用于承受并传递除垂直载荷以外的各种力和力矩。

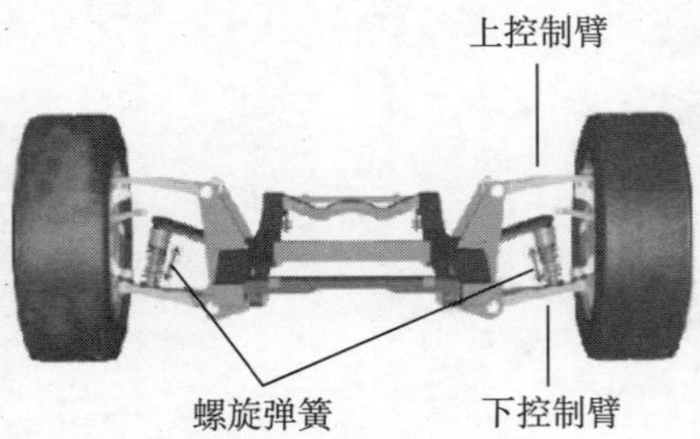

图9–10　螺旋弹簧

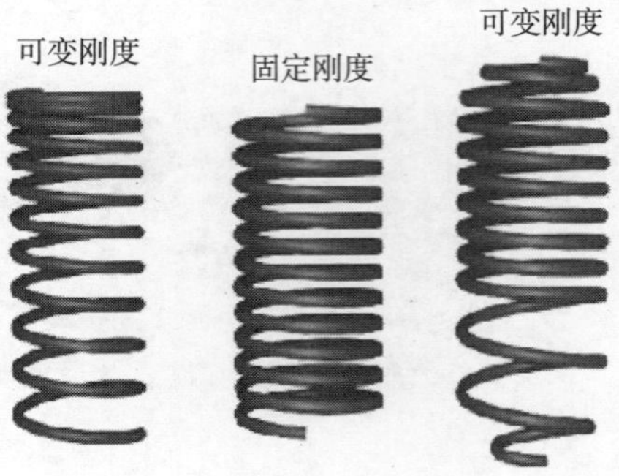

图9–11　固定刚度和可变刚度螺旋弹簧

3）扭杆弹簧

扭杆弹簧（也称扭力杆）是一根弹簧钢的轴（图9–12），利用其扭转弹性阻止扭转，它通常被连接到车辆的底盘和下控制臂上。一端固定在车架上或车身的其他构件上，另一端固定在经受扭转负载的部件上，如图9–13所示。扭杆弹簧也用于构成稳定杆。它们的质量小、简洁并且能提供比等量应力状态下螺旋弹簧更大的阻尼量，也能用于调节乘坐高度。与螺旋弹簧一样，扭杆弹簧不吸收振动能量，所以必须与减振器一起作用。

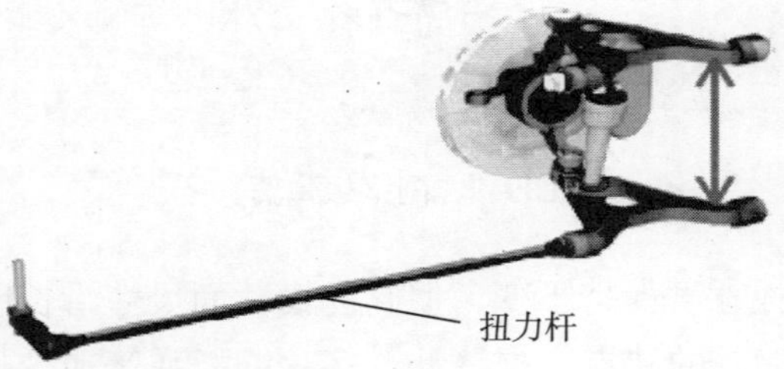

图9–12　扭杆弹簧（也称扭力杆）

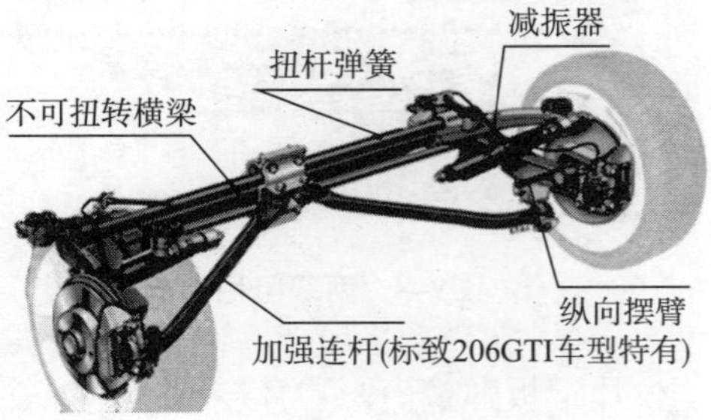

图9–13　标致206后悬架采用的扭杆弹簧

在制造过程中，对扭杆弹簧要施加预应力以保证其疲劳强度，所以扭杆弹簧是有方向性的。左右扭杆弹簧预加扭转的方向与扭杆弹簧安装在车上后承受载荷时扭转的方向相同，不能互换，所以左右扭杆弹簧上都刻有不同的标识，以示区别。

采用扭杆弹簧做弹性元件的悬架要设导向装置和减振器。扭杆弹簧比螺旋弹簧和钢板弹簧能储存更多的能量，此外，它还有质量轻、不需润滑、保养维修简便、刚度可变且车身高度调节方便、安装所占空间小等特点。

4）橡胶弹簧

橡胶弹簧因外力而变形时通过产生内摩擦来吸收振动。其特性是可制成任何形状；使用时无噪音；不适宜用于支承重载。因此，橡胶弹簧主要做辅助弹簧，或用作衬套、隔套、缓冲件限位器和悬架系统的其他支承件，如图9–14所示。如上跳缓冲件是橡胶制成的隔振件，用于过度上跳时防止悬架部件（例如控制臂）对车架的撞击；反弹缓冲件则用于过度反弹时防止悬架部件（例如控制臂）对车架的撞击。

图9–14　橡胶弹簧

5）气体弹簧

气体弹簧主要有空气弹簧和油气弹簧两种。气体弹簧是以空气做弹性介质，即在一个密闭的容器内装入压缩空气（气压为0.5～1MPa），利用气体的可压缩性实现弹簧的作用，这种弹性元件称为空气弹簧，如图9-15所示。空气弹簧在乘用车上有采用尤其在主动悬架中被采用。这种弹簧随着载荷的增加，容器内压缩空气压力升高，使其弹簧刚度也随之增加；载荷减少，弹簧压力也随空气压力减少而下降，因而这种弹簧有其理想的弹性特性。

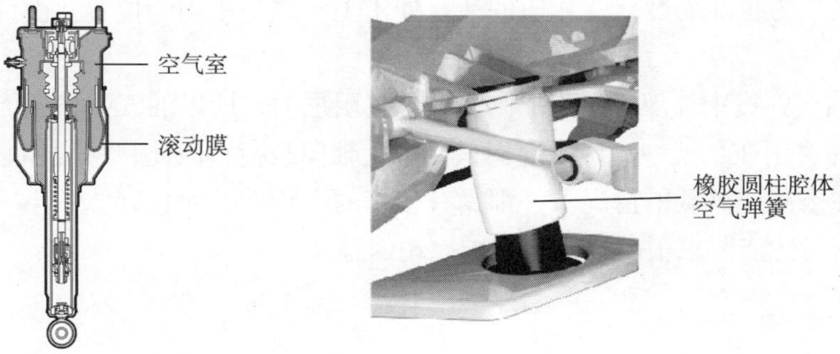

图9–15　空气弹簧

空气弹簧在车辆不加载时特别软，但其弹簧系数可通过气室内空气压力随负载的增加而增加。这将提供车辆轻载和满载时的乘坐舒适性。即使负载变化车辆高度也可通过调整空气压力而保持不变。在使用空气弹簧的空气悬架中，需要用到控制空气压力的装置和压缩空气的压缩机，所以悬架复杂。目前，这种弹簧主要应用在提供电子调节悬架的车辆上面。

油气弹簧以惰性气体（一般为氮气）作为弹性介质，用油液作为传力介质的气体弹簧，即利用气体的可压缩性来实现弹簧缓冲的作用。油气弹簧有三种类型：①简单式油气弹簧，即不带隔膜式的油气弹簧（图9-16（a））；②带隔膜式油气弹簧（图9-16（b）），它将气体和液体分开，便于充气并防油液乳化；③带反压气室式油气弹簧（图9-16（c）），它有一个反压气室，相当于在简单油气弹簧上加上一个方向相反的小筒单油气弹簧，用以提高空载时的弹簧刚度，使空载满载自然振动频率变化不大。目前，此种弹簧多用于重型车和部分小客车上。

以带隔膜式油气弹簧（图9-16（b））为例，当载荷增加时，车架和车桥互相靠近时，活塞上移，使工作缸内的容积减小，油压升高，油液顶开阻尼阀进入球形室，并推动隔膜向气室方向移动，使气室容积减小，氮气压力升高，油气弹簧的刚度增加。

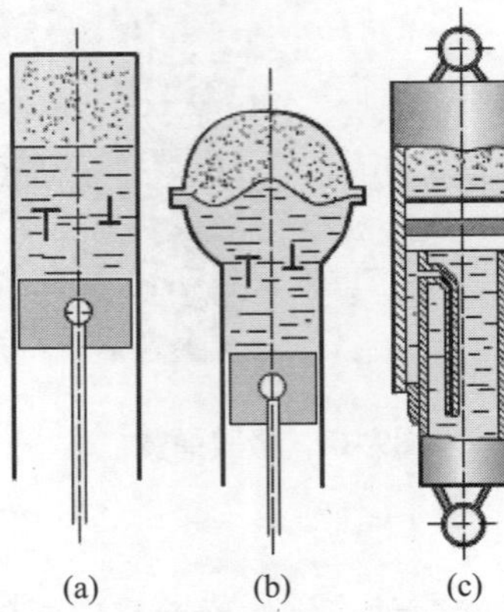

图9–16　油气弹簧示意图

当载荷减小时，在高压氮气作用下隔膜向油室方向移动，室内的油液经阻尼阀流回工作缸，并推动活塞下移，这时气室容积增大，氮气压力下降，弹簧刚度减小。

当氮气压力通过油液传递作用在活塞上的力与载荷平衡时，活塞便停止移动。这样，随着载荷的变化，气室内氮气压力也随着变化，相应的活塞处于工作缸中不同的位置。由此可见，油气弹簧具有变刚度的特性。

此外，由于油气弹簧中油液流经阻尼阀时会产生阻尼力，所以油气弹簧还能起到减振器的作用。

空气和油气弹簧用在悬架中，由于它们只能承受轴向载荷，因此，悬架中必须加设导向装置。油气弹簧能使汽车在空载或满载的情况下，都具有很好的平顺性，而且其体积小、质量轻。但油气弹簧对气体和油液的密封性能要求很高，而且维护也较困难。

9.2.2　减振器

1．减振器的功用

车辆受到来自路面的冲击时，悬架弹簧吸收这些冲击。但是，弹簧在受到一个冲击后，假如不被抑制的话就会连续振荡直到所有的能量被耗尽为止，需要很长时间使这种振摆停止，这会导致乘坐舒适性差。减振器的作用就是吸收这种振荡，以衰减车轮和汽车的垂直运动。

减振器不仅改善乘坐舒适性，而且使轮胎有较好的操纵稳定性和改善转向稳定性，如图9–17所示。减振器连接在底盘和下控制臂上，减振器和弹性元件并联安装，如图9–18所示。

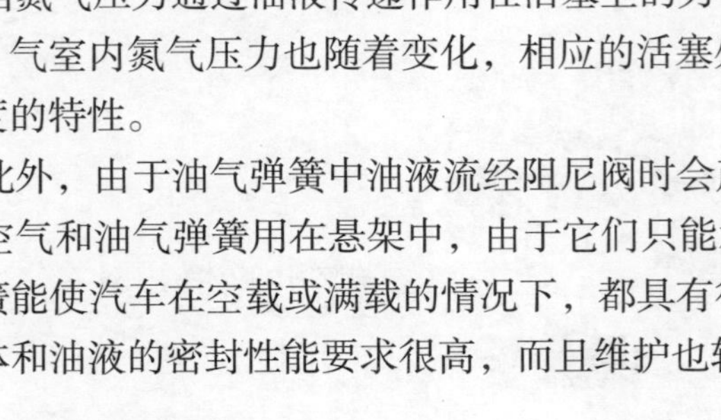

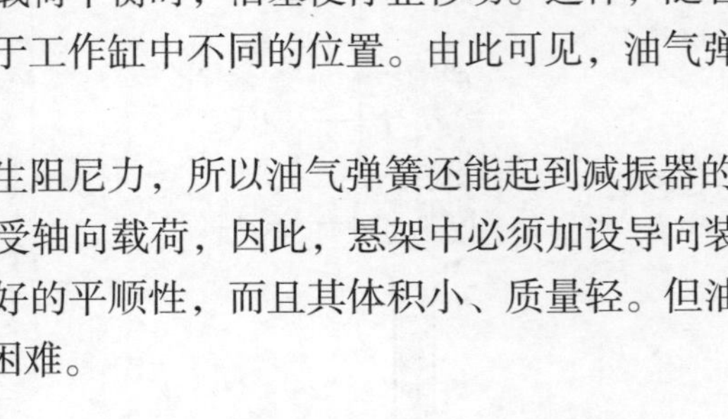

图9–17　减振器

所有的减振器都是双向作用的，这就意味着在压缩和伸展行程中都产生阻尼作用，一般在伸张行程中产生较大的阻尼作用。双向作用的减振器能很快地使弹簧的振动停止（图9–19），改善了行驶方向的稳定性。

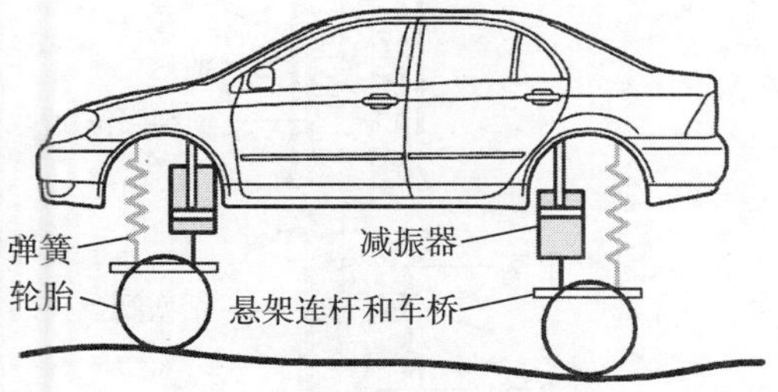

图9–18　减振器连接方式

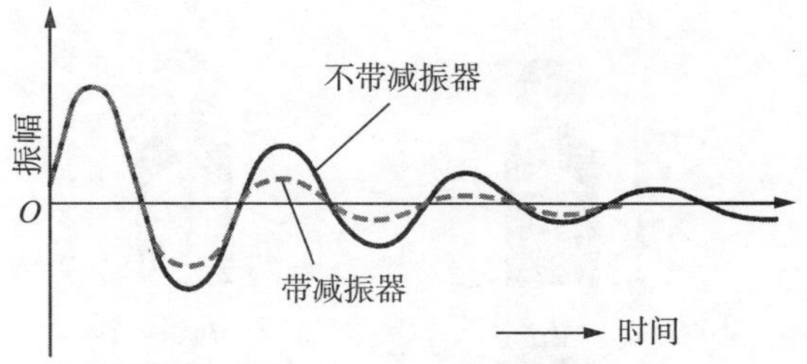

图9–19　减振器衰减振荡的作用

2．减振器的结构与原理

在汽车中，通常使用伸缩筒式减振器，减振器使用一种专用油（减振器油）作为工作介质。它是一个被活塞分为上、下两腔室的密封容器，如图9–20所示。弹簧的振动和回弹引起活塞向上和向下运动。活塞的运动通过油液的作用吸收了弹簧的能量，致使弹簧能量耗散。当油液被强制通过上、下腔室之间设定的节流孔时，活塞的运动速度就减慢了。减振器是垂直的或者成一定角度安装的，它能改善车辆的稳定性能。

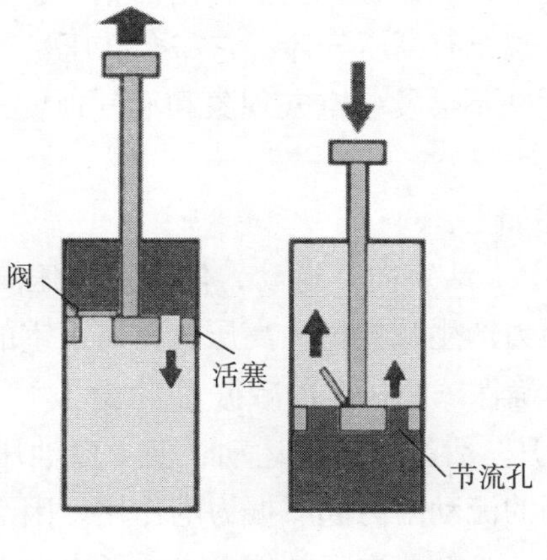

图9–20　减振器结构示意图

减振力越大，缓冲振荡就越快，但是缓冲作用产生的冲击也越大。减振力还随活塞的速度而变化。

减振器按工作介质分充油型、油气型和充气型；按结构分又可分为单筒型和双筒型。

1）充油型减振器

充油的减振器利用活塞在油液中的移动来衰减弹簧产生的振荡。他也可以用于衰减车辆加速和制动时的俯仰振荡。减振器是靠油液的粘度和活塞上阀门配置的组合来产生阻尼作用的，如图9–21（a）所示。

2）油气型减振器

充气减振器中充有与油液隔离开的压缩的惰性气体。惰性气体的使用避免了油液在回程操作过程中出现混气和发泡现象，如图9–21（b）所示。

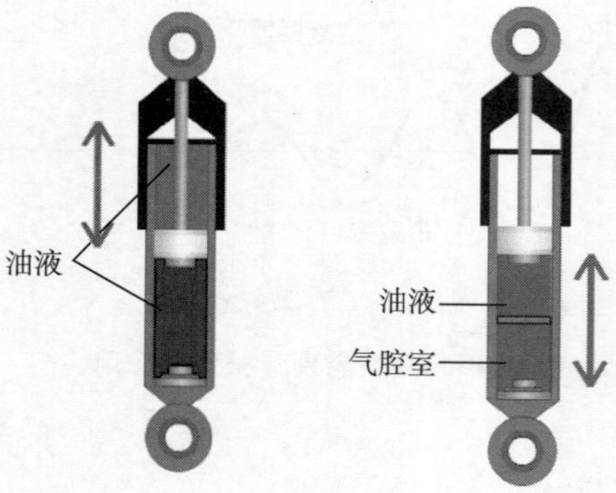

(a) 充油型　(b)油气型

图9–21　减振器的类型

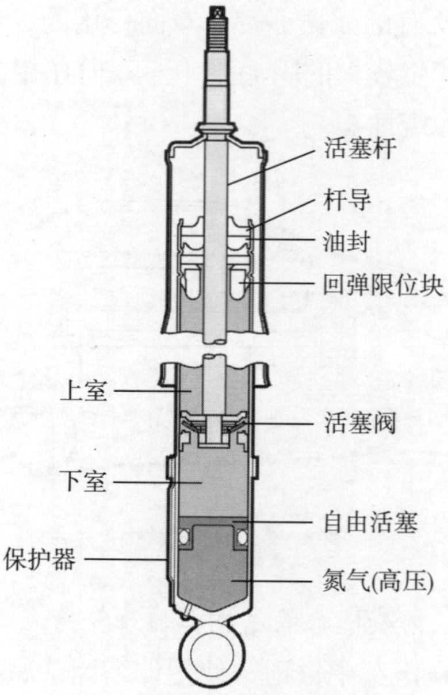

图9–22　单筒式减振器

（1）单筒式减振器

单筒式减振器的代表类型是Ducarbon（杜卡本）型，它的缸内储气室和油室被可自由上下运动的“活塞”分开，因为它们能自由上下运动故被称为“自由活塞”，如图9–22所示。单筒直接暴露于大气中，具有良好的热辐射。筒的一端充有高压气体，它需要高压氮气（2.0 ~ 2.9MPa），用一自由活塞与油完全密封开。这将确保操作期间不会发生空穴现象和混气现象，从而提供更稳定的缓冲，并且工作噪音大大降低。

单筒式减振器的工作过程简述如下：

在压缩行程中（图9–23（a）），活塞向下运动，使下室油压高于上室，下室的油被迫通过活塞式滑阀进入上室。此时阀的流动阻力产生减振力。高压气体对下室的油施加大的压力，迫使油在压缩行程期间快速平稳流到上室。这将确保一个稳定的减振力。

在伸张行程中（图9–23（b）），活塞杆向上运动，使上室油压高于下室。因此，上室的油被迫穿过活塞式滑阀进入下室，同样阀的流动阻力起减振力的作用。因活塞杆向上运动，杆的一部分运动到筒外，所以被杆排出的油量减少。为对此进行补偿，自由活塞向上推（被压缩的高压气体）一个等于该容量的距离。

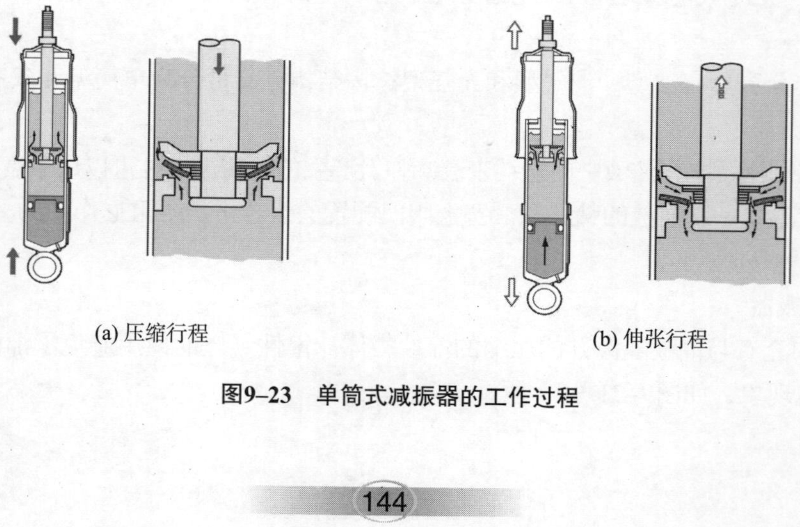

(a) 压缩行程　(b) 伸张行程

图9–23　单筒式减振器的工作过程

当液体在减振器内高速流动时，压力在某些区域下降，在液体中形成气穴或空穴。这个现象称为空穴现象。这些空穴在进入高压区时破裂，造成大的冲击压力。这将产生噪音，使压力波动并可能损坏减振器本身。混气现象是空气和减振器液的混合，可导致噪音、压力波动和压力损失。

（2）双筒式减振器

在减振器壳（外筒）内有一缸（压力筒），缸内有一上下运动的活塞。在活塞杆底部，装有活塞式滑阀，减振器伸张时（回弹期间）产生减振力。缸的底部有一底阀，在减振器压缩时（弹跳期间）产生减振力。缸内装有减振液（油），但是储油室内只有2/3装了油。余下的空间充有大气压力的空气或低压气体，如图9–24所示。

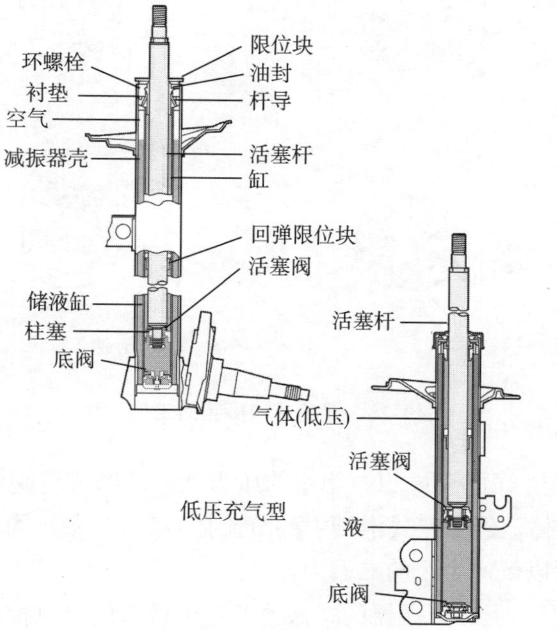

图9–24　双筒式减振器

低压充气型减振器充有低压气体（0.3 ~ 0.6 MPa），最大程度的减少空穴和混气现象，获得更稳定的减振力，于是改善了乘坐舒适性和驾驶稳定性。

双筒式减振器的工作过程简述如下：

在压缩行程中（图9–25（a）），活塞向下运动，若活塞杆的运动速度高，活塞下A室的压力变高。液体推开活塞式滑阀的单向阀并在实际无阻力的情况下流入B室（不产生减振力）。同时，与活塞杆推入缸内时活塞杆排除的液体体积相等的液体被迫通过叶片阀并流入储液室。此时流动阻力产生减振力。

若活塞杆的运动速度低，活塞式滑阀中的单向阀和底阀中的片阀均将保持关闭，因为A室的压力低。然而，由于在活塞式滑阀和底阀中有节流孔，A室的液体流经节流孔进入B室和储液室，产生小的减振力。

在伸张行程中（图9–25（b）），活塞杆向上运动，若活塞杆的运动速度高，活塞上方B室的压力变高以及B室内的液体打开活塞式滑阀中的片阀并流入A室。此时，液体的流动阻力起减振力的作用。由于活塞杆向上运动，活塞杆一部分移到缸外，所以被排出的液体体积减少。为对此进行补偿，液体从储液室流经底阀的单向阀并在实际无阻力情况下流入A室。

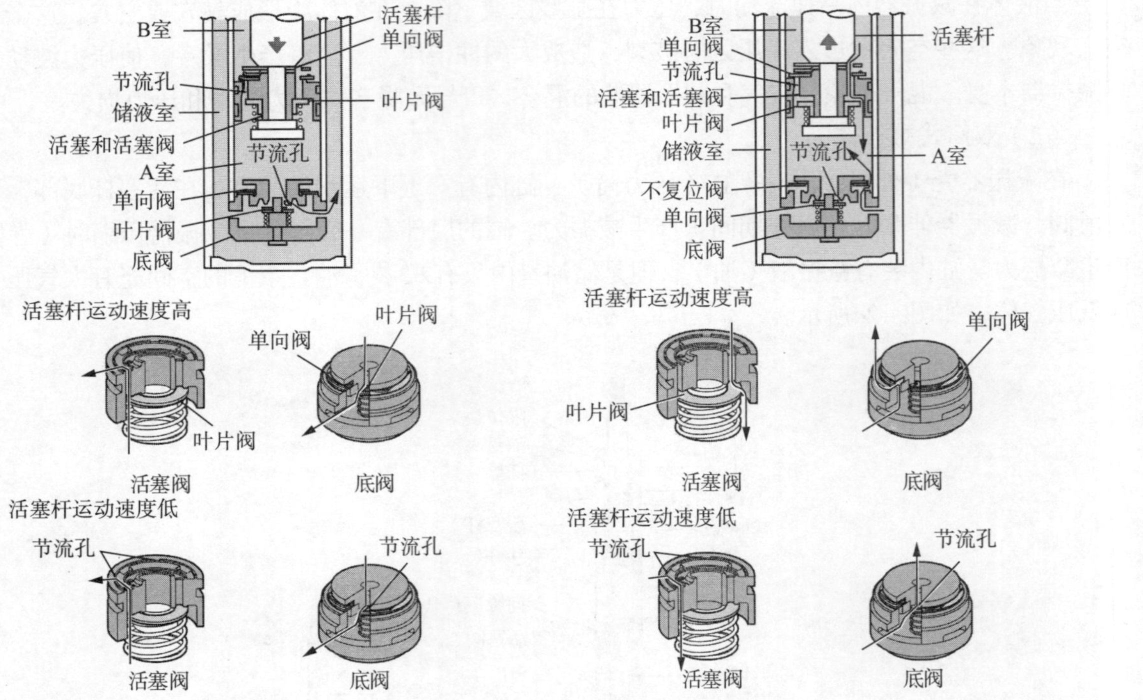

(a) 压缩行程　　(b) 伸张行程

图9–25　双筒式减振器的工作过程

若活塞杆的运动速度低，由于活塞上方B室的压力低，活塞式滑阀中的片阀和底阀中的单向阀保持关闭。因此，B室中的液体流经活塞式滑阀中的节流孔并流入A室。同样，储液室中的液体流经底阀中的节流孔并流入A室，所以仅产生小的减振力。

在高档豪华车和运动型车上的减振器的减振速率是可调节的。电控的或手动控制的调节装置能使减振器对冲击的反应减缓或加快。

减振器是不能拆修的，在出现油液渗漏时只能更换新的。

3）空气减振器

空气减振器组件是一种使用空气的辅助系统。减振器的上腔室中可以充入压缩空气。该减振器可提供调节乘坐高度的功能，协助弹簧的工作并可承受重载荷的作用，它常用于轻型厢式车上。此组件的主要零部件有空气减振器 、通气管道、压缩机、空气干燥器和高度传感器，如图9–26所示。

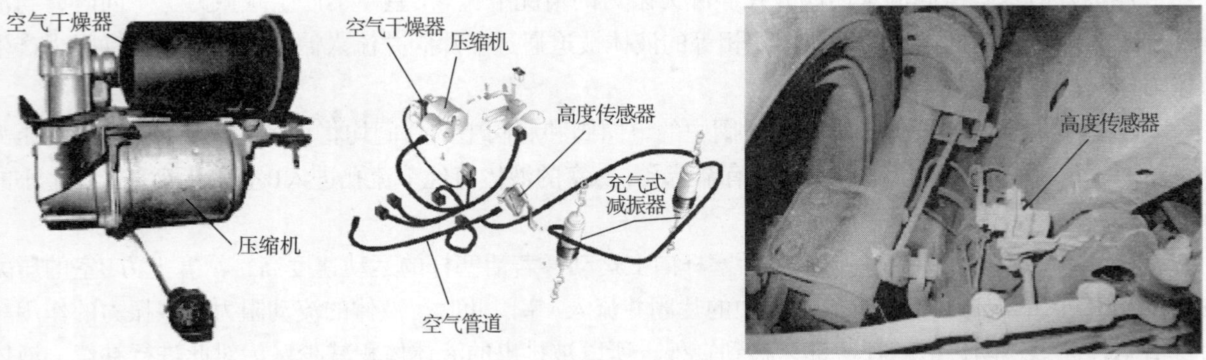

图9–26　空气减振器组件

4）麦弗逊滑柱式弹簧减振器

麦弗逊滑柱式弹簧减振器把减振器和螺旋弹簧组合在单一的结构单元上，它固定在转向节上部和车身滑柱支撑端之间。减振器以较小的倾角安装，它顶部通常都安装一个支承平板，让整个减振器在转向时作为枢轴。支承平板的作用类似于上球节。转向节的上端与减振器的下部相连接，如图9–27所示。这样的连接方式可以不再需要使用上控制臂。

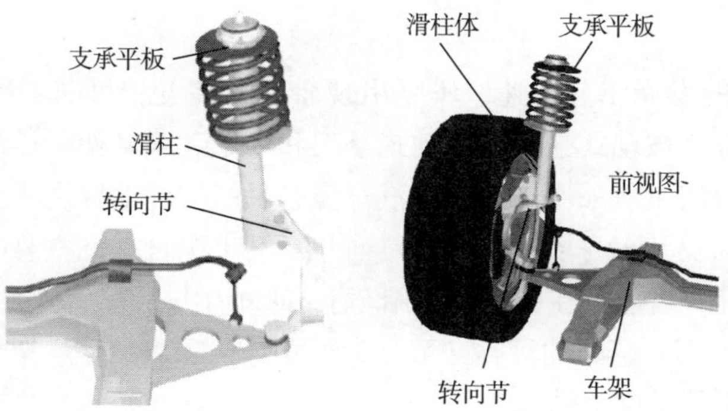

图9–27　麦弗逊滑柱式弹簧减振器

9.2.3　横向稳定器（杆）

横向稳定器的作用是防止车身在转向等情况下发生过大的横向倾斜。乘用车由于其悬架弹簧较软，所以更容易发生这种现象。为了减少这种横向倾斜，悬架中常常增设横向稳定器。现代乘用车用的较多的是杆式横向稳定器，又称横向稳定杆，横向稳定杆用弹簧钢制成，横置在汽车前端或后端，有的汽车前端和后端都有，如图9–28所示。

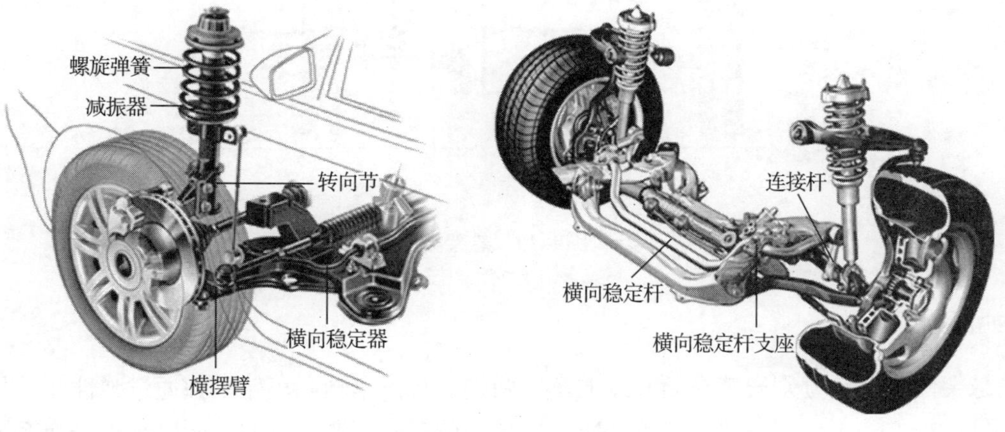

图9–28　横向稳定器（杆）

横向稳定杆呈扁平的U形，稳定杆的中部的两端自由地支承在两个橡胶套筒内，套筒固定于车架上。横向稳定杆的两侧纵向部分的末端通过横向稳定杆支座与悬架下摆臂（下控制臂）上的弹簧支座相连。

当两则悬架变形相同时，横向稳定杆不起作用。当两侧悬架变形不等时，车身相对路面横向倾斜（一侧车身降低，另一侧车身被抬高）时，车架一侧移近弹簧支座，稳定杆的同侧末端就随车架向下移动，而另一侧车架远离弹簧座，相应横向稳定杆的末端相对车架上移，横向稳定杆中部对于车架没有相对运动，而稳定杆两边的纵向部分向不同方向偏转，于是稳定杆被扭转。

弹性的稳定杆产生抵抗扭转的内力矩就阻碍了悬架弹簧的变形量，减少了车身的横向倾斜和横向角振动。

9.3　悬架类型

现代汽车悬架系统的发展十分迅速，不断出现崭新的装置。目前，乘用车上安装的悬架种类很多，按控制形式不同可分为被动式悬架、主动式悬架和半主动式悬架。被动式悬架结构简单、性能可靠、成本低，被目前多数汽车所采用。也就是汽车姿态只能被动地取决于路面及行驶状况。主动悬架可以主动地控制垂直振动及其车身姿态，根据路面和行驶工况自动调整悬架刚度和阻尼。主动悬架和半主动悬架由于成本较高，目前只在中高档乘用车上有些应用。

根据汽车导向机构不同，悬架的种类又可分为独立悬架和非独立悬架，如图9–29所示。它们的差别在于对上跳和反弹作出的反应不同。

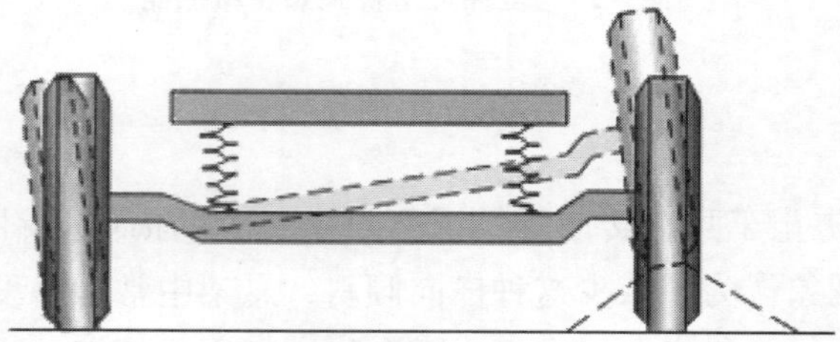

(a) 非独立悬架

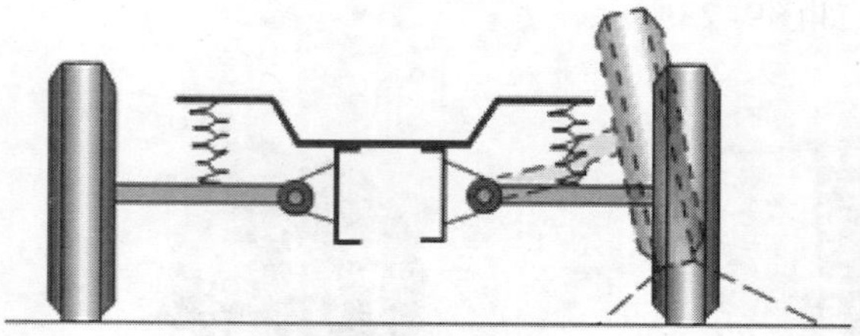

(b) 独立悬架

图9–29　悬架类型

9.3.1　独立悬架

独立悬架两侧车轮分别安装在断开式的车轴两端，每段车轴和车轮单独通过弹性元件与车架或车身相连（图9–29（b））。当一侧车轮跳动时，对另一侧车轮不产生影响，所以独立悬架系统允许每一侧的车轮在响应路面情况时能分别向上和向下运动。这种悬架系统能改善乘坐性能、转向控制和稳定性能。大多数独立悬架系统都具有相同的基本零部件，但是可以构成不同的布局。独立悬架很少采用钢板弹簧作为弹性元件，而是大多采用螺旋弹簧或扭杆弹簧作为弹性元件，因此，一般都设有导向机构。

独立悬架的特点如下：

（1）在悬架弹性元件一定的变形范围内，两侧车轮可以单独运动，互不影响，不但减小了行驶时车架和车身的振动，而且可以防止转向轮的偏摆；

（2）独立悬架系统一般都配有稳定杆，可减少转弯时的左右摆晃，改进稳定性；

（3）采用独立悬架时，非簧载重量只包括车轮质量和悬架系统中部分零件的质量，所以比非独立悬架重量要小得多，因此，可提高汽车的平顺性和乘坐舒适性；

（4）前轮定位随车轮的上下运动而改变；

（5）由于左右车轮之间没有车轴相连，所以底盘地板和发动机的安装位置可以降低，这样可以降低车辆的重心，有利于提供汽车行驶的稳定性。

根据导向机构不同的结构特点，按车轮的运动形式独立悬架可分为：

麦弗逊式和烛式悬架（图9–30），车轮沿主销轴线移动的悬架，也称滑柱连杆式悬架；

横臂式独立悬架（图9–31），车轮在汽车横向平面内摆动的独立悬架；

纵臂式独立悬架（图9–32），车轮在汽车纵向平面内摆动的独立悬架；

单斜臂式独立悬架（图9–33），其摆臂的摆动轴线与车轴线斜交叉。

按弹性元件不同分为螺旋弹簧式、钢板弹簧式、扭杆弹簧式、气体弹簧式。现采用较多的是螺旋弹簧。

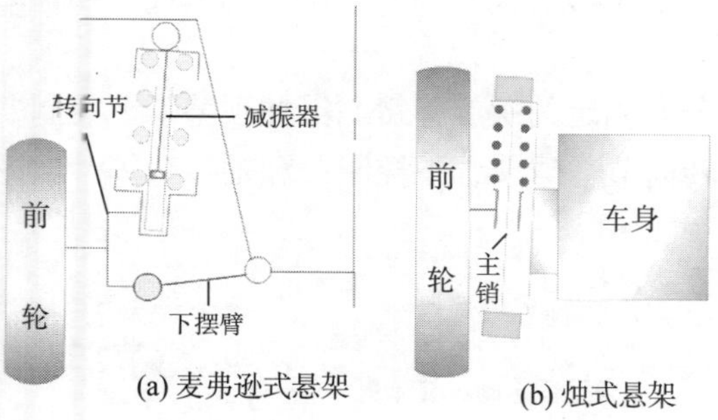

图9–30　麦弗逊式和烛式悬架

图9–31　横臂式独立悬架

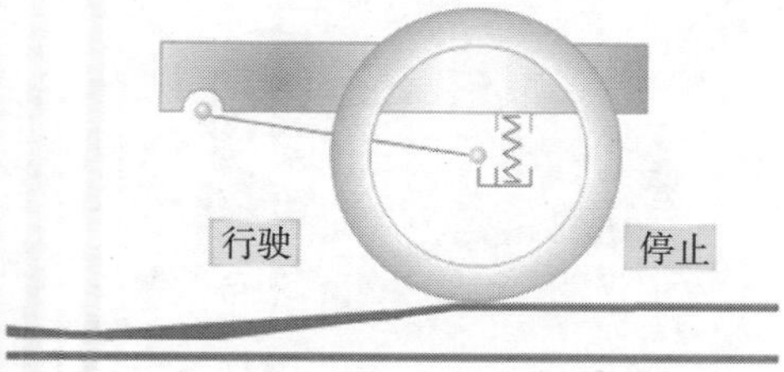

图9–32　纵臂式独立悬架

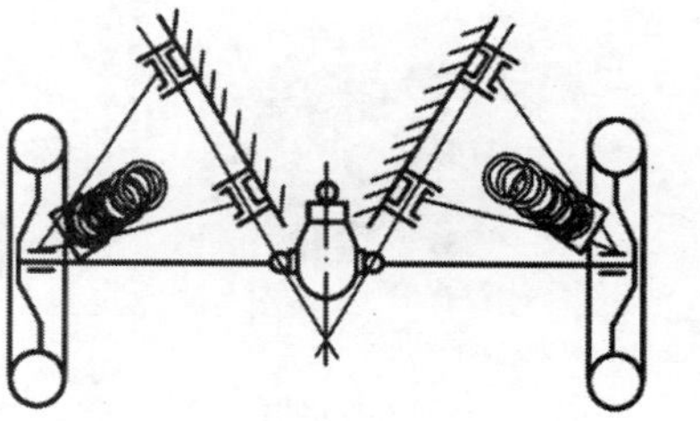

图9–33　单斜臂式独立悬架

1. 车轮沿主销轴线移动的独立悬架

1）麦弗逊滑柱式悬架

麦弗逊式独立悬架的车轮沿摆动的主销轴线移动，麦弗逊滑柱系统有一个滑柱总成，它取代了不等长连接臂悬架系统中的上控制臂和上球节，属于典型的滑柱式悬架。上下控制臂以球铰接与转向节相连。减振器的上端通过螺栓和橡胶垫圈与车身连接（内置平面轴承），下端固定在轴承壳上，外面套有螺旋弹簧。主销轴线为两个铰接点的连线。当车轮上下跳动时，减振器的下支点随着上下控制臂而摆动，因此，主销轴线的角度是变化的。车轮是沿着摆动的主销轴线运动的，所以麦弗逊式独立悬架变形时，主销的定位角和轮距都会发生变化，但如果调整杆系的位置合理，可使车轮的这些定位参数变化极小。

麦弗逊滑柱式悬架系统主要零部件有麦弗逊滑柱减振器、螺旋弹簧、稳定杆、横梁和控制臂等，如图9-34所示。

这是中小型车辆前悬架最广泛使用的一种独立悬架系统，在前置发动机前轮驱动车辆的后悬架中也有应用，如捷达、高尔夫及桑塔纳等乘用车均采用麦弗逊式独立悬架。

在采用滑柱式独立后悬架的系统上，这种滑柱总成与前悬架的滑柱总成类似，但不需要滑柱的上轴承，因为不必为车轮提供转动支点。

麦弗逊式独立悬架的特点：

（1）悬架上下运动时车轮定位几乎不会发生变化，因而轮胎磨损减小；

（2）悬架的运动零件相对较少，并且这种悬架的自重很小，可以减少非簧载质量，很适合用作普通乘用车的前悬；

（3）因为悬架支撑点之间距离大，安装误差或零件制造误差对前轮定位的干扰小。因此，这类悬架除了前轮前束外，一般不需要定位调整；

（4）由于悬架所占空间小，所以可增大发动机室的可用空间。

麦弗逊式独立悬架的最大缺点就是限制车辆的纵向点头能力的不足。因此，使用稳定杆来弥补这种不足，同时稳定杆也可以吸收横向力。

改进型的麦弗逊滑柱式悬架系统有一个与麦弗逊滑柱分开固定的螺旋弹簧。滑柱顶替了上控制臂的作用。除了麦弗逊滑柱和螺旋弹簧以外，悬架系统中有转向节、球节、下控制臂和轴衬套等，如图9-35所示。

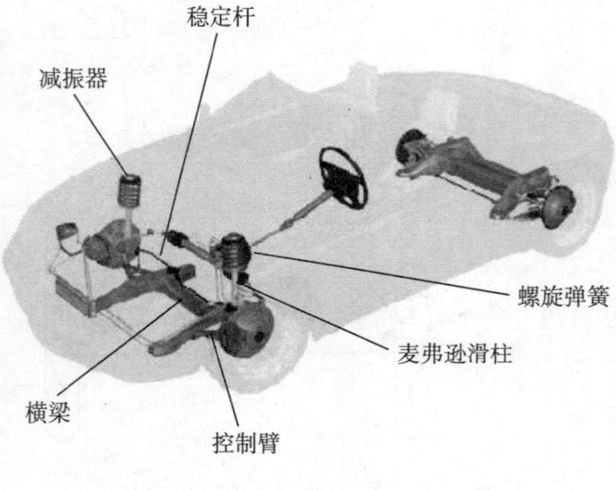

图9-34　麦弗逊式悬架的结构组成

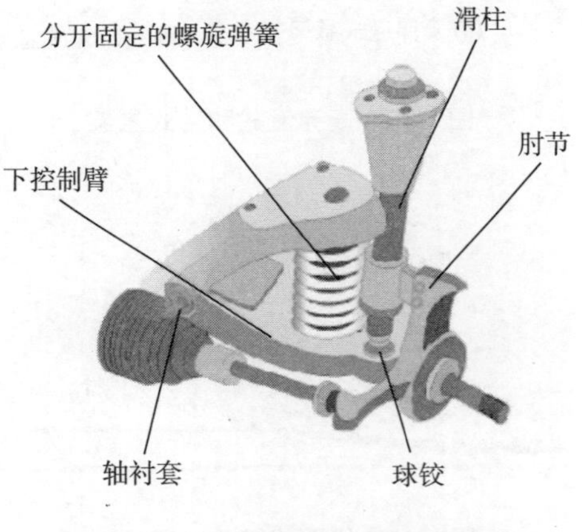

图9-35　改进型麦弗逊滑柱式悬架

2）烛式独立悬架

烛式独立悬架的车轮沿固定不动的主销轴线移动，如图9-36所示。主销刚性地固定在车架上，转向轮、转向节装在套筒上，烛式悬架的主销定位角不会随着车轮的跳动而变化，仅轮距、轴距稍有改变，有利于汽车的转向操纵性和行驶稳定性。但由于这种悬架的侧向力全部由套筒和主销承受，二者间的摩擦阻力大，磨损严重。因此，这种结构形式目前很少采用。

2．横臂式独立悬架

横臂式独立悬架有两种形式，即单横臂式和双横臂式。

1）单横臂式独立悬架

横臂的内端与车身铰接，外端与车轮相接，弹性元件装在横臂与车身之间。当弹性元件变形时，横臂以铰接点为中心带动车轮在汽车横向平面内摆动，如图9–37所示。

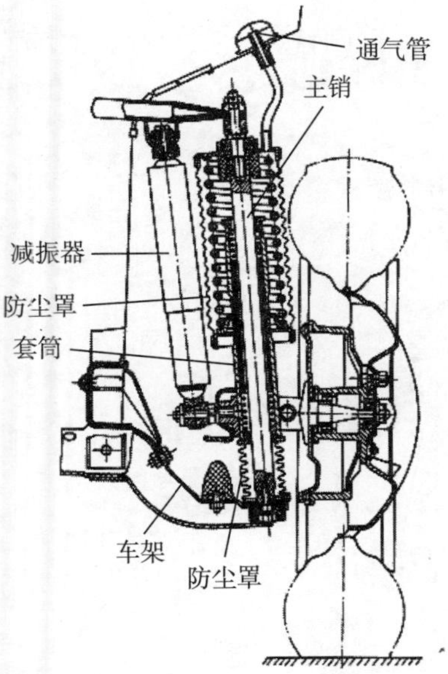

图9–36　烛式独立悬架

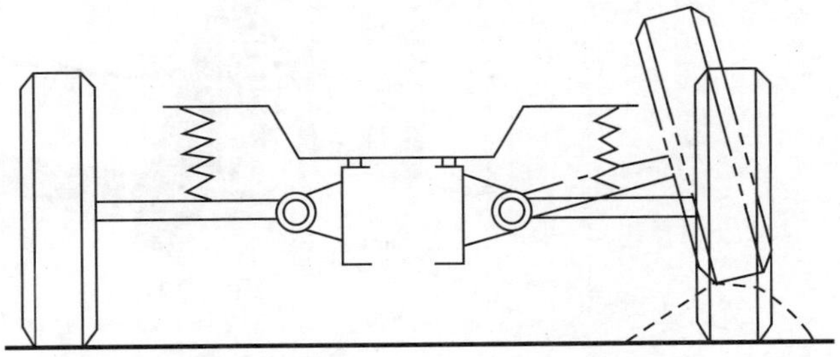

图9–37　单横臂式独立悬架

当弹性元件变形、车轮横向摆动时，车轮平面将产生倾斜而改变两侧车轮与路面接触点之间的距离——轮距，从而使轮胎相对于地面侧向滑移，破坏轮胎和地面的附着力，增加了轮胎磨损。此外，这种悬架用于转向轮时，会使主销内倾角和车轮外倾角发生较大的变化，从而影响汽车的操纵稳定性，所以这种悬架系统现在很少用。

2）双横臂式悬架

这种类型的独立悬架广泛用于小型卡车的前悬架及客车的前后悬架上。从对驾乘舒适性要求高的高级豪华乘用车到需要硬悬架的运动车和赛车，都能看到这种悬架。车身和车桥由两个悬架臂连接，一个悬架臂称为上控制臂（或称为上连接臂），另一个悬架臂称为下控制臂（或称为下连接臂）。上、下控制臂有时也被称为“叉形臂”，允许悬架在运动时保持几何形状不变。一些双横臂式悬架的上下控制臂长度相等，还有一些双横臂式悬架的上下控制臂不等长。等长控制臂的双横臂式悬架会使轮胎胎面产生相当大的变形，导致转弯性能不足，如图9–38所示。而不等长控制臂（在设计中通常采用上臂比下臂短）的双横臂式悬架在车辆的上下运动中把轮胎的顶端向里拉，可以降低轮胎胎面变形和轮胎磨损，因此更为常用，如图9–39所示。

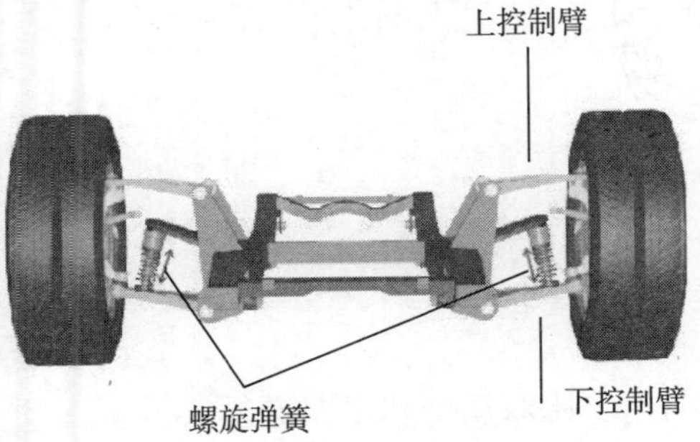

图9–38　等长控制臂双簧臂式独立悬架

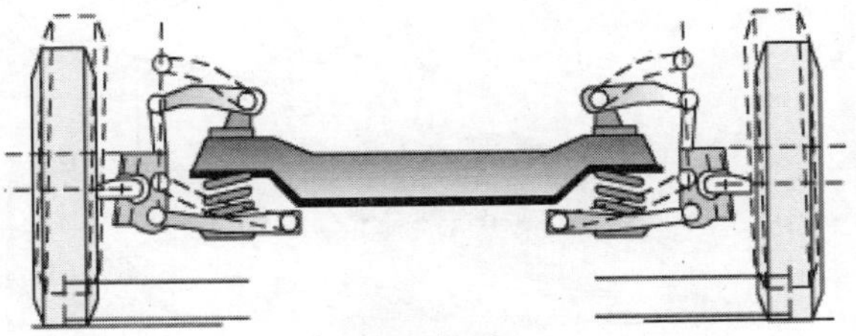

图9–39　不等长控制臂双横臂式独立悬架

双横臂式悬架系统的主要缺点是结构复杂，制造安装以及维护费用都比较高，相对于其他类型的悬架，其占用的车辆空间更多。

双横臂式悬架系统的主要零部件有螺旋弹簧、减振器、稳定杆、上控制臂、下控制臂、上球节、下球节、转向节、轮毂组件和橡胶衬套等，如图9-40所示。

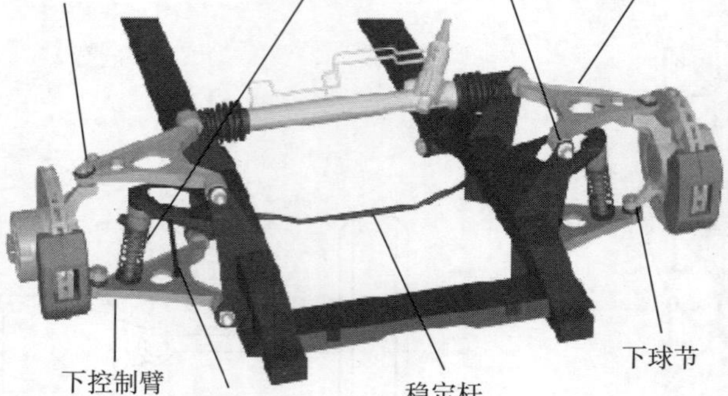

图9-40　双横臂式独立悬架的结构组成

3）多连杆式悬架

所谓多连杆式悬架，顾名思义就是通过各种连杆把车轮与车身相连的一套悬架机构。

三连杆式悬架与上连杆高置型双横臂式悬架类似，不同之处是增加了一个连杆（第三连杆）。由于上连杆是独立的，主销轴就可以安装在最佳位置，第三连杆连接上连杆和主销轴，不会产生由于转向而引起的第三连杆偏差。第三连杆只是做纯粹的上下运动，螺旋弹簧和中置的减振器连接到第三连杆上，减振器行程对车轮行程的响应几近完美。这种悬架对路面冲击和振动的衰减效率非常高。为了实现理想的前轮外倾角变化特性，上连杆向车辆前方转动（扭转的上连杆），如图9-41所示。

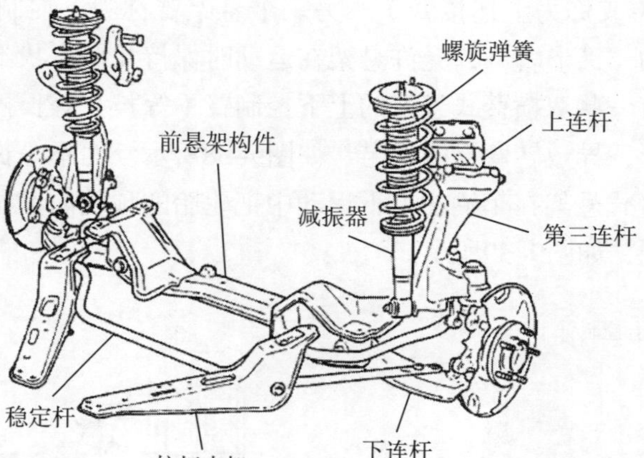

图9-41　三连杆式独立悬架

多连杆悬架可以维持优异的转向稳定性和控制。因此，其结构要比双横臂和麦弗逊复杂得多，且占用空间也较多。所以多用于后悬架，尤其是五连杆系统，一般多用于高档乘用车。

多连杆悬架的构造不仅增加了对车轮上方的控制力，对车轮的前后方也有相应的连杆产生作用力，就像一个锁止机构一样，将车轮牢牢地固定在半轴末端，从而改善车辆的性能。因为多连杆悬架具备多根连接杆，且连杆可对车轮进行多个方面的作用力控制，所以在做轮胎定位时可对车轮进行单独调整，并且多连杆悬架有很大的调校空间及改装的可能性。

典型的五连杆式后悬架，五根连杆分别为纵摆臂、外倾控制臂、导向臂、横摆臂和前束控制臂，如图9–42所示。

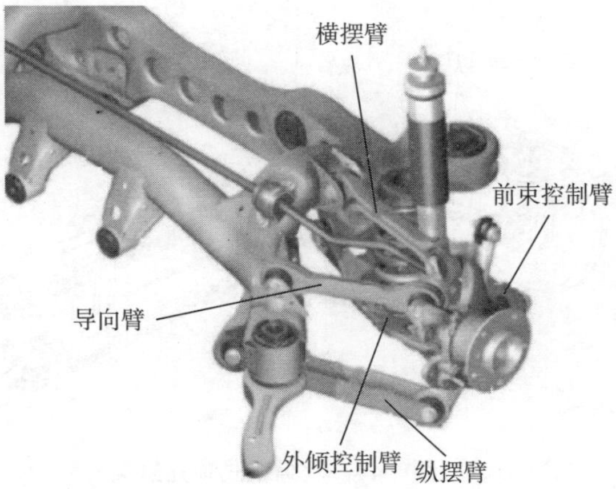

图9–42　五连杆式独立悬架

3．纵臂式独立悬架

1）单纵臂式独立悬架

单纵臂式独立悬架一般多用于不转向的后轮，如桑塔纳和捷达乘用车的后悬架，如图9–43所示。它有一根整体的V形断面横梁，在其两端焊接着变截面的管状纵臂，从而形成了一个整体构架——后轴体。纵臂前端通过橡胶－金属支承与车身作铰接式连接。纵臂后端与轮毂和减振器相连。

汽车行驶时，车轮连同后轴体相对车身以橡胶–金属支承为支点作上下摆动，相当于单纵臂式独立悬架。当两侧悬架变形不等时，后轴体的V形断面横梁发生扭转变形，由于该横梁有较大的弹性，可起横向稳定器的作用。这种扭曲作用稳定了车辆的乘坐性能，提供了半独立的运动状态。它不像普通带有整体轴的非独立悬架那样，一侧车轮的跳动会直接影响另一侧车轮。因此，该悬架又称纵臂扭转梁式独立悬架。

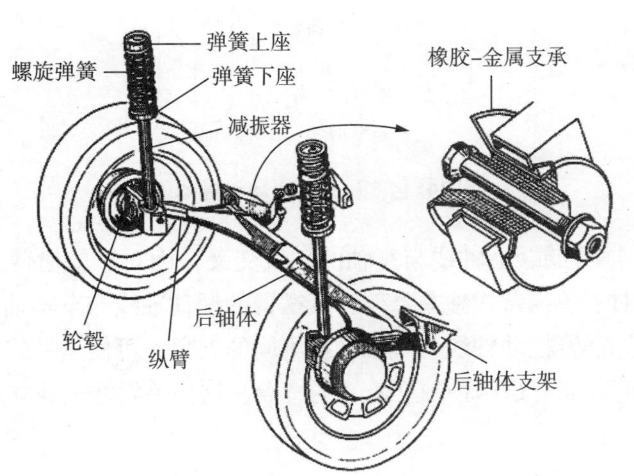

图9–43　单纵臂式独立悬架

从结构上说，该悬架属于非独立悬架。如将扭力弹簧越靠近纵臂与车身的连接点，这种悬架就越接近独立悬架的特性（如帕萨特B5等），车子的舒适性就越好，但转弯时候的侧倾也更大一些。如果扭力弹簧与纵臂的连接点和纵臂与车身的连接点重合，这种悬架就成为独立悬架。

2）双纵臂式独立悬架

双纵臂式独立悬架的两个纵臂长度一般做成相等，形成平行四连杆机构。车轮上下跳动时，主销的后倾角保持不变，这种形式的悬架适用于转向轮，如图9–44所示。

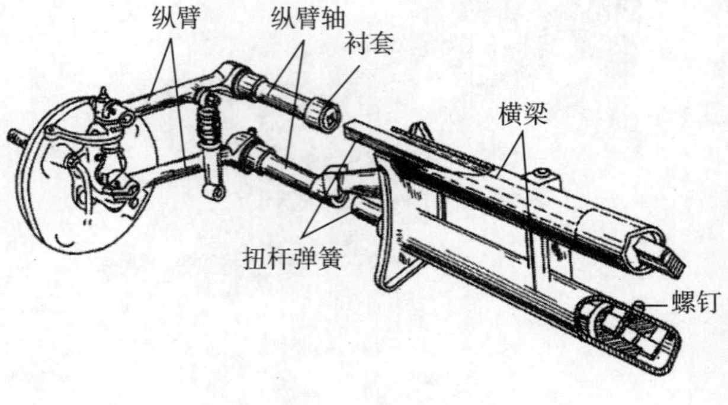

图9–44　双纵臂式独立悬架

双纵臂式独立悬架的两根纵臂的后端与转向节铰接，前端则与纵臂轴刚性连接。纵臂轴支撑在车架横梁内部的衬套中。扭杆弹簧由若干片矩形断面的薄弹簧钢片叠加而成，它的外端插入纵臂轴的矩形孔内，中部用螺钉与管型横梁固定。这种悬架两侧车轮共用两根扭杆弹簧。

4．单斜臂式独立悬架

单斜臂式独立悬架的结构介于单横臂和单纵臂之间，多用于后轮驱动汽车的后悬架上，如图9–45所示。

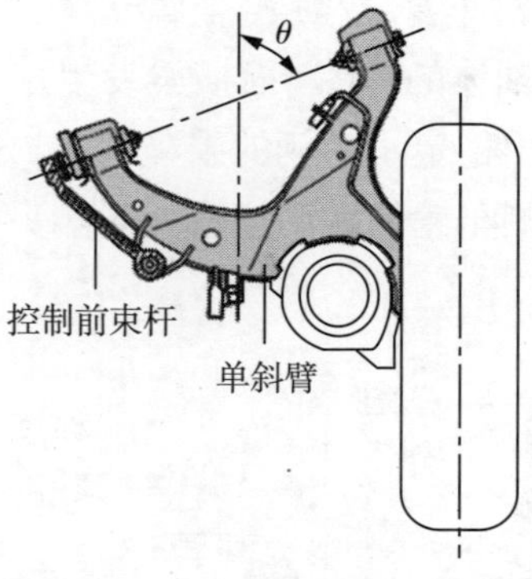

图9–45　单斜臂式独立悬架

当车轮上下跳动时，摆臂的摆动轴线与车轴的轴线交叉，而对于单横臂式独立悬架，其摆臂的摆动轴线与车轴轴线垂直；对于单纵臂式独立悬架，其摆臂的摆动轴线与车轴轴线平行，所以这种悬架系统称为单斜臂式独立悬架。摆臂摆动轴线与车轴轴线不同的夹角，可使这种悬架接近于单横臂式独立悬架或单纵臂式独立悬架，使其兼有这两种独立悬架的特点。这种单斜臂式独立悬架常用于后悬架。

9.3.2　非独立悬架

非独立悬架的结构特点是汽车两侧车轮分别安装在一根整体式车桥的两端，当一侧车轮因道路不平面跳动时，会影响另一侧车轮的工作。非独立悬架的特性如下：

（1）零件数量少，结构简单，因此，维护容易；

（2）承载能力大，转弯时车身倾斜小；

（3）车轮上下运动时车轮定位变化小，轮胎的磨损小；

（4）自身重量大，乘坐舒适度差；

（5）由于左右轮的运动相互影响，容易发生振动和摆动。

非独立悬架也称刚性车桥悬架，它的作用是承载较大的重量。这种悬架广泛应用在货车和客车的前后悬架，在乘用车上，非独立悬架仅用于后桥。

现在常见的非独立悬架形式主要有钢板弹簧式非独立悬架和螺旋弹簧式非独立悬架。

1. 钢板弹簧式非独立悬架

载货汽车一般采用钢板弹簧式非独立悬架。因为钢板弹簧既有缓冲、减振的功能，又起到传力和导向的作用。所以使钢板弹簧式非独立悬架的结构大为简化。由于钢板弹簧通常是纵向布置，所以这种悬架系统也称为纵置板簧式非独立悬架，如图9-46所示。

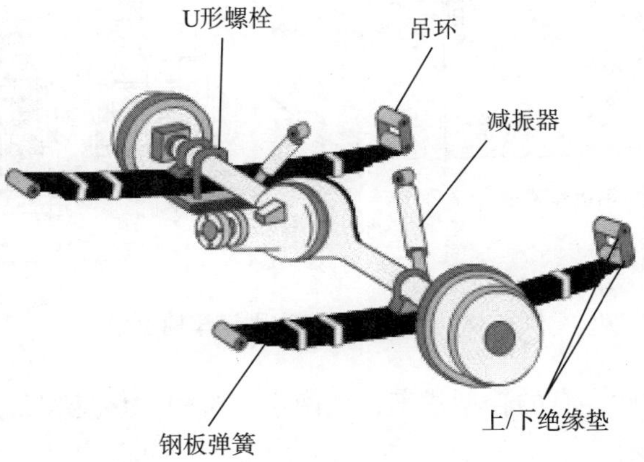

图9-46　钢板弹簧式非独立悬架

解放CA1091型汽车前悬架，钢板弹簧的中部用两个U形螺栓固定在车桥上，弹簧前端卷耳用钢板弹簧销与前支架相连，形成固定铰链支点，起传力和导向作用。

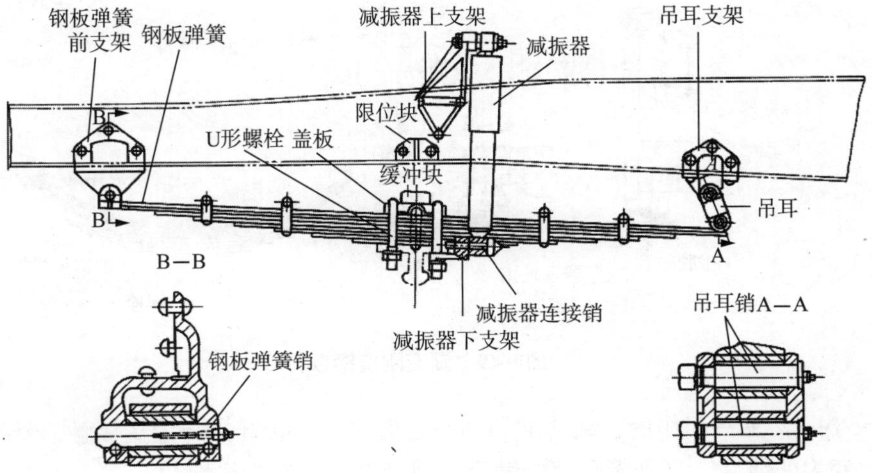

图9-47　解放CA1091型汽车前悬架

如图9–47所示，CA1091采用的是吊耳支架式。其后端卷耳通过钢板弹簧吊耳销与吊耳相连接。由于吊耳可以前后摆动，形成摆动式的铰接支点。它能使钢板弹簧变形时两卷耳中心线间的距离作相应改变。

东风EQ1090E系列汽车前悬架钢板弹簧的后端采用滑板式支承（图9–48），前端为固定铰链连接。钢板弹簧变形时，主片与弧形滑块的接触点是变动的，从而使弹簧工作长度发生变化，刚度略有变化。它的第二片弹簧后端带有直角弯边，防止弹簧中部下落时钢板弹簧从支架中脱出。

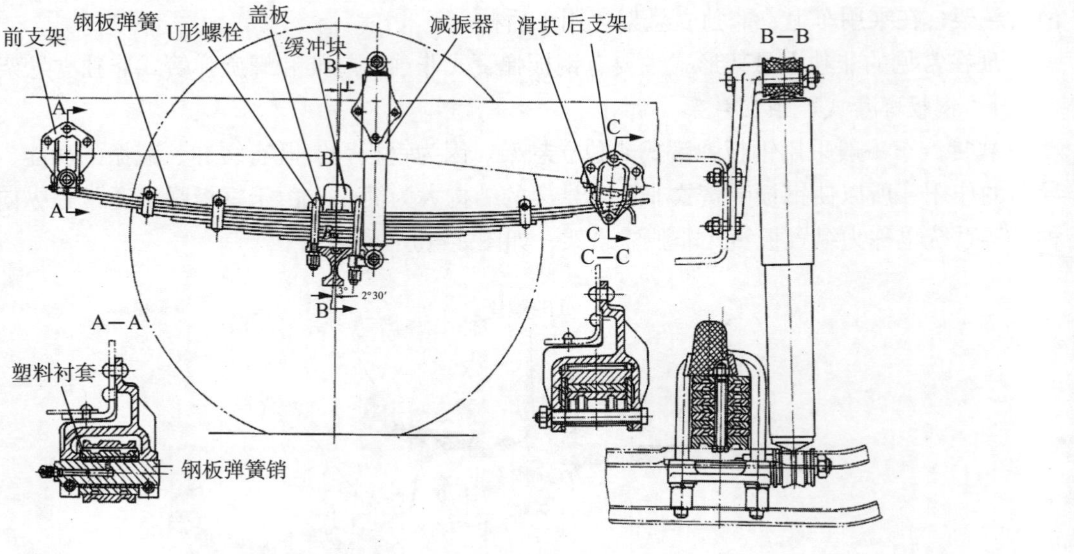

图9–48　东风EQ1090E型汽车前悬架

为提高汽车的行驶平顺性，有的轻型货车，如南京依维柯，后悬架采用副簧置于主簧之下的渐变刚度钢板弹簧，如图9–49所示。

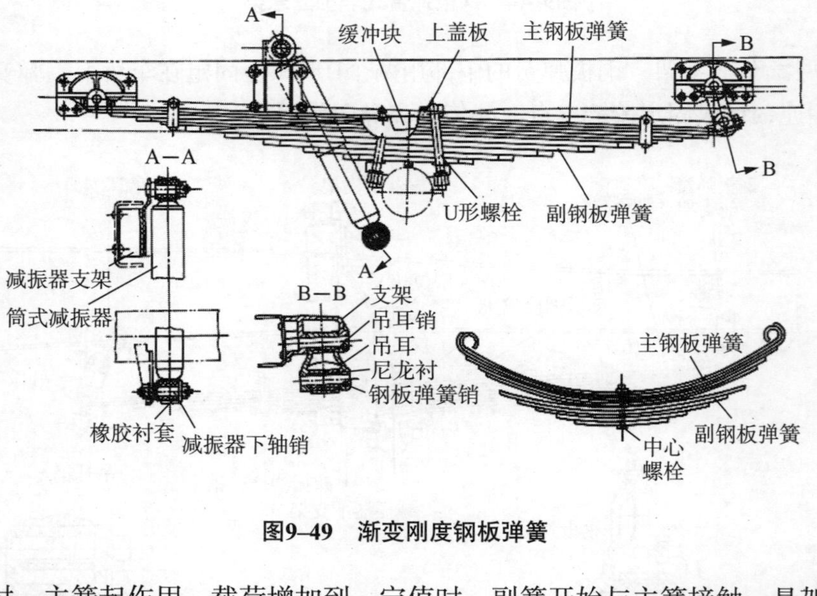

图9–49　渐变刚度钢板弹簧

当载荷较小时，主簧起作用，载荷增加到一定值时，副簧开始与主簧接触，悬架刚度随之相应提高，弹簧特性变为非线性。当副簧全部接触后，弹簧特性又变为线性。

为了延长弹簧的使用寿命，在钢板弹簧两端卷耳内压入衬套（橡胶弹簧），使其与钢板弹簧销滑动配合，销上钻有径向油道和轴向油道，通过油嘴可将润滑脂注入衬套处进行润滑。

2．螺旋弹簧式非独立悬架

螺旋弹簧非独立悬架由螺旋弹簧、减振器、纵向推力杆和横向推力杆组成，如图9–50所示。它一般只用作乘用车的后悬架。

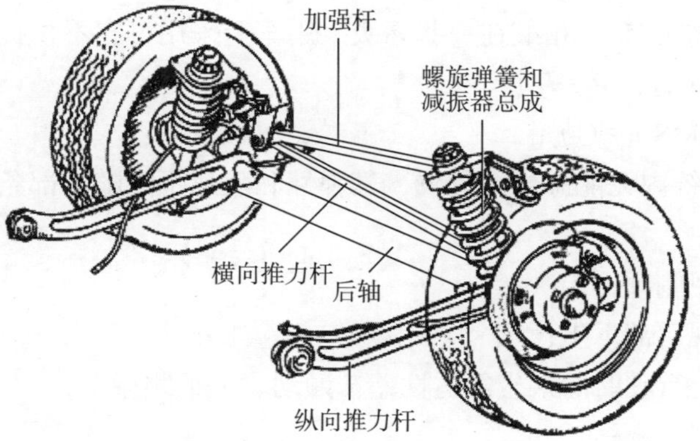

图9–50　螺旋弹簧式非独立悬架

螺旋弹簧的上端装在车身的支座上，下端装在纵向下推力杆上。由于螺旋弹簧只能承受垂直载荷，所以必须设置导向装置（图中为纵向下推力杆、纵向上推力杆和横向导杆）来承受并传递纵向力和横向力。纵向下推力杆和纵向上推力杆的一端均与车身铰接，另一端则与后桥铰接，其作用是传递驱动力、制动力等纵向力及其力矩。当车轮行驶时因路面颠簸而上下跳动，致使后桥与车身之间的距离发生变化时，纵向下推力杆和纵向上推力杆可绕其与车身的铰接点作上下纵向摆动。

横向导杆的一端与车身铰接，另一端与后桥铰接。它用以传递悬架系统的横向力，如汽车转向时的离心力等。当后桥与车身之间的距离发生变化时，横向导杆也可绕其铰接点作上下横向摆动。为了避免车身和后桥在横向产生过大的相对位移，要求横向导杆和后桥之间的空间夹角尽可能小，即横向导杆与后桥尽可能保持平行。

减振器的上端铰接在车身支架上，下端铰接在车桥支架上，起减振作用，以提高汽车的乘坐舒适性。

9.4　电控悬架系统

9.4.1　概述

汽车行驶的平顺性和操纵稳定性是衡量悬架性能好坏的主要指标，但二者性能要求又相互排斥。如降低弹簧的刚度，可使车身加速度减小，平顺性变好，但同时会导致车体位移增加，对操纵稳定性产生不良影响；另一方面，增加弹簧刚度会提高操纵稳定性，但硬弹簧将导致汽车对路面不平度很敏感，使平顺性降低。

汽车在行驶过程中，路面情况和车速的变化是不定的。因此，这种刚度和阻尼系数都不可调节的被动悬架，不可能在改善汽车的乘坐舒适性、行驶平顺性和操纵稳定性等方面性能达到最优。传统的悬架只能保证在一种特定的道路状态和速度下达到性能最优，而不能主动地适应汽车行驶中不断变化的路面要求，使悬架性能的进一步提高受到很大的限制。

随着现代电子技术的飞速发展，以微型计算机作为控制核心，对汽车悬架系统参数实行实时控制已成可能。人们希望悬架的刚度、减振器的阻尼系数、车身高度能随汽车载荷、行驶速度、路面状况等行驶条件变化，使悬架性能总是处于最佳状态附近，同时满足汽车行驶平顺性、操纵稳定性等方面的要求。于是现代各种悬架控制技术和方案得到了长足的发展，各种形式的电控悬架系统（Electronic Modulated Suspension，简称 EMS）相继在一些高级乘用车上采用。它不仅提高了汽车的乘坐舒适性，而且改善了汽车的操纵稳定性。

1．电控悬架系统（EMS）的功用

大多数汽车的悬架系统内无能源供给装置，其弹性和阻尼不能随外部条件发生显著变化，在行车过程中容易出现以下问题：

（1）转弯时容易出现侧倾；

（2）加速时容易出现后部下坐；

（3）在不平坦道路上行驶时的乘坐舒适性差（颠动、上下跳振）；

（4）制动时容易出现栽头；

（5）高车速时行驶稳定性和操纵性差；

（6）乘员质量和行李质量变化而使汽车高度发生变化（变高或变低）等。

为提高驾乘人员的舒适性和避免行车过程中出现上述的问题，现代汽车的悬架系统解决问题的方法有：

（1）根据需要改变减振弹簧刚度；

（2）根据需要改变减振阻尼力；

（3）根据需要改变车身高度，具体如表9-1和表9-2所示，其中，表9-1为针对行车过程而实施的汽车车身高度控制过程，表9-2为针对行车过程而实施的悬架弹簧刚度（弹性系数）和减振阻尼力控制过程。

表9-1　　汽车车身高度的控制

控制项目		功能
自动高度控制	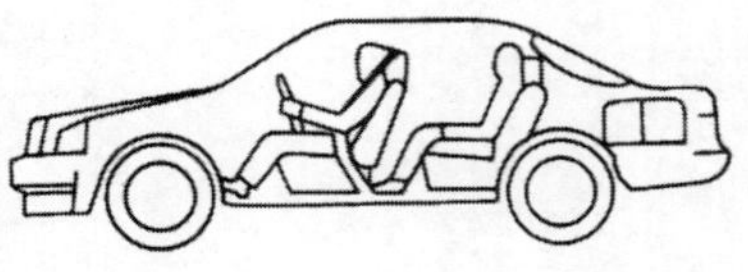	不管乘员和行李质量情况如何，使汽车保持某一个恒定的高度位置。操作高度控制开关能使汽车的目标高度变为“正常”或“高”的状态
高车速控制	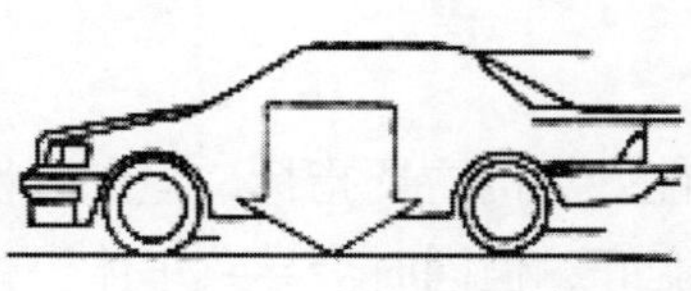	当高度控制开关在“high (高)”位置时，汽车高度会降低到“正常”状态，这就改善了高车速行驶时的空气动力学性能和稳定性
点火开关OFF控制	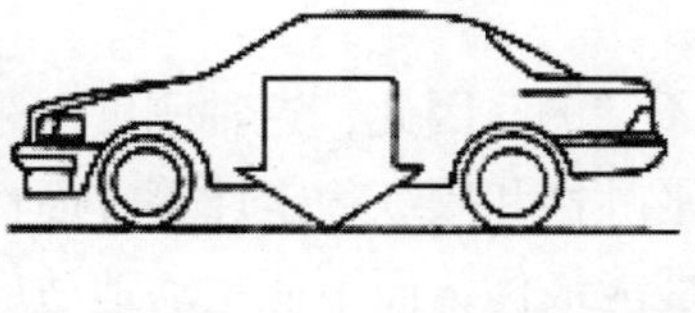	当点火开关关闭后因乘员质量和行李质量变化而使汽车高度变为高于目标高度时，能使汽车高度降低到目标高度，改善了汽车驻车时的姿势

表9–2　　弹簧刚度和减振阻尼力的控制

控制项目		功能
防侧倾控制		使弹簧刚度和减振阻尼力变成“坚硬”状态，该项控制能抑制侧倾而使汽车的姿势变化减至最小，以改善操纵性能
防栽头控制	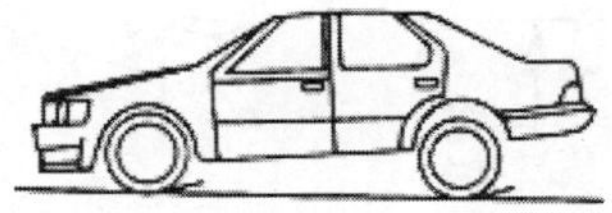	使弹簧刚度和减振阻尼力变成“坚硬”状态，该项控制能抑制汽车制动时栽头，而使汽车的姿势变化减至最小
防下坐控制		使弹簧刚度和减振阻尼力变成“坚硬”状态，该项控制能抑制汽车加速时后部下坐，而使汽车的姿势变化减至最小
高车速控制	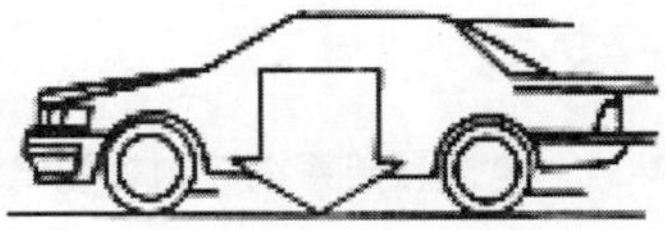	使弹簧刚度变成“坚硬”状态和使减振阻尼力变成“中等”状态，该项控制能改善汽车高车速时的行驶稳定性和操纵性
不平整道路控制	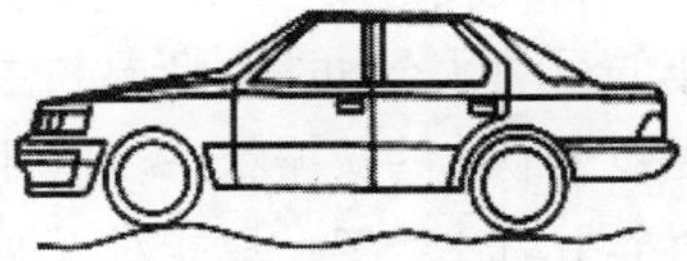	使弹簧刚度和减振阻尼力视需要变成“中等”或“坚硬”状态，以抑制汽车车身在悬架上下垂，从而改善汽车在不平坦的道路上行驶时的乘坐舒造性
颠动控制	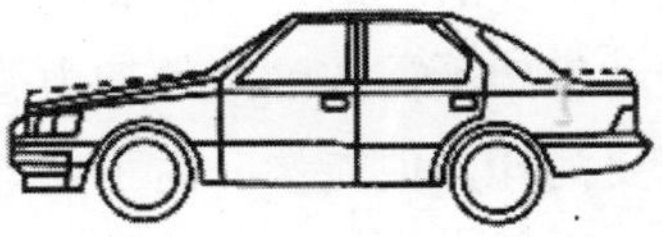	使弹簧刚度和减振阻尼力变成“中等”或“坚硬”状态，它能抑制汽车在不平坦的道路上行驶时的颠动
跳振控制	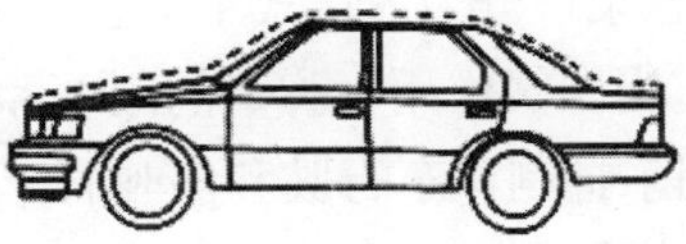	使弹簧刚度和减振阻尼力变成“中等”或“坚硬”状态，该项控制能抑制汽车在不平坦的道路上行驶时的上下跳振

汽车在高低不平的路面行驶时，电控悬架使弹簧刚度和阻尼系数根据需要变成“中等”或“坚硬”状态，以控制车身跳动或前后颠动；当汽车急转弯时，电控悬架使弹簧刚度和阻尼系数变成“坚

硬”状态，以控制车身的横向侧倾或摇摆；当汽车急加速或紧急制动时，又使弹簧刚度和阻尼系数变成“坚硬”状态，以控制车身出现后部下沉（下坐）或车身的前倾（点头）；当汽车上的质量发生变化时，电控悬架能使汽车保持一恒定的高度；当汽车高速行驶时，又使车高降低，以减少空气阻力；当汽车驻车时，电控悬架会降低车高，改善汽车驻车的姿态。因此，汽车在各种条件下，电控悬架均有车高调节、悬架刚度和减振器阻尼系数“软-中-硬”有级转换控制的功能，从而改善汽车的乘坐舒适性和操纵稳定性，如图9-51所示。

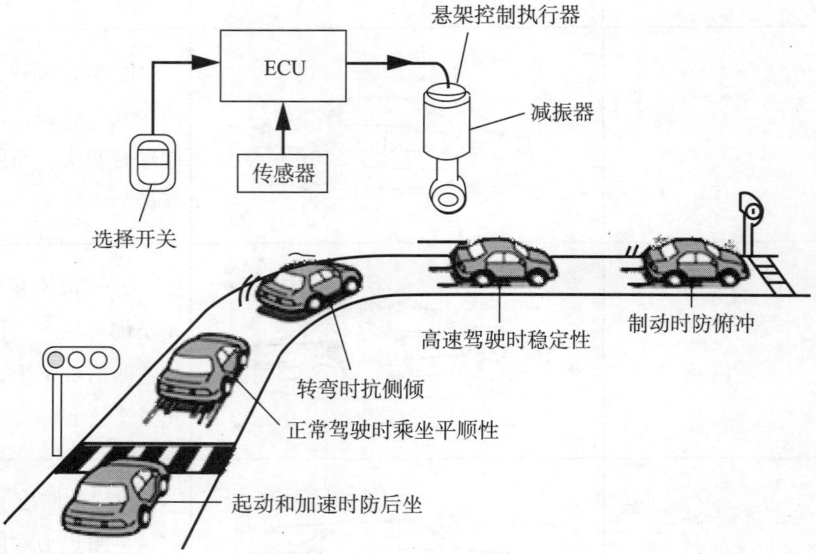

图9-51　电控悬架系统控制功能示意图

2．电控悬架系统（EMS）的类型

1）根据控制系统是否有动力源，电控悬架可以分为主动式悬架和半主动式悬架

所谓主动式悬架，就是根据汽车的运动状态和路面情况，主动调节悬架系统的刚度、减振器阻尼系数、车身高度和姿态，使悬架始终处于最佳的减振状态。这种主动调节消耗能源，所以需要有动力源提供能源，即系统是有源的。所谓半主动式悬架，只能对减振器的阻尼力进行调节，它是无源的，即不需要有专门的动力源提供动力。有些半主动悬架还对横向稳定杆的刚度进行调节。但是，采用半主动悬架的汽车在转向、起步、制动等工况时不能对刚度和阻尼进行有效的控制，也不能对车身的高度进行控制。与主动悬架相比，半主动悬架不需要油泵等动力源、储液室、冷却器和输油管等部件，因而结构简单，除驱动电磁阀外不需要消耗其他能量。由于主动悬架在汽车行驶中的速度变化，以及汽车起动、制动、转向等工况时，都可进行有效的控制，甚至可根据车速的变化自动控制车身高度，所以现代高级乘用车广泛使用主动悬架。

2）根据传力介质的不同，电控悬架可分为液压式主动悬架和空气式主动悬架

电控空气悬架是利用压缩空气充当弹簧作用，弹簧的刚度和车身的高度是根据汽车行驶状况进行自动控制，减振器的减振力控制也用来抑制汽车行驶和停驶时车身姿态的变化。电控液压悬架（即是油气式主动悬架）是根据各传感器的信号，利用液压部件主动地控制汽车的振动。

3）根据控制的目的不同，电控悬架可分为

（1）电控变高度悬架系统；

（2）电控变刚度悬架系统；

（3）电控变阻尼悬架系统；

（4）综合控制悬架系统。

现在的悬架系统，大多数是前三种控制的综合，以最大限度地提高行驶稳定性和乘坐舒适性。

3．电控悬架系统的组成与工作原理

电控悬架系统（EMS）主要是由传感器、电控模块和调节悬架的执行元件组成，如图9–52所示。

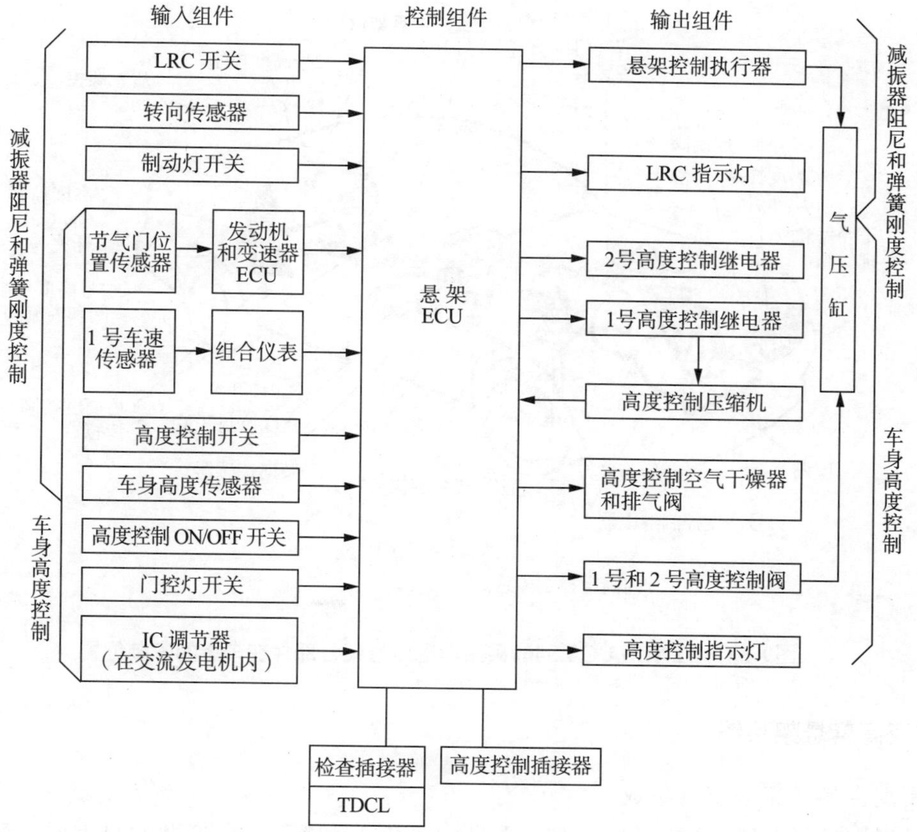

（注：LRC（Lexus Ride Control）为LEXUS汽车行驶平稳性控制）

图9–52 LEXUS LS400乘用车电控悬架系统控制方框图

1）传感器

传感器的主要作用是将汽车行驶的速度、起动、加速度、转向、制动和路面状况、汽车振动状况、车身高度等信号输送给电控模块。汽车悬架系统所使用的传感器主要有车身加速度传感器、车身高度传感器、车速传感器、方向盘转角传感器、节气门位置传感器和控制开关等。

2）电控模块

电控模块（EMS ECU）接收各种传感器的输入信号并进行各种运算，然后给执行器输出控制悬架的刚度、阻尼力和车身高度的信号。同时，EMS ECU 还监测各传感器的信号是否正常，若发现故障，则存储故障码和相关参数，并点亮故障指示灯。

3）执行元件

通常所用的执行元件是电磁阀、步进电动机和气泵电动机等。当执行元件接受到EMS ECU 的控制信号后，及时准确地动作，从而按照要求调节悬架的刚度、阻尼力和车身高度。

EMS车身高度传感器采集前后车身的高度信号；转向传感器（方向盘转角传感器）采集汽车行驶

方向信号；节气门位置传感器采集驾驶人加或减速信号；车速传感器采集汽车行驶速度信号。传感器和控制开关向EMS ECU输入车身以及汽车行驶的状态信息，EMS ECU接收传感器和控制开关输入的电信号，并向执行元件发出控制指令。执行元件产生一定的机械动作，从而改变车身高度、空气（或液压）弹簧的刚度或减振器的阻尼。不同汽车EMS的功能与结构组成有所不同，丰田LEXUS UC LS400 F10车型的电控空气悬架的部件在车上的安装位置，如图9–53所示。

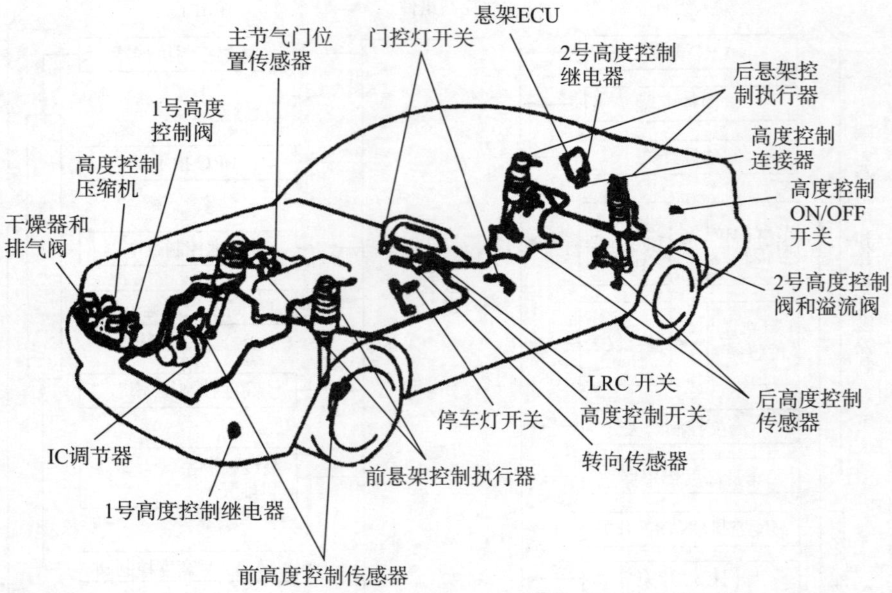

图9–53　LEXUS UC LS400乘用车电控悬架各部件在车上的安装位置

9.4.2　电控变高度悬架系统

1. 变高度控制悬架系统的组成

车身高度控制系统的主要功用是当车内乘员或载荷变化时，自动调节车身高度，使汽车行驶姿态稳定，从而提高乘坐舒适性。车身高度控制系统分为两大类型，一类是仅对两个后轮悬架进行控制；另一类是对全部四个车轮的悬架进行高度控制。两种类型的控制原理基本相同。

目前，汽车普遍采用的车身高度控制系统组成如图9–54所示，它由四只高度传感器（每个普通减

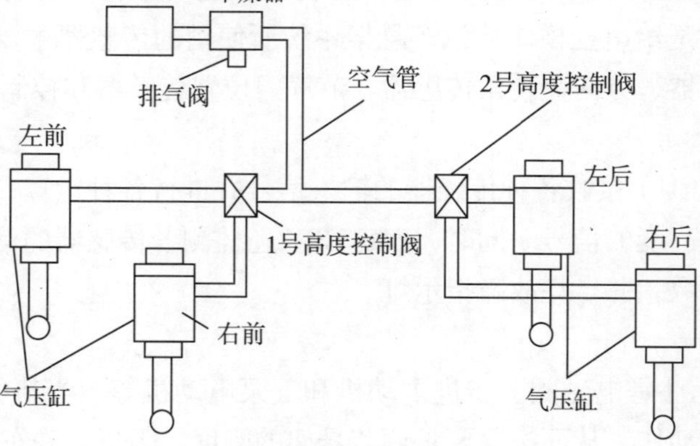

图9–54　车身高度控制系统组成

振器下面各设一只）、控制开关、电控单元EMS ECU、高度调节执行器（包括四个气压缸、两只高度控制电磁阀、空气压缩机、干燥器和空气管路）等组成。

1）空气压缩机总成

空气压缩机总成包括空气压缩机、排气电磁阀、干燥器、电动机等。空气压缩机的作用是为升高汽车悬架高度提供所需的压缩空气。空气干燥器用于去除系统内由于空气压缩而产生的水分。排气电磁阀安装于空气干燥器的末端，为一电磁阀。在汽车悬架高度需要下降时，排气电磁阀打开，压缩空气通过空气干燥器，再经过排气电磁阀排入大气中。

2）高度控制电磁阀

高度控制电磁阀安装于空气干燥器和气压缸之间，为一电磁阀。用于控制汽车悬架的高度调节。高度控制电磁阀由电磁阀、阀体等组成。高度控制电磁阀的结构，如图9–55所示。1号高度控制阀是控制前悬架的，2号高度控制阀是控制后悬架的。

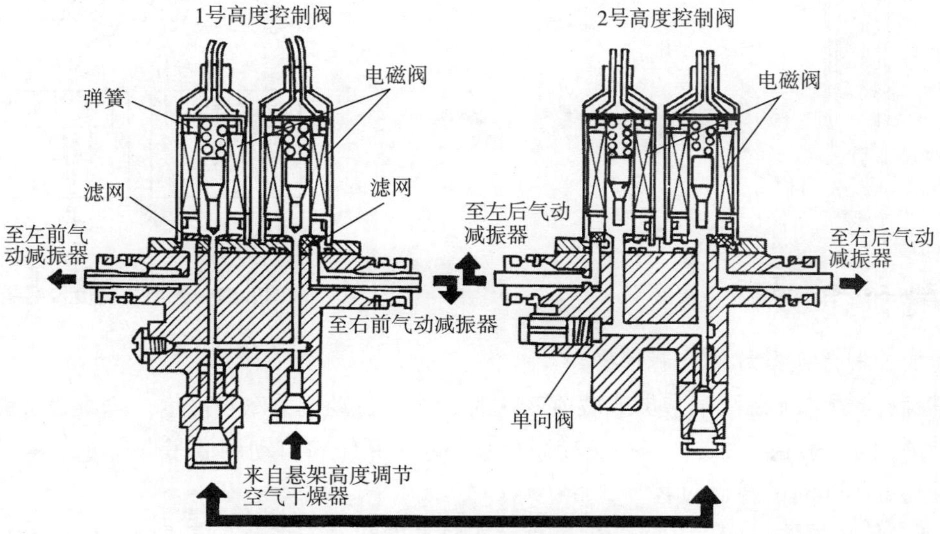

图9–55 高度控制电磁阀结构图

在汽车悬架高度需要上升时，高度控制电磁阀接通，排气电磁阀关闭，向气压缸充入压缩空气，使汽车悬架升高。在汽车悬架高度需要下降时，高度控制电磁阀接通，排气电磁阀打开，压缩空气通过空气干燥器排入大气中。

3）气压缸

气压缸安装于减振器的上端，与普通减振器一起构成悬架支柱，上端与车架相连，下端安装在悬架摆臂上，如图9–56所示。

4）车身高度传感器

高度传感器的作用是检测车身高度及因路面不平引起的每个悬架的位移量，并将之转换成电信号输入到EMS ECU。高度传感器有光电式、线性式和霍尔效应等类型，现在应用最广泛的是光电式数字车身高度传感器，光电式高度传感器，如图9–57所示。

光电式高度传感器将信号送到EMS ECU，EMS ECU就可以检测出车身高度的变化。根据传感器内使用的遮光器数量，通过各遮光器通/断信号的组合，可把车身高度分为不同数量的区域，以便对车身高度进行精确的控制。

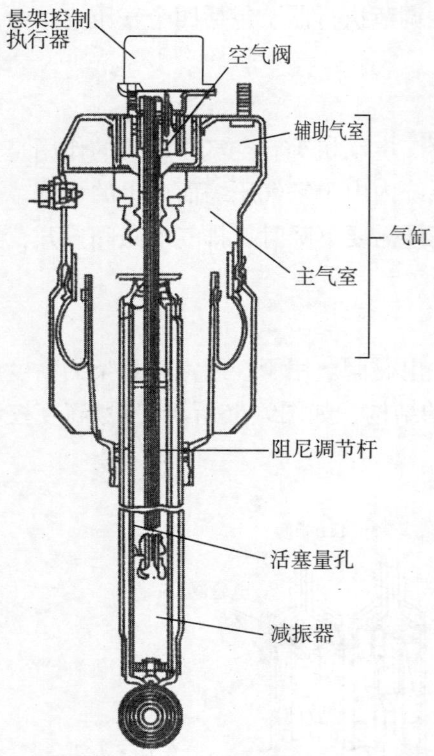

图9–56　空气弹簧和减震器

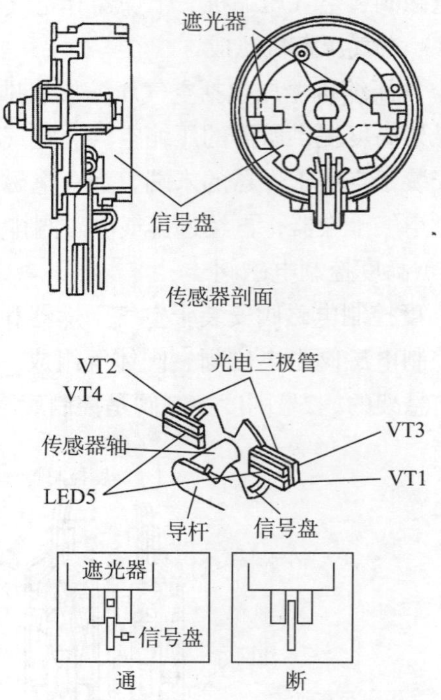

图9–57　光电式高度传感器

2．变高度控制悬架系统的控制过程

变高度控制悬架系统在汽车乘员或载荷变化时，能够自动调节车身高度。当乘员或载荷增加时，系统将自动调高车身高度；反之，当乘员或载荷减小时，系统将自动调低车身高度。

1）车身高度不变时的控制过程

当车身高度传感器输入EMS ECU的信号表示车身高度在设定高度范围内时，EMS ECU将发出指令使空气压缩机停止转动，气压缸空气量保持不变，车身高度保持在正常位置。

2）车身高度降低时的控制过程

当EMS ECU接收到车身高度“偏低”或“过低”的信号时，立即向压缩机继电器和高度控制电磁阀发出电路接通指令，在接通高度控制空气压缩机继电器电路使压缩机运转的同时，接通高度控制电磁阀线圈电路使电磁阀打开，压缩空气进入气压缸，气压缸充气量增加便使车身高度上升。

3）车身高度升高时的控制过程

当EMS ECU接收到车身高度“偏高”或“过高”的信号时，立即向空气压缩机继电器发出电路切断指令，并向排气阀和高度控制电磁阀发出电路接通指令，压缩机电动机停止运转，排气阀和高度控制电磁阀线圈电路接通而使电磁阀打开，空气从气压缸、经高度控制电磁阀、空气软管、干燥器、排气阀排出，气压缸空气量减少使车身高度降低。

9.4.3　电控变刚度悬架系统

1．变刚度悬架系统的组成

在部分乘用车、越野汽车和大型豪华客车上采用的电控悬架系统中，每个车轮上都采用了空气弹簧和普通减振器，其总成的结构，如图9–56所示。

变刚度空气弹簧悬架系统也是由高度传感器、控制开关、EMS ECU、刚度调节执行器（气压缸、高度控制电磁阀、空气压缩机、干燥器和空气管路）等组成。它与变高度空气弹簧悬架系统的组成基本相同，主要区别在于空气弹簧气压缸的内部结构及其调节机构有所不同。

在汽车行驶过程中，为了防止或抑制车身出现“栽头”、“侧倾”、“下坐”等现象，需要调节相应悬架的高度和减振器的阻尼。例如，当汽车紧急制动时，为了抑制“栽头”现象，悬架控制电控单元EMS ECU将根据制动灯开关接通信号和车速传感器提供的车速高低信号，向前空气弹簧执行元件发出指令使减振阻尼力和弹簧刚度设置到“硬”状态。

2. 空气弹簧悬架刚度的调节原理

当空气阀转到图9–58（a）的位置时，主、副气室的气体通道被打开，主气室的气体经空气阀的中间孔与副气室的气体相通，相当于空气弹簧的工作容积增大，空气弹簧的刚度为“软”。

当空气阀转到图9–58（b）的位置时，主、副气室的气体通道被关闭，主、副气室之间的气体不能相互流动，此时的空气弹簧只有主气室的气体参加工作，空气弹簧的刚度为“硬”。

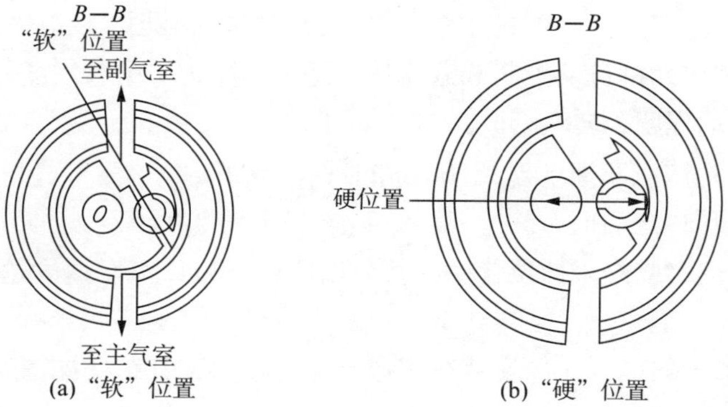

图9–58 空气阀的位置

9.4.4 电控变阻尼悬架系统

1. 变阻尼悬架系统的组成

在电控悬架系统中，最常用的是变阻尼悬架系统。改变减振器阻尼的悬架系统相对于使用空气弹簧的悬架系统有许多优点，最突出的优点是质量轻，因为空气弹簧悬架系统需要空气压缩机和干燥器，使整车质量大大增加，而变阻尼悬架系统只增加了电控元件和改变减振器阻尼的执行元件的质量。

变阻尼电控悬架系统由车速传感器、转向盘转角与转动方向传感器、节气门位置传感器、减振器工作模式选择开关（在仪表板上）、制动灯开关、空挡启动开关（装备自动变速器的汽车）、EMS ECU和阻尼调节执行器等组成。

变阻尼悬架系统采用的控制方式分为以下三种:

（1）根据汽车行驶状况进行控制；

（2）根据驾驶人选择的运行模式进行控制；

（3）根据汽车行驶状况和驾驶人选择的运行模式进行控制。

2. 减振器阻尼控制机构的结构特点

1）运行模式选择开关

EMS减振器阻尼的工作模式选择开关又称为运行模式选择开关，用于选择减振器阻尼的工作模式。驾驶人选择的工作模式不同，减振器阻尼的状态也不相同。减振器阻尼的状态一般设有“标准”、“中等硬度”和“坚硬”三种。例如，丰田汽车电控悬架系统调节减振器阻尼的工作模式有“NORM（标准）”和“SPORT（运动）”两种，驾驶人可以根据汽车运行条件，操作仪表盘上的工作模式开关进行选择。当仪表板上的模式开关处于“NORM（标准）”位置时，电控单元将使减振器保持“柔软”状态工作。但是，当汽车速度超过120 km/h，如果模式开关处于“NORM（标准）”位置，那么控制单元将自动控制减振器变为“中等硬度”状态工作。当车速下降到100 km/h时，控制单元再将自动控制减振器变为“柔软”状态工作。

当驾驶人选择“SPORT（运动）”模式时，EMS ECU将控制减振器处于“中等硬度”状态工作。

在以下条件时，EMS ECU将使减振器从“柔软”或“中等硬度”变为“坚硬”状态工作：

（1）转向盘转角转向传感器显示汽车急转弯时；

（2）车速传感器和节气门位置传感器显示汽车在低于20 km/h的速度下急加速时；

（3）车速传感器和制动灯开关显示汽车在高于60 km/h的速度下制动时；

（4）车速传感器和空挡启动开关显示汽车在低于10 km/h的速度下，自动变速器从空挡或停车挡换入任何其他挡位时。

在下列条件下，控制单元将自动控制减振器从“坚硬”变为“中等硬度”或“柔软”状态工作：

（1）根据转向盘转动程度，转弯行驶2 s或2 s以上时；

（2）加速时间达到3 s或汽车速度达到50 km/h时；

（3）制动灯开关断开2 s之后时；

（4）自动变速器从空挡或停车挡位置换入其他挡位达到3 s或汽车速度达到15 km/h时。

2）变阻尼执行元件

汽车电子调节悬架系统的执行元件安装在减振器支柱顶部，其结构如图9-59所示。

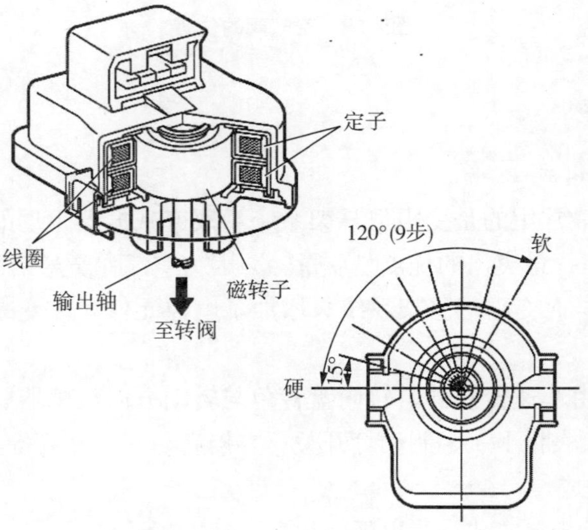

图9-59 变阻尼减振器的执行单元

所有减振器上变阻尼执行元件的电路均为并联连接，并由EMS ECU控制工作。减振器的阻尼力根据减振器内活塞杆量孔液压油的数量改变而变化。活塞杆上下伸缩运动时，具有黏性的液压油通过活塞孔产生阻力：当活塞上下运动较慢时，阻尼力小；当快速运动时，就会产生很大的阻尼力。从机械原理上讲，节流孔越大，阻尼力越小；油的黏度越大，阻尼力越大。旋转阀上有两对通孔，活塞杆上也有两对通孔。旋转阀旋转可打开或关闭其相对于活塞杆上的通孔。两孔重合时，开启通孔，增加了液压油的流通面积，从而调节了减振器内液压油流过活塞节流孔的流量，起到了控制减振器阻尼力的作用。

3 减振器阻尼的控制过程

1）阻尼“较弱”的控制过程

当EMS ECU根据传感器和控制开关信号确定阻尼为“较弱”状态时，向步进电机发出控制指令使小齿轮驱动扇形齿轮转动，扇形齿轮将同时带动阻尼调节杆和旋转阀转动，旋转阀上阻尼孔与活塞杆上减振油液孔的相对位置，如图9-60所示。由于*A*-*A*和*B*-*B*截面上的两对阻尼孔全部打开，允许减振油液以很快的速度流过活塞，因此，减振器能很快伸缩，使阻尼处于“较弱”状态。

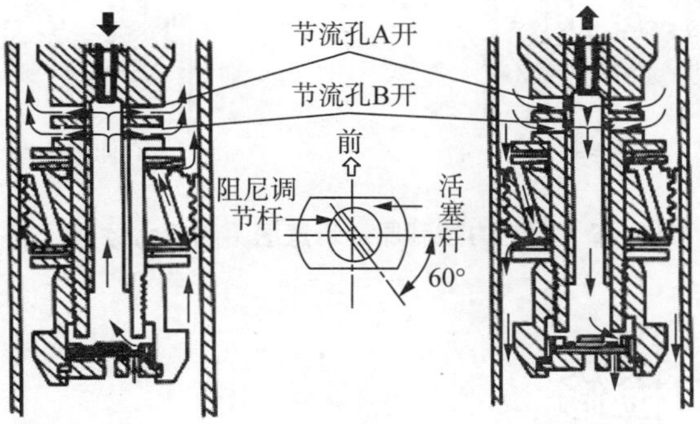

图9-60 阻尼力控制原理示意图（阻尼力较弱时）

2）阻尼“中等”的控制过程

当EMS ECU根据传感器和控制开关信号确定阻尼为“中等”状态时，步进电机通过小齿轮驱动扇形齿轮转动阻尼调节杆和旋转阀，旋转阀上的阻尼孔与活塞杆上的减振油液孔的相对位置，如图9-61所示。由于只有*B*-*B*截面上的阻尼孔打开，允许减振油液流过活塞的流动速度不快也不慢，因此，减振器能以缓慢速度伸缩，使阻尼处于“中等”状态。

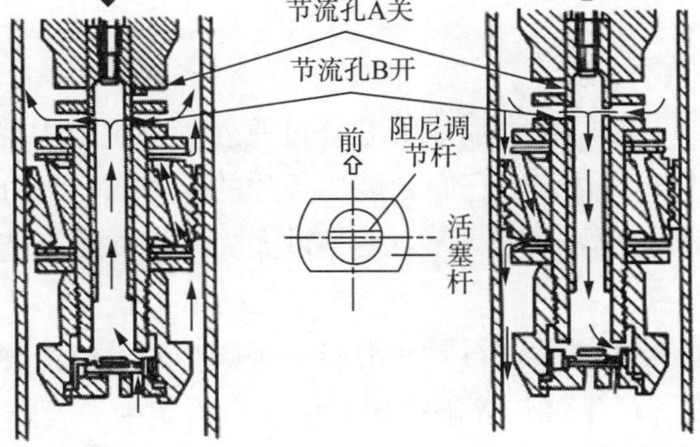

图9-61 阻尼力控制原理示意图（阻尼力中等时）

3）阻尼“较强”的控制过程

当EMS ECU根据传感器和控制开关信号确定阻尼为“较强”状态时，步进电机通过小齿轮驱动扇形齿轮转动阻尼调节杆和旋转阀，因转阀上的阻尼孔与活塞杆上的减振油液孔的相对位置如图9-62所示。由于两对阻尼孔全部关闭，减振油液流动缓慢，因此减振器伸缩缓慢，使阻尼处于“较强”状态。

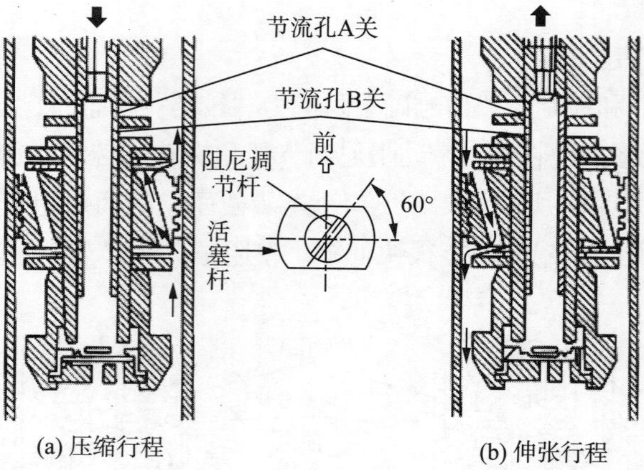

图9-62　阻尼力控制原理示意图（阻尼力较强时）

9.5　悬架系统的检修

悬架技术状况变差，首先影响汽车的减振性，增加汽车的冲击载荷，加剧汽车零部件的损坏，也增加了运输中的货损货耗。更重要的是破坏了车轮正常的运动状态造成汽车的操纵性能、制动性能变差，对交通安全构成潜在威胁。

悬架的主要损伤形式是弹簧弹力下降、弹簧断裂和减振器失效。

9.5.1　非独立悬架的检修

非独立悬架损伤形式主要有，钢板弹簧弹力衰退、断片和减振器失效。除增加汽车零件的冲击载荷，破坏汽车的减振性能之外，还会产生“前轮定位效应”，影响汽车的操纵性能、制动过程中方向的稳定性，加剧轮胎的磨耗。

1. 钢板弹簧的检修

造成钢板弹簧断片的原因，除结构上形成的卷耳过渡处等部位应力集中外，与钢板热处理品质、钢板弹簧定位卡缺少或固定不好也有关，它们会破坏各片的应力的合理分配，造成局部应力集中而使整架钢板弹簧弹力减退，引起两侧钢板弹簧弹力差异过大。钢板弹簧不能有裂纹、折断，否则应更换新件。

汽车在维修时应向钢板弹簧片间涂抹石墨润滑脂，否则会增加钢板弹簧工作时层片间的摩擦而产生高温。提高片间的摩擦温度，产生烧灼淬硬组层，引起应力集中导致断片。

钢板弹簧的维护作业是检查紧固U形紧固螺栓。紧固力矩必须符合原厂规定，绝非越紧越好。若发现断片，钢板弹簧固定卡、隔套、卡子螺栓缺少时应及时进行修复。二级维护时，向片间涂抹石墨润滑脂。另外，钢板弹簧禁止加片，不得将长片裁成短片代用。

钢板弹簧弹性减弱，表现在弧高的减小。因此，检验其弧高的变化，即可判断出钢板弹簧弹性的减弱的程度。检验方法，一般在弹性试验器上检验有负荷或无负荷下弧高的减小量；也可用样板（新片）进行靠合试验。要求左、右钢板弹簧的总片数相等，总厚度差不大于5 mm，弧高差不大于10 mm。

2．减振器的检修

减振器主要损伤形式是缺减振油和减振器失效。减振器在检查时应固定住减振器，上下运动活塞杆时应有一定阻力，而且向上比向下的阻力要大些。若阻力过大，应检查活塞杆是否弯曲；若无阻力，则表示减振器油已漏光或失效，必须更换。

车辆行驶时，有缺陷的减振器会发出冲击噪音，因此应更换减振器。减振器为免维护机件，减振器外面有轻微的油迹，不必更换减振器。如有大量油迹即漏油时，减振器在压缩到底或伸展时会产生跳动现象，这时需要更换减振器。

减振器安装后，应在减振器性能试验台上进行试验。当试验行程为100 mm，试验频率为 100次/min时，复原行程的最大阻力应为2 156～2 646 N，压缩行程的最大阻力为392～588 N，同时应检查有无漏油现象。

无试验条件时，可上下往复推拉减振器2～3次，试验其阻力是否恢复。拉伸时，应感到有沉重阻力，压缩时的阻力较轻，且推拉中阻力均匀、无卡滞及明显的空行程。加满减振液（禁止以制动液代替）后，平放12～24 h应无渗漏。

9.5.2 独立悬架的检修

独立悬架常用在汽车的前桥上，独立悬架的检修包括：弹性元件、减振器、横向稳定杆等，其弹性元件多为螺旋弹簧。在非独立悬架的检修中已涉及减振器检修，因此，不再重复。

1．螺旋弹簧的检修

螺旋弹簧的检修主要是检查螺旋弹簧的自由长度，如自由长度比标准长度缩短了5%，则表示弹簧已经永久变形，刚度变差，必须更换。更换时要同时更换左、右两个螺旋弹簧，以保持车辆两侧高度相同。若螺旋弹簧上有裂纹也要更换。

2．横向稳定杆的检修

检查横向稳定杆有无变形或裂纹，若存在变形或裂纹，不允许在前悬架支承和导向装置部件上进行焊接或矫直修复，只能更换新件。另外，需要检查横向稳定杆的橡胶支座和橡胶衬套的损坏和老化情况，若损坏需要及时更换。

独立悬架主要损耗形式是转向节及其支撑、定位杆系的铰销磨损过大；杆系变形、裂纹；悬架弹簧弹力衰退、断裂；减振器失效；橡胶消音垫损坏，润滑不良等。独立悬架损耗会引起前轮摆动，车轮反向垂直跳动，汽车舒适性变差，转弯时车身倾斜严重，噪声过大等故障。维护作业一般是加注润滑脂，检视杆系零件与弹簧有无断裂，检视减振消音橡胶零件的磨耗状况或更换，调整各铰接部位及其他配合部位的间隙等。独立悬架故障会造成前轮定位参数偏差，所以独立悬架维修与调整前轮定位合并进行。

9.5.3 悬架系统常见故障现象

（1）汽车正常行驶中，前后悬架发出异常噪音或敲击声。

可能原因：减振器损坏、横向稳定杆或减振器固定不良、车轮轮毂轴承松动、减振弹簧断裂、球头磨损或固定不良等。

（2）汽车行驶过程中，颠簸严重，尤其在坏路面上时更为明显。

可能原因：减振器失效、减振弹簧老化或断裂等。

本章小结

（1）悬架系统的功用：支承车桥上的车身，使车身与车轮之间保持适当的几何关系；并能传力和吸收、减缓振动。

（2）悬架系统由弹性元件、减振器和导向装置三部件组成。

（3）汽车质量分为簧载质量和非簧载质量（或称簧上质量和簧下质量），簧载质量大，乘坐舒适性好；非簧载质量小，车辆行驶平顺性好。

（4）汽车悬架系统所使用的弹性元件分为金属弹簧（如钢板弹簧、螺旋弹簧和扭杆弹簧）和非金属弹簧（如橡胶弹簧和气体弹簧）。

（5）减振器的基本工作原理是利用油液流动产生的阻尼力来消耗冲击振动的能量。减振器与弹性元件是并联连接。

（6）对减振器的要求：在悬架压缩行程内，减振器阻尼力应较小；在悬架伸张行程内，减振器的阻尼力应较大。

（7）减振器按工作原理分为单向作用式减振器和双向作用式减振器。按结构可分双筒式减振器和单筒式减振器。按工作介质分液压式减震器和充气式减振器。

（8）汽车悬架可分为两大类：非独立悬架和独立悬架。非独立悬架的结构特点是两侧车轮安装在一根整体式车桥上，车轮和车桥一起通过弹性元件悬挂在车架（或车身）下面。独立悬架是两侧车轮各自独立地通过弹性元件悬挂在车架（或车身）下面，其配用的车桥都是断开式车桥。

（9）独立悬架分为横臂式独立悬架、纵臂式独立悬架、车轮沿主销轴线移动的悬架三种。横臂式独立悬架分为单横臂式独立悬架和双横臂式独立悬架；纵臂式独立悬架又可分为单纵臂式和双纵臂式；车轮沿主销轴线移动的悬架又可分为烛式悬架和麦弗逊式悬架。

（10）系统的主要损伤形式是弹簧弹力下降、弹簧断裂和减振器失效。

（11）电控悬架系统（EMS）的功用：为提高乘坐人员的舒适性，可根据需要改变减振弹簧刚度；可根据需要改变减振阻尼力；可根据需要改变车身高度。

复习思考题

1. 判断题

（1）非独立悬架只能用在后桥不能用在前桥。（ ）
（2）钢板弹簧一般是用作非独立悬架汽车的弹性元件。（ ）
（3）汽车悬架中的弹性元件可将振动迅速衰减。（ ）
（4）独立悬架的汽车的车桥都是断开式的。（ ）
（5）扭杆弹簧作为悬架弹性元件的汽车其车身高度可通过悬架调节。（ ）
（6）油气弹簧是利用气体的可压缩性实现弹簧作用。（ ）
（7）独立悬架汽车的非簧载质量比独立悬架的大。（ ）
（8）双向作用减振器在伸张行程产生的阻尼力比压缩行程产生的阻尼力小得多。（ ）
（9）悬架伸张行程中，弹性元件起主要作用。（ ）

（10）在悬架压缩行程中，减振器阻尼力应较小。 （ ）

2. 选择题

（1）汽车悬架是用以连接（ ）。
A．车轮与车桥 B．车轮与车架 C．车架与车桥 D．钢板弹簧与车架
（2）为了提高行驶平顺性，装有渐变刚度钢板弹簧的，其副簧置于主簧的（ ）。
A．上面 B．下面 C．中间 D．上、下两面
（3）独立悬架中，一般采用的弹性元件是（ ）。
A．钢板弹簧 B．螺旋弹簧 C．油气弹簧 D．橡胶弹簧
（4）对于平顺性要求较高的乘用车，一般选用（ ）。
A．独立悬架 B．非独立悬架 C．平衡悬架 D．综合悬架
（5）双向作用筒式减振器在伸张行程产生的阻尼力比压缩行程内产生的阻尼力（ ）。
A．略大一些 B．大得多 C．稍小一些 D．小得多
（6）在悬架压缩行程中，减振器阻尼力应（ ）。
A．较小 B．较大 C．保持 D．根据情况变化
（7）悬架在伸张行程中，起主要作用的是（ ）。
A．弹性元件 B．补偿阀 C．压缩阀 D．减振器
（8）目前汽车上广泛采用的减振器是（ ）。
A．单向作用摇臂式 B．单向作用筒式
C．双向作用摇臂式 D．双向作用筒式
（9）可以调节车架与车轮之间的垂直距离的是（ ）。
A．钢板弹簧 B．螺旋弹簧 C．扭杆弹簧 D．油气弹簧
（10）在装合钢板弹簧时，各片钢板之间应（ ）。
A．涂上机油 B．涂上柴油 C．涂上石墨润滑脂 D．不能涂润滑油

3. 问答题

（1）悬架系统主要有哪些功用？由哪些机件组成？
（2）汽车性能对悬架系统有哪些要求？
（3）悬架的弹簧元件主要有哪些形式？简述其各自的特点。
（4）汽车减振器主要有哪些功用？由哪些零部件组成？
（5）简述减振器的工作过程。
（6）悬架有哪几种类型？简述其各自的特点。
（7）简述轮胎磨损形式及其成因。
（8）简述电控悬架是如何实现变高度、变刚度和变阻尼控制。

10 转向系统

学习目标

知识目标

（1）叙述转向系统的功用、类型、组成及工作过程；
（2）正确描述机械转向系统主要机件的结构及特点；
（3）正确描述动力转向系统的组成及工作过程；
（4）叙述电控式动力转向系统的类型。

能力目标

（1）能对转向系统主要零部件进行检修；
（2）能分析转向系统常见故障的原因。

10.1 概述

10.1.1 转向系统的功用及组成

汽车在行驶中，经常要改变行驶方向。汽车上用来改变行驶方向的机构称为转向系统。汽车行驶方向的改变是由驾驶人通过操纵转向系统来改变转向轮（一般是前轮）的偏转角度来实现的。转向系统不仅可以改变汽车的行驶方向，使其按驾驶人规定的方向行驶，而且还可以克服由于路面侧向干扰力使车轮产生的转向作用，恢复汽车的行驶方向。

尽管汽车转向系统的结构形式多种多样，但都由转向操纵机构（转向盘到转向器之间的零部件）、转向器（也称转向机）和转向传动机构三大部分组成。转向操纵机构的功能是产生转动转向器所必须的操纵力；转向器的功能是将转向盘的回转运动转换为传动机构的往复运动；转向传动机构的功能是将转向器输出的力和运动通过转向臂传递给转向轮。

10.1.2 转向系统的类型及工作过程

汽车转向系统按转向能源的不同分为机械转向系统和动力转向系统。

机械转向系统是以驾驶人的体力作为转向能源，所有传递力的构件都是机械的，可靠性高，但输出的转向力矩相对较小。

前轮为独立悬架时，典型的机械转向系统组成及布置，如图10-1所示。

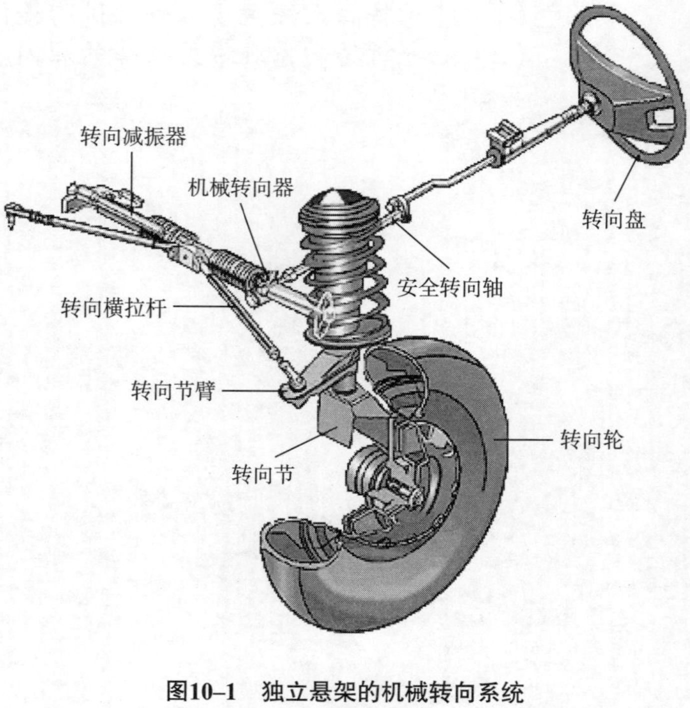

图10-1 独立悬架的机械转向系统

前轮为非独立悬架时，机械转向系统的组成及布置，如图10-2所示。由于转向盘距离转向器较远，二者之间用万向节和传动轴构成的万向传动装置相连。

汽车转向时，驾驶人给转向盘施加一个转向力矩，转向盘以某种角速度向指定方向转动，该力矩

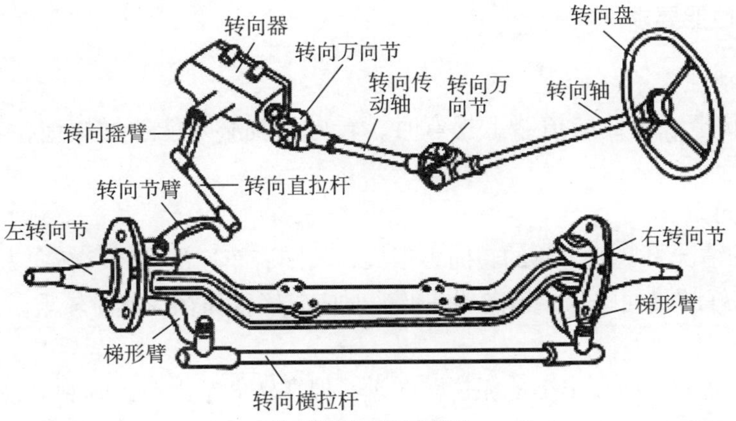

图10–2　机械转向系统示意图

通过转向轴输入给转向器，转向器将转向盘的力矩放大以后传给转向摇臂，再经过转向直拉杆传给左转向节上的转向节臂，使左转向节和它支撑的左转向轮偏转。为使右转向节及其所支撑的右转向轮也随之偏转相应的角度，还设置了转向梯形结构。转向梯形由固定在左、右转向节上的梯形臂和转向横拉杆组成。左转向节带动左梯形臂转动，左梯形臂通过转向横拉杆推动右梯形臂，使右转向节转动。转向结束后，将转向盘回复原始位置，使转向车轮回复直线行驶。

动力转向系统是在机械转向系统基础上加设一套转向助力装置而成，兼用驾驶人体力和发动机动力作为转向能源，也就是大部分转向能源由助力装置提供。助力装置主要有液压助力系统、电控液压助力系统和电动转向系统。动力转向曾经主要用在大型车上，目前，绝大多数商用车和乘用车都采用液压动力转向系统，如图10–3所示。

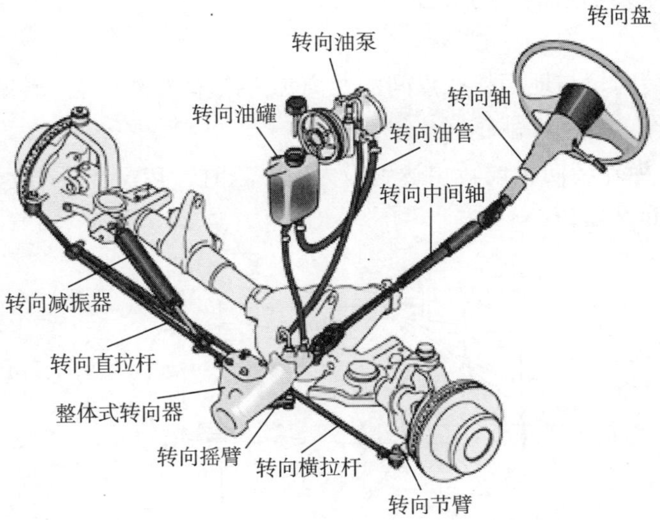

图10–3　动力转向系统

采用动力转向的汽车，在正常情况下转向时，驾驶人操纵机械转向系统，一方面提供转向所需的一小部分能量，另一方面同时带动转向助力器工作，由发动机通过转向助力器提供转向所需的大部分能量，转向助力器失效时，一般还能由驾驶人独立承担汽车转向任务。

10.1.3 转向系统的性能要求

（1）极好的机动性。

当车辆在一条狭窄、弯曲的道路上拐弯时，转向系统必须能够敏捷地，容易且平稳地转动转向车轮。

（2）良好的转向力。

在不采取措施的情况下，停车时的转向力很大，而随着车速的提高，转向力减小。因此，为了得到较容易的转向和较好的路面感觉，转向器在低速时应较轻，而在高速时较重。

（3）平稳恢复。

车辆在转向时，驾驶人必须牢牢地抓住转向盘。但在转向结束后，驾驶人松开转向盘时，转向盘应能平稳地恢复原位，也就是说，车轮有自动返回直线行驶的能力。

（4）将来自路面的冲击减至最小。

不允许出现由于路面不平造成的转向轮控制失灵以及转向轮带动转向盘转动的现象。

10.1.4 转向系统常用术语及参数

1．实现正常转向的条件及转弯半径

为了避免在汽车转向时产生的路面对汽车行驶的附加阻力和轮胎过快磨损，要求在汽车转向时所有车轮做纯滚动。这只有在所有车轮的轴线都相交于一点时方能实现，此交点称为转向中心。从图10-4中可看出，内转向轮偏转角β应大于外转向轮偏转角α。在车轮为绝对刚体的假设条件下，角α和β的理想关系式应是：

$$\cot\alpha = \cot\beta + B/L$$

式中 B——两侧主销轴线与地面相交点之间的距离；

L——汽车轴距。

由转向中心O到外转向轮与地面接触点间的距离称为汽车转弯半径。转弯半径越小，则汽车转向所需的场地就越小，汽车的机动性就越好。

从图10-4中可知，当外转向轮偏转角达到最大值α_{max}时，转弯半径R最小。最小转弯半径R_{min}与α_{max}的关系为：$R_{min}=L/\sin\alpha_{max}$。

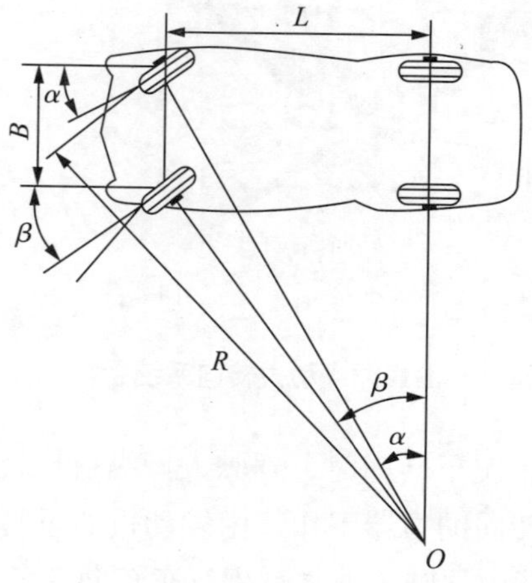

图10-4　双轴汽车转向示意图

汽车的内侧转向的最大偏转角一般在35°~42°，载货汽车的最小转弯半径为7~13 m。

2．转向系角传动比

转向盘转角增量与相应的转向摇臂转角增量之比$i_{\omega1}$称为转向器角传动比。转向摇臂转角增量与转向盘一侧转向节的相应转角增量之比$i_{\omega2}$称为转向传动机构角传动比。转向盘转角增量与同侧转向节相应转角增量之比i_{ω}为转向系统角传动比，$i_{\omega}=i_{\omega1}i_{\omega2}$。

转向系统角传动比i_{ω}愈大，则为了克服一定的地面转向阻力矩所需要的转向盘上的转向力矩便愈小。从而在转向盘直径一定时，驾驶人应加于转向盘的作用力也愈小。但i_{ω}过大，将导致转向操纵不够灵敏，即为了得到一定的转向节偏转角所需的转向盘转角过大。所以选取i_{ω}时应适当兼顾转向省力和转向灵敏的要求。转向传动机构角传动比$i_{\omega2}$的数值较小，对于一般汽车而言，$i_{\omega2}$大约为1。$i_{\omega2}$虽然会随转向节转角不同而有所变化，但一般来说，变化幅度不大。转向器角传动比$i_{\omega1}$，货车的为16~32，乘用车的为12~20。由此可知，转向系统角传动比i_{ω}主要取决于转向器角传动比$i_{\omega1}$。有些转向器的$i_{\omega1}$是常数，有些则是变量。

10.2 机械转向系统

机械转向系统由转向操纵机构（转向盘和转向管柱等）、转向器（齿轮齿条式转向器、循环球式转向器、蜗杆曲柄指销式转向器等）和转向传动机构（转向摇臂、转向直拉杆、转向横拉杆、转向节梯形臂等）三大部分组成。齿轮齿条式机械转向系统和循环球式机械转向系统，如图10–5和图10–6所示。

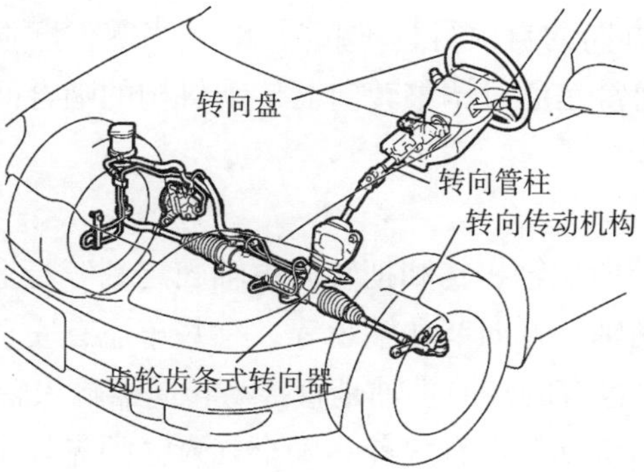

图10–5 齿轮齿条式机械转向系统示意图

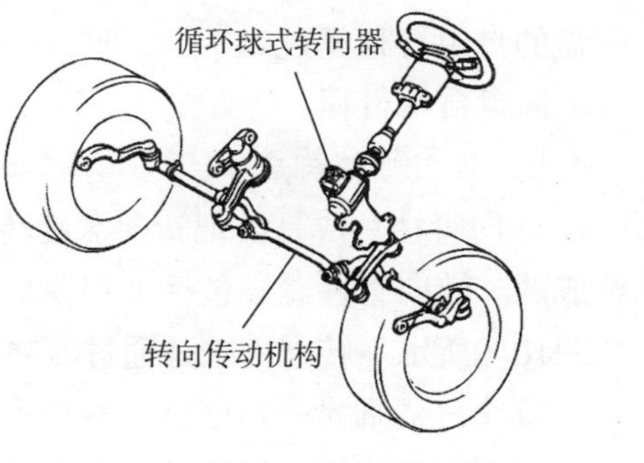

图10–6 循环球式机械转向系统示意图

10.2.1 转向盘和转向管柱

转向系统是从转向盘和转向管柱开始，其作用是允许驾驶人控制车辆的行驶方向。

1．转向盘

转向盘由轮圈、轮辐和轮毂组成。轮辐和轮圈都有由钢、铝或镁合金制的骨架，外表面通过注塑方法包裹一定形状的塑料外层或合成橡胶，以改善操纵转向盘的手感并提高驾驶时的安全性。转向盘轮毂的细牙内花键与转向轴连接，端部通过螺母轴向压紧固定，如图10–7所示。

转向盘上都装有喇叭按钮，很多乘用车的转向盘上还装有车速控制开关和安全气囊。

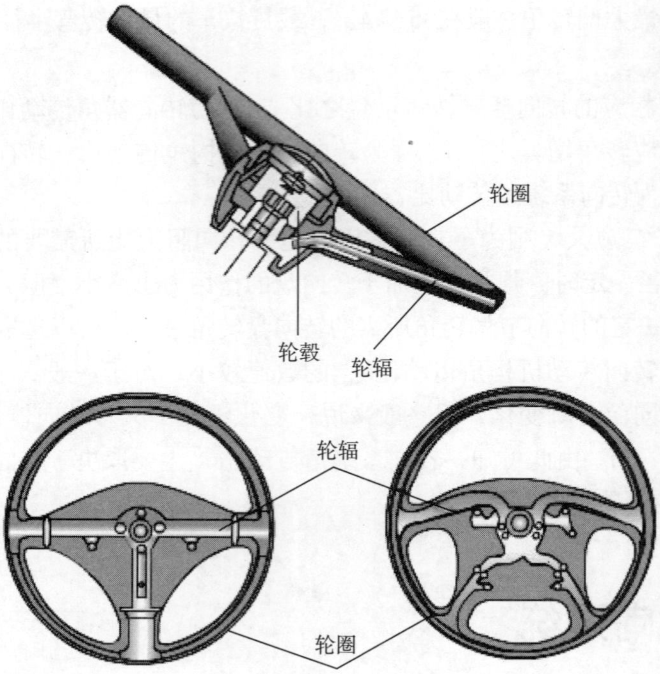

图10-7 转向盘基本结构示意图

由于转向系统各传动件之间都存在着装配间隙，而且这些间隙会随零件的磨损而增大，因此，在一定的范围内转动转向盘时，转向节并不随之同步转动，而是在消除这些间隙并克服机件的弹性变形后，才作相应的转动，即转向盘有一空转过程。转向盘空转过的角度称为转向盘自由行程。

转向盘自由行程对于缓和路面冲击以及避免驾驶人过度紧张是有利的，但过大的自由行程会影响转向灵敏性。一般规定转向盘从直行中间位置向任一方向的自由行程不超过10°。当零件磨损到使转向盘的自由行程超过25°~30°时，则必须进行调整。通常是通过调整转向器传动机构的啮合间隙来调整转向盘自由行程。

2．转向管柱总成

转向管柱总成是由把转向盘旋转传送到转向器的转向主轴机构和把转向主轴固定到车身上的柱管组成的。转向管柱总成包括下列零部件：上管柱、中间轴、万向节和轴承等，有些车还有安全气囊，如图10-8所示。转向主轴是通过万向节和转向器相连，也有的转向主轴是直接与转向器输入轴连接。

安全气囊通常是位于转向盘的中央部位。维修时，拆卸转向盘之前，安全气囊必须先处于解除状态。输入轴和管柱之间的轴承允许输入轴能自由地转动。转向盘是用花键与输入轴相连的。转向管柱通常是溃缩式的，当遇到事故时能防止人员受伤。转向管柱使用螺栓固定在仪表盘的下侧，并连接到转向器和转向传动机构上。

转向盘和转向管柱总成把机械力从驾驶人通过转向器，转向主轴机构传递到转向齿轮机构，再通过转向传动机构传递到前轮上。当转向盘和转向管柱内的转向主轴转动时，此运动就使转向系统转动。

转向管柱中通常包含有一些附加的装置，如点火钥匙机构、转向信号操纵控制杆、巡行车速控制装置、以及风窗玻璃清洗器和刮水器控制器、危险信号指示灯控制器及喇叭的开关等。

除碰撞吸能机构外，在某些车辆上的转向主轴还装有一些转向控制系统，例如，转向锁定机构、倾斜转向机构及伸缩式转向机构等。

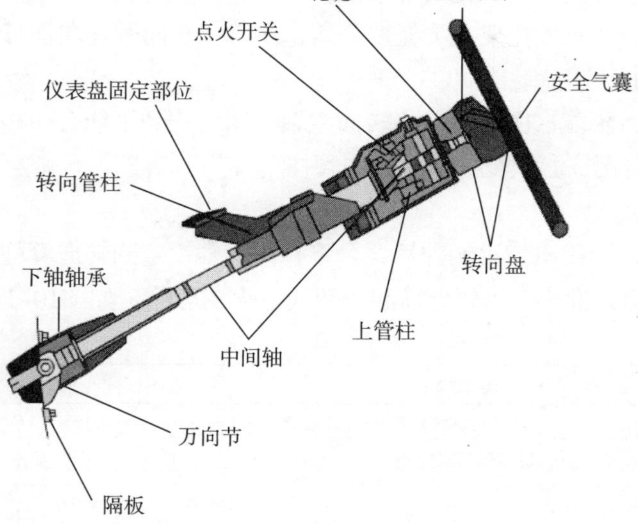

图10-8 转向盘和转向管柱总成结构图

1）碰撞吸能机构

当车辆遭到碰撞时，该机构有两种方法帮助防止转向主轴伤及驾驶人，这两种方法是：在碰撞（初次撞击）时断开；还有当驾驶人由于惯性再次撞向转向盘时，减轻二次撞击的冲击。

碰撞吸能转向管柱类型有弯曲托架型、球型、密封的破碎硅橡胶型、啮合型和波纹管型等。

图10-9为弯曲托架型碰撞吸能机构，由下托架、断开式托架、中间轴和碰撞吸能板组成。转向管柱通过下托架和断开式托架安装在仪表板加强件上。转向管柱和转向器壳体与中间轴连接。

当转向器壳体在一次碰撞（第一次碰撞）过程中移动，中间轴收缩，这样减少转向管柱和转向盘伸进客厢的机会，如图10-10所示。

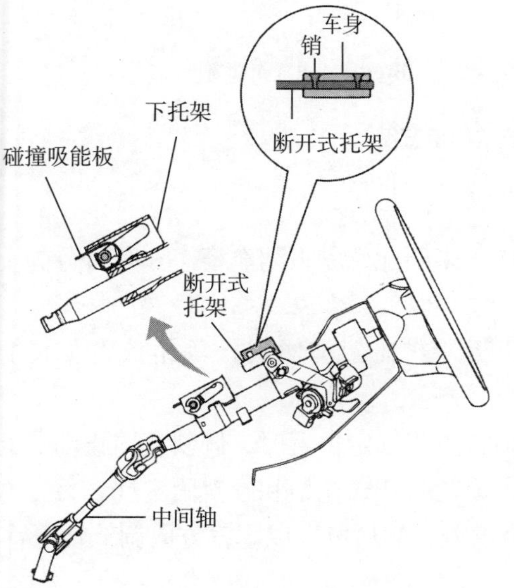

图10-9 转向盘管柱总成的碰撞吸能机构

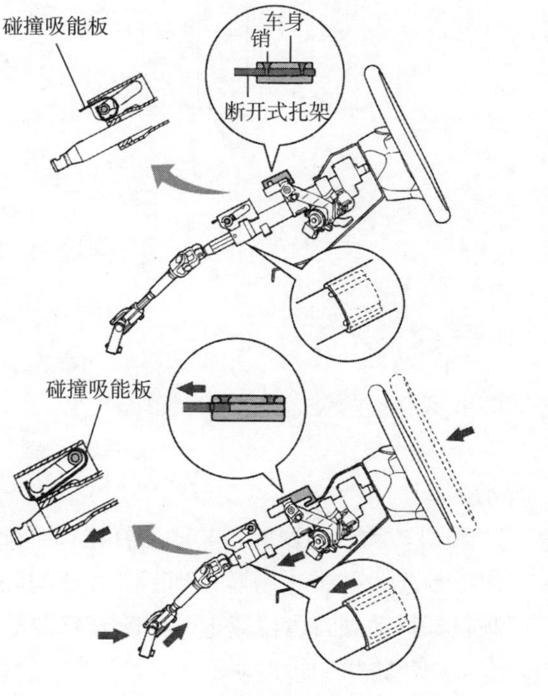

图10-10 转向管柱总成的碰撞吸能原理

再一次撞击（第二次撞击）中，把碰撞动能传递给转向盘时，碰撞吸能机构和驾驶人安全气囊帮助吸收碰撞动能。另外，断开式托架和下托架分离，使整个转向管柱向前移动。此时，碰撞吸能板变形，帮助吸收第二次撞击的碰撞动能。

取下转向盘时，千万不能试图用锤敲打转向主轴，因为用劲可能会使碰撞吸能机构中的销断裂。破损后的转向管柱不可再用，必须更换新的转向管柱。

2）转向锁定机构

这是一种防盗功能，当拔出点火钥匙后，会将转向主轴锁定到转向管柱上，禁止转向盘转动。有两种类型的转向锁定机构：推式点火钥匙筒和按钮式点火钥匙筒，如图10–11所示。

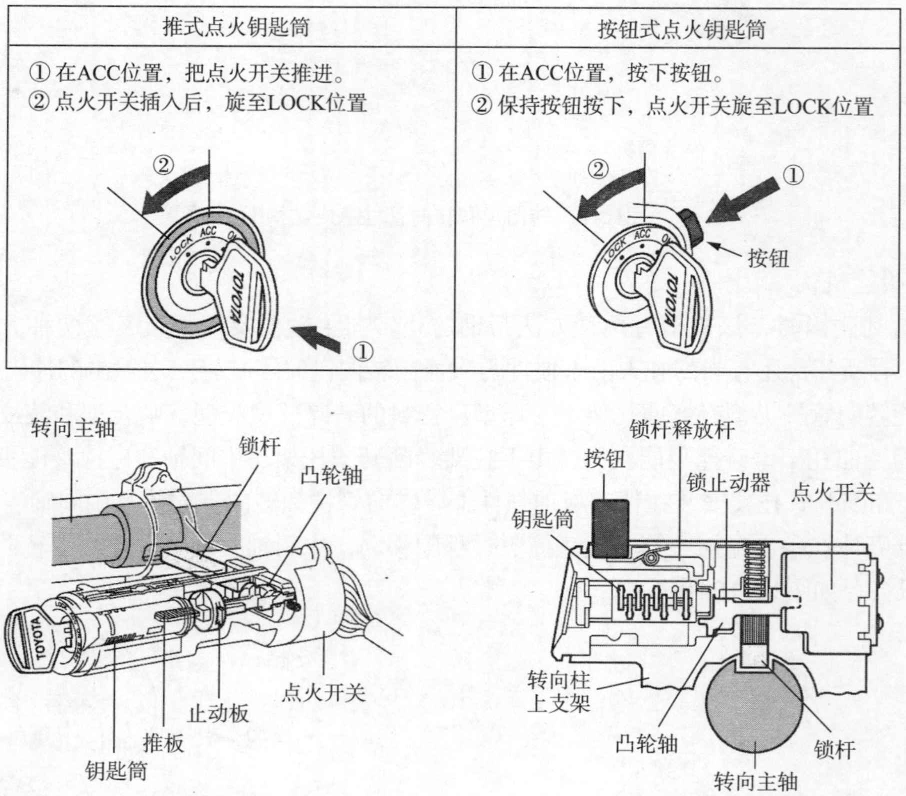

(a) 推式点火钥匙筒　　(b) 按钮式点火钥匙筒

图10–11　转向锁定机构的结构示意图

3）倾斜转向机构

倾斜转向机构可以用来选择转向盘位置（以垂直方向）来匹配驾驶人驾车姿态。其可分为上支点式和下支点式两类，如图10–12所示。

下支点式倾斜转向机构由一对倾斜转动制动器、断开式托架和倾斜杆等组成，如图10–13所示。

倾斜转动制动器旋转与倾斜杆操作一起进行。当倾斜杆处于锁定位置时，倾斜度向止动器的最高点向上抬起，并推止动器顶到断开式托架和倾斜固定件，锁紧断开式托架和倾斜固定件。另一方面，把倾斜杆移动到自由位置上，消除倾斜转动制动器上的高度差，然后可以以垂直方向调节转向管柱。

4）伸缩式转向机构

伸缩转向机构可以向前或向后调整转向盘位置以适合驾驶人的姿态。伸缩机构由滑动轴管、两个

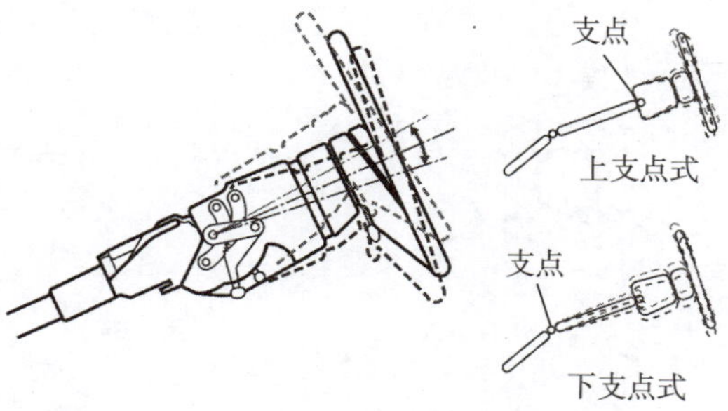

图10–12　上、下支点式倾斜转向机构示意图

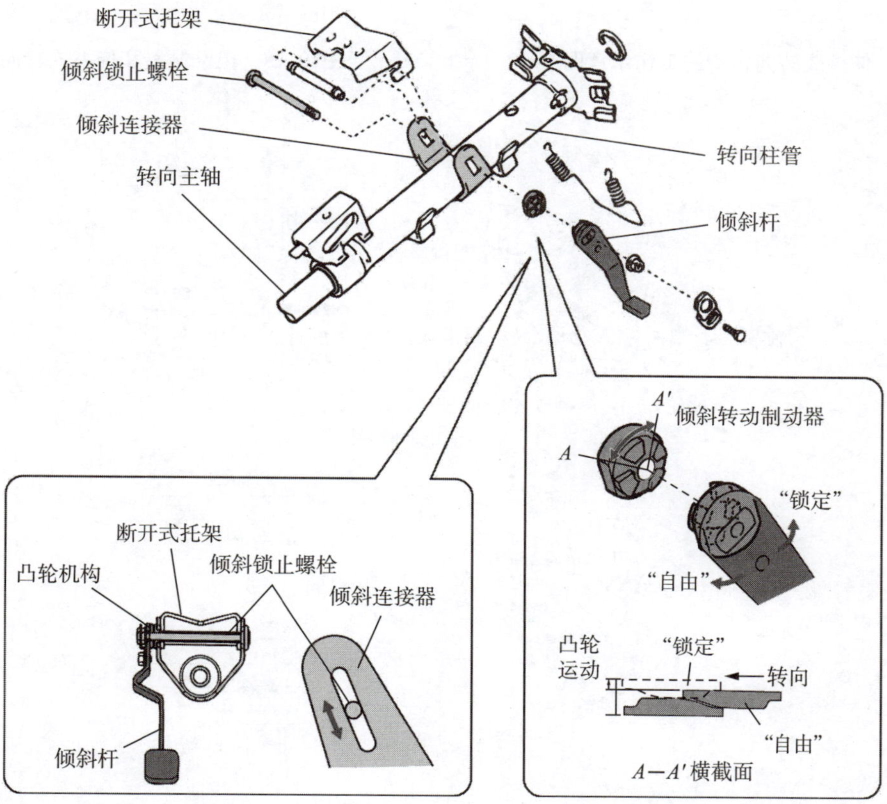

图10–13　下支点式倾斜转向机构的结构示意图

楔形锁定块、止动器螺栓和伸缩调整杆等组成。

楔形锁定块移动和伸缩调整杆操作同时一起进行。当楔形调整杆处于锁定位置时，伸缩调整杆就压住楔形锁定块顶到滑动轴管，锁定滑动轴管。另一方面，当把伸缩调整杆移动到自由位置上时，在楔形锁定块与滑动轴管之间有间隙并且可以把转向管柱向前或向后进行调节，如图10–14所示。

电动倾斜和电动伸缩式转向柱是用电动方式调节倾斜机构和伸缩机构的转向柱，其各机构都使用电机，电机用开关操纵。用于操纵这些电机的开关安装在转向管柱盖板上，如图10–15所示。

电动倾斜机构部分由倾斜电机、倾斜蜗杆轴、倾斜蜗轮蜗杆传动装置和滑动器组成。电动伸缩式转向柱机构部分由伸缩电机、滑动管和伸缩螺杆组成。电动倾斜机构和电动伸缩机构的操作，如图10–16所示。

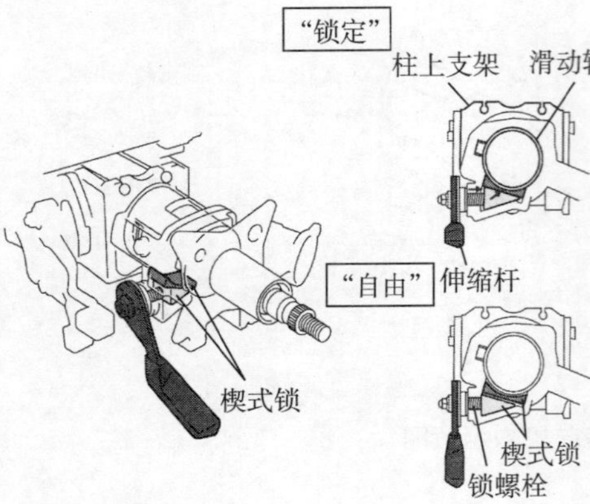

图10-14　伸缩式转向机构的工作示意图

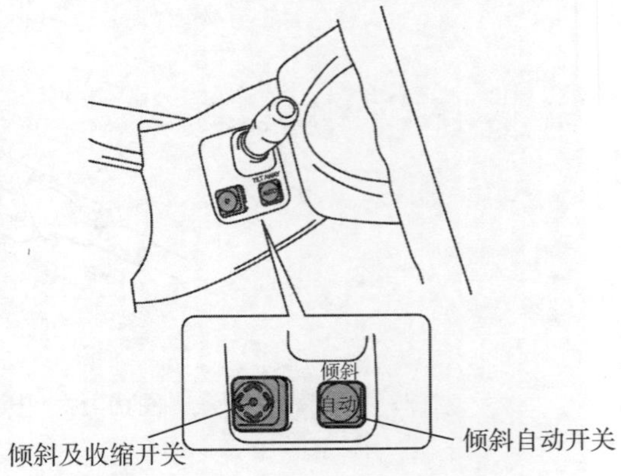

图10-15　电动倾斜和伸缩式转向柱控制开关

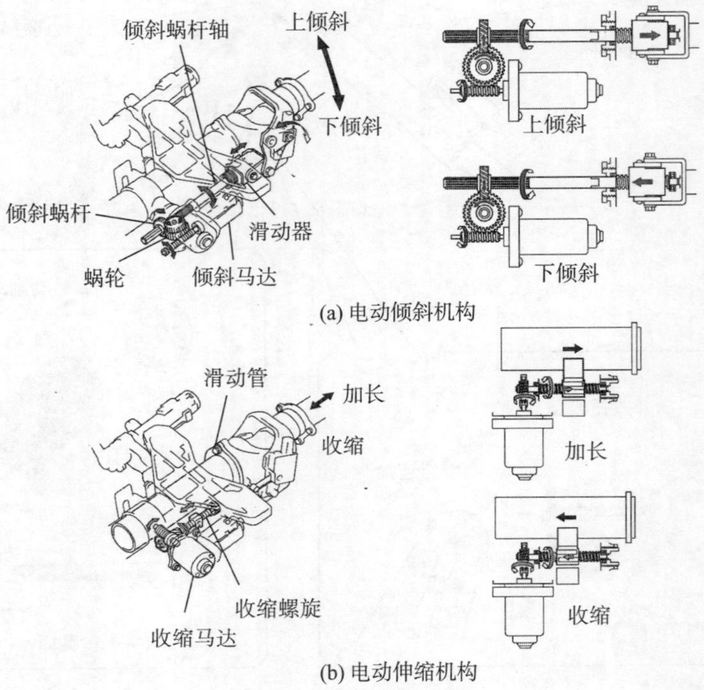

图10-16　电动倾斜和伸缩机构操作示意图

（1）电动倾斜机构操作

操作向上或向下开关来操纵倾斜电机。倾斜蜗轮蜗杆传动装置和倾斜蜗杆轴就开始转动滑动套滑动。与连杆件连接的转向管柱向上或向下倾斜。

（2）电动伸缩机构操作

操作左或右开关来操纵收缩机构电机。蜗轮蜗杆传动装置开始转动，并且滑动管向前或向后滑动。

如果倾斜自动开关处在ON（接通）位置上时，拔出点火钥匙，转向管柱的倾斜位置就自动地移到最高位，而伸缩位置移到驾驶人最短位以达到驾驶人舒适地进出。由于ECU把由传感器读出的转向柱位置储存到存储器里，当再插入点火钥匙时，转向管柱就返回到其原来位置。

10.2.2 转向器

转向器的作用是把转向盘的转动传送到转向传动机构上去，并改变力的传递方向。转向器组件里的传动装置不仅使前轮转向，而且同时起减速齿轮的作用，利用增加输出扭矩来减小转向盘转向用力。减速比也叫做转向比，又称传动效率，它通常在18:1～20:1之间。虽然较大的比能减小转向用力，但转弯时则需更多地转动转向盘。

对齿轮齿条式而言，转向比等于转向盘转动量（以度为单位）与前轮转向角（以度为单位）的比值。循环球式，转向比等于转向盘转动量（以度为单位）与转向摇臂运动（以度为单位）之间的比值。

逆效率高的转向器称为可逆式转向器，这种转向器有利于汽车转向后的自动回正。但它也很容易将坏路面反力经转向传动机构传给转向盘，发生“打手”的情况。逆效率很低的转向器称为不可逆式转向器。不平路面对转向轮的冲击载荷输入到这种转向器中，即由各传动零件承受，而传不到转向盘上。同样，路面作用于车轮的回正力矩也不能传给转向盘，转向轮不能自动回正。此外，驾驶人不能得到路面的反馈信息，丧失所谓的“路感”，无法据以调节转向力矩。由于上述特性，不可逆转向器在汽车上很少采用。

转向器按照动力源的不同，分为机械转向器和动力转向器。机械转向器的结构形式很多，通常按照转向器中传动副的结构类型分类，常用的转向器有循环球式、齿轮齿条式和蜗杆曲柄指销式。其中，齿轮齿条式转向器由于结构简单紧凑，操控轻便灵敏，在乘用车和轻型汽车上应用较广。

1．循环球式转向器

循环球式转向器结构，如图10–17所示。

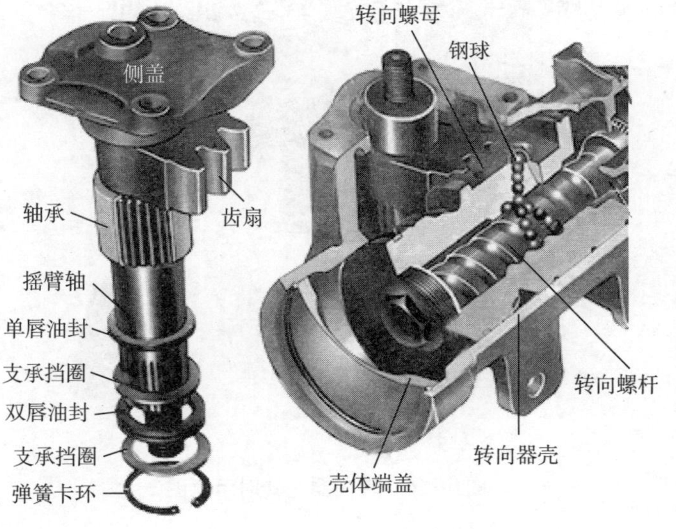

图10–17　循环球式转向器结构示意图

循环球式转向器中一般有两级传动副，第一级是螺杆螺母传动副，第二级是齿条齿扇传动副。通常是用于部分后轮驱动车辆、货车和大多数四轮驱动的车辆上。循环球式转向器也被称为整体式转向器。在螺杆螺母传动副中加进了传动元件——钢球。螺杆转动时，通过钢球将力传给转向螺母，使螺母沿轴向移动。同时，在螺杆、螺母和钢球间的摩擦力矩作用下，所有钢球便在螺旋管状通道内滚动，形成“球流”。

在循环球式转向器中，转向齿轮的功能是把转向盘旋转运动转变为齿轮轴的摆动。

循环球式转向器的传动关系如图10–18所示，转向器处于中间位置，如图10–19所示。

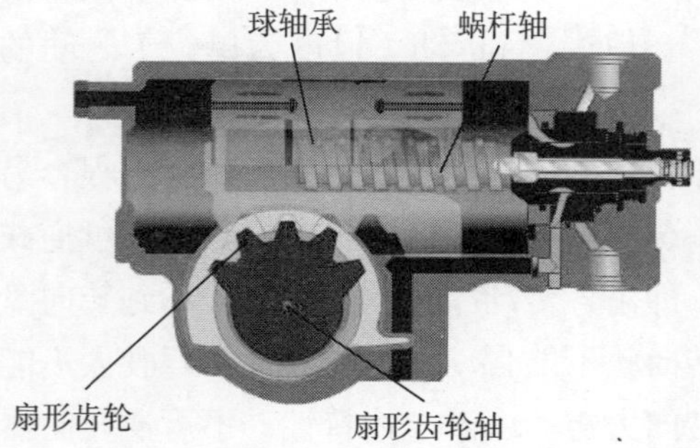

图10–18　循环球式转向器传动关系示意图

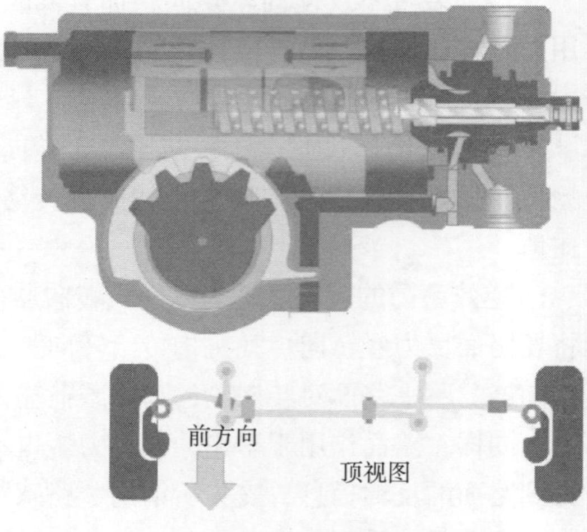

图10–19　转向器处于中间位置示意图

当向左转动时：转向盘和轴使蜗杆齿轮转动，位于蜗杆齿轮和活塞内壁之间的沟槽中的循环球就使活塞运动。活塞上的轮齿与扇形齿轮轴上的轮齿啮合就使扇形齿轮轴转动。当扇形齿轮轴转动时，会带动转向摇臂摆动，从而通过转向传动机构使车轮偏转，如图10–20所示。

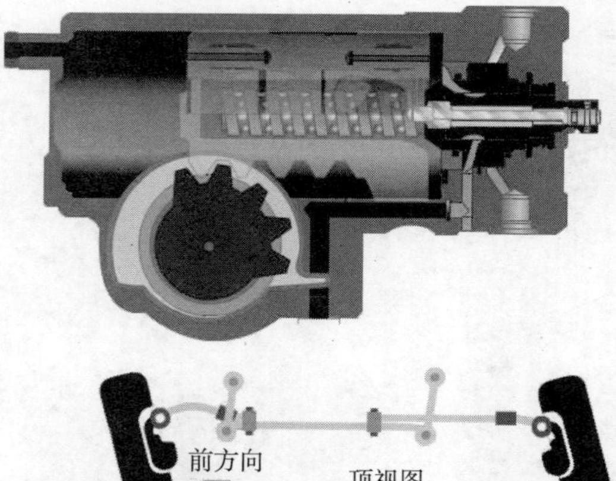

图10–20　转向器左转时示意图

向右转动的工作过程与向左转动相类似，但活塞移动和扇形齿轮转动的方向相反。

循环球转向器特性：正传动效率高（最高可达90%～95%），自动回正作用较好，故操纵轻便，磨损小，使用寿命长。但其逆传动效率也很高，路面冲击力很容易反传递至转向盘上，出现“打手”的感觉，并易发生转向盘抖动和摆振现象。

循环球式转向器的扇形齿轮有定传动比和变传动比两种形式。

定传动比：在定传动比转向器中（图10–21（a）），扇形齿轮的齿形相同，通过整个齿扇或齿条运动范围时传动比保持不变。这表明在转向盘的两个极端范围内，转向盘转动一定量时，齿扇或齿条也运动一定的量，而与位置无关。

变传动比：在变传动比转向器中（图10–21（b）），传动比随机构位置的变化而变化。与定传动比不同，变传动比能使齿扇或齿条运动更多或更少一些，这取决于机构的位置。变传动比是因为轮齿的尺寸改变了，其结果是在不增加中心灵敏度的同时，减少了转向盘在左、右极限位置转动数。这对经常在高速公路上行驶的汽车很重要。当汽车要急转弯时，随车速的降低和转向盘转角的增大，转向器传动比增加，使转向比较轻便。变传动比转向器通常只用于动力转向器中。

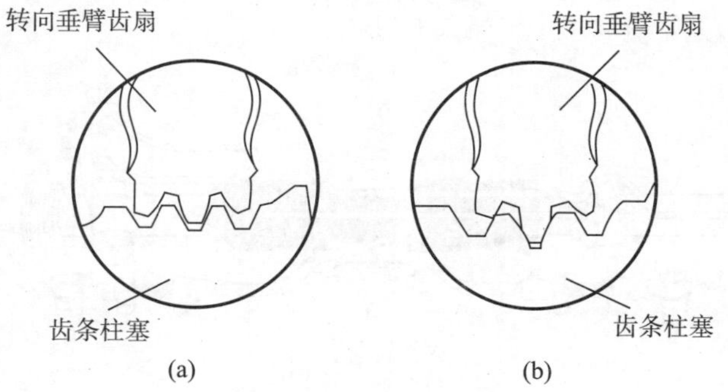

图10–21　转向器左转时示意图

2．齿轮齿条式转向器

齿轮齿条式转向器通常是用于乘用车、微型货车和轻型货车上，适合与麦弗逊式独立悬架配合使用，现在几乎所有乘用车都采用齿轮齿条式转向器系统。采用齿轮齿条式转向器可以使转向传动机构简化（不需要转向摇臂和转向直拉杆等），齿轮齿条无间隙啮合无需调整，而且逆传动效率很高。齿轮齿条式转向器的结构，如图10–22所示。

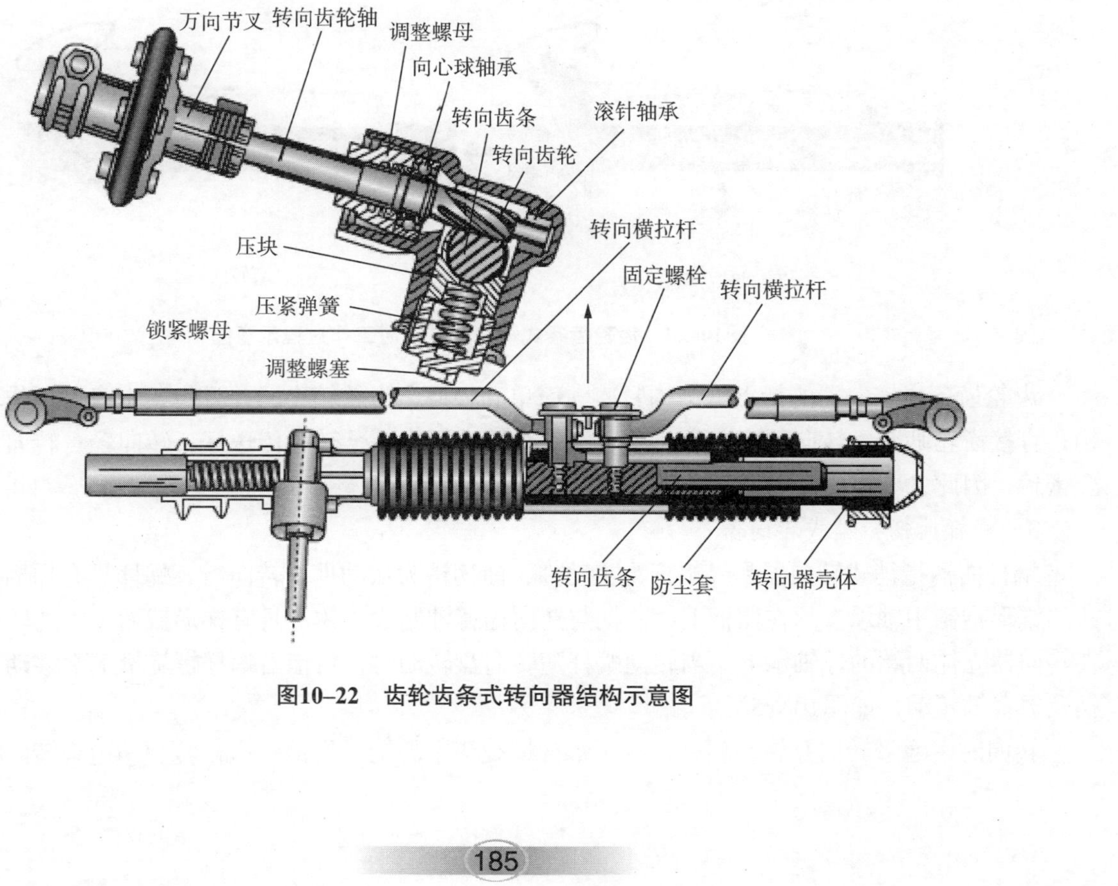

图10–22　齿轮齿条式转向器结构示意图

齿轮齿条转向器设计有端部输出（ETO）和中部输出（CTO）两种类型。每种类型的名称表明了转向横拉杆相对于齿条的位置，如图10–23所示。两种设计功能相同，都能够和机械转向或动力转向系统一起使用。

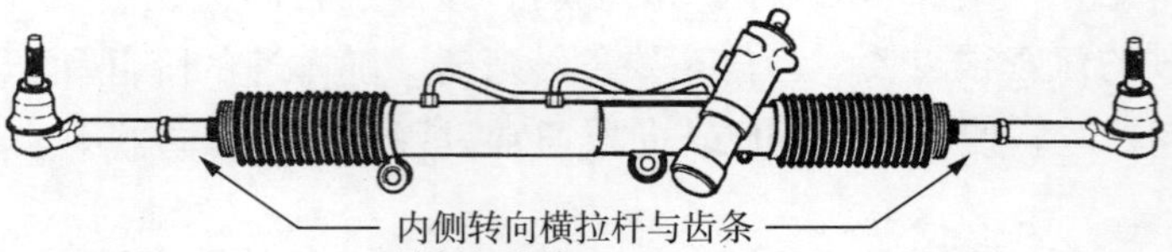

(a) 端部输出

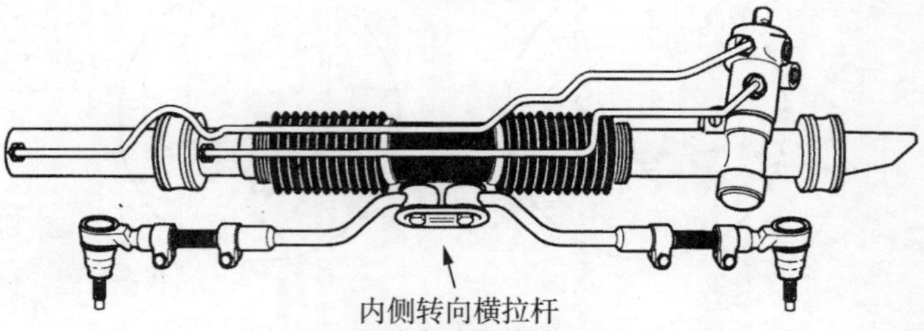

(b) 中部输出

图10–23　齿轮齿条式转向器的类型

齿轮齿条式转向器是把转向盘的旋转运动转变为横向运动。当转向盘转动时，主动齿轮的轮齿就啮合齿条的轮齿，引起齿条的运动。齿条的运动使转向横拉杆移动，带动了车轮的转动。

齿轮齿条转向器右转时的工作过程：右转转向盘时，与主动齿轮啮合的齿条向右移动；齿条的右移使转向横拉杆向右伸；转向横拉杆带动车轮向右转动，实现车辆向右转向，如图10–24所示。左转向时工作过程与上类似，只是齿条通过横拉杆带动车轮向左转动。

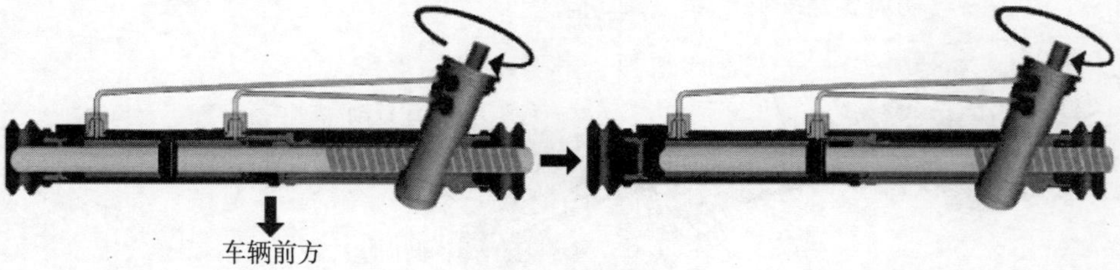

图10–24　齿轮齿条式转向器右转时工作过程示意图

齿轮齿条式转向器的特点：结构紧凑、简单和轻便，齿轮箱小，并且齿条本身可用作转向传动机构；直接齿轮啮合，转向反应非常灵敏；滑动和转动阻力小，转矩传送好，转向轻；转向齿轮组件完全密封，因此，不需要维护。

3．蜗杆曲柄指销式转向器

蜗杆曲柄指销式转向器是以蜗杆为主动件，曲柄销为从动件的转向器。蜗杆具有梯形螺纹。手指状的锥形指销用轴承支承在曲柄上，曲柄与转向摇臂轴制成一体。具有梯形截面螺纹的转向蜗杆支承在转向器壳体两端的球轴承上。当转向蜗杆随转向盘转动时，指销沿蜗杆螺旋槽上下移动，并带动曲柄及摇臂轴转动，如图10–25所示。

转向时，通过转向盘转动蜗杆，嵌于蜗杆螺旋槽中的锥形指销一边自转、一边绕转向摇臂轴做圆

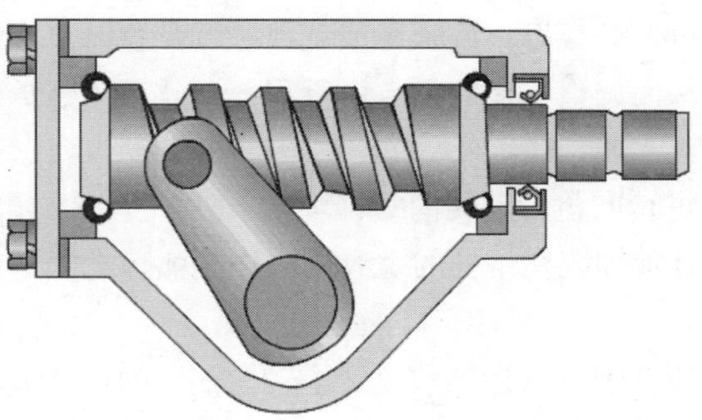

图10–25　蜗杆曲柄指销式转向器示意图

弧运动，从而带动曲柄和转向垂臂摆动，再通过转向传动机构使转向轮偏转。

这种转向器通常用于转向力较大的载货汽车上。

目前，汽车使用的蜗杆曲柄指销式转向器多数是双指销式，即有两个指销，其结构如图10–26所示。

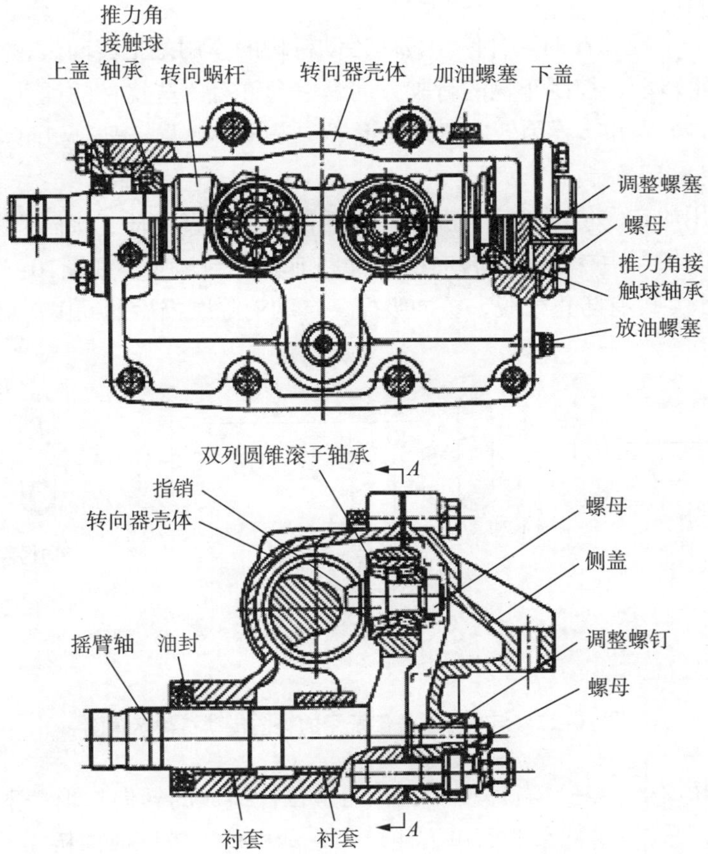

图10–26　EQ1090E蜗杆曲柄指销式转向器结构图

蜗杆与两个锥形的指销相啮合，构成传动副。两个指销均用双列圆锥滚子轴承支承在曲柄上，并可绕自身轴线转动，以减轻蜗杆与指销啮合传动时的磨损，提高传动效率。销颈上的螺母用来调整轴承的预紧度，以使指销能自由转动而无明显轴向间隙为宜，调整后用锁片将螺母锁住。

安装指销和双排圆锥滚子轴承的曲柄制成叉形，与摇臂轴制成一体。摇臂轴用粉末冶金衬套支承在壳体中。转向器侧盖上装有调整螺钉，旋入（或旋出）调整螺钉可以改变摇臂轴的轴向位置，以调整指销与蜗杆的啮合间隙，从而调整了转向盘自由行程，调整后用螺母锁紧。摇臂轴伸出壳体的一端通过花键与转向摇臂连接 。

汽车转向时，驾驶人通过转向盘转动转向蜗杆（主动件），与其相啮合的指销（从动件）一边自转，一边以曲柄为半径绕摇臂轴轴线在蜗杆的螺纹槽内作圆弧运动，从而带动曲柄、转向摇臂摆动，实现汽车转向。

蜗杆曲柄指销式转向器传动副中的指销数决定了转向摇臂的摆角大小，单销式的摆角只有80°，而双销式的则可达120°左右。因为当摇臂轴转角很大时，双销式中的一个指销虽已与蜗杆脱离啮合，但另一个指销仍保持啮合。此外，当摇臂轴转角不大时，双销式的两个指销均与蜗杆啮合，每个指销所承受的载荷比单销式指销的载荷小，故双销式的指销比单销式的指销磨损小而且寿命长。

蜗杆曲柄指销式转向器的特点：指销全部是在滚动摩擦的情况下工作，因而传动效率高，操纵轻便。由于采用分段式转向轴，便于整车的布置和维修，并提高了行车的安全性，也有助于转向器系列化生产。

10.2.3 转向传动机构

转向传动机构是一个杆和臂的组合件。转向传动机构的作用是把转向齿轮输出轴的运动传送到转向节上，转向节使车轮转动，控制车辆的行驶方向。它允许有一些挠性的运动，来适应车轮和悬架的运动。转向传动机构的组成和布置因转向器结构形式、安装位置及悬架类型而异。

1. 与非独立悬架配用的转向传动机构

与非独立悬架配用的转向传动机构一般由转向摇臂、转向直拉杆、转向节臂和转向梯形等零部件共同组成，其中，转向梯形由梯形臂、转向横拉杆和前轴共同构成，如图10–27所示。它各杆件之间都采用球形铰接连接，并设有防止松脱、缓冲吸振、自动消除磨损后的间隙等结构措施。

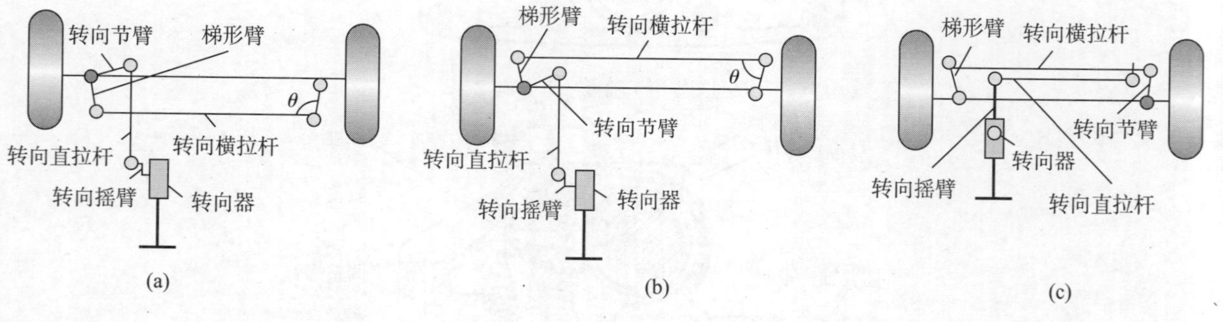

图10–27 与非独立悬架配用的转向传动机构示意图

当前桥仅为转向桥时，由左、右梯形臂和转向横拉杆组成的转向梯形一般布置在前桥之后（图10–27（a）），称为后置式，这种布置简单方便。当发动机位置较低或前桥为转向驱动桥时，为避免运动干涉，往往将转向梯形布置在前桥之前（图10–27（b）），称为前置式。若转向摇臂是在与路面平行的平面内左右摆动，则可将转向直拉杆横向布置，并用球头销直接带动转向横拉杆，从而使左右梯形臂转动（图10–27（c））。

2. 与独立悬架配用的转向传动机构

当转向轮采用独立悬架时，为了满足转向轮独立运动的需要，转向桥是断开式的，转向传动机构中的转向梯形也必须断开。

与独立悬架配用的多数是齿轮齿条式转向器，其形式有两端输出式和中间输出式，如图10–28所示。转向器布置在车身上，转向横拉杆通过球头销与齿条及转向节臂相连。

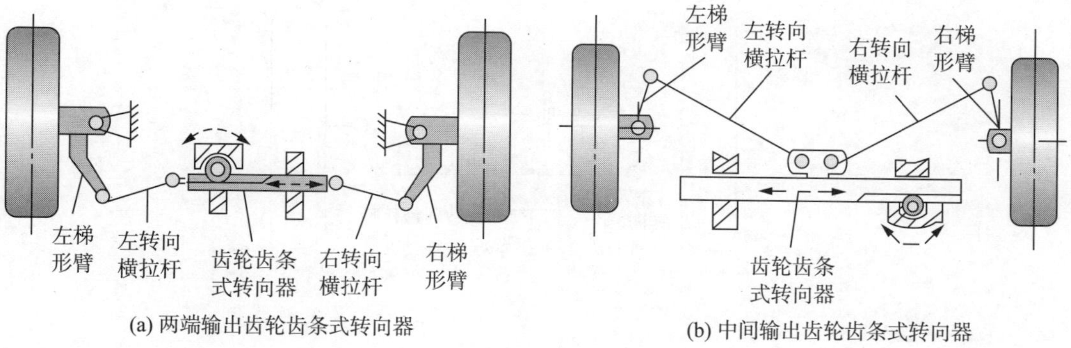

图10–28　与独立悬架配用的转向传动机构示意图

齿轮齿条式转向器为两端输出式，转向器齿条本身就是转向传动机构的一部分，转向横拉杆的内端道过球头销与齿条铰接，外端通过螺纹与连接转向节的球头销总成相连（图10–29）。需要调整前束时，松开锁紧螺母，转动横拉杆体，达到合理的前束值时，再将锁紧螺母锁紧。

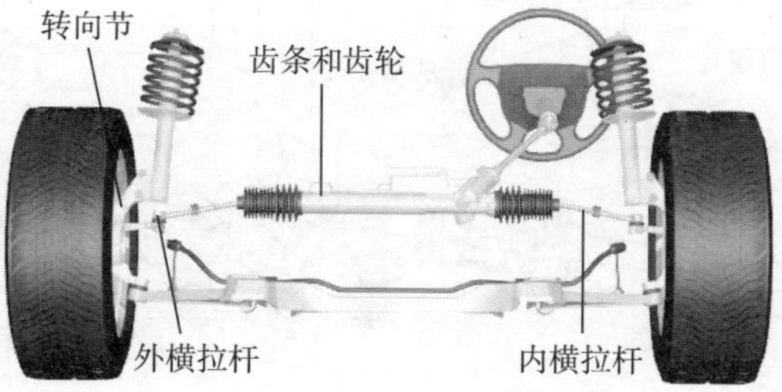

图10–29　两端输出型齿轮齿条式转向器结构图

齿轮齿条式转向器为中间输出式，横拉杆的内端通过内、外托架和螺栓与转向器齿条的一端相连，外端通过球头销与转向节铰接（图10–30）。由于横拉杆体不能绕自身轴线转动，为调整前束，在横拉杆体与球头销之间装有调节螺栓，螺栓两端的螺纹旋向相反，并各旋装一个锁紧螺母。当需要调整前束时，先拧松两端的锁紧螺母，然后转动调节螺栓，达到合理的前束值时，再将锁紧螺母锁紧。

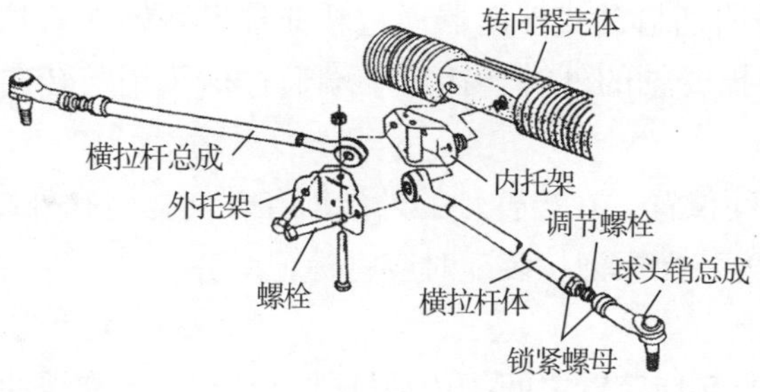

图10–30　中间输出型齿轮齿条式转向器结构图

当采用循环球式转向器时，转向传动机构的杆件较多，如图10–31所示。摇杆前端固定于车架横梁中部，后端借球头销与转向直拉杆和左、右横拉杆连接。

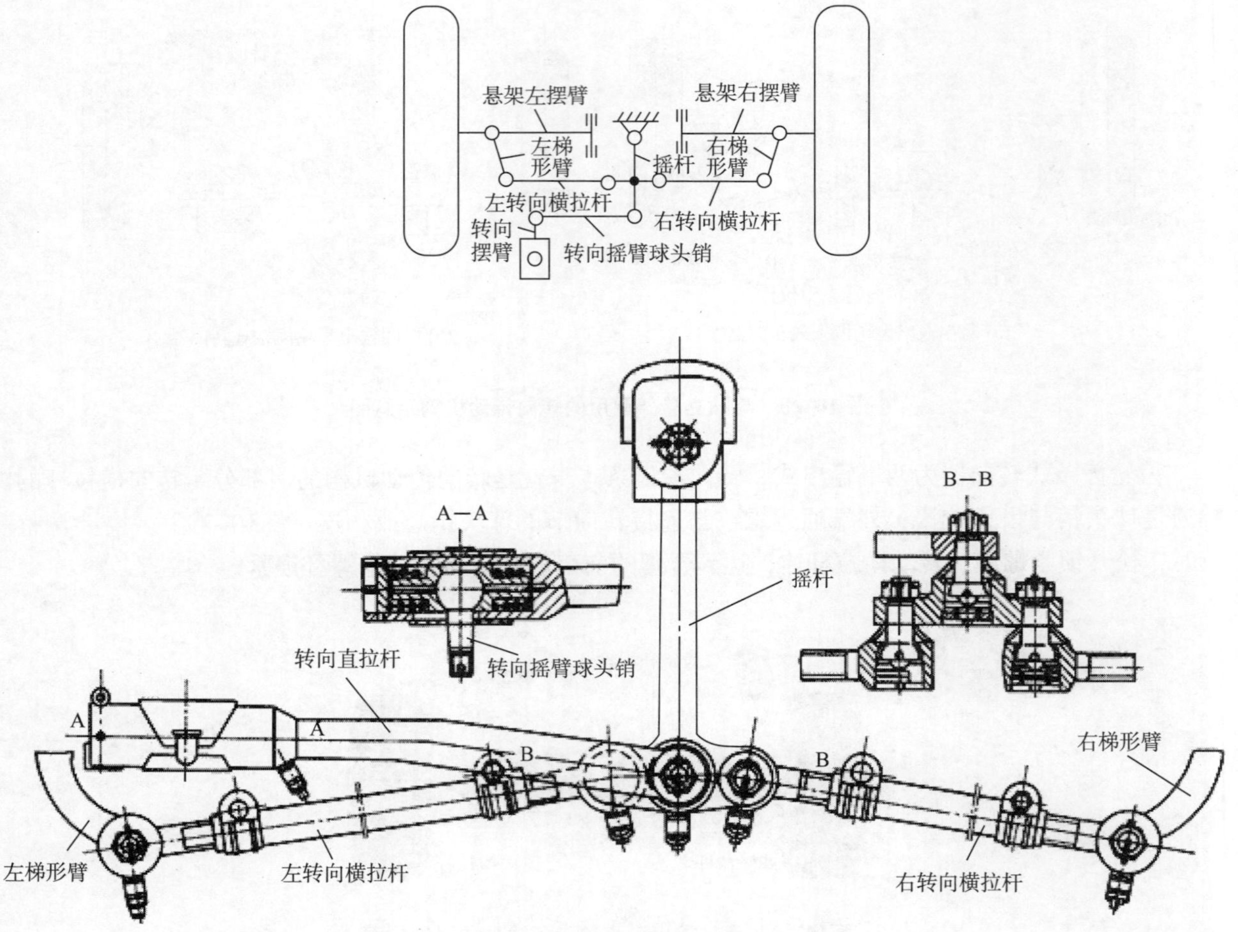

图10–31　循环球式转向器的转向传动机构布置图

转向直拉杆外端与转向摇臂球头销相连。左、右横拉杆外端也用球头分别与梯形臂铰接。转向直拉杆仅在外端有球头销座，故有必要在两球头销座背面各设一个压缩弹簧，分别吸收由横拉杆传来的两个方向的路面冲击，并且自动消除球头与座之间的间隙。

3．转向传动机构主要零部件

1）转向摇臂

循环球式转向器和蜗杆曲柄指销式转向器通过转向摇臂与转向直拉杆相连。转向摇臂的大端用锥形三角细花键与转向器中摇臂轴的外端连接，小端通过球头销与转向直拉杆作空间铰链连接，如图10–32所示。

为了保证转向摇臂在中间位置，在摇臂轴的外端面和转向摇臂孔外端面上刻印有短线，或是在两者的花键部分上的一个齿作为装配标记。装配时应将标记对齐。

2）转向直拉杆

转向直拉杆是转向摇臂与转向节臂之间的传动杆件，具有传力和缓冲作用，如图10–33所示。直体拉杆是一根两端扩大的钢管，其两端孔腔内装有球头销。球头销的球部两侧装有两块带内圆弧的球头销座，与球头紧靠。球头销内侧装有弹簧和弹簧座，球头销外侧的杆端装有螺塞。转动螺塞可调整弹簧的预张力，使球头销座与球头保持紧密接触，调好后用开口销将螺塞锁住。在拉杆两端还分别装有黄油嘴，加入黄油（润滑脂）后，黄油沿着弹簧座和球头销座的内孔进入球头和销座之间进行润滑。直拉杆工作过程中，弹簧起缓冲作用，而且球头与球头销座磨损后，弹簧能自动调节其间的配合间隙。

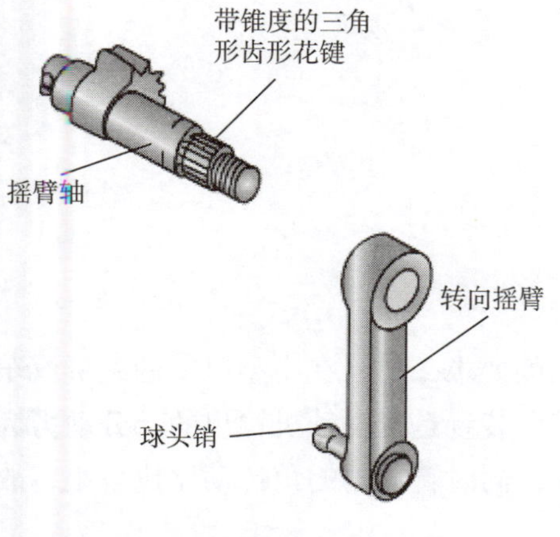

图10–32　转向摇臂

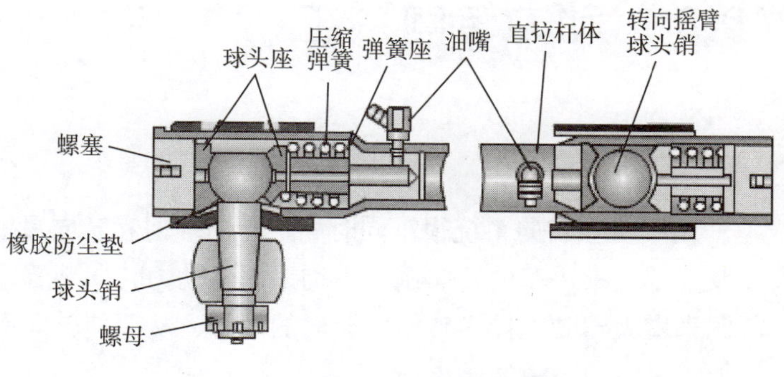

图10–33　转向直拉杆

在转向轮偏转且因悬架弹性变形而相对于车架跳动时，转向直拉杆与转向摇臂及转向节臂的相对运动都是空间运动，为了不发生运动干涉，三者之间的连接件都是球形铰链。

3）转向横拉杆

转向横拉杆是转向梯形机构的底边，由横拉杆体和旋装在两端的横拉杆接头组成。其特点是长度可调，通过调整横拉杆的长度可以调整前轮前束，如图10–34所示。

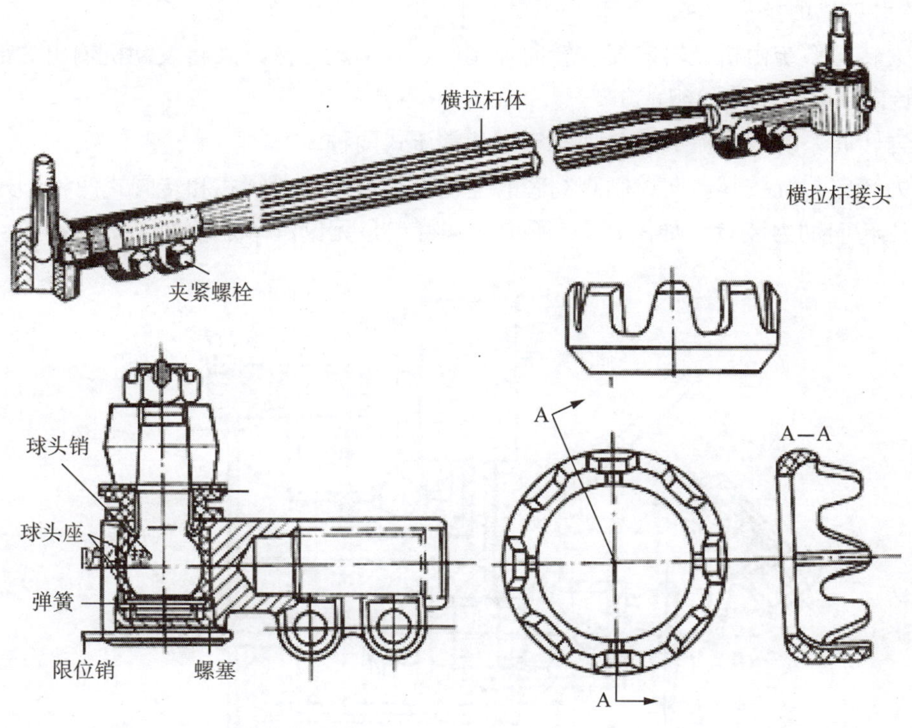

图10–34　解放CA1091型汽车转向横拉杆

4）转向节臂和梯形臂

转向直拉杆通过转向节臂和转向节相连，转向横拉杆两端经左、右梯形臂与转向节相连。转向节臂和梯形臂的一端与转向节相连，另一端的锥形孔和相应的拉杆球头销锥形柱部配合，用螺母紧固后插入开口销把螺母锁住。

10.3 动力转向系统

10.3.1 概述

由于机械转向系统很难同时满足转向轻便和转向灵敏两方面的要求，所以在中型以上的载货汽车以及大部分乘用车的转向系统中均采用了动力转向装置。动力转向装置是以发动机输出的部分动力为能源来增大驾驶人操纵转向轮转向的力量，从而使转向操纵轻便，同时转向器的角传动比比较小，故又能满足转向灵敏的要求。

动力转向系统按传能介质的不同，可分为液压式和气压两种。液压式动力转向系统的部件结构紧凑、尺寸小、工作滞后时间短、工作时无噪音、能吸收冲击和振动，故目前广泛应用于各类各级汽车。本教材的动力转向装置只限于液压式。

目前，广泛应用于各类各级汽车的是液压式动力转向装置。液压式动力转向装置可分为液压助力式和电子控制式两类配置。

10.3.2 液压式动力转向系统

1．动力转向系统的组成及工作原理

液压式动力转向系统由机械转向器、转向控制阀、转向动力缸以及将发动机输出的部分机械能转换为液压能的转向油泵、油罐等组成。

液压式动力转向系统按液流形式分为常流式和常压式两种。

液压式动力转向系统按其转向控制阀阀芯的运动方式可分为滑阀式和转阀式两种形式。

常压式液压转向助力装置，如图10-35所示。其特点是无论汽车是否处于转向状态，液压系统的

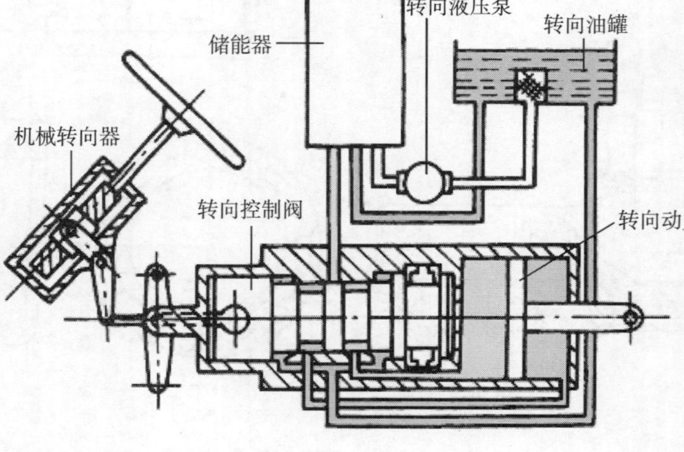

图10-35　常压式液压转向助力装置示意图

工作管路总是保持高压状态，因此，称为常压式。当转向盘处于中立位置时，转向控制阀关闭，转向油泵输出的压力油充入储能器，当储能器的压力达到规定值后，转向油泵即自动卸荷空转。驾驶人转动转向盘时，机械转向器工作，同时带动转向控制阀开启，储能器中的压力油流入转向动力缸，产生推力以助转向。转向盘一旦停止转动，转向控制阀关闭，助力作用停止。储能器起到了保持系统高压的作用。

常流式液压转向助力装置的工作原理，如图4-36所示。其特点是无论汽车是否处于转向状态，液压系统的工作管路中的油也总是在流动，压力较低，只有在转向时才产生瞬时高压，因此，称为常流式。当转向盘处于中立位置时，流量控制阀保持开启，转向动力缸活塞两侧压力相等，不产生动作，此时系统中的油泵在空转，油液处于低压流动状态。驾驶人转动转向盘时，机械转向器工作，同时带动转向控制阀工作，处于某一转完方向相应的工作位置，此时转向动力缸相应的工作腔与回油管路隔断，转而与油泵输出管路相通，压力急剧升高，而另一个工作腔则仍然通回油管路，压力较低，转向动力缸活塞移动，产生推力。转向盘停止转动后，转向控制阀随即回到中立位置，动力缸停止工作。

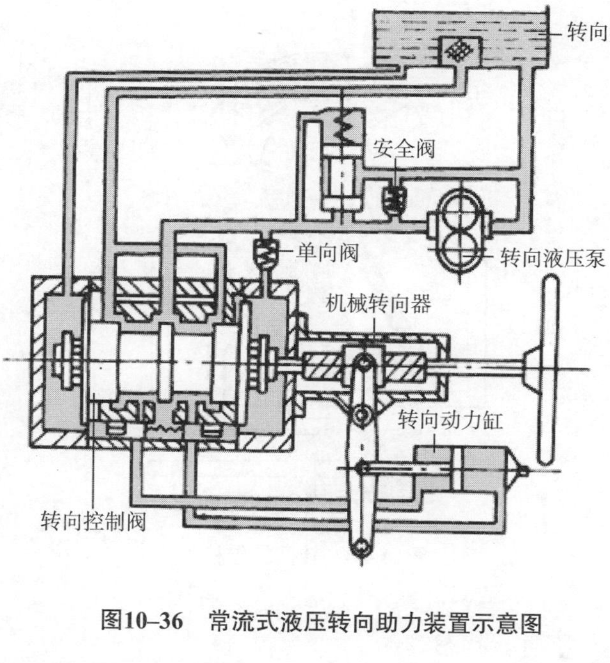

图10–36　常流式液压转向助力装置示意图

上述两种液压转向助力装置相比较，常压式的优点在于有储能器积蓄液压能，可以使用流量较小的转向油泵，而且还可以在油泵不运转的情况下保持一定动力转向能力，使汽车能够续驶相当大的距离。常流式液压转向动力装置的优点在于结构简单，油泵消耗功率小，管路压力低，泄漏少，工作寿命长，广泛应用于各种汽车上。

阀体沿轴向移动来控制油液流量的转向控制阀，称为滑阀式转向控制阀，简称滑阀，如图10–37所示。

阀体绕其轴线转动来控制油液流量的转向控制阀，称为转阀式转向控制阀，简称转阀，如图10–38所示。

转阀式液压动力转向系统的工作原理简述如下：

（1）汽车直线行驶时，转阀处于中间位置。来自油泵的油液经过转向控制阀流入转向动力缸活塞的左、右腔室，并经回油管流回油罐。两腔室的油压相等，活塞—齿条保持在中间位置，不起转向

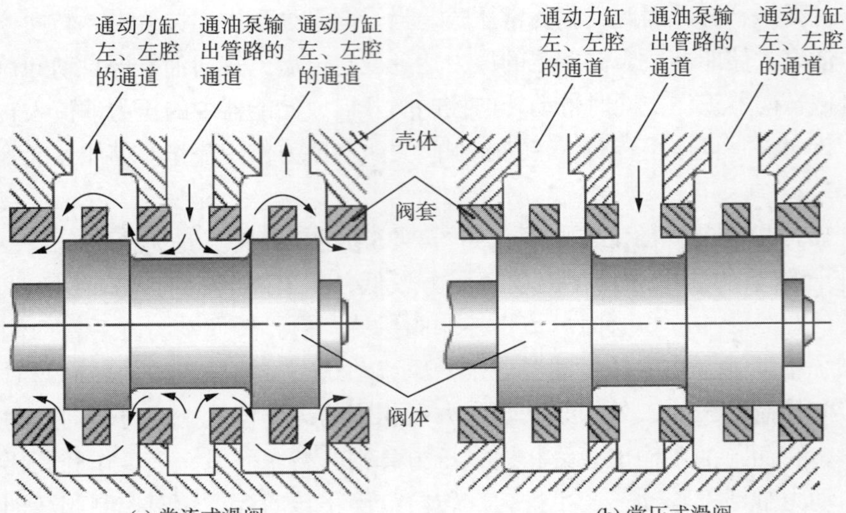

(a) 常流式滑阀　　(b) 常压式滑阀

图10–37　滑阀的结构

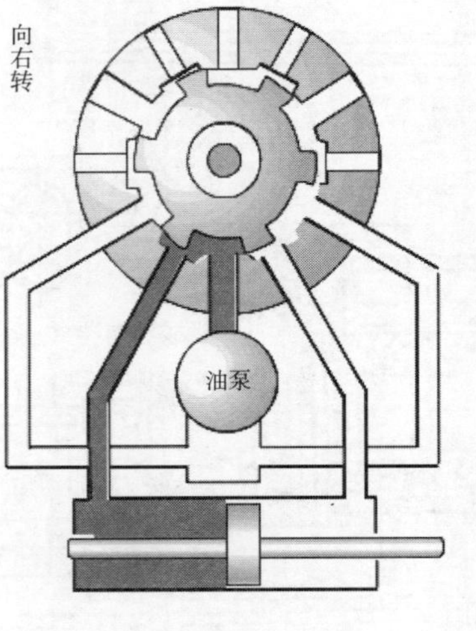

图10–38　转阀的结构

及转向助力作用，所以车轮处于直行状态。

（2）汽车左转向时，驾驶人向左转动转向盘，转向控制阀把来自油泵的油液导入转向动力缸活塞的左腔室，使该腔室油压上升；同时转向动力缸活塞右腔室的油液经转向控制阀回油罐。活塞左、右腔室的油压不相等，迫使活塞—齿条向右移动，转向助力起作用，转向轮开始向左偏转，如图10–39所示。只要转向盘继续转动，转向控制阀的转阀芯与阀体的相对角位置不变，转向助力一直存在，转向轮将继续向左偏转。

但转向盘停止转动并维持在某一转角位置不变时，转向控制阀的转阀芯回到阀体的中间位置，动力缸活塞左、右腔室的油压相等，不起转向助力作用，活塞—齿条保持在一定位置，使转向轮的偏转角维持不变。

（3）汽车右转向时，驾驶人向右转动转向盘，油泵的油液进入转向动力缸活塞的右腔室，使该腔室油压上升；左腔室的油液经回油罐。左、右腔室的油压不相等，活塞—齿条向左移动，转向轮开始向右偏转，如图10–40所示。只要转向盘继续转动，转向助力就一直存在，转向轮将继续向右偏转。同理，转向盘停止转动并维持在某一转角位置不变时，动力缸两腔室油压相等，不起转向助力作用，活塞—齿条保持在一定位置，使转向轮的偏转角维持不变。

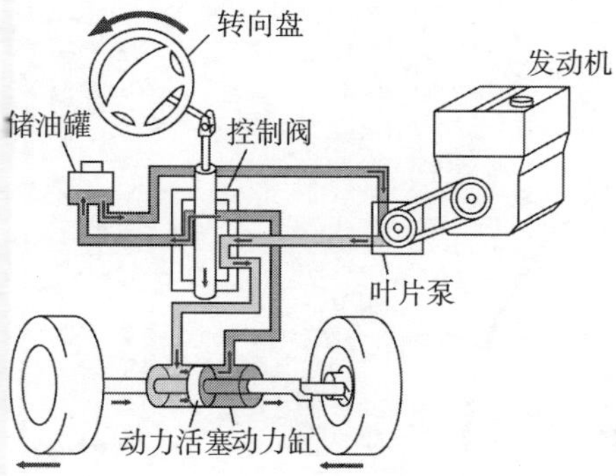

图10-39　汽车左转向时助力示意图

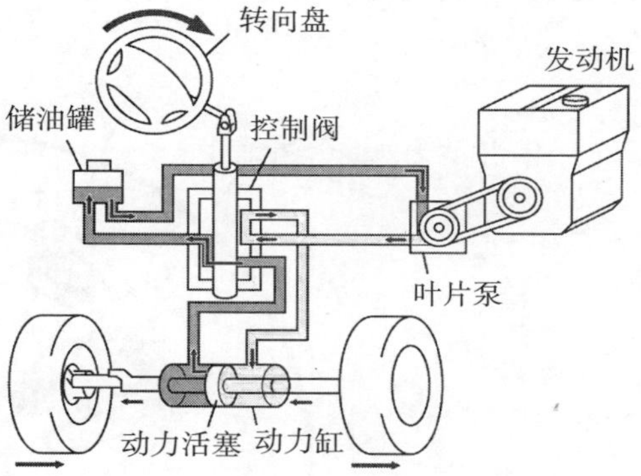

图10-40　汽车右转向时助力示意图

2．动力转向系统主要零部件

液压助力转向系统主要零部件包括：液力转向油泵、储油罐、控制阀、转向器阀体总成、液力转向冷却器、管道和软管、怠速提速装置等。

1）液力转向油泵

动力转向系统使用发动机的动力来驱动产生液压力的助力转向油泵，给转向器的动力缸提供液力。助力转向油泵通常是由发动机曲轴带动的皮带驱动的；泵出的油液与发动机的速度成正比例关系，送给转向器动力缸的油液通过流量控制阀来调节，过多的油液返回转向油泵吸油口。

液压转向油泵有四种类型：叶片油泵、滑动叶片油泵、齿轮油泵和滚子油泵。现仅以使用较多的叶片泵作详细介绍。

（1）叶片油泵

叶片油泵有6～10片旋转的叶片，如图10-41所示。油液被强制通过旋转的叶片产生油压。叶片泵有一个外径带槽的转子，叶片装配到转子槽里。固定的内表面为椭圆形的绕着泵环的转子，叶片的外侧边与环的内表面接触。转子转动时，叶片在各自槽中来回滑动，并与泵环内表面保持接触，转子、环和任何两个相邻的叶片形成泵腔。

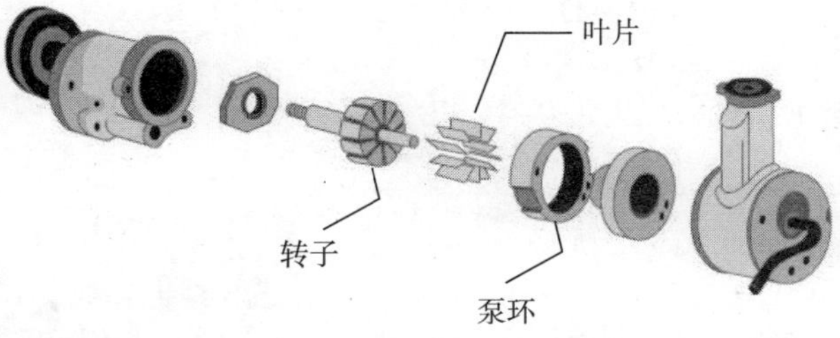

图10-41　叶片式液力转向油泵

当转子旋转时，由于泵环是椭圆形，因此，每一泵腔的容积不断地变化。叶片运动通过环的“长轴”部分时，容积增大，通过进油口吸进油液；当叶片运动通过环的“短轴”部分时，容积减少，减小后的容积使压力增加，迫使油液流出排油口。

叶片泵进油口吸入来自储油罐的低压油液。排油口排出高压油液流向转向器动力缸，为助力转向提供所需的液压力，如图10-42所示。为了避免液压泵运转不平衡（产生噪声和振动），通常采用平衡式设计，即泵转子每旋转一周，泵腔吸入和排放油液两次，因此作用在转子上的液压作用力大小相等、方向相反，使液压泵平稳地运转。

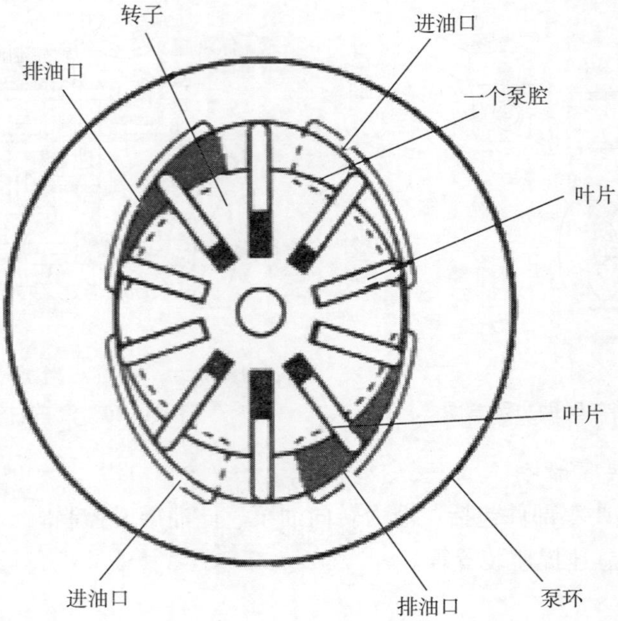

图10-42　叶片式液力转向油泵工作原理图

（2）滑动叶片油泵

在滑动叶片油泵中，一个凸轮上嵌有4～10个靠弹簧加载的滑动叶片，如图10-43所示。

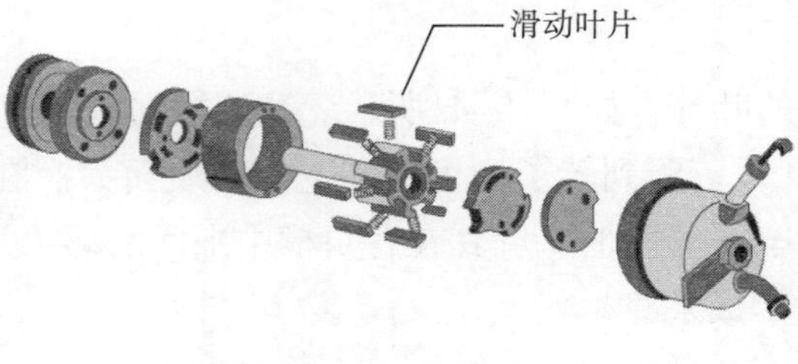

图10-43　滑动叶片式液力转向油泵

齿轮式和滚子式液力转向油泵，如图10-44和图10-45所示。

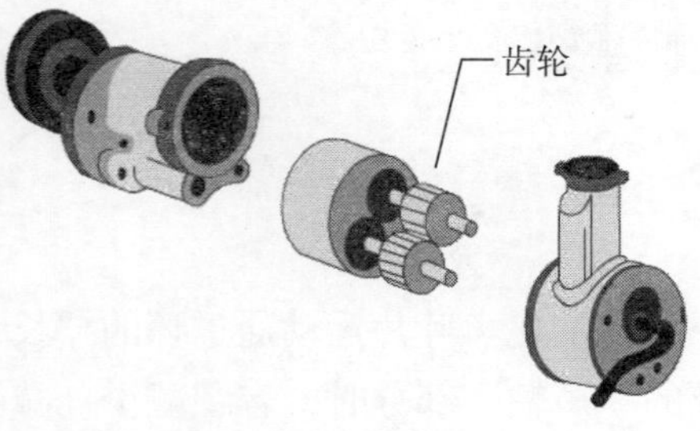

图10-44　齿轮式液力转向油泵

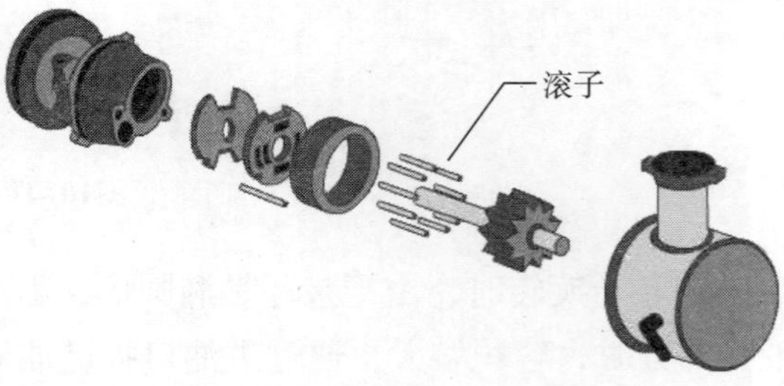

图10-45　滚子式液力转向油泵

在齿轮油泵中，油液被强制通过齿轮机构，产生了油压。滚子油泵内的滚子在一个凸轮内旋转，油液被强制通过旋转的滚子，产生了油压。

2）储油罐

储油罐位于液力转向泵附近，用于储存液力转向油。它可以直接安装到泵体上也可以分开安装。通常储油罐盖上有液位指示，用于检查液位。如果储油罐中的油液低于标准液位以下时，泵就会吸入空气，导致操作失灵。

3）流量控制阀

转向油泵由发动机驱动，其输出流量随发动机转速而变化，流量控制阀可以控制从油泵流向转向器动力缸的流量，保持流量恒定。流量控制阀的结构及原理，如图10–46所示。

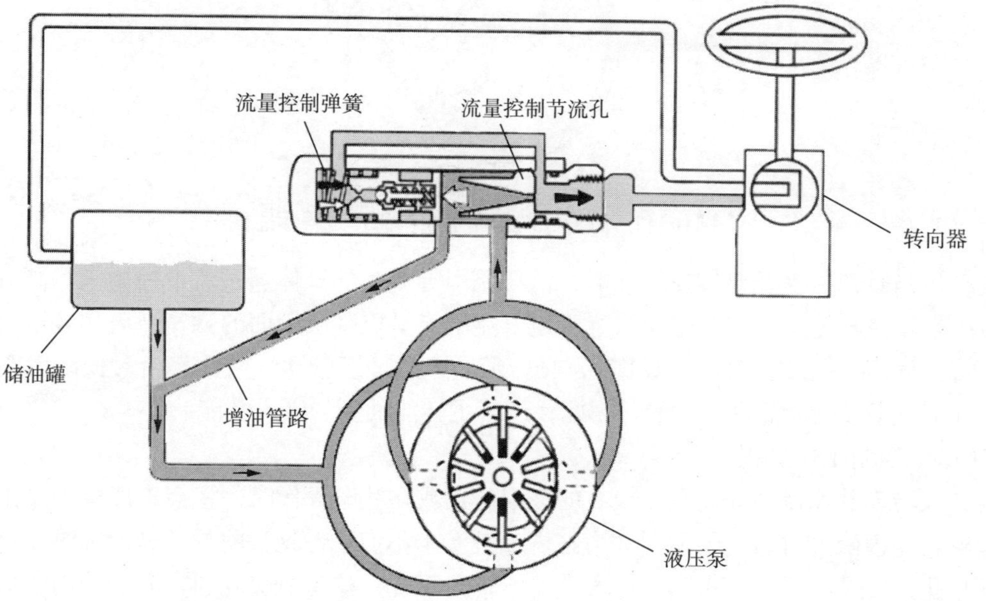

图10–46 流量控制阀的结构及原理示意图

在发动机低转速时，转向系统能够容易地控制液压泵提供的液压液体容积，在高转速时，由于液压泵吸入和排放更大容积的液体，流量急剧增加。软管和转向器阀总成中的流动阻力也随之增加，导致整个系统产生高背压。这些状况使工作温度升高，并减少液压泵的使用寿命。

流量控制阀在发动机高转速时减少动力转向油泵的流量输出。油液经过油泵排油口，进入流量控制阀的腔室，这个腔室在一端有个小孔，称为流量控制节流孔。流量控制节流孔限制油液流向转向器动力缸，流量控制节流孔前的压力“抵抗”流量控制阀弹簧弹力。节流孔后的压力移到阀的背面，增强了弹簧的作用力。因此作用在阀面上的液压作用力“抵抗”弹簧弹力和低液压力的合力。

流量控制阀通过弹簧，使钢球牢牢地定位在流量控制阀内侧上，在减压模式外的所有转向状态下，弹簧弹力始终大于相对的液压压力，因此钢球保持不动。只有在驾驶人转动并保持转向盘在最左或最右极限位置时，才会发生减压。

（1）流量控制工作过程

在发动机低转速时，通过流量控制节流孔的排放流量不大，因此，在流量控制阀上仅产生微小的压力差别。在流量控制腔里没有足够的压力来克服阀后面的弹簧弹力和液压力，使阀产生移动，如图10–47所示。

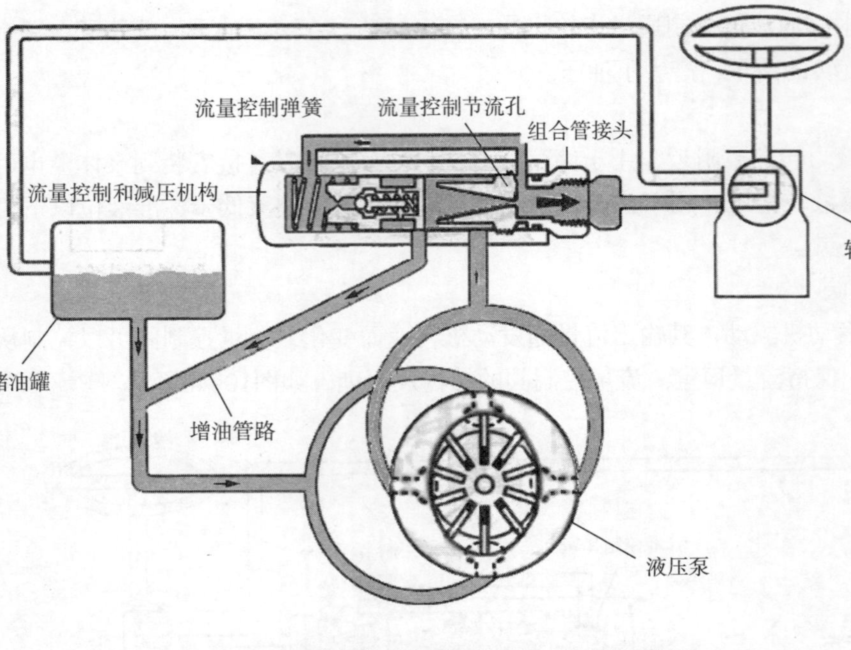

图10–47　流量控制阀流量控制工作过程示意图

当发动机高转速，液压泵转速增加时，液压泵引导更多的液体通过流量控制阀。高流量流过小节流孔将会在流量控制腔里产生背压。当背压足以克服流量控制阀后面的弹簧弹力和液压力。流量控制阀压缩弹簧，从而开启增压管路，如图10–46所示。通过增压管路，液体经由最低阻力路径返回到液压泵吸油口。由于过剩油液是受压的，因此，改善了转向油泵的吸入性能。

（2）减压控制工作过程

当驾驶人转动并保持转向盘在左或右的极限位置或在驻车操作时，将会出现减压操作。

当车轮转到极限位置时，转向器动力缸内油液基本不流动，这种将导致转向油泵排放一侧压力和温度迅速上升。如果此压力不降低，将严重损坏转向系统。减压节流孔通过限制动力转向系统中的最

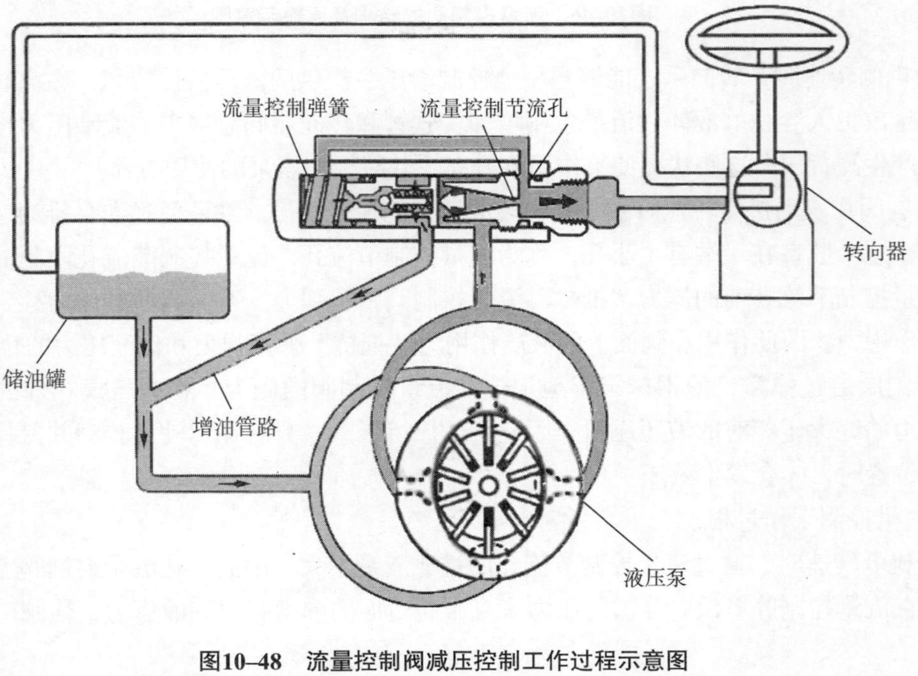

图10–48　流量控制阀减压控制工作过程示意图

大压力来起到安全阀的作用。

减压工作过程简述如下：一旦转向油泵排放一侧的液体流动停止后，流量控制节流孔和减压节流孔都不能使压力降低。油泵的继续运转，试图泵送更多油液进入系统，使得油泵压力持续增加。这个增大的液压力最终顶开流量控制阀内的钢球，如图10–48所示。当钢球被顶离阀座时，阀后的高压油液迅速流过钢球，经由流量控制阀体的侧面小孔，返回到低压吸入处。同时，减压节流孔使油液流速减慢，液压力使流量控制阀产生运动，开启增压管路，因此，整个排放油液再次循环进入液压泵。减压期间，只有在要求完全排放再循环时，流量控制阀内的钢球才离开阀座。请注意，转向盘在极限转动位置时间过长，将可能导致转向油泵过热或损坏。

4）转向器阀体总成

转向器阀体总成使用滑阀来控制液体进入相应的转向器动力缸腔室。整体式转向器和齿轮齿条转向器阀的工作过程类似。

现以齿轮齿条转向器阀为例阐述其结构组成及工作过程。

（1）转向器阀体总成的结构

转向器阀体总成的主要零部件（图10–49），叙述如下：

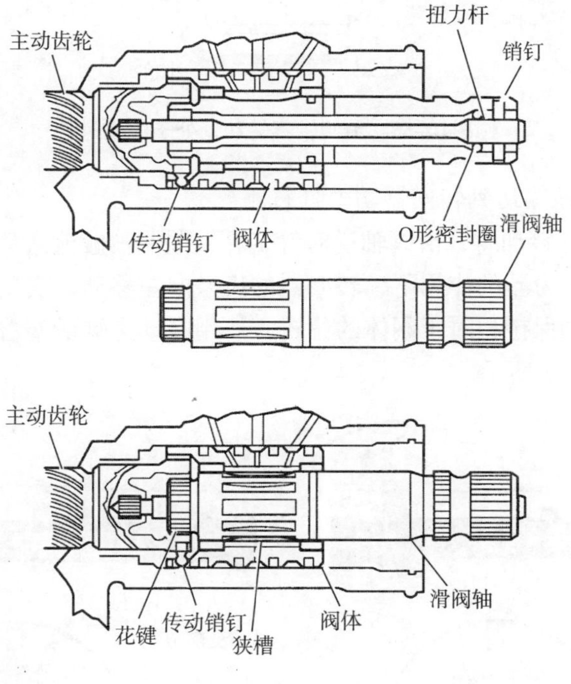

图10–49　带有滑阀的转向器阀体总成结构示意图

滑阀轴：滑阀轴安装到转向中间轴上，滑阀轴的下端装配到主动齿轮上。

阀体：阀体安装在滑阀轴上，用销钉保持阀体处于主动齿轮的相应位置上。

扭力杆：扭力杆一端用销钉固定在滑阀轴上，另一端采用花键与主动齿轮连接（注意：阀体经由主动齿轮间接地连接到滑阀轴上）。

滑阀轴外径上的狭槽和阀体内表面互相错开，防止液体流进转向器。

（2）转向器阀体总成的工作过程

当转向盘转动时，滑阀轴和扭力杆上端也随之转动；主动齿轮、扭力杆下端和阀体开始阻碍运动，最终也随之转动。当上端转动、下端滞后，滑阀轴上狭槽和阀体瞬时对准时，“裂缝”开启了通向转向器气缸的微细液体通路，随着阀的位置不同，引导油液进入下列三条通路中的某一条：

① 滑阀轴不转动，处于中位时，油液输送到转向器动力缸的两侧

当滑阀轴不转动，处于中间位置时，油液通过阀体上的四个供油孔流入阀体。转向器阀体是一个“中部敞开”阀，因此引导油液自由地进入转向器动力缸活塞的两侧，动力缸活塞两侧压力相等，齿条不移动，车轮保持原行驶状态，如图10-50所示。

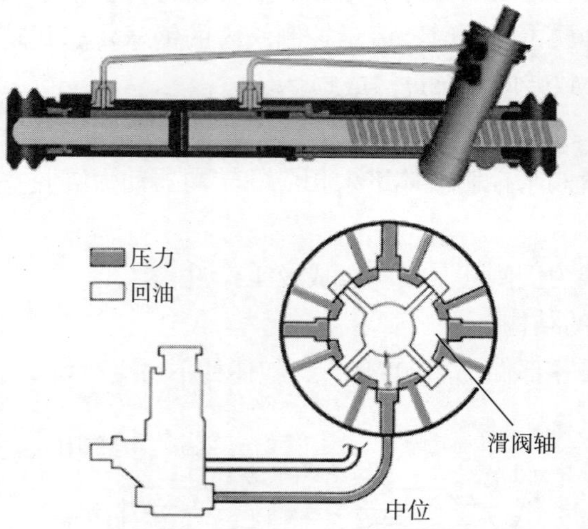

图10-50　滑阀轴不转动，处于中位时

② 滑阀轴左转时，油液输送到转向器动力缸右侧

当驾驶人把转向盘向左转动时，滑阀轴逆时针旋转，限制油液流入动力缸左侧；并引导油液进入右侧，在动力缸活塞两端压力差的作用下，转向器的齿条向左移动，实现车轮向左转动。当转向盘和滑阀轴连续转动时，滑阀轴保持相对于阀体的位置，作用在动力缸活塞右端的力持续增加，从而使车轮连续转动，如图10-51（a）所示。

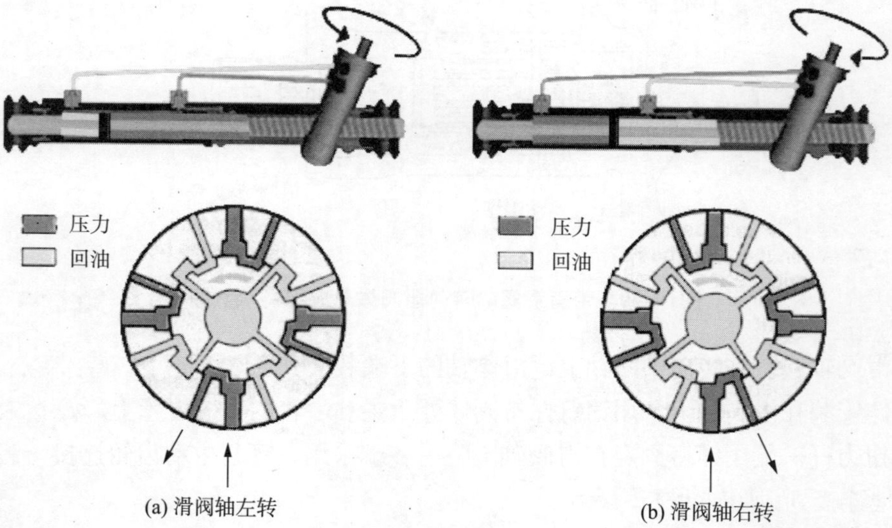

图10-51　滑阀轴左转或右转时

当驾驶人放开转向盘时，扭力杆松开滑阀轴，使其回到阀体的中间位置。若汽车正在行驶，则来自车轮的反作用力帮助转向器返回到直线行驶位置。

③滑阀轴右转时，油液输送到转向器动力缸左侧，其工作过程与上述相反，如图10–51（b）所示。

5）液力转向冷却器

有些系统中使用金属的管道或者一种小型的辐射散热类型的冷却器。被液力转向油泵压缩的油液在转向器动力缸中吸收热量后，流过冷却器，在冷却器中释放热量。当冷却器用于液力转向系统时，安装在回油管侧，转向器动力缸与储油罐之间，如图10–52所示。

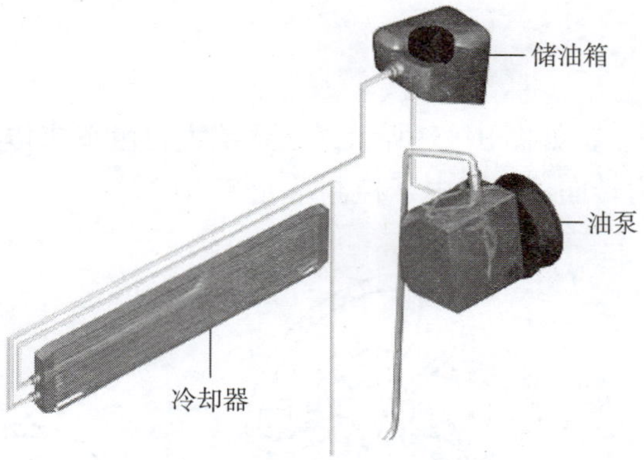

图10–52　液力转向冷却器示意图

6）怠速提速装置

当右转或左转到极限位置时，转向油泵会产生最大液压力。此时，油泵上的大载荷将导致发动机怠速降低。为了解决这个问题，几乎所有的车辆上都装有怠速提升装置，它在油泵有大载荷时提高发动机怠速，使发动机稳定运转。

10.3.3　电控式动力转向系统

1．概述

1）电控式动力转向系统的特点

电控式动力转向系统可使汽车在停车或低速行驶时转向操纵力减小，而在高速行驶时又可适当增大转动操纵力，从而提高整车的操纵稳定性能和行车的安全性能，达到最令人满意的汽车驾驶性能。

电控动力转向系统之所以满足现代汽车对转向系统的要求，因为它具有以下特点：

（1）能有效减小操纵力，特别是停车转向操纵力。行车转向的操纵力应不大于250 N。

（2）转向灵敏性好。动力转向的灵敏度是指在转向器操纵下，转向助力器产生助力作用的快慢程度。助力作用快，转向就灵敏。

（3）具有直线行驶的稳定性，转向结束时转向盘应可自动回正；驾驶人应有良好的“路感”。

（4）具有随动作用。转向车轮的偏转角和驾驶人转动转向盘的转角保持一定的关系，并能使转向车轮保持在任意偏转角的位置上。

（5）工作可靠。当动力转向失效或发生故障时，能保证通过人力进行转向操纵。

2）电控式动力转向系统的分类

电控动力转向系统根据动力源不同可分为电控液压动力转向系统和电控动力转向系统。

电控液压动力转向系统（简称EHPS）是在传统的液压动力转向系统的基础上增设了控制油液流量的电磁阀、车速传感器和电子控制单元等，电子控制单元根据检测到的车速信号，控制电磁阀，使转向动力放大倍率实现连续可调，从而满足高、低速时的转向助力要求。

电控动力转向系统（简称EPS）是利用直流电动机作为动力源，电子控制单元根据转向参数和车速等信号，控制电动机扭矩的大小和方向。电动机的扭矩由电磁离合器通过减速机构减速增加扭矩后，加在汽车的转向器上，使之得到一个与工况相适应的转向作用力。

2．电控液压动力转向系统

电控液压动力转向系统（EHPS）根据控制方式的不同，又可分为流量控制式、反力控制式和阀灵敏度控制式三种形式。

1）流量控制式

典型流量控制式（EHPS），如图10-53所示，该系统主要由车速传感器、转角传感器、电磁阀、整体式动力转向控制阀、动力转向油泵和电子控制单元等组成。

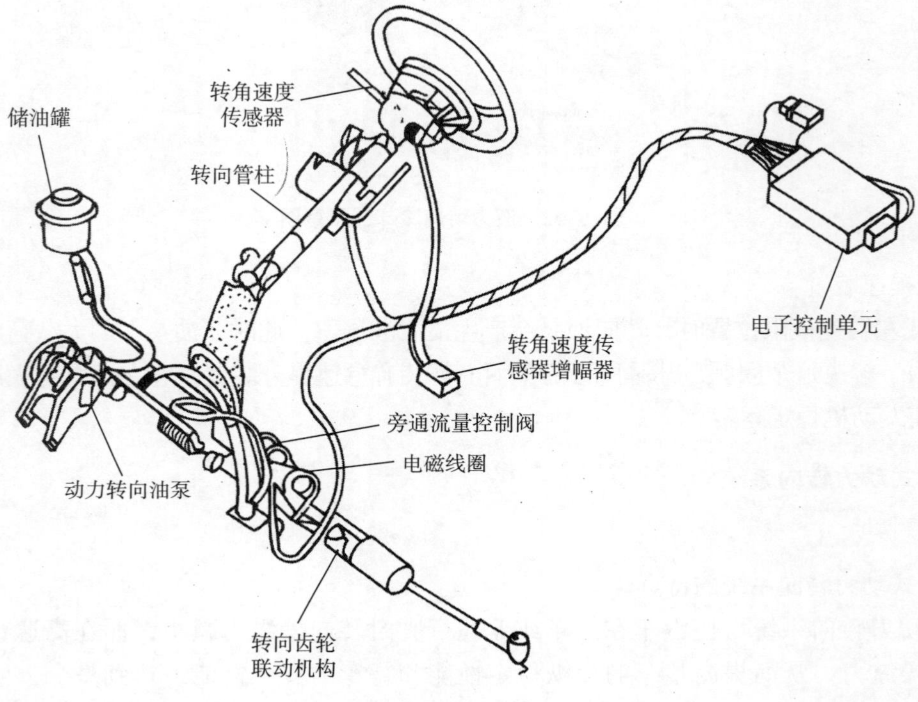

图10-53 流量控制式（EHPS）示意图

流量控制式动力转向系统的工作原理，如图10-54所示。电磁阀安装在通向转向动力缸活塞两侧油室的油道之间，当电磁阀的阀针完全开启时，两油道就被旁通流量控制阀旁路，使动力缸活塞两侧压力差减小，助力减小；相反则助力增大。流量控制式动力转向系统就是根据车速传感器的信号，控制电磁阀阀针的开启程度，从而控制转向动力缸活塞两侧油室的旁路液压油流量，来改变转向盘上的转向力。车速越高，流过电磁阀电磁线圈的平均电流值越大，电磁阀阀针的开启程度越大，旁路液压油流量越大，液压助力作用越小，使转动转向盘的力也随之增加；相反，车速较低时，助力作用加大，使转向轻便。

流量控制式（EHPS）是一种通过车速传感器信号来调节动力转向装置的压力油，进而改变压力油的输入、输出流量，以控制转向力的方式。这种方式的优点是在原有液压动力转向功能上再增加压力油流量控制功能，所以结构简单，成本较低。但是，当流向动力转向机构的压力油降低到极限值时，对于快速转向会产生压力不足、响应较慢等缺点，故使它的推广应用受到限制。

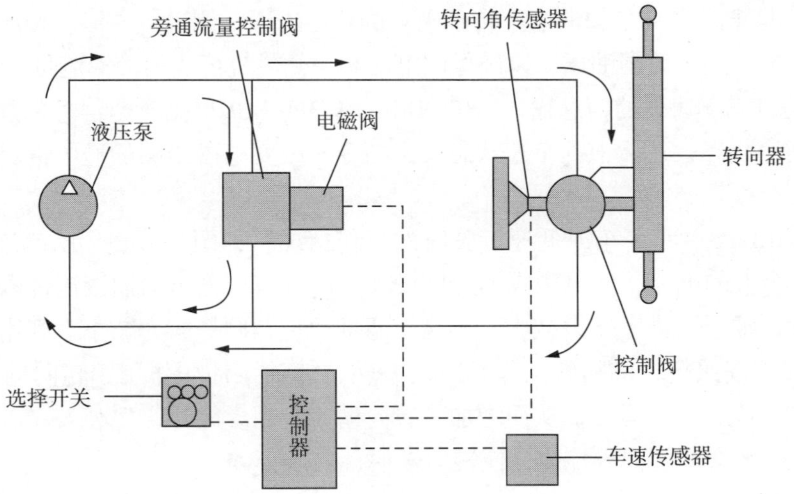

图10-54 流量控制式（EHPS）控制原理图

2）反力控制式

反力控制式（EHPS）的组成，如图10-55所示，该系统主要由转向控制阀、分流阀、电磁阀、转向动力缸、转向油泵、储油箱、车速传感器及电子控制单元（ECU）等组成。

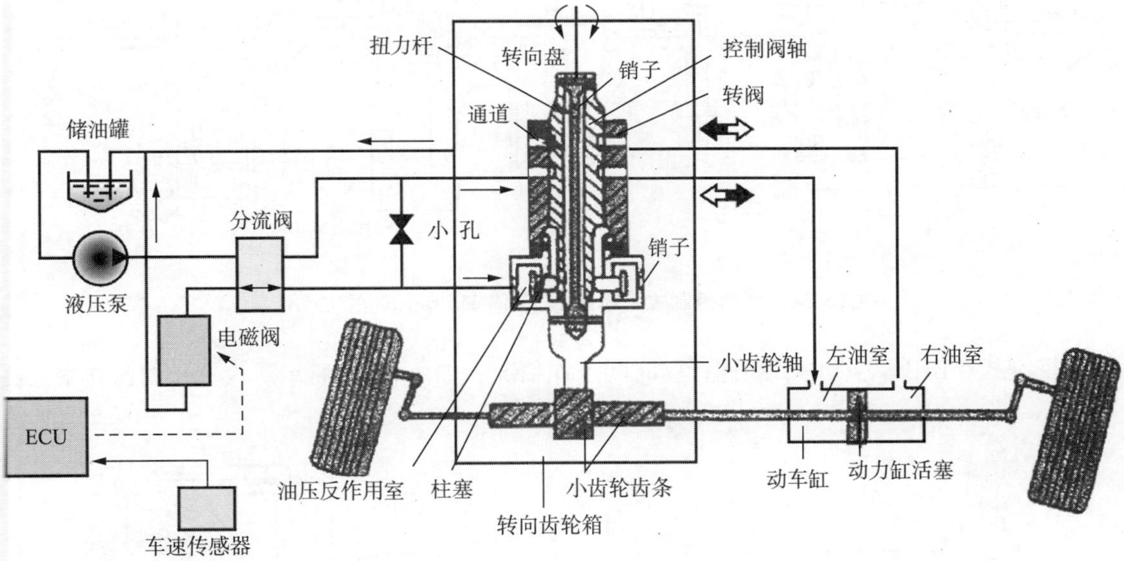

图10-55 反力控制式（EHPS）示意图

反力控制式（EHPS）是在转向时，根据车速的变化，由电磁阀控制油压反力，调整动力转向器，从而使汽车在各种行驶条件下转向盘上所需的转向操纵力都达到最佳状态。所以，也把反力控制式（EHPS）称为渐进型动力转向系统。

转向控制阀是在传统的整体转阀式动力转向装置的基础上增设油压反力室而构成的。转向控制阀总成的机械核心部分是扭力杆、控制阀轴及转子阀等。驾驶人转动转向盘的力通过扭力杆及控制阀轴的作用传递给转向小齿轮轴。转向时，扭力杆带动小齿轮轴驱使齿条移动需要较大的扭矩，因此，转子阀绕控制阀轴相对转动，改变与各个通道口的连通状态，控制并切换通向动力缸左室和右室的油压及流量，实现转向助力作用。

分流阀的作用是把来自油泵的油液向转子阀一侧和电磁阀一侧进行分流。按照车速与转向要求，改变转子阀一侧与电磁阀一侧的油压，以确保向电磁阀一侧供应稳定的油液流量。

车速传感器是将汽车速度的信息输入EHPS ECU，EHPS ECU根据车速信息判别车辆处于停车、低速状态还是中、高速状态，然后根据车速状态发出指令，改变电磁线圈的通电情况，即控制电磁阀的通道面积。

反力控制式（EHPS）在停车或低速行驶时的工作情况，如图10–56所示。汽车在低速范围内运行时，ECU输出一个大的电流，使电磁阀的开度增加，由分流阀分出的油液流过电磁阀回到储油罐中的流量增加。因此，油压反力室压力减小，于是柱塞推动控制阀杆的力减小。利用转向盘的转向力来增大扭杆扭力。转阀按照扭杆的扭转角作相对的旋转，使油泵油压作用于转向动力缸的右室（或左室），活塞向左方（或右方）运动，从而增加了转向助力作用。此时，驾驶人仅需要用一个较小的操纵力就可以产生一个较大的转向操控力，使转向轻便、灵活。

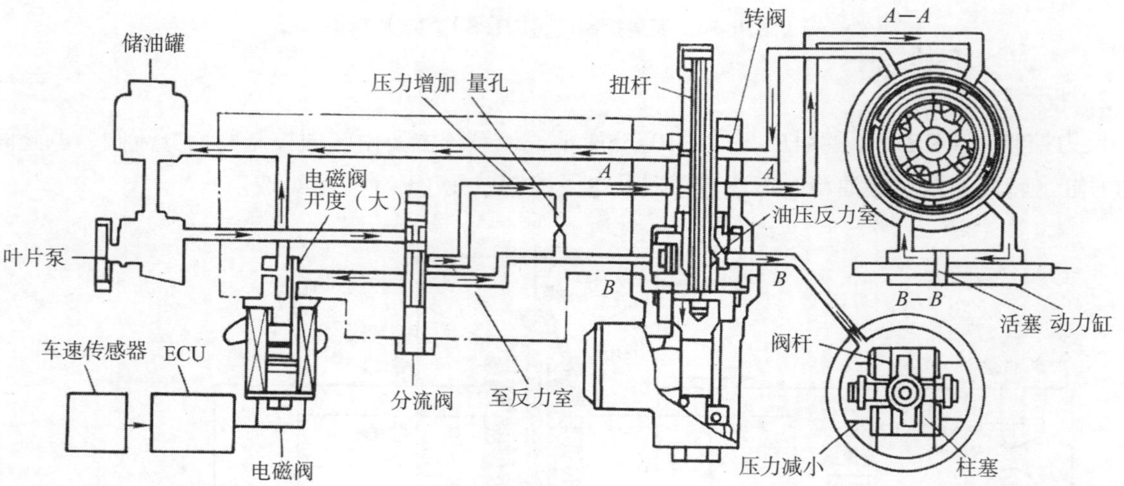

图10–56　反力控制式（EHPS）在停车、低速时的工作情况

反力控制式（EHPS）在中、高速行驶时的工作情况，如图10–57所示。汽车转向盘在中、高速直

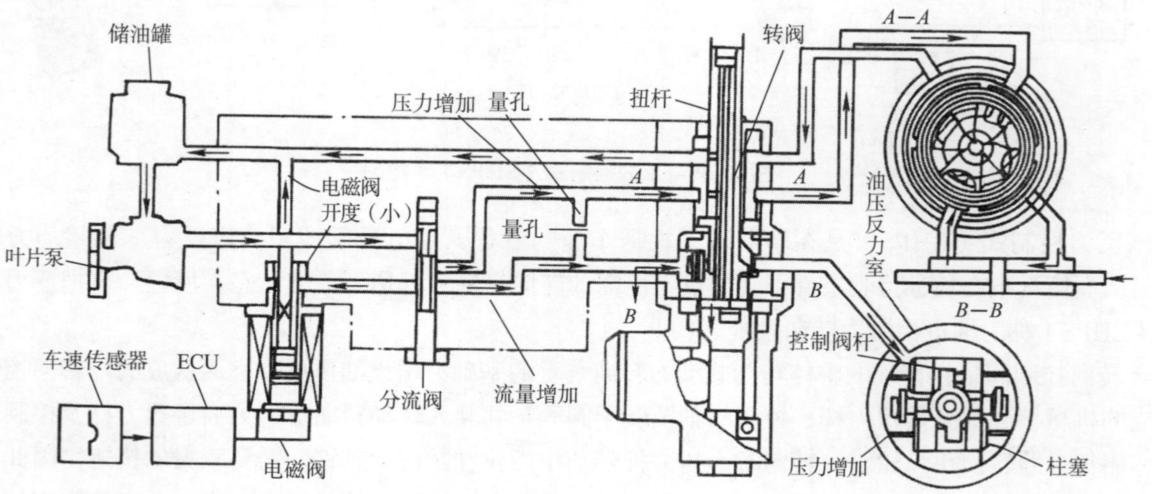

图10–57　反力控制式（EHPS）在中、高速时的工作情况

行微量转动时，控制阀杆扭杆的扭转角度很小，转阀的开度减小，转阀里面的压力增加，流向电磁阀和油压反力室中的液流量增加；当车速增加时，ECU输出电流减小，电磁阀开度减小，流入油压反力室中的液流量增加，反力增大，使得柱塞推动控制阀杆的力变大。液流还从量孔流进油压反力室中，这也增大了油压反力室中的液体压力，故转向盘的转向角度增加时，将要求一个更大的转向操纵力，从而获得稳定的转向手感。

3）阀灵敏度控制式

阀灵敏度控制式（EHPS）是根据车速控制电磁阀直接改变动力转向控制阀的油压增益（阀灵敏度）来控制油压的。

这种转向装置结构简单，部件少，价格低，而且可以有较大的选择转向力的自由度。与反力控制式转向相比，转向刚性差，但可以最大限度地提高原来的弹簧刚度来加以克服。阀灵敏度可变控制动力转向装置能够获得自然的转向感和良好的转向特性。

典型阀灵敏度控制式（EHPS），如图10–58（a）所示。转向控制阀的转子阀，做了局部改进并增加了电磁线圈阀、控制元件、车速传感器。转子阀的可变孔分为低速专用和高速专用两种，在高速专用可变孔的前后设有低速专用可变孔。在高速专用可变孔的下游设有旁通回路，在旁通回路中又设置有电磁线圈阀，根据车速开启电磁阀以改变电磁阀灵敏度，控制转向操纵力。这是一种具有非常自然转向操纵感的新型电子控制系统，并具有故障安全保险功能。当电气系统发生故障时，可确保转向操纵特性。

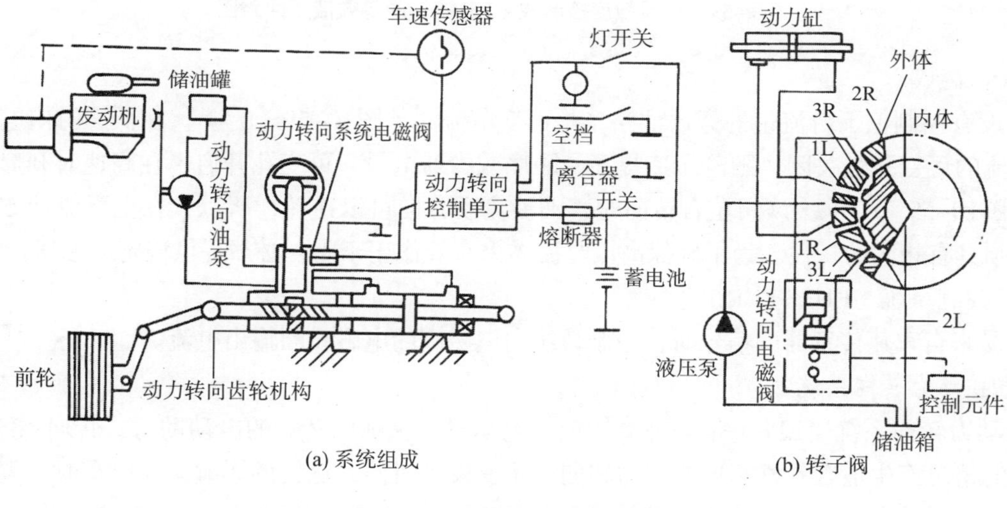

图10–58　阀灵敏度控制式（EHPS）示意图

阀灵敏度控制式（EHPS）的主要部件有转子阀、电磁阀与控制系统等。

（1）转子阀

转子阀一般在圆周上形成具有可变特性的6条或12条沟槽，如图10–58（b）所示，各沟槽利用阀部外体与泵、动力缸、电磁阀及油箱连接。

阀灵敏度控制（EHPS）阀部的等效液压回路如图10–59所示，在动力缸与回转端口间直接配置2个可变孔，在这2个可变孔之间有电磁线圈控制阀的油压回路。可变小孔1R，1L，2R，2L是能以较小转向扭矩关闭的低速专用小孔；3R，3L是能以较大转向扭矩关闭的高速专用可变小孔。

当车辆停止时，电磁阀完全关闭，如果此时向右转动转向盘，则高灵敏度低速专用小孔1R和2R在较小的转向扭矩作用下即可关闭，转向液压泵的高压油液经1L流向转向动力缸右腔室，其左腔室的油液经3L，2L流回储油箱，所以，此时具有轻便的转向特性。而且施加在转向盘上的转向力矩越大，可变小孔1L，2L的开口面积越大，节流作用就越小，转向助力作用越明显。随着车辆行驶速度的提高，在ECU的作用下，电磁阀的开度也呈线性增加，如果向右转动转向盘，则转向液压泵的高压油液经1L，3R旁通电磁阀流回储油箱。此时，转向动力缸右腔室的转向助力油压就取决于旁通电磁阀和灵敏度低的高速专用孔3R的开度。车速越高，在ECU的控制下，电磁阀的开度越大，旁路流量越大，转向助力作用越小，调整专用小孔3R的开度逐渐减小，转向助力作用也随之增大。由此可见，阀灵敏度控制式（EHPS）可使驾驶人获得非常自然的转向手感和良好的速度转向特性。

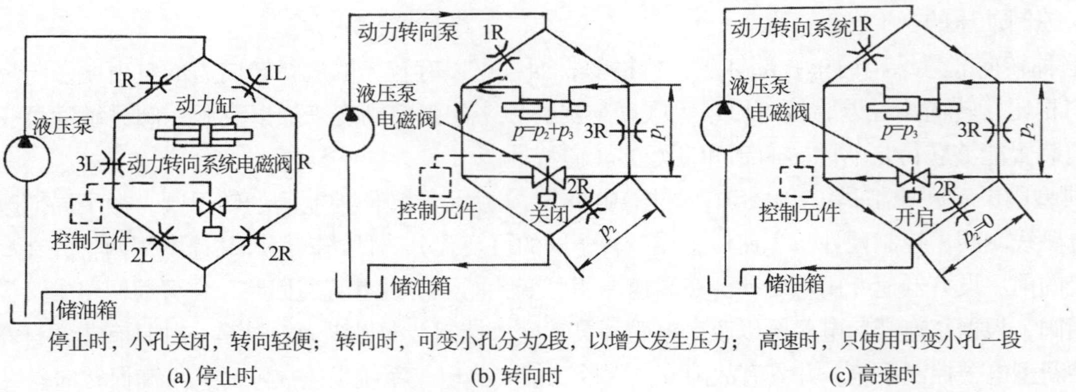

图10–59　阀灵敏度控制式（EHPS）的等效液压回路图

（2）电磁阀

该阀设有控制上下游流量的旁通油路，是可变节流阀（图10–59（b））。在低速时向电磁线圈通过最大电流的可变孔被关闭，随着车速提高，顺序减少通电量，可变孔开启；在高速时开启面积达到最大值（图10–59（c））。该阀左右转向时，油液流动方向可以逆转，所以，在上下流动方向中，可变小孔必须具有相同的特性。为了确保高压时流体力有效作用于阀，必须提供稳定的油压控制。

（3）控制系统（EHPS ECU）

当接受来自车速传感器的信号时，控制系统向电磁阀的电磁线圈输出电流。

3．电控动力转向系统

电控动力转向系统（EPS）是一种直接依靠电动机提供辅助转矩的电动助力式转向系统。EPS能根据不同的情况产生适合各种车速的动力转向，不受发动机停止运转的影响。在停车时，驾驶人也可获得最大的转向动力。汽车在行驶过程中，电子控制装置可调整电动机的助力以改善路感。

EPS的基本组成如图10–60所示，主要由转矩传感器、电机、离合器、减速机构、车速传感器和

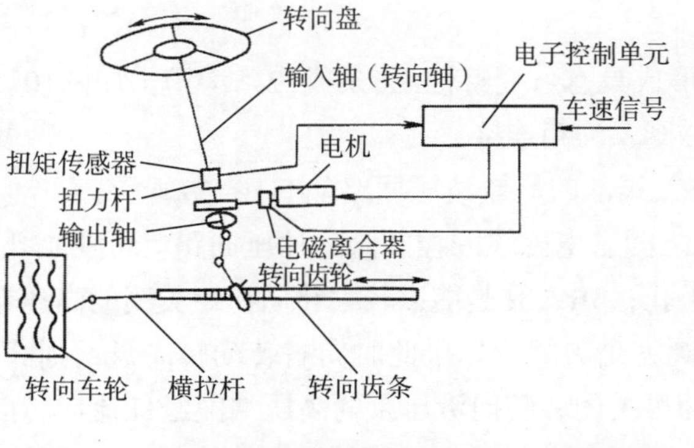

图10–60　电控动力转向系统（EPS）组成示意图

EPS ECU等组成。

EPS工作的基本原理是根据汽车行驶速度（车速传感器信号）、转矩及转角信号，由ECU控制电动机及减速机构产生助力转矩，使汽车行驶在低、中和高速下都能获得最佳的转向效果，如图10-61所示。

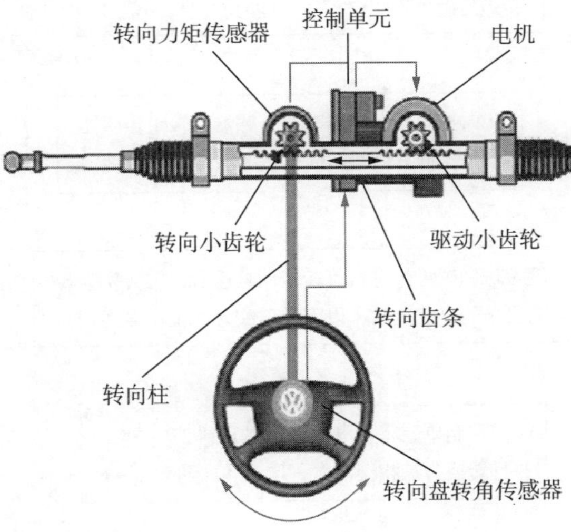

图10-61　电控动力转向系统（EPS）基本原理示意图

当操纵转向盘时，装在转向盘轴上的转矩传感器不断测出转向轴上的转矩，并由此产生一个电压信号。该信号与车速信号同时输入EPS ECU，EPS ECU根据这些输入信号进行运算处理，确定助力转矩的大小和转向，即选定电动机的电流和转向，调整转向的辅助动力。电动机的转矩由电磁离合器通过减速机构减速增扭后，加在汽车的转向器构上，使之得到一个与工况相适应的转向作用力。

电控动力转向系统（EPS）具有以下特点：

（1）将电动机、减速装置、转向杆、转向器等各部件装配成一个整体，这样既无管道也无控制阀，结构紧凑，质量轻。一般EPS的质量比EHPS轻25%；

（2）没有EHPS所必需的常运转油泵，EPS电动机只是在需要转向时才接通电源转动，因此，减少动力和燃油消耗；

（3）没有液压系统，不需要给油泵补充油，也不必担心漏油，工作更可靠；

（4）通过计算机编程，可提供不同程度的动力转向，而它能与汽车上其他电气设备相连接，有助于四轮转向的实现，并能促进悬架系统的发展；

（5）不受发动机停止运转的影响，在停车时驾驶人可获得最大的转向动力。

EPS还设有安全保护装置，由一个在主电源电路中能切断电动机电源的继电器和一个安装在电动机与减速齿轮之间、并能把它们断开的电磁离合器组成。只要系统发生故障，安全保护装置就会开始工作，确保安全。

电控动力转向系统（EPS）实现转向助力的控制流程（以LEXUS车型为例），如图10-62所示。

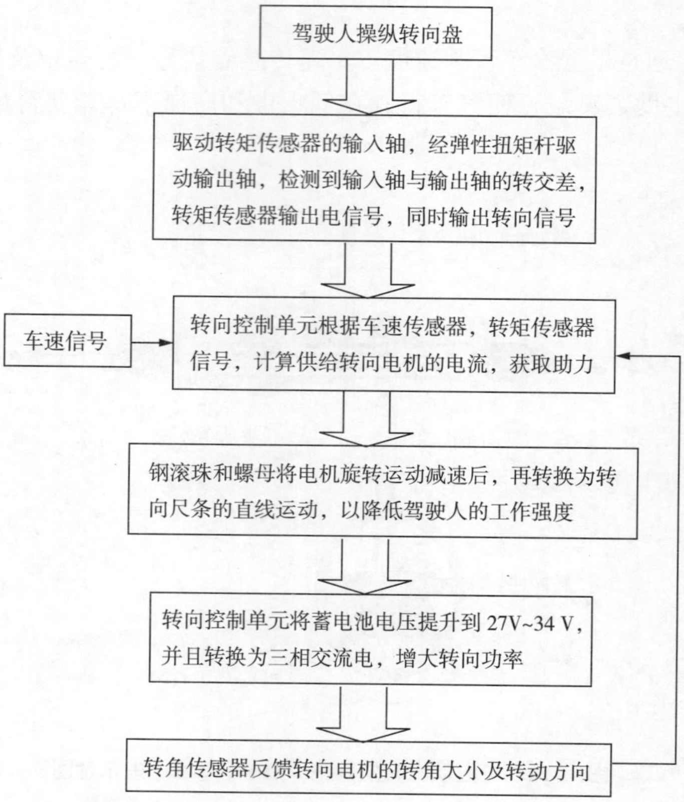

图10–62　EPS对转向助力的控制流程（以LEXUS车型为例）

以下以大众途安乘用车为例，电控动力转向主要由转向盘、带转向角度传感器的转向柱控制单元、转向柱、转向力矩传感器、电动机械式助力转向器电机、转向器、转向辅助控制单元等组成，如图10–63所示。

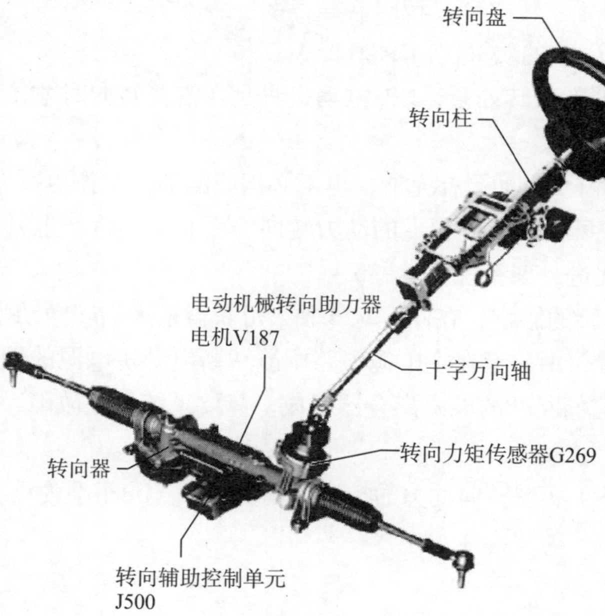

图10–63　电控动力转向系统示意图

1．转向角度传感器

转向角度传感器安装在复位环的后面，与安全气囊的滑环安装在一起，如图10–64所示。它位于组合开关和转向盘之间的转向柱上。转向角度传感器通过CAN BUS数据总线，向转向柱电子装置控制单元提供信号，以便测算转向角。

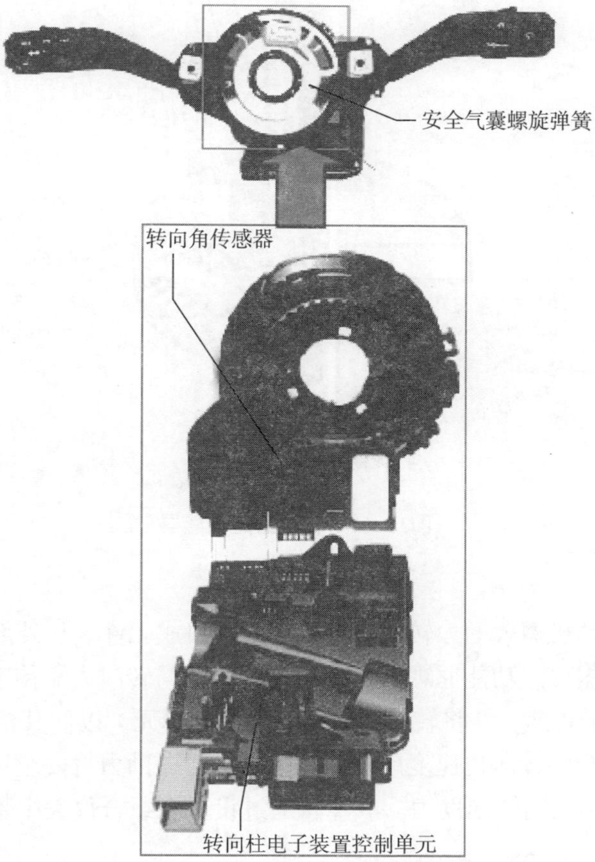

图10–64 转向角度传感器

在转向柱电子装置控制单元中，设有电子系统，用于分析转向角度传感器输送的信号，然后通过数据总线将该信号传送给电子控制单元。

当转向角度传感器失灵时，紧急运行程序立即被启动。缺损的信号被设置成一个替代值。此时，转向系统完全保持转向助力，但设置在组合仪表中的带有转向盘符号的警告灯，会以黄色点亮显示。

2．转向力矩传感器

利用转向力矩传感器，可以直接在转向小齿轮上计算转向盘扭矩。该传感器（属于有源传感器）以磁阻的功能原理工作。它被设计成双保险（备用），以保证获得最高的安全性。

如图10–65所示，在扭矩传感器上，转向柱和转向器通过一根扭转棒相互连接。在连接转向柱的连接件外径上，装有一只磁性极性轮，在其上面被交替划分出24个不同的极性区。每次分析扭矩时，使用两根磁极。辅助配合件是一只有源的磁阻传感元件，它被固定在连接转向器的连接件上。

当操作转向盘时，两只连接件会根据施加的扭矩做相对转动。由于此时磁性极性轮也相对于传感器元件旋转，因此可以测量施加的转向力矩，并将其信号发送给控制单元。

当转向力矩传感器发生故障时，必须更换转向器总成。当控制单元识别到故障时，将关闭转向助力。关闭的过程不是突然进行的，而是“缓慢地”进行。为了实现“缓慢”关闭，控制单元将根据转向角和电动机的转子角度，计算出转向力矩的替代信号。故障将通过设置在组合仪表中带有转向盘符号的警告灯，以红色点亮显示。

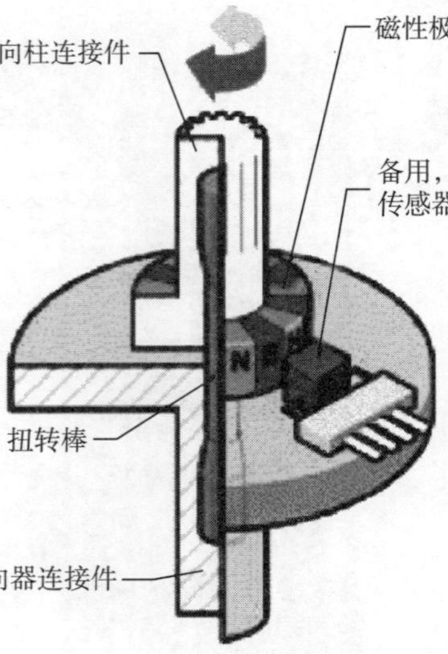

图10-65　转向力矩传感器

3．转子转速传感器

转子转速传感器是电动机械式助力转向器电机的一个组成元件。从外部无法接触到它。

转子转速传感器是根据磁阻功能原理工作的，在结构上与转向力矩传感器相同。它探测到电动机械式助力转向器电机的转子转速，并将转速信号反馈给控制单元，以便其精确控制电机的动作。

当该传感器失灵时，会将转向角速度用作替代信号，转向助力将安全地缓慢降低，从而避免由于传感器的失灵，而造成突然关闭转向助力。故障将通过设置在组合仪表中带有转向盘符号的警告灯，以红色点亮显示。

4．车速信号

车速信号由ABS控制单元通过数据总线提供给转向辅助控制单元，如图10-66所示。

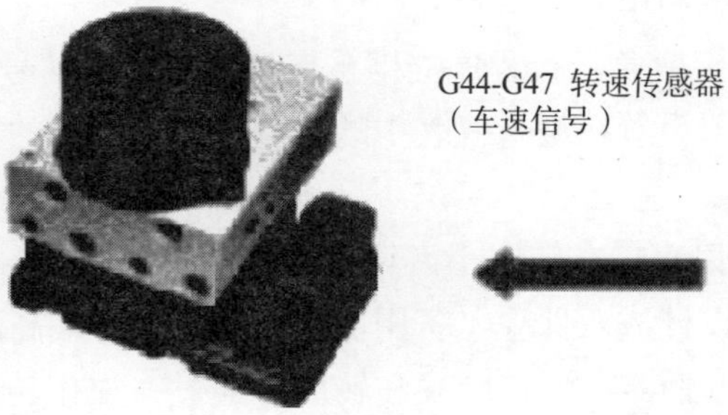

图10-66　大众途安车速信号示意图

当车速信号失灵时，紧急运行程序被启动。驾驶人可以获得完全的转向助力，但是没有电控转向助力系统（servotronic）功能。故障将通过设置在组合仪表中带有转向盘符号的警告灯，以黄色点亮显示。

5. 发动机转速传感器

发动机转速传感器是一个霍尔传感器，它用螺栓拧紧在曲轴密封凸缘外壳内，如图10–67所示。

发动机控制单元根据发动机转速传感器的信号，探测到发动机的转速和曲轴的准确位置。然后，再将该信号通过CAN BUS数据总线输送给转向辅助控制单元，以便其用于调节转向助力的力矩大小。

当发动机转速传感器失灵时，转向系统通过总线端运行，故障将不会通过设置在组合仪表中带有转向盘符号的警告灯点亮显示。

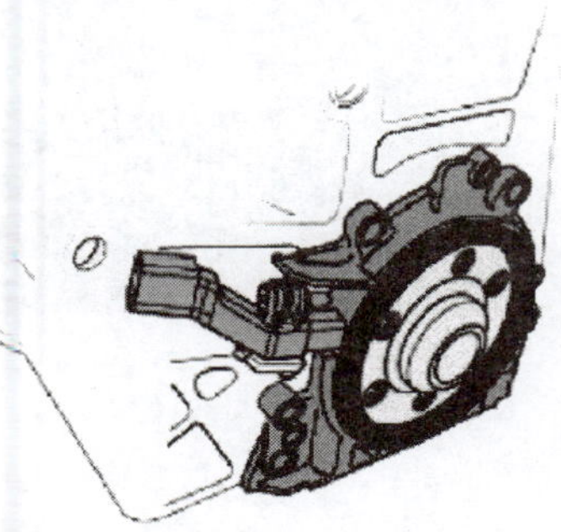

图10–67 发动机转速传感器

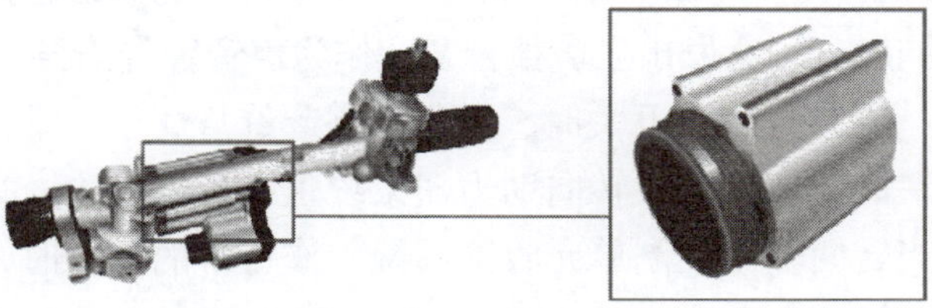

图10–68 电动机械式助力转向器电机

6. 电动机械式助力转向器电机

电动机械式助力转向器电机为无刷异步电机，如图10–68所示。它工作时，能够产生4.1 N•m扭矩的最大转向助力。

异步电机没有永久磁场或电磁激励。顾名思义，异步电机在所施加的电压频率和电机旋转频率之间，有一个偏差。这两个频率不相同，因此，叫做异步。

异步电机的结构简单（无炭刷），因此，运行非常安全。其响应性能非常短，所以也适用于最快的转向运动。电机安装在铝合金的壳体内。它通过蜗轮传动与驱动小齿轮作用在齿条上。控制侧的轴端部有一块磁铁，控制单元用它来探测转子的转速，并利用该信号计算出转向速度。

异步电机的优点在于，它可以在无电压状态下，通过转向器运转。这说明，即使当电机出现故障，以及因此而引起的转向助力失灵时，也只需要少量用力来运转转向系统。甚至当短路时，电机也不会被锁止。故障将通过设置在组合仪表中带有转向盘符号的警告灯，以红色点亮显示。

7. 转向辅助控制单元

转向辅助控制单元（图10–69）直接固定在电机上，因此，无需铺设连接转向助力器部件的管路。

图10–69 转向辅助控制单元J500

转向辅助控制单元根据如下输入的信号，如转向角度传感器的转向角信号、发动机转速传感器的转速信号、转向力矩和转子的转速、ABS系统的车速信号、组合仪表中带显示单元的控制单元用于识别点火钥匙的信号，探测到当前的转向助力需要。计算出激励电流的电磁强度，并控制驱动电机。

8. 设置在组合仪表中的警告灯

警告灯被设置在组合仪表内的显示单元内，如图10-70所示。它用于显示电动机械转向助力器的功能失灵或故障。

警告灯在功能失灵时，可以亮起两种颜色。黄色灯亮起表示是一种轻量警告。当红色灯亮起时，必须立刻将车开到维修站查询故障。在警告灯亮起红色灯的同时，还会发出三声报警音，作为声音警告信号。

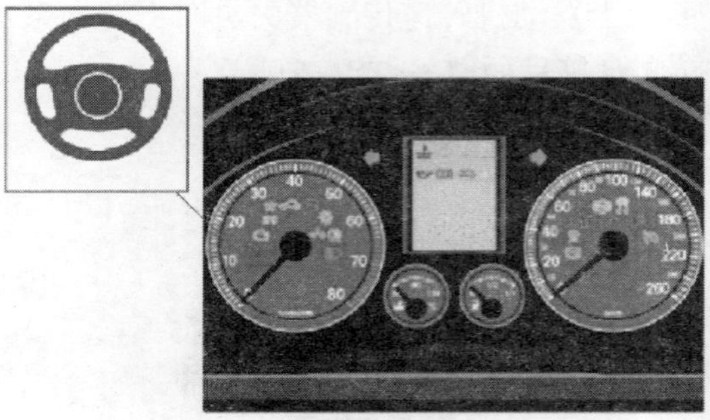

图10-70　警告灯K161

在接通点火开关时，警告灯亮起红灯属于正常情况，因为电动机械转向助力器系统正在进行自检。只有当转向辅助控制单元收到系统工作正常的信号时，警告灯才会自动熄灭。这种自检过程大约为2 s。发动机起动时，警告灯会立刻熄灭。

10.4　四轮转向系统简介

10.4.1　四轮转向系统的功用与类型

四轮转向（4WS）主要应用在一些高级乘用车和新型乘用车上。所谓四轮转向，是指后轮也和前轮相似，具有一定的转向功能，不仅可以与前轮同方向转向，也可以与前轮反方向转向。其主要目的是增强乘用车在高速行驶或者在侧向风力作用下的操纵稳定性，改善低速时的操纵轻便性，高速行驶时便于由一个车道向另一个车道的移动调整，以及减少调头时的转弯半径，如图10-71所示。

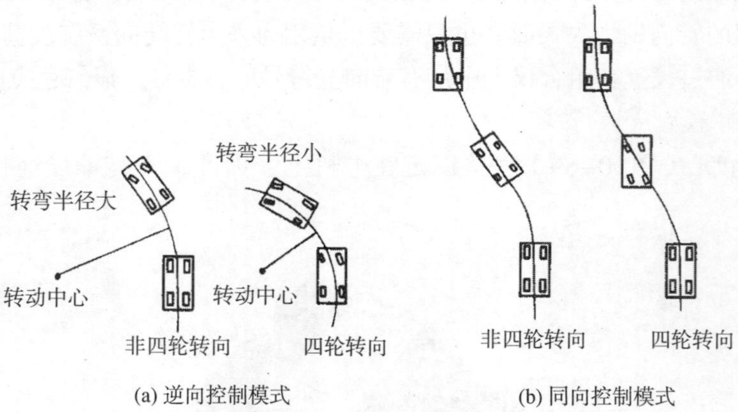

图10-71　四轮转向汽车的行驶特性

按照通用汽车公司对使用四轮转向系统的大型SUV和卡车的测试，转弯半径平均减小了19%。在一些特殊行驶状态下，如市区交通堵塞、拖带挂车、倒车或泊位时，四轮转向系统大大提高了操控性。

四轮转向系统按照前后轮的偏转角和车速之间的关系分为两种类型：一种是转角传感型，另一种是车速传感型。转角传感型是指前轮和后轮的偏转角度之间存在着一定的因变关系，即后轮可以按前轮偏转方向做同向偏转，也可以做反向偏转。车速传感型是根据事先设计的程序规定当车速达到某一预定值时（通常为35 ~ 40 km/h），后轮能与前轮同方向偏转，当低于某一预定值时，则与前轮反方向偏转。目前的四轮转向乘用车既有采用转角传感型，也有采用车速传感型，还有二者兼而用之的。例如，马自达929型乘用车的四轮转向就是具有两种类型的特点。

从汽车转向的基本过程来看，无论采取怎样的转向形式，都是使汽车在转弯时产生重心的平移和绕着重心的转动，这两种运动的结合促使汽车完成了转向的过程。当汽车转向盘的转角和车速都确定下来的时候，那么，前轮转向汽车的行驶状态是单一的，而四轮转向汽车的行驶状态则会随着后轮与前轮之间的角度不同或相同而变得多种多样，这是两轮转向和四轮转向的根本差别所在，也是后者比前者优越的关键之处。

10.4.2 四轮转向系统的组成与工作原理

四轮转向系统主要由电子控制器、车速传感器、转向角比例传感器和执行器所构成，如图10–72所示。有关前轮转向的信息输送到电子控制器（ECU）后，电子控制器处理后将指令执行器控制后轮的偏转。后轮的偏转量及偏转方向是根据前轮的偏转信息所决定的。

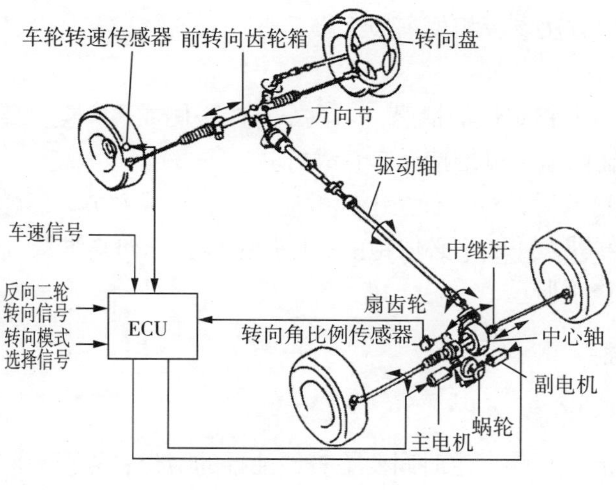

图10–72 汽车四轮转向系统的结构示意图

汽车前轮在做转向时，会产生一个作用在前轮的侧向力，这时后轮也会产生一种离心力，这种作用力就会使车辆在垂直轴线方向上产生一个扭矩，增大了倾翻作用力使车辆不能稳定。而有四轮转向装置的汽车，前后轮会相互配合，减弱倾翻作用力，减少侧滑，从而保障了行车的安全。

汽车在做直线行驶时，由于受到车速和路面侧向风的影响经常会走偏。这时有四轮转向装置的汽车的微处理机就会根据车速和前轮转角加以计算，确定后轮的转角数值，以变动对变动来保持汽车行驶的稳定性。

四轮转向乘用车的前后轮转向装置之间的连接形式有机械式、液压式、电子式等。目前四轮转向装置已将机械、液压、电子、传感器及微处理机控制技术紧密结合在一起，在很大程度上改善乘用车的转向特性，提高操纵的稳定性。

10.5 转向系统的检修

10.5.1 转向系统常见故障现象

（1）转向盘不在直线行驶位置。

转向盘不居中指的是汽车直线行驶时，转向盘不在直线行驶位置，即不能遮挡驾驶人对仪表盘的视线位置。如果转向盘不居中，则应检查前轮和后轮的前束，具体步骤和方法参考相关车型维修手册。

（2）转向盘回正能力差。

转向盘回正能力指的是转向盘转动一整圈后，能够回复到中心位置的能力。转向盘回正能力差的主要因素是主销内倾角、后倾角和汽车质量，具体调整及修理步骤参考相关车型维修手册。

（3）冲击转向。

冲击转向是前束变化不相等所造成的一种转向情况。汽车在道路上行驶时，前束随着悬架的每一次上跳和反弹发生变化。这种微小的前束变化会引起车轮向内或向外偏转。如果汽车上跳和反弹时，两侧前束不相等，则两前轮便有转向或剧烈地移向另一方的趋势。在不平整的道路上，驾驶人会感到前轮左、右摆动，调整前束方法参考相关车型维修手册。

（4）行驶跑偏。

跑偏是一种影响汽车方向稳定性的情况，当汽车有向一侧或另一侧“跑偏”趋势时，驾驶人需要持续地向相反的方向转动转向盘，以维持汽车直线行驶。

缓慢跑偏是指转向盘松开后，汽车行驶中轻微地偏向右方或左方。缓慢跑偏不像跑偏那样严重，它是很轻微的方向改变。驾驶人一般不必像跑偏那样持续修正方向来维持汽车直驶。

具体维修方法参考维修手册。

10.5.2 动力转向系统的维护

1．转向系统检查

液压系统必须保持清洁；每隔一定时间要检查储油罐的液位；需要时将缺少的油补足；参看相应维修手册中的“维修润滑”部分，了解油液的种类和检查加油的时间间隔。

如果液压油变脏或系统中有污物，按本单元详述的程序冲洗液压系统。如果液压系统特别脏，泵和转向器必须在继续使用前完全拆卸。此外，储油罐在重新使用前必须彻底清洗。

每隔一定时间检查全部硬管、软管和接头是否发生渗漏，接头必须拧紧。务必使压板、卡箍、硬管和软管支撑全都位于相应位置并被正确固定。

在车轮处于正向前方位置时检查软管，然后将车轮向左和向右转到极限，同时察看软管的移动情况。若软管如与车辆其他部件碰触，会造成摩擦或产生磨损，应予以纠正。

动力转向系统的软管和硬管不得发生扭曲、结节或硬弯。在管路上软管必须有足够的弯曲部分，以便在车辆运转时，吸收位移并补偿软管的收缩。

液压系统中的空气会造成海绵作用，并在工作时产生噪音。当软管拆下或由于任何原因造成液压油流失时，在重新注油后必须对系统进行排气。

2．液力转向油泵皮带张力调整

一些车辆采用单皮带蛇形管辅助装置驱动系统。蛇形管系统有张紧功能，不需要调整。有关三角皮带调整程序请参阅相应的维修手册。

3．动力转向系统的空气排放

维修过程中进入动力转向系统中的空气必须排出，然后才能行驶该车辆。如果空气滞留在系统内，会导致系统工作时产生噪音或出现不正常的现象。空气排放步骤参考相关维修手册。

4．冲洗动力转向系统

在更换转向油泵时，一定要冲洗整个系统，工作步骤如下：

（1）将车辆前部升离地面，使车轮能够自由转动；

（2）把回油管从液压泵进油接头上拆下；

（3）堵住泵的进油接头；

（4）将回油管一端放到大容器上盛接排出的油；

（5）使发动机怠速运转，同时让助手向储油罐内注入新的动力转向油；

（6）转动转向盘接近限位器。如果转向盘保持在限位器位置，油液将停止流动，油泵将处于减压状态，储油罐可能发生突然溢流；

（7）把所有硬管、软管和零部件（如果拆下来的话）安装到车辆上；

（8）给系统注入新的动力转向油，并按本单元介绍的程序对系统进行排气；

（9）开动发动机约15min；

（10）将泵的回油管从泵的进油嘴上拆下，堵住泵上的接头；

（11）重新给储油罐加注油时，检查排放出的油是否变脏。如果仍能看到异物，要更换全部管路，并折卸清洗或更换动力转向系统零部件。不要重新使用排放出的动力转向油。

5．漏油检查

（1）在发动机关闭的情况下把整个动力转向系统擦干（转向器、泵、软管和接头）；

（2）检查液压泵储油罐的油位，并按照维修手册“油位调整”部分的说明进行调整；

（3）起动发动机，左右转动转向盘到极限位置，转动数次。不要使转向盘保持在极限的位置，这样可能会损坏液压泵；

（4）查找渗漏的准确部位，采用推荐的方法进行修理。

6．检查或补充动力转向液力油

动力转向储油罐的盖式量油尺上的标志清楚地指明了油位。在补充或更换转向液力油时，一定要使用干净的新油。

当触摸转向油感到很烫时（77℃），油位应在“FULL HOT”的位置。如果转向油是凉的（室温），正确的油位应在“FULL COLD”位置。

动力转向液力油的技术要求：当补充动力转向液力油或全部更换动力转向液力油时，一定要使用正确型号的液力油。使用不正确的转向液力油将造成软管或密封圈的损坏，从而导致漏油。

10.5.3 动力转向系统故障诊断

动力转向系统的主要故障是转向盘感觉沉重。转向盘感觉沉重通常是转向助力不足的直接结果。助力不足是由于动力转向系统中的油压不足造成的。助力损失的可能原因很多，重要的是确定助力是否完全不起作用，还必须检测并排除转向盘阻力较大等机械原因。

1．系统故障症状

动力转向系统故障有两个最普通的症状：

（1）在车辆静止状态下转动转向盘时，动力转向明显不起作用，转向盘转动阻力非常大。当到达最大转向点时，转向盘也可能突然变重。

（2）在车辆低速和静止状态下，助力出现。但在其他情况下，助力消失，车轮变得非常重。

2．故障基本原因

（1） 如果转向盘阻力在很多转向情况下都很大，可以认为动力转向系统不起助力作用。显然，负责产生油压的油泵是首先要检查的；如果油泵没有问题，则检查动力缸，确保油液从油泵流入动力油缸；油液管路可能损坏或堵塞；最后检查动力转向器和控制阀，如图10–73所示。

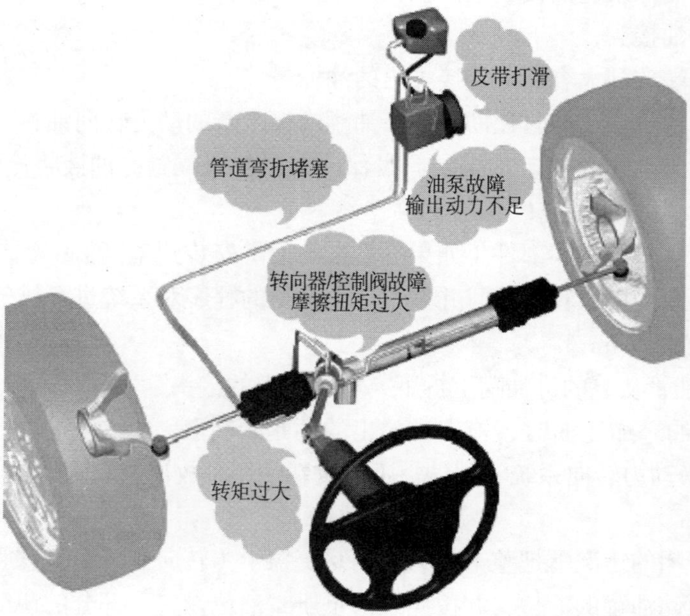

图10–73　动力转向系统故障部位示意图

（2） 当车轮转动到最大转向角时，动力转向损失通常是由于V 形带打滑造成的。由于打滑皮带会产生噪声，故障现象通常很明显。

（3） 在整个转向范围，如果注意到部分或间歇动力转向损失，这通常是由于油泵动力不足造成的；检查油液管路是否损坏和限流；检查转向器控制阀功能和转向器摩擦扭矩水平；检查转向管柱转动摩擦力矩水平；系统中某些地方机械摩擦增大可能是动力转向不足的原因。

（4） 在冷天操作过程中，当发动机刚刚起动后，动力转向效率可能较低。这实际上不是故障。因为油温低，黏度高，在系统中流动性差。随着油温上升并开始自由流动，动力转向效率将恢复正常水平。

3．故障诊断步骤

（1）应在动力转向油液温度达到50℃～60℃时进行；

（2）应在行驶后和发动机匀速运转后立即进行。某些故障排除步骤在执行之前要求转向盘向左和向右转动5～6 次（转到极限）；

（3）在发动机怠速情况下，进行转向力检查，转向力检查必须在干燥路面上进行；

（4）使用带有锁止阀的动力转向测试仪套件，仪表状态良好，以得到准确读数。

4．转向系统典型故障诊断（以别克凯越乘用车为例）

1）动力转向泵故障（表10–1）

表10–1–1　检查动力转向液中是否有泡沫或乳化（油液中有空气）

检　查	操　作
检查导致溢流的动力转向泵是否内部泄漏	1）修理泵内泄漏； 2）排出系统中的空气
检查液面是否过低	1）修理泵内泄漏； 2）排出系统中的空气； 3）液面过低容易在低温下导致系统中出现气泡

表10–1–2　动力转向泵导致压力过低

检　查	操　作
检查动力转向泵密封处是否存在外部泄漏	1）更换密封； 2）修理漏油位置； 3）排出系统中的空气
检查蛇形附件传动皮带是否磨损	更换蛇形附件传动皮带

表10–1–3　动力转向器导致压力过低

检　查	操　作
检查壳体缸套是否划伤	更换壳体缸套
检查阀门弹簧或密封是否泄漏	1）修理漏油位置； 2）排出系统中的空气

表10–1–4　动力转向泵有嘎吱声

检　查	操　作
检查动力转向液中是否有空气	执行上文“动力转向液中是否有泡沫或乳化（油液中有空气）”中列出的检查项目
检查动力转向液液面是否过低	1）修理内部或外部泄漏； 2）排出系统中的空气
检查动力转向泵座是否过松	紧固泵座至规定扭矩

2）齿轮齿条式转向机故障（表10–2）

表10–2–1　咝咝噪音

检　查	操　作
检查中间轴球节是否松动	坚固中间轴球节
检查动力转向软管是否碰到其他部件	确保动力转向管正确安装在软管卡夹中

表10–2–2　　转向机发出“咯咯”噪音

检　查	操　作
检查动力转向软管是否碰到车身	确保动力转向软管正确安装在软管卡夹中
检查转向器润滑是否不充分	润滑转向装置
检查转向器座是否安装不当	紧固转向器装配架螺母和螺栓
检查外转向横拉杆是否安装不当	紧固外转向横拉杆球节。更换外转向拉杆

表10–2–3　　转向盘不回中

检　查	操　作
检合转向盘是否碰到转向信号壳体	调整转向信号壳体
检合中间轴接头是否卡滞或松动	更换中间轴
检合动力转向泵流量控制阀是否卡滞和错位	更换动力转向泵
检查车轮定位	定位车轮
检查车轮轴承是否磨损或损坏	更换车轮轴承
检查中间轴接头是否安装不当	1）调整转向器与转向柱之间的中间轴； 2）更换中间轴
检查外转向横拉杆和球节是否卡滞或松动	紧固或更换转向横拉杆和球节
检查转向器的调整	执行直线行驶捡查
检查转向柱轴密封是否与轴摩擦	更换前围板密封
检查转向轴轴承是否卡滞	更换短轴轴承

表10–2–4　　迅速打转向盘时突然感觉费力

检　查	操　作
检查动力转向泵是否内部泄漏	更换动力转向泵
检查软管是否损坏或堵塞油液流动	更换动力转向软管和／或接管
检查动力转向液液面	向动力转向液储液罐加注转向液
检查动力转向泵流量控制阀是否卡滞或操作不当	更换动力转向泵

表10–2–5　　在发动机运行期间转弯时转向振颤

检　查	操　作
检查动力转向泵压力是否不足	更换动力转向泵
检查动力转向泵流量控制阀是否卡滞或操作不当	更换动力转向泵
检查动力转向泵蛇形皮带是否打滑	张紧动力转向泵蛇形皮带
检查动力转向系统中是否有空气污染	排放动力转向系统中的空气

表10–2–6　　低速或静转向时转向振动

检　查	操　作
检查动力转向系统中是否有空气	排放动力转向系统中的空气
检查动力转向泵蛇形皮带是否过松	张紧动力转向泵蛇形皮带

表10–2–7　　转向盘反冲过大或过松

检　查	操　作
检查动力转向系统中是否有空气	排放动力转向系统中的空气
检查车轮轴承是否磨损或损坏	更换车轮轴承
检查转向机座是否安装不当	紧固转向机装配架螺母和螺栓
检查中间轴接头是否安装不当	1）调整转向机与转向柱之间的中间轴； 2）更换中间轴
检查外转向横拉杆和球节是否松动	紧固或更换转向横拉杆和球节

表10–2–8　　转向困难或助力差（特别是驻车时）

检　查	操　作
调整转向器与转向柱之间的中间轴，更换连接法兰	调整转向器与转向柱之间的连接法兰，必要时更换连接法兰
检查动力转向泵流量控制阀是否卡滞和安装不当	更换动力转向泵
柱查动力转向泵压力是否不足	更换动力转向泵
柱查动力转向泵是否内部泄漏	更换动力转向泵
检查中间轴是否松动或磨损	紧固中间轴，必要时更换中间轴
柱查动力转向泵蛇形皮带张紧度	张紧动力转向泵蛇形皮带

3）转向柱及锁定系统故障（表10–3）

表10–3–1　　锁定系统不解锁

检　查	操　作
检查锁芯是否损坏	更换锁芯
捡查点火开关是否不灵活	润滑点火开关
检查转向柱壳体是否卡滞或损坏	拆卸转向轴并清理转向柱壳体，必要时更换转向柱壳体

表10–3–2　　锁定系统锁不上

检　查	操　作
检查锁芯是否损坏	更换锁芯
检查点火开关是否不灵活	润滑点火开关
检查转向柱壳体是否卡滞或损坏	拆卸转向轴并清理转向柱壳体，必要时更换转向柱壳体

表10–3–3　　开锁费力

检　查	操　作
检查锁芯是否损坏	更换锁芯
检查点火开关是否不灵活	润滑点火开关
检查壳体和盖板是否严重错位	重新定位壳体盖板，必要时更换盖板
检查点火开关安装架是否弯曲	更换点火开关安装架

表10–3–4　　在LOCK（锁定）位置无法拔出钥匙

检　查	操　作
查看点火开关位置是否正确	重新调整点火开关
检查锁芯是否损坏	更换锁芯

表10-3-5　转向柱有噪音

检　查	操　作
检查转向器至转向柱球节是否安装不当	1）紧固转向轴万向节夹紧螺栓； 2）必要时，更换转向轴球节
检查转向轴轴承是否磨损或损坏	更换转向轴轴承
检查球节是否润滑不充分	润滑球节
检查转向轴润滑是否不充分	润滑转向轴轴承
检查转向轴锁定弹簧卡环是否安装不当	调整转向轴锁定弹簧卡环，必要时更换转向轴锁定弹簧卡环

表10-3-6　转向轴费力

检　查	操　作
检查转向轴轴承是否磨损或损坏	更换转向轴轴承
检查防尘密封件是否安装不当或变形	更换防尘密封件
检查上下轴承是否损坏	更换上轴承或下轴承
检查转向轴万向节是否不灵活	润滑转向轴万向节，必要时更换转向轴万向节

表10-3-7　转向柱有游隙

检　查	操　作
检查转向柱支架装配螺栓是否安装不当	紧固转向柱支架装配螺栓
检查转向柱套管上的焊接螺母是否断开	更换转向柱套管
检查转向柱壳体至转向柱套管支架螺钉是否松动	紧固支架螺钉

表10-3-8　转向盘过松

检　查	操　作
检查转向盘支架或壳体中的孔与轴销直径之间的间隙是否过大	更换尺寸正确的轴销
查看上轴承是否正确安装在壳体上	正确固定上轴承位置，必要时更换上轴承
检查转向柱壳体支架螺钉是否松动	紧固转向柱壳体支架螺钉

表10-3-9　倾斜转向柱时有噪音

检　查	操　作
检查上倾斜减振器是否磨损	更换上倾斜减振器
检查倾斜弹簧是否卡滞	调整倾斜弹簧，必要时更换倾斜弹簧

10.5.4　电控动力转向系统故障诊断

电控液压动力转向系统（EHPS）在使用中常见故障有怠速、低速行驶时，动力转向助力不足、操纵费力；汽车高速行驶时，转向太灵敏等。

下面以LEXUS LS400UCF10车型流量式EHPS为例（图10-74），简述检修步骤和方法。

在对电控动力转向系统的检修过程中，首先要排除液压转向装置的故障，如油液不足、油液压力低，液压系统中有空气；其次检查转向器构件是否润滑良好，杆件是否有变形，轮胎气压是否正常等，最后检查电控系统是否正常。

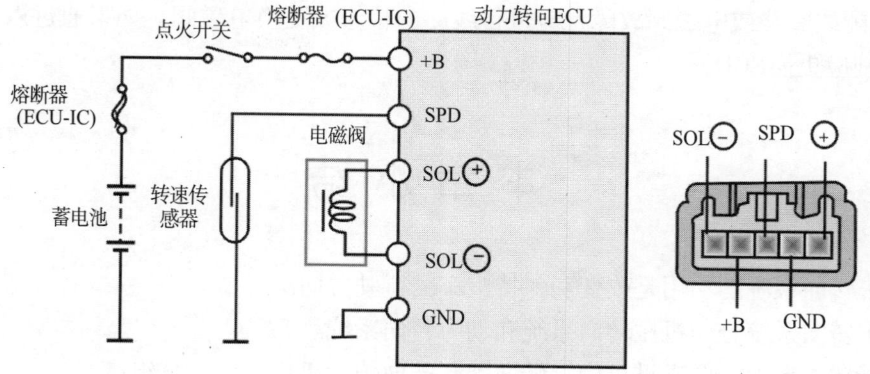

图10–74　LEXUS LS400 UCF10车型流量式EHPS电路图

1．一般电路检修

LEXUS LS400UCF10车型流量式EHPS一般电路检修步骤，如图10–75所示。

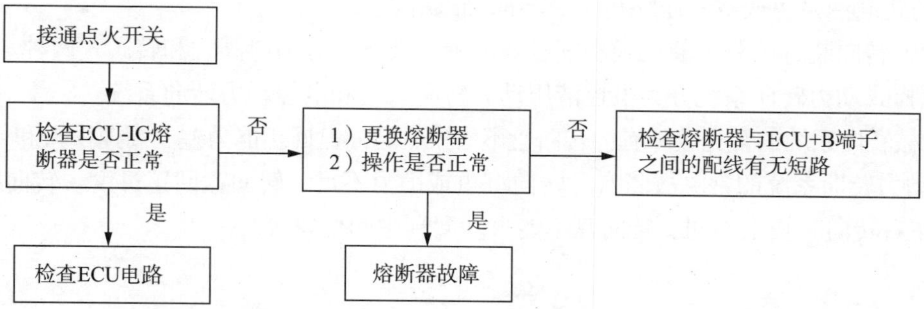

图10–75　LEXUS LS400 UCF10车型流量式EHPS检修流程图

2．ECU控制电路的检修

LS400 UCF10车型流量式EHPS ECU控制电路故障应进行如下检测（图10–74）。

1）ECU搭铁电路的检测

检测ECU+B端子与车身接地之间的电压，如果是蓄电池电压，则搭铁电路正常；否则熔断器与ECU+B端子之间的配线断路。

2）ECU GND端子与车身接地之间电路的检测

检测ECU GND端子与车身接地之间是否导通，如果导通则电路正常；否则是ECU GND端子与车身接地间配线断路或车身接地不良。

3）ECU SPD端子与车速传感器电路的检测

用千斤顶顶起一侧后车轮，把电压表接到ECU的SPD端子和GND端子上，转动后轮，对于UCF10系列的车型，表的读数应是0 V→5 V→0 V；对于UCF20系列的车型，表的读数应是0 V→无穷大→0 V。如果不符合上述要求，则为SPD端子与转速传感器之间的配线存在断路或短路以及车速传感器故障。应进行线路检修或更换传感器。

4）端子SOL+与SOL–以及GND的检测

用欧姆表检测端子SOL+或SOL–与GND之间是否导通，如导通则是端子SOL+与SOL–之间配线短路或电磁阀故障。

用欧姆表检测端子SOL+与SOL–之间的电阻值，表的读数应在6.0 Ω ~ 11.0 Ω，否则是端子SOL+

与SOL–之间的配线断路或电磁阀故障，应进行线路的检修或更换电磁阀。如果通过以上检测最后确定是ECU故障，则应更换ECU。

本章小结

（1）汽车转向系统的功用是改变和保持汽车的行驶方向。

（2）汽车转向系统分为机械转向系统和动力转向系统。

（3）机械转向系由转向操纵机构、转向器和转向传动机构三大部分组成。

（4）按转向器啮合传动副的结构形式分类，应用较广泛的有蜗杆曲柄指销式、循环球式和齿轮齿条式等几种。

（5）转向操纵机构一般由转向盘、转向轴、转向柱管、万向节及转向传动轴等组成。

（6）动力转向装置由机械转向器、转向控制阀、转向动力缸以及将发动机输出的部分机械能转换为压力能的转向油泵（或空气压缩机）、转向油罐等组成。

（7）动力转向装置可分为液压式和气压式两种，液压式分为滑阀式和转阀式两种。

（8）电控式动力转向系统分为电控液压动力转向系统和电控动力转向系统。

（9）机械转向系统的常见故障有：转向盘不居中、转向盘回正能力差、高速摆振和行驶跑偏等。

（10）动力转向系统的常见故障有：转向沉重或助力不足、转向盘回正过度、转向时有噪声、转向盘颤抖、左右转向时轻重不同、转向盘不能自动回到中间位置等。

复习思考题

1. 判断题

（1）汽车转向时，内侧车轮比外侧车轮滚过的距离大。（ ）

（2）汽车转向时，内侧车轮的偏转角比外侧车轮的偏转角大。（ ）

（3）汽车转向时，外侧转向轮偏转角越大，其转弯半径也越大。（ ）

（4）循环球式转向器的传动效率高，不易产生“打手”现象。（ ）

（5）循环球式转向器的第一级传动副是转向螺杆与齿条。（ ）

（6）齿轮齿条式转向器由于齿轮直接啮合，因此操纵灵敏性非常高。（ ）

（7）齿轮齿条式转向器中的压簧除了可以消除啮合间隙外，还能吸收部分振动能量，缓和冲击。（ ）

（8）横拉杆两端都切有螺纹，并且都是左旋螺纹。（ ）

（9）装用动力转向装置的汽车，转向后，自动回正的能量将大为减弱。（ ）

（10）液压动力转向装置在转向轮自动回正过程中会出现自动加力现象。（ ）

2. 选择题

（1）循环球式转向器的主要特点是（ ）。

A．两级传动副　B．钢球传动　C．磨损小　D．寿命长

（2）循环球式转向器的第一级传动副是（ ）。

A．转向螺杆与齿条　　B．转向螺杆与转向螺母

C．齿条与齿扇　　D．转向螺母与齿扇

（3）齿轮齿条式转向器通常用在轻型及微型汽车的（ ）。

A．前轮独立悬挂　　B．前轮非独立悬挂

C．双摆臂式悬架　　D．横向摆臂式悬架

（4）曲柄指销式转向器中，指销可绕自身轴线旋转，其目的是（ ）。

A．与蜗杆更好的啮合　　B．润滑更充分

C．减小磨损　　D．自动调整啮合间隙

（5）直拉杆球头与座磨损而产生的间隙调整可通过（ ）。

A．加垫片　　B．调整螺钉　　C．内部压缩弹簧自动消除　　D．调整螺母

（6）独立悬架转向传动机构调整前束时，应（ ）。

A．调整左边一根横拉杆　　B．调整右边一根横拉杆

C．左右二根一起调整　　D．都可以调整

（7）液压式动力转向装置按液流型式，可分为（ ）。

A．常流式和液压式　　B．常压式和液压式

C．常流式和常压式　　D．液压式和气压式

（8）转向控制阀是用来控制油泵输出油液的（ ）。

A．流速　　B．压力　　C．流向　　D．时间

（9）一般非独立悬架配用的转向机构有（ ）。

A．一根直拉杆，二根横拉杆　　B．一根直拉杆，一根横拉杆

C．二根直拉杆，二根横拉杆　　D．二根直拉杆，一根横拉杆

（10）汽车转向时，内外转向偏转角间正确关系的保证是（ ）。

A．转向盘　　B．转向直拉杆　　C．转向梯形　　D．主销后倾角

3. 问答题

（1）转向系统主要有哪些功用？由哪些机件组成？

（2）简述转向系统的类型及工作过程。

（3）机械转向系统主要有哪些部分组成？

（4）转向器有哪几种类型？简述其结构特点。

（5）转向传动机构有哪几种类型？简述其结构特点。

（6）动力转向系统主要有哪些部件组成？简述其工作原理。

（7）简述电控式动力转向系统的特点和类型。

（8）简述转向系统常见故障的现象及其成因。

11 基本制动系统

学习目标

知识目标

（1）简单叙述制动系统的功用、组成和类型；
（2）正确描述车轮制动器的类型、结构和工作原理；
（3）正确描述液压制动控制和传动装置的组成和工作原理；
（4）简单叙述气压制动控制和传动装置的组成和工作原理；
（5）简单叙述驻车制动装置的组成和类型。

能力目标

（1）能对液压制动系统进行拆装、维护与检修；
（2）能分析液压制动系统常见故障的现象及原因。

11.1 概述

11.1.1 制动系统的功用

制动系统是汽车最重要的安全系统之一，其功用包括使行驶中的汽车按照驾驶人的要求进行强制减速甚至停车；使已经停驶的汽车在各种道路条件下（包括在坡道上）稳定驻车；使下坡行驶的汽车速度保持相对稳定，如图11–1所示。

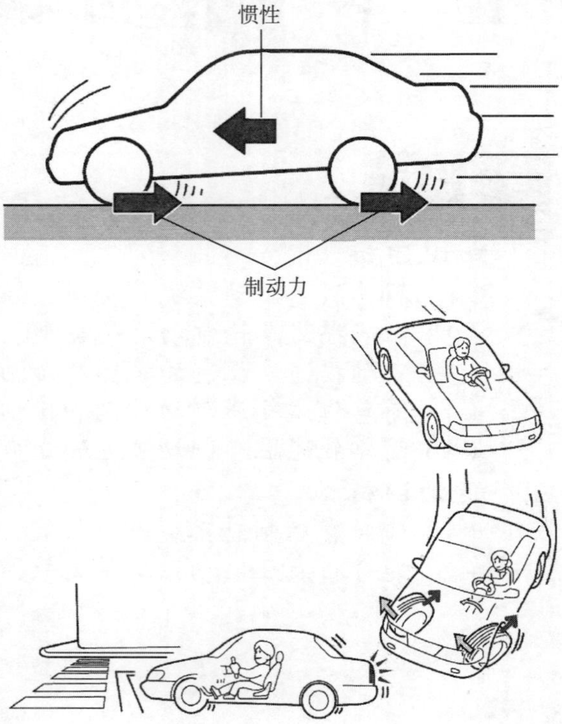

图11–1 制动系统功用示意图

制动性能的好坏，会影响到汽车的行驶速度和运输效率，如果制动系统出现问题，会导致安全性下降，油耗增加，还可能造成交通事故。

11.1.2 制动系统的分类

按制动系统作用可分为行车制动系统（又称脚制动系统）、驻车制动系统（又称手制动系统）以及应急和辅助制动系统等。

用以使行驶中的汽车降低速度甚至停车的制动系统，称为行车制动系统；用以使已停驶的汽车驻留原地不动的制动系统，则称为驻车制动系统；在行车制动系统失效的情况下，可使汽车仍能实现减速或停车的制动控制系统称为应急制动系统；在行车过程中，可降低车速或保持车速稳定的制动控制系统称为辅助制动系统。行车制动系和驻车制动系是每一辆汽车都必须具备的，是汽车最基本的两套独立的制动装置，如图11–2所示。

按制动系统操纵能源可分为人力制动系统、动力制动系统和伺服制动系统等。以人力作为唯一制动动力源的制动系统称为人力制动系统；由发动机的动力转换为气压或液压形式的动能进行制动的制动系统称为动力制动系统；兼用人力和发动机动力进行制动的制动系统称为伺服制动系统或助力制动系统。

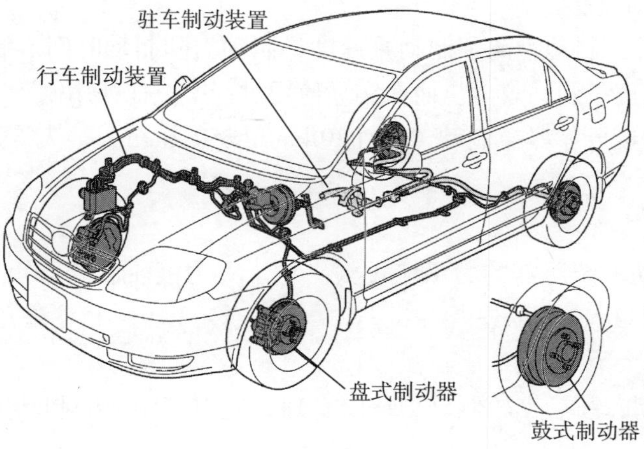

图11–2　行车制动系和驻车制动系布置示意图

按制动能量传输方式可分为机械式、液压式、气压式和电磁式等，同时采用两种以上传能方式的制动系统称为组合式制动系统。

按制动器类型可分为盘式制动系统和鼓式制动系统。

11.1.3　制动系统的基本组成

汽车制动系统的基本结构是由制动器和制动传动机构两大部分组成，如图11–3所示。

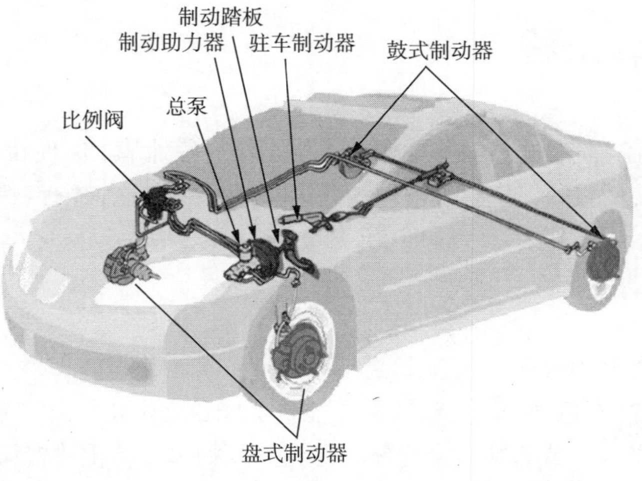

图11–3　制动系统的基本组成

制动器是产生制动作用而使车轮减速或停转的机件。制动传动机构是将驾驶人操纵或其他能源作用制动系统的力传给制动器。

以液压鼓式制动系统为例：制动传动机构由制动踏板、制动总泵（主缸）、制动助力装置、制动油管和制动分泵（轮缸）等组成。车轮制动器由固定部分、旋转部分、蹄片张开机构和蹄鼓间隙调整机构等组成。

11.1.4 对制动系统的要求

为了保证汽车能在安全的条件下发挥出高速行驶的能力，制动系统必须满足下列要求：

（1）具有良好的制动效能 。

制动效能评价指标有：制动距离、制动减速度、制动力和制动时间。制动效能可以用制动试验台来检验，常用制动力来衡量制动效能。而在实际使用过程中，往往用制动距离来衡量整车的制动效能。制动距离是以某一速度开始紧急制动（例如30 km/h或50 km/h），从驾驶人踩下制动踏板起直至停车为止所走过的距离。

（2）操纵轻便。

操纵轻便即操纵制动系统所需的力不应过大。对于人力液压制动系统最大踏板力不大于500 N（乘用车）和700 N（货车）。

（3）制动稳定性好。

制动稳定性好指制动时前后车轮制动力分配合理，左右车轮上的制动力矩基本相等，汽车不跑偏，不甩尾。

（4）制动平顺性好。

制动力矩能迅速而平稳地增加，也能迅速而彻底地解除。

（5）散热性好。

连续制动时，制动鼓的温度高达400℃，摩擦片的抗“热衰退”能力要高（指摩擦片抵抗因高温分解变质引起的摩擦系数降低），水湿后恢复能力快。

（6）其他要求。

对挂车的制动系统，还要求挂车的制动作用略早于主车；挂车自行脱钩时能自动进行应急制动。

11.2 制动基本原理

在学习制动系统之前，需要先了解影响制动系统工作的各种基本原理和物理定律。制动系统的重要性决定了维修制动系统的技师一定要理解制动理论和制动系统工作原理，这将有助于制动系统的诊断和维修。

11.2.1 制动能量转换

制动能量转换，或称制动机理。

能量可以定义为做功的能力，汽车移动需要能量。能量守恒定律：“能量是守恒的，能量可从一种形式转化为另一种形式，或者从一个物体转移到另一物体，转化或转移过程中其总量不变。”

汽车发动机将燃料燃烧产生的热能转化为动能（运动），然后再利用各种传动装置将此运动传给车轮。

汽车运动时积累了巨大的动能。为了使它停下必须消耗掉这一动能。制动系统利用摩擦力将汽车行驶积累的动能转化为热能并散发到空气中，如图11-4所示。热量与车速、制动减速度成正比，车速越高、停车越急就会产生越多的热量。如果制动鼓（盘）太热，制动效果会明显下降。

摩擦力大小可以通过改变部件之间的压力来实现。驾驶人踩制动踏板越用力，蹄片（或刹车片）给制动鼓（或制动盘）的作用力越大，从而生成更大的摩擦力，更快地将动能转变为热能。

图11–4　制动能量转换示意图

正常的制动系统应能在3～4 s内使汽车从约100 km/h的速度停下。如果用改变能量形态的能力作为“功率”的量度，则汽车制动系统的功率应是发动机的2～3倍，如图11–5所示。因此，汽车速度越快、重量越大，要求制动系统的能力和效率就越高。

正如前面提到的，必须给制动器提供足够大的压力才能保证制动系统有效的工作，制动系统还采用了一些增力方式，如助力器等。

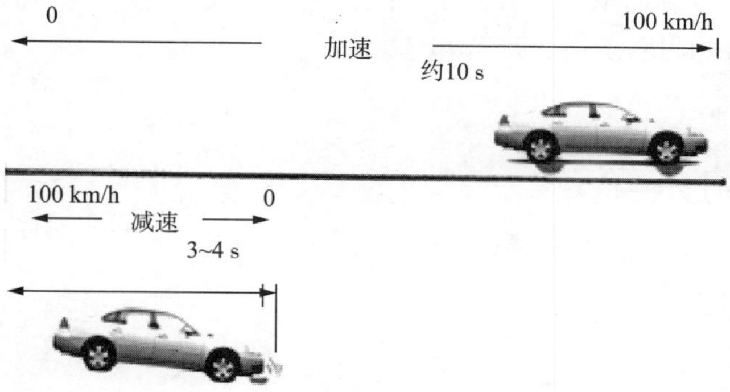

图11–5　汽车加速和减速制动状态图

11.2.2　制动系统的工作原理

现以液压制动系统（鼓式）为例，简述制动系统的工作原理，如图11–6所示。

当需要制动时，踩下制动踏板，踏板臂绕支点转动，带动推杆移动，推杆推动总泵（主缸）中的活塞右移，使总泵油缸中的制动液被压缩而油压升高。

一定压力的制动液经过管路进入分泵（轮缸）内，推动分泵活塞克服蹄片拉簧拉力向外移动，将前、后两块制动蹄推开与制动鼓内壁接触，而后压紧。前、后蹄对制动鼓的摩擦阻力对旋转的制动鼓作用一个摩擦阻力矩 M_μ，其方向与车轮转动方向相反，大小取决于分泵的张开力、制动鼓和制动蹄之间的摩擦系数以及制动鼓和制动蹄的尺寸等。制动鼓将此力矩传给车轮后，由于地面与车轮间附着力的作用，车轮给地面有一个向前的作用力 F_a。地面也相应作用给车轮一个大小相等、方向相反的反力，即车轮的制动力 F_b。各车轮制动力之和就是汽车受到的总制动力。在制动力作用下汽车减速，直至停车。

显然，阻碍汽车运动的制动力 F_b不仅取决于制动力矩 M_μ，还取决于轮胎和路面间的附着条件。

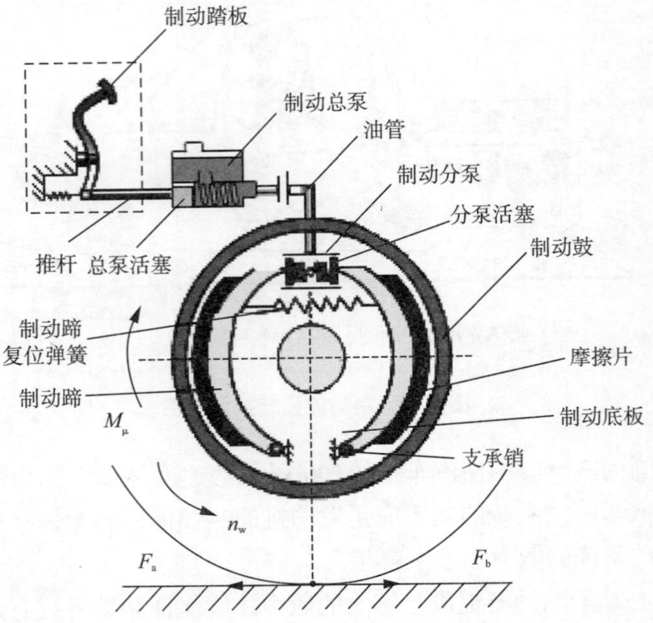

图11-6　汽车制动系工作原理示意图

如果完全丧失附着，则这种制动系统事实上不可能产生制动汽车的效果。在讨论制动系统的结构问题时，一般都假定具备良好的附着条件。

11.3　液压制动系统

11.3.1　液压制动系统概述

1. 液压原理

帕斯卡液压原理："加在密闭液体任何一部分上的压强，必然按照其原来的大小由液体向各个方向传递。"压强乘以作用面积就是该面积上所受的压力。据液体的不可压缩性，液压系统可以用来增大或减小力或运动。

液压制动系统是一个利用液体在部件之间传递力或运动的系统。液压制动系统使用制动液作为介质，使总泵中产生的液力通过制动路管路传送给各个轮缸，从而将制动踏板的力经过放大传给各车轮制动器总成，作用在制动蹄片上产生制动力。

为了更好地理解液压制动系统，首先要了解液压的基本原理。

如果将两个同样直径的油缸用一个管子连通并充满油液，当踩压其中一个活塞时，油液会将力和运动传给另一个活塞，使它以同样的力移过相等的距离（图11-7，中间分泵）。这是由于液体不能压缩并且油缸直径相同，等量的油液从一个缸移到另一缸。

如果使用的活塞尺寸不同，传送的运动和力就可以增大或减小。小活塞推动大活塞时，大活塞上的力会增大，但移动距离会减小（图11-7，下面分泵）。相反，大活塞推动小活塞时，则刚好相反（图11-7，上面分泵），小活塞上的力将会减小，但移动的距离增加。同其他型式的制动系统相比，液压系统有以下优点：

（1）可以通过小小的软管和钢管（有些也有柔性）将高压油送到制动系统的各处；

（2）在液压系统的制动踏板处，驾驶人只需使用比较小的力就可以产生足够的停车制动力。

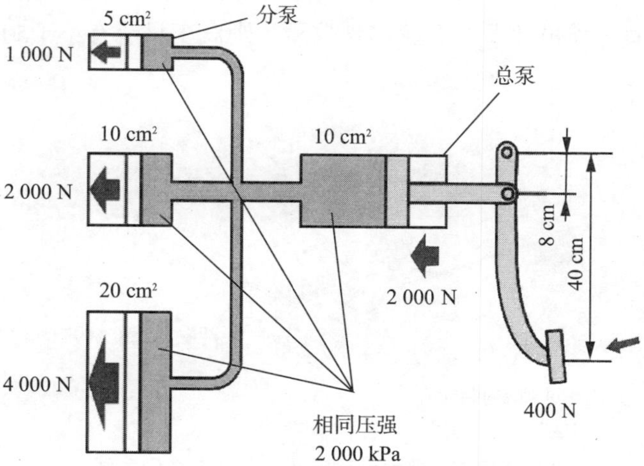

图11-7　液压基本原理示意图

注意：如液压系统中有气体，受到压力时气体会压缩，这将降低系统传递力和运动的能力。如果空气较多，系统甚至会无法工作，因此，必须排除系统中的空气。

2．液压制动系统基本组成

液压制动系统主要零部件有制动总泵（主缸）、制动分泵（轮缸）和车轮制动器、制动助力器、制动力调节装置以及制动管道等，如图11-8所示。

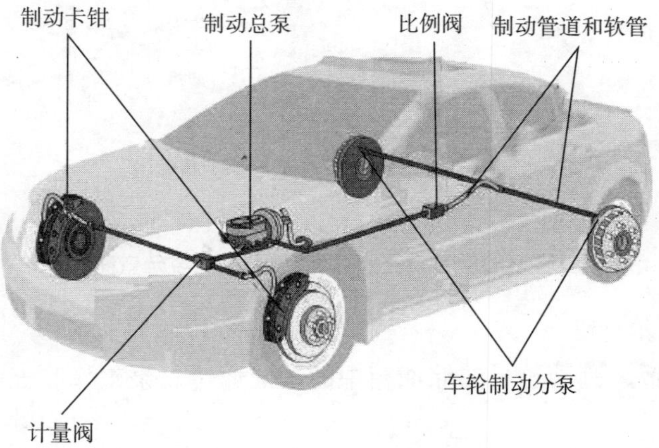

图11-8　液压制动系统基本组成

3．液压制动系统类型

液压制动系统可分为单回路和双回路两种类型。

单回路液压系统中，压力损失导致制动能力的完全丧失。出于安全目的，当今汽车基本都采用有两个独立的液压回路的系统。双独立液压制动系统的出现，使制动系统更安全，液压系统传递并放大踏板上制动力，能有效的制动，而且当某个液压回路有液压损失时，汽车还能继续维持部分制动。有两种类型的双液压回路：前后分布式（H形）和对角分布式（X形）。

1）前后分布式液压制动系统

前后分布式液压制动系统如图11-9所示，它从制动总泵的一个出口直接通向两后轮制动器的回路；而另外一个出口通向两前轮制动器回路。

在这种前后分布式液压制动系统中，前轮制动系统执行大部分的制动效能，后轮制动系统则承担较小部分的制动效能。若前轮液压制动系统出现故障，则汽车只能有小于50%的制动效能。

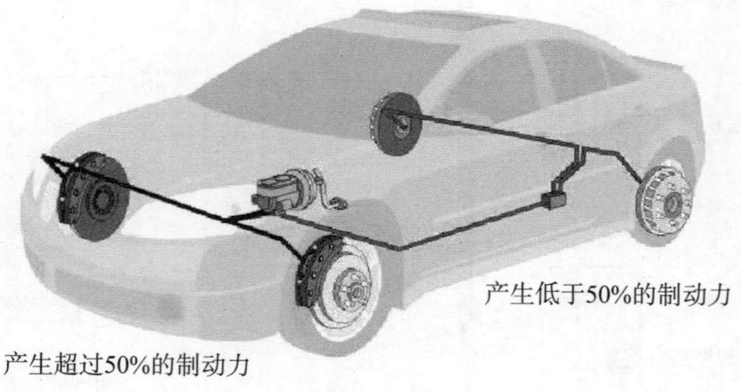

图11-9　前台分布式液压制动系统示意图

2）对角分布式液压制动系统

在对角分布式液压制动系统中，制动管路对角分布，一个出口连接左前和右后制动器回路中，另外一个出口则连接右前和左后制动器回路中，如图11-10所示。在制动过程中，若一个对角回路出现故障，不管是哪个回路，整车仍有50%的制动效能。

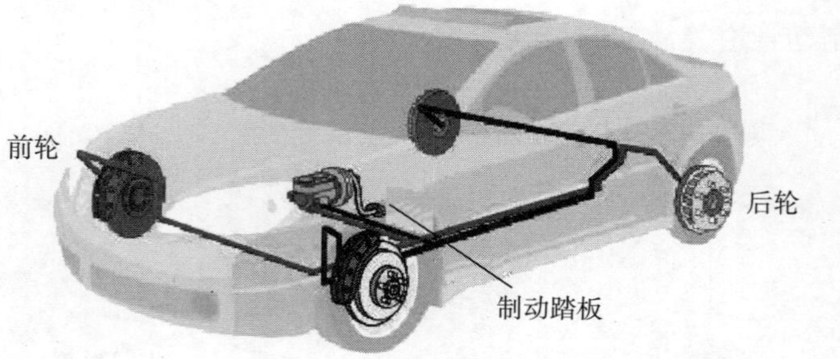

图11-10　对角分布式液压制动系统示意图

4．液压制动系统工作过程

驾驶人踩下制动踏板，制动总泵的储油箱中的油液通过总泵工作腔，由两个出油口流出制动总泵，如图11-11所示。

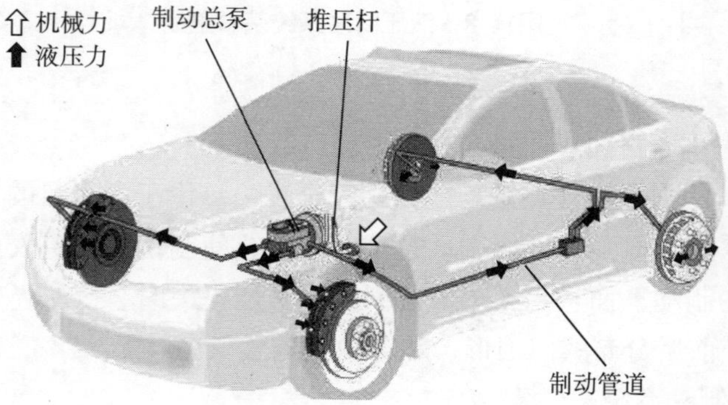

图11-11　液压制动系统工作过程示意图

制动总泵将制动液压力，通过两个独立的回路流向每一个车轮制动器的分泵，依据车辆上不同的应用情况，有些车采用计量阀、比例阀或者组合阀调整流向前轮和后轮的制动液流量，即调整制动液压力，如图11–12所示。

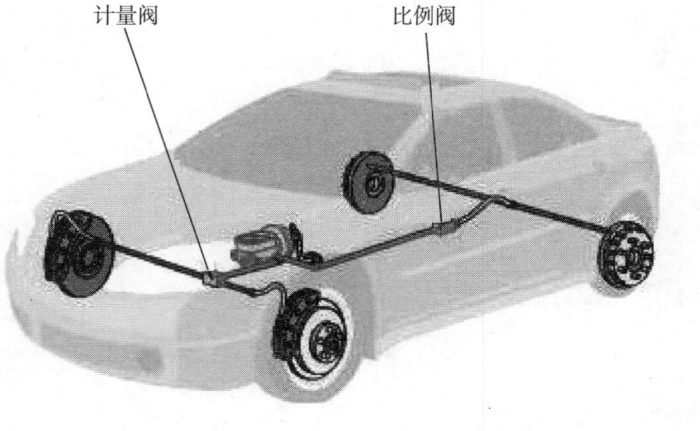

图11–12　计量阀、比例阀等安装位置示意图

制动油液以适当的压力提供给制动分泵，油液的压力使车轮制动蹄片压紧在制动鼓（或盘）上产生制动作用，车辆减速或停止行驶。

11.3.2　液压制动系统主要部件

1．制动踏板

制动踏板与制动总泵相连，是制动系统中的第一个零部件。当驾驶人踩下制动踏板时，作用力以机械的方式传送到踏板连杆。制动踏板总成起一个杠杆臂的作用，向制动总泵活塞施加放大的作用力。当驾驶人踩下踏板时，制动灯开关将后制动灯点亮，同时总泵活塞移动。因为制动液不能压缩，以液压力的形式传给整个制动系统各个制动分泵，使制动分泵推动制动器中的摩擦片紧压在制动鼓或盘上，产生制动作用。

在一些大型车辆上，制动踏板是穿过地板安装在车架上的，如图11–13所示。大多数中、小型车辆都采用吊悬式的制动踏板，踏板安装在一个支座上，而支座被固定在座舱内隔板的内侧，如图11–14所示。

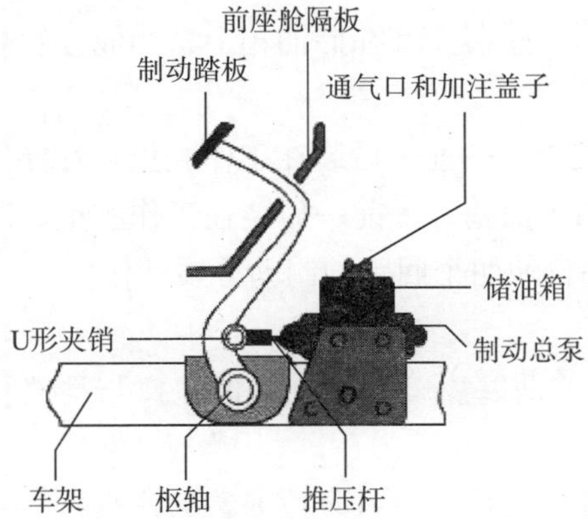

图11–13　地板式制动踏板示意图

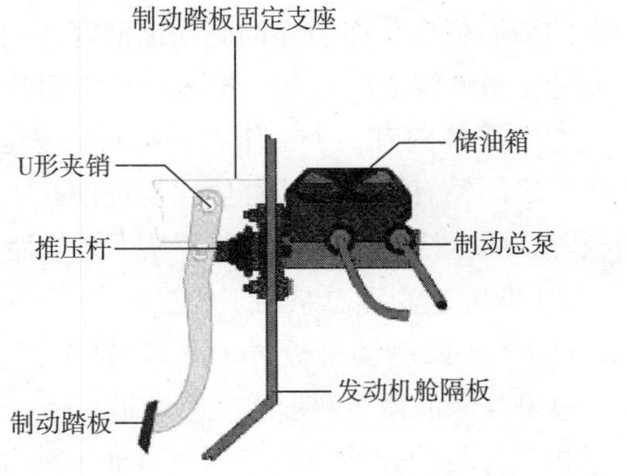

图11–14　吊悬式制动踏板示意图

2．制动总泵（主缸）

制动总泵是用于把来自于制动踏板和助力器的机械作用力变换为液压作用力，此作用力推动被压缩的油液通过制动系统流到各个车轮上。

当今的汽车都采用双腔式制动总泵，如图11–15所示。

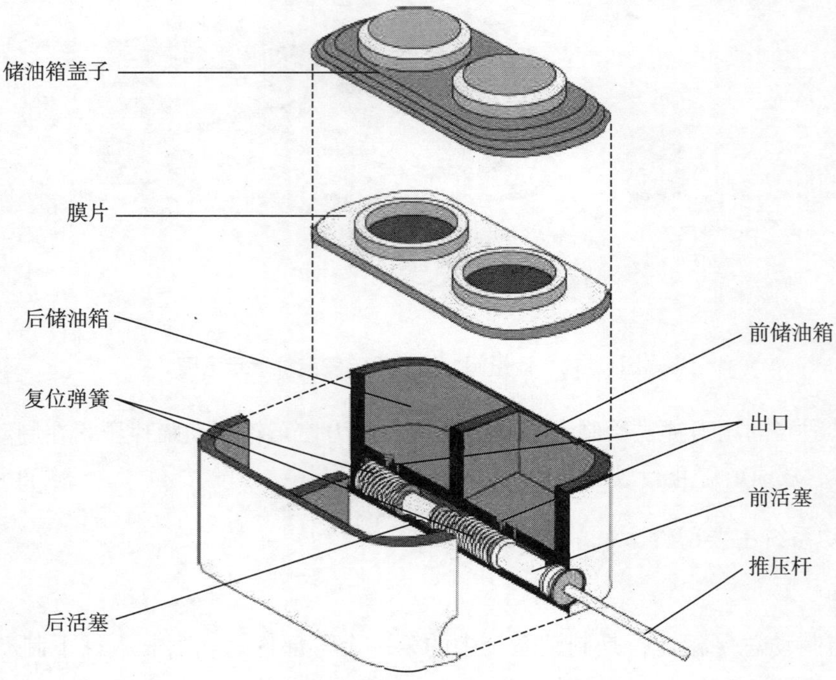

图11–15　双腔式制动总泵示意图

1）双腔式制动总泵的结构

双腔式制动总泵由前、后储油箱、工作腔、前活塞和后活塞、两个复位弹簧、压杆等组成。

储油箱在总泵顶部，里面装有一定量的制动液。储油箱的盖设有通气孔，防止液位下降造成真空，影响制动液的流动。储油箱由一块隔板分成前、后两部分，保证由于一个油路泄漏发生故障时，另一个油路仍能保持一定的制动作用来停住车辆。密封垫可随着储油箱中液位变化上下移动，用来补偿由油液温度变化而引起的制动油液容积的变化。制动液面传感器安装在储油箱上，当储油箱里的油液面低于最低液面时，制动警示灯会向驾驶人发出警告。

总泵壳体内有一个工作腔，有两组复位弹簧、活塞和皮碗，一前一后装在工作腔里。在储油箱和工作腔之间钻有两个孔（补偿孔与进油孔）。双腔总泵的两个活塞，一前一后装在工作腔里。踩制动踏板时，两个活塞都被推动，各从不同的储油箱取液，并各自使两个回路的制动分泵动作。

2）双腔式制动总泵的工作过程

（1）不踩制动踏板时（图11–16），一号和二号活塞的活塞皮碗定位在进油孔口与补偿孔口之间，总泵与储油箱之间形成一个通道。

由二号复位弹簧力把二号活塞推向右边，由一个止动螺栓限位。一号复位弹簧力作用在一号和二号活塞之间，由于一号复位弹簧力较小，只能使一号活塞回位到右边，而不能推动二号活塞向前移动。

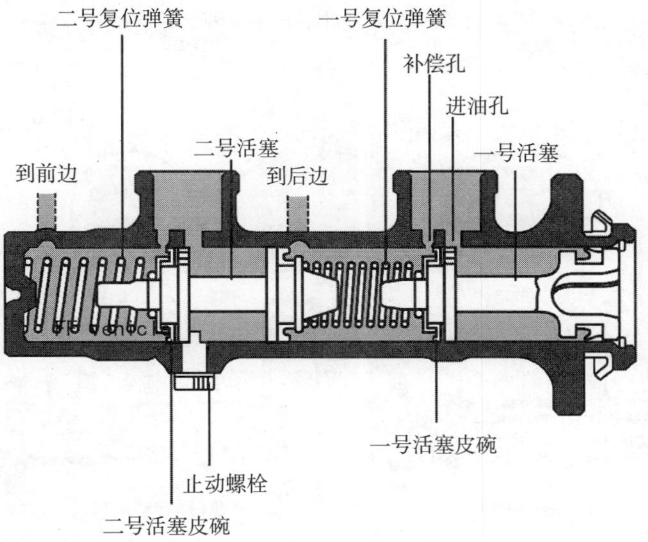

图11–16　不踩制动踏板时双腔制动总泵示意图

（2）踩下制动踏板时（图11–17），一号活塞推动皮碗前移封闭补偿孔，后腔液压力升高。该液压力通过出油口作用在后轮制动管路（或右前和左后制动管路），同时，此液压力推动二号活塞前移。

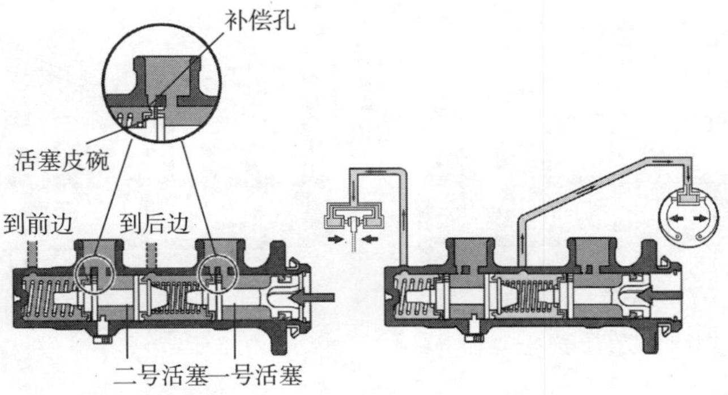

(a) 制动踏板受压　(b) 制动踏板受压

图11–17　踩下制动踏板时双腔制动总泵示意图

二号活塞也是推动皮碗前移封闭补偿孔，前腔压力也随之提高，前腔液压力通过出油口作用在前轮制动管路（或左前和右后制动管路）。

当继续踩下制动踏板时，前、后工作腔的液压力继续升高，使前、后轮制动器制动。

（3）松开制动踏板时由液压力和复位弹簧力把活塞迅速返回到原位上，制动管路中的高压制动液流回制动总泵，解除制动，如图11–18（b）所示。

当迅速松开制动踏板时，活塞迅速复位。由于制动油液的黏性和管路阻力的影响，制动液不能及时流回总泵，总泵内部的液压力会暂时下降（形成真空）。此时，储油箱里的制动液通过进油口从活塞顶部上的一些小孔流入总泵工作腔，这时若再次迅速踩下制动踏板，会明显感觉踏板抬高了，如图11–18（a）所示。

活塞返回原位后，从制动分泵渐渐返回到总泵的制动液充满工作腔后，通过补偿孔流回储油箱。

补偿孔还吸收由于温度变化而可能在工作腔内发生的制动液容积变化，防止了在不使用制动器时出现的液压力升高的现象。

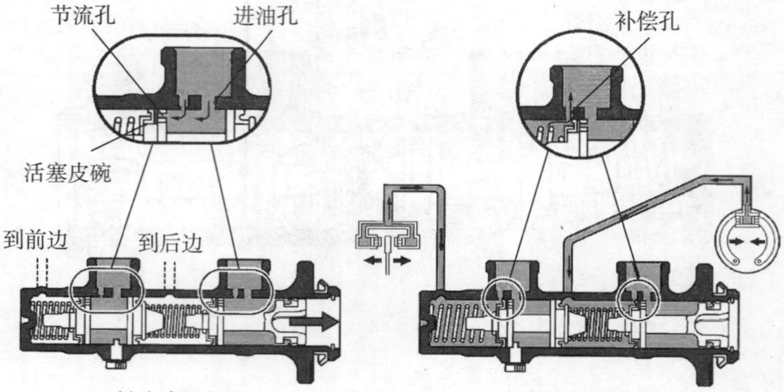

(a) 制动踏板释放　　(b) 制动踏板释放

图11–18　松开制动踏板时双腔制动总泵示意图

（4）一个制动管路发生泄漏时，若与后腔连接的制动管路损坏而泄漏时，则在踩下制动踏板时，一号活塞前移，因后工作腔不能建立液压力，而不能推动二号活塞。但在后腔一号活塞压缩复位弹簧直接抵触并推动二号活塞前移时，总泵前腔建立了液压力，使之与前腔连接的两制动器产生制动作用，如图11–19所示。

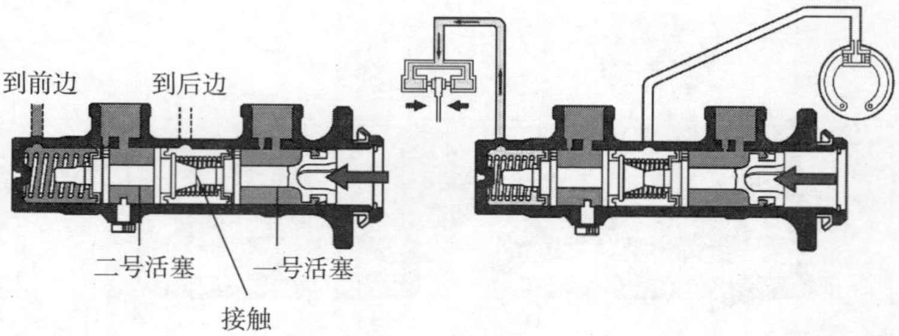

图11–19　后腔泄漏时双腔制动总泵示意图

若与前腔连接的制动管路损坏而泄漏时，则在踩下制动踏板时，一号活塞前移，后工作腔建立的液压力推动二号活塞前移。因为液压力不在前工作腔产生，二号活塞迅速前移直到顶到总泵前端为止，这时后工作腔才能建立起较高的制动液压力，使之与后腔连接的两个制动器产生制动作用，如图11–20所示。

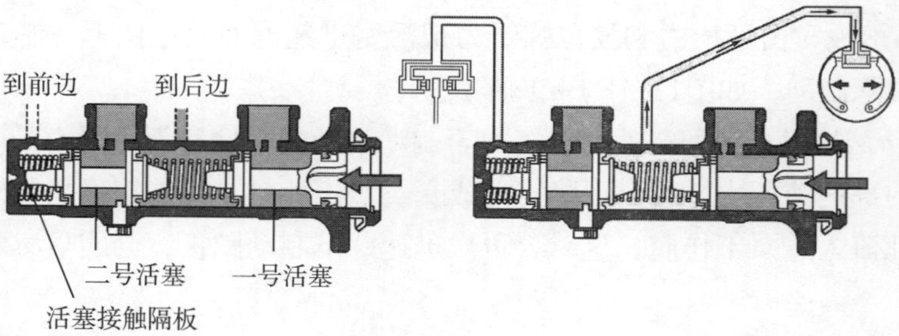

图11–20　前腔泄漏时双腔制动总泵示意图

3．制动分泵和车轮制动器

1）盘式制动器

盘式制动器主要零部件有制动盘、卡钳（包括制动分泵）、刹车片等，如图11–21所示。

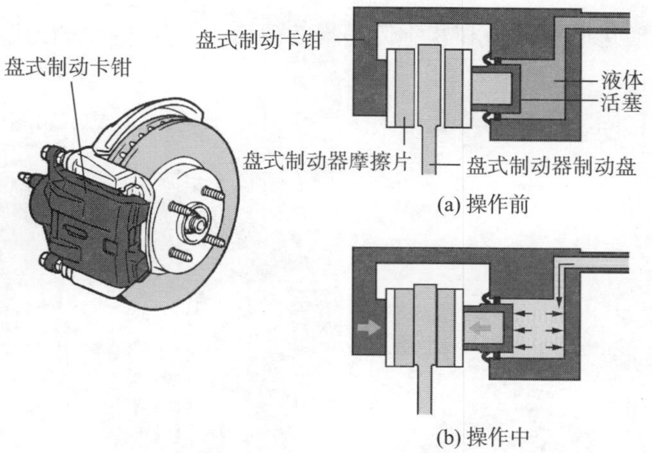

图11–21　盘式制动器及制动分泵示意图

（1）制动盘

制动盘是盘式制动系统中的旋转部件，它与刹车片摩擦材料接触。制动时，在制动盘和刹车片之间的摩擦力使车轮停止转动。制动盘由铸铁或复合材料制成，主要有轮毂及制动盘。轮毂通过轴承支承在支架上，用以安装车轮。制动盘面两侧加工出摩擦面。

安装车轮的制动盘侧被称为外侧，它由车轮防护着。朝着车辆中心的一侧称为内侧，由金属防溅板防护着。制动面的尺寸根据制动盘的直径来决定。车辆越大，制动盘越大，相应地，需要更大的摩擦力来减缓车速和停止汽车。

制动盘有固定式和浮动式两种。在固定式制动盘中，轮毂和制动盘是铸成一体的。在浮动式制动盘中，制动盘和轮毂分离开来，所以也称为无轮毂式制动盘。在浮动式制动盘中，轮毂装在车轮轴承上或轴上。车轮螺栓装在轮毂上，穿过制动盘的中心。这种设计使浮动式制动盘价格低廉，且容易更换。

除了固定式和浮动式外，制动盘还可以分为实心式、交叉钻孔式、通风式或单向式。

交叉钻孔式制动盘是在实心盘的制动面上钻孔，可以放出制动盘表面的水和热气，来提高冷却效率。这种制动盘重量轻，寿命短，常用于赛车上，如图11–22所示。

通风式制动盘的两个制动面之间有散热片。车轮转动时，这些散热片跟着转动，使空气循环，从而冷却制动器。这种通风盘的缺点是尺寸大、质量大，如图11–23所示。

图11–22　交叉钻孔式制动盘

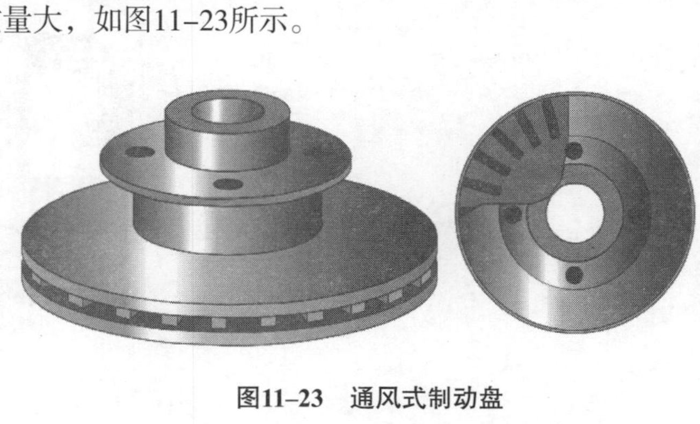

图11–23　通风式制动盘

在某些通风式制动盘中，散热片是弯曲的，或以一定角度指向制动盘中心，称为单向制动盘。制动盘只能向一个方向转，散热片才起作用，制动盘不能左右互换。从上往下看，散热片一定要指向前方，如图11–24所示。

（2）卡钳

卡钳把由制动总泵通过制动管道和软管传递来的液压力变换为机械作用力，推动刹车片挤压在制动盘上。

盘式制动器卡钳有：固定钳式和浮动钳式（滑动钳式）两种形式，如图11–25所示。

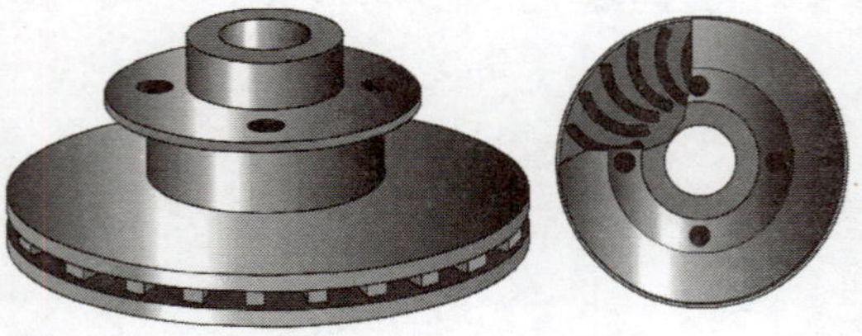

图11–24　通风式（单向）制动盘

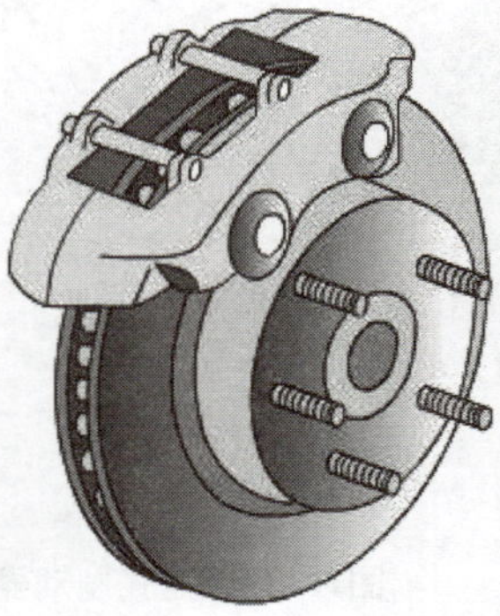

(a) 固定式卡钳

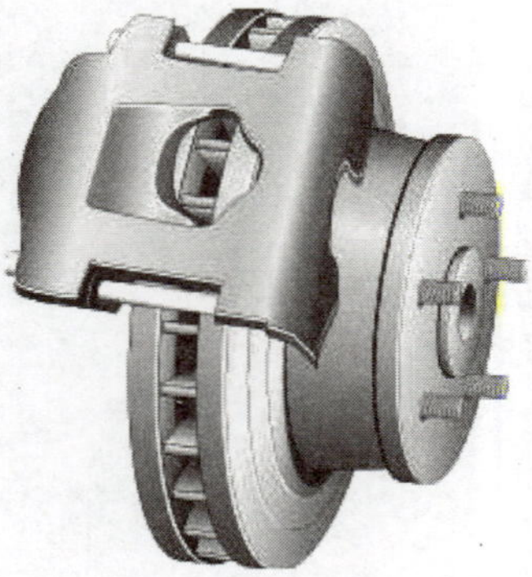

(b) 浮动式卡钳

图11–25　固定式和浮动式卡钳

① 固定式卡钳

固定式卡钳是用螺栓固定在其支承件上的，当实施制动时并不移动。在钳体内制动盘的内、外两侧有两组活塞。刹车片是用定位销安装，如图11–26所示。

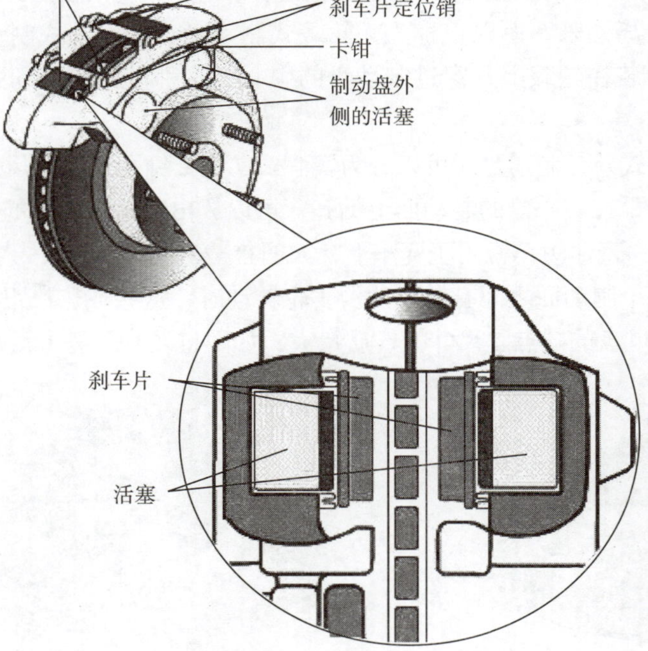

图11–26　固定式卡钳结构组成

活塞有不同的布置形式：①每侧各有一个活塞，共有两个活塞；②每侧各有两个活塞，共有四个活塞；③有些汽车上使用三个活塞，如图11–27所示。

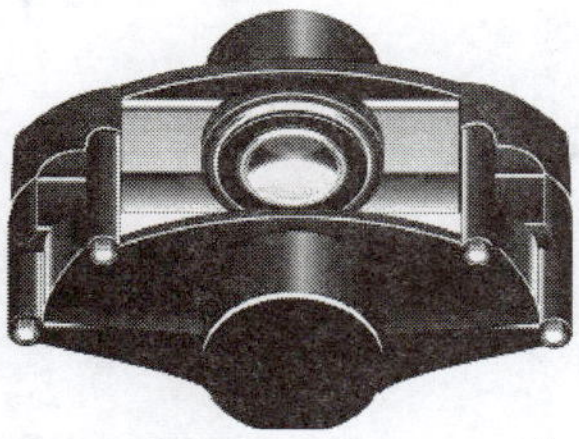

(a) 两个活塞：每一侧一个相等尺寸的活塞(用在轻型车辆上)

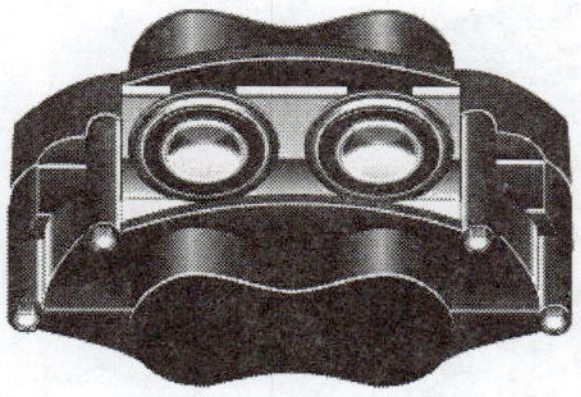

(b) 四个活塞：每一侧两个相等尺寸的活塞

(c) 三个活塞：一个大活塞位于制动盘内侧，两个较小的活塞位于制动盘外侧

图11–27　固定式卡钳活塞布置形式

固定钳式制动器实施制动时，液压力使活塞向制动盘移动。刹车片与制动盘接触，在刹车片和制动盘之间产生摩擦力使车轮停止转动。

为了使各个活塞能在相同的时刻对制动盘施加同样的作用力，卡钳必须被精确地安装在制动盘中心面的上方，保证各个活塞移动相同的距离到达制动盘，如图11–28所示。

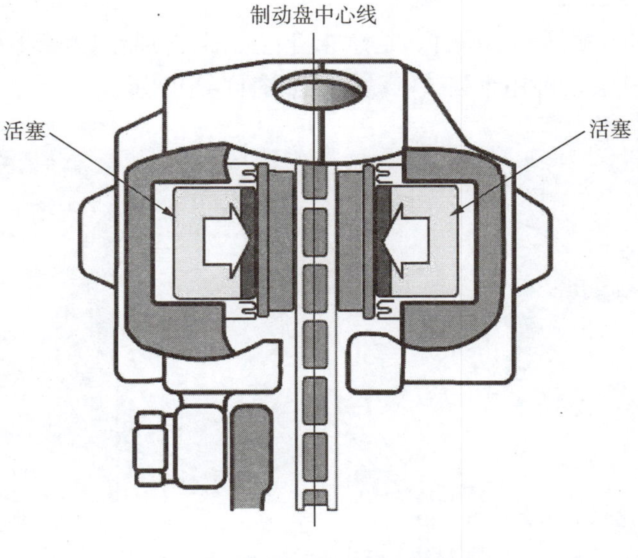

图11–28　固定式卡钳安装要求

② 浮动式卡钳

浮动式卡钳和滑动式卡钳是非常相似的，它们都使用一个位于卡钳内，制动盘内侧的活塞，如图11–29所示。制动盘内侧的刹车片是附于活塞上的，而制动盘外侧的刹车片是固定在卡钳壳体上的。

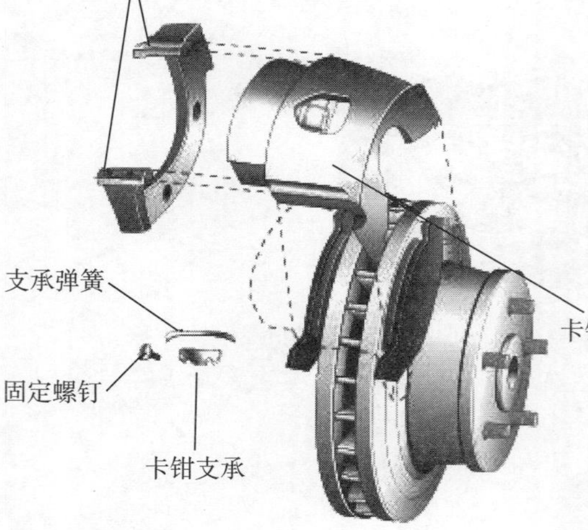

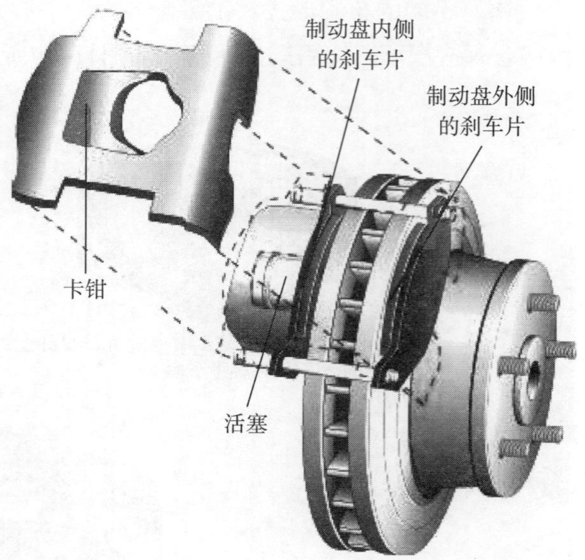

图11–29　浮动式卡钳和滑动式卡钳结构组成

实施制动时，液压力使活塞伸出，推动刹车片，刹车片压向制动盘的内侧表面。制动盘反作用于活塞上的压力使卡钳沿着导轨向内侧移动。卡钳的移动对外侧的刹车片施加了压力，使得刹车片压向制动盘外侧表面上。于是两侧的刹车片都压向制动盘的表面，逐渐增大的制动摩擦力使车轮停止转动。

（3）刹车片

刹车片位于卡钳和制动盘之间。当被挤压在制动盘上时，刹车片产生摩擦力，使车辆停止行驶。

刹车片和制动蹄上都有耐磨的摩擦件，这意味着它们都有可能因为摩擦而磨损。刹车片用于盘式制动器，如图11–29所示；制动蹄用于鼓式制动器，如图11–30所示。

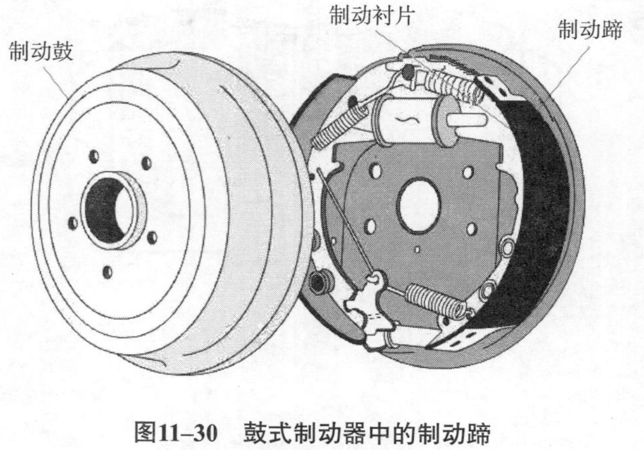

图11–30　鼓式制动器中的制动蹄

刹车片是由表面带摩擦材料的钢板制成。它位于盘式制动器的制动盘两侧，卡钳的内侧。踩下制动后，刹车片被迫压紧在制动盘的表面。依靠摩擦力制动汽车。

制动蹄是由钢支撑板和安装在其上的被称作制动衬片的摩擦材料制成。制动时，制动衬片或者说摩擦材料与制动鼓接触，产生摩擦，从而使汽车停止。

用于刹车片和制动蹄的摩擦材料有不同类型。摩擦材料选择主要依据有摩擦面积、表面粗糙度、磨损率、安全隐患等。

刹车片所选用的摩擦材料一般来说比制动蹄的摩擦材料硬，这是因为刹车片的接触面小，需要承受更大的压力。刹车片和制动蹄的边缘通常是斜面结构，这是为了减小制动时的尖叫声，如图11–31所示。

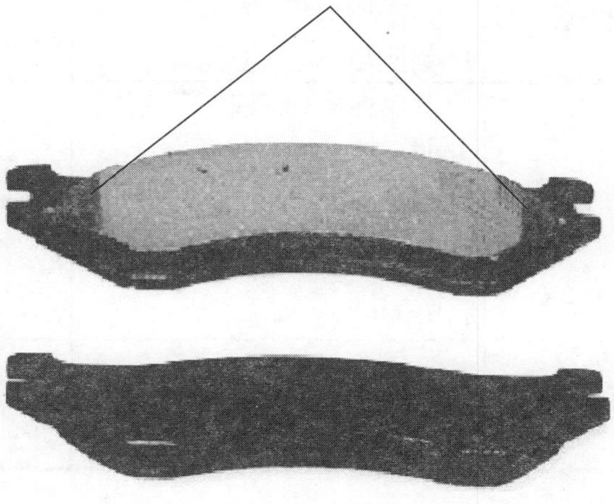

图11–31　刹车片边缘的斜面结构

盘式制动器和鼓式制动器通过铆钉或者黏接剂，或者二者组合的方式将摩擦材料附在刹车片或制动蹄上。

常用制动摩擦材料有：有机材料、半金属材料、金属材料、人造材料和陶瓷材料等（表11–1）

表11–1　常用制动摩擦材料

材　料	介　绍	优　点	缺　点
有机材料	由非金属纤维粘合一起形成复合的摩擦材料，磨损速度比其他类型的衬片要快，制动更有效。以前是由石棉制成，现在由于健康隐患等原因，已经用其他材料代替石棉	1）正常制动过程中有很大的摩擦力； 2）噪音小； 3）磨损慢； 4）经济； 5）对制动盘的磨损适度	1）温度高时制动效果不好； 2）比其他材料的衬片更易在制动时衰变
半金属材料	由等量的有机材料或合成纤维、金属（铁、钢、铜）等混合浇铸在一起，不含石棉，比有机材料衬片更硬，而且更能抵抗制动衰变。但要求更高的制动踏板压力，常用于前轮盘式制动器	1）高温的情况下，摩擦效 率高； 2）良好的热传导性	1）温度低的情况下，摩擦效率差； 2）一定要预热后工作状态才良好； 3）产生比较小的摩擦力； 4）不能用于停车制动； 5）有噪音； 6）会磨损制动盘； 7）比其他衬片材料产生的灰尘大

（续表）

材料		介绍	优点	缺点
金属材料		由粉末金属通过加热和压力加工成型，抗衰变。要求更高的制动踏板压力	非常好的抗衰变能力	1）对制动盘和制动鼓造成严重磨损； 2）发出的噪音非常大； 3）在低温时制动效果不好； 4）相比其他衬片材料而言，要求踩制动踏板上的压力大
人造材料	玻璃纤维	通常由玻璃纤维和芳纶纤维组成，玻璃纤维主要用于后轮制动鼓衬片	1）耐热； 2）摩擦特性好； 3）强度大	1）成本高； 2）在高温时摩擦力小
	芳纶纤维	芳纶纤维的强度比钢强，但比玻璃纤维轻	1）强度非常大（是钢的强度的5倍）； 2）重量轻（是玻璃纤维的重量的一半）； 3）耐磨； 4）比有机材料寿命长	1）在温度低的情况下反应慢（类似半金属材料衬片）； 2）高温时制动效果不好
陶瓷材料		由陶瓷材料和黄铜组成。今天，很多制造商都选用陶瓷材料做刹车片	制动时没噪音，对制动盘的损害小，抗衰变	成本高

通常当制动器开始出现噪音时，就要进行维修了。这些噪音可能是由磨损指示器引起的，也可能是由于消声装置不能正常工作所引起的。以下来了解每一种装置的情况。

①声响磨损指示器

声响磨损指示器把一个金属弹簧放在刹车片的边缘上，如果刹车片的磨损超过一定限度，它会造成一种摩擦声音，如图11-32所示。以卡罗拉车为例，在实际摩擦片厚度大约为2.5 mm时，就会发出警告。

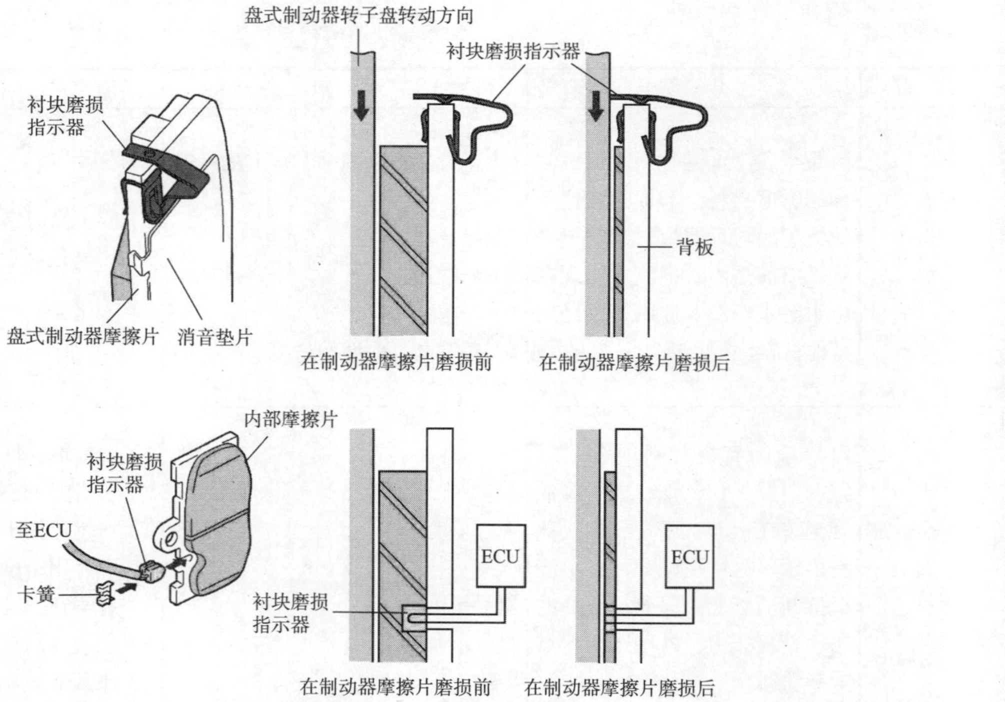

图11-32　盘式制动器衬片磨损指示器

② 电子磨损指示器

电子磨损指示器是把一些金属小球埋放在刹车片的内部。当刹车片即将被磨尽时，金属小球就暴露出来并且接通电路，点亮仪表盘上（或者是驾驶人信息中心上）的报警灯。对于安装了电子传感器的车辆，应该查看它的专用维修程序，因为不恰当的处置会造成传感器损坏。

③ 消声装置

当出现了卡嗒卡嗒声响时，可能是消声装置和防震动装置出现了问题。在大多数车辆上，使用波形板或是弹簧对刹车片施加张力，防止其抖动，如图11-33所示。某些车辆上使用一种弹性压缩组件来替代弹簧。这种组件是放在卡钳和刹车片之间的，可以消除振动和制动盘发出的噪音。但是一般来说，由这些部件引起的噪音并不会影响制动器的运作。

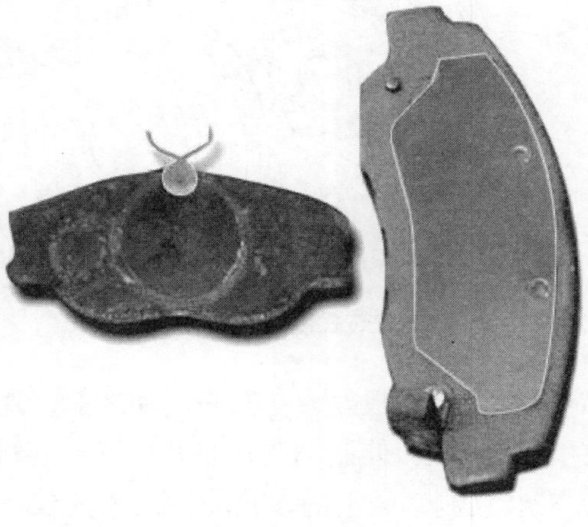

图11-33　盘式制动器消声装置

2）鼓式制动器

鼓式制动器过去用于汽车的所有车轮，在当今的小型车辆上，鼓式制动器通常用于后轮，如图11-34所示。

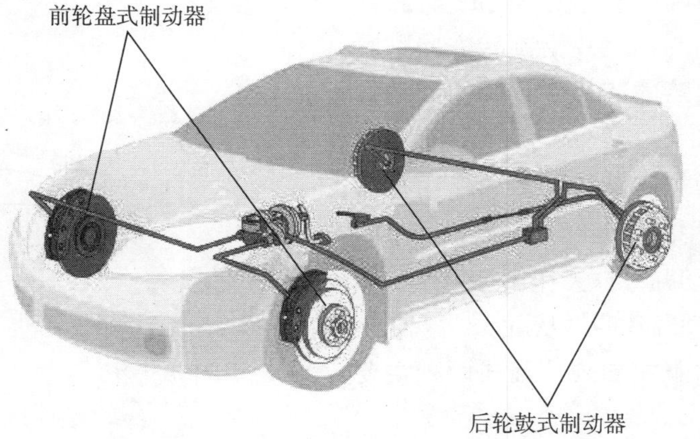

图11-34　盘式、鼓式制动器在车上的布置

鼓式制动器的优点：可以与简单的驻车制动机构结合在一起；比盘式制动器的噪音要小；可以实现自增力，当制动蹄一端与鼓接触后，就能像杠杆作用一样促使制动力的自动增加。

鼓式制动器的缺点：散热性能差；抗衰变能力较低；有很大的侧滑和制动咬死的倾向；并且需要

有专门的连接杆件才能进行制动器间隙的自动调整。

鼓式制动器的主要零部件有制动蹄、制动鼓、制动分泵（轮缸）、制动器底板、调整器、复位弹簧和压紧弹簧等，如图11–35所示。

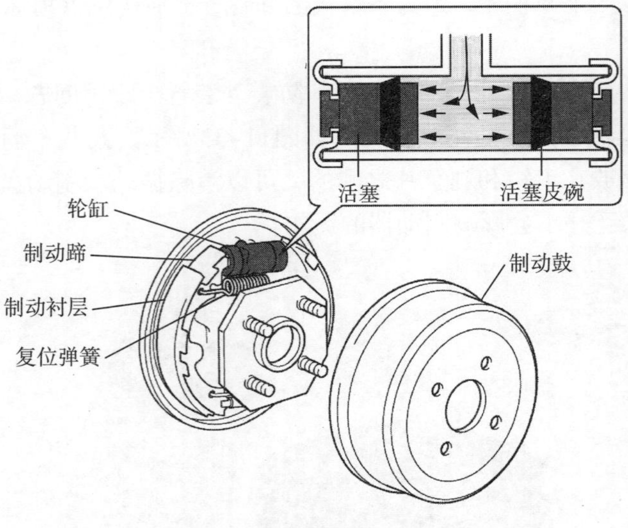

图11–35　鼓式制动器的结构组成

制动蹄和复位弹簧位于固定的制动器底板上，在实施制动之前，复位弹簧使制动蹄脱离制动鼓。

制动时，总泵传送到分泵的制动液压力使制动蹄片张开压紧在旋转的制动鼓上，制动蹄片与鼓之间产生的摩擦力使制动鼓减速，安装在制动鼓上的车轮随着减速直至停止转动。

当解除制动时，分泵上的制动液压力消失，复位弹簧力拉动制动蹄片离开制动鼓内表面返回原位。

由于制动蹄片被制动鼓包围，很难将产生的热量散发掉，因此，鼓式制动器抗热衰退性较差。

（1）制动蹄

当把制动液压力施加到分泵（轮缸）上时，分泵活塞推动两侧的制动蹄片至制动鼓内圆表面，（图11–36），在左、右蹄片上产生不同的摩擦力。

摩擦力会使左制动蹄的蹄片沿旋转方向贴紧制动鼓；相反，右制动蹄的蹄片受到旋转制动鼓的排斥。

因贴紧制动鼓而增加制动蹄摩擦力作用称为增势作用，具有增势作用的制动蹄片叫做领蹄；因受制动鼓排斥而减小制动蹄摩擦力作用称为减势作用，具有减势作用的制动蹄片叫做从蹄。

鼓式制动器有：伺服式和领从蹄式两种主要形式。

伺服式制动器的领蹄在实施制动同时把作用力传送给从蹄，使从蹄能提供更多制动力，所以从蹄比领蹄更长且更厚，伺服式制动器有单向伺服式和双向伺服式（图11–37），双向伺服式制动器应用较广。领从蹄式制动器，领蹄提供了车辆制动

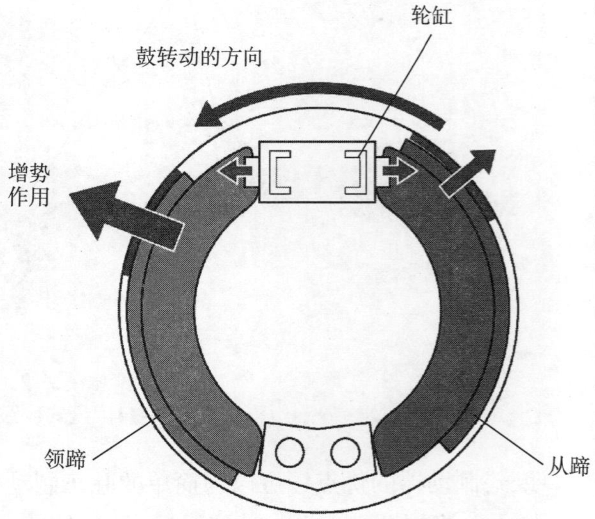

图11–36　鼓式制动器的领、从蹄作用示意图

所需的大部分制动力，从蹄只能提供较小的制动力，若需增大制动器的制动力，可采用双领蹄式（图11-37）制动器。

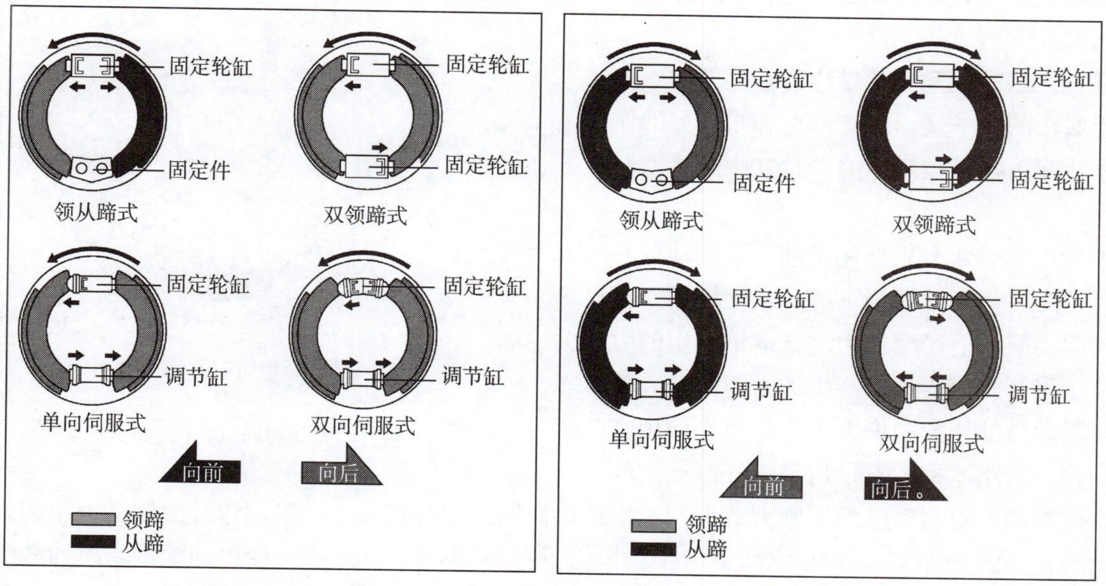

图11-37　伺服式和领从蹄式制动器结构和原理示意图

① 双向伺服式制动器

双向伺服式制动器也称为自动增力式制动器。双向伺服式制动器的结构特点是两制动蹄上端用复位弹簧支承在支承销上，两制动蹄下端由连接弹簧拉靠在调整螺钉的槽内。调整螺钉是浮动的，与制动底板无直接联系，可用来调整长度。分泵放置在支销的上方，并与底板相固定，如图11-38所示。

制动时，分泵分别给前、后制动蹄一个张开力，使制动蹄离开支承销而压向制动鼓，此时前蹄是领蹄、后蹄为从蹄；旋转的制动鼓给前、后蹄分别作用的摩擦力，使两蹄片顺着制动鼓旋转方向转动一个角度，直至后蹄上端抵住支承销为止。这时，后蹄以支承销为支点，前蹄以调整螺钉为支点，进一步压向制动鼓。制动鼓反作用给前蹄的摩擦力和法向力的一部分通过调整螺钉传给后蹄下端，此力比张开力约大三倍，使后蹄也成为领蹄。其压紧力比前蹄更大，即制动增力。此时，前、后蹄与调整螺钉连为一体。倒车制动时，其原理与前进制动相同，只是作用力的大小相反，故称双向伺服式制动器，又可称为双向自动助力式制动器。

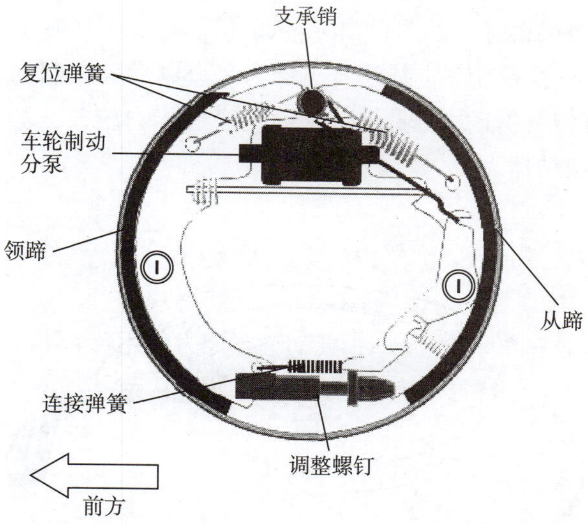

图11-38　双向伺服式制动器

② 领从蹄式制动器

领从蹄鼓式制动器的结构，如图11-39所示。制动底板安装在后桥壳或前桥转向节的凸缘上，分泵和支承销固定在它的内侧。两制动蹄的支承点都用偏心支承销装在底板上，两蹄片用复位弹簧拉靠于调整螺钉组件上，与制动鼓保持一定的间隙。

领从蹄鼓式制动器的结构特点是两支承点都位于底板的同一端，两支承点和张开力的作用点（活塞）都是轴对称的，轮缸中的活塞直径相等。

制动时，分泵分别作用给前、后制动蹄一个相等的力，使制动蹄绕下端支承销转动，分别压向制动鼓。前蹄摩擦力绕支承销产生的力矩与该蹄张开力绕支承销产生的力矩同向，使前蹄对制动鼓的压紧力增大，产生增势作用，称为领蹄。后蹄摩擦力有使后蹄离开制动鼓的趋向，使制动蹄对制动鼓的压紧力减小，产生减势作用，称为从蹄。一般增势蹄的制动力矩为减势蹄的制动力矩的2～2.5倍。制动蹄对制动鼓施加的法向力不相等，其差值使轮毂轴承承受附加载荷，所以领从蹄鼓式制动器又称为简单非平衡式制动器。

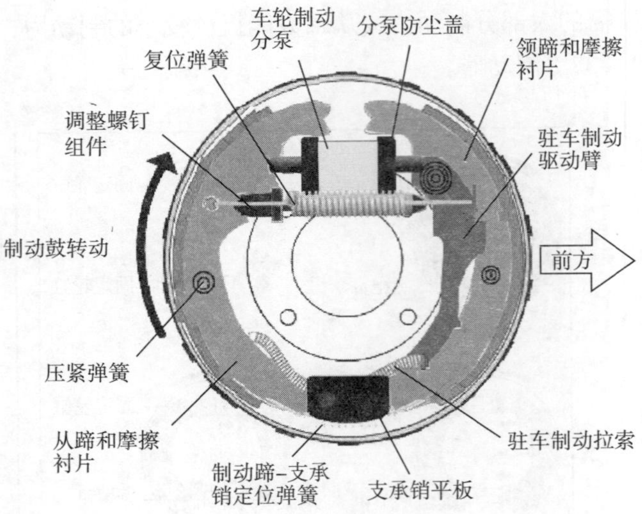

图11-39　领从蹄鼓式制动器

汽车倒车时，由于制动鼓的倒转，使得后蹄产生增势作用，前蹄形成减势作用，因而汽车前进和倒车的制动力相同。

（2）制动鼓

制动鼓是鼓式制动器的旋转件，制动时它与制动蹄上的摩擦衬片相接触而产生摩擦力。制动鼓是由铸铁或者铸铁和钢的复合材料制成。由于制动过程中的磨损和发热等原因，摩擦面一定要是铁质的。

实心铸铁制动鼓是个一体式铁铸体，具有非常好的摩擦特性。这种制动鼓加工容易，吸热和散热效果很好，如图11-40所示。但实心式铸铁鼓质量大，且易碎，过热则易导致制动鼓破裂。

钢与铁质制动鼓被称为复合制动鼓，制动鼓质量轻，而且制造价格便宜。然而，制动鼓吸热和散热的能力较弱，防制动衰变的能力较差，如图11-41所示。这种制动鼓常用于一些小型车的后轮制动器。

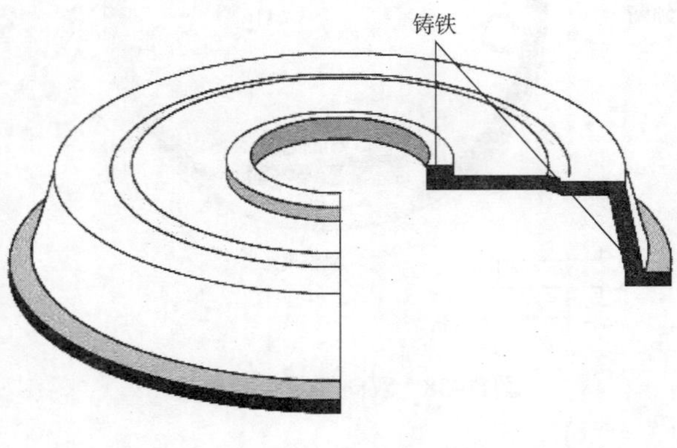

图11-40　实心铸铁制动鼓

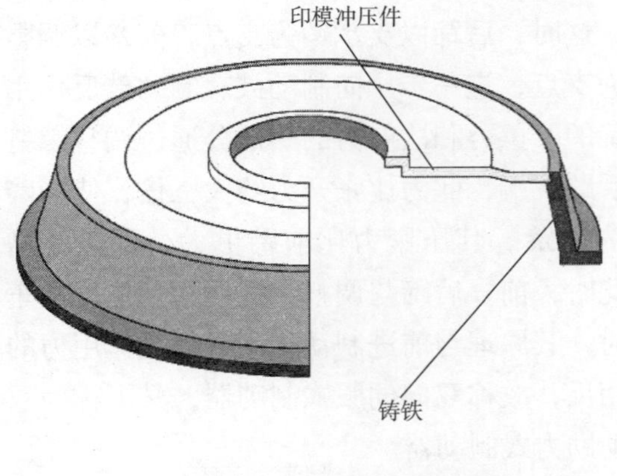

图11-41　钢与铁质制动鼓

4．制动助力器

制动助力器用来减轻驾驶人制动用力，协助踏板力共同推动总泵活塞，提高制动液压力。

制动助力器有真空助力器（图11–42）和液压助力器（图11–43）两种类型。它们的区别在于对制动总泵推杆进行增力的方式不同。

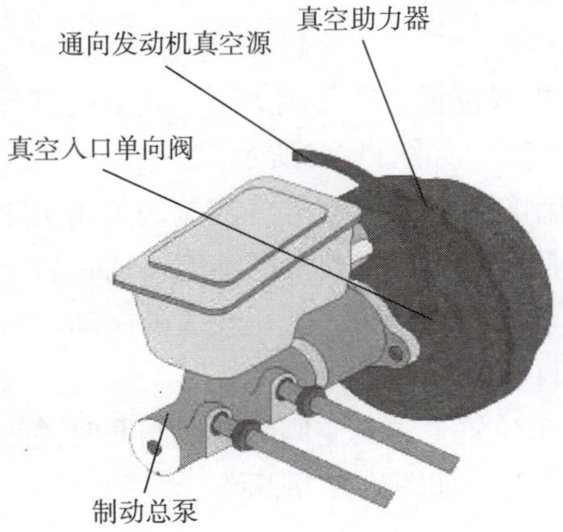

图11–42　真空助力器

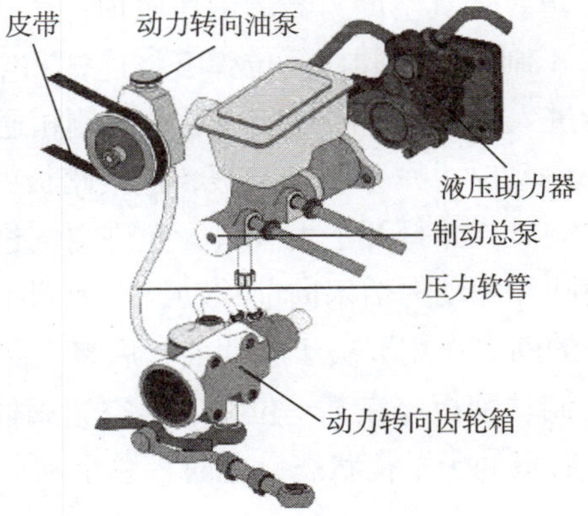

图11–43　液压助力器

1）真空助力器

真空助力器是利用发动机进气管的真空（负压）与大气压之间的压差，来增加对制动总泵的输入作用力。可使驾驶人施加较小的制动踏板力，在总泵活塞上得到较大的推力。这种装置与总泵安装在一起，使制动较简单、紧凑，广泛用于小型汽车上，如图11–42所示。

在一些发动机真空不足的车辆上，如柴油发动机、涡轮增压发动机等，采用单独的真空泵来供制动真空助力器使用，真空泵由凸轮轴直接驱动，如图11–44所示。

（1）单腔式真空助力器

单腔式真空助力器由以下主要零部件组成（图11–45）。

动力活塞：连接在膜片的中心处，把作用力从膜片传送到制动总泵。

反作用盘：把踏板的感觉反馈给驾驶人。

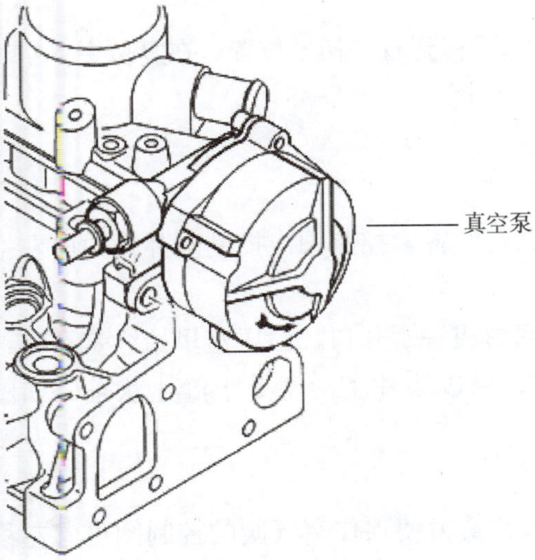

图11–44　采用单独真空泵装置

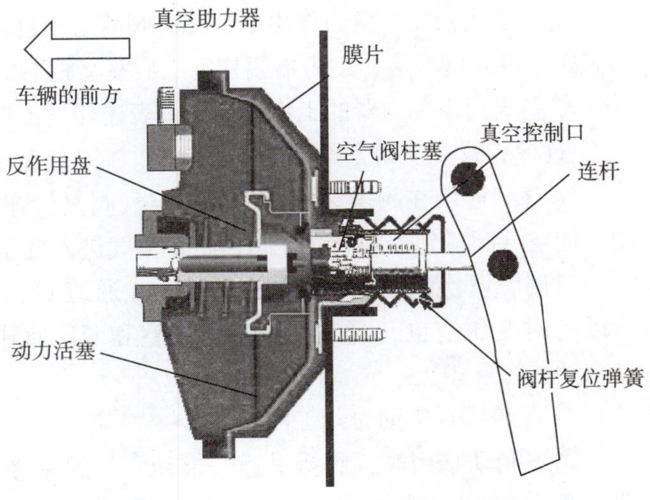

图11–45　真空助力器的结构

膜片：是个柔性可变形的盘，把大气压与真空分隔开。

空气阀柱塞：允许空气进入膜片后室。

真空控制口：控制膜片两侧的真空度，也称真空阀。

连杆：传送从制动踏板到主活塞的运动。

阀杆复位弹簧：制动踏板松开时，使阀杆返回初始位置。

单腔式真空助力器的工作原理：

不制动时，阀杆复位弹簧将连杆和空气阀活塞后推到极限位置，空气阀关闭，真空阀打开；空气不能进入助力器，膜片前、后室两侧相通，且都处于真空状态，如图11-45所示。

制动时，踩下制动踏板，连接踏板的连杆推动空气控制阀向前移动，空气控制阀关闭了膜片后室的真空口，并打开了大气口，允许空气进入后室。此时，膜片前室仍保持真空状态，前、后室的压力差使膜片和动力活塞向前移动，助力器推动总泵活塞将制动液送入分泵，获得较大的制动液压力。助力器的助力作用取决于膜片前、后室之间的压力差，如图11-46所示。

制动踏板停在某一位置时，空气阀柱塞和推杆停在某个位置上；真空阀和空气阀同时关闭，膜片前、后室处于平衡状态，此时，总泵和分泵中液压力保持不变，如图11-47所示。

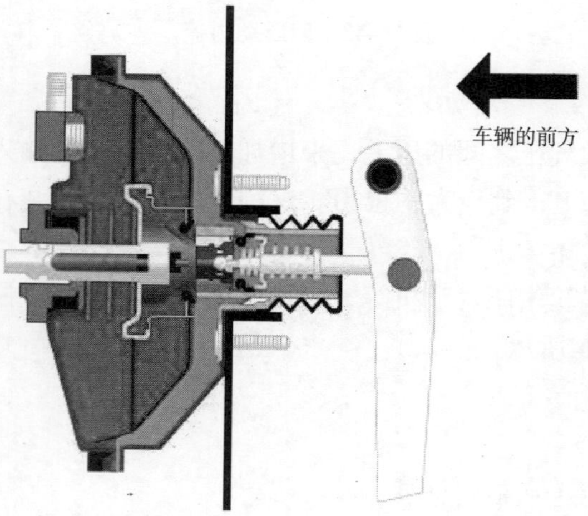

图11-46　真空助力器在制动时

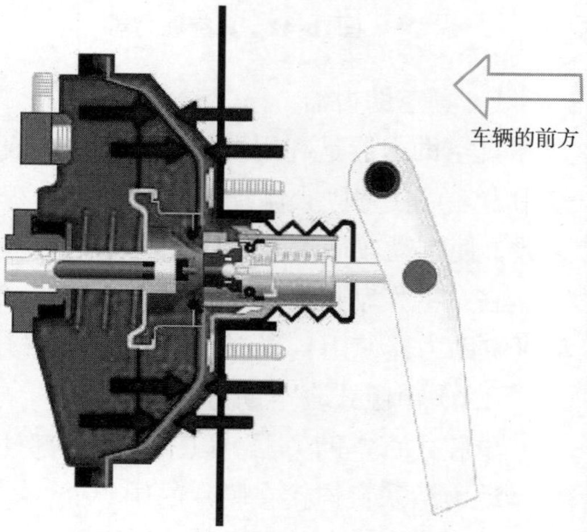

图11-47　真空助力器处于平衡状态时

松开踏板，在弹簧力作用下，控制阀活塞和总泵推杆一起后移到右边初始位置。在复位中，空气阀关闭，真空阀开启，助力器膜片前、后室又相通，解除助力作用。

单腔式真空助力器的工作过程详细表述如下：

① 单腔式真空助力器不工作时

空气阀连接在阀操纵杆上，并由空气阀复位弹簧使其靠右位置。控制阀由控制阀弹簧力向左推动，使空气阀碰到控制阀而关闭，防止空气进入变压室。

这时，真空阀与控制阀是分开的，在通道A与通道B之间形成一个开口。恒压室里始终是真空，所以此时变压室也有真空，由于恒压室和变压室压力平衡，所以膜片和活塞处于静止状态，如图11-48所示。

② 单腔式真空助力器工作时

踩下制动踏板时，阀操纵连杆推动空气阀左移，控制阀弹簧力使顶住空气阀的控制阀也向左移动，直至碰到真空阀为止，这时通道A与通道B之间的开口被阻塞。

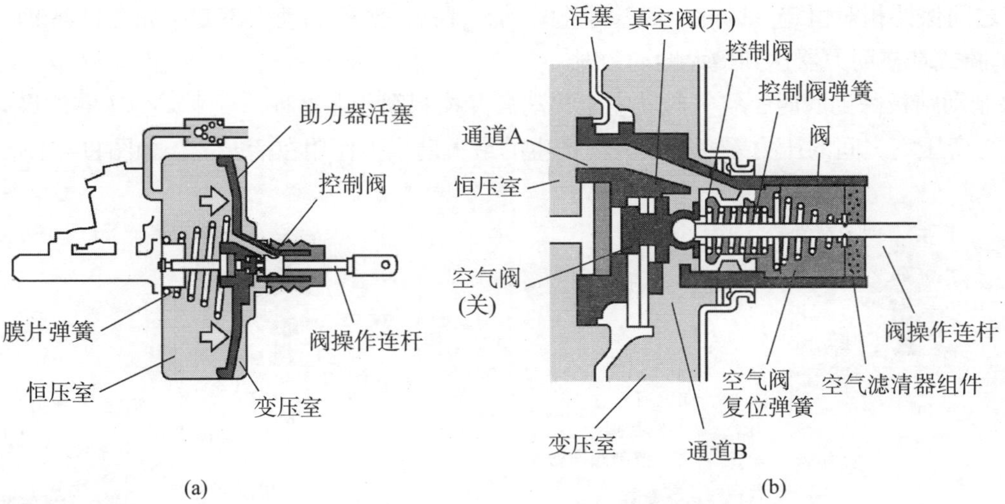

图11-48　单腔式真空助力器不工作时

当空气阀向左移动量继续增大时，它将离开控制阀，空气便通过通道B进入变压室。恒压室与变压室之间的压力差使得活塞向左移动，助力器推杆推动总泵活塞移动，增大制动液压力，如图11-49所示。

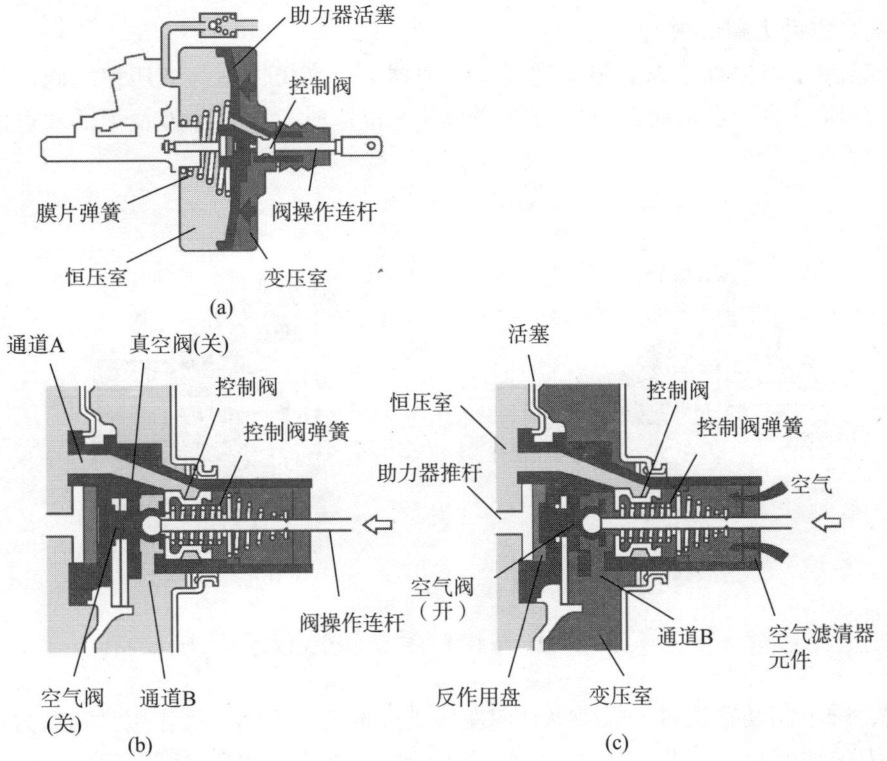

图11-49　单腔式真空助力器工作时

③ 单腔式真空助力器保持状态

如果踩住制动踏板不动，阀操纵连杆和空气阀停止移动，但活塞在恒压室与变压室的压力差作用下，仍有一定移动量。使控制阀与真空阀接触，先关闭真空阀，随后关闭空气阀，使变压室里的压力与恒压室之间保持相对恒定。因此，活塞停止移动，保持一定的助动力不变，如图11-50所示。

④ 单腔式真空助力器达到最大助动力时

如果制动踏板踩到底时，空气阀就完全移动离开控制阀。在这种情况下，变压室注满大气，这时在恒压室与变压室之间的压力差变得最大。产生的最大助推力作用在活塞上，如图11-51所示。

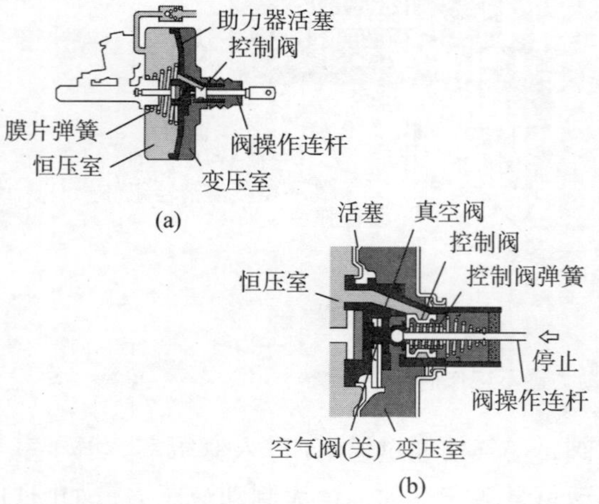

图11-50 单腔式真空助力器保持状态时

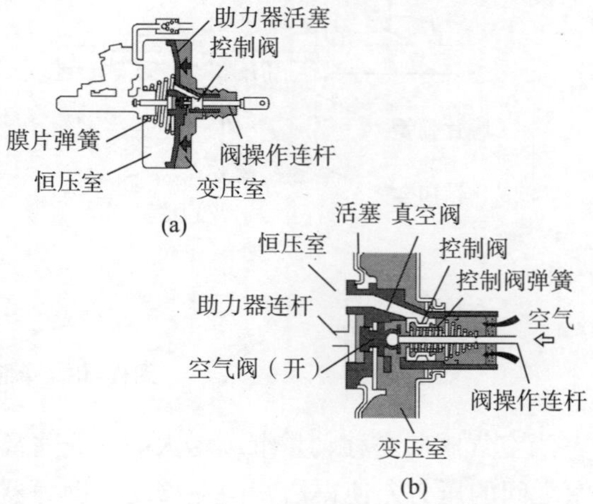

图11-51 单腔式真空助力器达到最大助动力时

⑤ 单腔式真空助力器失效时

如果由于某种原因，真空未能施加到制动助力器上，在恒压室与变压室之间（当两个都注满大气时）就不存在压力差。当制动助力器处于“断开”位置时，由膜片弹簧把活塞返回到右边，如图11-52所示。

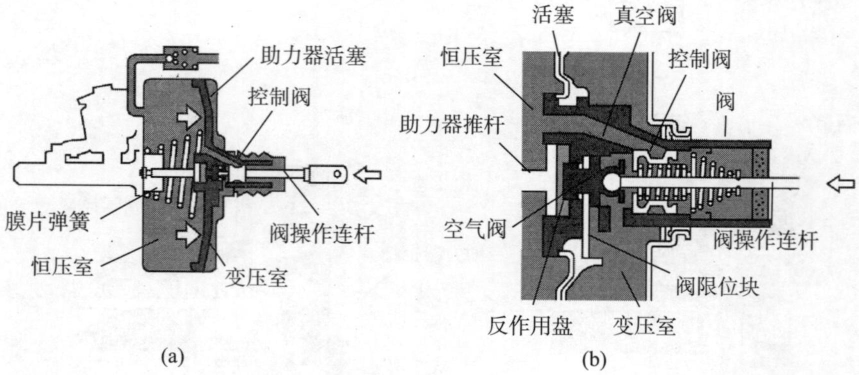

图11-52 单腔式真空助力器失效时

尽管如此，踩下制动踏板时，阀操纵杆向左前进并推进空气阀，反作用盘和助力器推杆。这使总泵活塞把制动力施加到制动器上。同时，空气阀推动插入阀体的阀定位销。因此，活塞还克服膜片弹簧的弹力向左移动。但是，因为制动助力器不工作，制动踏板就会感到“很重”。

（2）双腔式真空助力器

双腔式真空助力器有两个串联的恒压室（真空室）和两个串联的变压室（空气室），它不需要增加活塞尺寸就能获得较大的助动力，如图11-53所示。

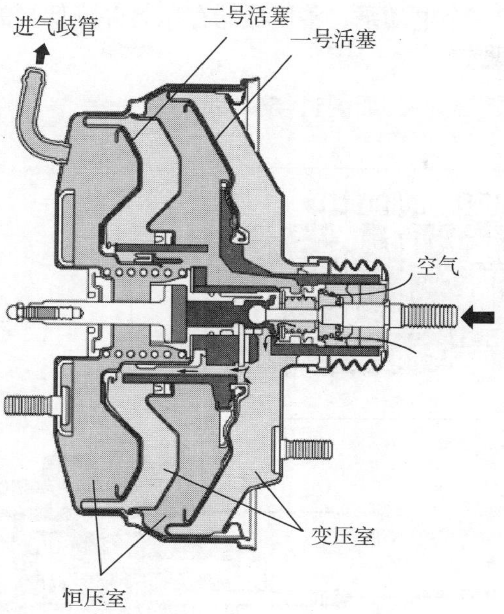

图11–53　双腔式真空助力器的结构

2）液压助力器

液压助力器也称为液力助力系统，使用动力转向油泵的压力来增加制动总泵中的液压力，如图11–54所示。

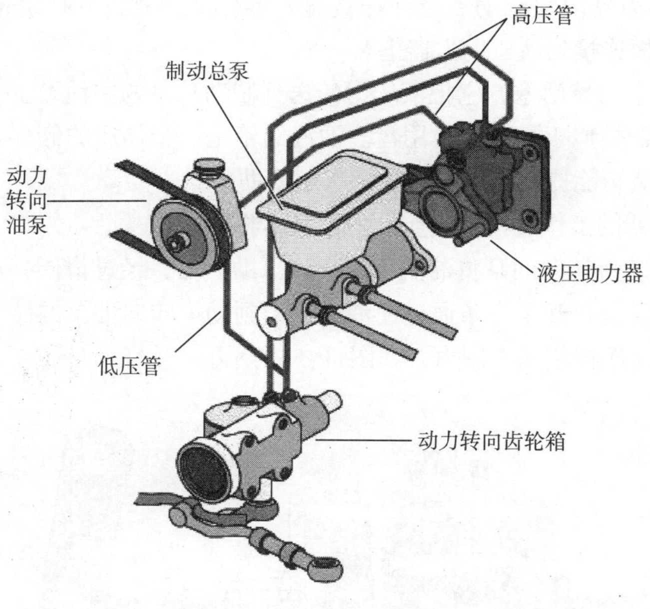

图11–54　液压助力器

液力助力系统一般用在发动机舱中没有足够空间或不能产生足够的发动机真空度来操作真空助力器的车辆上，如柴油发动机、或运行在高负载、低真空度条件下的发动机。

液力助力系统有两种类型：

转向助力泵式：液压力来自动力转向泵，蓄压器在动力转向泵停止时储存压力。

电动泵式：液压力来自于一个电动泵，蓄压器储存压力并降低泵的运转时间。

（1）转向助力泵式助力器

转向助力泵式助力器主要零部件，如图11-55所示。

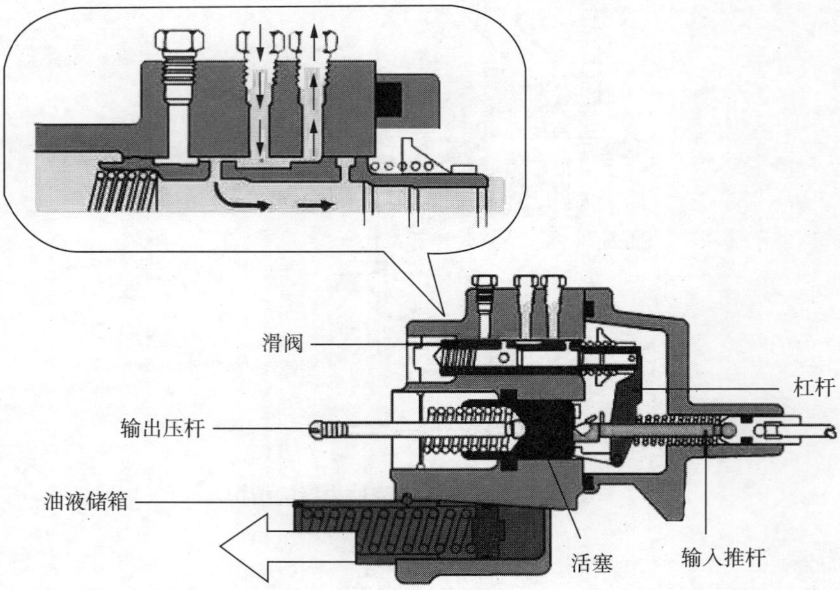

图11-55　转向助力泵式助力器结构示意图

滑阀控制油液在助力器内腔流动。当杠杆被输入推杆推动时，杠杆绕枢轴摆动，使滑阀向前移动。输入推杆将制动踏板连接到液压助力器上。

动力活塞也被称为助力器活塞，它把液压力传送到制动总泵的主活塞上去。输出压杆提供驾驶人一个成比例的反馈作用，类似于一个反作用盘。油液储箱是一个加压的储存容器。如果动力转向油泵皮带出现了故障，油液储箱能提供给助力器1～3次制动助力。

转向助力泵式助力器的工作过程与真空助力器基本相同。

不踩制动踏板时，动力转向油泵将油液输送到液压助力器，经过滑阀并通往动力转向齿轮箱（转向器）。滑阀的位置同时也打开了一条通道使油液返回到动力转向油泵的储油箱中。此时，不受压的动力活塞凹腔并不对输出压杆施加作用力，如图11-56所示。

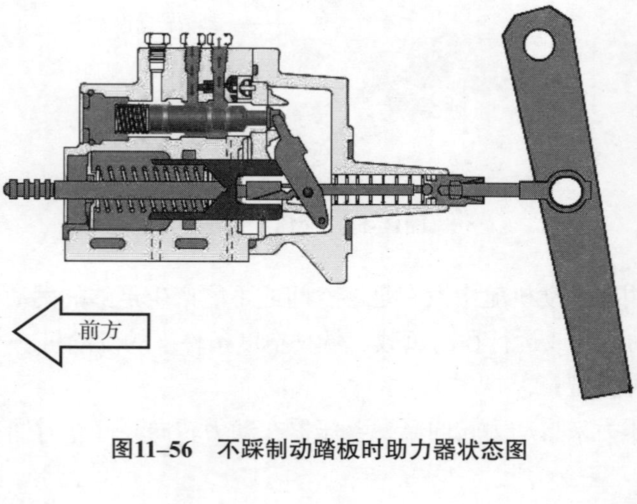

图11-56　不踩制动踏板时助力器状态图

踩下制动踏板时，输入推杆移动，打开了压力入口阀，如图11-57所示。此时，高压油液从动力转向油泵输送到液压助力器的动力活塞上。动力活塞作用力施加到输出压杆上，输出压杆推动制动总泵的活塞，产生助力作用。

松开制动踏板时，输入推杆返回，关闭了压力入口阀。此时，液压助力器又回复到其初始位置状态，如图11-58所示。

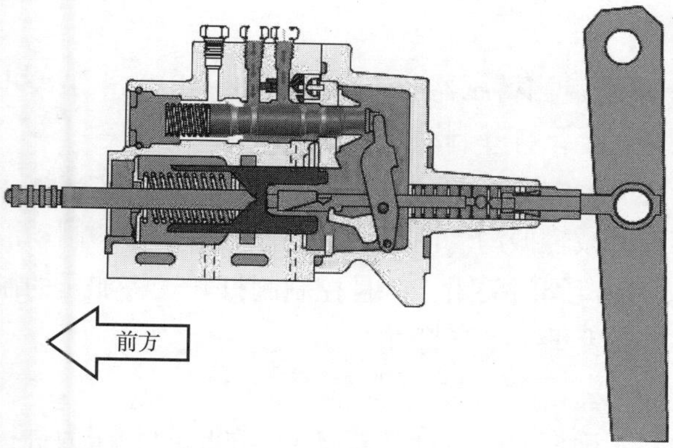

图11-57 踩下制动踏板时助力器状态图

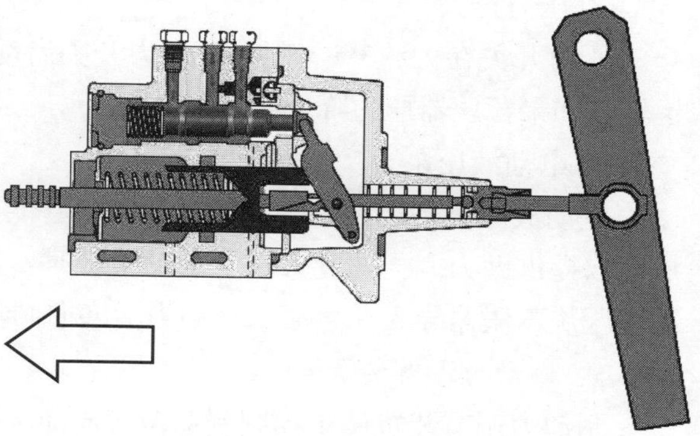

图11-58 松开制动踏板时助力器状态

（2）电动泵式助力器

电动泵式助力器位于制动总泵和制动踏板联动装置之间。电动泵式助力装置包括制动总泵、蓄压器、压力开关、电动液压泵等，如图11-59所示。

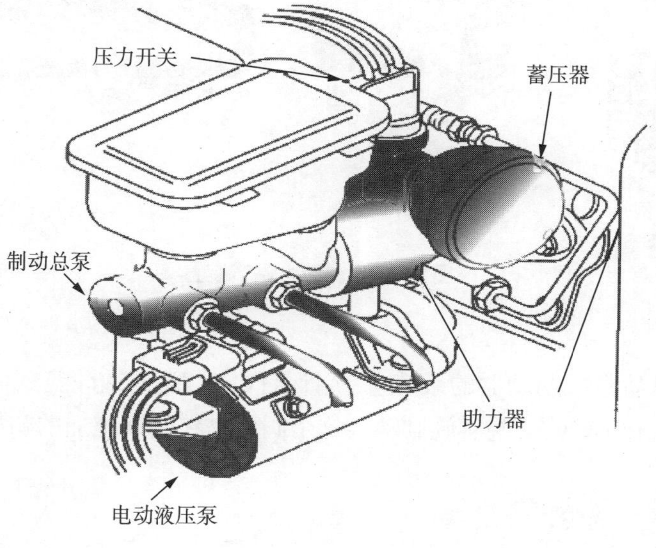

图11-59 电动泵式助力器结构示意图

① 制动总泵

制动总泵与其他车辆使用的总泵相类似。但储油箱有三个腔，从第3个腔出来的制动液由电动液压泵传送到蓄压器。

在制动过程中，从蓄压器送出的制动液作用在动力活塞上，向制动总泵提供助力。制动总泵的功能与常规的双腔式制动总泵功能相同。

② 蓄压器

蓄压器使用较厚的橡胶膜，并预先充满氮气。电动液压泵的马达将蓄压器加压到大约4.7 MPa。蓄压器的主要作用：储存加压液，做动力辅助之用；在系统失效且动力辅助停止时，提供储存的动力；防止油泵长时间连续工作。

维修时要消除蓄压器的压力，将点火开关转到“OFF”（关闭），并踩动制动踏板几次。在感觉到踏板上的力有明显增加时，再踩动踏板几次以确认所有的压力都已释放。

③ 压力开关

压力开关在大约3.5 MPa时，压力开关启动油泵继电器。当蓄压器的压力达到4.8 MPa时，泵停止运转。如果蓄压器压力降低到2.8 MPa以下，二次开关会闭合，打开制动警告灯。

④ 电动液压泵

电动液压泵安装在总泵下方，橡胶衬套能减小噪音并减轻振动。油泵给动力控制蓄压器的制动液加压以提供助力。当驾驶人踩下制动踏板时：储油箱的进口阀门关闭，并且控制阀打开，将加压的制动液压从蓄压器导入动力活塞，动力活塞向制动总泵一级活塞施加作用力。

5．制动力调节装置

制动力调节装置用于控制制动液流向前、后制动器。确保前、后制动器以恰当的时间和压力进行制动。

制动力调节装置形式有计量阀、比例阀和组合阀等，如图11-60所示。

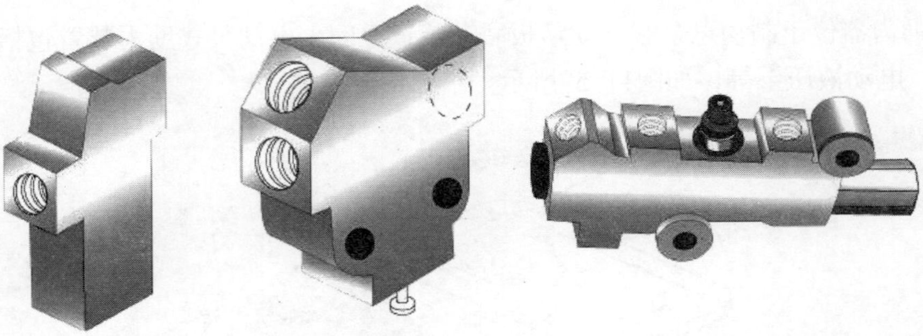

(a) 比例阀　(b) 计量阀　(c) 组合阀

图11-60　制动力调节装置

1）计量阀

计量阀只用于前盘后鼓式制动器的系统上。计量阀能使流向前轮盘式制动器的油液稍稍延迟，使后轮鼓式制动器能够稍许提前一些实施制动。这个阀门是在制动施加的初始阶段或者施加轻微制动时起作用的。

在前后分布式液压系统中，计量阀有可能是一个分离的部件或者被整合在制动总泵中，如图11-61所示。在对角分布式液压系统中，计量阀有可能被附属在制动总泵上。

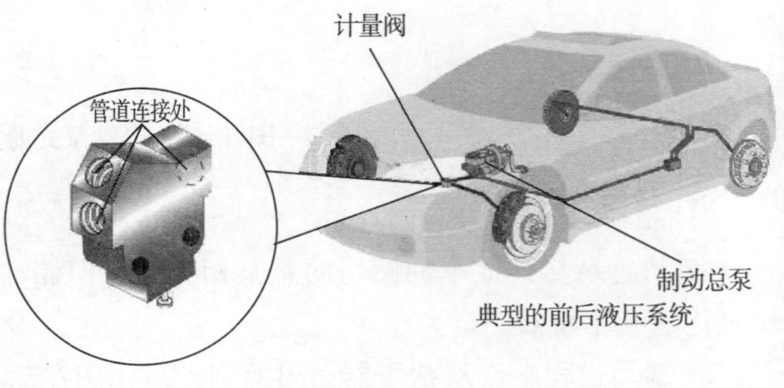

图11-61　计量阀安装位置示意图

液压系统中制动液的压力将影响计量阀的动作。计量阀的工作过程简述如下：

当制动器处于静止状态时，没有制动

液压力存在，计量阀处于关闭状态，如图11–62所示。

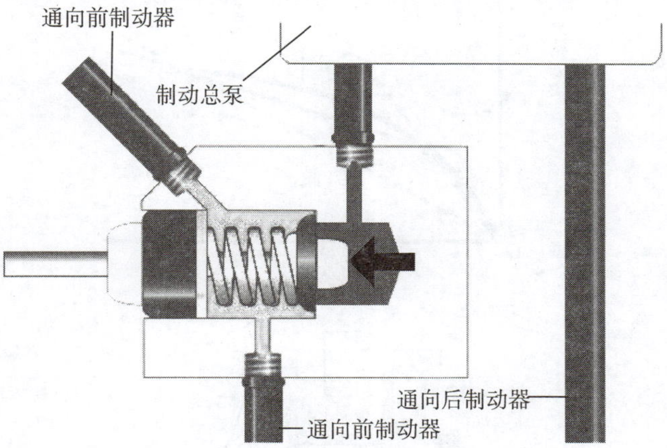

图11–62 制动器静止时计量阀状态

当施加制动后，制动油液的压力开始建立起来。由于计量阀通向前制动器的通道被弹簧力关闭，阻塞了制动液流向前制动器管道，但后制动器的通道没有变化。结果，后制动器先开始制动；当制动液的压力增加到能够克服弹簧力时，通向前制动器的通道也被打开了，允许制动液提供给前制动器，如图11–63所示。

当释放制动时，计量阀活塞关闭，但是活塞中部的阀杆通道打开，允许制动液返回到制动总泵，如图11–64所示。

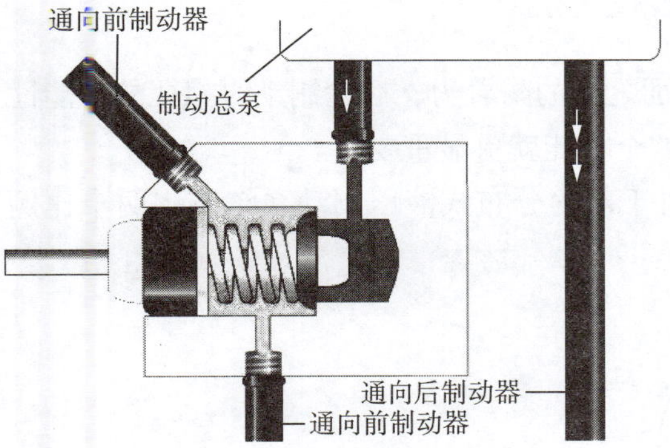

图11–63 制动时计量阀状态图

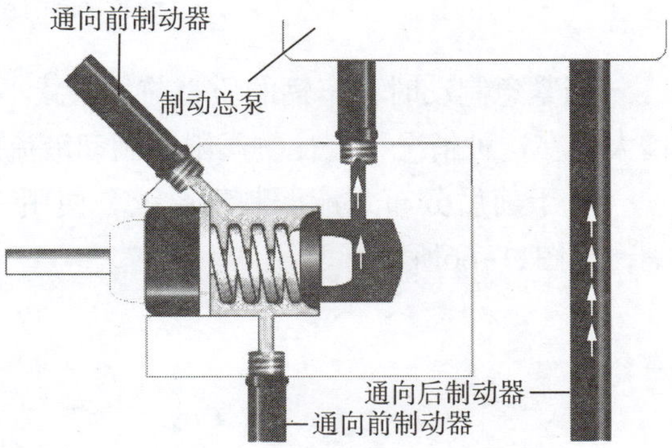

图11–64 释放制动时计量阀状态图

2）比例阀

比例阀（P阀）安装在制动总泵与后轮制动分泵之间，有些车型的比例阀安装在制动总泵上。比例阀通过接近理想地分配前、后轮制动器力，获得良好的制动效果，缩短制动距离，防止紧急制动时出现后轮先于前轮抱死等现象，如图11–65所示。

当前、后轮制动器力分配情况如图11–65（a）所示时，后轮制动器力比理想的制动器力分配曲线要大很多，这将使后轮容易出现抱死，车辆出现侧滑等不稳定现象。

当前、后轮制动器力分配情况如图11–65（b）所示时，后轮制动器力比理想的制动器力分配曲线要小，后轮不会先于前轮抱死，车辆稳定。但车辆总的制动器力减小，并且容易让前轮抱死而使转向控制失灵。

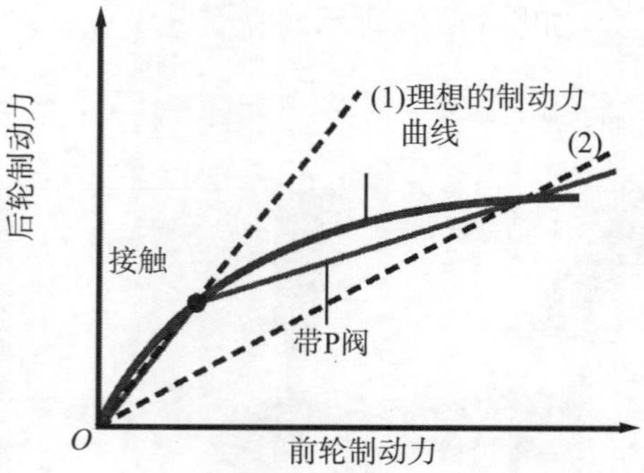

(a)

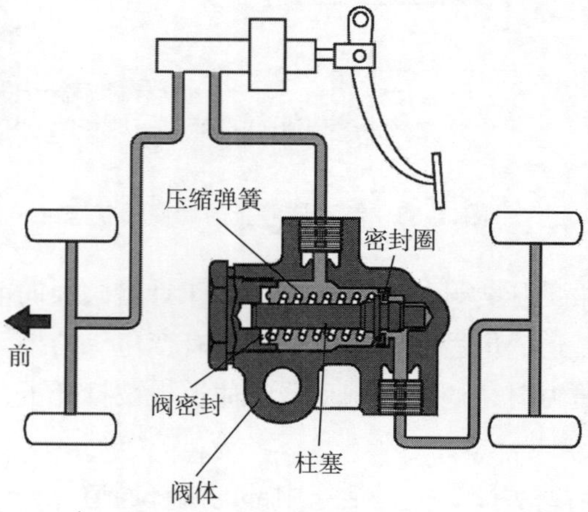

(b)

图11–65　比例阀（P阀）与制动气力分配

当紧急制动时，车辆的质心前移，减小了后轮胎与路面之间的附着力，后轮制动时抱死的可能性增大。在这种情况下，比例阀限制制动液流向后制动器的这个功能就更显重要了。

对于前后分布式液压制动系统，使用一个比例阀；对于对角分布式液压制动系统要用两个比例阀，如图11–66所示。

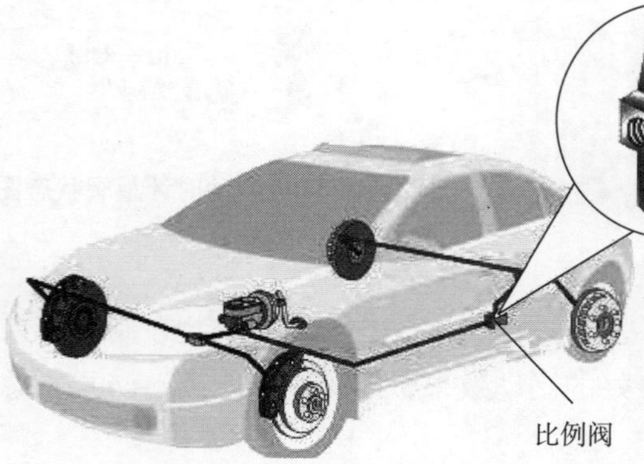

(a) 典型的前后液压系统

(b) 典型的交叉分立式液压系统

图11–66　比例阀安装位置示意图

根据起始点是否能调节，比例阀可分为固定压力比例阀和载荷感应比例阀（感载比例阀）。

起始点不可调节的为固定压力比例阀。该比例阀是以固定比例分配前后制动液压的，相对于感载比例阀来说，它不能随制动强度来改变前后制动液比例，因此，改善制动效果的程度就稍差一些。

在大多数制动状态或者当车辆处于正常的静止状态时，通向后车轮液压回路的通道是保持打开的。弹簧的力把活塞推到右边。来自总泵的液压力通过活塞与油缸盖之间间隙把相同的力施加到前后分泵上。此时，利用受压表面积差产生的力用来把活塞移向左边，但是，它不能克服弹簧力，所以它不会移动，如图11-67所示。

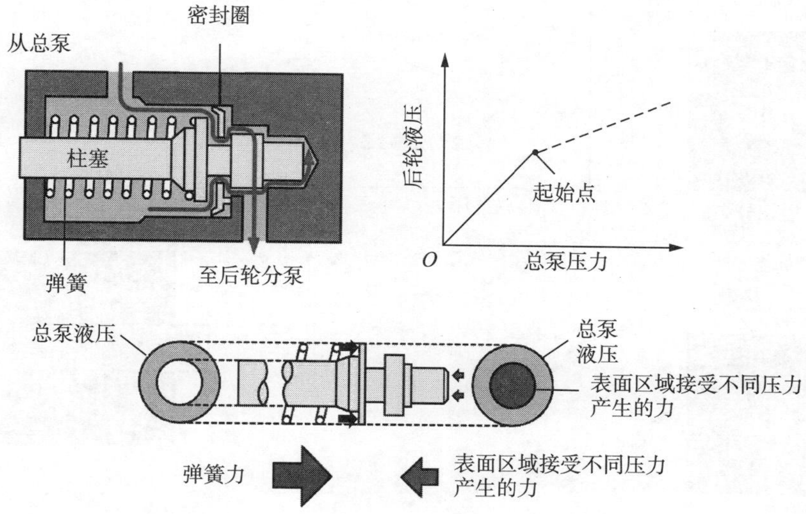

图11-67　起始点之前的工作原理

当施加到后分泵的液压力增加时或者在紧急制动状态时，突然出现的压力增加会使活塞右侧的作用力增大到足以克服弹簧的力，使活塞移动到左边并关闭油液油路，通向后车轮的出口被关闭，防止过早发生后轮被抱死现象，如图11-68所示。

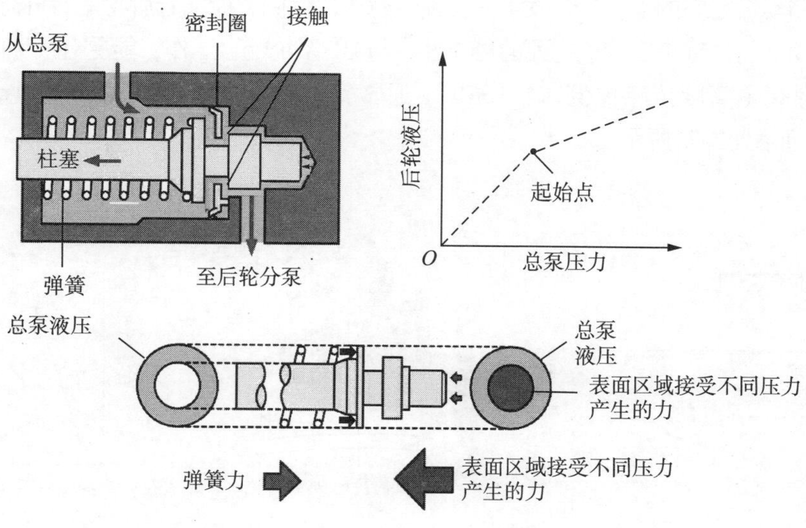

图11-68　起始点时的工作原理

当来自总泵的液压力进一步增加时，这种压力的增加把活塞推到右边来打开油路。随后，到后制动分泵的液压力开始上升，把活塞推到左边的压力开始增加，所以到后制动分泵的液压力完全升高之后，活塞移动到左边并关闭油液油路。该阀重复工作，防止后轮的液压比前轮增加得更快，如图11–69所示。

来自总泵的液压力降低时，后轮制动分泵侧上的油液通过油缸盖外侧并返回到总泵侧，如图11–70所示。

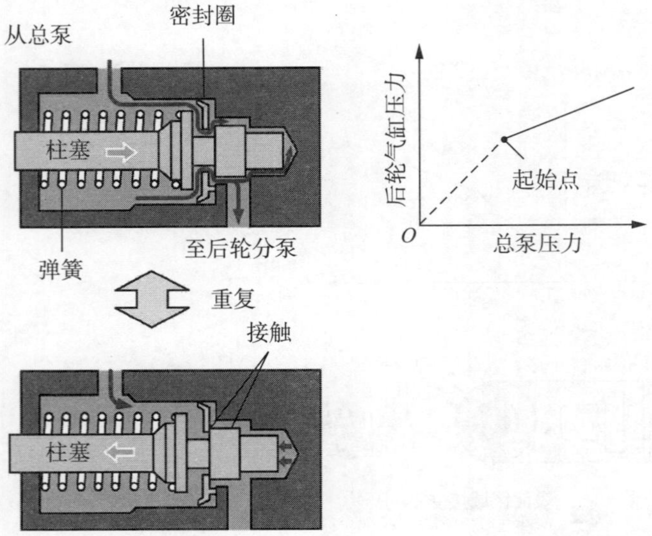

图11–69　起始点之后的工作原理

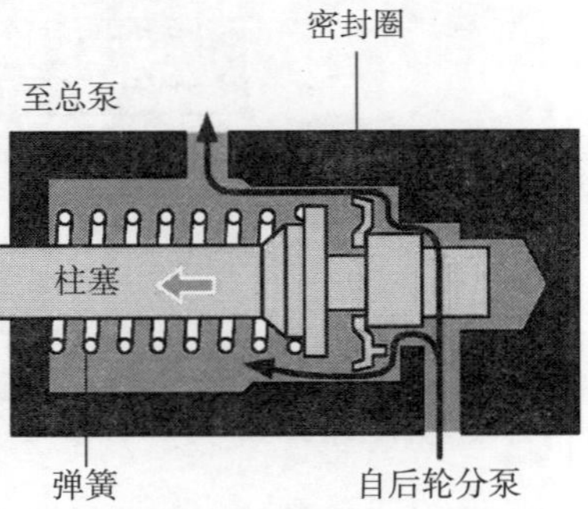

图11–70　释放制动踏板的工作原理

汽车制动过程中，最重要的一点就是不可将后轮抱死，后轮抱死要比前轮抱死危险得多，前轮抱死的直接后果是丧失转向功能，有可能因前轮横滑而改变运动方向；而后轮抱死的直接后果却常常是可怕的甩尾，甚至汽车会绕垂直轴线旋转，在完全失控的状态下造成恶性交通事故。

在此情况下，采用一般的特性曲线不变的制动力调节装置已经不能保证汽车制动性能符合规定的要求。为了调整前后制动器之间的平衡，开发了一种荷载感应比例阀，能随着后轮上的负荷变化，适度降低供给后轮制动器的制动油压，减小后轮被抱死的可能性。与ABS系统配合工作，能更有效地防止后轮抱死。

荷载感应比例阀（高度传感比例阀，LSPV）通常安装在靠近后悬架的液压制动回路中，主要用于货车或厢式车，如图11–71所示。

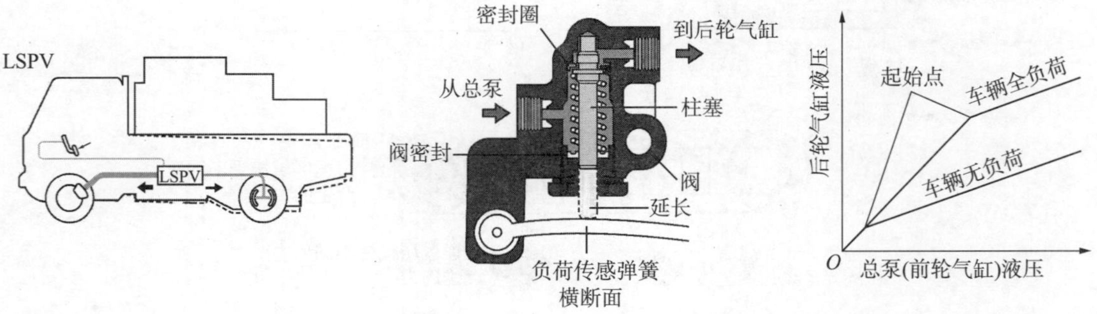

图11–71　荷载感应比例阀（LSPV）与制动力分配

荷载感应比例阀通过车厢相对于后桥的高度变化来感知制动期间后桥上的负载情况变化，依据负载变化情况来施加更多一点或者较少一点的制动液压力。如：对于重载的货车，荷载感应比例阀检测到车厢相对于后桥的高度在减小，在制动期间会施加更多的制动液压力，因为这时后车轮被抱死的可能性比较小。对于轻载的货车，情况正好相反，可通过减小制动液压力，来防止后轮被抱死。

3）组合阀

组合阀可以简化制动系统和节省费用。该阀是把两个或者三个阀的功能集中在一个阀体中，其中每个阀组件的功能就像它们单独存在时的功能一样，如图11–72所示。 组合阀的缺点是，如果其中一个组件的功能失效了，整个阀就必须被更换。

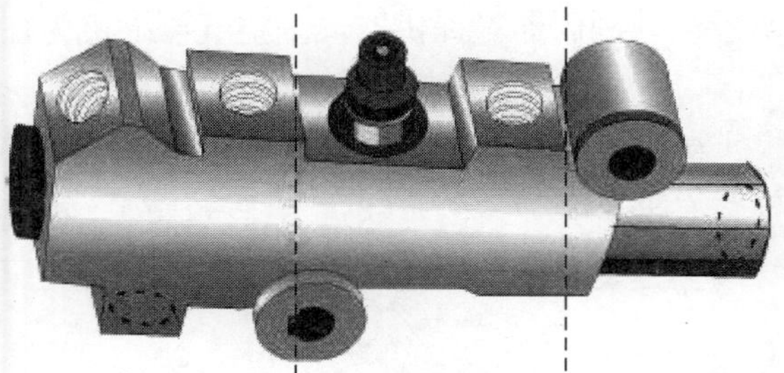

(a) 三功能组合阀

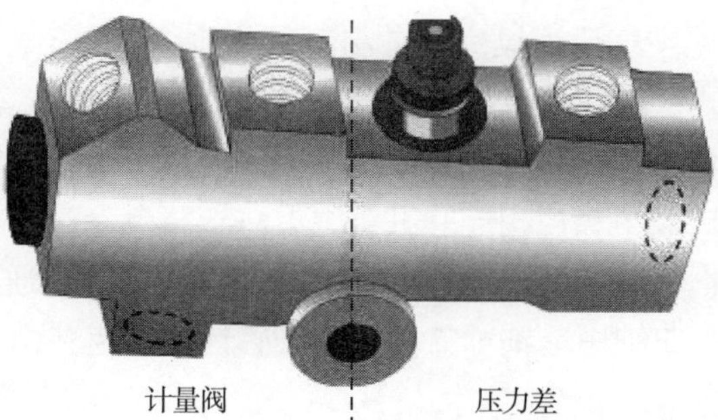

(b) 两功能组合阀

图11–72 组合阀结构组成示意图

在三功能组合阀中，其一端是一个计量阀，中间部位是一个压差阀，另外一端是个比例阀。

两功能组合阀包括了差压阀（也称为制动警告开关）以及计量阀或者是比例阀。

11.4 气压制动系统

11.4.1 概述

气压制动系统适合于中型以上特别是重型的货车和客车。气压制动系统主要由制动器、制动传动装置和压缩空气供给装置组成，如图11–73所示。

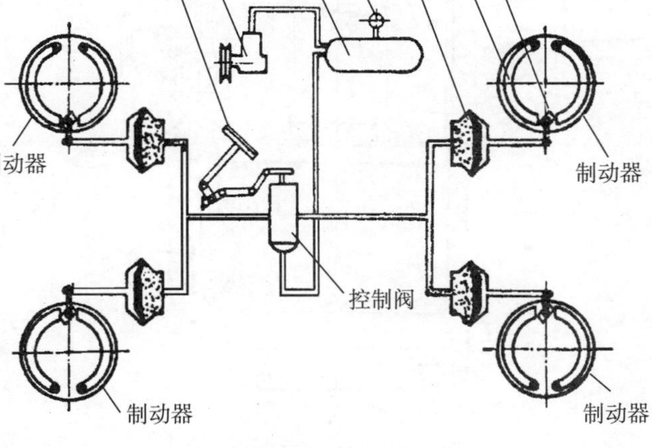

图11–73 气压制动系组成示意图

制动器为凸轮张开式车轮制动器；制动传动装置由制动阀与制动气室组成；压缩空气的供给装置由空气压缩机与储气筒组成。

空气压缩机向储气筒输送压缩空气，储气筒储存压缩空气供气制动和其他用气机件。

当踩下制动踏板，联动机件打开制动阀的进气阀，储气筒内压缩空气在压力差作用下，经制动阀和输气管进入各轮制动气室，推动制动臂和凸轮轴的凸轮把制动蹄张开与鼓压紧产生制动。

11.4.2 空气压缩机

空气压缩机为汽车制动和其他用气设备，如喇叭、气动刮雨器等提供空气。空气压缩机为往复活塞式，由润滑系统提供润滑。

空气压缩机的结构，如图11–74所示。铸铁缸体外制有散热片，用螺栓与曲轴箱连接。上部与铝制缸盖用螺栓相连。缸盖上有进、排气室，室内分别装有带压紧弹簧的片状进、排气阀门。排气阀经气管与储气筒连通，进气阀与空气滤清器连通；进气阀上方装有松压阀（又叫卸荷阀），与调压器连通；曲轴用球轴承支承在曲轴箱前、后座孔内。

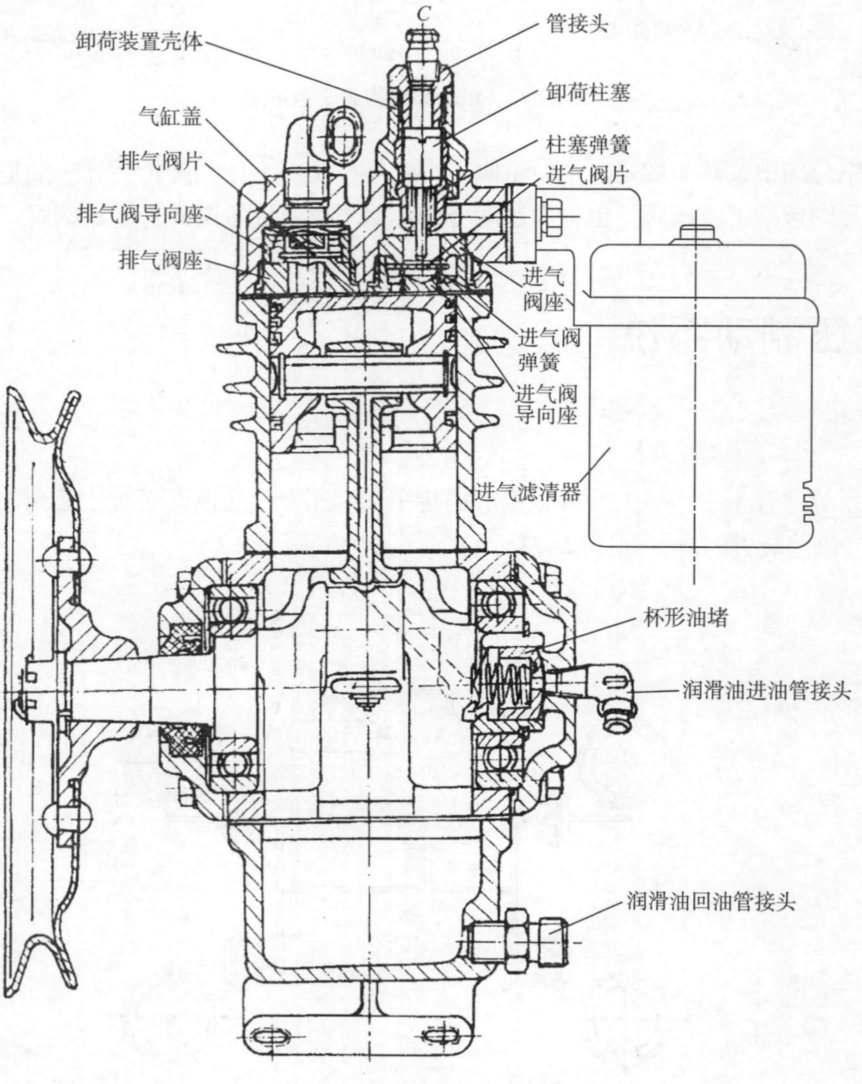

图11–74　空气压缩机结构示意图

空气压缩机的工作过程为两个冲程，即进气冲程和排气冲程。

进气冲程时，活塞从上止点到下止点，缸内负压将进气阀吸开，外部空气在压力差作用下经空气滤清器、进气管、进气阀进入气缸。

排气冲程时，活塞从下止点到上止点。进、排气阀同时关闭，随着活塞的上行，缸内气压逐渐升高，当气压达到克服排气阀弹簧张力和排气管气压反力的合力时，推开排气阀，将压缩空气排入储气筒。当储气筒气压达到0.70～0.74 MPa时，压缩空气经调压器通过松压阀将进气阀顶开，空气压缩机的气缸与大气相通，不再向储气筒供气处于空载运转。

11.4.3 调压器

调压器的作用是维持储气筒规定气压（CA1092汽车为0.80～0.83 MPa，EQ1090E汽车为0.70～0.74 MPa），确保汽车的安全制动。气压超过规定时，空气压缩机转入空载运转，以降低发动机的功率消耗。

调压器构造，如图11-75所示。由壳体、盖子、膜片、芯杆、调压弹簧、调压螺钉、两只带滤芯的管接头，以及排气阀和弹簧等组成。阀底部的气孔与大气相通，通过气管与储气筒和空气压缩机松压阀相连。

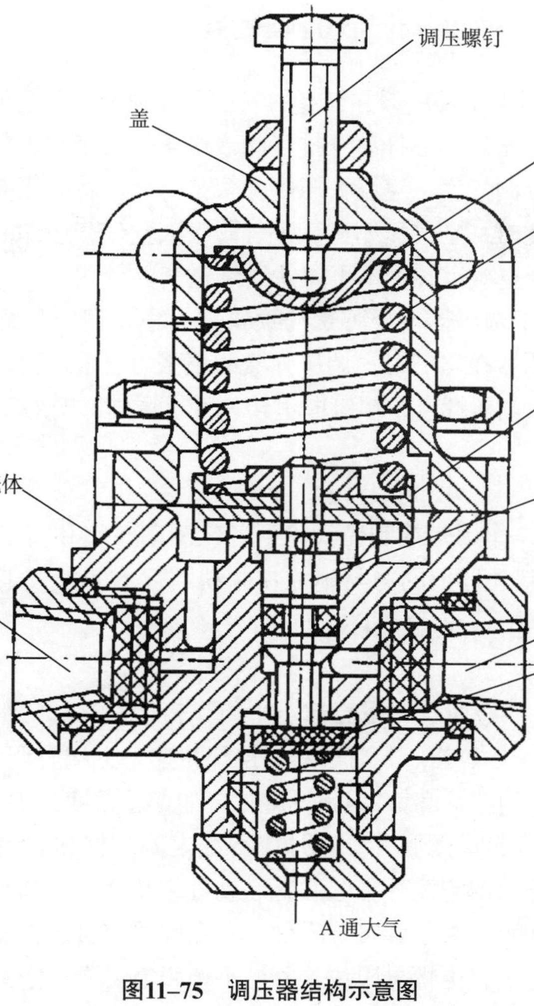

图11-75 调压器结构示意图

调压器的工作原理，如图11–76所示。当储气筒气压小于规定值，调压器膜片下方气室的气压小于调压弹簧的预张力，调压弹簧将膜片连同芯杆向下移，芯杆下口与排气阀接触并将排气阀推离阀座。此时，储气筒与松压阀气室隔断，松压阀气室经调压器与大气相通，松压阀在弹簧作用下回升到最高位置，进气阀落座，空气压缩机不断向储气筒充气。

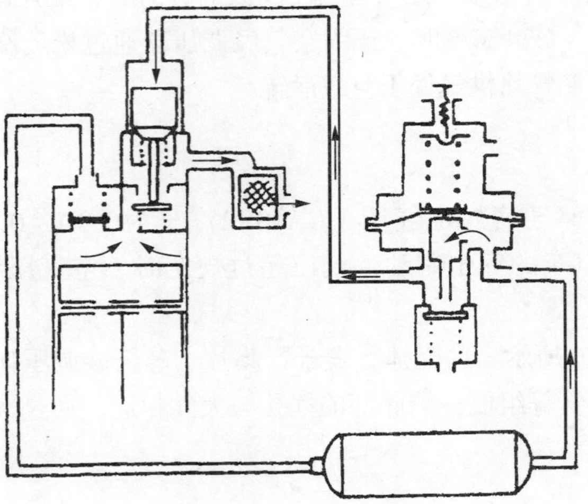

图11–76　EQ1090E调压器工作原理图

当气压超过规定值后，调压器膜片下方气室的气压升高到大于调压弹簧预张力时，膜片带着芯杆压缩调压弹簧上移至排气阀落座后，芯杆离开排气阀。松压阀气室与大气隔断而与储气筒连通。储气筒压缩空气经调压器进入松压阀气室，克服松压阀弹簧张力后，将松压阀向下压，松压阀杆强行将进气阀推离阀座而不能关闭。此时，空气压缩机从进气阀吸入空气，压缩时由于进气阀敞开而将气体从进气阀压出，空气压缩机处于空载运转，不再向储气筒充气。

储气筒气压的高低决定于调压器调压弹簧的预张力大小。调压弹簧预张力大，储气筒充气压力高，反之则充气压力低。调压器在出厂时，调压弹簧的预张力已根据要求调好并加封，一般不要随便进行调整。需要调整时，转动调压螺钉，螺钉向里转，气压调高；向外转，气压调低。

11.4.4　制动阀

制动阀又叫制动控制阀，作用是控制储气筒到各轮制动气室和挂车制动控制阀的空气量，并有渐进的随动作用，使作用在制动器上的力与施加在制动踏板上的力成正比。有单腔式、双腔式和三腔式等。

1．单腔制动阀

单腔制动阀的结构如图11–77所示，由壳体、平衡弹簧组件、阀门组件，以及操纵和调整组件组成。拉臂中部通过销轴固定在壳体上，下端与踏板拉杆相连，上端有调整螺钉。螺钉1用来调整芯杆下端与橡胶片阀门之间的排气间隙，螺钉2用来调整拉臂的摆转角度大小，即阀门开度大小。

在上、下壳体之间装有橡胶尼龙膜片，膜片中部固定着芯杆和导向杯。膜片上腔有孔通大气，芯杆离开阀片时，大气经芯杆内部与膜片下腔和各制动气室相通。平衡弹簧组件包括芯杆、膜片、导向杯、上弹簧座、平衡弹簧和膜片复位弹簧等零件。平衡弹簧穿过芯杆支承在膜片上方的导向杯内，上弹簧座套在芯杆上端的螺杆上，由螺母限位，并使平衡弹簧具有一定的长度和预张力。预紧力可通过弹簧上座与弹簧之间的垫片厚度来调整。阀门为一双用阀，既是进气阀又是排气阀。阀门在不制动时，由弹簧张力关闭，芯杆距阀门保持有1.5～2.0 mm的间隙，此间隙为排气间隙，也是制动踏板的自由行程。此间隙过大，会使阀门开度不足，造成制动力下降；间隙太小，会使排气不通畅，造成制动拖滞。制动阀下方装有制动开关。

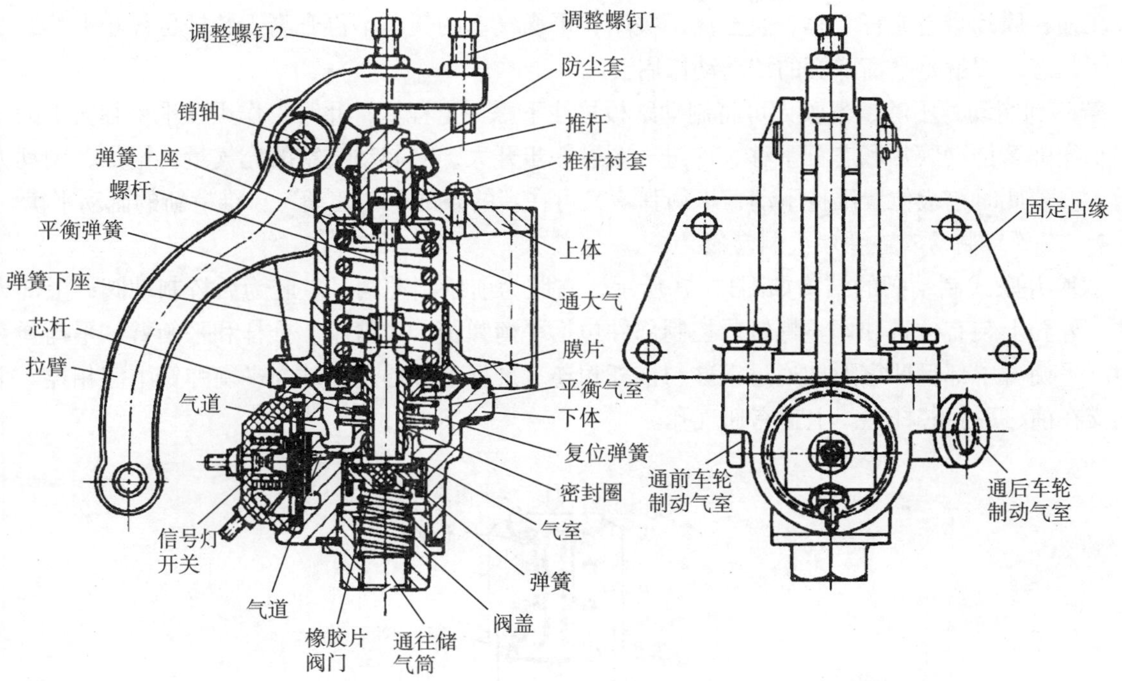

图11–77　单腔气压制动控制阀结构示意图

单腔制动阀的工作过程，如图11–78所示。踩下制动踏板，通过踏板拉杆拉动拉臂摆动，通过调整螺钉压下罩帽，推动平衡弹簧，并带动膜片和芯杆下移。芯杆下端与阀门接触，排气通道关闭，踏板的自由行程结束。此时，制动阀处于双阀关闭。随后将阀门推离阀座，即进气阀打开，储气筒的压

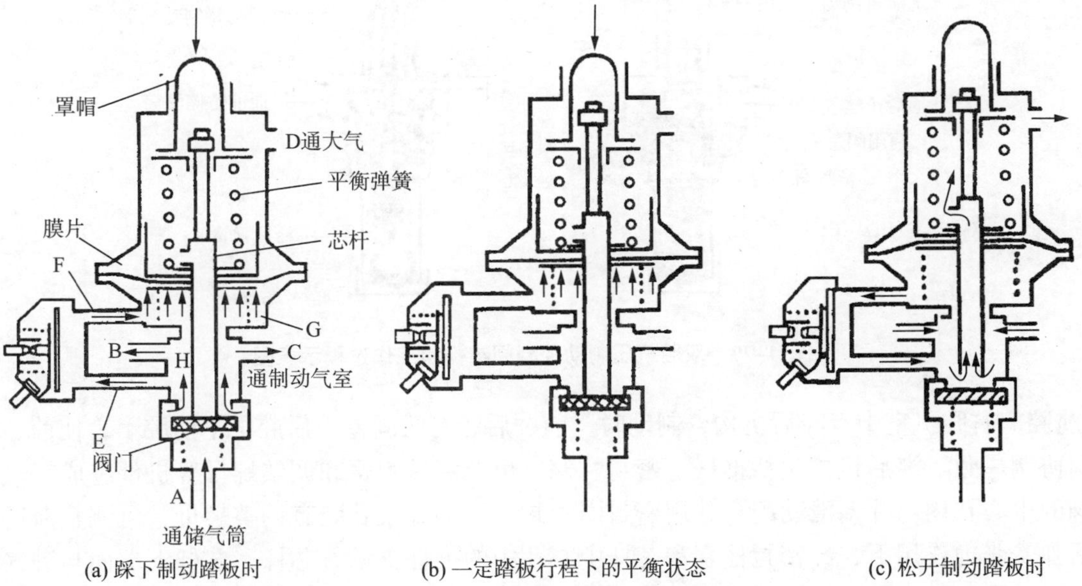

图11–78　单腔气压制动控制阀工作过程示意图

缩空气经气管从A孔进入制动阀，分别由B、C孔经管路到前、后制动气室，使车轮产生制动作用。进气阀开度越大，开放时间越长，进入制动气室和平衡气室的气量越多，气压也越高。

制动踏板踩到一定位置不动时，进气阀开度保持不变，随着时间增长，制动气室和平衡气室的气压也随之逐步升高。当气压和膜片复位弹簧及阀门弹簧的弹力之和超过平衡弹簧的预张力时，平衡弹簧被压缩，膜片带着芯杆上移，直至阀门关闭，平衡气室的气压不再升高，芯杆也停止上移，实现双阀关闭状态，这就是平衡弹簧的“随动作用”。

若感到制动力不够，驾驶人可将制动踏板再往下踩一定程度，此时，作用在平衡弹簧上的压力增大，平衡弹簧推动膜片和芯杆下移，使进气阀进一步开大，向制动气室的充气量再增加，制动力比原来增大。若此时踏板位置维持不动，平衡弹簧又可在新的条件下“随动”，维持新的制动平衡。

2. 双管路制动双腔并联式制动阀

双腔并联式制动阀的结构如图11-79所示，右腔为前桥制动阀，左腔为后桥制动阀，上部为控制部件，外壳上装有拉臂和调整螺钉。控制部件包括平衡弹簧、弹簧座、推杆和平衡臂。平衡弹簧无预张力。平衡臂中部呈凹字形，通过钢球与推杆相连。推杆上部通过钢球与平衡弹簧下座相连。平衡臂两端支在前、后腔芯杆上。上盖有通气孔。

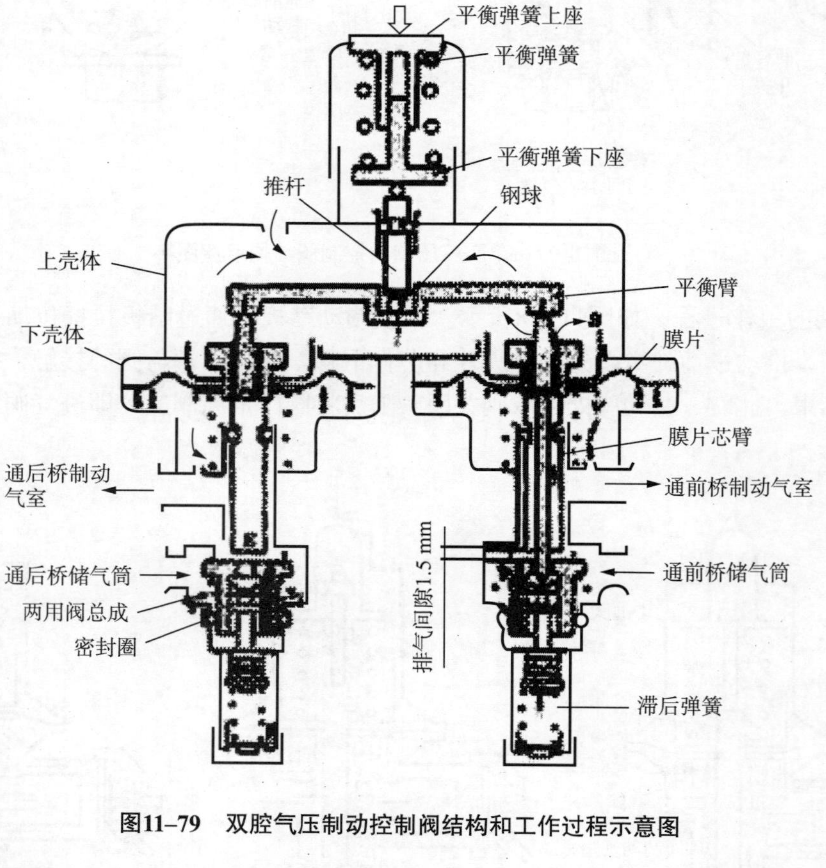

图11-79 双腔气压制动控制阀结构和工作过程示意图

前腔（右腔）室中有滞后机构，制动时，前、后腔有时间差（后腔早于前腔），使前、后轮制动作用协调一致。滞后机构包括推杆、密封柱塞、可调滞后弹簧和调整螺母等机件组成。气室内的两用阀的中心孔内与柱塞滑动配合并用密封圈密封，下端螺纹孔装有调整螺母，可调整滞后弹簧。在滞后弹簧张力作用下，经密封柱塞和芯杆中心孔中的推杆支承着芯杆。芯杆下端面与进气阀之间有1.5 mm的排气间隙。

后桥（左腔）比前桥（右腔）少一根推杆，使滞后机构不起作用。

两腔有相同的膜片芯杆组件、平衡气室和相同的双用阀门。芯杆上端的罩帽上有排气孔。双用阀上有轴向通孔，将阀门上、下两腔连通。其下腔用密封柱塞密封。轴向气孔的主要作用是使阀门上、下受气体压力而相互平衡，提高阀门启闭的灵敏性和稳定性。

外壳上的拉臂上端与踏板机构相连，下部呈双叉形，并配有调整螺钉。调整螺钉用来调整排气间隙，装在壳体上的调整螺钉用来调整拉臂的摆动角度，即调整最大工作气压。

双腔并联式制动阀工作过程，如图11-79所示。不制动时，两腔情况和单腔阀一样。

制动时，踩下制动踏板，连动机件带动拉臂摆转，压下平衡弹簧，通过推杆压动平衡臂，推动两腔膜片和芯杆。后桥腔室不受滞后弹簧的影响，下移时的阻力较小，因而平衡臂先推开后桥腔室的进气阀，使后桥制动气室先充气。随着后腔室平衡气室内气压的升高，以及复位弹簧的反力增大，同时，平衡臂对前腔室膜片芯杆组的压力也在增加，前腔室的阀门也随后被打开，使前桥制动气室跟随得到充气制动。

维持制动时，随着进气过程的继续，两腔平衡气室的气压不断升高，加之各部复位弹簧的张力，使膜片和芯杆逐渐上移，平衡弹簧不断被压缩，进气阀随之关闭，芯杆不再上移而处于双阀关闭状态。踏板踩到制动拉臂上的限位块A和限位螺钉相碰时为踏板的最大行程，此时的最大工作气压为0.6 MPa。

一根管路失效时的工作情况：如后桥管路工作失效，由于后桥（左面）平衡气室无气压，平衡臂左端继续下移，当两用阀内腔抵靠在柱塞端面后，平衡臂以左端为支点使右端下移，压开后腔（前桥）进气阀，使压缩空气充入前桥制动气室，实现前桥制动，但踩制动踏板的阻力比正常时要大；若前桥管路工作失效时，后桥腔室仍能正常工作。

11.4.5 制动气室

制动气室的作用是将压缩空气的压力转变为制动凸轮的机械力。制动气室的形式有膜片式、活塞式和强力弹簧式。

膜片式制动气室的结构，如图11-80所示。它由盖子、外壳、膜片、膜片弹簧、推杆和金属托盘等组成。膜片夹装在盖与壳体之间，由弹簧使其回位。推杆的左端通过金属托盘与膜片接触，弹簧左端压在托盘上，推杆另一端通过螺杆与推杆连接叉连接。推杆连接叉与调整臂（又叫制动臂）连接，推杆伸出壳体的长度有一定要求，可根据要求通过推杆连接叉调整。

制动时，推杆的最大行程一般不大于40 mm。由于载重汽车后桥载荷大于前桥，所以后气室的容量大于前气室容量。

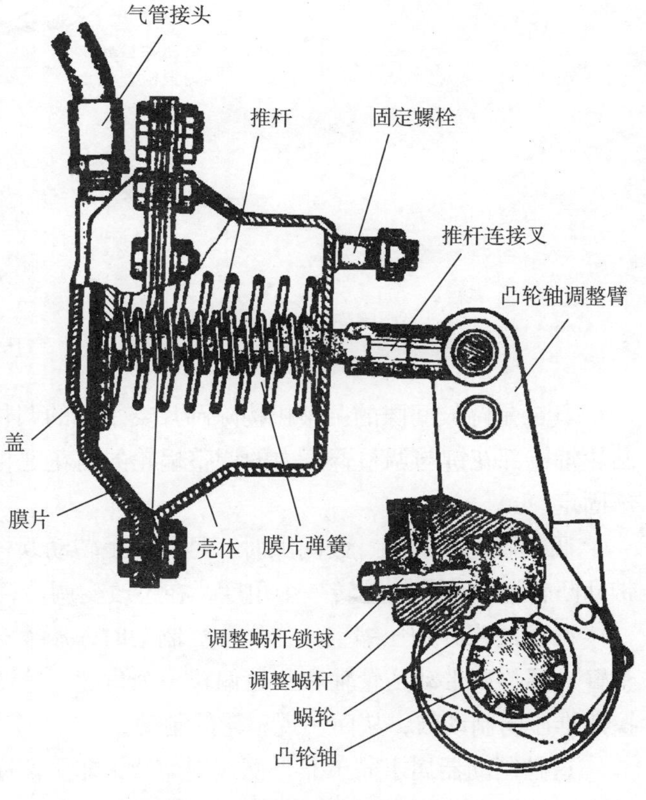

图11–80 制动气室与调整臂结构示意图

11.4.6 气压车轮制动器

气压车轮制动器一般采用鼓式制动器，

如图11–81所示。与液压制动器不同的是：

其一是制动蹄的张开机构为制动凸轮。凸轮为等臂双面凸轮，通过凸轮轴、制动调整臂与制动气室相连。

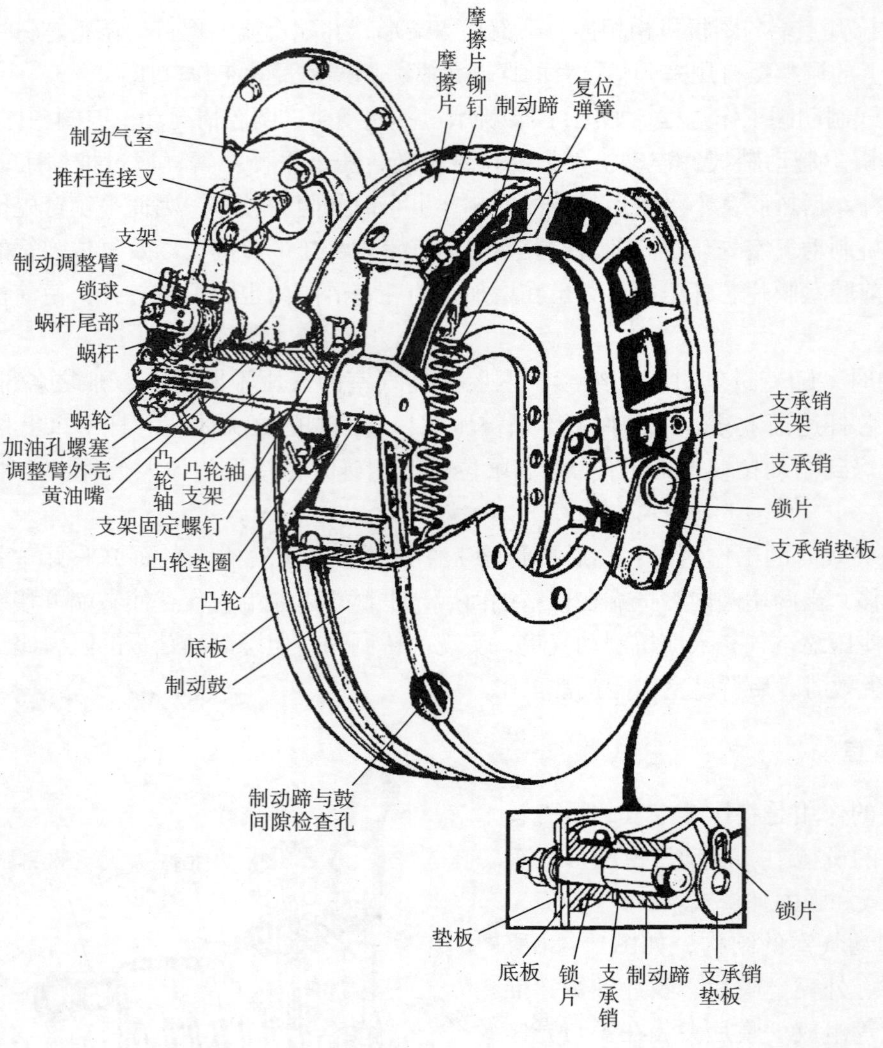

图11–81　气压车轮制动器

其二是蹄鼓间隙的调整机构除蹄片支承销的调整相同外，它的另一个调整机构在制动调整臂上。凸轮轴端部花键与调整臂壳内的调整蜗轮的内花键相连。制动调整臂的蜗杆与蜗轮啮合并用弹簧和锁球固定。

调整制动器的蹄、鼓间隙时，可用扳手转动蜗杆轴，蜗杆随蜗杆轴一同转动，带动蜗轮，蜗轮又带动凸轮轴，使凸轮偏转一个角度，在不改变调整臂位置的情况下，可以调整蹄、鼓间隙。

凸轮的张开用压缩空气作介质。制动时，压缩空气进入制动气室，压动膜片推动气室推杆带动调整臂，调整臂带动凸轮轴和凸轮偏转一个角度，等臂凸轮的上、下弧形端面分别将前、后制动蹄和摩擦片推压向制动鼓，从而实现车轮的制动。

这种制动器属于简单非平衡式制动器，非平衡原理与液压非平衡式制动器相同。解放CA1092和东风EQ1092等中型载货车辆都采用这种制动器。

11.5 驻车制动系统

驻车制动系统的作用是使汽车停放可靠，便于在坡道上起步，并可在行车制动器失效后应急制动或配合行车制动器进行紧急制动。驻车制动系统是独立控制的制动系统，通常采用机械力操纵，主要的零部件包括驻车制动操纵杆（或者驻车制动踏板，如图11–82所示）、驻车制动器、拉杆（索）、警告灯开关及警告灯。

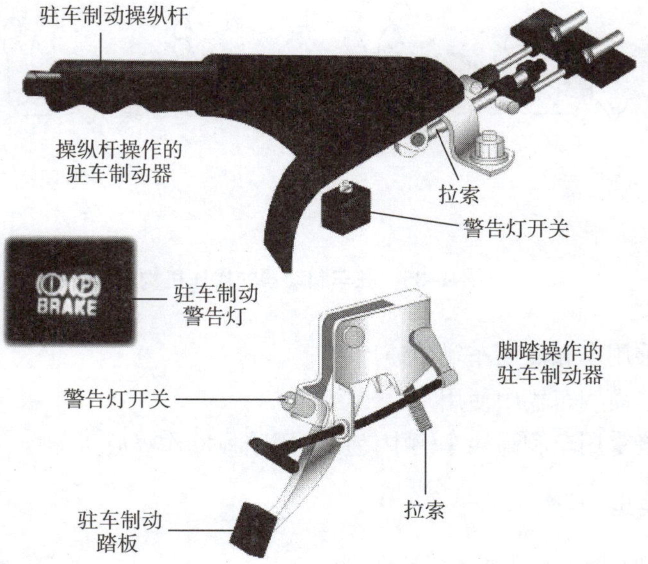

图11–82　驻车制动操纵杆

多数驻车制动器安装在变速器或分动器之后，也有少数汽车装在后驱动桥输入轴前端，还有的汽车以后轮制动器兼作驻车制动器。

驻车制动器又称手制动器，主要有盘式、鼓式和带式三种类型。

典型的鼓式驻车制动器是在驾驶人拉起操纵杆时工作的。拉索向前拉动驻车制动驱动臂，把驱动臂楔入领蹄和从蹄之间。使两个制动蹄移动顶住了制动鼓，如图11–83所示。

有些盘式制动器上使用了“盘中蹄”系统，即后制动盘的中心是制动鼓。驾驶人拉动操纵杆，拉索拉动驱动臂使调整器推动两个制动蹄顶住了制动盘上的制动鼓。

有些盘式制动器上使用了整体式驻车制动器。在驾驶人拉起手制动操纵杆后，拉索使卡钳活塞调整器螺钉转动伸出，实施制动，如图11–84所示。

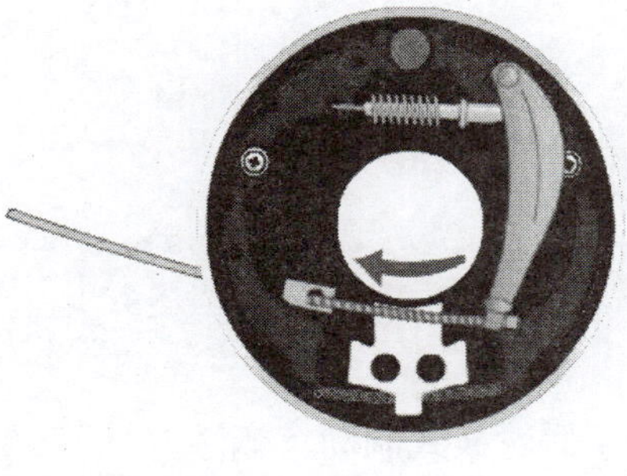

图11–83　鼓式驻车制动器

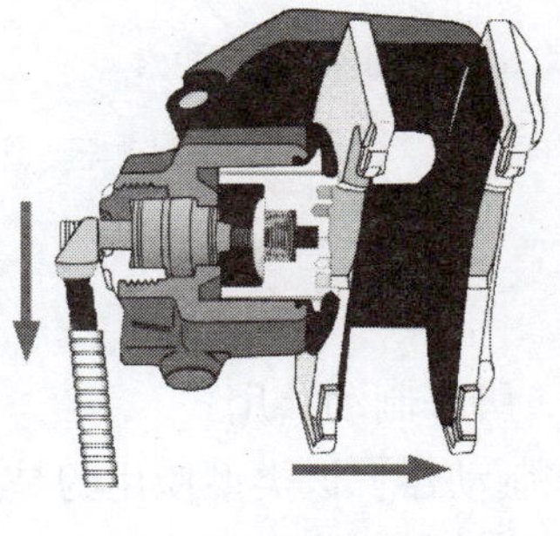

图11–84　盘式驻车制动器

11.5.1　驻车制动器操作机构

驻车制动器的操作机构的形式如图11–85所示。

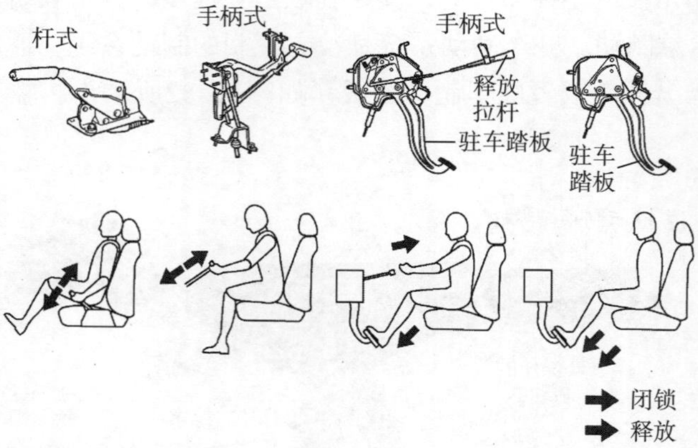

图11–85　驻车制动器的操作机构

（1）杆式主要在乘用车和商用车辆中使用。

（2）手柄式在一些商用车辆中使用。

（3）踏板式在一些乘用车和高档车辆中使用，用踏板操作释放。

11.5.2　驻车制动器的类型

驻车制动器的常见形式，如图11–86所示。

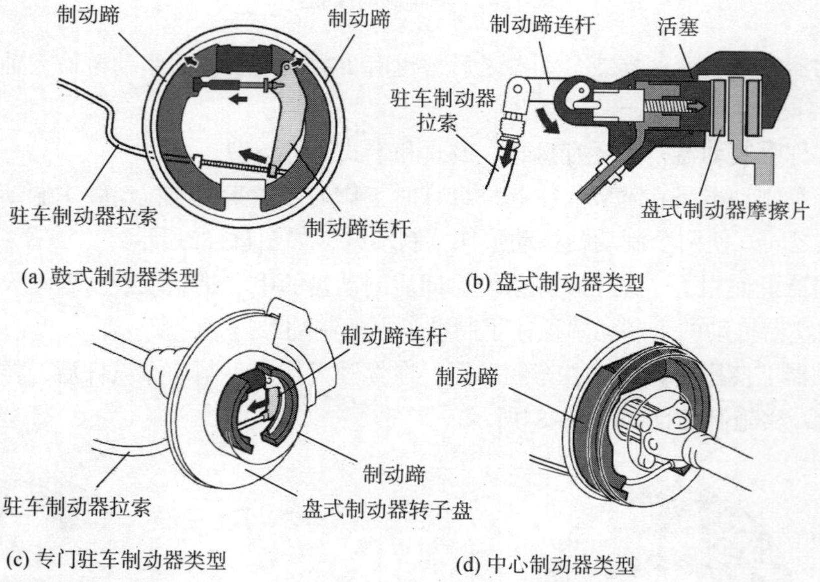

图11–86　驻车制动器的常见形式

（1）脚踩制动共用式。

鼓式制动器：该类型使用的是汽车后轮制动鼓，广泛用于后轮鼓式制动车辆。

盘式制动器：该类型使用在盘制动器式制动后轮，在紧凑型乘用车中使用。

（2）专门驻车制动器。

专门驻车制动器的盘式制动器中央置有驻车制动鼓，用来进行驻车制动，通常在中型以上的乘用车中使用。

（3）中央制动器。

中央制动器是在变速器与传动轴之间装有鼓式或盘式驻车制动器，主要用于公共汽车和货车中。

11.5.3 驻车制动行程调节

驻车制动的操纵方式无论是杆式、手柄式还是踏板式，在车辆长时间使用后或维修时都需进行行程调节，如图11-87所示。

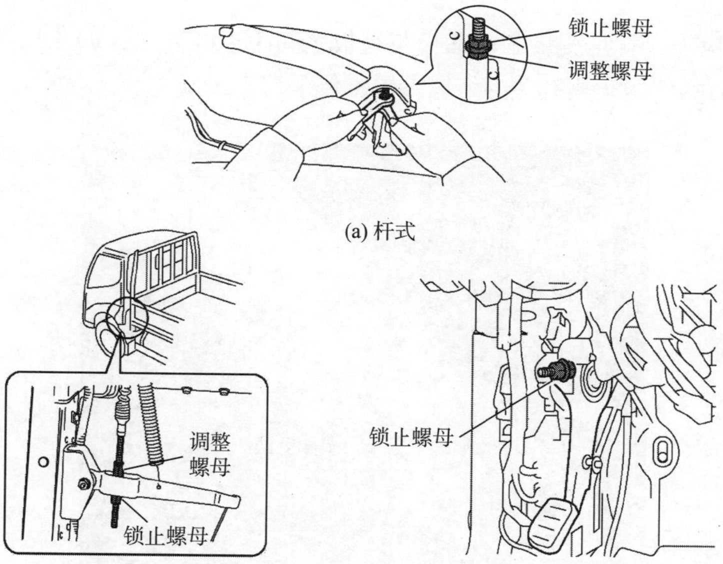

(a) 杆式

(b) 手柄式

(c) 踏板式

图11-87 驻车制动行程调节

在调节驻车制动杆（或踏板）行程之前，应确定已经调整好驻车制动蹄片间隙。

首先松开锁紧螺母；然后拧动调节螺母或螺钉，直到驻车制动杆或踏板行程正确为止；最后紧固锁止螺母。

11.6 制动系统的检修

汽车制动系统技术状况的好坏对行车的安全是至关重要的。汽车在使用过程中，制动系统的零件由于磨损、变形、断裂、老化和调整不当等，将会导致制动不良、制动跑偏、制动拖滞、制动失效等故障，严重影响行车的安全。

11.6.1 制动踏板行程的检查与调整

驾驶人与制动系统的唯一接触就是对制动踏板的“感觉”。如果驾驶人反映制动踏板踩下时太靠近地板了，即制动踏板自由行程太大了（图11-88），应该检查并调整制动踏板的行程（图11-89）。

检查制动踏板行程，可以寻找出制动系统的一些隐患。

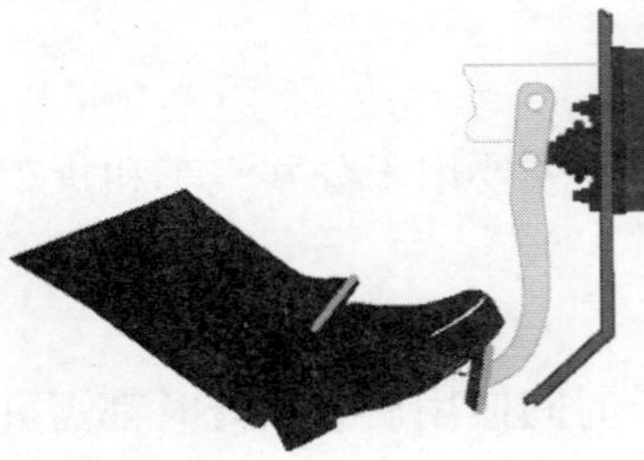

图11–88　制动踏板行程过大

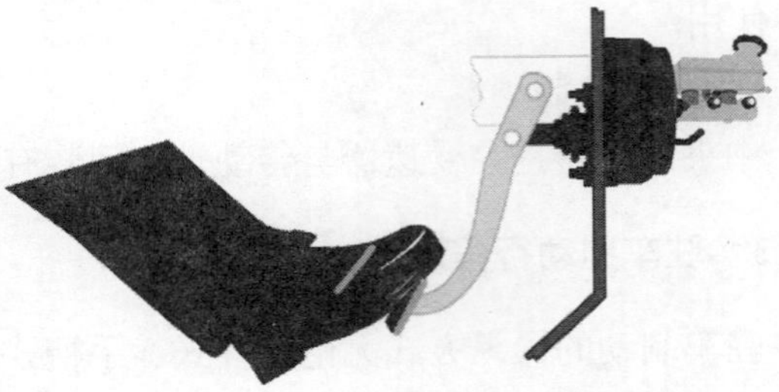

图11–89　正常的制动踏板行程

制动踏板行程的检查，就是测量制动踏板与地板之间距离的方法，如图11–90所示。因为测量制动踏板行程的方法是与具体的车辆有关的，应参看维修手册。

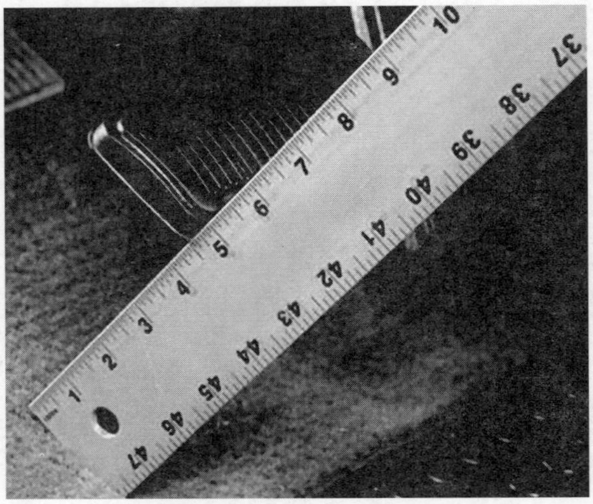

制动踏板到地板的距离

图11–90　制动踏板行程检查方法

1．检查制动踏板行程的步骤

（1）关闭发动机，让制动器冷却下来。然后踩动踏板2～3次，排除助力器中残余的真空度，再安装一个踏板操纵力测量仪；

（2）测量并记录未踩踏板时从制动踏板到地板之间的距离，如图11–91所示；

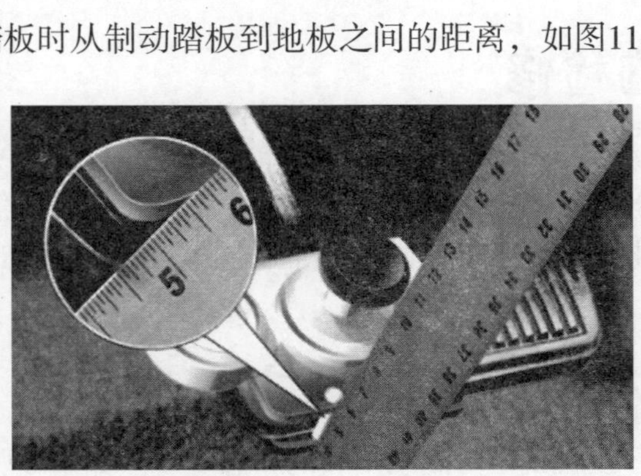

图11–91　未踩下制动踏板时的距离

（3）在安装踏板操纵力测量仪上施加大约4.5 MPa的压力，参看车辆维修手册的相关数据；

（4）在相应压力下，测量并记录从制动踏板到地板之间的距离，如图11–92所示；

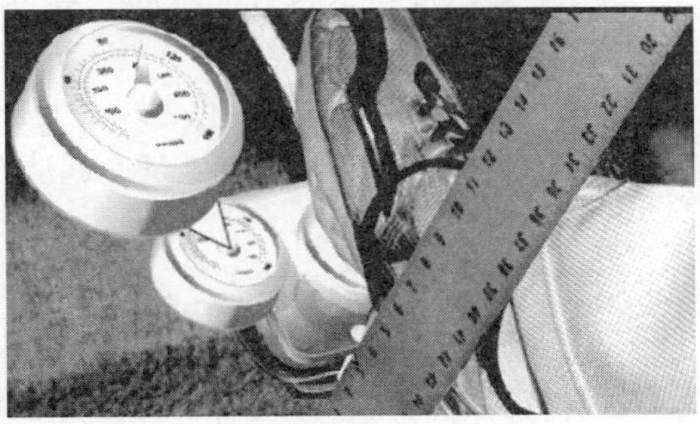

图11–92　踩下制动踏板时的距离

（5）两次测量数据的差值，即为制动踏板行程，对比车辆维修手册上有关数据，必要时进行检修。

2．制动踏板行程故障的检修

影响制动踏板行程的因素有很多，如刹车片或制动蹄片需要更换；助力器推压杆调节不当；制动踏板推压杆调节不当；制动液渗漏；液压系统中有空气、制动器间隙调整不当等。

1）刹车片或制动蹄片过度磨损

制动踏板行程变大的一个主要原因是刹车片或制动蹄片过度磨损。刹车片或制动蹄片过度磨损，使之与制动盘或制动鼓之间的间隙增大，引起制动卡钳和制动分泵活塞的行程增加，使制动踏板的行程变大了。需要检查制动器来判断是否应该更换或调整。

2）助力器推压杆调节不当

如果在更换了制动助力器或者制动总泵之后，存在有制动踏板行程不正常的情况，就应该检查制动总泵助力器推压杆（图11–93）或者制动踏板连杆（图11–94）的调整是否正确。

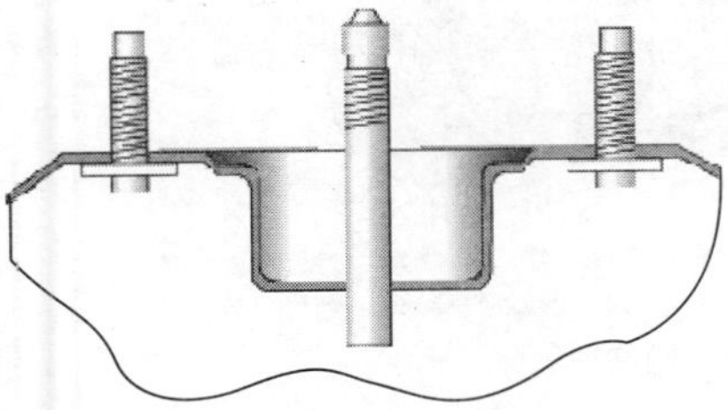

图11–93　检查制动总泵助力器推压杆

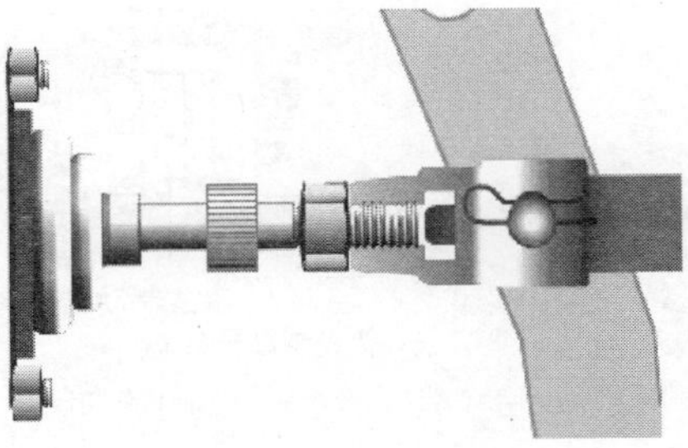

图11–94　检查制动总泵的制动踏板连杆

3）制动液渗漏

制动系统中有渗漏现象时，会导致制动踏板的行程过大。渗漏可能会出现在（但并不仅限于）制动卡钳、制动总泵、车轮制动分泵、柔性的软管和受腐蚀的钢管处等。应找出渗漏部位，并及时给予适当的维修。

4）液压系统中的空气排放

在制动时出现一种轻软的或者是富有弹性的踏板感觉，很可能是在液压系统中存在有空气的缘故。需要对液压系统进行空气排气。

液压系统空气排放方法：

（1）取下制动分泵放气螺钉的护套，将一根胶管插入放气螺钉上，胶管另一端插入一个容器内；

（2）一人坐于驾驶室内，连续踩下、放松制动踏板，直到踩不下去时为止，并且保持不动；

（3）另一人将放气螺钉旋松一下，此时，制动液连同空气一起从胶管喷入容器内。然后，尽快将放气螺钉旋紧；

（4）在排出制动液的同时，制动踏板高度会逐渐降低。在未拧紧放气螺钉之前，决不可将踏板抬起，以免空气再次侵入；

（5）一个分泵应反复放气几次，直到空气完全被放出（制动液中无气泡）为止。按照由远到近的原则，将各车轮分泵逐个放气完毕。

（6）在放气过程中，应及时向储液室添加制动液，保持液面的规定高度。

5）鼓式制动器的间隙不当

鼓式制动器调节器卡住，或者自动调节器失效，使鼓式制动器的间隙过大，造成制动踏板行程过大。如果调节器被卡住应更换，检查造成自动调节器失效的原因。

11.6.2 制动器间隙的检查与调整

1．盘式制动器间隙的检查与调整

盘式制动器间隙由活塞密封圈（橡胶）自动进行调节的，所以制动间隙不需要手动进行调整。

踩下制动踏板时，液压力移动活塞并推动制动器摩擦片顶到刹车盘。此时，活塞移动，导致活塞密封圈变形。释放制动踏板时，活塞密封圈恢复原形，移动活塞离开制动器摩擦片，如图11–95所示。

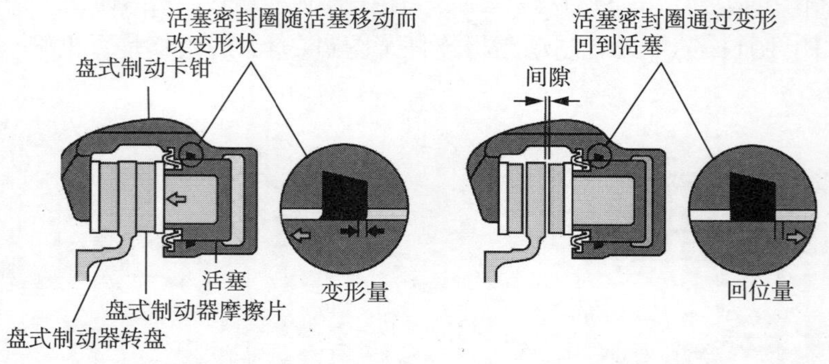

(a) 施加制动　　(b) 制动释放

图11–95　盘式制动器间隙自动调整原理示意图

因此，即使制动器摩擦片被磨薄，活塞会向外移动，活塞回程量是始终不变的，所以制动器摩擦片与制动盘之间的间隙总是保持不变（即制动间隙）。

盘式制动器由于摩擦片磨损，会减少制动储液罐里的油量。因此，可以通过检查储液罐的液面情况，来推算制动摩擦片的磨损情况，如图11–96所示。

由于活塞的直径大，因此，盘式制动器摩擦片的磨损导致储液罐液面下降要比鼓式制动器多。

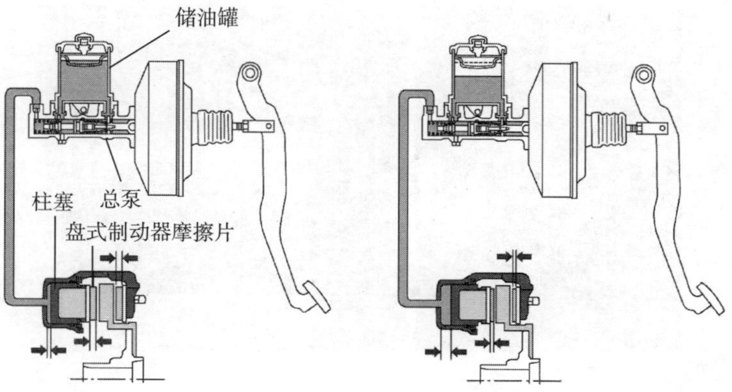

(a) 制动器摩擦片磨损前　　(b) 制动器摩擦片磨损后

图11–96　储液罐液面与制动摩擦片磨损关系示意图

2．鼓式制动器间隙的检查与调整

1）自动调整式

制动器使用时，制动蹄片表面的摩擦片会逐渐磨损减薄。因此必须定期调整制动鼓和摩擦片之间的间隙，以保持正确的制动踏板行程。

自动调整式制动器可以自动调整该间隙。当拉动驻车制动或使用脚制动时，自动间隙调整装置会通过调整杆自动调整制动鼓与制动蹄片之间的间隙，如图11–97所示。

2）手动调整式

首先使用游标卡尺测量制动鼓内径，再转动调节器来调节制动蹄片的外径，要求大约比制动鼓的内径小1 mm。

可用调整工具（或螺丝刀）拨动调节螺母，向外扩展制动蹄片，直到制动鼓锁住为止，再把调节螺母回拨到规定的槽口数，如图11–98所示。有关规定的槽口数，请参阅维修手册。

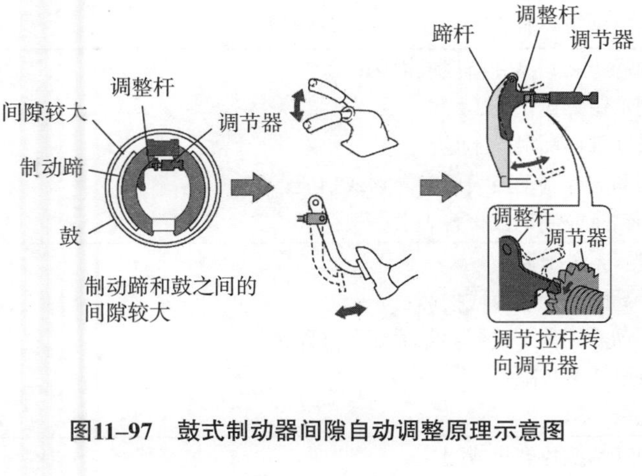

图11–97　鼓式制动器间隙自动调整原理示意图

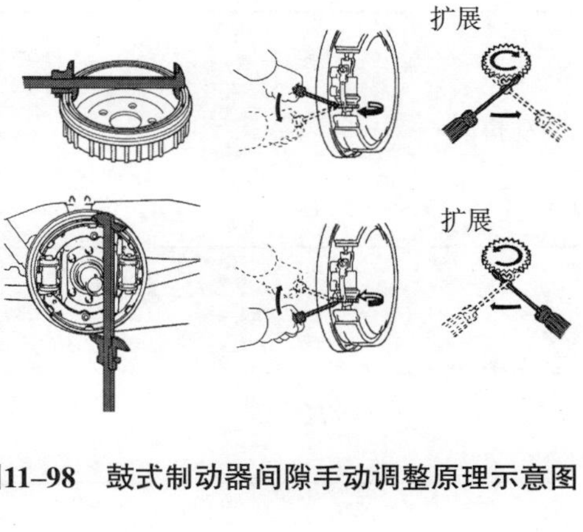

图11–98　鼓式制动器间隙手动调整原理示意图

3）鼓式制动器间隙调整方法

（1）在调整后制动器之前，先要把驻车制动器松开，必要时先调整驻车制动器；

（2）举升车辆，从制动器底板上取走堵塞片；

（3）确保驻车制动器拉索有足够的间隙。转动车轮，使用调整工具来转动调节器，直到感觉到有些轻微的阻力；再把调节器的调整杠杆拨离调节器，使它回转直到没有阻力，如图11–99所示。对

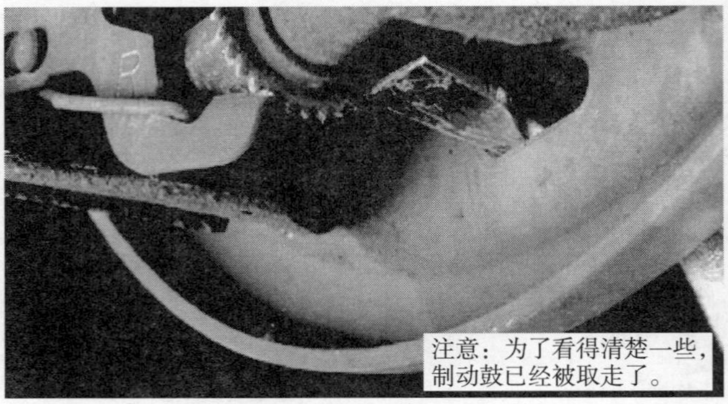

图11-99　使用调整工具转动调节器

其他后制动器采用同样的方法调整；

（4）把堵塞片再安装到制动器底板上，然后检查驻车制动器拉线的情况，然后放下车辆；

（5）车辆向前、向后移动约3m，车辆制动直至停车。这样可以激活自动调节器，重复这个过程10～12次。

11.6.3　制动系统常见故障（表11-2）

表11-2　　制动系统常见故障

故障现象	故障原因
制动系统警示灯常亮	1）驻车制动不能完全释放； 2）制动液液面高度低； 3）制动系统警示灯线路故障； 4）制动总泵活塞皮碗泄漏
制动踏板低	1）制动器间隙调节螺丝不能固定； 2）分泵活塞或制动钳螺栓卡滞； 3）车轮轴承松旷
制动抖动	1）制动蹄和摩擦片磨损或损坏； 2）制动钳螺栓松旷； 3）滑动部件润滑脂不足； 4）制动盘或制动鼓表面有异物或划痕； 5）制动盘或制动鼓接触表面磨损变形
制动不佳	1）液压系统泄漏； 2）制动摩擦片磨损或损坏； 3）制动鼓（盘）或制动摩擦片上有异物； 4）分泵活塞故障； 5）总泵故障
制动跑偏或侧滑	1）制动摩擦片磨损或损坏； 2）制动鼓（盘）或制动摩擦片上有异物； 3）制动盘或制动鼓非正常磨损或变形； 4）分泵活塞故障； 5）车轮定位不准确； 6）轮胎气压不准确； 7）车轮轴承预紧度调整不当

（续表）

故障现象	故障原因
无法制动	1）制动液不足； 2）制动液不合格； 3）制动踏板拉杆（索）卡滞或损坏
制动踏板自由行程过大	1）制动系统中有空气； 2）制动管路接头松动； 3）制动总泵故障； 4）制动液不足或不合格； 5）车轮轴承预紧度调整不当； 6）踏板衬套和紧固件松动或缺失
停车所需制动踏板力过大	1）制动踏板杆系卡滞或损坏； 2）真空管损坏； 3）制动液不合格； 4）助力器有故障； 5）摩擦片磨损或污染
制动踏板绵软	1）系统中有空气； 2）制动踏板、踏板支架、助力器、总泵连接松动或不正常； 3）制动液不合格
制动器拖滞、缓慢或无法完全释放	1）驻车制动拉索调节不当或卡滞； 2）车轮轴承预紧度调整不当； 3）总泵补偿孔堵塞； 4）盘式制动器或鼓式制动器的制动蹄夹子松动或缺失； 5）制动器间隙调整不当； 6）液压管路堵塞； 7）助力器没有将制动踏板推回释放位置； 8）分泵活塞卡滞； 9）制动液不合格

本章小结

（1）制动系统的功用主要是使行驶中的汽车减速甚至停车，以及使停驶的汽车稳定驻车，还可以使下坡行驶的汽车速度保证相对稳定。

（2）制动系统由制动器和制动传动机构两大部分组成。

（3）制动系统根据功用可分为行车制动系统、驻车制动系统以及应急和辅助制动系统；按照制动系统操纵能源还可分为人力制动系统、动力制动系统和伺服制动系统；按制动器类型可分为鼓式和盘式两大类。

（4）车轮制动器固定元件与车桥或转向节相连，鼓式制动器固定元件为制动底板及制动蹄，盘式制动器固定元件为制动钳及制动块；旋转元件与车轮相连，鼓式制动器旋转元件为制动鼓，盘式旋转元件制动器为制动盘。

（5）制动基本原理：车轮制动器工作时，张开装置使旋转元件与固定元件相互压紧，通过二者之间的摩擦作用使车轮减速直至车轮停转。

（6）液压制动系统主要由制动总泵（主缸）、分泵（轮缸）、车轮制动器、制动助力器、制动力调节装置以及制动管路等组成。

（7）制动总泵是用于把来自与制动踏板和助力器的机械作用力变换为液压作用力，此作用力推动被压缩的油液，通过制动总泵传递到各个车轮分泵上，一般汽车上的制动总泵都采用双腔式制动总泵。

（8）盘式制动器主要由制动盘、卡钳（包括制动分泵）和刹车片组成；鼓式制动器主要由制动蹄、制动鼓、制动分泵（轮缸）、制动器底板、调整器、复位弹簧和压紧弹簧等组成。

（9）盘式制动器卡钳有两种形式：固定钳式和浮动钳式或滑动钳式。固定钳式卡钳是用螺栓固定在支承件上，在钳体内制动盘的内外两侧有两组活塞，刹车片使用定位销安装；浮动钳式或滑动钳式卡钳只有一侧有活塞，浮动卡钳是用销支承的，制动盘外侧的刹车片是固定在卡钳壳体上的，制动时随浮动卡钳移动。

（10）鼓式制动器主要有两种形式：伺服式和领从蹄式。伺服式制动器的领蹄在实施制动同时把作用力传送给从蹄，使从蹄能提供更多制动力，所以从蹄比领蹄更长且更厚，伺服式制动器有单向伺服式和双向伺服式；领从蹄式制动器，领蹄提供了车辆制动所需的大部分制动力，从蹄只能提供较小的制动力，若需增大制动器的制动力，可采用双领蹄式制动器。

（11）真空助力器是利用发动机进气管的真空（负压）与大气压之间的压差来增加对制动总泵的输入作用力，与总泵安装在一起，主要有单腔式真空助力器和双腔式真空助力器两种。

（12）制动力调节装置主要有计量阀、比例阀和组合阀等。

（13）气压式制动传动装置利用压缩空气作动力源。制动时，驾驶人通过控制制动踏板的行程，便可控制制动气压的大小，得到不同的制动强度。双管路气压传动装置的基本组成包括空气压缩机、调压及卸荷阀、双腔(或三腔)的制动控制阀、储气筒、制动气室、管路等。

（14）制动控制阀的作用是控制从储气筒充入制动气室和挂车制动控制阀的压缩空气量，从而控制制动气室中的工作气压，并有随动作用，即保证制动器上的力与施加在制动踏板上的力成正比，制动控制阀有单腔式和双腔式等。

（15）驻车制动器按其安装位置可分为中央制动式和车轮制动式两种。前者的制动器安装在变速器的后面，制动力矩作用在传动轴上；后者与车轮制动器共用一个制动器总成，只是传动机构是相互独立的。

（16）制动系统维修项目主要有制动踏板行程检查与调整、制动器间隙检查与调整等。

（17）汽车制动系统的常见故障有：制动不灵、制动失效、制动跑偏和制动拖滞等。

复习思考题

1. 判断题

（1）汽车制动踏板的自由行程一般为10～15mm。（ ）

（2）评价制动性能通常以制动距离来间接衡量汽车的制动性能。（ ）

（3）双回路制动系统提高了汽车制动的可靠性和安全性。（ ）

（4）当挂车与主车意外脱挂后，要求挂车能自动进行制动。（ ）

（5）单向自动增力式车轮制动器在汽车前进和后退时，制动力大小相等。（ ）

（6）液压制动主缸出油阀损坏，会使制动不灵。（ ）

（7）为了配合双回路制动系统，通常采用并联双腔制动主缸的结构形式。（ ）

（8）盘式制动器的抗水衰退能力比鼓式制动器强。（ ）

（9）一些领从蹄式车轮制动器的前制动蹄摩擦片比后蹄摩擦片长，是为了增大前蹄片与制动鼓的摩擦力矩。（ ）

（10）制动分泵的皮碗应用汽油清洗。（ ）

（11）鼓式制动器的旋转元件为制动鼓。（ ）

（12）液压制动自由行程太小会造成制动失效。（ ）

（13）双向自动增力式车轮制动器在汽车前进和后退时，都具有自增力作用。（ ）

（14）气压制动气室膜片破裂会使制动不灵。（ ）

（15）真空增压器失效时，制动主缸也将随之失效。（ ）

（16）汽车制动时，制动时间越短越好。（ ）

（17）制动主缸的功用是将制动踏板输入的机械能转换成液压能。（ ）

2. 选择题

（1）汽车在制动过程中，附着系数（ ）。

A．为常数 B．与滑移率有关 C．增大 D．减小

（2）当刹车释放，总泵内的活塞退回至完全释放位置，此时第一皮碗位于（ ）。

A．进油孔后面 B．回油孔后面 C．回油孔与进油孔之间 D．以上都不对

（3）液压制动主缸在不制动时，其出油阀和回油阀的开闭情况是（ ）。

A．出油阀和回油阀均开启 B．出油阀关闭而回油阀开启

C．双阀均关 D．以上都不对

（4）双向双领蹄式车轮制动器中采用的是（ ）制动轮缸。

A．两个单活塞 B．两个双活塞 C．一个单活塞 D．一个双活塞

（5）普通桑塔纳乘用车后轮制动器使用的是（ ）制动器。

A．领从蹄式 B．双领蹄式 C．双向双领蹄式 D．双向自增力式

（6）车辆抱死时产生的最大减速度与附着系数（ ）。

A．成正比 B．成反比 C．不成比例 D．无关

（7）在制动时液压制动系统中制动主缸与制动轮缸的油压是（ ）。

A．主缸高 B．轮缸高 C．一样高 D．以上都不对

（8）在解除制动时，液压制动主缸的出油阀和回油阀的开闭情况是（ ）。

A．先关出油阀再开回油阀 B．先开回油阀再关出油阀

C．两阀都打开 D．以上都不对

（9）双领蹄式车轮制动器中采用的是（ ）制动轮缸。

A．两个单活塞 B．两个双活塞 C．一个单活塞 D．一个双活塞

（10）盘式制动器制动钳的类型有摆动钳盘、浮钳、（ ）式。

A．定钳 B．半浮钳 C．通风钳 D．半通风钳

（11）中央式驻车制动器是按照在（ ）。

A．变速器输入轴上 B．变速器输出轴上

C．主减速器输入轴上 D．主减速器输出轴上

（12）单向自动增力式车轮制动器的两制动蹄摩擦片的长度是（ ）。

A．前长后短　　B．前后等长　　C．前短后长　　D．以上都不对

（13）汽车液压制动个别车轮制动拖滞是由于（　）。

A．制动液太脏或黏度过大　　B．制动踏板自由行程过小

C．制动蹄片与制动鼓间隙过小　　D．制动主缸旁通孔堵塞

（14）汽车气压制动系统（　）的作用是使储气筒保持在规定的气压范围内，以减小发动机的功率消耗。

A．泄压阀　　B．单向阀　　C．限压阀　　D．调压阀

（15）浮钳盘式制动器布置有（　）轮缸。

A．一个单活塞　　B．一个双活塞　　C．两个单活塞　　D．两个双活塞

（16）气压传动的制动器一般采用（　）。

A．单向平衡式　　B．双向平衡式　　C．凸轮张开式　　D．自动增力式

（17）定钳盘式制动器布置有（　）轮缸。

A．一个单活塞　　B．一个双活塞　　C．两个单活塞　　D．两个双活塞

（18）下列哪种形式的制动器不是采用双活塞式轮缸（　）。

A．双向自增力式　　B．双向双领蹄式　　C．领从蹄式　　D．双从蹄式

3. 问答题

（1）制动系统的功用有哪些?

（2）简述盘式车轮制动器的工作过程。

（3）盘式制动器与鼓式制动器比较有哪些优缺点?

（4）简述液压双管路制动总泵的工作过程。

（5）简述液压真空助力器的工作过程。

（6）简述液压制动系统主要检查和调整的项目及方法。

（7）简述液压制动系统常见故障的现象和原因。

12 防抱死制动系统

学习目标

知识目标

（1）简单叙述ABS防抱死制动系统的功用、组成和类型；
（2）正确描述ABS防抱死制动系统的控制过程。

能力目标

（1）能对ABS防抱死制动系统进行维护与检修；
（2）能分析ABS防抱死制动系统常见故障的原因。

12.1 概述

12.1.1 防抱死制动系统的功能

汽车在行驶中，经常需要实施制动。由于道路条件不同、汽车载荷不同，实施制动的作用力也不同，因此，在多数情况下很难获得最合适的制动效应，不是制动不足就是制动过度。特别是在紧急制动时，很容易出现制动过度以致车轮很快就完全抱死，造成汽车在地面滑移，不但使制动距离加长，而且还会出现侧滑现象，甚至造成翻车撞车等事故。目前，广泛采用的防抱死制动系统（Antilock Brake System，简称ABS,），使人们对制动安全性的要求得到进一步的满足。

在紧急制动过程中，为防止发生车轮抱死引起的侧滑甩尾和失去转向能力的现象，最有效的措施是反复踩下和释放制动踏板。但是，在紧急制动过程中，没有时间这样做。防抱死制动系统用计算机来测定制动过程中四个轮胎的制动情况，并能自动地调节制动器力的大小，帮助车辆减少停车制动距离（注意：在松软的雪地上，制动距离会有所增加），同时又能防止车辆产生滑移，如图12-1所示。使驾驶人对车辆有一个更好的控制，可以将注意力完全集中在汽车的操纵上。

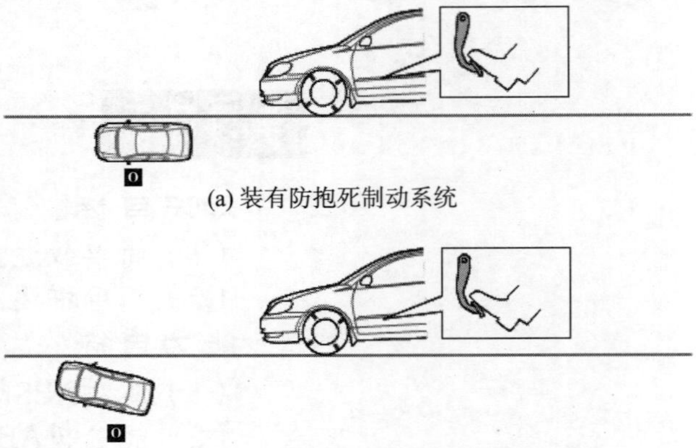

(a) 装有防抱死制动系统

(b) 没有安装防抱死制动系统

图12–1 制动过程车辆状态图

ABS为驾驶人提供以下功能：

（1）在车轮打滑状态下，能增强方向稳定性控制；

（2）在紧急制动时，使汽车沿驾驶人操纵的方向行驶，增强方向控制；

（3）在紧急制动时，在尽可能短的距离内使汽车减速，增强制动作用。

12.1.2 防抱死制动系统的发展史

在20世纪初，防抱死制动系统开始使用在火车机车上。后来，防抱死制动技术被喷气式飞机采用了，因为在机场跑道上有水、冰或者雪时，飞机着陆时很难保持控制，需要利用计算机监控系统来分别控制三个轮子。因为汽车与喷气式飞机在制动时遇到相同的问题，所以有了在汽车上使用防抱死制动系统的想法。在20世纪30年代，一家主要的汽车制造厂商开始开发汽车用的防抱死制动系统。因当时这项技术非常昂贵，所以只使用在重型货车和豪华汽车上。直到20世纪70年代防抱死制动系统才开始普及。到了20世纪80年代中期，后轮防抱死制动系统开始用在一些轻型货车和SUV车上，如图12-2所示。

目前，防抱死制动系统在大多数新型车辆上已经是标准配置了。这是一种很好的技术进步，因为对于驾驶人来说，靠个人的能力是不可能以很高的频率来踩制动踏板，使车轮能在不抱死的情况下保

图12–2　ABS应用示意图

持最理想的受控制状态的。不使用防抱死制动系统时，驾驶人在一秒钟之内最多只能踩制动踏板一次来控制车辆制动。防抱死制动系统使用计算机系统，可以在1s之内加压制动器达十五次之多。防抱死制动系统还可以分别地控制前制动器和后制动器，这是人的能力所不可能做到的。所以，防抱死制动系统能够比驾驶人更有效地控制车辆制动。

12.1.3　安全制动的要求

有许多因素会影响车辆的制动性能。这些因素包括制动器基本组件的状态、牵引力、驾驶技能、驾驶人的反应速度、路面情况、天气状况（譬如雨、雪）等，如图12–3所示。借助于防抱死制动系统的帮助，驾驶人就能够在制动时保持对方向的控制。

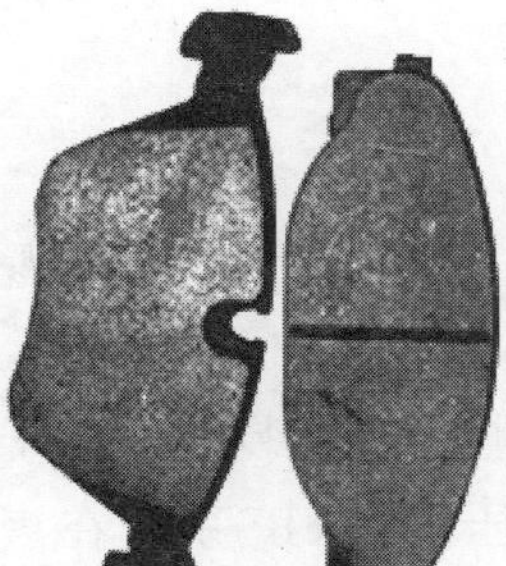

(a) 基本制动器零部件的状态

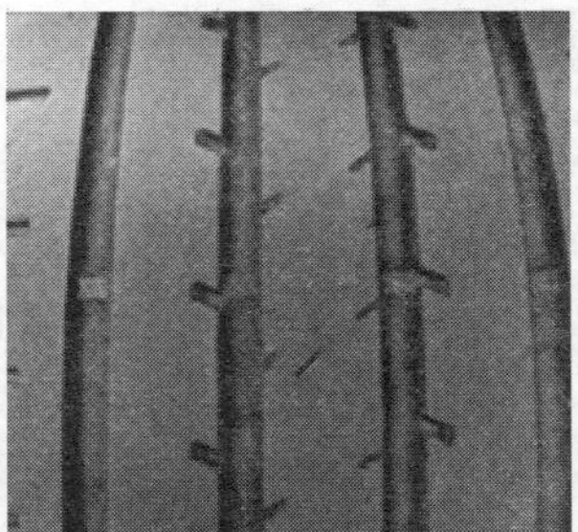

(b) 足够的牵引力

(c) 驾驶技能

(d) 驾驶人的反应时间

(e) 路面情况（铺了路面的、泥泞的；等等）

(f) 环境状况（雨、雪等）

图12–3　影响车辆制动性能的主要因素

1．方向的稳定性

方向的稳定性是指车辆在制动减速或停止时，保持其方向不变。通过对制动器的监控以及高频率调节制动力，可以避免车身滑移和车轮抱死，保持对车辆状态的控制。

2．方向控制

方向控制允许驾驶人在大多数的路面情况下，在制动的同时能够操纵转向轮，使车辆转向。如果车轮被抱死，车辆就会失去牵引力，此时无论车轮如何偏转，车身都将继续沿着直线滑行，转向轮失去操控能力。

3．ABS所不能改善的

ABS不能改善下列情况引起的制动效果，如车辆过度超速、驾驶人生疏的驾驶技能、磨损的轮胎或者制动器的性能欠佳等，如图12–4所示。

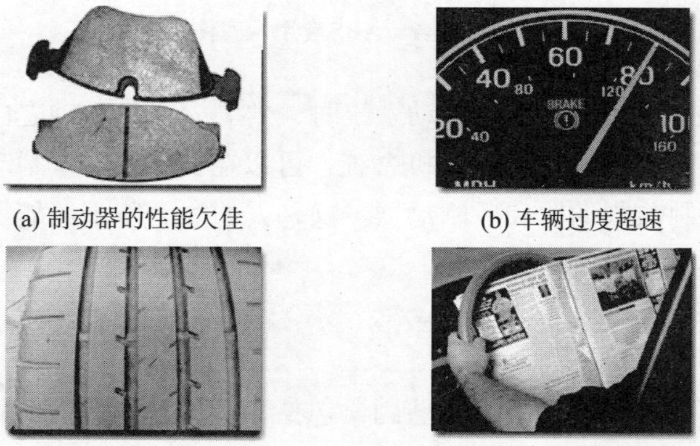

(a) 制动器的性能欠佳　(b) 车辆过度超速

(c) 磨损的轮胎　(d) 驾驶人生疏的驾驶技能

图12–4　ABS不能改善制动效果的情况

12.1.4　ABS系统的基本组成及工作过程

1．ABS系统的基本组成

无论是液压制动系统还是气压制动系统，电子控制防抱死系统（ABS）主要由轮速传感器、电子控制装置（电控单元）和制动压力调节器（液压单元）组成，如图12–5所示。

轮速传感器不断地将测出的车轮运动参数转换成电子信号传给电子控制装置，电子控制装置经运算后发出控制指令给制动压力调节器，调节车轮制动器的制动压力。ABS系统在汽车上的布置如图12–6所示。

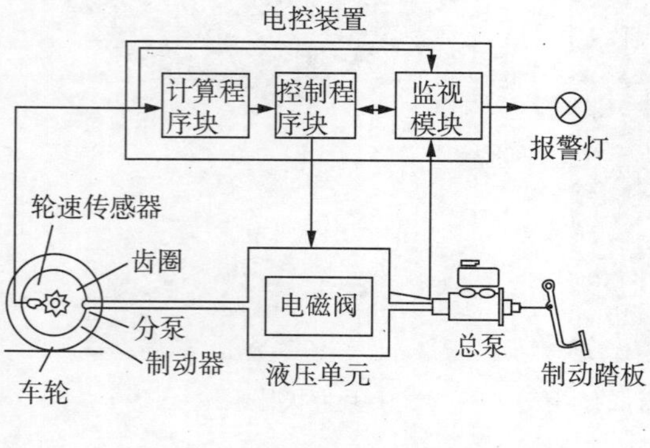

图12–5　ABS基本组成示意图

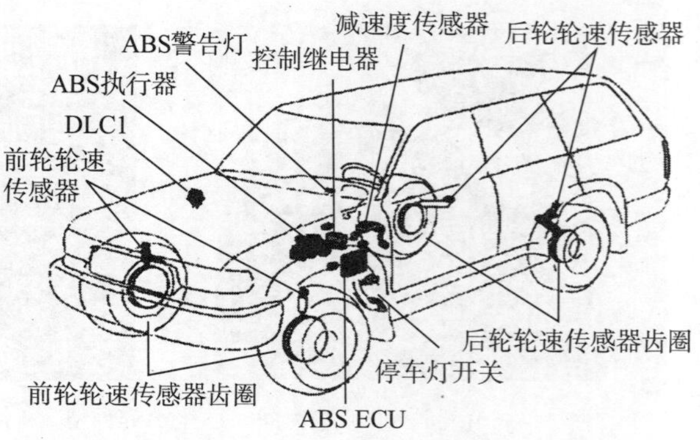

图12–6　ABS系统在汽车上布置示意图

防抱死制动系统通过使用电子技术监控以下参数来优化制动过程：车轮的速度；制动踏板的运动；制动液的压力等，如图12-7所示。

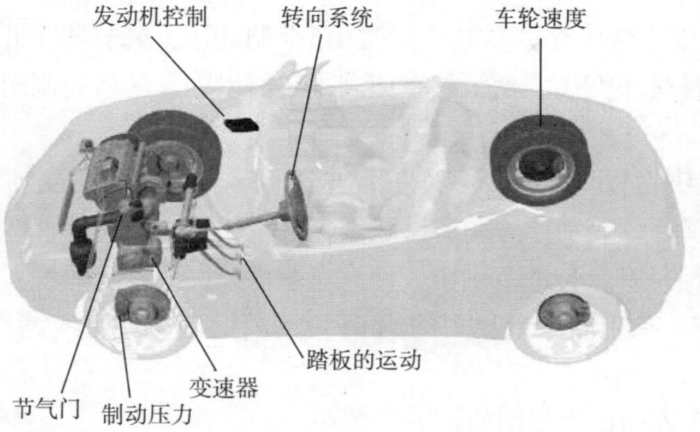

图12-7　ABS系统主要工作参数示意图

尽管各种ABS的结构形式和工作过程并不完全相同，但都是通过对趋于抱死车轮的制动压力进行自适应循环调节，以防止被控制车轮发生制动抱死的。

2．ABS系统的工作过程

车轮的防抱死制动过程的控制，如图12-8所示。

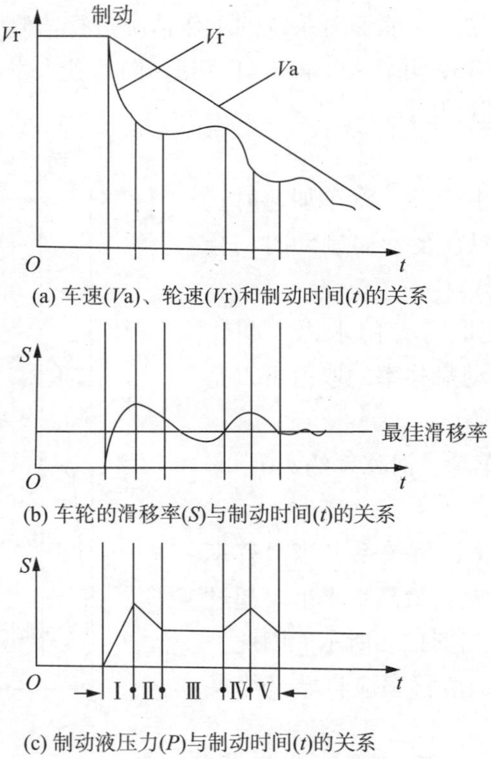

图12-8　车轮的防抱死制动过程图

Ⅰ—升压；Ⅱ—降压；Ⅲ—保压；Ⅳ—升压；Ⅴ—降压

在制动开始时，驾驶人通常会感觉到制动踏板产生一种急促的脉动，这是在液压控制单元中的液压泵正在工作。此时，车轮速度（*V*r）急剧下降，车轮滑移率（*S*）急剧上升，制动分泵的压力（*P*）急剧上升。

当滑移率超过规定值（最佳滑移率）时，ECU指令制动压力调节器降低制动分泵压力（注意：制动总泵的制动位置始终保持不变），使滑移率回到规定值以内，随后让制动压力调节器保持一定的制动压力。

当车轮转速又有加快趋势时，ECU 指令制动压力调节器升高分泵制动压力，而当滑移率增大到稍超过规定值时，ECU又指令制动压力调节器降低分泵制动压力，使滑移率又回到规定值以内。这样的反复循环，将滑移率保持在最佳的范围内，使汽车获得最好的制动效果。这种分泵制动压力升降的频率一般为15次 / s左右。两前轮分泵压力的调节一般是独立进行的，两后轮分泵的压力调节可以同时进行。

各种ABS在以下几个方面都是相同的：

（1）ABS只是在汽车的速度超过一定值后（15 ~ 20 km/h），才会对制动过程中趋于抱死的车轮进行防抱死制动压力调节。当汽车速度被制动降低到一定值时，ABS就会自动地中止防抱死制动压力调节。ABS汽车的制动过程将与常规制动系统的制动过程相同，车轮仍然可能被制动抱死，这是因为当汽车的速度很低时，车轮被制动抱死对汽车制动性能的影响已经很小，而且要使汽车尽快制动停车，就必须使车轮制动抱死。

（2）在制动过程中，只有当被控制车轮趋于抱死时，ABS才会对趋于抱死车轮的制动压力进行防抱死调节；在被控制车轮还没有趋于抱死时，制动过程与常规制动系统的制动过程完全相同。

（3）ABS都具有自诊断功能，能够对系统的工作情况进行监测，一旦发现存在影响系统正常工作的故障时，将自动地关闭ABS，并将ABS警告灯点亮，向驾驶人发出警示信号，汽车的制动系统仍然可以像常规制动系统一样进行制动。

3．滑移率

橡胶轮胎传力时，会产生变形。汽车加速时，驱动轮胎会朝行驶方向发生纵向变形。制动时，会朝行驶的反方向发生纵向变形。

在制动力学中，这个变形有专门术语，叫作“滑移率”（用*S*表示）。制动滑移率的取值可以是0% ~ 100%。

自由滚动的未加制动的车轮，滑移率约为0；车轮被抱死时，滑移率为100%。

制动力与滑移率不是成正比例关系，当滑移率在10% ~ 30%之间时，制动力处在最高水平上。超过30%时，制动力就逐步下降，如图12–9所示。因此，为了保持制动力的最高水平，滑移率应自始至终保持在10% ~ 30%的范围内。

车轮加速，驱动轮会产生正向车轮打滑。这意味着轮胎的线速度大于车辆的行驶速度。车轮减速时被抱死，会产生负向车轮打滑。这就意味着轮胎的线速度小于车辆的行驶速度。

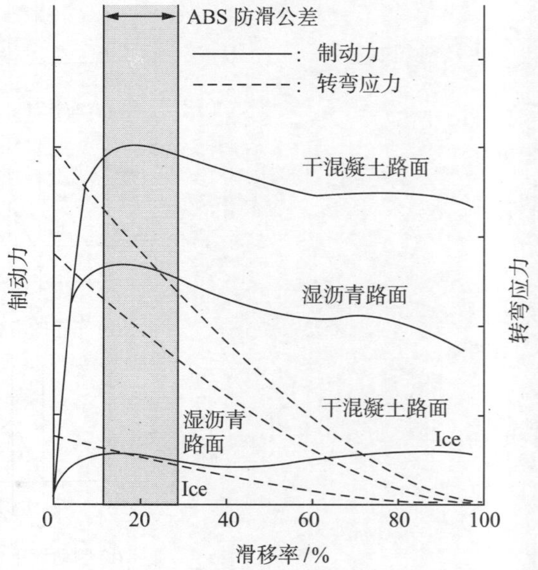

$$滑移率 = \frac{车速 - 轮速}{车速} \times 100\%$$

图12–9　制动力与滑移率关系图

根据不同的车速，ABS 采用不同的控制逻辑。车速超过40 km/h，ABS控制单元只干预动力传动系，减少甚至完全去除驱动轮的驱动力。当轮速传感器确认到有滑移的状态，把信号送给ABS控制单元，ABS控制单元送信号到发动机控制模块（ECM）和变速器控制模块（TCM）来减小发动机的扭矩。

车速低于40 km/h，ABS控制单元除采取上述措施外，也通知液压控制单元来操纵相应的制动器制动压力使滑移的车轮恢复驱动力。

车辆正常运动时，轮胎以相同的线速度运动，则车轮的滑移率就是零。当车轮被抱死，轮胎相对于路面产生滑移，则车轮的滑移率就是100%。经过试验得知，在制动过程中最理想的车轮滑移率是10%～30%。这时车辆的制动状态最理想，因为此时操纵性和驱动力最大。

12.1.5 ABS的控制方式及布置形式

1．ABS的控制方式

汽车在行驶过程中，各车轮与路面之间的附着系数有时不一样，这可能是由于各轮胎充气压力相差较大、载荷分布很不均匀，或同一段路面的路面质量不一样所造成的。由于不同的附着系数使两边车轮的制动力不一样，从而产生偏转力矩引起制动跑偏。目前ABS采用的控制方式主要有低选控制和单独控制。

1）低选控制

当汽车前桥或后桥的左右两个车轮与地面之间的附着系数不一样时，附着系数较小的一侧车轮容易抱死，而只靠另一边车轮制动则整车制动力不足。为了不让车轮抱死，制动系统采用由路面附着系数小的一侧车轮的运动状态来控制制动力。该控制方式下，同轴的两个车轮有各自的车轮转速传感器，共用一个压力调节器和电子控制器的一条通道，其附着系数利用率比单独控制低。

2）单独控制

根据各个车轮制动所需的制动力采用单独控制，以便能产生较好的制动效果。汽车采用单独控制时，每个车轮都有自身的监测和控制系统。在各种道路条件下，每个车轮都尽量处于最佳制动状态。但是当汽车在左、右轮附着系数差别较大的路面上制动时，则会产生较大的偏转力矩，失去稳定性。

2．ABS的传感器布置形式和控制通道数量

有时可以听到人们说2/2、4/3、4/4系统，其意义是，第一个数字为轮速传感器数目，第二个数字表示控制通道数，也称回路数。例如，“4/3”代表四个轮速传感器、三个控制通道，左、右前轮各一个控制通道，后桥左、右轮共用一个控制通道。

1）四传感器四通道／四轮独立（或后轮选择）

如今最流行和最有效的是四通道系统。过去，价格昂贵的四通道只装在豪华车上，现在已广泛采用了。这种控制系统具有四个轮速传感器和四个控制通道，对各个车轮进行独立控制（后轮选择），如图12–10所示。

通过各车轮轮速传感器的信号分别对各车轮制动压力进行单独控制。该种控制系统的制动距离和操纵性最好，但在不对称路面上制动时的方向稳定性较差，其原因是由于此时同一轴上左右车轮的制动力不同，使汽车产生较大的偏转力矩而产生制动跑偏。

而后轮按低选方式控制，即以易抱死的车轮为标准，给两后轮施加相等的制动压力控制车轮转动。这种控制方式在汽车的高速行驶过程中可以防止后轮先抱死而有效地提高制动时方向稳定性。

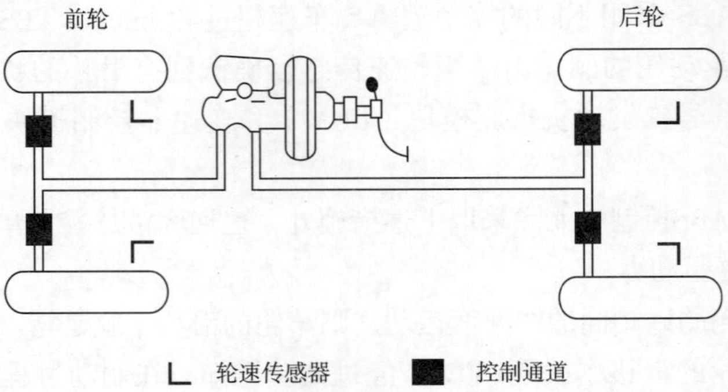

图12-10　四传感器四通道/四轮独立（或低选）控制

2）四传感器三通道 / 前轮独立-后轮低选

该系统用于制动管路前后布置形式的后轮驱动汽车。由于采用四个轮速传感器，检测左、右后驱动轮的轮速，实现低选择对后轮进行控制。在制动过程中操纵性、稳定性较好，制动效能稍差，系统布置如图12-11所示。

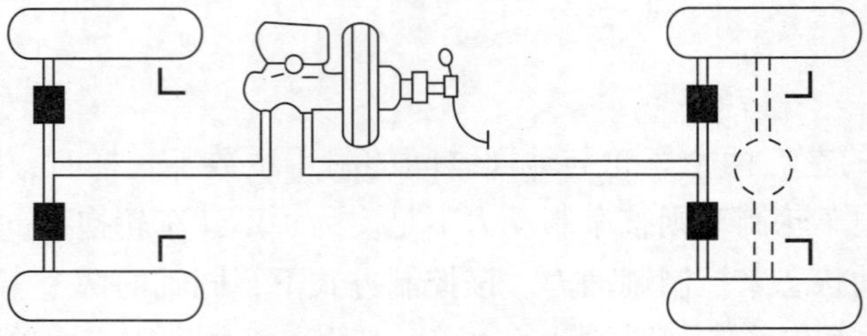

图12-11　四传感器三通道/前轮独立-后轮低选

3）三传感器三通道 / 前轮独立-后轮低选

该系统用于制动管路前后布置后轮驱动的汽车，前轮各有一个轮速传感器，独立控制。而后轮轮速则由装于差速器上的一个测速传感器检测，按低选择的控制方式用一根制动管路对后轮进行制动控制，如图12-12所示。其性能同“四传感器三通道/前轮独立-后轮低选”。

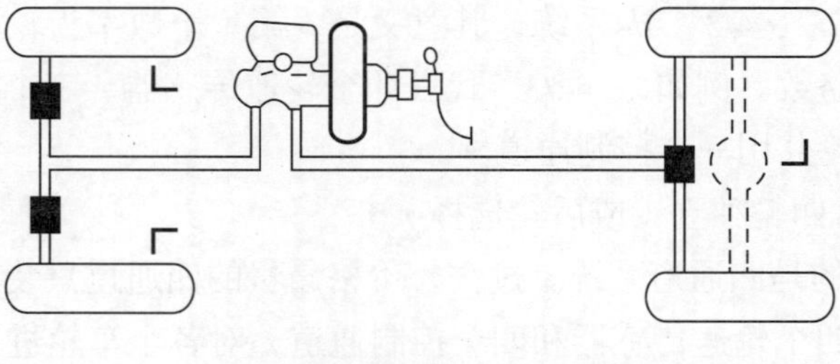

图12-12　三传感器三通道/前轮独立-后轮低选

12.2　ABS主要部件结构与原理

一般来说，带有ABS的汽车制动系统由基本制动系统和制动力调节系统两部分组成，前者是制动总泵、制动分泵和制动管路等构成的普通制动系统。用来实现汽车的常规制动；而后者是由传感器、控制器、执行器等组成的制动压力调节控制系统，在制动过程中用来确保车轮始终不抱死，车轮滑移率处于合理范围内。

ABS的主要传感器、控制器和执行器以及相互关系如下框图所示。

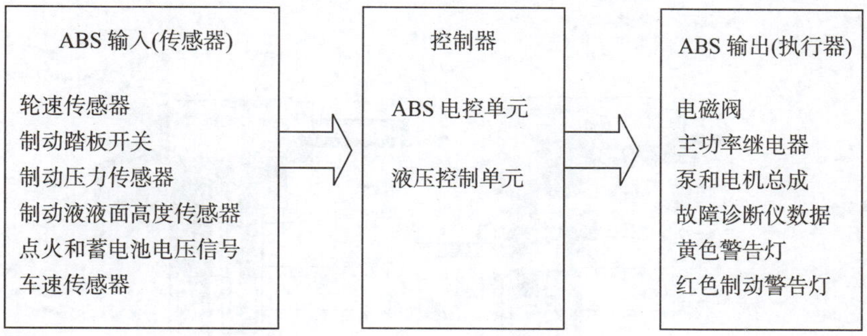

12.2.1 ABS系统的输入

ABS系统的电控单元有各种的输入信号，ECU运用内部的程序来处理这些输入信号然后输出控制指令。

1. 轮速传感器

轮速传感器的作用是检测车轮的速度，并将速度信号输入ABS的电控单元。目前ABS系统的轮速传感器主要有电磁式和霍尔式两种形式。

1）电磁感应式轮速传感器

电磁感应式轮速传感器是一种通过磁通量的变化产生感应电压的装置，主要有感应头和齿圈两部分组成，齿圈一般安装在轮毂和轴座上，对于后轮驱动车辆齿圈也可安装在差速器或传动轴上。齿圈随轮毂或传动轴一起转动，如图12-13所示。传感头通过固定在车身上的支架安装在齿圈附近，传感头与齿圈间的间隙约为1mm。

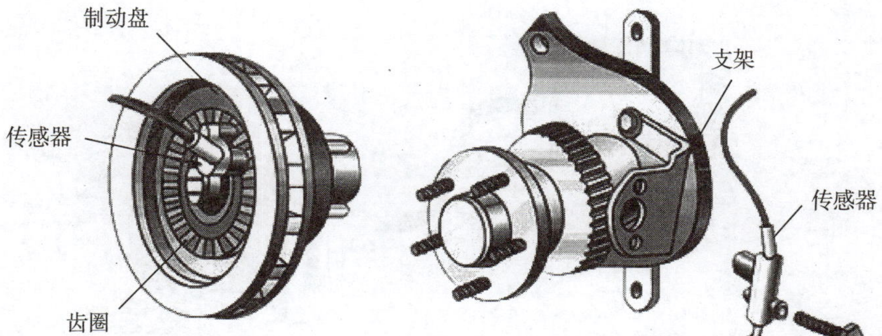

(a) 前轮　　(b) 后轮

图12-13　电磁感应式转速传感器在车轮上的安装位置

传感头由电缆、永磁体、外壳、感应线圈、极轴、齿圈组成。极轴同永磁体相连，感应线圈套在极轴的外面。极轴头部结构有凿式和柱式两种，如图12-14所示。对于不同形状的极轴的传感头，一般相对于齿圈的安装方式也不同。凿式极轴轮速传感头通常径向垂直于齿圈安装，而柱形极轴式，安装时则须将轴向垂直于齿圈。

齿圈旋转时，齿顶和齿隙交替对向极轴，当齿顶对向极轴时，磁路的磁隙最小，因此，磁阻也最小，通过感应线圈的磁通量最大；当齿隙对向极轴时，磁路的磁隙最大，磁阻也最大，通过感应线圈的磁通量最小。所以在齿圈旋转过程中，感应线圈内部的磁通量交替变化从而产生感应电动势，形成一个交流正弦波信号，此信号通过感应线圈内部的电缆输入ABS电控单元。当齿圈的转速发生变化时，感应电动势的频率也随之变化。ABS电控单元即通过检测感应电动势的频率变化来检测车轮速度。

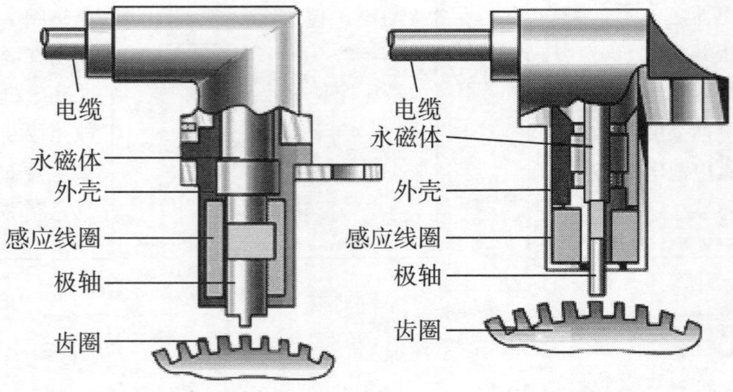

(a) 凿式极轴　　(b) 柱式极轴

图12–14　电磁感应式轮速传感器结构示意图

由于信号的强度随车速、传感部件间隙和传感器污染状态等因素变化，这种传感器在低速时容易错误地激活ABS系统控制单元。

当传感器顶尖与齿圈之间的间隙不符合规范时，就会产生不正确的空气间隙。若灰尘粘结在传感器顶尖上，就会造成传感器的污染。二者都会导致产生的信号较弱，这种弱信号会错误地激活控制单元。

此类传感器可以使用以下的仪器来进行测试：示波器、数字式电压/电阻计（测其电阻值、频率值），如图12–15所示。目前国内外ABS系统的控制速度范围为15～160 km／h，对要求控制速度范围扩大到8～260 km／h以至更大，电磁感应式轮速传感器很难适应。

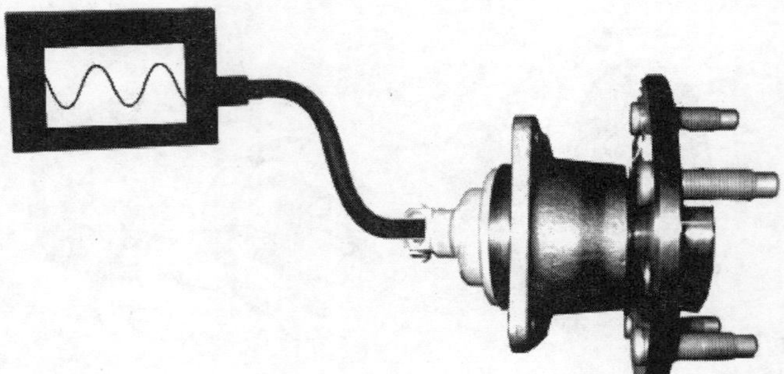

图12–15　电磁感应式轮速传感器信号波形

2）霍尔式轮速传感器

霍尔式轮速传感器也是由传感头和齿圈组成，传感头由永磁体、霍尔元件和电子电路组成。永磁体的磁力线通过霍尔元件和齿圈，齿圈相当一个集磁器。

当齿圈位于图12–16（a）所示位置时，穿过霍尔元件的磁力线分散，磁场相对较弱；而当齿圈位于图12–16（b）所示位置时，穿过霍尔元件的磁力线集中，磁场相对较强。齿圈转动时，使得穿过霍尔元件的磁力线密度发生变化，因而引起霍尔电压的变化，霍尔元件将输出一个毫伏级的准正弦波电压，然后再由电子电路转换成标准的脉冲电压。

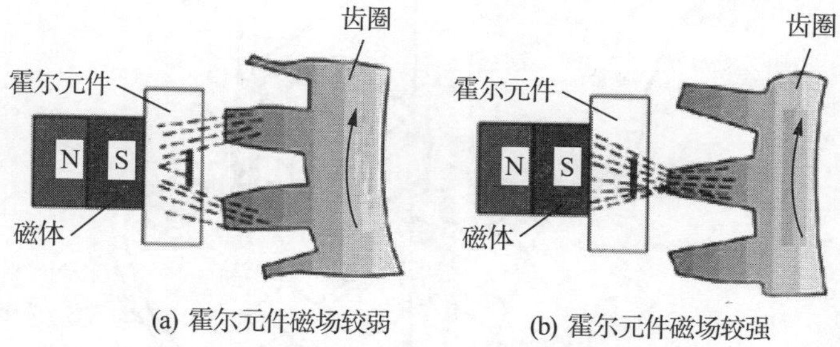

图12–16　霍尔式轮速传感器原理示意图

霍尔式传感器正在被广泛地应用，因为它们更加精确，受电子信号干扰较少。信号的强度在任何车速时都相同，导线也不需要绞缠。控制单元发送工作电压到传感器。然后，轮速传感器返回一个微弱的电压信号给控制单元。当传感器顶尖通过齿圈上的高和低齿牙时，返回的电压信号就从高值变为低值。这种信号显示为一个方波，被称为“数字式的”。可用数字式万用表或示波器来测试发送到电控单元的电压信号值，如图12–17所示。

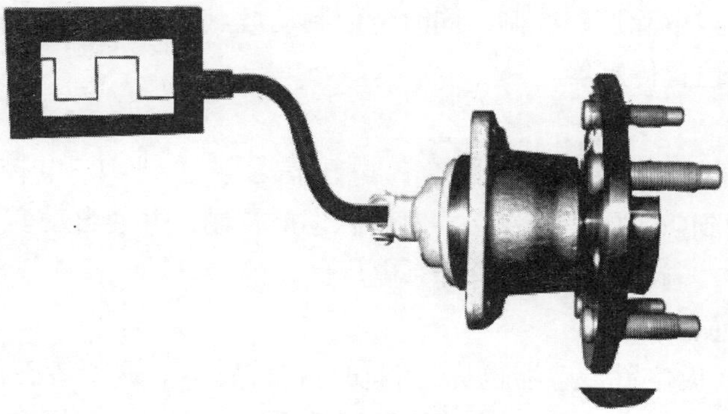

图12–17　霍尔式轮速传感器信号波形

霍尔式轮式传感器的优点：

（1） 输出信号电压幅值不受转速的影响。在汽车电源电压12 V的条件下，其输出信号电压保持在11.5 ~ 12 V不变，即使车速下降接近零时也不变；

（2）频率响应高。其响应频率高达20 kHz，用于ABS时，相当于车速为1 000 km / h时所检测的信号频率；

（3）抗电磁波干扰能力强。由于其输出信号电压不随转速的变化而变化，且幅值高，故具有很强的抗电磁波干扰的能力。

3）（减速度）G传感器

ABS控制系统最重要的控制参数是车速（汽车行驶速度），以往设计的ABS都是根据汽车车轮的最大转速来估算车速的。随着对制动时的车速计算尽可能精确的要求提高，一些新设计的ABS控制系统中采用了减速度（G）传感器，如图12–18所示。汽车减速度传感器其作用是测出汽车制动时的减速度，识别是否是雪路、冰路等易滑路面。通过此传感器可以对由车轮转速计算而来的车速进行补偿，使汽车制动时的车速检测更为精确。现在只用于四轮驱动汽车。G传感器有水银形、摆形和应变仪形三种。

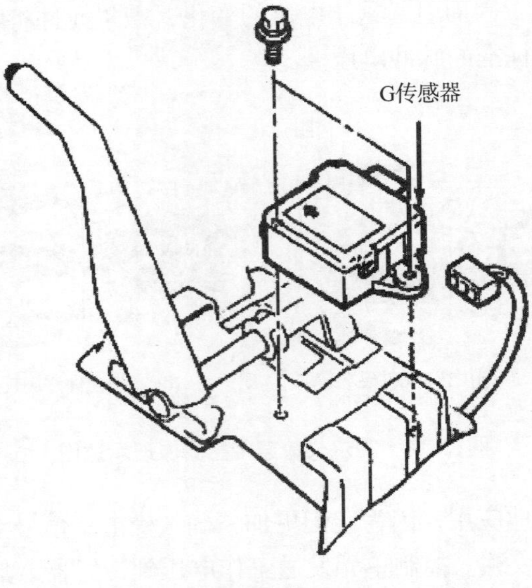

图12–18　减速度（G）传感器示意图

2. 制动踏板开关

制动踏板开关是ABS电控单元的输入信号之一，用来启动对车轮速度的监控；使自动变速器中的变矩器锁止离合器脱开，或解除巡航控制；同时也使制动灯点亮。除了这个制动踏板开关之外，有些车还使用了一个制动踏板位置传感器。

1）制动踏板开关

制动踏板踩下后，制动踏板开关就闭合，电压信号被送到ABS电控单元、发动机控制模块（ECM）和后刹车灯。送到ECM的信号在必要时解除巡航控制，并使自动变速器中的液力变扭器离合器脱开。释放制动踏板时，制动踏板开关打开，电压信号消除。

2）制动踏板位置传感器

有些车辆上有制动踏板位置传感器也称为制动行程传感器。这个传感器监控制动踏板的行程。正常制动时通常踏板只踩下10%～20%。当防抱死制动系统工作时，油压会下降，踏板就会进一步下移。当踏板的行程达到40%，开关就打开了，液压泵开始运转，油压就会推动踏板返回。当踏板的行程小于40%，开关闭合，液压泵被关闭，如图12–19所示。

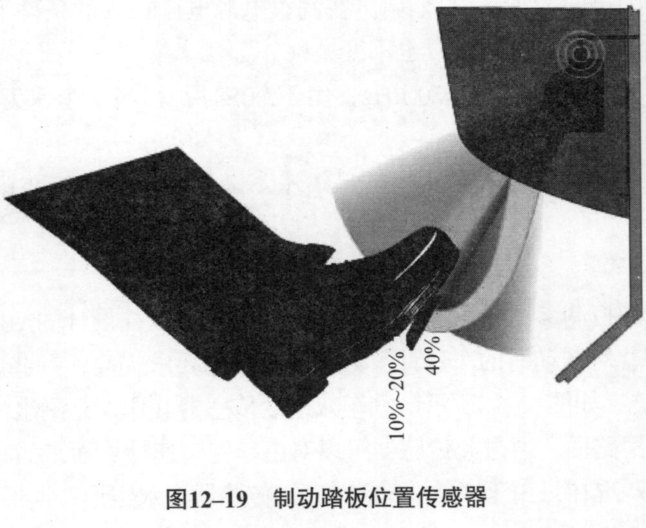

图12–19　制动踏板位置传感器

3．压力传感器

压力传感器控制液压泵的运转，对于装有低压警告灯的车辆，仪表板上的指示灯会点亮。这种传感器通常使用在液压助力制动系统上，即高压整体式ABS中。

制动压力传感器有两种类型：压力开关和压力变换器。

1）压力开关

压力开关是由一组触点组成，独立于ABS电控单元而工作。压力开关一般位于蓄能器下面，监视着蓄能器下腔的液压压力。当油压到达某一个规定值时，制动压力开关就被激活。当蓄能器压力下降到大约14 MPa以下时，压力传感器就使泵电机的继电器结合，使泵运转。当蓄能器压力增加到大约18 MPa时，传感器就使油泵停止运转。此外，如果蓄能器压力下降到大约10 MPa以下时，传感器就会点亮仪表台上的制动警告灯，如图12-20所示。如果压力开关发生故障，尽管这时蓄能器仍然提供较大压力，最终会导致ABS液压系统中的压力下降。

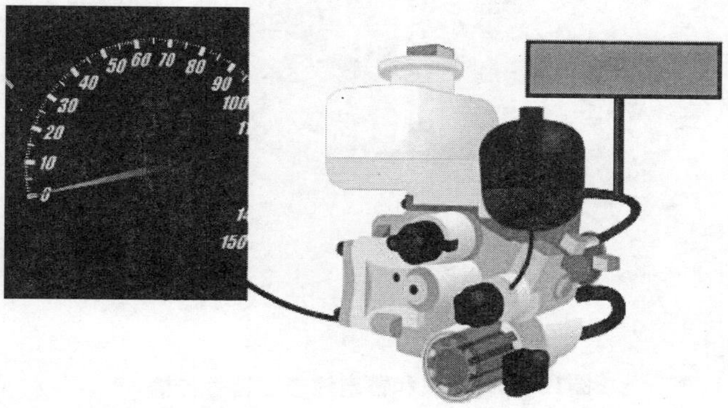

图12-20　压力开关点亮制动警告灯

2）压力变换器

压力变换器的功能与简单的压力开关相同。但它不像压力开关那样只发送一个简单的“开”或者“关”的信号，压力变换器能测定压力值，并把这个数据送给ABS控制单元。在进行诊断时，需要用检测工具来读取压力信息，如图12-21所示。

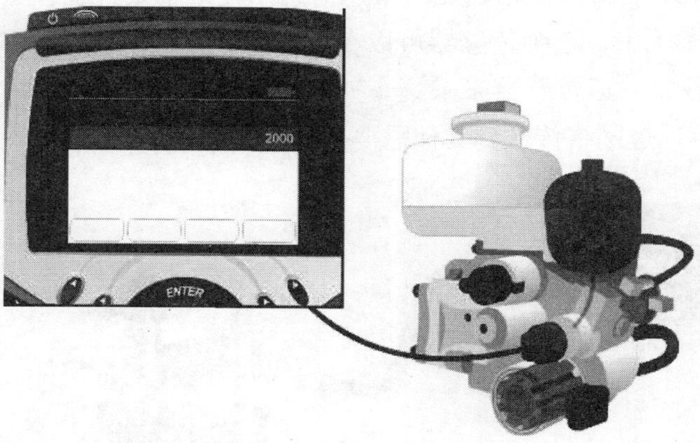

图12-21　检测工具读取压力变换器信息

4．制动液液面高度电压信号

制动液液面高度传感器也被称为浮子传感器。这个传感器检测储油箱中制动液的液面是否下降到某一规定数值以下。液面下降到一定高度，防抱死制动系统就不再工作，红色制动警告灯就会被点亮。在某些车辆上，当防抱死制动系统不再工作时，黄色防抱死制动系统灯也会同时被点亮。

5．点火和蓄电池电压信号

当点火开关打开时，触发功率继电器，然后发送电压信号给网关模块，所有的数据被传送到这里，再被分送到其他合适的模块。网关模块可以是个独立的模块，也可能和某个具体的模块合用，如：仪表板模块。网关模块在网络上发出信号，指出点火开关已经打开，或者蓄电池提供电压给网关模块。此时，数据被ABS电控单元接受，它就马上接通电源并开始自检，如图12–22所示。

图12–22　点火和蓄电池电压信号传输

当点火或者蓄电池信号出现变化，表明点火已经关闭或者蓄电池不再提供电压，ABS电控单元就会被关闭。

6．车速传感器

车速传感器通常和车速里程表驱动装置相连。车速传感器有光电式、霍尔感应式、电磁式等多种形式。最简单且最常用的是电磁式。

车速传感器（VSS）用来监测车辆的速度。车速信息用在多个系统上，每辆车上必须有取得车速信息的传感器。在三通道系统中，这个传感器可以在后车轮处，通过网络送信号到ABS电控单元。在四通道系统中，由ABS的各个轮速传感器来采集车速信息，不需要另外的车速传感器（图12–23），车速信息从ABS电控单元再通过网络传送到其他需要此信息的系统。

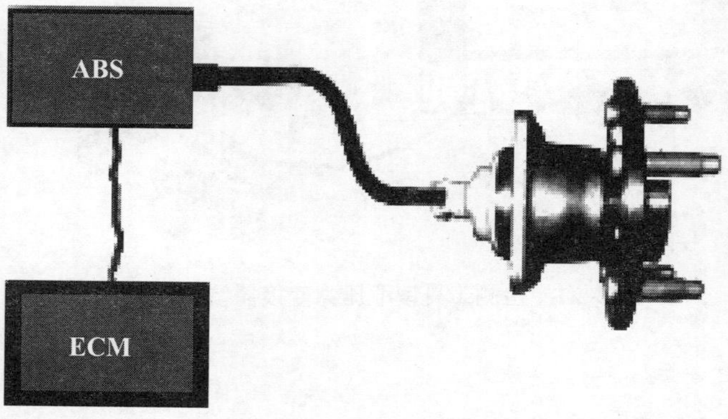

图12–23　车速传感器信号传输

12.2.2 ABS控制组件

ABS系统的主要部件包括：ABS电控单元、液压控制单元以及泵总成。

1. ABS电控单元

ABS电控单元（ECU）的功用是接受轮速传感器以及其他传感器输入的信号，进行测量、比较、分析、放大和判别处理，通过精确计算，得出制动时车轮的滑移率、车轮的加速度和减速度，以判断车轮是否有制动抱死趋势。再由其输出级发出控制指令，控制制动压力调节器去执行压力调节的任务，其控制作用如图12-24所示。

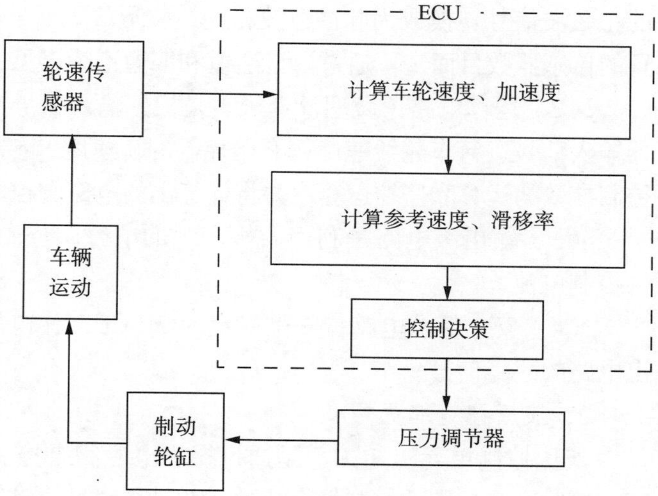

图12-24　ABS控制作用方框示意图

ABS ECU的基本电路，如图12-25所示。为确保系统工作的安全可靠性，在许多ABS ECU中采用了两套完全相同的微处理器，一套用于系统控制，另一套则起监测作用，它们以相同的程序执行运算，一旦监测用ECU发现其计算结果与控制用ECU计算结果不相符，则ECU立即让制动系统退出ABS控制，只维持常规制动，以保证系统更加安全。

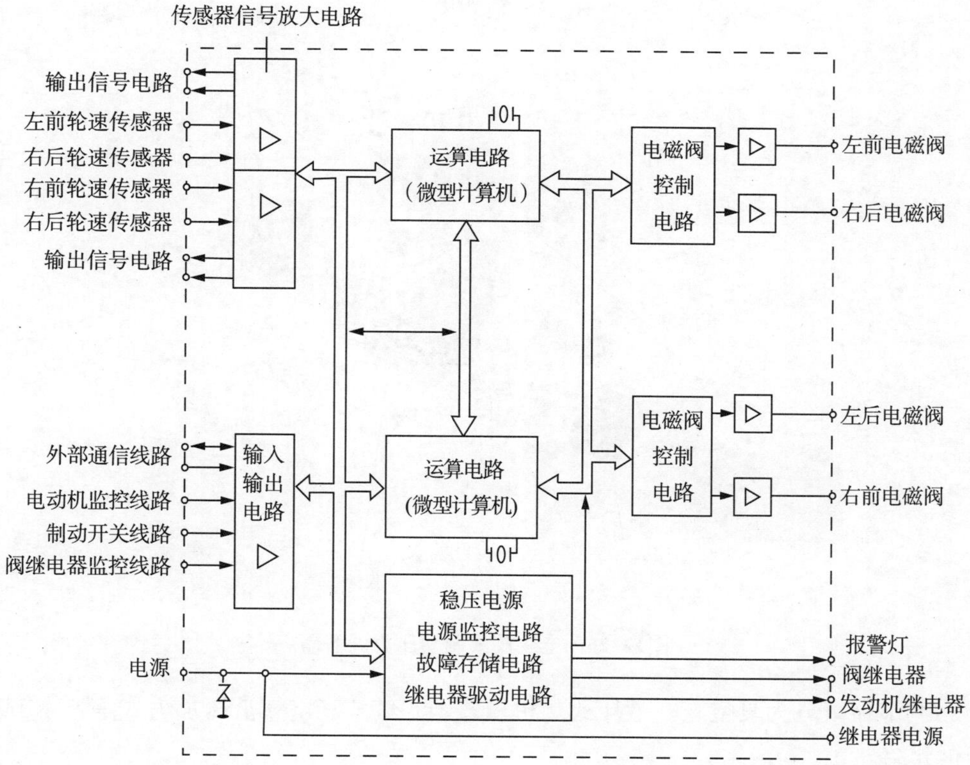

图12-25　ABS ECU 的基本电路示意图

ABS ECU的基本电路结构主要由以下几部分组成：

（1）输入级电路是以完成波形转换整形、抑制干扰和放大信号为目的，将车轮转速传感器输入的正弦波信号转换成为脉冲方波，经过整形放大后，输给运算电路。输入级电路的通道数视ABS所设置的传感器数目而定，通常以三通道和四通道为多见。

（2）运算电路（微型计算机）是根据输入信号运算电磁阀的控制参数。主要根据车轮转速传感器输入信号进行车轮线速度、开始控制的初速度、参考滑动率、加速度和减速度等运算，调节电磁阀控制参数的运算和监控运算，并将计算出的电磁阀控制参数输送给输出级。

（3）输出级电路是利用微机产生的电磁阀控制参数信号，控制大功率三极管向电磁阀线圈提供控制电流。

（4）安全保护电路首先是稳定ABS ECU工作电压，同时监控输入放大电路、ECU运算电路和输出电路的故障信号。

2．液压控制单元

液压控制单元（HCU）是通过操纵电磁阀来控制通道内制动液的流动。它安装在总泵与分泵之间，接收来自ECU的控制指令，通过驱动电磁阀、液压泵、电机，直接或间接地控制制动力的大小，也称为液压执行机构或制动压力调节器。它能够调整液压回路的压力15次/s，避免车轮抱死。

制动压力调节器有机械柱塞式和电磁阀控制式两类。目前常用的为电磁阀控制式，如图12–26所示。制动压力调节器内包括有：每条液压回路都有进油阀和泄油阀；每条制动总泵回路中都有低压蓄压器（蓄能器）；在必要时能够增压或减压的液压泵等。此外，还包括由电控装置控制的液压泵电机继电器和电磁阀继电器。

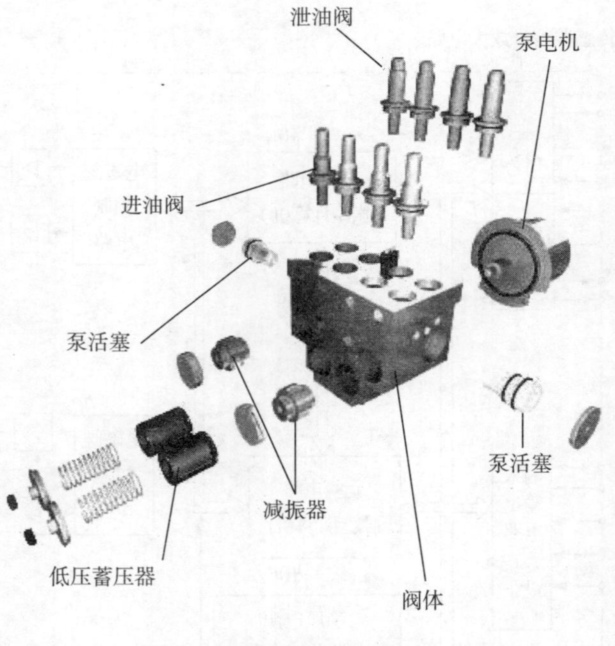

图12–26　电磁阀式制动压力调节器

制动压力调节器可分为真空式、液压式、机械式、空气式和空气液压加力式等。本节只对液压式控制单元进行介绍。

防抱死制动系统按液压调节器结构不同可分为整体式和分离式两种。分离式防抱死制动系统中，液压调节器装在总泵/助力器外部，如上海通用别克世纪、君威、广州本田雅阁。由于制动总泵和助力器是与液压调节器分开的，更换很容易，节省维修费，所以现在许多的制造厂商均使用分离式防抱死制动系统，如图12–37所示。整体式防抱死制动系统，其液压调节器是与制动总泵装成一体，且不再需要使用制动助力器，如图12–36所示。

制动压力调节器的主要功能是接受ABS电控单元的信号指令后，通过电磁阀的工作来实现车轮制动器中压力的自动调节。电动油泵安装在液压控制单元内部。用电子信号控制电动泵，在增压状态时增加液压或在减压状态时抽出分泵制动液储存到蓄能器中，蓄能器安装在液压控制单元内部。电磁阀是液压控制单元中重要的部件，由它完成ABS系统各车轮制动力的控制。这个系统的维修费用很高，因为它组合了许多零件。但系统结构紧凑，占用发动机舱空间很少。

按照调节方式可分为循环式制动压力调节器和可变容积式压力调节器（或称直接控制和间接控制压力调节器）。通常把电磁阀直接控制分泵制动压力称做循环式制动压力调节器，把间接控制分泵制动压力称为可变容积式制动压力调节器。不同车系采用不同的制动调节器，如美国通用公司有些车系采用间接控制制动压力调节器，德国奔驰车和日本丰田车均采用直接控制制动压力调节器。

1）循环式制动压力调节器

循环式制动压力调节器是在制动总泵与分泵之间串联一个电磁阀，直接控制分泵的制动压力。液压泵作用是当电磁阀在“减压”制动中，将制动分泵流出的制动液经蓄能器暂时储存，再泵回制动总泵。

常用的电磁阀型式有三位三通电磁阀和二位二通电磁阀。

（1）三位三通电磁阀式制动压力调节器

三位三通式制动压力调节器基本结构，如图12–27所示。电磁阀中的移动柱塞由电磁线圈直接控制，阀上有三个孔分别通制动总泵、分泵和蓄能器。电磁线圈流过的电流由ECU控制，能使阀处于“增压”、“保压”和“减压”三个工作位置。

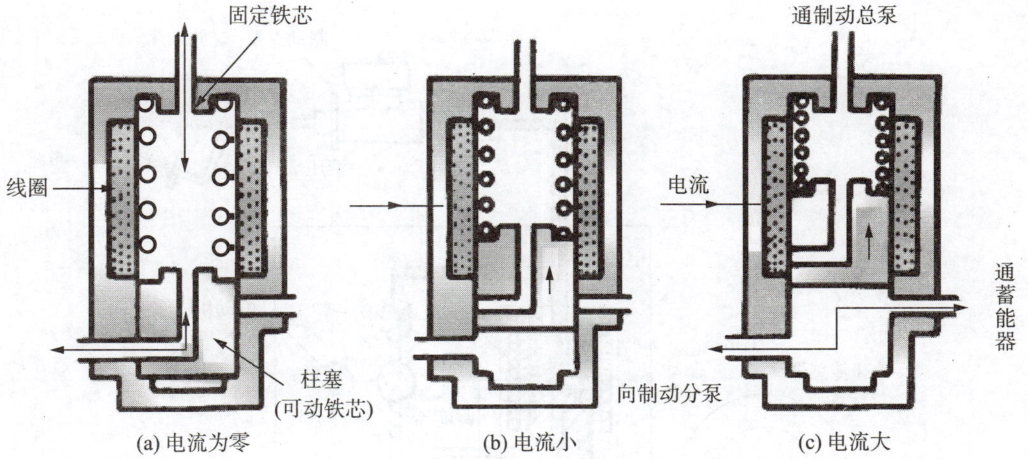

图12–27　三位三通电磁阀示意图

三位三通电磁阀式制动压力调节器的工作过程简述如下：

① 常规制动过程

在开始制动时，电磁线圈中无电流通过，电磁阀中的电磁柱塞被弹簧压至最低位置，如图12–28所示。此时制动总泵与分泵直通，制动液从制动总泵流经电磁阀中的通道，流向制动分泵，分泵制动压力随制动总泵压力的变化而变化，车速很快下降，此时ABS不工作。

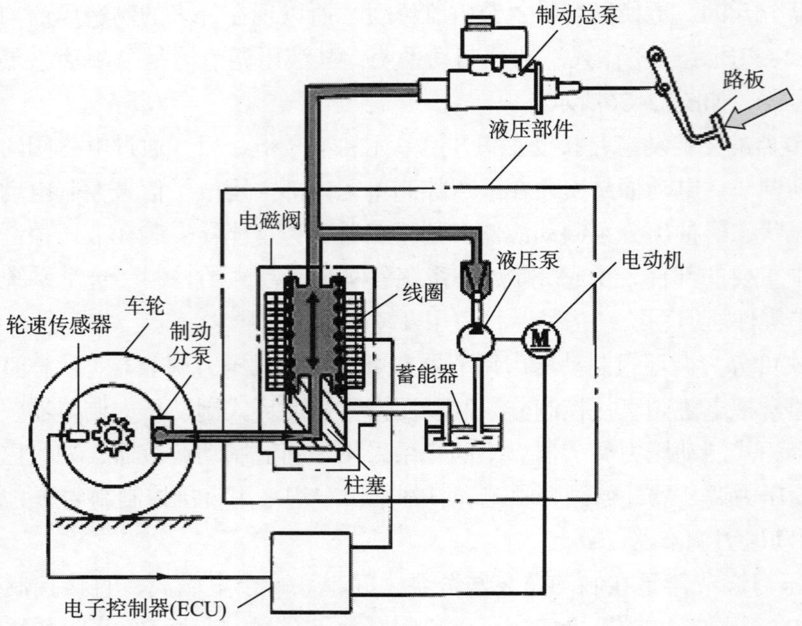

图12-28　常规制动过程（增压过程）

② 保压过程

当某车轮有抱死趋势时，ABS ECU给该分泵的电磁阀输送一个较小的电流（约为最大电流的1/2），使电磁阀柱塞被提起，处于“保压”位置，制动总泵、分泵和电磁阀彼此隔离，分泵中保持一定的制动压力。此时驾驶人不能通过踏板控制车轮的制动，车轮的制动处于ABS控制状态，如图12-29所示。

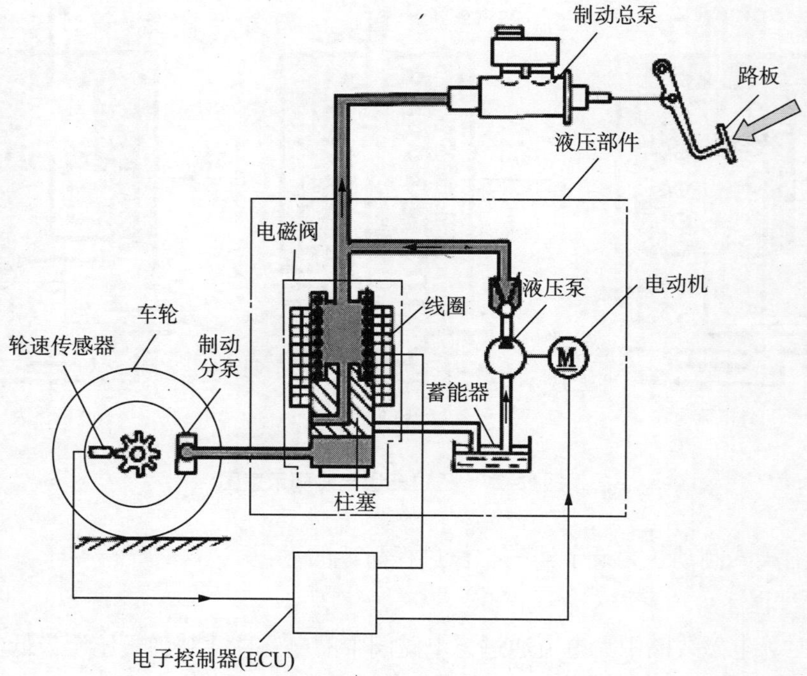

图12-29　保压过程

③ 减压过程

在“保压”指令发出后，车轮仍将要抱死时，ABS ECU发出“降压”指令，提供一个比“保压”指令更大的电流，使电磁阀柱塞进一步提起，处于“减压”位置，如图12-30所示。分泵通往储液器和液压泵的通道被打开，一部分制动液进入蓄能器，另一部分流入液压泵。此时，液压泵工作，将制动液泵回制动总泵，使分泵制动压力迅速下降。根据实际情况，一旦分泵压力被释放降低，电磁阀就转换到压力保持或压力上升状态。

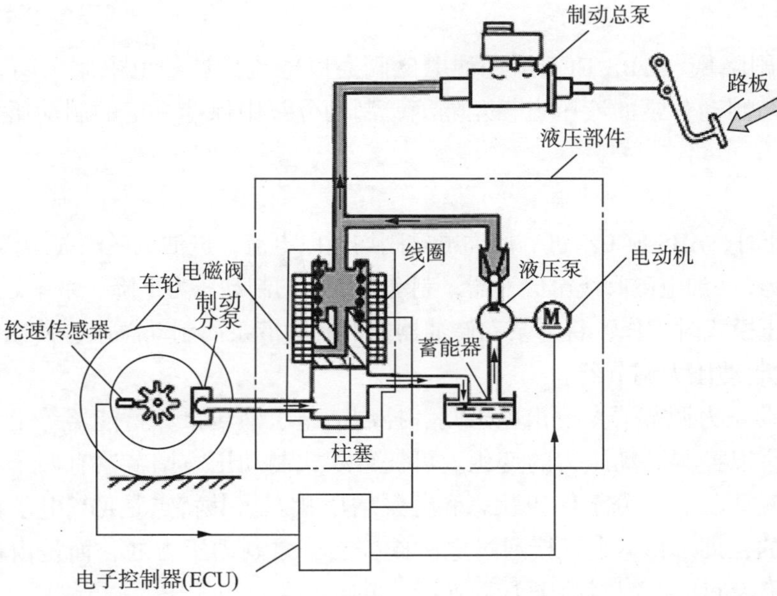

图12-30　减压过程

④ 增压过程

当分泵制动压力下降到使车轮转速又提高时，ABS ECU发出“增压”指令，切断通往电磁阀和液压泵继电器的电流，电磁阀柱塞在弹簧力的作用下回到最低位置，使制动总泵又与制动分泵相通（图12-28），制动分泵内制动压力增加，提高了制动力，使汽车车速再次降低。

（2）二位二通电磁阀式制动压力调节器

二位二通电磁阀式制动压力调节器的基本组成如图12-31所示，其中，进油电磁阀常开、回油电磁阀常闭。

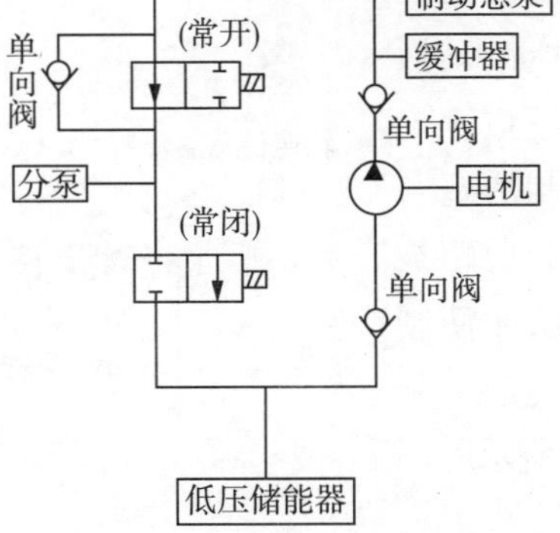

图12-31　二位二通电磁阀式制动压力调节器

该制动压力调节器在总泵与分泵的通道中采用两个二位二通电磁阀取代一个三位三通电磁阀，实现ABS的“保压”、“减压”和“增压”控制，工作可靠性更高。

在ABS ECU的控制下，制动压力调节器通过进、回油电磁阀的开闭，直接控制各轮缸的制动压力。

① 增压（常规制动）模式

制动时，进油电磁阀开启而回油电磁阀关闭（两电磁阀均无电流通过），制动总泵内的高压制动液直接进入制动分泵，使分泵的制动压力迅速升高，车轮速度迅速下降。

② 保压模式

当车轮速度急剧降低，ABS ECU给进油电磁阀通以电流，进油电磁阀关闭，回油电磁阀仍保持关闭，制动总泵与制动分泵的液压力相互隔绝，制动分泵中保持一定的制动压力，系统处于“保压”状态。

③ 减压模式

当车轮趋于抱死时，ABS ECU给进、回油电磁阀均通以电流，进油电磁阀关闭而回油电磁阀开启。制动分泵内的制动液经回油电磁阀流至储油器，制动分泵中的制动压力下降，系统处于“减压”状态。

液压泵仍在减压模式时工作，将分泵和储油器内的制动液泵回制动总泵，使制动液循环工作。

2）可变容积式制动压力调节器

可变容积式制动压力调节器主要由电磁阀、控制活塞、液压泵和蓄能器等组成，通过控制制动管路中容积的增减，以控制制动压力的变化。可变容积式制动压力调节器有四个不同工作状态：常规制动状态、分泵减压状态、分泵保压状态和分泵增压状态。其特点是ABS电子控制与分泵制动力的液压控制是分开的，即ABS不是直接通过电磁阀控制分泵制动压力的，而是由控制活塞来控制汽车制动管路压力，称为间接控制制动压力调节器，也叫可变容积式压力调节器。

① 常规制动状态

在常规制动时，电磁阀线圈无电流，柱塞所处位置使控制活塞工作腔与储油器接通，制动液向储油器回流而泄压，活塞在弹簧复位力作用下推至最左端，活塞顶杆将单向阀打开，使制动总泵与分泵接通，分泵制动力直接由踏板推动的总泵控制，ABS停止工作，如图12-32所示。

② 减压状态

给电磁阀通入较大的电流，电磁阀内的柱塞移到右边，蓄能器中储存的高压制动液通过管路作用在控制活塞的左侧，产生一个与弹簧力方向相反的作用力。因控制活塞右移，单向阀关闭，总泵与分泵之间的通路被切断。分泵一侧的管路容积增加，从而使制动压力减小，制动压力减小的幅度决定于分泵侧管路容积的增加量，如图12-33所示。

③ 保压状态

给电磁阀通入较小的电流，电磁阀柱塞

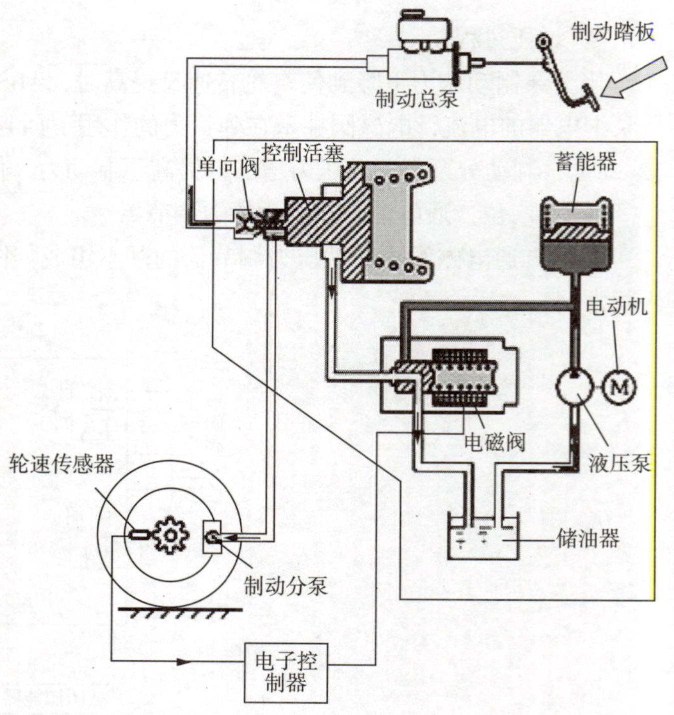

图12-32　常规制动状态

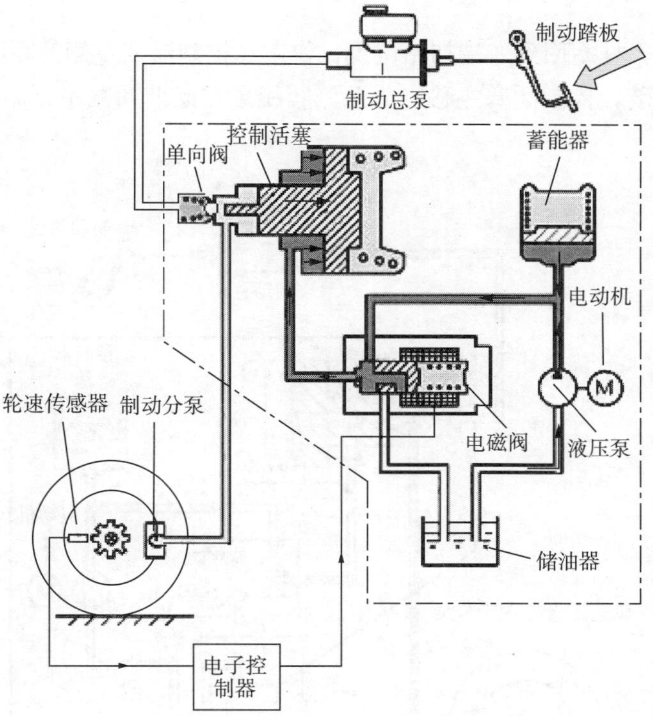

图12–33　减压状态

移到中间位置，作用在活塞左侧的液压得以保持，控制活塞两端承受的作用力相等。因此，控制活塞静止不动，管路容积也不发生变化，能够保持制动压力，如图12–34所示。

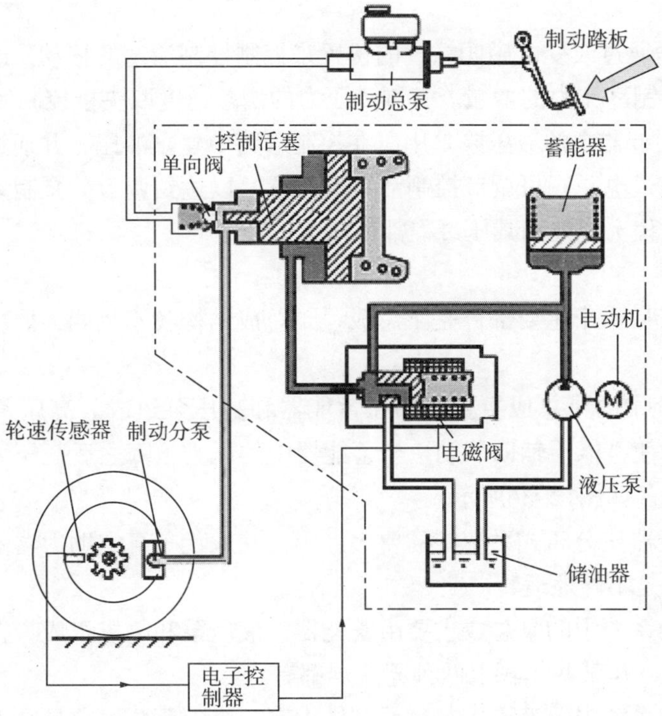

图12–34　保压状态

④ 增压状态

这时，电磁阀断电，柱塞回到左端初始位置，作用在控制活塞左侧的高压制动液泄入储油器。由于控制活塞的平衡被打破，控制活塞左移，分泵侧容积量在此期间减小，制动压力增加，如图12-35所示。

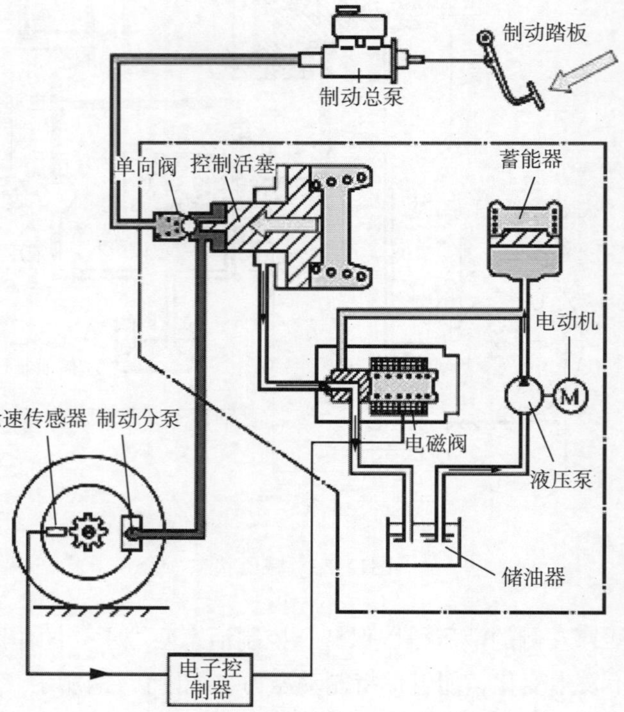

图12-35　增压状态

这种方式的特点是通过改变电磁阀柱塞的位置来控制控制活塞的移动，改变分泵侧管路容积，利用这种变化间接地控制制动压力的增减。其制动压力的增减速度取决于控制活塞的移动速度。

可变容积式压力调节器中的液压泵是用以在控制管路中建立油压，并通过储能器保持控制管路中的规定压力，此压力通过电磁阀可调节控制活塞的位置，以达到调节分泵制动压力的目的。液压泵在常规制动（包括增压过程）过程和减压过程都可以工作。

3．泵总成

液压控制单元中最后一个主要部件是泵总成。泵总成结构各不相同，取决于防抱死制动系统是整体式还是分离式。

整体式防抱死系统中的泵总成主要由高压蓄能器和高压泵组成。高压蓄能器也用作为制动助力器。高压泵产生油压，使蓄能器辅助制动。当蓄能器中的压力下降之后，压力开关就会打开，高压泵运转，再给蓄能器加压，如图12-36所示。

这个系统中的蓄能器比分离式系统中的要大，因为它取代了真空助力器的功能，另外能储存一定的压力来避免泵电机总是不停地运转。

分离式防抱死制动系统中的泵总成主要由蓄能器、液压泵和电机组成。在此总成中的蓄能器可能是高压，也可以是低压，在某些车辆上两种蓄能器都有。

分离式防抱死制动系统中的液压控制单元阀体内有一个液压泵，它是由直流电机带动的。该液压泵把制动液返回到制动液压回路中来，再作用于制动器上，如图12-37所示。

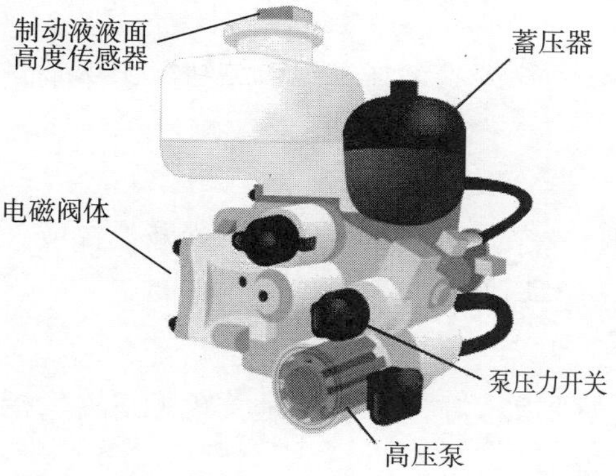

图12-36　整体式防抱死系统

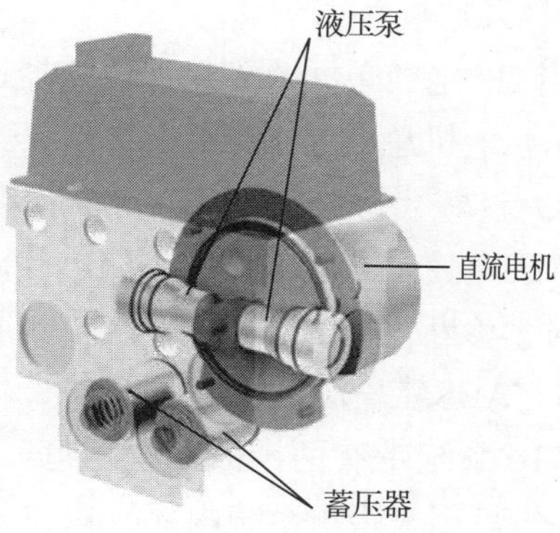

图12-37　分离式防抱死系统

ABS泵电机总成包括一个电控电机、滤清器、导向装置、活塞杆和缸体。导向装置布置在离开电机轴中心的地方。电机和缸体的旋转向活塞杆提供往复运动，使通过泄压阀、蓄能器和调节器的制动液压力升高。

电机转动，蓄能器压力超过一个预定值时，压力开关打开。压力调节器接收到这个开关信号后，中止电机继电器的工作。如果电机持续运转至少2min后，蓄能器压力没有到达预定值，则调节器中止电机操作，并点亮仪表板上的ABS警告灯。

12.2.3　ABS系统的输出

ABS电控单元接收到从各种传感器和其他系统发来的信息数据，就要对信息进行处理，并向相应的执行器发送各种动作指令。

1．电磁阀

电磁阀控制制动液在液压管道中的流动。它们分为进油阀和泄油阀，都位于液压控制单元HCU中。每个液压回路中两种类型的阀都必须有，如图12-38所示。

2．泵电机继电器

在防抱死系统中，泵电机比大部分其他回路需要更多电流，系统就用继电器来控制大电流，如图12-39所示。如果继电器位于模块内部，它就不能单独维修。

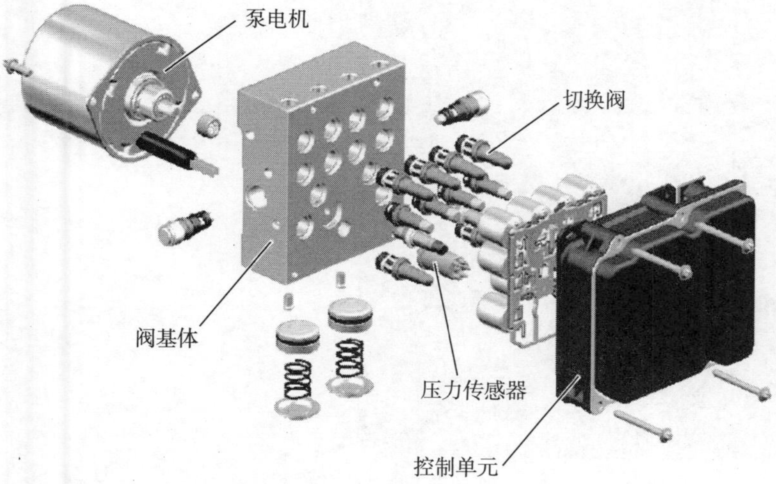

图12-38　制动压力调节器的电磁阀组件

图12-39　泵电机继电器

3．泵电机总成

当ABS电控单元收到轮速传感器送来的车轮信息时，若需要就会让泵电机运转，实现必要的工作状态。泵电机总成如图12-26所示。

4．诊断数据

ABS电控单元能够储存系统的故障代码，以备使用，这个代码信息可以使用诊断仪提取。在诊断故障时，诊断仪可以连接ABS电控单元，或者一个数据传输接口DLC。

5．ABS警告灯

ABS系统带有两个故障指示灯，一个是红色制动故障指示灯，另一个是黄色ABS故障指示灯。ABS警告灯用来指出系统内部故障和（或）用于诊断系统故障。

1）红色制动警告灯

当点火开关转到“ON”位时，系统自检，红色制动警告灯点亮大约3s，完成自检后熄灭。

当制动液液面高度传感器检测到制动液的液面已经下降到规定值以下时，红色制动警告灯就会被点亮。

以下情况灯也会被点亮：驻车制动器结合时；基本制动系统中的油压出现不平衡时；整体式防抱死制动系统中的蓄能器压力低于规定数值时。

无论何时，当红色制动警告灯点亮后，首先应该检查基本制动系统。在排除基本制动系统故障可能性后，才开始检测ABS系统的故障。

2）黄色警告灯

黄色警告灯（ABS警示灯）能告诉驾驶人以下一些情况：当驾驶人打开点火开关时，灯会亮，大约2s，然后熄灭，表明防抱死系统正在自检，且此灯工作正常。若系统出现了故障，ABS电控单元点亮黄色警告灯，如图12-40所示。当这个警告灯在车辆行驶时被点亮，就表明ABS系统不能工作或电控制动力分配（EBD）失效。此外，有些车上，这个警告灯上会闪烁出诊断故障代码，需要参看维修手册来解释这些代码。

图12-40　ABS警告灯

12.3 ABS的控制过程

ABS的控制过程就是调节各个车轮制动油压的过程。根据车轮的滑移率，每个车轮制动分泵进行保压、减压或增压，防止车轮抱死。

在制动过程中，如果ABS电控单元监测到车轮转速突降有抱死趋势，ABS电控单元便向液压控制单元的控制阀发出指令信号，对制动油压进行调节。

当今的汽车分离式制动压力调节装置都采用两个二位二通电磁阀取代循环调压方式中的一个三位三通电磁阀，使工作可靠性更高。该制动压力调节器由进油阀（常开）、泄油阀（常闭）、回油泵和蓄压器等组成。

ABS控制具有三种模式，分别为增压模式、保压模式和减压模式，ABS控制过程，如图12-41所示。

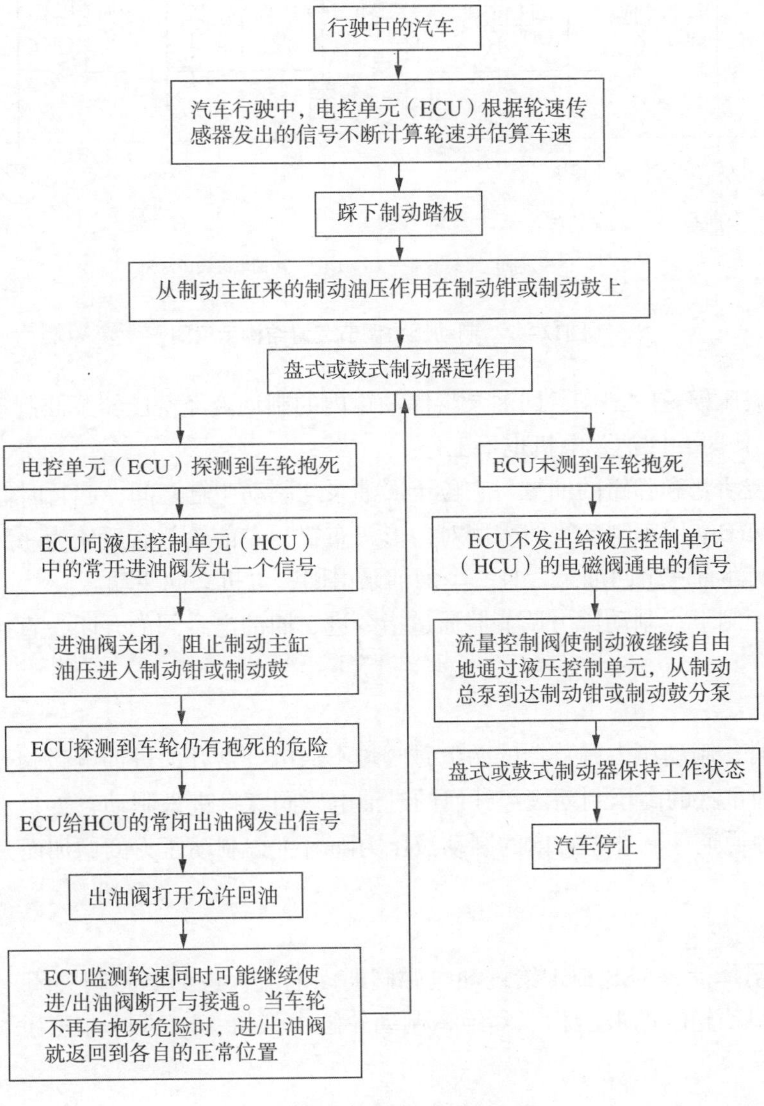

图12-41 ABS控制流程图

12.3.1 本田车系ABS的控制过程

下面以本田雅阁（ACCORD）乘用车采用的博世（BOSCH）公司研制的ABS为例，阐述其结构特点及控制过程。

本田车系ABS多采用四传感器四通道，前轮独立，后轮共同控制方式。制动压力调节器为循环式（二位二通（2/2）电磁阀式），制动压力调节器主要由进油电磁阀（常开）、回油电磁阀（常闭）、储油罐、回油泵及电机、单向阀、蓄压器等组成，如图12–42所示。

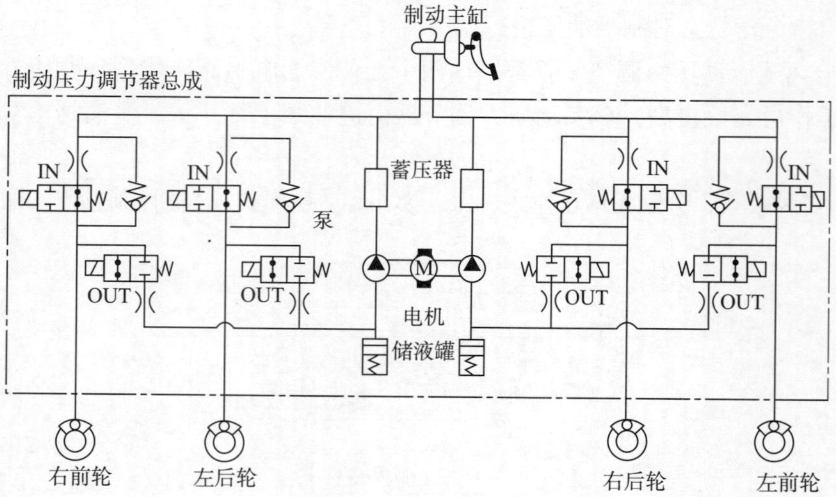

IN—进油电磁阀（常开）； OUT—回油电磁阀（常闭）

图12–42 制动压力调节装置结构示意图

回油泵电机在减压模式时工作，回油泵将储油罐内的制动液经蓄压器泵回制动主缸，使制动液循环工作。在ABS不工作时，回油泵电机也不工作。

蓄压器为一内装活塞和弹簧的油缸，它位于回油泵与制动主缸之间，起暂时储存制动液的作用。

本田雅阁ACCORD乘用车制动管路采用对角形式布置，左前轮与右后轮为一路，右前轮与左后轮为另一路。每一路上都有一个回油泵，且二个回油泵由同一电机共同驱动。

在ABS ECU的控制下，制动压力调节器通过指令进、回油电磁阀的开闭，直接控制各轮缸的制动压力。

1．常规制动模式

汽车开始制动时，制动压力调节器的两电磁阀均不通电，常开的进油电磁阀开启，常闭的回油电磁阀关闭。于是制动主缸的高压制动液经开启的进油电磁阀直接进入制动轮缸，常闭的回油电磁阀断开了轮缸到储液罐的通道。制动轮缸内的制动液压力随着主缸制动压力的增加而升高，车轮速度迅速下降。

2．保压模式

当车轮速度急剧降低，ABS ECU给进油电磁阀通以电流，进油电磁阀关闭，回油电磁阀仍保持关闭，制动主缸与制动轮缸的液压相互隔绝，制动轮缸中保持一定的制动压力，系统处于“保压”状态。

3．减压模式

当车轮趋于抱死时，ABS ECU给进、回油电磁阀均通以电流，进油电磁阀关闭而回油电磁阀开启。制动轮缸内的制动液经回油电磁阀流至储液罐，制动轮缸中的制动压力下降，系统处于“减压”状态。此时，回油泵电机工作，将储液罐内的制动液经蓄压器泵回制动主缸，使轮缸制动压力迅速下降，避免车轮抱死拖滑。

4．增压模式

当车轮需增加制动压力时，ABS ECU切断两电磁阀的电流，进油电磁阀开启，回油电磁阀关闭。制动主缸的高压制动液又经开启的进油电磁阀补充进入轮缸，轮缸内的制动液压力的升高使车轮速度再次下降。

12.3.2 大众车系ABS的控制过程

桑塔纳2000GSI型和捷达系列乘用车采用的是美国ITT公司MK20－Ⅰ型ABS系统，是三通道的ABS调节回路，前轮单独调节，后轮则以两轮中地面附着系数低的一侧为依据统一调节。

液压控制单元阀体内包括八个电磁阀，每个回路各一对，其中，一个是常开进油阀，一个是常闭出油阀。它在制动主缸、制动轮缸和回油路之间建立联系，实现压力升高、压力保持和压力降低的功能，防止车轮抱死，其工作原理如下：

1．开始制动阶段（系统油压建立）

开始制动时，驾驶人踩制动踏板，制动压力由制动主缸产生，经常开的不带电压的进油阀作用到车轮制动轮缸上，此时，不带电压的出油阀依然关闭，ABS系统没有参与控制，整个过程和常规液压制动系统相同，制动压力不断上升，如图12–43所示。

2．油压保持

当驾驶人继续踩制动踏板，油压继续升高到车轮出现抱死趋势时，ABS电子控制单元发出指令使进油阀通电并关闭阀门，出油阀依然不带电压仍保持关闭，系统油压保持不变，如图12–44所示。

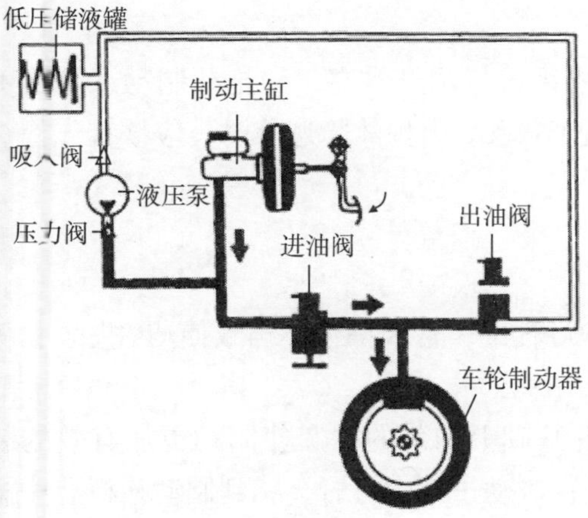

图12–43　系统油压的建立

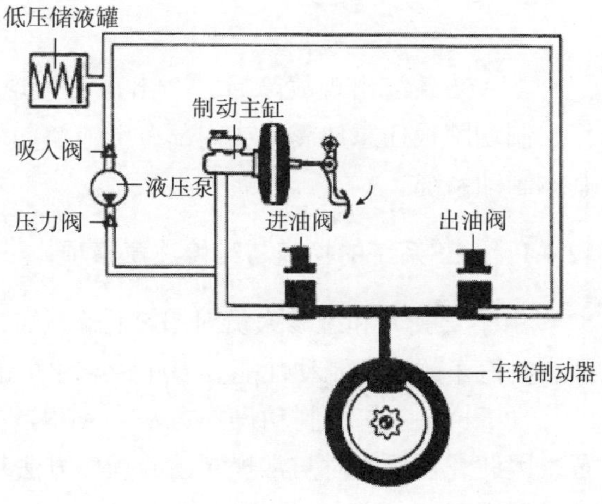

图12–44　油压保持

3．油压降低

若制动压力保持不变，车轮有抱死趋势时，ABS ECU给出油阀通电打开出油阀，系统油压通过低压储液罐降低油压，此时进油阀继续通电保持关闭状态，有抱死趋势的车轮被释放，车轮转速开始上升。与此同时，电动液压泵开始起动，将制动液由低压储液罐送至制动主缸，如图12–45所示。

4．油压增加

为了使制动最优化，当车轮转速增加到一定值后，电子控制单元给出油阀断电，关闭此阀门，进油阀同样也不带电而打开，电动液压泵继续工作从低压储液罐中吸取制动液泵入液压制动系统，如图12-46所示。随着制动压力的增加，车轮转速又降低。这样反复循环地控制（工作频率为5～6次/s），将车轮的滑移率始终控制在20%左右。

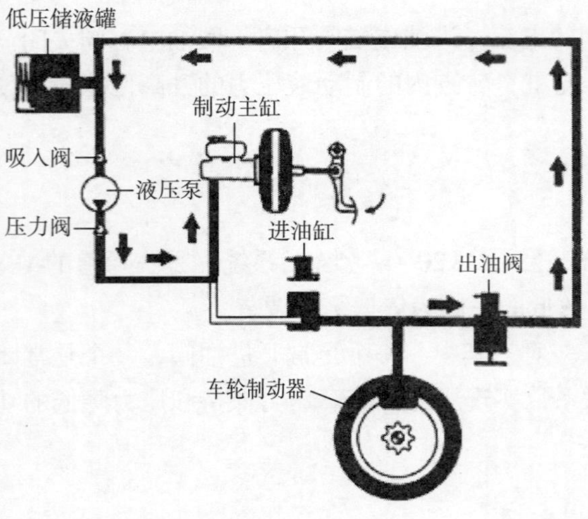

图12-45 油压降低

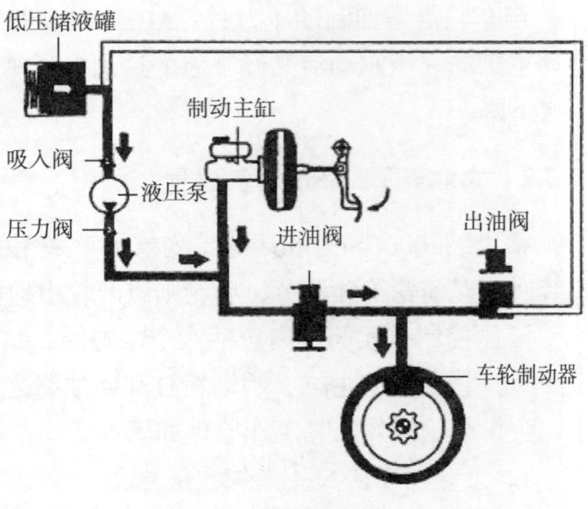

图12-46 油压增加

如果ABS系统出现故障，进油阀始终常开，出油阀始终常闭，使常规液压制动系统继续工作而ABS系统不工作，直到ABS系统故障排除为止。

12.4 ABS的诊断与维修

当ABS系统出现故障后，会出现下列现象。如：防抱死系统指示灯常亮、防抱死制动系统不工作、制动踏板任意地震动或内部有油液渗漏的迹象。当发现ABS系统出现故障迹象时，应该首先检查基本制动系统。

12.4.1 ABS系统的检查与维修注意事项

由于驾驶人和维修人员对ABS了解不够，在使用和维护过程中，常因操作不当致使ABS失效，从而影响汽车的良好制动性能。因此，应注意正确使用和维护ABS。

（1）保持基本制动操作方法。ABS是在基本制动系统基础上加装的一套使制动更加有效的装置，因此，在操作时与常规制动的操作方法基本一样，只是在制动过程中有时会感到制动踏板有些振动或会听到一点噪声，这属于正常现象。

（2）保持蓄电池正常工作电压。在蓄电池电压过低时，ABS的电控单元（ECU）将不能进入工作状态。一般情况下，ABS进入正常工作状态所需的蓄电池电压在10～14.5 V。

（3）要保持ABS电控单元、轮速传感器和传感器齿圈的清洁。否则，可能导致线束插头接触不良或轮速传感器产生的车轮转速信号不准确，影响系统的控制精度，甚至使ABS无法正常工作。

（4）注意观察ABS警示灯。正常情况下，接通点火开关后，该灯应点亮，发动机运转后，该灯熄灭。这一过程是ECU在按自检程序对轮速传感器、制动压力调节器的控制阀进行检查。如果警示灯不熄灭，则说明ABS有故障，汽车将恢复到原常规状态下制动，车轮失去防抱死功能。

（5）不可在通电状态下拆检电控装置。在维护ABS时，在点火开关接通状态下，不可拆装系统中的电器元件和线束插头，以免损坏ECU。在拆检制动压力调节器时，应将搭铁线从蓄电池的负极桩上拆下。拆检电控装置和轮速传感器等部件时严禁碰撞或敲击。

（6）应注意对原制动系统的正常维护。更换制动液时，要选用汽车制造厂所规定的制动液，并应定期检查储油箱中制动液的液位并及时补充制动液。

维修ABS系统之前通常首先要对ABS部件进行彻底检查。这种检查在故障诊断过程中就已开始，并一直持续到维修的结束。

12.4.2 ABS系统故障诊断

1．初步检查

首先，运转发动机。此时，红色制动警告灯会循环地被点亮和熄灭。ABS的黄色警告灯也会亮并持续3 ~ 6s。在此期间，防抱死制动系统正在进行自检，如图12–47所示。如果灯不熄灭，ABS就有故障了，应对ABS系统进行检查。

图12–47 ABS系统自检

注意：应严格依据维修手册中的信息来确定每步测试的顺序,否则可能会造成不必要的零部件损坏。

2．试车

（1）首先，打开点火开关。红色和黄色警告灯应该循环地亮和熄灭。如果红色警告灯始终亮，则基本制动系统就可能有故障。在继续进行下去之前，必须先检查并排除基本制动系统故障。

（2）车辆静止时，踩下制动器，注意制动踏板的感觉。然后，使车辆加速到约32 km/h，再进行制动使车辆直至停下。注意踏板的感觉和车辆的操纵性是否异常。这些检查是了解制动系统的工作状况和在进行车辆路试时是否安全。

（3）车辆加速到大约40 km/h，迅速用力踩下制动器，激活ABS系统。应该感觉到踏板的振动，同时注意两个警告灯应该保持熄灭状态。若其中一个警告灯点亮，则应查找相应的故障原因。

（4）最后，使车辆停下来，把车处于“空档”或者“驻车档”，两个警告灯应该都不亮。如果黄色警告灯在闪，则ABS电控单元已经检测到一个故障，但ABS系统依然在工作。如果黄色警告灯持续点亮，则ABS电控单元检测到故障，且ABS不再工作，需要进行维修。基本制动系统仍继续正常工作。如果红色制动警告灯亮，则制动液液面可能太低或者驻车制动器可能处于结合状态。此时，防抱死制动系统也不会工作。

3．目测检查

目测检查主要包括液面高度、渗漏、部件及线路外观等。

1）制动液液面高度和渗漏情况检查

制动总泵储油箱中的制动液液面应该有合适的高度。如果液面太低，就应该检查基本制动系统是否存在渗漏现象。同时也应该检查制动踏板行程情况，或检查液压控制单元是否存在渗漏或者损坏。

2）制动器零部件检查

检查车轮上所有的制动部件，确保制动时工作正常。检查是否有制动器阻滞状况，车轮轴承的磨损和损坏情况。

3）线路和熔断器的检查

检查所有线路有无损坏、磨损和腐蚀情况，确保所有线路保持恰当的连接，所有熔断器应该是完好的。对于轮速传感器和线路来说，最主要的受损原因是道路上的尘屑，如图12–48所示。

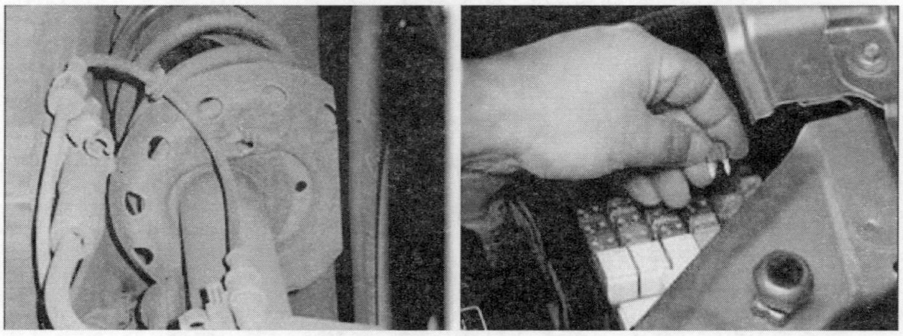

(a)　　(b)

图12–48　线路和熔断器的检查

4）轮速传感器和齿圈检查

检查轮速传感器、齿圈和线路的损坏情况。确保齿圈与传感器之间的空气间隙符合制造商规定的标准，如图12–49所示。应该参看车辆的维修手册来进行恰当的调节。注意，并不是所有的空气间隙都是可调节的。

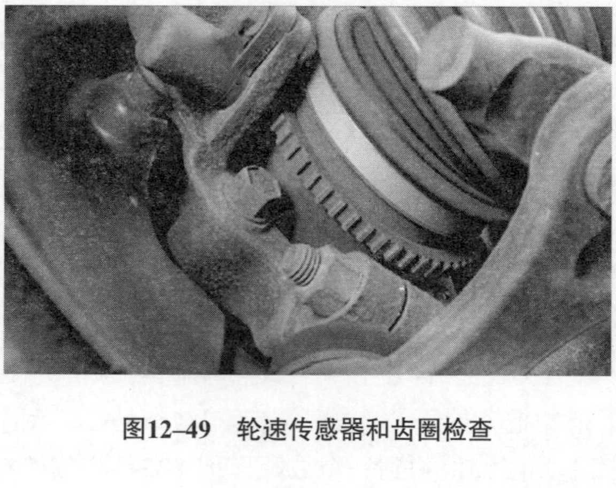

图12–49　轮速传感器和齿圈检查

5）车轮和轮胎检查

轮胎的尺寸应该正确，胎面深度应符合标准，轮胎的充气状态应该正常。用卷尺、线绳或胶带测量轮胎的周长，如图12–50所示。对于轮胎侧壁上尺寸标示相同的轮胎，如果制造商不同，加上胎面磨损可能不同，会使轮胎的实际尺寸略有差别。轮胎的直径差别可能会引起各个车轮以不同的速度转动。因此，ABS系统会误认为有一个车轮锁死，因而被错误地激活。也可能导致ABS电控单元误判而点亮黄色警告灯，尤其是在高速时。四个轮胎周长的最大值与最小值的误差应该在 7 mm之内。

图12–50　轮胎的检查

6）驻车制动器检查

检查驻车制动器的状态，确保它完全松开并调节好。如果驻车制动器不能完全松开，就会向ABS电控单元发出一个信号，指出基本制动系统中可能存在一个故障，导致ABS系统不工作。

4．故障诊断仪的使用

现在车辆一般都需要使用故障诊断仪来读取ABS故障信息。当读取故障码之后，就应针对故障范围进行检测并予以排除，然后再对系统进行检测，确保故障已经排除，如图12–51所示。参看车辆维修手册中的具体信息。注意，有些诊断仪不能用于功能测试，因为这样做有可能失去制动能力。

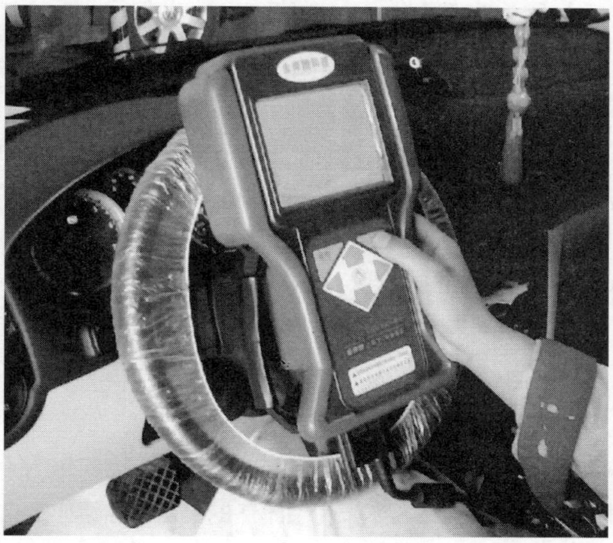

图12–51　使用故障诊断仪检测故障

5．液压控制单元内部渗漏测试

最后一项测试是液压控制单元内部的渗漏，也称串流测试。在制动踏板行程下降到地板时进行这项测试。如果不能正确完成这项测试，就会得到制动总泵泄漏的错误结论，造成不必要的制动总泵更换。

制动踏板行程到达了地板，可能是液压控制单元内部油液渗漏到低压蓄压器。渗漏测试方法参看车辆维修手册。这里介绍的是一种常用的系统内部渗漏测试方法。注意，应该更换已经失效的液压控制单元。

（1）首先，取走液压控制单元上低压蓄压器的橡胶盖子。

（2）然后，把清洁的回形针或者类似的物件插入蓄能器的每一个开口，确保回形针的底端对准活塞的内侧。

（3）请另一位维修人员踩住制动踏板。如果某一个回形针移动了，就是有油液流过了泄油阀，使低压蓄能器活塞产生移动，如图12–52所示。这种故障是不可维修的，需要更换液压控制单元。如果回形针并不移动，应该做进一步诊断。

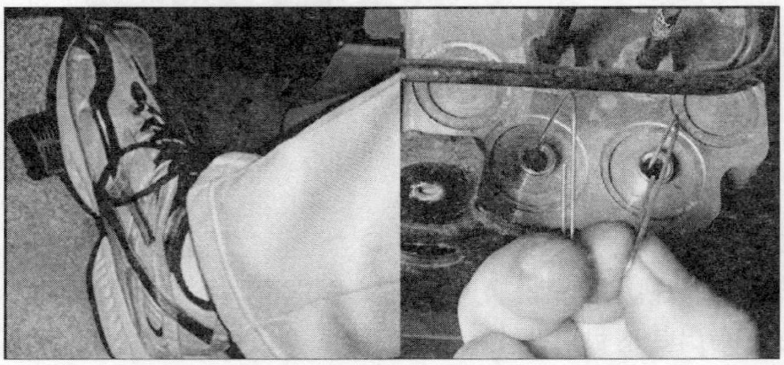

(a) (b)

图12–52　液压控制单元内部渗漏测试

12.4.3　ABS系统的维修

通过诊断与检查后，一旦准确地判断出ABS系统中的故障部位，就可以进行调整、修复或换件，直到故障被完全排除。ABS系统的维修步骤如下所述：

（1）泄去ABS系统中的液压力；

（2）对故障部位进行调整、拆卸、修理或换件，最后进行安装。必须按相应的规定进行；

（3）按规定步骤排放液压系统中的空气。

如果是车轮速度传感器或ABS电控单元有故障，可以不进行第一和第三步骤，只需按规定进行传感器的调整、更换以及ABS电控单元的更换。

1．ABS系统排放空气

制动液不可压缩，但滞留在制动液中的空气可压缩，ABS系统也必须清除制动液中的空气，即排放空气。

不同的ABS系统有不同的放气程序。对放气的要求还与所做的维修量和更换的部件数有关。对很多ABS系统，HCU如不更换则不要求放气。而有的ABS系统则要求系统中有任一部分放气时，HCU必须放气。所以，如必须要进行ABS系统放气，首先应做的是查阅该车的维修手册的有关规定。

带ABS的制动系统排气方法比普通制动系统要复杂，有些车型可用传统的排气方法（如日本丰田车系）；有些车型可借助ABS的蓄能器的高压来排气（如CHRYSLER公司部分车系选用的BENDIX型整体式ABS）；有些车型必须使用专用检测仪器进行排气（如桑塔纳2000GSI乘用车）。所以，在对液压制动系统进行排气时，应注意阅读汽车的使用和维护手册。

对制动系统液压部件进行作业时，必须遵守以下注意事项：

（1）只使用注射器或吸油泵来抽空储液罐。这是防止污染必须采取的步骤；

（2）不能让制动液接触电气连接器；

（3）要保证无异物落入HCU或其他液压部件中。

进行ABS系统放气时，一定要保证将HCU中滞留的空气排空。如果HCU中残留空气，最终将进入制动系统的其他部件，造成制动踏板“软绵”。为了给HCU放气，必须让其动作，使HCU的阀、蓄压器和其他部件循环工作，排出滞留的空气。要启动HCU，每种ABS系统都要求使用其专门的工具或方法。

ABS系统的几种放气程序举例如下：

1）用传统方式进行排气的注意事项

（1）关闭点火开关，解除ABS的作用；

（2）装有ABS的排气时间要比普通制动系统排气时间长；

（3）按原普通制动系统排气顺序依次进行，保持储油箱的油平面，刚从分泵中排出的制动液不能立即添入储油罐重复使用。

2）BENDIX型整体式ABS使用蓄能器压力进行排气

（1）打开点火开关，重复地踩下和松开制动踏板，直至电动油泵转动并向蓄能器内充满高压油；

（2）将塑料油管一头接在放气螺栓，另一头接入容器；

（3）在踩下制动踏板时，交替地松开和旋紧放气螺栓进行排气，直至该轮制动分泵及管路内的空气全部排净。旋松螺栓释放空气时要缓慢，因蓄能器提供的是高压制动液；

（4）在排气中，电动油泵会间歇向蓄能器充注高压油，应注意检查并保持制动总泵储液室内制动液的液面。

3）用专用检测仪进行排气

有些车型可用专用检测仪对制动系统中的空气进行排除，例如，大众车系的桑塔纳2000GSI乘用车的ABS需要用V.G.A1552检测仪对制动系统进行排气，其操作程序演示如下：输入选择功能“06”，结束输出，退出基本设计功能。至此由V.A.G1552检测仪的放气程序结束，然后关闭点火开关，拆下V.A.G1552检测仪。按常规制动器的排气方法对管路进行排气。

2．ABS系统故障征兆模拟测试方法

在ABS系统故障检测与诊断中，若是单纯的元件不良，可运用电路检测方式诊断。如果属于间歇性故障或是相关的机械性问题，则需要进行模拟测试以及动态测试。

1）模拟测试方法

（1）将汽车顶起，使四个车轮均悬空；

（2）起动发动机；

（3）自动变速器将换挡操纵手柄拨到前进挡（D）（手动变速器挂入空挡）位置，观察仪表板上的ABS故障指示灯是否点亮。若ABS故障指示灯亮，表示后轮差速器的车速传感器不良（后驱动车辆）；

（4）如果ABS故障指示灯不亮，则转动左前轮。此时ABS故障指示灯若点亮，则表示左前轮车速传感器正常；反之，ABS故障指示灯若不亮，即表示左前轮车速传感器不良；

（5）右前轮车速传感器测试方法与左前轮车速传感器测试方法相同。

该模拟测试是根据ABS 电控单元中逻辑电路的车速信号差以及警示电路特性，便于检测车速传感器的故障而设置的。

输入地址“03”，进入制动电子系统

↓

输入选择功能“04”，进入基本设定功能

↓

输入组号“01”，进入放空气状态

↓

显示

System in basic setting 1 Depress pedal and hold	踩踏板并且保持 注：需要重踩制动踏板

↓

显示

System in basic setting 1 Rel,pedal; FR/FL bleed screw OPEN < ↑ > (1) (2) (3)	区域(1)：松开踏板 区域(2)：右前/左前 区域(3)：放油螺丝松开

↓

显示

System in basic setting 3 Depress pedal and hold	踩踏板并且保持 注:踩下制动踏板后，液压泵应运转，并且踏板会上抬

重复以上过程，直至 ↓

System in basic setting 17 Partial bleeding ended	部分排气结束

按“——►”键显示

Rest of vehide systems select function ××	选择功能××

2）动态测试方法

（1）使汽车在道路上行驶至少12 km以上；

（2）测试车辆转弯（左转或右转）时，ABS故障指示灯是否会点亮。若某一方向ABS故障指示灯会亮，则表示该方向的轮胎气压不足，也可能是轴承不良，转向拉杆球头磨损，减振器不良或车速传感器脉冲齿轮不良；

（3）将汽车驶回，在ABS 电控单元侧的“ABS电源”和“电磁阀继电器”端子之间，接上测试线和万用表（置于电压档）；

（4）再进行道路行驶，在制动时注意观察“ABS电源”端和搭铁间的电压，应在11.7 ~ 13.5 V之间；而电磁阀继电器端子与搭铁间的电压，亦应在10.8 V以上。前者主要是观察蓄电池电源供应情况，后者主要是观察电磁阀继电器的接点好坏。

12.4.4 ABS系统故障诊断表

在进行ABS系统故障检测与诊断时，应根据ABS系统的工作特性分析故障现象和特征，在故障症兆确认后，根据维修资料的说明有目的地进行检测与诊断。为便于检测与诊断查找ABS系统的故障，必须首先了解ABS系统各主要部件在车上的安装位置。

1．ABS系统工作现象

由ABS系统的工作原理可知，在ABS系统工作过程中，会出现一些与传统经验相背离的情况，有些是ABS系统的正常反应，而不是故障现象，例如，对以下现象应加以区别：

（1）发动机起动后，踩下制动踏板，制动踏板有可能弹起，这表示ABS系统已发挥作用；反之，发动机熄火，踩下制动踏板，踏板会有轻微下沉现象，这表示ABS系统停止工作，这些都是正常现象。

（2）当踩下制动踏板后，同时转动转向盘，即可感到轻微的振动，这并非故障。因为在车辆转向行驶时，ABS系统工作循环开始，会给车轮带来轻微的振动，继而传递到转向盘上形成振感。

（3）汽车行驶制动时，制动踏板不时地有轻微的下沉现象，这是因为道路表面附着系数变化而引起的正常现象，并非故障。

（4）高速行驶时，如果急转弯，或是在冰雪路面上行驶时，有时会出现ABS故障指示灯点亮的情况，这说明在上述工况中出现了车轮打滑的现象，而ABS系统产生了保护动作，这同样也不是故障现象。

ABS系统可能出现的故障：紧急制动时，车轮被抱死；在驾驶过程中，或者放开手制动器时，ABS故障指示灯被点亮；制动效果不佳，或ABS操作不正常等。

2．ABS系统故障诊断表

ABS系统各类常见故障的检查内容、检查部位和检查方法，如表12–1所示。另外，通过观察仪表板上ABS故障指示灯的闪烁规律，也可以对ABS系统发生的故障进行粗略的诊断。

表12–1　　ABS系统常见故障诊断表

故障类型	检查内容及顺序	故障位置及检查调整
紧急制动时，车轮被抱死	ABS故障指示灯点亮	按故障代码处理
	拉起手制动杆，ABS故障指示灯不亮	检查：（1）手制动开关； （2）制动开关； （3）ABS故障指示灯灯泡
	查看故障代码显示器，有代码显示	ECU的PL端子和ABS故障指示灯之间断路
	打开点火开关，3s后，检查电磁控制阀是否有响声（检查时不可踩下制动踏板）	检查ECU的+B端子和车身之间是否有电压，没有电压则为电路故障，否则查看ECU的E1端子是否搭铁
	在正、负极之间电压低于12 V	蓄电池故障，更换或充电
	踩下制动踏板后，在ECU的STR和E端子之间没有8 ~14 V电压	检查：（1）ABS故障指示灯开关； （2）ABS故障指示灯开关线路
	检查速度传感器和电磁控制阀	如有不正常搭铁，应查清修理
	检查电磁控制阀是否正常	不正常时，则拆下修理

（续表）

故障类型	检查内容及顺序	故障位置及检查调整
行驶过程中或放开手制动时，ABS故障指示灯亮	停车时ABS故障指示灯不亮	电磁阀故障，检查电磁阀
	检查制动液量	制动液不足时，重新加足
	检查停车灯	工作不正常时，检查线路，更换灯泡
	放开手制动器，踩下制动踏板，ABS故障指示灯不灭	查看故障代码，如果没有则是ECU故障
	将ECU同系统断开，ABS故障指示灯仍不熄灭	检查：（1）手制动器开关；（2）制动液量开关；（3）ABS故障指示灯线路；（4）传感器是否失效
	将ECU的B和E端子之间的电压是否不足10 V	检查电路和蓄电池
	点火开关置于"ON"时，ABS故障指示灯在3 s内点亮	检查：（1）ABS故障指示灯开关；（2）ABS故障指示灯线路；（3）电磁控制阀
制动效果不佳 防抱死操作不正常	检查轮胎尺寸，胎压及磨损状况	不正常则应修理或更换
	检查蓄电池的电压	电压如果不足12 V，则应充电
	检查制动管路	不正常时，修理或更换
	未踩下制动踏板时，检查ECU的STR端子和车身之间是否有电压	如果有电压，则查看ABS故障指示灯开关及其线路是否正常
	检查车速传感器和传动齿轮	不正常时，修理或更换
	检查车速传感器和传动轮毂的齿面	不正常时，修理或更换

12.5 EBD和BAS系统简介

12.5.1 电子控制制动力分配系统

在早期的车辆中，如果安装了防抱死制动系统（ABS），不但说明该车的安全性能出类拔萃，而且车的档次也相当高。而在汽车新技术飞速发展的今天，安装ABS的乘用车已经相当普遍，经济型乘用车上大多数都安装有ABS。随着对汽车安全性能的要求越来越高，一些中、高档次的乘用车已经不再满足于ABS，还安装了EBD（电子控制制动力分配系统）、ASR（驱动防滑系统，又称牵引力系统）或ESP（电子控制稳定程序），使汽车的安全性能进一步提高。

EBD是电子控制制动力分配系统（Electric Brake force Distribution）的英文缩写。EBD实际是ABS的辅助功能，它可以提高ABS的效用。

汽车制动时，如果后轮比前轮先抱死（或接近抱死状态而使附着系数减小时），则很容易发生后轮侧滑，甚至于发生无法控制的回转运动（甩尾现象），极易发生交通事故。因此，对于高速行驶的汽车，希望实现前、后轮同时抱死制动，这样对附着条件的利用、制动时汽车的方向稳定性均为有利。要实现此目标，实际上是要对前、后轮制动器制动力的分配关系提出要求。

汽车理论上称能在任何路面条件下均满足前、后轮同时抱死的前、后轮制动器制动力分配关系为理想的制动器制动力分配关系（简称I曲线）。然而大多数两轴汽车的前、后制动器制动力分配为一固定比值。汽车理论上用前制动器制动力与汽车总制动器制动力比例为分配系数（简称β线）。

I曲线与β曲线的关系，如图12–53所示。从图中可以看出，实际的β线与理想的I曲线存在一个交点，该交点所对应的路面附着系数用ϕ_0表示，称为同步附着系数。它由汽车结构参数决定，是反映汽车制动性能的一个参数。同步附着系数说明，前、后制动器制动力为固定比值的汽车，只有在$\phi=\phi_0$的路面上制动时才能使前、后车轮同时抱死。

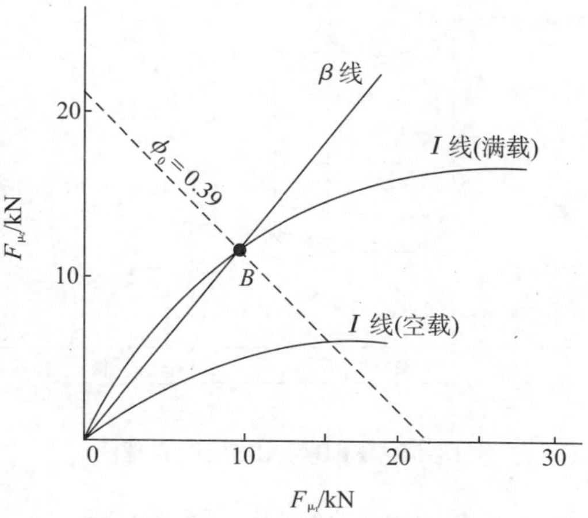

图12–53 I曲线与β曲线的关系

EBD功能使ABS电控单元通过车轮转速传感器不断地比较前、后车轮的速度，控制压力调节器，有效地防止后轮先抱死，在任何负载状态下最佳地利用（车轮对道路的）附着条件。

如图12–54所示，EBD控制的前、后制动器制动力的分配比值，更接近理想制动力分配曲线，改善制动效果。

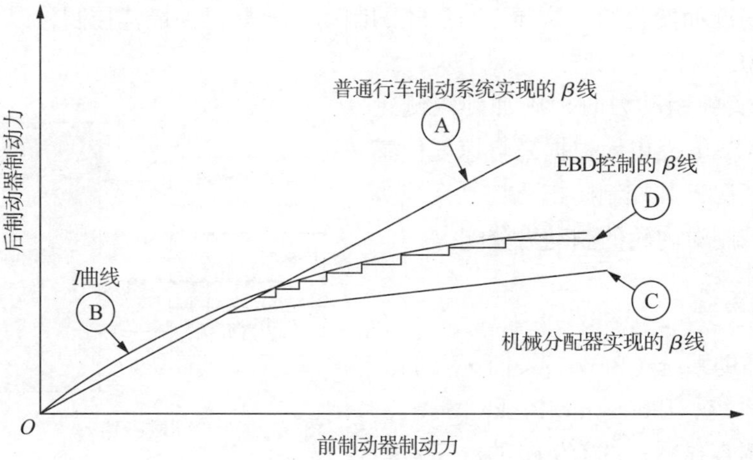

图12–54 前、后制动器制动力分配曲线图

EBD功能是在ABS正常控制作用的逻辑范围之内，ABS的电控单元同时控制这两种功能。

汽车在制动过程中，首先启动EBD控制功能，以保持后轮制动器制动力在尽可能接近理想制动力分配（I曲线）的数值内作用；当后轮或前轮出现抱死倾向（例如，在较低附着系数的路面上运行），ECU再进入ABS控制程序，如图12–55所示。

EBD对后轮制动器制动力的控制由ECU来执行，其控制作用只有类似于前文ABS中所述的“保持压力阶段”和“降低压力阶段”的工作情况，而不需要“增加压力阶段”。

EBD控制是利用ABS系统，根据行驶条件，帮助达到前、后轮之间良好制动力分配。另外，在转弯的过程中，还控制右轮和左轮的制动力，以帮助保持车辆的稳定性。

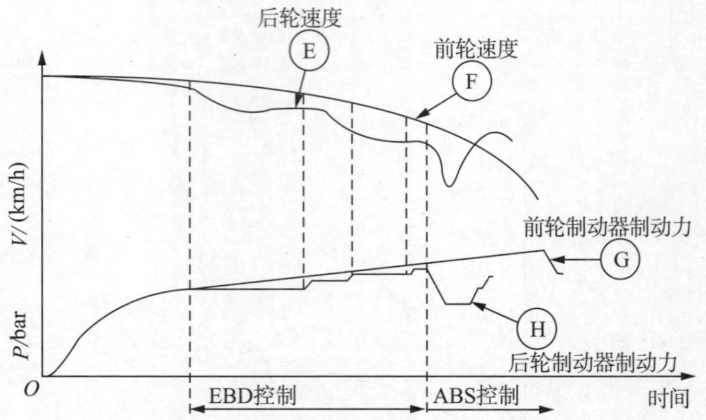

图12–55　EBD与ABS控制原理图

在某些电控制动系统中，EBD取代了基本制动系统常用的后轮制动力调节器，如比例阀或感载阀。EBD功能没有增加新的元件，其所有元件都与ABS系统共用，包括轮速传感器，ECU，HCU等。EBD功能只是ABS电控单元中附加的一套控制程序。正常制动过程中，在ABS起作用之前，由ECU控制HCU中的电磁阀限制后轮制动压力，减小后轮抱死的可能性。

如果在车辆向前直行时实施制动，载荷的转移减少施加到后轮上的载荷。防抱死控制模块根据来自速度传感器的信号决定这种情况，并控制防抱死制动系统执行器，以便最佳地控制对后轮制动力分配。例如，在制动过程中，施加到后轮上的载荷是随车辆的载荷情况而变化的。施加到后轮上的载荷量也按减速的程度情况而变化的。这样，对后轮的制动力分配得到最佳控制，以便在这些情况下有效地利用后轮的制动力。

在车辆拐弯时实施制动力时，施加到内侧轮上的载荷要减轻。ABS电控单元根据来自速度传感器的信号决定这种情况，并控制防抱死控制系统执行器，以便最佳地控制对内轮的制动力分配。

12.5.2　制动力辅助系统

BAS是制动力辅助系统（Brake Assist System，或称电子制动辅助系统，Electronic Brake Assist，缩写EBA）。有关调查显示，约有90%的汽车驾驶人紧急情况制动时缺乏果断，而BAS则能从驾驶人踩下制动踏板的速度，探测车辆行驶情况。不习惯于驾车或是习惯于驾车但容易慌张的人在紧急制动过程中，不能充分的踩下制动踏板，这时BAS便会启动，并在不足1s的时间内把制动力增至最大，从而缩短紧急制动距离，如图12–56所示。

ABS虽然能够缩短制动距离，但如果驾驶人采

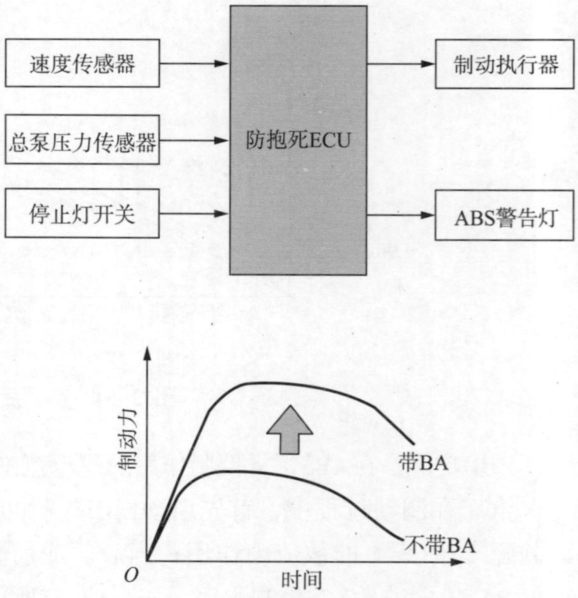

图12–56　BAS的组成及控制原理示意图

用点刹时，车轮往往不会抱死，ABS就没机会发挥作用。而制动力辅助系统BAS，则让现有的ABS具有一定的智能。当驾驶人迅速用力踩下制动踏板时，BAS会判断车辆正在紧急制动，从而启动ABS，迅速增大制动力。

制动助力是利用制动防抱死执行器内的压力传感器来探测制动踏板被踩下的速度和力，让电控单元推算驾驶人紧急制动意愿，以便增加制动力帮助获得来自制动系统中的最大性能。在以前的装有制动助力系统的汽车中，应用踏板行程传感器来探测踏板被踩下的程度。

如果属于非常紧急的制动，BAS此时就会指示制动系统产生更高的油压使ABS发挥作用，从而快速产生制动力，减少制动距离。而对于正常情况刹车，EBA则会通过判断不予启动ABS。

通常情况下，BAS的响应速度都会远远快于驾驶人，这对缩短制动距离、增强安全性非常有利。此外，对于脚力较差的女性及高龄驾驶人闪避紧急危险的制动，帮助也很大。有关测试证明，BAS可以使车速高达200 km/h的汽车完全停下的距离缩短21 m之多。尤其是对在高速公路行驶的车辆，BAS可以有效地防止常见的“追尾”意外。

本章小结

（1）ABS的功用是在汽车制动时，自动调节制动力的大小，避免车轮完全抱死在路面上产生滑拖，以保证车轮与地面间有最好的附着状态，从而缩短制动距离，提高汽车制动过程中的方向稳定性及转向操纵能力，使汽车制动更为安全有效。

（2）ABS按控制方式可分为低选控制和单独控制两种；按通道数及传感器数分，常用的有四传感器三通道、四传感器四通道和三传感器三通道等。

（3）ABS基本组成包括轮速传感器、控制器、压力调节器及警告灯等。

（4）轮速传感器用于获取车轮转速信号，并将速度信号输入ABS的电控单元。主要有电磁感应式和霍尔式两种形式。

（5）制动滑移率（S）的取值是0%～100%，自由滚动的未加制动的车轮，滑移率约为0；车轮被抱死时，滑移率为100%，最佳状态时的滑移率在20%左右。

（6）一般汽车ABS的工作过程分为增压、保压和减压三个阶段。

（7）压力调节器用于执行控制器的指令自动调节制动压力。根据与主缸的结构关系可分为整体式和分离式；根据压力调节方式可分为循环式和变容积式。

（8）ABS系统的故障诊断与检修过程应按操作要求和程序进行。

（9）目前，一些乘用车除ABS外还安装了EBD（电子控制制动力分配系统）、BAS（制动力辅助系统）等，以提高汽车制动效能和安全性。

复习思考题

1. 判断题

（1）在装有ABS的车辆在初始检查中，执行器发出工作噪声，这表明系统有故障。（　）

（2）当ABS系统出现故障时，汽车不能行驶，应当及时送汽车修理厂维修。（　）

（3）车轮转速传感器中传感头磁心与齿圈之间的间隙越小，永久磁心产生的磁力线就越不容易通过，所以线圈周围的磁场就较弱，反之则越强。（ ）

（4）桑塔纳2000GSi乘用车的MK20－Ⅰ型ABS系统，是三通道四传感器的ABS调节回路，前轮单独调节，后轮则以两轮中地面附着系数低的一侧为依据统一调节。（ ）

（5）当车轮的滑移率等于零时，汽车完全抱死。（ ）

（6）ABS执行器主要由电磁阀、储液室和泵构成。（ ）

（7）ABS的全称是防抱死制动系统，它的主要组成部分有控制器、轮速传感器、ABS故障警告灯和制动装置警告灯 。（ ）

（8）ABS控制器安装在总泵与分泵之间，它控制总泵向分泵提供制动力的大小。（ ）

（9）ABS系统在减压制动模式时，进油阀打开，出油阀关闭，液压泵工作。（ ）

2. 选择题

（1）桑塔纳2000型汽车使用的是（ ）ABS装置。

A．四通道　B．三通道　C．二通道　D．一通道

（2）一般而言，前轮驱动汽车的前后制动力分配情况为（ ）。

A．前轮80%，后轮20%　B．前轮20%，后轮80%

C．前轮60%，后轮40%　D．前轮40%，后轮60%

（3）广州本田汽车使用的是（ ）ABS装置。

A．四通道　B．三通道　C．二通道　D．一通道

（4）下列哪些传感器不属于ABS系统组成？（ ）

A．车速传感器　B．轮速传感器

C．减速度传感器（G传感器）　D．节气门位置传感器

（5）丰田车系ABS采用（ ）。

A．四传感器四通道/4轮独立

B．四传感器三通道/前轮独立—后轮低选择

C．三传感器三通道/前轮独立—后轮低选择

D．以上都不对

（6）可获得最佳制动效果的滑移率范围是（ ）。

A．10%～30%　B．30%～40%　C．50%～60%　D．60%～70%

3. 问答题

（1）ABS系统的主要作用是什么？简述ABS系统的基本组成。

（2）简述电磁式轮速传感器的工作原理。

（3）简述液压式制动压力调节器的基本组成及工作原理。

（4）简述桑塔纳2000GSi乘用车的MK20－Ⅰ型ABS系统控制过程。

（5）简述液压ABS系统主要检查和维护的项目及方法。

（6）简述液压ABS系统常见故障的现象和原因。

（7）简述EBD和BAS系统的作用和原理。

13 牵引力和稳定性控制系统

学习目标

知识目标

（1）简单叙述牵引力控制系统的功用、组成和类型；
（2）正确描述牵引力控制系统的工作原理；
（3）简单叙述电子稳定控制系统的功用、组成和类型；
（4）正确描述电子稳定控制系统的工作原理。

能力目标

（1）能对牵引力控制系统进行故障分析；
（2）能对电子稳定控制系统进行故障分析。

13.1 牵引力控制系统

13.1.1 牵引力控制系统概述

牵引力控制系统（Traction Control System），简称TCS或TRAC。有些车系称为ASR，即驱动轮防滑转控制系统（Anti-Slip Regulation）。是防抱死制动系统ABS的功能扩展。牵引力控制系统的作用是限制和控制车轮在加速时的打滑现象。特别是防止汽车在非对称路面或在转弯时驱动轮的空转，以保持汽车行驶方向的稳定性、操纵性和维持汽车的最佳驱动力以及提高汽车的平顺性。

车辆在一些特殊情况下行驶时，带有牵引力控制系统（TCS）的特点就充分显示出来。

实例1　车辆过弯时在出弯处加速的过程中，如图13-1所示。

(a) 无 TCS
1. 当驾驶人加速过快时；
2. 车轮出现滑移导致整个车辆打滑；
3. 车辆整体失去控制

(b) 带TCS
1. 当驾驶人加速过快时，TCS可以预测到车辆出现滑移的趋势；
2. TCS 降低驱动扭矩，防止车轮旋转过快；
3. 整个车辆保持着稳定性

图13–1　车辆过弯时在出弯处加速状态图

实例2　爬行湿滑的上坡路面过程中，如图13-2所示。

(a) 无 TCS
1. 在驾驶人试图往上行驶时，车轮开始出现过度旋转；
2. 过度旋转的车轮无法为车子提供足够的驱动力；
3. 车辆整体出现无法控制的打滑现象

(b) 带 TCS
1. 在驾驶人试图往上行驶时，车轮有过度旋转的趋势；
2. TCS根据需要减小单个车轮的驱动扭矩；
3. 车辆整体在爬坡时保持稳定性

图13–2　爬行湿滑的上坡路面状态图

牵引力控制系统（TCS）的基本组成，如图13-3所示。

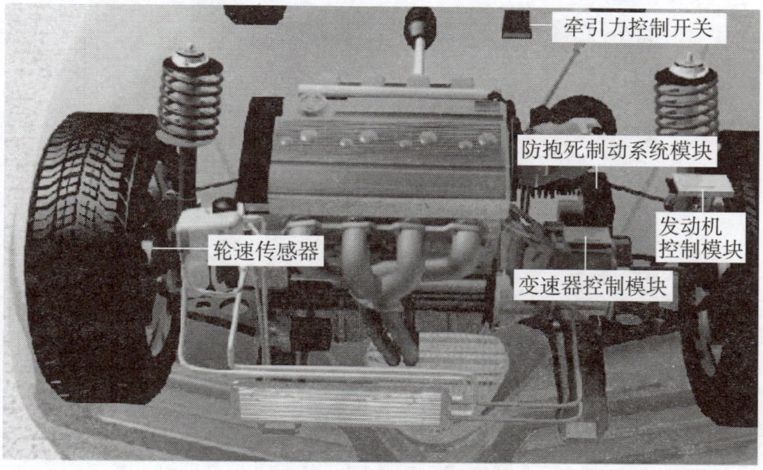

图13-3 牵引力控制系统（TCS）组成

当某一个或者有多个驱动轮在加速的过程中发生了打滑或者滑移现象时，就会激活牵引力控制功能，防抱死系统或是牵引力系统控制模块会发送信号给发动机控制模块ECM来减小发动机的输出扭矩。

在车辆速度小于40 km/h时，防抱死系统或牵引力系统控制模块除了给ECM发送信号降低输出扭矩外还会发送信号给液压控制单元HCU来干预制动。在车辆速度大于40 km/h时，就只有动力传动系统会响应。

在自动变速器的车上，ABS控制模块也会发送一个信号给变速器控制模块TCM来变换到较高挡位，以使输出的扭矩减小。

因为牵引力控制功能只是防抱死制动系统（ABS）功能的扩展。因此，牵引力控制模块与ABS使用了许多相同的零部件，只增加了几个零件。主要的零部件包括了防抱死制动系统控制模块、发动机控制模块、变速器控制模块、轮速传感器和牵引力控制开关等。当增加了牵引力控制功能后，模块可能不再称为ABS模块，而被称作TCS模块，也即牵引力控制模块。

13.1.2 牵引力控制系统的输入

牵引力控制系统包括下列输入信号来源：发动机控制模块；变速器控制模块；牵引力控制通/断开关；轮速传感器；制动踏板开关。

1．发动机控制模块ECM

发动机控制模块通过信息总线网络发送一组串行数据信息到防抱死制动系统控制模块。这些信息包括：节气门位置、发动机转速、发动机的扭矩等。

2．变速器控制模块（TCM）

变速器控制模块TCM通过信息总线网络发送挡位数据到防抱死制动系统。ECM和TCM可以是两个各自分开的控制单元，也可以组合在一个单元中，如图13-4所示。当它们组合在一起时，这个单元称为动力控制模块PCM。

3．牵引力控制通/断开关

牵引力控制系统中有一个牵引力控制通断开关，允许驾驶人切断系统的工作，但当车辆起动时，系统总是处于被激活的状态。

图13–4　ECM/TCM模块

4．轮速传感器测量

牵引力控制功能是防抱死制动系统功能的扩展。因此，防抱死制动系统的输入在此发挥相同的作用，但轮速传感器除了测量每一个车轮的减速度之外，还测量加速度，如图13–5所示。

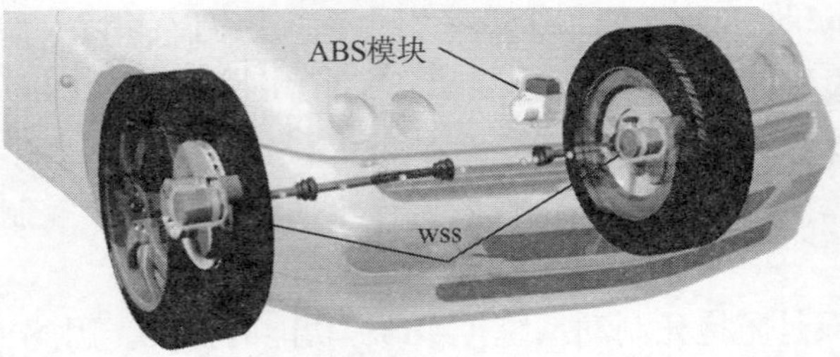

图13–5　轮速传感器(WSS)

5．制动踏板开关

在驾驶人施加制动时，制动踏板开关使牵引力控制不起作用，让驾驶人保持对车辆的控制。

13.1.3　牵引力控制系统的输出

牵引力控制系统的信号输出对象包括：发动机控制模块、变速器控制模块、牵引力控制指示灯、泵和电机总成、液压控制单元的阀等。

1．发动机控制模块

ABS或TCS模块判断驱动轮打滑时会向TCM发送信号要求减小发动机的扭矩，TCM收到这个请求，不管车辆的速度是多少，就采取措施来减小发动机的输出扭矩。

2．自动变速器控制模块

在自动变速器的车辆上，ABS或TCS模块发送要求给TCM模块，使变速器提升到较高的挡位，这可以作为一种辅助手段来给正在打滑的车轮减小扭矩输出，如图13–6所示。

3．牵引力控制系统指示灯

当点火开关转到“ON”位时该灯被点亮，完成自检后熄灭。牵引力控制功能起作用期间，牵引力控制系统指示灯会被点亮。它通常位于仪表板上，如图13–7所示。

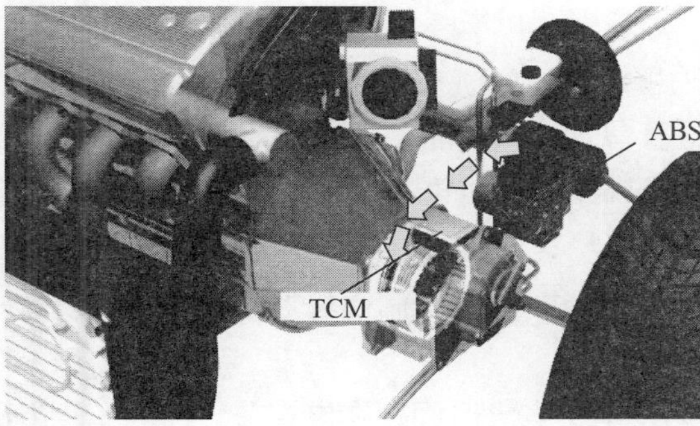

图13-6 TCM/ABS模块

图13-7 TCS指示灯

注意：牵引力控制系统指示灯可能是一个绿色或者黄色的图标，也可能是在车辆信息中心中的一条信息。

4．泵和电机总成

与ABS共用的部件包括泵电机和液压泵等。在牵引力控制功能起作用时，ABS模块使液压泵运转来提供液压助力。这些附加的压力能使处于加速打滑状态的车轮速度减慢下来。这种控制作用是在发动机进行干预的同时进行的。

牵引力控制系统也使用一些液压阀，包括了ABS中原有的进油阀和泄油阀。还有六个牵引力控制系统的阀门：两个牵引力控制进油阀、两个高压泄油阀、两个常开的液控单向阀，如图13-8所示。

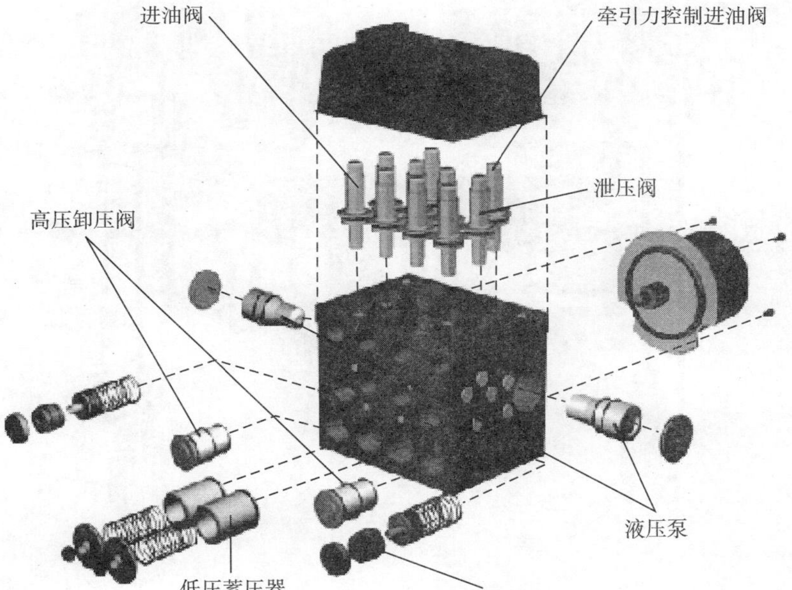

图13-8 牵引力控制系统的液压阀总成

13.1.4 牵引力控制系统的工作过程

1．牵引力控制激活后

当车轮在加速时产生打滑，驾驶人会听到牵引力控制激活后发出的一种低频的轮胎噪声或者是磨胎的声音。驾驶人也会感觉到车辆的减速，减速的力度取决于牵引力控制的施加程度。此外，牵引力控制系统指示灯会点亮。

2．动力传动系统的干预过程

在车速大于40 km/h时，只有动力传动系产生干预。在急加速过程中，驱动车轮会失去牵引力。轮速传感器检测到了打滑的状态，就发送一个信号到ABS控制模块。ABS控制模块再发送一个信息到发动机和变速器控制模块，减小发动机的扭矩输出。

无论车速是多少，只要TCS被激活，这个干预过程是相同的。ABS控制模块通过总线网络发送一个信息到发动机控制模块，减小发动机的扭矩输出。

通过以下的一种或者多种途径来实现这个功能：推迟发动机点火时间、在电控节气门的车辆上减小甚至关闭节气门、减小喷油脉冲宽度等。

如果车辆上装有变速器控制模块，ABS控制模块也向它发送信息，使变速器变换到一个较高的挡位，进一步减小发动机的扭矩输出。

3．制动器的干预过程

若车速小于40 km/h，除了发动机的干预之外，ABS控制模块会通知液压控制单元去触发相应的制动器来恢复打滑车轮的牵引力。一旦轮速传感器发送信息通知ABS控制模块，液压控制单元就允许制动液压通过常开的液控单向阀，再通过泵到达打滑的驱动车轮，如图13–9所示。牵引力控制进油阀是关闭的，防止制动液压建立在非驱动轮的回路中。

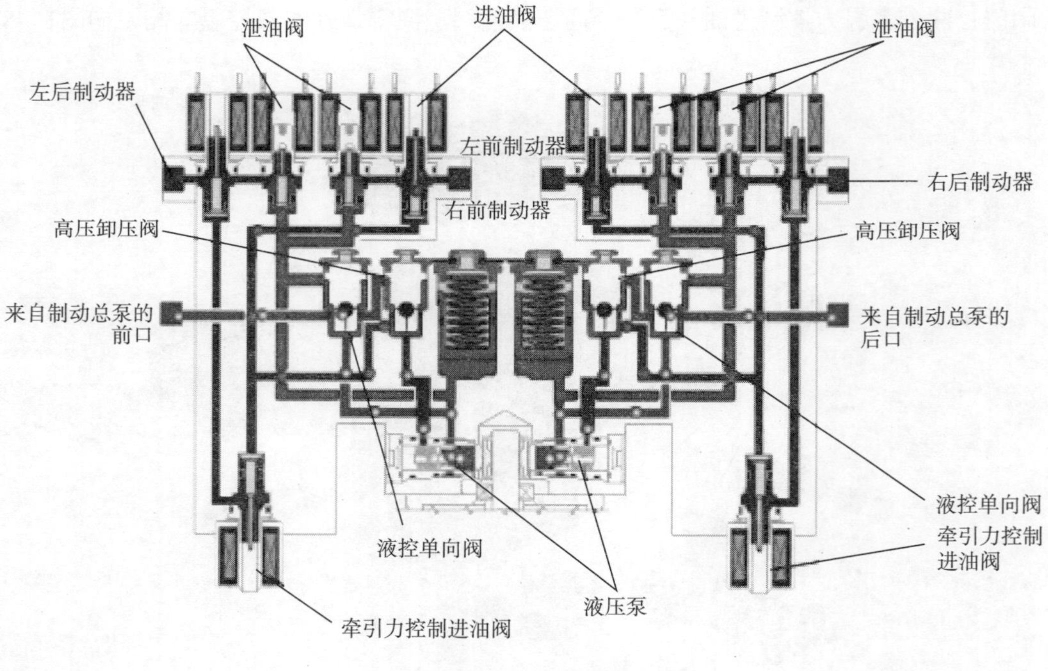

图13–9　制动器干预过程示意图

一旦驱动车轮停止打滑，进油阀就会关闭，防止制动液压继续建立在这个车轮上。然后，高压卸压阀就会打开，使压力从受影响的驱动轮回路中泄掉。

13.1.5　牵引力控制系统的故障诊断

牵引力控制系统有故障时出现的现象可能有：

（1）无论通断开关处于什么位置上，牵引力控制系统指示灯都不能被点亮；

（2）驱动车轮没有得到制动限制或发动机干预而继续打滑；

（3）ABS / TCS指示灯点亮；

（4）牵引力控制功能在并不需要时被激活。

1．路试车辆

因为牵引力控制系统的功能是ABS功能的扩展，因此，在对牵引力控制系统进行诊断之前，总是应该先验证ABS的工作是否正常。当已经证实了ABS的工作是正常的，才可以进行路试车辆来验证客户所提出的牵引力控制系统故障现象，特别是要观测是否有牵引力控制系统的常见故障现象。

值得注意的现象有：牵引力控制系统指示灯被点亮、车辆在正常的行驶过程中失去动力、牵引力控制功能在并不需要时被激活。

2．目测检查

通过路试验证客户指出的故障现象后，要做一次目测检查。

先检查一下轮胎的尺寸是否正常，各个轮胎尺寸之间的差别。轮胎应该有正确的周长，各个轮胎之间的差别应该小于7 mm。可能造成轮胎直径不正确的一些原因是：轮胎的磨损、充气量不合适。确认牵引力控制功能激活时，车辆没有使用小尺寸的备胎；因为轮胎尺寸之间的差别会造成错误的动能激活。

除了轮胎以外还应该检查：松动或被腐蚀的线路连接、被腐蚀或污染的传感器、断开的保险丝等。

3．诊断仪检测

当TCS出现故障或不能正常发挥作用时，应使用诊断仪来读取牵引力控制系统的故障信息。按照维修手册中的要求进行电路测试，诊断、检测并修复相关的故障。

13.2 稳定性控制系统

13.2.1 稳定性控制系统概述

稳定性控制系统又称电子稳定程序（ESP，Electronic Stability Program）使车辆能够按照一个预定的路线转弯。ESP是通过对一个或者多个车轮施加必要的制动去修正其过度或不足转向来达到稳定性控制的要求。

当车辆的后轮侧滑或者车身出现甩尾时，就会发生过度转向。当车轮向一个方向转向而车身继续沿直线滑移时，就是转向不足，如图13-10所示。

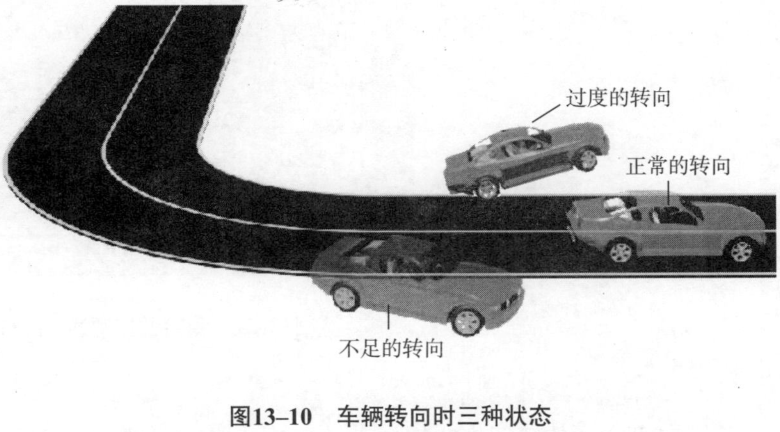

图13-10　车辆转向时三种状态

ESP是在车辆的加速、制动、滑行和转向的过程中起控制作用的。在车辆过度转向或者转向不足的过程中，制动液压被施加到恰当的制动器上。在发生过度转向时，外侧的前制动器被施加制动。“外侧”和“内侧”指的是在转弯时车轮的位置。在发生了不足的转向时，内侧的后制动器被施加制动。

与牵引力控制系统相同，稳定性控制系统的功能也是ABS功能的扩展。因此，稳定性控制系统使用了与ABS相同的零部件，还增加了下列零部件：横摆率和侧向加速度传感器、转向盘转动传感器、主动制动助力器、带有压力传感器的制动总泵等。

13.2.2 稳定性控制系统的作用

稳定性控制系统是为汽车高速转弯将要出现失控时，增加汽车稳定，确保车辆转弯的稳定性和循迹行驶能力，减少事故的发生而提供的一个十分有效的安全保障。

稳定性控制系统的作用可归纳为以下三点：

（1）实时监控

稳定性控制系统能够实时监控驾驶人的操控动作、路面反应、汽车运动状态，并不断向发动机和制动系统发出控制指令。

（2）主动干预

稳定性控制系统可以通过主动调控发动机的转速，调整每个车轮的驱动力和制动力来修正汽车的过度转向或转向不足。

（3）警报

当车轮出现滑转时，稳定性控制系统会用警告灯警示驾驶人。提示驾驶人不要猛踩加速踏板，控制好转向盘，以确保行车安全。

13.2.3 稳定性控制系统的输入

稳定性控制系统的输入包括：稳定性控制通/断开关、转向盘转动传感器、制动压力传感器、横摆率传感器、侧向加速度传感器、制动踏板位置开关、制动助力器释放开关、节气门位置传感器、轮速传感器等。

1）稳定性控制通/断开关

大多数稳定性控制系统中有一个稳定性控制通断开关，允许驾驶人切断系统的工作，如图13–11所示。当车辆在起动时，系统总是处于被激活的状态。

图13–11 稳定性控制通/断开关

2）转向盘转动传感器

转向盘转动传感器也叫转向盘转角传感器，测量转向盘转动的角度和速率。传感器固定在转向管柱上，跨在一个环上，环上有等距离的开孔。这些开孔通过传感器的端部来探测转向盘的转动情况。传感器上有导线连接ABS或TCS 模块，提供转向盘向左或者是向右转动的信号。这种信号根据车型不同，可能是数字式的，也可能是模拟式的，如图13–12所示。

3）制动压力传感器

制动压力传感器测量施加在制动回路上的压力值，它测量的是制动总泵中的实际制动压力，如图13–13所示。所以基本上凭这就能确定驾驶人是不是正在施加制动以及施加的压力为多少。

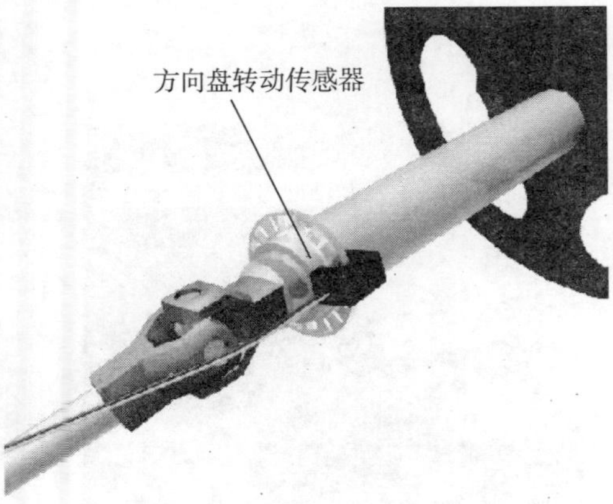

图13–12 转向盘转动传感器

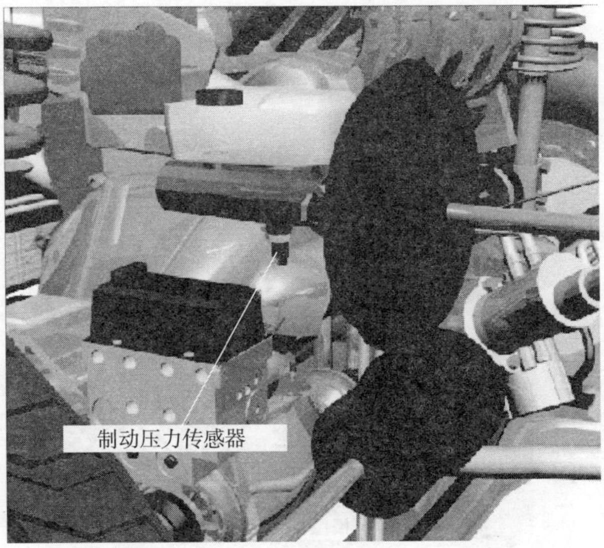

图13–13 制动压力传感器

4）传感器组件

传感器组件是由几个传感器组成的，可能位于车身中部靠近地板处，如果配备中央副仪表板的话，通常是在仪表板内，也可能位于驾驶人座位下面，如图13–14所示。在这个组件中与稳定性控制系统有关的传感器有横摆率和侧向加速度传感器。

图13–14 传感器组件

（1）横摆率传感器：横摆率传感器测量车辆绕它的中心轴线转向或者转动时所产生的推力方向。

（2）侧向加速度传感器：侧向加速度传感器，也可称为加速度计，测量车辆在急转弯时产生的离心力。当车辆要转弯时，车身会继续沿着直线方向行进，这个离心力在车辆转弯时施加于车身上。侧向加速度传感器只测量沿着车辆水平方向的加速度或减速度。

5）制动踏板位置传感器

制动踏板位置传感器是在制动踏板压杆开始运动时给出信号。这种运动的产生可以是来自于两个方面：可能是驾驶人踩压在制动踏板上，也可能是在稳定性控制功能起作用时助力器电磁阀激活了助力器所致，如图13–15所示。

6）制动助力器释放开关

制动助力器释放开关是位于制动助力器的后壳体上。此开关被助力器推压杆弹簧压在闭合的位置上，如图13–16所示。当驾驶人踩压在制动踏板上时，此开关就被打开了。

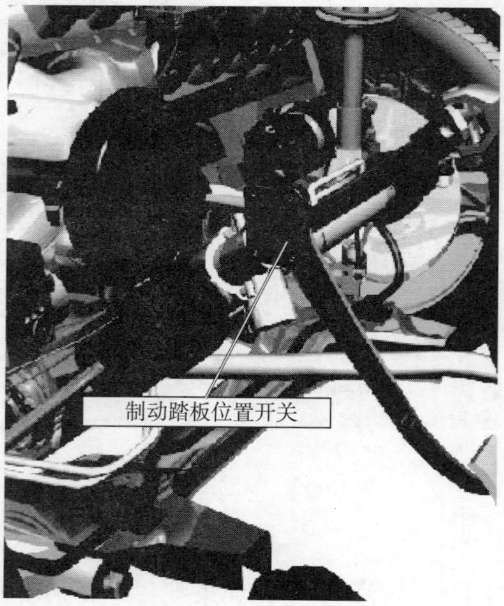

图13–15 制动踏板位置传感器

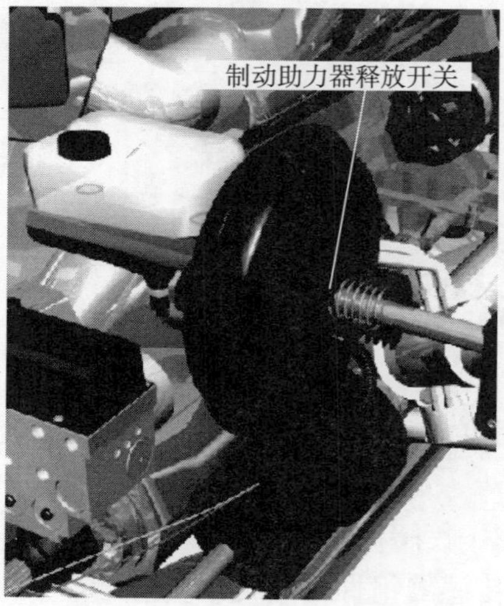

图13–16 制动助力器释放开关

7）节气门位置传感器

节气门位置传感器的信息从发动机控制模块发送到ABS或TCS模块。在稳定性控制功能起作用要求减小发动机扭矩时，对节气门位置进行调节，需要使用当前的节气门位置信息，如图13–17所示。只有在安装由电子节气门的车辆上才能进行节气门位置的调节。

图13–17 节气门位置传感器

8）轮速传感器

由于稳定性控制功能是ABS功能的扩展，因此稳定性控制系统使用了基本的ABS中的轮速传感器来持续地监测和比较各个车轮的速度，如图13-18所示。这些信息被用来确定何时车轮正在发生与驾驶人的操作不一致的锁死或者滑移现象。

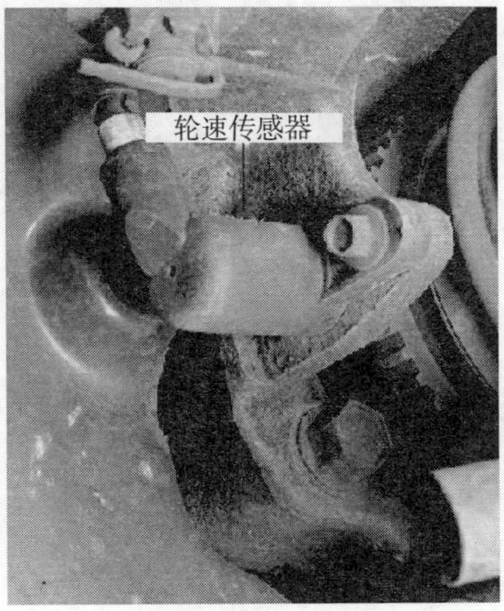

图13-18　轮速传感器

13.2.4　稳定性控制系统的输出

稳定性控制系统的输出包括发动机控制模块、自动行驶平顺性控制模块（如果配备）、稳定性控制指示灯、ABS指示灯、液压控制单元、主动制动助力器等。

1）发动机控制模块

与牵引力控制系统一样，ABS或稳定性控制模块在需要的时候会发送一个要求给发动机控制模块，减小发动机的扭矩。

2）自动行驶平顺性控制模块

如果车辆上有自动行驶平顺性控制功能，这个行驶平顺性控制模块也会发送一个信号来改变减振器和悬架支柱的减震阻尼，如图13-19所示。这种系统通常只使用于高性能车辆和豪华型车辆上。

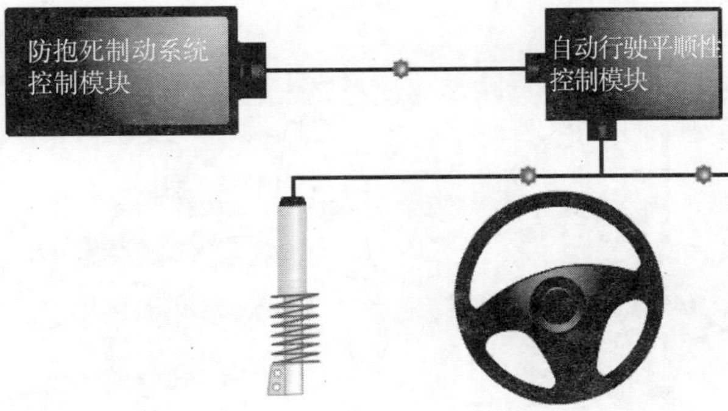

图13-19　自动行驶平顺性控制模块

3）稳定性控制指示灯

稳定性控制指示灯通常是位于仪表板上。当车辆稳定性控制功能起作用时这个灯就会闪亮。当出现功能失效或者驾驶人人为地关闭了系统时，这个灯就会持续地点亮，如图13–20所示。

图13–20　稳定性控制指示灯

4）液压控制单元

液压控制单元各阀的功能与ABS相同。其不同之处仅在于，标准的ABS只控制被锁死的车轮。而稳定性控制系统会控制任何能帮助车辆摆脱滑移的车轮。进油阀和泄油阀反复切断和施加液压作用力到恰当的单个车轮或几个车轮，目的是控制车轮的速度，使车辆摆脱滑移。

5）主动制动助力器

主动制动助力器是在标准助力器上外加一个电磁阀。当某种行驶状态中出现制动液压力不足以保持对车辆的控制时，此电磁阀会控制制动器，施加制动液压。此电磁阀可以在驾驶人不踩压制动器时使用电子控制来激活制动助力器。

电磁阀是由ABS/TCS模块控制的，它控制一个真空口，如图13–21所示。把真空从助力器后腔室中释放到空气中，允许大气压力进入后腔中使膜片移向制动总泵来施加制动。在这种操作状态时，可以听到从前围板后面发出一种“嘶嘶”的声音。在比较寒冷的气候条件下，当制动液比较黏稠时，这个功能特别有用。

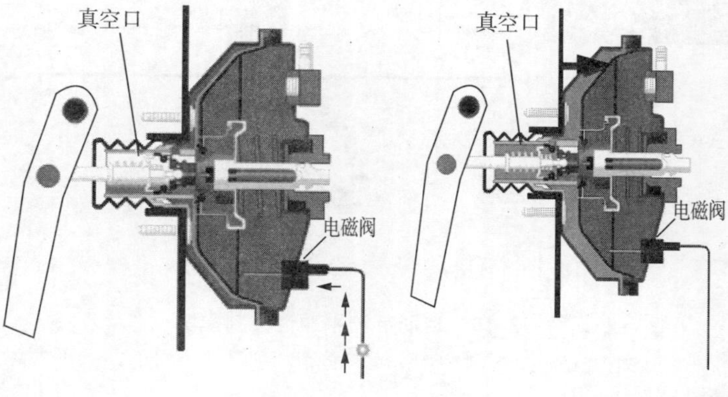

图13–21　主动制动助力器的电磁阀

13.2.5 稳定性控制系统的控制过程

稳定性控制模块把车辆的行驶状态与驾驶人试图行驶车辆的方向进行比较，判断车辆行驶状况如何。它是通过对车轮速度传感器、转向盘转动传感器和传感器组件进行监测来完成这个判断的。比较了这些数据后它会施加或者释放恰当的制动器、减小发动机扭矩，来帮助车辆操作转向。

当外侧的前轮制动器被施加了制动之后，稳定性控制系统会继续监控所有的输入信息，判断车辆是否已经返回了正确的行驶方向。现在来进一步了解车辆在过度转向和不足转向时的情况。

1．过度转向

当车辆的后轮掉转车身或者摆尾行驶时，就会发生过度转向的情况。在稳定性控制功能起作用后，外侧的前制动器施加制动，控制车辆的转向。譬如，如果驾驶车辆在转弯时，超出了车辆保持姿态的牵引力后，后轮就可能被甩出而造成车辆的后身被掉转（即侧滑、甩尾甚至调头）。

在车辆高速行驶转向时发生过度转向的状态后，外侧的前制动器被施加制动来防止车身的后部发生滑移。各种传感器发送数据到ABS或稳定性控制模块。当控制模块判断有可能要发生不正常的情况时，会发信号通知发动机控制模块减小发动机的扭矩输出。模块也通知液压控制单元来施加或者释放各个合适的制动器。模块持续不断地对传感器组件数据进行再评估来作出恰当的纠正。

2．不足转向

如果车辆对转向变化的响应稍慢，就会发生转向不足的现象。在稳定性控制功能起作用后，内侧的后制动器被施加制动来帮助车辆的转向。当转向不足发生时，会感觉到车辆试图继续沿原行驶方向（或者说沿惯性方向）行驶，而不是按照转向盘所指方向转向。当轮胎与路面之间的牵引力不足的时候，譬如，行驶在碎石路面、雨雪、结冰、或者湿潮的路面上，这种状态就更有可能发生。

在车辆高速转向，发生转向不足现象后，内侧的后制动器会施加制动来防止车身的前部滑移到外侧。各种传感器发送数据到防抱死或稳定性控制模块，判断出可能发生的不正常状态。模块就发信号通知发动机控制模块去减小发动机扭矩输出，也通知液压控制单元来施加或者释放各个合适的制动器。模块持续不断地对传感器组件数据进行再评估来作出恰当的纠正。

3．瞬间出现严重的过度转向或者不足转向状态时

如果车辆行驶得太快而且驾驶人不能对瞬间出现的转向作出及时地补偿，就会发生十分严重的事故。在发生严重的过度转向或者不足转向状态时，主动制动助力器就会启动来增加液压系统中的制动压力。当助力器工作时，驾驶人就会听到一种“嘶嘶”的声音从仪表板下面发出来。要知道稳定性控制系统是试图去避免发生严重的事故；然而，如果发生的事故过度严重，稳定性控制系统能起的作用就很小了。

13.2.6 稳定性控制系统的故障诊断

稳定性控制系统的功能失效时会出现的现象有：ABS或稳定性控制灯点亮、驾驶人听不到或者感觉不到各个阀的工作、车辆在发生突发事件时不能减速、发生严重事件时驾驶人没有踩踏制动踏板车辆就被制动、不需要的系统工作被激活等。

当稳定性控制系统出现故障时，诊断方法主要是路试、目测以及使用专用诊断测试仪检测。

（1）路试

由于稳定性控制系统是ABS功能的扩展，应该在处理稳定性控制系统的诊断工作之前先要验证基本制动系统和ABS的工作都是正常的。一旦验证了ABS的工作是正常的，就可以对车辆进行路试来验证客户提出的故障现象。并应特别留心观测稳定性控制系统常见的故障现象。

应该注意的现象有：稳定性控制系统指示灯点亮、在正常的驾驶过程中失去了发动机动力、过度

敏感的稳定性控制、不需要的系统被激活。

（2）目测检查和使用诊断测试仪的检查方法与ABS/TCS 相似，参见ABS/TCS诊断与检测过程。

13.2.7 BOSCH 电子稳定控制系统简介

1．系统的组成

BOSCH ESP的组成以及主要部件在汽车上的位置如图13–22和图13–23所示。

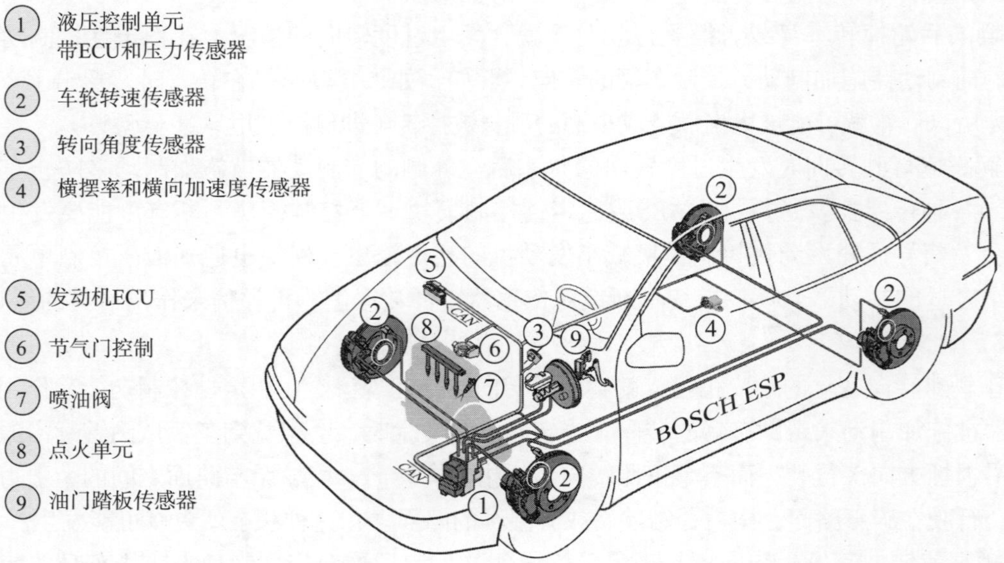

图13–22 ESP主要部件在汽车上的位置图

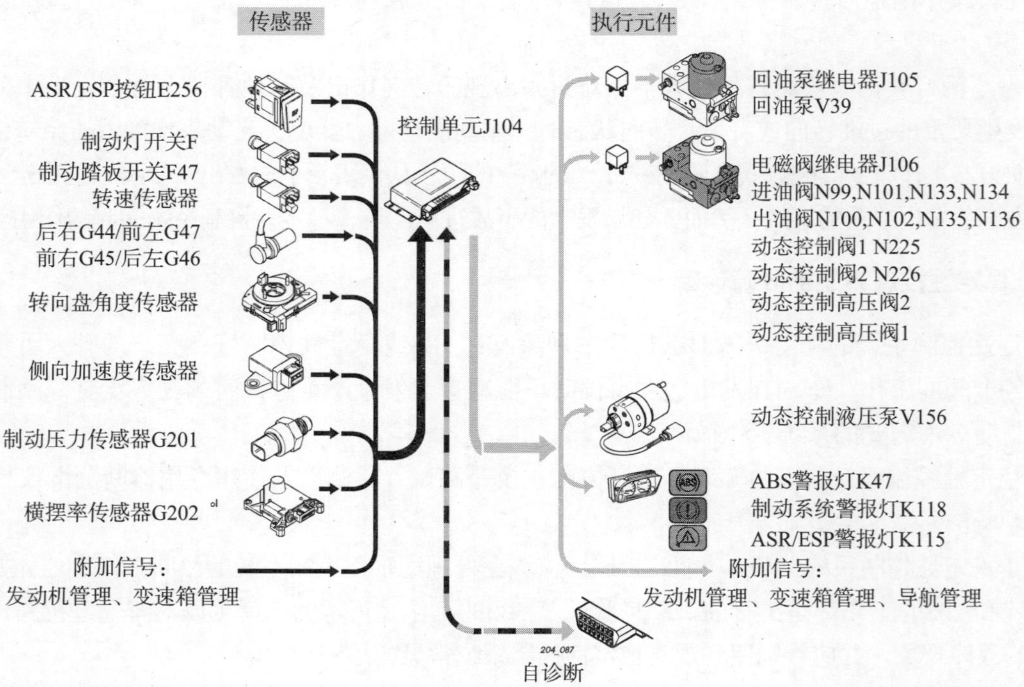

图13–23 ESP的组成以及主要部件图

2. 控制系统的输出和输入

1）控制单元J104

（1）结构与功能：为保障系统的可靠性，在系统中有两个处理器，两个处理器用同样的程序处理信号数据，并相互监控比较。

（2）信号中断影响：控制单元出现故障，驾驶人仍可做一般的制动操作，但ABS/EBS/ASR/ESP功能失效。

（3）自诊断内容：①控制单元故障；②供电电压故障。

2）液压单元

（1）结构与功能：制动分泵通过液压控制单元（图13-24）的电磁阀控制，通过液压控制单元的进油阀和泄压阀的控制，实现制动分泵的三个工作状态——增压、保压和减压。

（2）信号中断影响：当电磁阀功能出现不可靠故障时，整体系统关闭。

（3）自诊断内容（转换阀N225和N226以及进油高压阀N227和N228被检测）：①线路断路；②线路短路（对正极/负极）。

3）转向盘转角传感器G85

（1）工作原理：角度的测量依据光栅原理。

（2）结构与功能：G85（图13-25）位于转向灯开关和转向盘之间。向电控单元传送转向盘转角信号，测量的角度为±540°，对应转向盘转3圈。

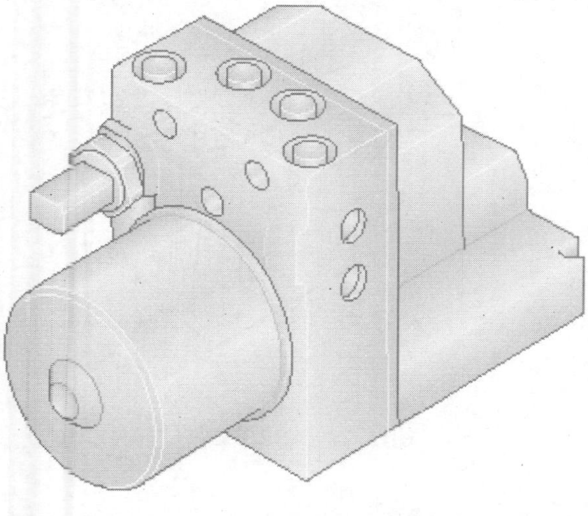

图13-24　液压单元

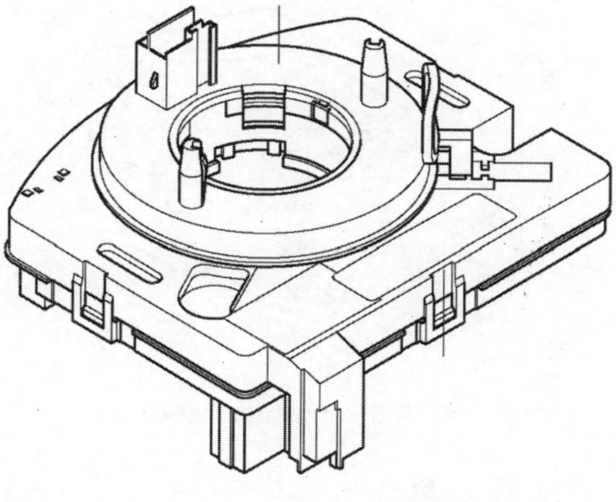

图13-25　转向盘转角传感器G85

（3）信号中断影响：无该传感信号，车辆无法确定行驶方向，ESP失效。

（4）自诊断内容：①传感器无信号；②错误设定；③机械错误；④电路故障；⑤不可靠信号。

4）组合传感器 G419

组合传感器 G419包括侧向加速度传感器G200和横摆率传感器G202。

（1）侧向加速度传感器G200

功能：确定车辆是否受到使车辆发生滑移作用的侧向力，以及侧向力的大小。

信号中断影响：无该信号控制单元将无法计算出车辆的实际行驶状态，ESP功能失效。

自诊断内容：①线路是否损坏断路；②对正极短路；③对负极短路；④传感器是否损坏。

（2）横摆率传感器G202

功能：确定车辆是否沿垂直轴线发生转动，并提供转动速率。

信号中断影响：没有横摆率测量值，控制单元无法确定车辆是否发生转向，ESP功能失效。

自诊断内容：①线路是否损坏断路；②对正极短路；③对负极短路；④传感器有不可靠信号。

5）制动压力传感器G201

（1）结构与功能：G201（图13-26）通知控制单元制动系统的实际压力，控制单元相应计算出作用在车轮上的制动力和整车的纵向力大小。如果ESP正在对不稳定状态进行调整，控制单元将这一数值包含在侧向力计算范围之内。

（2）信号中断影响：没有制动力压力信号系统无法计算出正确的侧向力，故ESP失效。

（3）自诊断内容：①线路是否损坏断路；②对正极短路；③对负极短路；④传感器损坏。

6）ASR/ESP按钮开关E256

（1）功能：按下该按钮E256（图13-27），ESP功能关闭。通过再次按该按钮，ESP功能重新被激活。重新启动发动机该系统也可自动激活。当ESP调整工作正在进行或在超过一定的车速，系统将不能被关闭。

（2）工作模式：①为从深雪或松软地面摆动驶出，有意让驱动轮打滑以摆脱被陷状态；②带防滑链行驶；③在车辆处于功率测试状态下行驶。

（3）信号中断影响：出现故障后ESP无法关闭，组合仪表上的ESP警报灯有警报显示。

（4）自诊断内容：该按钮故障无法通过自诊断检查发现。

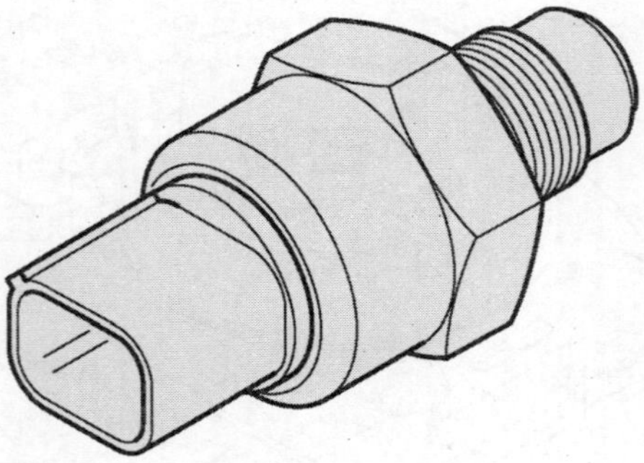

图13-26　制动压力传感器G201

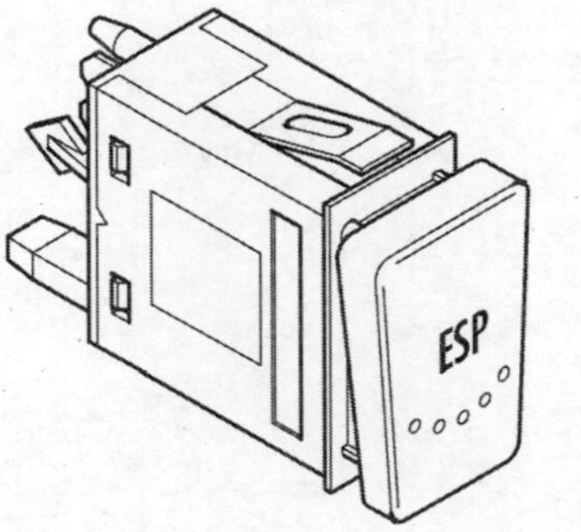

图13-27　ASR/ESP按钮开关E256

本章小结

（1）牵引力控制系统TCS，是ABS的扩展功能。作用是限制和控制车轮在加速时的打滑现象，特别是在非对称路面或转弯时的驱动轮的空转，以保证汽车行驶方向的稳定性、操纵性和维持汽车的最佳驱动力以及提高汽车的行驶平顺性。

（2）稳定性控制系统ESP使车辆能够按照一个预定的路线转弯。ESP是通过对一个或多个车轮施加必要的制动去修正其过度或不足转向来达到稳定性控制的要求。

（3）TCS的输入信号来源：发动机控制模块、变速器控制模块、牵引力控制通/断开关、轮速传感器和制动踏板开关；TCS的信号输出对象：发动机控制模块、变速器控制模块、牵引力控制指示灯、泵和电机总成、液压控制单元的阀等。

（4）ESP的输入包括稳定性控制通/断开关、转向盘转动传感器、制动压力传感器、横摆率传感器、侧向加速度传感器、制动踏板位置开关、制动助力器释放开关、节气门位置传感器、轮速传感器等；ESP的输出包括发动机控制模块、自动行驶平顺性控制模块、稳定性控制指示灯、ABS指示灯、液压控制单元、主动制动助力器等。

（5）牵引力控制系统（TCS）的控制是通过发动机动力干预和制动器干预来实现的。

（6）稳定性控制系统（ESP）是通过对车轮速度传感器、转向盘转动传感器和传感器组件进行监测来完成判断；然后通过施加或者释放恰当的制动器、减小发动机扭矩来帮助车辆操作转向。

复习思考题

1. 判断题

（1）牵引力控制功能是防抱死制动系统（ABS）功能的扩展，所以该系统与ABS系统共用许多部件。（ ）

（2）当点火开关处于“ON”档时，牵引力控制系统指示灯点亮，完成自检后熄灭。（ ）

（3）当车辆的后轮侧滑或者车身出线甩尾时，就会发生转向不足信号。（ ）

2. 选择题

（1）下列不属于ESP的作用的是（ ）。

A．实时监控　B．警报　C．自动转向　D．主动干预

（2）下列不属于稳定性系统的输入部件的是（ ）。

A．节气门位置传感器　B．制动踏板位置传感器

C．凸轮轴位置传感器　D．轮速传感器

3. 问答题

（1）牵引力控制系统（TCS）的基本组成有哪些?

（2）简述牵引力控制系统（TCS）的控制过程。

（3）稳定性控制系统（ESP）基本组成有哪些?

（4）简述稳定性控制系统（ESP）的控制过程。

（5）稳定性控制系统的功能失效时会出现哪些现象？主要的诊断方法有哪些?

参考文献

[1] 金加龙．汽车底盘构造与维修 [M]．2版．北京：电子工业出版社，2008.
[2] 全国汽车维修专项技能认证技术支持中心编写组．手动变速器和驱动桥[M]．北京：教育科学出版社，2004.
[3] 全国汽车维修专项技能认证技术支持中心编写组．悬架和转向系统[M]．北京：教育科学出版社，2004.
[4] 全国汽车维修专项技能认证技术支持中心编写组．制动系统[M]．北京：教育科学出版社，2004.
[5] 陈家瑞．汽车构造 [M]．5版．北京：人民交通出版社，2006.
[6] 关文达．汽车构造 [M]．2版．北京：机械工业出版社，2006.
[7] 周林福．汽车底盘构造与维修 [M]．北京：人民交通出版社，2008.
[8] 崔心存．现代汽车新技术[M]．北京：人民交通出版社，2005.